Publié en accord avec Houghton Mifflin Harcourt Publishing Company

Traduit de l'anglais par Cécile Capilla

Maquette : Émilie Guillemin

29 boulevard Raspail
75007 Paris – France
ISBN : 979-10-92928-31-0

TIMOTHY FERRISS

Préfacé par Olivier Roland et Arnold Schwarzenegger
Illustré par Remie Geoffroi

Les outils des géants

Leurs clés pour réussir

ALISIO

Sommaire

Avertissement de l'éditeur

Cet ouvrage recueille un large éventail d'opinions sur divers sujets liés à la santé et au bien-être, y compris des idées, traitements et méthodes qui peuvent être dangereux ou illégaux s'ils ne sont pas réalisés sous surveillance médicale. Ces opinions reflètent les recherches menées par l'auteur ainsi que ses idées ou celles de tierces personnes. Elles ne sont en aucun cas destinées à remplacer les services d'un professionnel de santé agréé. Veuillez consulter un spécialiste avant d'entamer un régime, de faire des exercices ou de prendre des médicaments. L'auteur et l'éditeur déclinent toute responsabilité pour tout effet indésirable occasionné directement ou indirectement par les informations contenues dans cet ouvrage.

Mise en garde de Tim

Ne faites pas de bêtises. N'allez pas vous mettre en danger. Cela nous rendrait tous deux malheureux. Mieux vaut consulter un médecin, un avocat ou une personne de bon sens avant d'appliquer quelque méthode que ce soit décrite dans cet ouvrage.

Dédicace

Premièrement, j'aimerais exprimer ma gratitude envers mes « compagnons de route ».

Deuxièmement, une partie des droits d'auteur sera reversée à de bonnes causes :

- **After-School All-Stars (afterschoolallstars.org)**, qui propose des programmes périscolaires complets pour aider les enfants à réussir dans leurs études et dans la vie.
- **DonorsChoose.org,** qui permet à chacun de faire un don aux écoles les plus démunies, afin que tous les élèves du pays aient accès aux outils nécessaires à une bonne éducation.
- **La recherche scientifique dans des institutions telles que le CHU Johns Hopkins,** où l'on étudie l'application d'enthéogènes dans des cas de dépression résistant aux médicaments, d'anxiété de fin de vie (chez les personnes atteintes de cancer en phase terminale) et autres maladies invalidantes.

Troisièmement, je dédie ce livre à tous ceux qui cherchent, puissiez-vous trouver bien plus que vous ne cherchiez. Peut-être trouverez-vous cet ouvrage utile.

Préface par Olivier Roland

J'ai quitté l'école à 18 ans, pour créer ma première entreprise à 19 ans, et ce fut une aventure extraordinaire. Je m'échappais d'un système ennuyeux que je détestais pour devenir libre et vivre une aventure passionnante.

En tout cas, c'était le plan.

Quelques années plus tard, je cherchais désespérément un moyen d'échapper à ce que je devais bien reconnaître être une prison dorée, construite par moi-même. Passé l'enthousiasme initial, j'ai pris conscience que travailler 60 à 70 heures par semaine et n'avoir qu'une semaine de vacances par an n'était pas exactement la meilleure chose à faire pour mon épanouissement personnel.

Problème : mon entreprise était ma seule source de revenus et je ne voyais pas comment la revendre. En tant que gérant d'entreprise en France je n'avais pas droit au chômage, et je ne voyais pas comment réduire mon temps de travail sans réduire à néant la rentabilité de l'entreprise et la faire couler avec ses deux salariés.

Comment sortir du piège ?

J'ai cherché la solution pendant plusieurs années, avant de découvrir un livre qui allait m'ouvrir les yeux et changer ma vie : *La Semaine de 4 heures*, de Tim Ferriss.

À l'aide de quelques principes simples, de méthodes et de tactiques éprouvées, Tim expliquait comment mettre une entreprise au service de sa vie – plutôt que mettre sa vie au service d'une entreprise.

Ce fut comme un électrochoc. Un peu plus de 2 ans après l'avoir lu, j'avais mis en marche une nouvelle entreprise entièrement en ligne, vendu la première et commencé enfin à vivre une passion qui longtemps m'avait paru impossible : voyager. Aujourd'hui, il y a 6 ans que je voyage autour du monde, 6 mois par an, tout en gérant mon entreprise et en aidant plus de 250 000 personnes chaque mois grâce à mes blogs et à ma chaîne YouTube.

Tout cela, c'est le livre de Tim et les principes qu'il enseigne qui l'ont rendu possible.

Comme le dit Ralph Waldo Emerson, « Quant aux méthodes, il peut y en avoir des millions et davantage, mais les principes sont peu nombreux. L'homme qui comprend les principes peut sélectionner avec succès ses propres méthodes. L'homme qui essaie les méthodes en ignorant les principes est sûr de rencontrer des problèmes. »

C'est pourquoi, parmi les quelques principes à saisir pour réussir, j'ai été tout particulièrement attentif au principe de Pareto, ou « 20/80 », qui est à mon sens le plus important. Il consiste tout d'abord à comprendre que, en général, 20 % des causes amènent 80 % des effets :

- 80 % du CA d'une entreprise est réalisé avec 20 % des clients.
- 80 % des problèmes sont causés par 20 % des clients.
- 80 % de vos profits proviennent de 20 % du temps que vous consacrez à votre activité.
- 80 % de vos ventes proviennent de 20 % de vos produits.
- 80 % de vos ventes proviennent de 20 % de vos commerciaux.
- 80 % de votre stress vient de 20 % des gens que vous côtoyez.
- De même, 80 % de votre bonheur est le fait de 20 % des personnes que vous fréquentez.
- Etc.

Évidemment, la proportion n'est pas toujours *exactement* de 80 % et *exactement* de 20 %. Mais, lorsque vous commencez à analyser le monde en ayant cette loi à l'esprit, vous êtes surpris de constater à quel point il est vrai que la majorité des effets sont produits par une minorité de causes.

De nombreux outils 20/80 existent dans tous les domaines – y compris dans des domaines qui vous tiennent à cœur : être plus heureux, plus libre, gagner plus d'argent, mieux faire l'amour, etc.

Pour vous en convaincre, en voici un petit échantillon :

- Méditer 5 minutes par jour permet de réduire considérablement le stress, l'anxiété, la tendance à la colère et les tendances dépressives, renforce le système immunitaire, les émotions positives et les facultés d'attention, diminue la tension artérielle chez les hypertendus, etc[1].

1 Voir notamment les résultats de 20 ans d'études par le ministère américain de la Santé : www.tm.org/research-on-meditation

- Le simple fait de toucher une à deux secondes l'épaule ou l'avant-bras de quelqu'un au moment de lui faire une demande – quelle qu'elle soit – peut doubler ou plus les chances d'obtenir son accord[2].
- On peut tripler la rentabilité d'un parking pour voitures en le transformant en parking pour motos.
- Faire du sport à haute intensité 7 minutes par jour permet de perdre rapidement du poids et de la masse de graisse[3], améliore la santé cardiovasculaire[4] et diminue la résistance à l'insuline, ce qui, entre autres bénéfices[5], diminue les risques de développer un diabète[6].
- Il est possible d'augmenter de 6,2 points son QI (ce que les scientifiques pensaient impossible jusqu'à présent) en faisant une séance quotidienne de 10 minutes sur un logiciel de dual N-back pendant 10 semaines[7].
- La répétition espacée est une méthode bien plus simple et efficace pour apprendre que la méthode « analogique » utilisée à l'école, et, dès 1988, des scientifiques se demandaient déjà dans un article au titre évocateur[8] pourquoi le système scolaire n'avait toujours pas implémenté cette stratégie. 30 ans plus tard, l'école en est toujours au même point, mais de nombreuses applications web l'emploient aujourd'hui, comme Duolingo ou Mosalingua dans le domaine de l'apprentissage des langues, et

2 Nicolas Guéguen et Robert-Vincent Joule, « Contact tactile et acceptation d'une requête : une méta-analyse », *Les Cahiers internationaux de psychologie sociale*, n° 80, 2008.

3 Voir Gibala M.J., Little J.P., van Essen M., Wilkin G.P., Burgomaster K.A., Safdar A., Raha S., et Tarnopolsky M.A., « Short-term sprint interval versus traditional endurance training: similar initial adaptations in human skeletal muscle and exercise performance », *The Journal of physiology*, septembre 2006.

4 Notamment le VO2 max, la consommation maximale d'oxygène par minute, qui est un marqueur classique de la santé du cœur. Voir Tabata I., Nishimura K., Kouzaki M., « Effects of moderate-intensity endurance and high-intensity intermittent training on anaerobic capacity and VO2max », *Medicine & Science in Sports & Exercise*, octobre 1996.

5 Voir « High-intensity circuit training using body weight: maximum results with minimal investment », *ACSM'S Health & Fitness Journal*, mai-juin 2013.

6 Voir Richards J.C., Johsnon T.K., Kuzma J.N., Lonac M.C., Schweder M.M., Voyles W.F., Bell C., « Short-term sprint interval training increases insulin sensitivity in healthy adults but does not affect the thermogenic response to beta-adrenergic stimulation », *Journal of Physiology*, août 2010.

7 Voir Au J., Sheehan E., Tsai N., Duncan G.J., Buschkuehl M., Jaeggi S.M., « Improving fluid intelligence with training on working memory: a meta-analysis », *Psychonomic Bulletin & Revue*, avril 2015.

8 Voir Franck. N. Dempster, « The spacing effect: a case study in the failure to apply the results of psychological research », *American Psychologist*, août 1988.

obtiennent des résultats supérieurs[9] à ceux obtenus par des élèves utilisant la « bonne vieille méthode ».

- Etc. Il y a littéralement des milliers et des milliers d'outils comme ceux-ci.

Tous ont en commun d'être simples à utiliser et d'apporter des résultats plus efficaces que bien d'autres méthodes plus complexes à mettre en œuvre.

Découvrir et accepter le principe des outils 20/80 peut donc changer votre vie du tout au tout, car vous allez alors commencer à les chercher activement, à les utiliser, et devenir bon dans leur application.

Devenir **très bon dans des méthodes qui sont en elles-mêmes excellentes** va-t-il vous donner un avantage dans la vie ? Et comment faire pour commencer l'exploration et découvrir ces outils 20/80 ? C'est là que le livre que vous avez entre les mains intervient : car Tim Ferriss est allé chercher ces outils avec le même enthousiasme qu'un aventurier à la recherche des cités d'or et la même abnégation qu'Edison cherchant à créer l'ampoule électrique.

Et directement à la source : en interviewant pour son podcast et son blog très populaire[10] des centaines d'hommes et de femmes à succès, qui ont tous réalisé dans leur domaine des prouesses, que ce soient des sportifs, des entrepreneurs, des chercheurs, des acteurs, etc.

Et, en effet, quelle meilleure idée, pour se constituer une véritable boîte à outils 20/80 testés sur le terrain, que de demander à ceux qui obtiennent des résultats exceptionnels quels sont ceux qu'ils utilisent eux-mêmes ? Puis de les sélectionner soigneusement pour en faire un livre qui les présente en 4 grandes catégories ?

Vous avez entre les mains un trésor, la synthèse de plusieurs centaines de vies d'êtres humains sous forme d'outils simples et concrets à utiliser.

Et, comme avec tous les trésors, si vous n'en faites rien, vous n'en tirerez **aucun bénéfice**.

Je vous recommande donc d'utiliser un second principe fondateur pour tirer le meilleur de ce livre : soyez sceptique **comme un scientifique**, pas comme un téléspectateur. C'est-à-dire utilisez votre scepticisme comme motivation pour tester les outils qui sont proposés et voir s'ils fonctionnent pour vous, plutôt que comme excuse pour ne rien faire.

Vous éviterez ainsi de faire comme ces gens qui rejetteront en bloc des outils qui auraient pu transformer leur vie à jamais, ou encore comme ceux qui se diront : « Ouah, génial ! », pour reposer ensuite le livre et le laisser prendre la

---

9 Vesselinov R., Grego J., « Duolingo Effectiveness Study », 2012.
10 http://tim.blog/

poussière des années durant sans avoir pris le temps de mettre quoi que ce soit en pratique.

Faites partie des rebelles intelligents. Commencez par choisir un outil à tester. Puis testez-le. Et recommencez. Jusqu'à ce que vous ayez trouvé une technique 20/80 qui changera votre vie pour le meilleur et vous donnera envie de continuer à explorer, encore et encore.

Olivier Roland,
Auteur de *Tout le monde n'a pas eu la chance de rater ses études*[11],
Macau, Chine, février 2017

---

11 Et de la chaîne YouTube d'entreprenariat la plus populaire en français : https://www.youtube.com/c/OlivierRoland

Préface par Arnold Schwarzenegger

Je ne suis pas un autodidacte.

Chaque fois que je prononce un discours lors d'une conférence, que je m'adresse à des étudiants ou me prête au jeu des questions ouvertes, on me sort ça.

« Gouverneur/Gouvernator/Arnold/Arnie/Schwarzie/Schnitzel (selon l'endroit où je me trouve), en tant qu'autodidacte, quelle est la recette de votre réussite ? »

Les gens sont toujours choqués quand je les remercie du compliment, mais que je souligne : « Je ne suis pas un autodidacte. On m'a beaucoup aidé. »

C'est vrai que j'ai grandi en Autriche sans eau courante. C'est vrai que j'ai débarqué en Amérique tout seul avec mon sac de sport. Et c'est vrai que j'ai été maçon et que j'ai investi dans l'immobilier pour devenir millionnaire avant de manier l'épée dans *Conan le Barbare.*

Mais ce n'est pas vrai, je ne suis pas un autodidacte. Comme chacun, pour arriver là où je suis, je me suis hissé sur les épaules de géants.

Pour construire ma vie, je me suis appuyé sur mes parents, mes coaches, mes profs ; sur les bonnes âmes qui me prêtaient leur canapé ou qui me laissaient dormir dans les vestiaires ; sur mes mentors, qui ont partagé avec moi leur sagesse et m'ont prodigué leurs conseils ; sur mes idoles, que je voyais dans les magazines (et, plus tard, en personne).

J'avais de l'ambition, j'en voulais. Mais je ne serais pas allé bien loin sans ma maman, qui m'aidait à faire mes devoirs (et me giflait quand je rechignais à m'y mettre), sans mon papa, qui me disait de me rendre utile, sans mes professeurs, qui m'ont appris à « vendre », sans mes entraîneurs, qui m'ont appris les bases de la musculation.

Si je n'étais jamais tombé sur ce magazine avec Reg Park en couverture, qui parlait de sa transition de Monsieur Univers à Hercule au cinéma, je serais toujours en train de yodler dans les Alpes autrichiennes. Je savais que je voulais quitter mon pays et je savais que l'Amérique était l'endroit idéal pour moi. Reg n'a fait qu'attiser la flamme qui brûlait en moi et m'a fourni un modèle.

Joe Weider m'a fait venir en Amérique et m'a pris sous son aile, assurant la promotion de ma carrière de culturiste et m'enseignant le métier. Lucille Ball a pris des risques et m'a permis de faire une apparition dans une émission spéciale, ma première véritable percée à Hollywood. Et, en 2003, sans l'aide de 4 206 284 électeurs californiens, je n'aurais jamais été élu gouverneur de ce grand État.

Alors comment puis-je prétendre être un autodidacte ? Si je le déclarais, je renierais tous les conseils et toutes les personnes qui m'ont aidé à en arriver là. Et cela donnerait une fausse impression – croire qu'on peut y arriver tout seul.

Je n'y serais pas arrivé seul. Et il y a de fortes chances que vous non plus.

Nous avons tous besoin de carburant pour avancer. Sans l'aide, les conseils et l'inspiration d'autres personnes, les engrenages de notre cerveau se bloquent, et on se retrouve planté là sans nulle part où aller.

J'ai eu la chance de trouver des mentors et des idoles à chaque étape de ma vie, et j'ai même été amené à en rencontrer beaucoup. De Joe Weider à Nelson Mandela, de Mikhaïl Gorbatchev à Mohamed Ali, d'Andy Warhol à George H.W. Bush, j'ai toujours cherché la sagesse chez les autres pour m'alimenter en carburant.

Vous avez probablement entendu les podcasts de Tim (je vous recommande tout particulièrement celui avec un charmant culturiste à l'accent autrichien.). À travers sa plate-forme, il vous a fait partager la sagesse de personnages très divers, issus du monde des affaires, du divertissement et du sport. Il y a fort à parier que vous en avez retenu quelque chose – et souvent, quelque chose que vous ne soupçonniez même pas.

Qu'il s'agisse d'une habitude matinale, d'une philosophie, d'un conseil pour vous entraîner ou tout simplement de motivation pour la journée, il n'y a pas une seule personne sur terre qui ne bénéficie pas d'un peu d'aide extérieure.

J'ai toujours considéré le monde comme ma salle de classe. J'en absorbe les leçons et les histoires pour progresser. J'espère que vous faites de même.

Le pire serait d'imaginer que vous en savez assez. N'arrêtez jamais d'apprendre. Jamais.

C'est pour cette raison que vous avez acheté ce livre. Quel que soit le stade où vous en êtes dans la vie, il vous arrivera parfois d'avoir besoin d'une motivation, d'un œil extérieur. Parfois, vous n'aurez pas la réponse, l'énergie, et vous serez obligé de regarder au-delà de vous-même.

Commencez par admettre que vous n'y arriverez pas tout seul. Moi, c'est mon cas. Personne n'y arrive. Maintenant, il suffit de tourner la page et d'apprendre quelque chose.

Arnold Schwarzenegger

Perché sur les épaules des géants

Je ne suis pas expert. Je suis expérimentateur, scribe, guide.

Si vous trouvez des choses extraordinaires dans cet ouvrage, c'est grâce aux intelligences hors pair qui m'ont servi de professeurs, de ressources, de critiques, de collaborateurs, de relecteurs et de références. En revanche, si vous trouvez des passages ridicules dans cet ouvrage, c'est parce que je n'aurai pas tenu compte de leur avis ou que j'aurai fait une erreur.

Je dois beaucoup à des centaines de personnes, mais j'aimerais tout particulièrement remercier les nombreux invités de mes podcasts, qui pimentent les pages de ce livre. Les voici listés par ordre alphabétique :

James Altucher (p. 228)
Sophia Amoruso (p. 330)
Marc Andreessen (p. 164)
Sekou Andrews (p. 562)
Peter Attia (p. 88)
Glenn Beck (p. 487)
Richard Betts (p. 496)
Mike Birbiglia (p. 500)
Amelia Boone (p. 38)
Justin Boreta (p. 313)
Tara Brach (p. 490)
Brené Brown (p. 520)
Shay Carl (p. 396)
Dan Carlin (p. 255)
Ed Catmull (p. 276)
Paulo Coelho (p. 459)
Ed Cooke (p. 464)
Kevin Costner (p. 405)
Whitney Cummings (p. 430)
Dominic D'Agostino (p. 56)
Alain de Botton (p. 437)
Joe De Sena (p. 71)
Peter Diamandis (p. 323)
Tracy DiNunzio (p. 279)
Jack Dorsey (p. 458)
StephAn J. Dubner (p. 508)
Jon Favreau (p. 524)
Jamie Foxx (p. 537)
Chris Fussell (p. 390)
Cal Fussman (p. 446)
Adam Gazzaley (p. 130)
Malcolm Gladwell (p. 506)
Seth Godin (p. 219)
Evan Goldberg (p. 467)
Marc Goodman (p. 380)
Laird Hamilton (p. 109)

À lire en premier lieu – manuel de lecture

« Lorsqu'on se tient en marge, on voit toutes sortes de choses que l'on ne peut pas voir depuis le centre. De grandes choses, des choses inimaginables. Ceux qui se tiennent en marge les voient en premier. »

– Kurt Vonnegut

« Chez un homme intelligent, la routine est un signe d'ambition. »

– W.H. Auden

Je prends des notes de façon compulsive.

Il faut que vous sachiez que j'ai pris des notes sur toutes mes séances d'entraînement depuis mes 18 ans. Chez moi, j'ai 2,50 m d'étagères remplies de carnets de notes. Pourtant, il ne s'agit là que d'un seul sujet. J'en ai des dizaines d'autres. On pourrait parler de toc ou de chasse frénétique aux mirages. Il s'agit de ma collection personnelle de recettes de vie.

Mon but est d'apprendre quelque chose un jour et de l'utiliser toujours.

Je vous donne un exemple. Admettons que je tombe sur une photo de moi datant du 5 juin 2007. Je me dis : « J'aimerais à nouveau avoir cette silhouette. » Pas de souci. J'ouvrirai un cahier poussiéreux de 2007, je relirai les notes de mes entraînements et de mon alimentation des 8 semaines précédant le 5 juin et j'appliquerai le même programme. Et voilà ! Je finirai par ressembler à mon image plus jeune (cheveux en moins). Je vous l'accorde, ce n'est pas toujours si facile, mais c'est souvent le cas.

Comme mes livres précédents, celui-ci est un recueil de recettes pour être performant que j'ai compilées pour mon propre usage. Il y a pourtant une différence notoire : je n'avais pas prévu de le publier.

Je suis en train d'écrire ces lignes assis dans un café parisien avec une vue sur le jardin du Luxembourg, à deux pas de la rue Saint-Jacques. Cette rue est l'une des plus anciennes de Paris, un véritable livre d'histoire de la littérature. Victor Hugo vivait à quelques pâtés de maisons d'ici. Gertrude Stein aimait prendre un café dans le coin et F. Scott Fitzgerald sympathisait avec les habitants du quartier. Hemingway arpentait les trottoirs des rues avoisinantes, l'esprit fourmillant d'idées pour ses futures œuvres et sans doute l'haleine chargée de vin.

Je suis venu en France pour m'éloigner de tout. Pas de médias sociaux, pas d'e-mails, pas d'obligations sociales, pas de projets définis… sauf un. Je voulais consacrer ce mois à revoir tout ce que j'avais appris des 200 personnalités internationales que j'avais interviewées pour *The Tim Ferriss Show*, qui a récemment passé le cap des 100 000 000 téléchargements. Parmi mes invités, il y a eu des joueurs d'échecs, des acteurs de cinéma, des généraux 4 étoiles, des athlètes professionnels, des gestionnaires de fonds spéculatifs. Bref, une liste hétéroclite.

Depuis, plusieurs ont collaboré à des projets créatifs ou lucratifs, aussi bien la production de films indépendants que des investissements. Par conséquent, j'ai pu profiter de leur sagesse en dehors de nos séances d'enregistrement, que ce soit à l'occasion d'entraînements sportifs, de bœufs arrosés, d'échanges de SMS, de dîners ou de conversations téléphoniques tard le soir. J'ai appris à connaître chacun d'eux au-delà de ce qui transparaît dans les médias.

Ma vie avait déjà bien évolué dans tous les domaines grâce aux enseignements dont je me souvenais. Mais ce n'était que la partie émergée de l'iceberg. La plus grande partie de ces trésors était toujours enfermée dans les milliers de pages de notes et retranscriptions. J'aspirais plus que tout à pouvoir les distiller dans un livre de stratégies de jeu.

Alors je me suis donné un mois entier pour revoir et réunir mes archives et, soyons honnête, me gaver de pains au chocolat. Ce serait mon grand carnet de notes de tous mes carnets de notes, un recueil que je pourrais consulter à la minute mais que je relirais toute ma vie.

Tel était mon ambitieux objectif, et je n'étais pas sûr du résultat. Dès le début, l'expérience a dépassé mes attentes. Quelle que soit la situation dans laquelle je me trouvais, il y avait toujours un passage dans ce livre qui pouvait m'aider. Désormais, dès que je me sens coincé, piégé, désespéré, énervé, partagé ou tout simplement dans le brouillard, la première chose que je fais est de parcourir ces pages avec une tasse de café corsé à portée de main. Jusqu'à présent, il me suffit de 20 minutes pour trouver le bon remède en relisant ce qu'ont dit mes amis, qui deviendront également les vôtres. Vous avez besoin d'une tape rassurante dans le dos ? Quelqu'un s'en charge. D'une bonne claque dans la figure ?

Ce ne sont pas les candidats qui manquent pour ça. De quelqu'un qui vous explique pourquoi vos craintes sont infondées… ou pourquoi vos excuses sont bidon ? Ça, c'est possible aussi.

Il y a beaucoup de citations intéressantes, mais ce livre est bien plus qu'une anthologie. C'est une véritable boîte à outils pour changer votre vie.

Il existe déjà beaucoup de livres contenant des interviews. Là, c'est différent, car je ne me considère pas comme un journaliste mais plutôt comme un expérimentateur. Si je ne peux pas tester ou reproduire le résultat dans la vie réelle si compliquée, ça ne m'intéresse pas. Tout ce qui est écrit au fil de ces pages a été examiné, exploré et appliqué dans ma vie personnelle d'une façon ou d'une autre. J'ai appliqué des dizaines de ces tactiques et philosophies lors de négociations aux enjeux élevés, dans des environnements dangereux ou pour des transactions importantes. Ces enseignements m'ont rapporté des millions de dollars et m'ont évité des années d'efforts vains et de frustration. Ils fonctionnent lorsqu'on en a vraiment besoin.

Certaines applications sont évidentes dès la première lecture. D'autres sont plus subtiles, et vous aurez le déclic des semaines plus tard, quand vous vous y attendrez le moins, sous la douche ou en vous endormant.

Beaucoup de citations courtes sont riches en enseignements. Certaines résument l'excellence dans tout un domaine en une seule phrase. Comme le dirait Josh Waitzkin (page 511), joueur d'échecs prodige qui a inspiré le film *À la recherche de Bobby Fischer*, ces miettes d'enseignement sont un moyen d'« apprendre le macro à partir du micro ». Le fait de les raccorder ensemble a été une révélation. Si je croyais avoir vu « la matrice » auparavant, j'avais tort ou je n'en voyais que 10 %. Pourtant, ces 10 % – des « îlots » de notes sur des mentors – avaient déjà changé ma vie et démultiplié mes résultats. Mais, après avoir tissé ensemble tous ces grands esprits pour former une toile, les choses sont rapidement devenues passionnantes. C'était comme la fin du *Sixième sens* ou de *Usual Suspects* : « La poignée de porte rouge ! La tasse de café Kobayashi ! Comment ça se fait que je ne les avais pas remarquées ? C'était sous mon nez pendant tout ce temps ! »

Alors pour vous aider à mieux voir, je me suis efforcé de relier les habitudes, croyances et recommandations complémentaires de mes invités au fil des pages.

Le puzzle terminé est bien plus grand que le nombre de ses pièces.

Ce qui différencie ces personnes

« Il est encore plus facile de juger de l'esprit d'un homme par ses questions que par ses réponses. »
– Pierre-Marc-Gaston de Lévis

Ces grands talents n'ont pas de superpouvoirs.

Les règles qu'ils se sont établies leur permettent de déformer légèrement la réalité, mais ils ont appris à le faire. Vous pouvez apprendre, vous aussi. Ces « règles » sont généralement des habitudes originales et des questions plus profondes.

Dans un nombre surprenant de cas, la force se trouve dans l'absurdité. Plus la question est absurde, « impossible », plus la réponse est profonde. Prenez par exemple la question que le multimilliardaire Peter Thiel aime se poser et poser aux autres :

« **Si vous avez un projet à 10 ans pour arriver [quelque part], demandez-vous pourquoi vous n'y arriveriez pas en 6 mois.** »

Pour illustrer ses propos, je reformulerai :

« **Que feriez-vous pour atteindre dans les 6 prochains mois vos objectifs à 10 ans si vous aviez un fusil pointé sur la tête ?** »

Bon, marquons une pause. Est-ce que je m'attends à ce que vous preniez 10 secondes pour y réfléchir et accomplissiez par magie dans les prochains mois les rêves que vous avez eus pendant 10 ans ? Non. Mais j'espère que la question vous ouvrira productivement l'esprit, comme un papillon qui casse sa chrysalide et en émerge avec de nouvelles capacités. Les systèmes « normaux » que vous avez mis en place, les règles sociales que vous vous imposez, vos cadres, ne fonctionnent pas pour répondre à une telle question. On est obligé de se débarrasser des contraintes artificielles, comme une mue, pour se rendre compte qu'on peut redéfinir sa propre réalité depuis le début. Ça demande simplement un peu d'entraînement.

Je vous suggère de réfléchir aux questions que vous trouvez vraiment ridicules dans ce livre. Une demi-heure de journalisation de vos réflexions (page 141) pourrait vous changer la vie.

De plus, alors que le monde est une mine d'or, creusez dans la tête des autres pour déterrer des trésors. Vos questions sont vos pioches, et votre avantage concurrentiel. Ce livre vous en offre tout un arsenal.

Détails améliorant les performances

Lorsque j'étais en train de remettre tout le matériel en ordre pour moi-même, je ne voulais pas d'un programme pénible en 37 étapes.

Je voulais que les fruits soient accrochés sur les branches basses de l'arbre et pouvoir en profiter immédiatement. Pensez aux petites règles comprises dans ces pages comme des DAP, des détails améliorant les performances. On peut les ajouter à n'importe quel programme d'entraînement (comprendre : une autre carrière, des préférences personnelles, des responsabilités, etc.) pour alimenter le feu de la progression.

Heureusement, multiplier par 10 les résultats ne demande pas 10 fois plus d'efforts. Les grands changements peuvent advenir progressivement. Pour changer radicalement de vie, vous n'avez pas à courir un marathon, décrocher un doctorat ou vous réinventer complètement. Ce sont les petites choses, systématiquement accomplies, qui forment les grandes (par exemple, « approche de l'équipe adverse » une fois par trimestre, les séances de méditation guidées de Tara Brach, le jeûne stratégique ou la cétone exogène, etc.).

Les « outils » ont une vaste définition dans ce livre. Ils regroupent les habitudes, les lectures, l'autopersuasion, les compléments alimentaires, les questions qui reviennent souvent, et bien plus encore.

Points communs

Dans ce livre, vous chercherez naturellement les habitudes communes et les conseils répétés. Et vous avez raison. Voici quelques modes de comportement récurrents, certains surprenants :

- Plus de 80 % des personnes interviewées pratiquent une forme ou une autre de pleine conscience ou de méditation au quotidien
- Un nombre surprenant de messieurs (pas de dames) de plus de 45 ans ne prennent jamais de petit déjeuner ou mangent une portion congrue (comme Laird Hamilton, page 109 ; Malcolm Gladwell, page 506 ; le général Stanley McChrystal, page 390)
- Beaucoup dorment sur un surmatelas rafraîchissant
- Ou s'énervent des critiques des livres *Sapiens, Poor Charlie's Almanack, Influence*, et *Découvrir un sens à sa vie*, entre autres
- Ont l'habitude d'écouter une chanson en boucle pour se concentrer (page 456)
- Tous ou presque ont fait une forme ou une autre de « travail spéculatif » (terminer un projet sur leur temps libre et à leurs frais avant de le soumettre à un éventuel acheteur)
- Ont la conviction que « l'échec ne dure pas »
- Quasiment tous les invités ont réussi à transformer une « faiblesse » en avantage énorme (voir Arnold Schwarzenegger, page 170).

N'ayez crainte, je vous aiderai à relier ces points, mais ça représente moins de la moitié de la valeur de ce livre. Des cas particuliers ont d'autres approches très encourageantes. J'aimerais que vous cherchiez la brebis galeuse qui correspond à vos propres particularités. Gardez l'œil sur les voies non conventionnelles, comme celle de Shay Carl, l'ouvrier devenu star sur YouTube puis cofondateur d'une start-up revendue près de 1 milliard de dollars (page 396). Ce qui fait la différence, c'est la constance. Comme le dirait un ingénieur en informatique : « Ce n'est pas un bug, c'est une fonctionnalité ! »

Empruntez copieusement, combinez avec originalité et créez votre propre plan directeur sur mesure.

Ce livre est un buffet à volonté – comment en profiter pleinement

Règle #1 : Sautez des passages

Sautez tous les passages auxquels vous n'accrochez pas. Ce livre doit être agréable à lire, comme un buffet à volonté. Inutile de vous forcer : si vous n'aimez pas les crevettes, n'en mangez pas. Considérez ce livre comme un guide pour choisir votre propre aventure car c'est ainsi que je l'ai écrit. Mon objectif est que chaque lecteur en aime 50 %, en adore 25 % et n'en oublie jamais 10 %. Voici pourquoi pour les millions d'entre vous qui avez écouté mes podcasts et la dizaine de personnes qui ont relu ce livre, les essentiels 50/25/10 sont complètement différents pour chacun. Ça m'a époustouflé.

J'ai même eu plusieurs invités – des personnes qui sont les meilleures dans leur domaine – qui ont relu un même profil en répondant à ma question « Quels 10 % garder absolument et quels 10 % éliminer ? » Souvent, les 10 % « à garder » de quelqu'un étaient les « à éliminer » d'un autre ! Je n'ai pas fait un modèle « taille unique ». Je m'attends à ce que vous en jetiez beaucoup. Lisez ce qui vous plaît.

Règle #2 : Sautez des passages, mais intelligemment.

Ceci dit, gardez en tête les passages que vous sautez. Faites une petite marque au coin de la page ou soulignez le titre.

C'est peut-être précisément en sautant ou en faisant l'impasse sur ces sujets que vous vous êtes créé des angles morts, des goulets d'étranglement, ou que vous avez laissé des problèmes irrésolus. C'était le cas pour moi.

Si vous décidez de sauter un passage, prenez-en note. Lorsque vous y reviendrez plus tard, demandez-vous pourquoi vous l'aviez sauté. Est-ce que cela vous heurtait ? Est-ce que c'était indigne de vous ? Est-ce que c'était trop difficile ? Et êtes-vous arrivé à cette conclusion en y réfléchissant à deux fois ou parce que c'était un parti pris hérité de vos parents ou d'autres personnes ? Fréquemment, « nos » convictions ne sont pas les nôtres.

Ce genre d'exercice permet de vous créer au lieu de chercher à découvrir qui vous êtes. Certes, c'est bien de savoir qui on est, mais cela se conjugue surtout au passé et fait plutôt office de rétroviseur. C'est en regardant par le pare-brise qu'on arrive où on veut.

Deux principes à garder en tête

J'étais récemment place Louis-Aragon, à deux pas de la Seine, en train de pique-niquer avec des étudiants de la Paris American Academy. Une femme m'a pris à l'écart pour me demander quel message je voulais faire passer dans ce livre. Quelques instants plus tard, nous nous sommes fait happer par la foule des participants, qui racontaient chacun à leur tour les détours qui les avaient conduits à cet endroit, ce jour-là. Quasiment tous voulaient venir à Paris depuis des années – parfois depuis 30 ou 40 ans –, mais avaient estimé que c'était impossible.

En écoutant leurs histoires, j'ai sorti une feuille de papier et noté ma réponse à la question de cette femme. Dans ce livre, j'aimerais véhiculer les messages suivants :

1. La réussite, quelle qu'en soit la définition qu'on lui donne, est possible si on adopte des convictions et bonnes habitudes déjà éprouvées. Quelqu'un a déjà atteint votre version de la « réussite », et, souvent, beaucoup d'autres ont fait quelque chose de similaire. « Mais le totalement inédit, me demanderiez-vous, comme par exemple coloniser Mars ? » Il existe des recettes. Regardez comment d'autres types d'empires se sont construits, regardez les grandes décisions que Robert Moses a prises (lisez *The Power Broker*), ou trouvez simplement quelqu'un qui est intervenu pour réaliser de grandes choses qui semblaient impossibles à son époque (par exemple, Walt Disney). Il y a un ADN commun que vous pouvez emprunter.
2. Les superhéros que vous avez dans la tête (vos idoles, vos icônes, des titans, des milliardaires, etc.) sont tous des êtres imparfaits qui ont tourné une ou deux faiblesses en avantage. L'être humain est imparfait. On ne « réussit » pas parce qu'on n'a aucune faiblesse ; on réussit parce qu'on se trouve des forces et qu'on s'attache à développer des habitudes autour de ces forces. Pour que ce soit parfaitement clair, j'ai délibérément inclus deux rubriques dans ce livre (pages 190 et 549) qui vous feront dire : « Ouah, il est carrément dérangé, ce Tim Ferriss. Comment réussit-il à faire quoi que ce soit ? » Chacun mène une bataille et tout le monde l'ignore. Les héros de ce livre ne sont pas différents. Chacun lutte, si ça peut vous consoler.

Remarques importantes sur le format

Structure

Ce livre se scinde en trois parties : Sains, Nantis et Sages. Évidemment, il y a des chevauchements, puisque les parties sont interdépendantes. Imaginez ces trois parties comme un trépied sur lequel la vie tient en équilibre. Il faut avoir les trois pour garantir une réussite ou un bonheur durables. Dans ce contexte, « nanti » dépasse la simple idée de l'argent pour comprendre l'abondance de temps libre, de relations et bien plus encore.

Mon intention de départ avec mes livres *La Semaine de 4 heures, 4 heures par semaine pour un corps d'enfer* et *The 4-Hour Chef* était de créer une trilogie autour de la célèbre phrase de Benjamin Franklin : « Se lever tôt et se coucher tôt fait l'homme en bonne santé, riche et sage. »

On me demande fréquemment : « Que mettriez-vous dans *La Semaine de 4 heures* si vous deviez réécrire ce livre ? Qu'ajouteriez-vous pour le mettre à jour ? » Idem pour mes deux autres titres. Eh bien, ce livre contient la plupart des réponses pour les trois.

Longues citations

Avant d'écrire ce livre, j'ai appelé Mason Currey, l'auteur de *Tics et tocs des grands génies*, qui décrit les habitudes de 161 créatifs tels que Franz Kafka et Pablo Picasso. Je lui ai demandé quelles avaient été ses meilleures décisions à propos de son livre. Sa réponse : « [J'ai] laissé mes sujets parler autant que possible et je pense que c'est une des bonnes décisions que j'ai prises. Souvent, ce n'étaient pas tant leurs habitudes quotidiennes qui étaient intéressantes, mais leur façon d'en parler. »

C'est une bonne observation et la raison précise pour laquelle la plupart des « livres de citations » ne réussissent pas à avoir un véritable impact.

Prenez par exemple une réflexion comme « Qu'y a-t-il derrière la peur ? Rien », de Jamie Foxx. Elle est inoubliable et on peut deviner son sens profond. Je parie pourtant que vous l'aurez oubliée dans une semaine. Mais si je la rendais plus impactante en expliquant que Jamie utilise cette maxime pour apprendre à ses enfants à avoir confiance en eux ? Le contexte et la langue d'origine vous apprennent à PENSER comme un grand talent, pas simplement à recracher des citations. Voici le méta-savoir-faire qu'on vise. Dans ce but, vous pourrez lire dans le livre de nombreuses citations complètes et plein de petites histoires.

J'ai parfois mis certains passages **en gras**. C'est moi qui insiste, pas l'invité.

▶ Comment lire une citation – l'aspect micro

. . . = Portion de dialogue omis

[mots entre crochets] = information supplémentaire qui ne faisait pas partie de l'interview mais qui peut s'avérer nécessaire pour comprendre le sujet, ou une information ou recommandation relative au sujet que je vous offre.

▶ Comment lire une citation – l'aspect macro

L'un de mes invités de podcast, l'une des personnes les plus intelligentes que je connaisse, était choqué en voyant la retranscription de son script brut. « Oh, là là, moi qui me croyais assez intelligent, j'ai mélangé le passé, le présent et le futur comme si c'était la même chose. J'ai l'air d'un imbécile. »

Les retranscriptions sont parfois impitoyables. J'ai relu les miennes, donc je le sais.

Dans le feu de l'action, la grammaire part en fumée, remplacée par des débuts de phrase hésitants et des constructions aléatoires. C'est incroyable le nombre de gens qui commencent une phrase par « Et » ou « Alors ». On est de millions à remplacer « et j'ai dit » par « et j'ai fait ». On mélange allégrement le singulier et le pluriel. Si l'oreille n'y prête pas attention dans une conversation, ça saute aux yeux sur une page imprimée.

C'est dans ce contexte que les citations ont parfois été éditées pour des questions de clarté, d'encombrement, et par politesse à l'égard des invités et des lecteurs. Je me suis efforcé de conserver l'esprit et l'intérêt des citations tout en les rendant aussi lisibles et judicieuses que possible. J'ai parfois privilégié un rythme décousu et rapide pour conserver le dynamisme et l'émotion de l'instant. À d'autres moments, j'ai clarifié le texte, y compris mes propres hésitations.

Si quelque chose vous paraît « bête » ou faux, j'en assume la responsabilité. Chaque personne interviewée est exceptionnelle, et c'est ce que j'ai voulu montrer.

Les schémas

Lorsque mes invités avaient des conseils ou des philosophies, je les ai notés entre parenthèses. Par exemple, si Jane Doe parle de l'intérêt de tester des prix plus élevés, je pourrais ajouter « (voir Marc Andreessen, page 164) », puisque sa réponse à la question « Que mettriez-vous sur une affiche ? » était « Augmentez les prix », ce qu'il a longuement expliqué.

Un peu d'humour !

J'ai inclus une bonne dose de ridicule. Tout d'abord, si nous étions tout le temps sérieux, nous serions épuisés avant de nous attaquer aux choses vraiment sérieuses. Ensuite, si ce livre n'était que gros yeux sans clins d'œil, autrement dit tout productivité et zéro légèreté, vous ne vous en souviendriez pas. Je suis d'accord avec Tony Robbins (page 202) : l'information sans émotion ne se retient pas.

Cherchez sur Internet « effet Von Restorff » et « effet de primauté et de récence » pour accroître votre science, mais sachez que ce livre a été délibérément construit pour maximiser votre capacité de mémorisation. Ce qui nous amène à…

L'animal totem

Eh oui, l'animal totem. Je n'avais pas la place de mettre des photos, mais je tenais à une illustration pour plus de légèreté. La cause semblait perdue, mais – après un ou quatre verres de vin – je me suis souvenu qu'un de mes invités, Alexis Ohanian (page 187), aimait demander à ses nouveaux employés potentiels : « Quel est votre animal totem ? » Eureka ! Donc vous verrez l'animal totem de tous ceux qui se sont prêtés au jeu. Et vous savez ce qui est le plus drôle ? Des dizaines de personnes ont pris la question très au sérieux.

J'ai eu de longues explications, des changements d'avis et des diagrammes de Venn. Les questions ont fusé : « Est-ce que je peux proposer une créature mythologique ? », « Est-ce que je peux être une plante, plutôt ? » Je n'ai pas pu avoir toutes les réponses à temps avant d'imprimer, de ce fait il y en a quelques-uns disséminés un peu partout. Dans un livre plein de détails pratiques, considérez les animaux totem comme des arcs-en-ciel d'absurdité. En tout cas, les gens se sont bien amusés.

Les chapitres Tim Ferriss et autres commentaires

Dans les trois parties, vous trouverez de nombreux chapitres de mes invités ou de moi-même. Ils sont conçus comme des compléments aux grands principes exposés et différents outils évoqués par diverses personnes.

URL, sites Internet et autres médias sociaux

J'ai volontairement omis d'indiquer la plupart des URL, car il n'y a rien de plus frustrant qu'une adresse qui n'existe plus. C'est pourquoi j'ai choisi des formulations qui vous permettront de retrouver facilement l'information sur Google ou Amazon.

Toutefois, je précise que vous pourrez retrouver l'intégrale de mes podcasts à l'adresse suivante : fourhourworkweek.com/podcast.

Il suffit de chercher le nom de l'invité, et la bande-son, les notes, liens et ressources apparaîtront comme par enchantement.

Dans la mesure du possible, j'indique comment entrer en contact avec mes invités sur les réseaux sociaux : TW = Twitter, FB = Facebook, IG = Instagram, SC = Snapchat, et LI = LinkedIn.

Votre coup d'envoi – les 3 outils-clés qui ouvrent la porte à tout le reste

Siddhartha, de Hermann Hesse, a été une lecture recommandée par de nombreux invités. Il y a plusieurs lectures possibles, mais Naval Ravikant (page 480) m'a parlé d'une plusieurs fois au cours de nos discussions. Le protagoniste, Siddhartha, un moine qui ressemble à un mendiant, est tombé amoureux de la courtisane Kamala. Lorsqu'il tente de la séduire, elle lui demande ce qu'il possède. Un riche marchand lui posera une question du même ordre : « Qu'as-tu appris que tu pourrais offrir ? » Sa réponse est la même dans les deux cas, alors j'ai inclus la seconde. Et Siddhartha finit par obtenir ce qu'il désire.

Marchand : « … Si tu ne possèdes rien, que peux-tu m'offrir ? »

Siddhartha : « Chacun donne ce qu'il a. Le soldat donne sa force, le marchand donne des biens, le professeur de l'instruction, le fermier du riz, le pêcheur du poisson. »

Marchand : « Et toi, que peux-tu donner ? Qu'as-tu appris que tu pourrais donner ? »

Siddhartha : **« Je peux penser, patienter et jeûner. »**

Marchand : « C'est tout ? »

Siddhartha : « Je pense que c'est tout. »

Marchand : « Et cela sert à quoi ? À quoi sert le jeûne ? »

Siddhartha : « Monsieur, cela a beaucoup de valeur. Si un homme n'a rien à manger, jeûner est la chose la plus maligne qu'il puisse faire. Si Siddhartha n'avait pas appris à jeûner, il devrait trouver quelque travail chez vous ou ailleurs, poussé par la faim. Mais il s'avère que Siddhartha peut patienter. Il peut attendre calmement, il n'a pas de besoins, il peut repousser la faim pendant longtemps et en rire. »

Je repense souvent aux réponses de Siddhartha de la manière suivante :

« **Je peux penser** » : avoir les bonnes règles pour prendre une décision, et avoir les bonnes questions à poser à soi et aux autres.

« **Je peux patienter** » : être capable de planifier à long terme, être endurant et bien répartir ses ressources.

« **Je peux jeûner** » : être capable de résister à la difficulté et à la catastrophe. S'entraîner pour devenir résilient et développer une haute tolérance à la souffrance.

Ce livre vous aidera à développer ces trois concepts.

J'ai écrit ce livre parce que c'est le livre que j'ai toujours voulu avoir. J'espère que vous aurez autant de plaisir à le lire que j'en ai eu à le rédiger.

Pura vida,
Tim Ferriss
Paris, France

1

LES SAINS

« Lorsque je me laisse aller, je deviens ce que je pourrais être. »

– Lao-tseu

« Ce n'est pas un signe de bonne santé que d'être bien adapté à une société profondément malade. »

– J. Krishnamurti

« En fin de compte, gagner, c'est mieux dormir. »

– Jodie Foster

Amelia Boone

« Je ne suis pas la plus forte ni la plus rapide, mais je sais serrer les dents. »

On l'appelle « la Michael Jordan de la course d'obstacles ». Amelia Boone (TW : @ameliaboone, ameliabooneracing.com) est la femme qui a remporté le plus grand nombre de trophées en course d'obstacles : 30 victoires et 50 podiums depuis la naissance de cette discipline. En 2012, lors de l'épreuve World's Toughest Mudder, qui dure 24 heures (elle a couru 144 km et franchi 300 obstacles), Amelia a fini seconde toutes catégories confondues sur plus de 1 000 concurrents, dont 80 % étaient des hommes. Celui qui a franchi la ligne d'arrivée en premier l'a devancée de 8 minutes à peine. Parmi ses plus belles victoires, on compte le championnat mondial Spartan Race et Spartan Race Elite Point Series. Par ailleurs, elle est la seule participante à avoir remporté trois fois le World's Toughest Mudder (2012, 2014 et 2015). Elle avait remporté l'édition 2014 huit semaines après une opération du genou. Amelia a terminé trois fois la Death Race. Dès que son emploi d'avocate à plein temps chez Apple le lui permet, elle s'entraîne pour l'ultramarathon (elle s'est qualifiée pour le Western States 100).

Animal totem : la carpe

* **Ce que vous mettriez sur une affiche ?**
« Personne ne te doit rien. »

* **Votre meilleure acquisition pour moins de 100 dollars ?**
Les pansements au miel de Manuka. Les fils barbelés ont laissé des cicatrices sur les épaules et le dos d'Amelia.

* **Le livre que vous offrez**
La Maison des feuilles de Mark Danielewski : « C'est un livre qu'il faut tenir dans ses mains parce qu'il y a des passages qui se lisent la tête en bas. Certaines pages sont écrites en cercle, il faut tourner pour le lire... Ce livre offre une véritable expérience sensorielle. »

Les astuces et tactiques d'Amelia

- **Gélatine hydrolysée + poudre de betterave** : J'ai déjà pris de la gélatine pour soigner des ruptures de ligaments, mais jamais à long terme, parce que, une fois diluée dans de l'eau, ça ressemble à de la fiente de mouette. Amelia m'a fait découvrir la version hydrolysée Great Lakes (bio), qui se mélange (dissout ?) parfaitement. Ajoutez une cuillère à soupe de poudre de betterave pour éliminer toute odeur d'étable, et ça passe beaucoup mieux. Amelia consomme de la betterave en poudre avant une course ou un entraînement pour améliorer son endurance, mais moi, je l'utilise pour fabriquer des oursons en gomme acides, pauvres en glucides, quand j'ai des envies de glucides.
- **Rouleau de massage** : C'est un peu la rencontre entre un rouleau en mousse et un pneu de tracteur. Les rouleaux en mousse n'ont jamais eu un effet bœuf sur moi, mais cet instrument de torture a eu un effet immédiat sur mon rétablissement. (On dort mieux aussi si on l'utilise avant de se coucher.) Allez-y mollo. J'ai voulu copier Amelia et j'ai fait une première séance de 20 minutes. Le lendemain, j'avais l'impression d'avoir été renversé par un train.
- **Faire rouler une balle de golf sous le pied** pour assouplir les tendons. C'est bien plus efficace avec une balle de la crosse au champ. Placez une serviette sous la balle à moins de vouloir éborgner le chien.
- **Concept2 SkiErg** pour s'entraîner en cas de blessure des membres inférieurs. Après son opération du genou, Amelia a utilisé cette machine pour maintenir son endurance cardiovasculaire et se préparer au World's Toughest Mudder de

2014, qu'elle a remporté après huit semaines de convalescence. Kelly Starrett (page 117) est aussi un grand adepte de cette machine.

- **Le *dry needling*** : Je n'en avais jamais entendu parler, mais Amelia m'a expliqué cette technique de kinésithérapie. « [En acupuncture], l'objectif est de sentir l'aiguille. Dans le *dry needling*, on plante l'aiguille dans le cordon du muscle et on cherche une réponse contractile. La contraction permet d'éliminer la douleur. » On l'utilise en cas de contracture musculaire, et les aiguilles ne restent pas en place. À moins d'être maso, ne faites pas ça sur les mollets.
- **Le sauna pour l'endurance** : Amelia a découvert que le sauna améliorait son endurance, une méthode confirmée depuis par plusieurs athlètes, dont le cycliste David Zabriskie, sept fois champion national américain du contre-la-montre. Il trouve que le sauna est plus pratique pour remplacer les tentes de simulation d'altitude. Lors du Tour de France 2005, David a remporté la première étape contre la montre. Il a battu Lance Armstrong de quelques secondes, enregistrant une vitesse moyenne de 54,676 km/h (!). Maintenant, je vais au sauna au moins quatre fois par semaine. Pour trouver le meilleur protocole, j'ai demandé l'avis d'une autre invitée, Rhonda Patrick. Réponse page 41.

* **Selon vous, qui incarne le mieux le mot « réussite » ?**

« Triple H est un bon exemple [d'un ancien athlète reconverti en businessman]. Donc je dirai Paul Levesque. » (Voir page 123.)

En bref

- Amelia mange des aliments genre Cracottes pour le petit déjeuner avant une compétition.
- Son record de doubles sauts à la corde (faire passer deux fois la corde sous les pieds en un seul saut) est de 423, de quoi impressionner tous les Crossfitters. Ce qu'ils ne savent pas, c'est qu'elle était championne régionale de corde à sauter en CE2. Ce qu'ils ignorent aussi, c'est qu'elle s'est arrêtée à 423 à cause d'une envie pressante.
- Amelia adore s'entraîner dans le froid et sous la pluie quand elle devine que ses concurrents restent bien au chaud. C'est un exemple d'entraînement au pire scénario catastrophe afin de devenir plus résilient (voir page 428).
- Elle chante très bien *a cappella* et elle a fait partie du groupe Greenleafs à l'université Washington de St. Louis.

Dr Rhonda Perciavalle Patrick

Rhonda Perciavalle Patrick, PhD (TW/FB/IG : @foundmyfitness, foundmyfitness.com) a travaillé aux côtés de médecins célèbres tels que le Dr Bruce Ames, inventeur du test d'Ames, qui mesure le potentiel mutagène, et 23e scientifique le plus décoré tous domaines confondus entre 1973 et 1984. Le Dr Patrick mène des essais cliniques, a étudié le processus de vieillissement à l'institut Salk d'études biologiques. Elle a fait des recherches pour sa thèse à l'hôpital pour enfants St. Jude, où elle s'est plus particulièrement concentrée sur le cancer, les mitochondries et l'apoptose. Plus récemment, elle a publié des articles sur le mécanisme permettant à la vitamine D de réguler dans le cerveau la production de sérotonine et ses diverses implications dans les déficiences chez les enfants ou les troubles d'ordre psychiatrique.

Animal totem : le coyloup

La petite souris pourrait vous sauver la vie (ou celle de vos enfants)

Le Dr Patrick m'a parlé de la conservation des dents par des banques de cellules souches. Si vous vous faites retirer vos dents de sagesse ou si vos enfants perdent leurs dents de lait (qui ont une très forte concentration de cellules souches dans la pulpe dentaire), pensez aux services de sociétés telles que StemSave ou National Dental Pulp Laboratory, aux Etats-Unis, pour les conserver pour un usage postérieur. La banque de cellules souches envoie un kit au chirurgien-dentiste et congèlera la matière biologique dans de l'azote liquide. Les coûts sont variables, mais comptez environ 625 $ de frais de gestion et 125 $ par an de frais de conservation.

Les cellules souches mésenchymateuses pourront être ultérieurement extraites de la pulpe dentaire et utilisées pour des traitements utiles (traitement des os, cartilages, muscles, vaisseaux sanguins, etc.), qui changent la vie (neurones moteurs de la moelle épinière), ou potentiellement salvateurs (traumatisme cérébral).

Vague de chaleur

Les « soins hyperthermiques » (exposition mesurée à la chaleur) peuvent aider à augmenter votre taux d'hormones de croissance et améliorer substantiellement votre endurance. Désormais, je passe 20 minutes au sauna à 70 ou 75 °C après une séance d'entraînement ou d'étirements, au moins quatre fois par semaine. Au pire, ça diminue sensiblement les courbatures.

À propos de l'endurance et des hormones de croissance, voici des observations du Dr Patrick :

- « Une étude a démontré qu'une séance de 30 minutes au sauna après le sport deux fois par semaine pendant trois semaines augmentait de 32 % le temps de course jusqu'à épuisement des participants à l'étude. Cette augmentation de l'endurance à la course s'accompagnait dans ce cas d'une hausse de 7,1 % du volume plasmique et de 3,5 % du taux de globules rouges. »
- « Deux passages de 20 minutes au sauna à 80 °C espacés de 30 minutes de refroidissement doublaient le taux d'hormones de croissance. Deux passages de 15 minutes dans un bain de chaleur sèche à 100 °C espacés de 30 minutes de période de refroidissement multipliaient par cinq le taux d'hormones des croissance… L'effet des hormones de croissance dure généralement deux heures après la séance de sauna. »

TF : Les bains chauds peuvent aussi augmenter le taux d'hormones de croissance et, ensemble, le sauna et les bains chauds libéreraient de la prolactine, qui joue un rôle dans la cicatrisation. Généralement, je reste 20 minutes dans un bain chaud ou un sauna, ce qui est suffisant pour accélérer mon rythme cardiaque. Je continue quelques minutes après l'émission de dynorphine, qui a tendance à vous faire sentir dysphorique et vous donne envie de sortir (mais sans aller jusqu'à l'étourdissement ou le vertige). Généralement, j'écoute un livre comme *L'Étrange vie de Nobody Owens*, de Neil Gaiman, puis je me rafraîchis 5 à 10 minutes dans un bain glacé (je mets 20 kilos de glace dans une grande bassine pour obtenir de l'eau à 7 °C ; voir détails page 75) et/ou en buvant de l'eau glacée. Et je recommence le cycle 2 à 4 fois.

✶ Les trois personnes dont les travaux ont particulièrement intéressé le Dr Patrick l'année dernière

Dr Bruce Ames, Dr Satchin Panda (professeur à l'institut Salk de San Diego, Californie), Dr Jennifer Doudna (professeur de biochimie et de biologie moléculaire à l'université de Berkeley).

Christopher Sommer

« Si les meilleurs du monde font des étirements à n'en plus finir pour devenir plus forts, vous pouvez le faire aussi, non ? »

Christopher Sommer (IG/FB : @GymnasticBodies, gymnasticbodies.com) est un ancien entraîneur de l'équipe nationale américaine de gymnastique et le fondateur de GymnasticBodies, un système d'entraînement que je teste depuis 8 mois (sans y être inscrit). En tant que coach de renommée internationale, Sommer est connu pour avoir produit des athlètes parmi les plus forts et les plus puissants au monde. Durant sa longue carrière (40 ans), il a méticuleusement pris note de ses techniques d'entraînement, leurs points forts et faiblesses, avant d'en rassembler les meilleurs éléments en un système d'exercice supérieur, adapté aux athlètes de haut niveau comme aux débutants. Ses quatre décennies d'observation consciencieuse se sont vues couronner par la naissance de Gymnastics Strength Training (GST).

Animal totem : le faucon

Contexte

En un an, l'association de GST et d'AcroYoga (page 83) a totalement transformé mon corps. Je suis plus souple et mobile à 39 ans que je ne l'étais à 20. Je vais vous épargner tout ce que vous verrez bien mieux en vidéo ou en image (du genre Maltese et Stalder), mais laissez-moi vous décrire l'exercice le plus difficile (page 84). Google est votre meilleur allié.

Remédier à ses faiblesses

**« Pour devenir un étalon,
il faut d'abord être un avorton. »**

C'est ce que mon coach m'a dit alors que je me plaignais de la lenteur de ma progression quand il s'agissait de faire des extensions d'épaules (imaginez-vous rejoindre vos mains dans votre dos, les bras tendus, avant de lever les bras sans cambrer les reins). **Dans le doute, travaillez les faiblesses qui vous gênent le plus.** Ma plus grande faiblesse, c'est l'extension des épaules et faire le pont en utilisant le rachis dorsal (et non la cambrure des reins). Après m'être amélioré de 10 % en trois ou quatre semaines – mon statut aux yeux de mon coach a évolué de celui « qui le faisait vomir » à celui « qui le faisait rire » –, les multiples problèmes physiques dont je souffrais depuis des années ont tout bonnement disparu. Si vous voulez évaluer vos plus grandes faiblesses, commencez par trouver un Functional Movement Screen (FMS) près de chez vous. Comme le dit Sommer : « Vous n'êtes pas responsable des cartes qu'on vous distribue. Vous êtes responsable de ce que vous en faites. »

« Flexibilité » vs « Mobilité »

La distinction qu'établit Sommer entre « flexibilité » et « mobilité » est la plus concrète et claire que j'aie jamais entendue. **La « flexibilité » peut être passive, alors que la « mobilité »** nécessite que vous soyez à même de montrer votre force tout au long de la série de mouvements, y compris les derniers. Voir les exercices de Jefferson Curl et d'élévation des pieds jambes tendues pages 50 et 54 comme exemples de mobilité dite « flexibilité active ». L'élévation des pieds jambes tendues est un exercice particulièrement parlant, puisqu'on teste la « force de compression » dans une amplitude peu courante.

Préférer la cohérence à l'intensité

« **Ralentissez. Il n'y a pas le feu** ! » C'est ce que le coach rappelle régulièrement. Certaines adaptations prennent plusieurs semaines ou mois de stimuli constants (voir page 154).

Si vous allez trop vite, votre récompense se soldera par des blessures. Avec le GST, on atteint des paliers surprenants après de longues périodes sans progrès. Après six mois environ passés à effectuer des « séries pour muscler les ischio-jambiers » avec peu de résultats, j'ai soudain eu l'impression un beau jour de doubler mon amplitude de mouvement. Sommer, lui, n'était pas du tout surpris.

« J'avais l'habitude de dire à mes athlètes qu'il existe des gymnastes stupides et de vieux gymnastes, mais qu'aucun n'est vieux et stupide car ceux-là sont tous morts. »

« Régime et exercices » vs « manger et s'entraîner »

Le coach Sommer n'aime pas que les adeptes du fitness se focalisent sur « régime et exercice ». Il trouve beaucoup plus productif de se concentrer sur « manger et s'entraîner ». La première approche est esthétique, la seconde est fonctionnelle. La première peut n'avoir aucun objectif défini, la seconde en a toujours un.

Échauffements… ratés !

Le coach Sommer décrit ci-dessous son tout premier séminaire, en 2007, pour des adultes qui n'étaient pas des gymnastes :

« Je me suis retrouvé devant ces gros balèzes [haltérophiles]. J'ai essayé de leur faire faire mes exercices de base en pliométrie ainsi que quelques exercices au sol. Plus l'athlète était fort, plus vite il a craqué : genoux, région lombaire, chevilles… sur des exercices pour bébés. Je ne leur demandais rien de compliqué.

Par exemple, ils devaient sauter sur place, les genoux tendus, en s'aidant juste des muscles des mollets.

Impossible. Leurs tissus n'ont pas supporté. Ils n'avaient jamais rien fait de tel. [Pour vous prouver] combien leur mobilité était réduite, j'avais prévu 15 minutes d'étirements. Rien de bien compliqué, rien d'intense, juste des étirements faciles, basiques. Uniquement destinés à les assouplir pour la journée qui commençait. Il nous a fallu une heure et demie pour tout faire. Ils se sont tous écroulés les uns après les autres. On se serait cru au Vietnam ou en train de tourner un film de guerre. J'ai même demandé à mon personnel ce que je devais faire. Je n'en revenais pas. « Qu'est-ce qu'on fait ? Ils ne peuvent pas faire l'échauffement ? Ils ont foiré l'échauffement ! »

Pourquoi les athlètes olympiques ont d'énormes biceps

Les athlètes olympiques masculins n'obtiennent pas des biceps aussi gros que leur tour de taille en n'effectuant que des tractions. Non, ils les obtiennent en grande partie grâce à des exercices bras tendus, notamment les Maltese aux anneaux.

Mais comment voulez-vous réussir un Maltese si vous êtes débutant ? Personnellement, pour diminuer de moitié la résistance du poids de mon corps, j'utilise un système de poulie 50/50 similaire à la Ring Thing® (par Power Monkey Fitness) ou la « machine de rêve » générique que Jason Nemer (page 78) adore utiliser. Je combine cet exercice avec des « power levers », des maniques renforcées à lanières qui me permettent de fixer les cordes des anneaux à mes avant-bras, à la hauteur que je désire entre le coude et le poignet. Ceci me permet d'appliquer une résistance progressive en commençant près du coude et avant de descendre vers le poignet. Les meilleurs modèles sont européens.

Trois mouvements que tout le monde devrait faire

1. Jefferson Curls (page 50).
2. Extension des épaules : passez une barre dans le dos (en position debout), ou asseyez-vous sur le sol et déplacez progressivement les mains en les éloignant de votre bassin.
3. Extension du buste : Soulevez les pieds assez pour sentir l'étirement dans le haut du dos et les épaules, pas au niveau des reins. Les pieds peuvent monter

à plus de 1 mètre du sol. Concentrez-vous pour tendre les bras (et jambes si possible), et maintenez la position en respirant normalement.

Objectifs pour les adultes non professionnels

Les objectifs suivants sont des mouvements complets faisant travailler musculation et assouplissement :

Débutant : Jefferson Curl
Intermédiaire : Poirier jambes écartées [**TF** : J'y travaille en ce moment]
Avancé : Stalder

De l'utilité d'un vibromasseur

Le coach Sommer m'a présenté un spécialiste russe du massage thérapeutique qui m'a conseillé d'utiliser le vibromasseur Hitachi (modèle avec fil) à sa vitesse supérieure. Je n'ai jamais atteint de tels sommets d'extase. Merci, Vladimir !

Je plaisante. Je parle juste de relâcher des muscles hypertoniques (autrement dit, des muscles qui sont tendus alors qu'ils ne devraient pas l'être). Placez simplement le vibromasseur au centre du muscle (pas sur les points d'insertion) pendant 20 à 30 secondes. En général, c'est suffisant à la bonne fréquence hertzienne. Vous souffrez de maux de tête ou d'une raideur du cou ? Le vibromasseur est super pour détendre le muscle occipital à la base du crâne. Attention : laisser traîner un vibromasseur chez vous peut avoir des conséquences négatives… ou positives. Bonne chance pour expliquer que ce n'est que pour vos « muscles hypertoniques ». Comme m'a dit un ami : « Je crois que ma femme a le même problème… ».

Musclé comme un gymnaste

Exercices inhabituels et efficaces

En moins de huit semaines du programme établi par le coach Sommer, je n'en revenais pas de constater des transformations sur des parties de mon corps auxquelles j'avais renoncé.

Essayez quelques-uns de mes exercices favoris et vous découvrirez vite que les gymnastes se servent de muscles dont vous ne connaissiez même pas l'existence.

QL Walk (marche sur les fesses) – un échauffement pas comme les autres

Le coach Sommer a emprunté cet exercice à Donnie Thompson, qui l'a surnommé la « marche du popotin ». Donnie « Super D » Thompson est le premier à avoir soulevé un total de plus de 1 360 kilos (entre développé couché, soulevé de terre et squat). Le QL Walk vise à réveiller en fanfare vos muscles fessiers et les muscles carrés des lombes (*Quadratus lumborum* en latin, d'où QL). Donnie appelle ces derniers des « trolls en colère dans votre dos » :

1. Asseyez-vous sur un tapis (ou sur du gravier si vous voulez transformer vos fesses en viande hachée), les jambes tendues devant vous, les chevilles soit serrées l'une contre l'autre, soit légèrement écartées, le dos droit. Personnellement, je garde les jambes collées. Cette position s'appelle « carpée », et je l'utiliserai souvent dans ce livre.
2. Amenez un kettlebell ou un haltère au niveau de vos clavicules (comme dans les squats avant). Je pèse 77 kilos et j'utilise des poids de 13 à 27 kilos. Je

tiens les kettlebells par la poignée, mais Donnie préfère les soutenir par en dessous.

3. Tout en gardant les jambes droites (genoux parfaitement tendus), avancez sur vos fessiers, un coup à gauche, un coup à droite… En temps normal, je fais 3 à 5 mètres.
4. Puis on repart et on refait les 3 à 5 mètres, en marche arrière cette fois. Et voilà.

Jefferson Curl (enroulé de Jefferson)

Considérez ce mouvement comme un soulevé de terre contrôlé, jambes tendues, le dos légèrement arrondi. Selon Sommer : « Allez-y lentement et soyez patient. Ne vous précipitez pas. Pour ce genre de travail de mobilité avec poids, ne vous permettez jamais de forcer, d'effectuer les séries trop vite, ou de forcer l'amplitude du mouvement. Bouger de façon liée et contrôlée est à l'ordre du jour. » Le but ultime est de porter son poids à la barre, mais commencez par 7 kilos. En ce moment, je ne m'entraîne qu'avec 23 ou 27 kilos. Cet exercice peut faire des miracles pour votre mobilité thoracique ou pour la zone médiane de votre dos, tout en aidant le muscle ischio-jambier en position carpée. J'ai demandé au coach Sommer combien de fois il me recommandait de faire cet exercice. Voici sa réponse : « Il doit être fait comme on respire. » Autrement dit, on doit faire des Jefferson Curls au début de chaque entraînement de base.

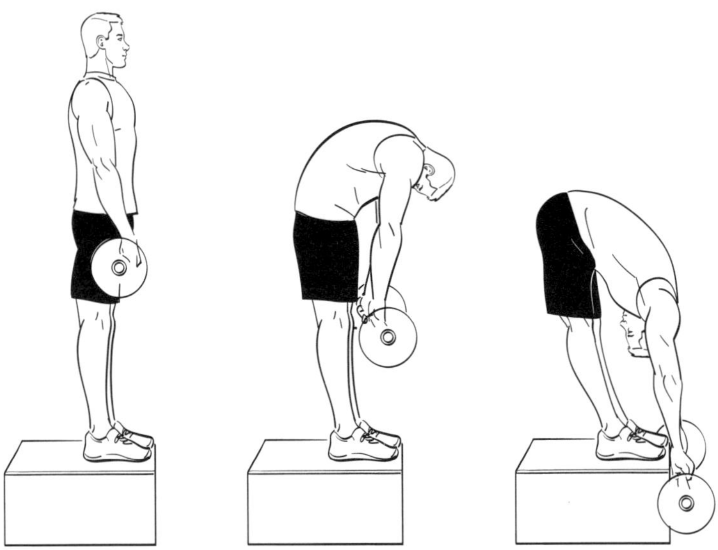

Fig. A Fig. B Fig. C

1. Commencez debout, les rotules bloquées, une barre tenue au niveau de la taille, les bras écartés à la largeur de vos épaules (**fig. A**). Pensez à la position de départ du soulevé de terre.
2. Rentrez légèrement le menton vers la poitrine (et gardez-le dans cette position durant l'intégralité du mouvement) et penchez-vous lentement, une vertèbre à la fois, à partir du cou (**fig. B**). Gardez les bras droits et la barre près des jambes. Baissez-vous au maximum. Quand vous aurez plus de flexibilité, montez sur une caisse (j'utilise une plyo-box Rogue), le but étant de passer vos poignets sous vos orteils. Gardez les jambes aussi perpendiculaires par rapport au sol que possible et tâchez de ne pas reculer les hanches tant que votre tête n'a pas dépassé votre taille.
3. Remontez lentement, en déroulant vertèbre après vertèbre. Votre menton doit être la dernière partie de votre corps à se redresser (**fig. C**). Cet exercice constitue 1 répétition. Faites-en 5 à 10.

Dips, les anneaux tournés vers l'extérieur

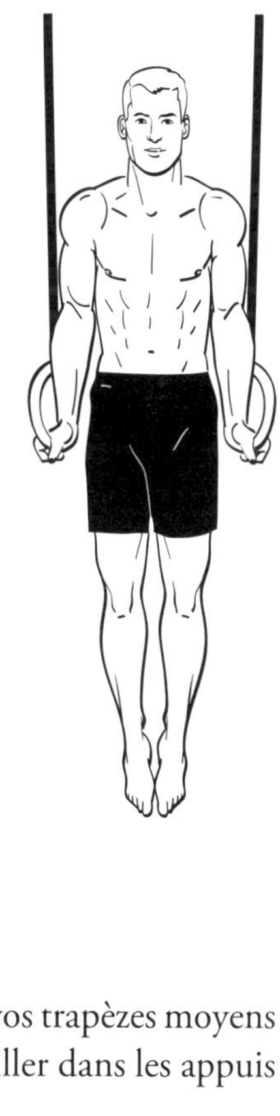

Vous arrivez à faire 10 à 20 dips simples ? Formidable. Je vous défie d'effectuer 5 dips lents, les anneaux tournés vers l'extérieur (en « position de soutien »). Imaginez que vos phalanges pointent vers 10 et 2 heures. Effectuez le mouvement en évitant de vous retrouver en position carpée (pliée aux hanches) ou le buste penché vers l'avant. Dans cet exercice, le muscle brachial travaille en position haute, et les épaules en extension en position basse – je déteste ça. Vous pouvez me maudire mais vous me bénirez dans huit semaines. Si vous n'arrivez pas à effectuer 15 dips réguliers, envisagez de commencer par des push-ups (pompes) anneaux tournés vers l'extérieur, un exercice de Kelly Starrett (page 122). Pour cela, maintenez la position « torse creux/épaules en avant » recommandée pour les push-ups sur les mains page 19.

Les Hinge Rows

C'est une option excellente, à risque limité, pour travailler vos trapèzes moyens et la coiffe des rotateurs externe, des muscles qu'on fait travailler dans les appuis mains et pour presque tous les autres exercices de gymnastique. Imaginez-vous en train de vous redresser, tel Dracula, dans votre cercueil, avant d'effectuer une pose double biceps. La difficulté : vos mains sont accrochées à vos anneaux. Dès que vous réussissez à faire 20 répétitions de hinge rows, tapez « écarté latéral » sur Google et progressez jusqu'à ce niveau.

1. Assurez-vous que vos anneaux se trouvent à 30 cm environ au-dessus de votre tête quand vous êtes assis au sol.
2. Attrapez les anneaux. Tout en gardant les talons au sol, allongez votre corps vers l'arrière et, les bras tendus, soulevez les hanches du sol. Concentrez votre effort sur la position de votre corps, qui doit être droit comme une baguette de la tête aux pieds (fig. A).
3. Redressez-vous (en carpé) jusqu'à ce que votre tête se trouve entre les anneaux et que vos bras soient en position double biceps. Le pli de la taille et des coudes doit réaliser un angle à 90 degrés (fig. B).
4. Redescendez lentement. Répétez l'exercice de 5 à 15 fois.

Fig. A

Fig. B

AG Walk (marche inversée sur les mains)

Cet exercice est extrêmement bénéfique et constitue une prise de conscience pour 99 % des gens. Vous allez vous rendre compte que vous n'avez aucune flexibilité au niveau des épaules ni aucune force dans cette position critique.

1. Procurez-vous des patins en feutre pour meubles (moins de 15 € le lot). Ils ressemblent à des sous-verres et sont utilisés pour déplacer les meubles sans rayer le sol.

2. Asseyez-vous en position carpée et posez les talons sur les patins en feutre (que j'emporte toujours avec moi en voyage désormais).
3. Placez vos mains près des hanches et, les bras tendus, soulevez les hanches du sol. Le corps est parfaitement droit des épaules aux talons, comme pour les *hinge rows*.
4. Fastoche ? Maintenant, avancez à l'aide de vos mains, en laissant glisser les patins de feutre sous vos pieds. Vous pouvez faire l'exercice en avançant ou en reculant. Visez cinq minutes de « marche » sans arrêt, mais vous avez le droit de commencer par 60 secondes (vous verrez…). Astuce de pro : Exercez-vous dans le couloir de votre hôtel à 2 heures du matin. C'est un supermoyen d'effrayer tout le monde.

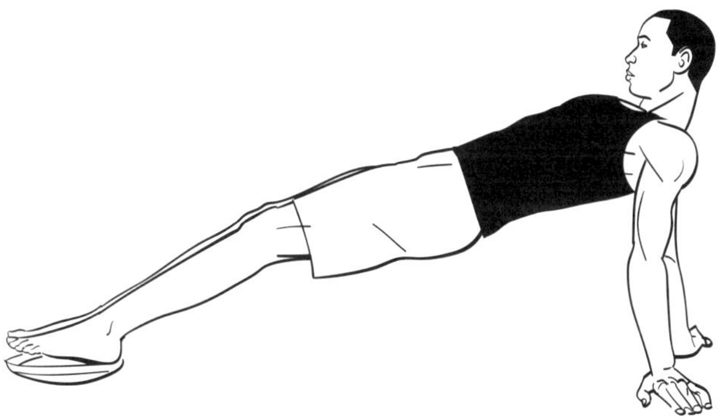

Équerres

Quand mes copains se moquent de mes exercices de renforcement musculaire, je leur demande de faire ceci. En général, ils finissent par laisser tomber en jurant comme des putois.

1. Asseyez-vous en position carpée. Pointez les orteils et verrouillez bien les genoux.
2. Glissez les mains au sol le plus près possible de vos pieds, ou après si vous le pouvez.
3. Dans cette position, essayez de soulever les talons de 2 à 10 cm, ce qui constitue une répétition ou « impulsion ». Pour 99 % d'entre vous, l'exercice sera impossible à réaliser. Vous aurez l'impression d'être une statue de glace. Redressez-vous et placez les mains entre les hanches et les genoux. Voyez si

vous y arrivez mieux et avancez les mains jusqu'au niveau où vous pourrez effectuer 15 à 20 impulsions.

Si vous vous en êtes très bien sorti, essayez de répéter l'exercice, cette fois le dos au mur. Quoi ?! Désolé… en fait, vous ne faisiez pas vraiment d'impulsion, vous vous berciez d'avant en arrière. Plaquez-moi ce dos contre le mur pour retrouver votre dignité.

Cast Wall Walk (pompes pieds sur le mur)

Si vous n'avez jamais fait de gymnastique, cet exercice sera à la fois formidable et atroce. Je l'effectue en fin d'entraînement et je vous recommande de faire pareil, puisque vous serez sur les rotules après. Voici la position de base qu'il faut maintenir :

Torse « **creux** » : Asseyez-vous sur une chaise, le dos droit, les mains sur les genoux. Maintenant, essayez de descendre le sternum vers votre nombril ; « raccourcissez » votre torse de 7 à 10 cm en contractant et en rentrant les abdos. Vous devrez maintenir cette position tout au long de l'exercice. Le bas du dos ne doit jamais se cambrer ni s'affaisser.

Épaules « **en avant** » : Le buste « creux » comme décrit ci-dessus, imaginez enlacer un poteau. Vos épaules doivent être placées en avant de votre poitrine, et le sternum maintenu avec force vers l'arrière. Raidissez les bras, mais maintenez la position. Ensuite, **sans bouger d'un millimètre**, soulevez les bras au-dessus de votre tête aussi haut que vous le pouvez. Bien, maintenant, on peut commencer.

1. Mettez-vous en position de poirier contre un mur, le nez face à ce dernier **(fig. A)**.

2. Le corps bien aligné, éloignez lentement les mains du mur tout en descendant les pieds (**fig. B**). Maintenez les genoux raidis et marchez avec les chevilles. Procédez par petits pas.
3. Finissez le mouvement pieds au sol, en position de pompe (**fig. C**). Corrigez la position pour que le torse soit le plus creux possible et les épaules le plus en avant possible.
4. Faites le chemin inverse, remontez les pieds, rapprochez les mains du mur jusqu'à ce que votre corps soit à nouveau parallèle au mur. Ceci constitue 1 répétition.

L'objectif est d'en faire 10, mais arrêtez-vous avant que vos muscles ne craquent. Sinon, malheur à vous quand le ciel vous tombera sur la tête et que l'apesanteur vous l'aplatira pour de bon !

Fig. A Fig. B Fig. C

Dominic D'Agostino

Le Dr Dominic « Dom » D'Agostino (TW : @DominicDAgosti2, ketonutrition.org) est maître de conférence au sein du département de Pharmacologie et de Physiologie moléculaire de l'université de Floride du Sud-Morsani - Collège de Médecine, ainsi que chercheur émérite en science à l'Institut pour la cognition de l'homme et des machines (IHMC). Il a également effectué une série de 10 soulevés de terre de 226,7 kilos après un jeûne de 7 jours.

C'est une bête et, sans grande surprise, il s'entend bien avec Peter Attia, mon ami docteur en médecine (page 88), qui a consommé du « kérosène » en cherchant à optimiser la performance athlétique. Le laboratoire de Dom se concentre en premier lieu sur le développement et la mise à l'épreuve de thérapies métaboliques – parmi lesquelles la diète cétogène, les esters et les compléments de cétone, pour provoquer une cétose nutrithérapeutique – et de médicaments à faible toxicité qui transforment le métabolisme. La plus grande partie de son travail est liée aux thérapies métaboliques et aux stratégies nutritionnelles qui visent performance et résilience optimales dans des environnements extrêmes. Ses recherches sont soutenues par le Bureau de la recherche navale, le Département de la Défense, des organisations privées et des fondations.

Animal totem : le castor

Pour la petite histoire

- En 1995, Dom a offert l'intégralité de *L'Éveil de votre puissance intérieure* de Tony Robbins (page 202) en version audio à tous ses copains haltérophiles débutants. Deux d'entre eux ont pris contact avec lui des années plus tard pour le remercier d'avoir changé leur vie.
- Après mon premier podcast avec Dom, tous les magasins Whole Foods du pays ont vendu l'intégralité de leur stock de sardines en conserve Wild Planet.

Préface

Ce profil en particulier pourrait vous sauver la vie. Une chose est certaine, il a changé la mienne. Il diffère des profils habituels dans le sens où il sert de mini-introduction sur tout ce qui concerne la cétose. Les discussions sur les régimes sont nombreuses, mais on peut traiter les compléments alimentaires et le jeûne comme des outils à part – on n'a besoin ni de bacon ni de crème fraîche. Afin de faciliter la lecture aux lecteurs non initiés, certains des concepts ont été légèrement simplifiés. J'ai inclus dans la présentation mon propre régime.

Tout d'abord : quelques points de base

- **La diète cétogène**, souvent surnommée « céto », est un régime riche en graisses qui imite la physiologie du jeûne. Pour trouver leur énergie, votre corps et votre cerveau commencent à utiliser les cétones (dérivées des graisses stockées ou ingérées) à la place du sucre dans votre sang (glucose). On appelle cet état la cétose. Cette diète visait à l'origine à traiter les enfants souffrant d'épilepsie, mais il en existe maintes variations, parmi lesquelles le régime Atkins. On peut provoquer la cétose par le jeûne, la diète, les cétones exogènes, ou une combinaison de tous ces éléments.
- **Comment sait-on qu'on est en état de cétose** ? Le moyen le plus fiable pour le savoir est le Precision Xtra, un instrument fabriqué par Abbott. Il permet de mesurer à la fois la glycémie et les niveaux dans le sang de bêta-hydroxybutyrate (BHB). Dès qu'on atteint 0,5 mmol – millimoles, une concentration –, on peut se considérer « en état de légère cétose ». Pour ma part, je commence à bénéficier d'une clarté mentale accrue à partir de 1 mmol.

- **La ressource de base, puisque vous y reviendrez** : La ressource première de Dom, à consulter pour tout ce qui concerne la diète cétogène et qui offre, entre autres, questions/réponses et menus, est le site ketogenic-diet-resource.com.

« J'aime promouvoir une cétose modérée pour notre santé et notre longévité, soit entre 1 et 3 mmol. »

TF : Entre autres bénéfices, ces niveaux aident à protéger votre ADN de lésions.

Pourquoi envisager la cétose ou des cétones sous forme de compléments ?

- **Perte de graisses et recomposition corporelle.**
- **Puissants effets anti-cancéreux.**
- **Meilleur usage de l'oxygène** : Dom peut retenir son souffle deux fois plus longtemps que d'habitude quand il est en état de profonde cétose (2 minutes, puis 4 minutes). J'ai remarqué la même chose chez moi. En gros, grâce au métabolisme de la cétone, on tire plus d'énergie de chaque molécule d'oxygène. L'avantage que l'on tire d'une telle utilisation de l'oxygène explique pourquoi certains cyclistes d'élite expérimentent la diète cétogène. Elle aide aussi la performance en altitude, si vous passez du niveau de la mer à la montagne, par exemple.
- **Maintien ou augmentation de la force** : dans une étude réalisée auprès de 12 sujets, Dom a démontré que même les haltérophiles expérimentés maintenaient ou augmentaient leur force, leur performance, et l'hypertrophie de leurs muscles après deux semaines de diète cétogène – adaptation, consommation de 75 à 80 % de calories provenant de graisses (associée à des huiles MCT et de coco), et limitation des glucides de 22 à 25 g par jour. Les cétones ont un effet anticatabolique, anti-inflammatoire et épargnent les protéines.
- **Maladie de Lyme** : (Avertissement : je relate ici une expérience personnelle, pas les résultats d'une étude randomisée en double aveugle.) Me mettre en état de cétose profonde (pour moi, de 3 à 6 mmol) grâce au jeûne, puis continuer avec une diète cétogène à calories limitées pendant une semaine, a complètement éradiqué les symptômes de la maladie de Lyme dont je souffrais et qu'aucun autre traitement n'avait soulagés. C'est le seul régime qui m'a aidé après mon premier traitement d'antibiotiques. La différence a été radicale : amélioration par 10 de ma performance et clarté mentales. Je

soupçonne que ç'a un rapport avec la « désintoxication » mitochondriale et les effets anti-inflammatoires des cétones. Plus d'un an a passé depuis mon traitement, et les symptômes ne sont pas réapparus, bien que j'aie suivi une diète, non cétogène, pauvre en glucides (voir page 100) 90 % du temps.

Pourquoi envisager le jeûne ?

Dom a discuté de l'idée d'un « **jeûne purgatif** » thérapeutique avec son collègue, le Dr Thomas Seyfried du Boston College. Selon lui : « **Si vous ne souffrez pas d'un cancer, faire un jeûne thérapeutique une à trois fois par an vous permettra sans doute de vous purger de toute cellule précancéreuse qui pourrait résider dans votre corps.** »

Si vous avez plus de 40 ans, le cancer est l'un des quatre types de maladie (voir Dr Peter Attia page 88) qui vous tuera avec 80 % de certitude. Cette solution semble donc constituer un moyen d'assurance astucieux.

Il existe aussi des preuves qui suggèrent – je laisse les détails scientifiques de côté – que des jeûnes de trois jours ou plus permettent de « relancer » votre système immunitaire de façon efficace par le biais d'une régénération des cellules souches. **Dom suggère des périodes de cinq jours de jeûne deux à trois fois par an.**

Il a lui-même effectué des jeûnes de sept jours, tout en donnant ses cours à l'université de Floride du Sud. Le septième jour, il est entré en cours avec un niveau de glycémie entre 35 et 45 mg/dL, et ses cétones à 5 mmol. Avant de cesser son jeûne, il a effectué dix séries de soulevé de terre de 226,7 kg, avant d'effectuer une série à 265,3 kg. C'est George Cahill, un chercheur de la Harvard Medical School, qui l'avait encouragé à faire ce premier jeûne d'une semaine. Cahill a mené une enquête fascinante, publiée en 1970[1], au cours de laquelle il avait fait jeûner ses patients pendant 40 jours.

Jeûner ne vous gâche pas la vie et ne vous affaiblit pas forcément. En fait, ça peut être l'inverse. Mais commençons par ce qu'il ne faut pas faire…

---

1 Cahill, George F. « Starvation in Man », *New England Journal of Medicine*, 282 (1970), p. 668-675.

Contexte personnel

J'ai effectué mon premier jeûne long en dernier recours. La maladie de Lyme m'avait réduit à néant, à 10 % de ma capacité depuis près de neuf mois. Mes articulations étaient si douloureuses qu'il me fallait 5 à 10 minutes avant de pouvoir me lever de mon lit, et ma mémoire à court terme avait tellement diminué que je commençais à oublier les noms de mes amis. Comme rien (médicaments, perfusions, etc.) ne semblait faire effet, j'ai décidé d'arrêter tout apport, quel qu'il soit, nourriture comprise. J'ai cherché les cliniques en Amérique qui proposaient les jeûnes les plus réputés pour leur efficacité. Et je me suis lancé.

Ce premier jeûne de sept jours s'est révélé atroce. Le processus était surveillé sur le plan médical par la clinique, où j'étais nourri et logé. On m'avait recommandé de ne pas utiliser l'eau du robinet ni de dentifrice, ni même de prendre un bain. Quant à faire de la gym ou quitter la clinique pendant la journée, le contrat d'assurance ne l'autorisait pas.

Les troisième et quatrième jours, la douleur que je ressentais dans le bas du dos est devenue si intense que je suis resté allongé sur mon lit en position fœtale. Selon les médecins, les « toxines » quittaient mon corps, un argument que je n'ai pas accepté. J'ai insisté pour qu'on me fasse un bilan sanguin. La raison de ma douleur lombaire était simple : mes reins étaient frappés de plein fouet par des niveaux extrêmement élevés d'acide urique. Je n'avais pas le droit de faire d'exercice (pas même sous forme de marche rapide), du coup, l'état de cétose ne se développait pas. Mon corps attaquait les tissus de mes muscles pour que mon foie les convertisse en glucose. L'acide urique en était le produit dérivé. Qui plus est, puisque les patients qui jeûnaient ne pouvaient boire que de l'eau distillée, presque aucun (sur une quarantaine au total) n'arrivait à dormir à cause d'une déplétion électrolytique qui provoquait en chaîne des réponses cholinergiques (rythme cardiaque accéléré pendant la phase d'endormissement par exemple). Mais j'ai fini par remarquer quelques bénéfices : certains de mes problèmes cutanés, présents depuis longtemps, ont commencé à disparaître au bout de quelques jours, tout comme mes douleurs articulaires chroniques.

Le matin du septième jour, j'ai été réveillé par du sang qui coulait de mon protège-dents. Pris par un rêve de gâteau à la fraise (sans rire), je m'étais mis à mâcher l'appareil avec une telle force que je m'en étais ouvert les gencives. *Basta.*

J'ai mis fin à mon jeûne avec un ragoût de porc – contre l'avis des médecins – et j'ai décidé deux choses : jeûner était un concept très intéressant, mais pas mené de cette façon.

Mais alors… quel type de jeûne pratiquez-vous ?

Au cours de ces deux dernières années, j'ai beaucoup expérimenté le jeûne, mais en appliquant des concepts scientifiques, pas des formules de bonne femme (du genre : il faut casser le jeûne avec du chou râpé et des betteraves). Désormais, j'essaie de jeûner 3 jours une fois par mois et 5 à 7 jours une fois par trimestre. J'aimerais atteindre 14 à 30 jours une fois par an, mais pour l'instant, ça s'est avéré compliqué sur le plan logistique.

Le jeûne le plus long que j'aie effectué jusqu'ici a duré 10 jours. Pendant ce laps de temps, trois fois par semaine, j'ai pris de la vitamine C4 et de l'oxygène hyperbare (2,4 ATA X 60 minutes). Tous les deux à trois jours, j'ai fait faire des tests de densitométrie osseuse (DEXA) et j'ai consommé environ 1,5 g de BCAA au lever, puis 3 g pendant l'exercice. Après ces 10 jours de jeûne, je n'avais rien perdu du tout de ma masse musculaire. Par contre, j'avais perdu près de 6 kilos de muscles lors de mon premier jeûne de 7 jours.

Pourquoi une telle différence ?

Tout d'abord, pendant mon « jeûne », je me suis autorisé des quantités minimes de BCAA ainsi que 300 à 500 calories provenant de graisses pures.

Deuxièmement, je suis entré en état de cétose aussi vite que possible pour éviter une perte musculaire. Il me faut maintenant moins de 24 heures pour le faire au lieu de 3 ou 4 jours. Plus vous faites de diète céto, plus la transition se fait rapidement. Apparemment, on a une « mémoire musculaire » biologique qui serait liée aux transporteurs de monocarboxylate ainsi qu'à d'autres éléments qui dépassent mes compétences. Le jeûne est l'élément-clé, et c'est pour cela que le protocole de la diète cétogène utilisée à Johns Hopkins pour les enfants souffrant de convulsions résistant aux médicaments commence par un jeûne.

Voici le protocole que j'applique pour mon jeûne mensuel de trois jours du jeudi soir au dimanche soir :

- Le mercredi et le jeudi, prévoir ses appels téléphoniques du vendredi. Déterminer quel sera votre niveau de productivité au téléphone portable sur quatre heures. Vous comprendrez vite pourquoi.
- Prendre un dîner pauvre en glucides vers 18 heures le jeudi.
- Les vendredi, samedi et dimanche matin, dormir aussi tard que possible. Le but est que le sommeil fasse une partie du travail pour vous.
- Consommez des cétones exogènes et des triglycérides à chaîne moyenne au réveil, puis deux autres fois dans la journée à trois ou quatre heures d'intervalle. Personnellement, j'utilise essentiellement du KetoCaNa et de l'acide caprylique (C8) comme Brain Octane. Les cétones exogènes aident

à « combler le vide » durant les un à trois premiers jours où vous risquez de souffrir d'un manque de glucides. Une fois entré en phase profonde de cétose et que votre corps puise dans sa propre réserve de graisse, vous pouvez cesser d'en prendre.

- Le vendredi (et samedi si nécessaire), buvez de la caféine et préparez-vous à MARCHER. Sortez 30 minutes après votre réveil. Pour ma part, je prends dans mon frigo un litre d'eau froide, ou de Smartwater, j'y ajoute un peu de jus de citron pur non sucré pour donner un peu de goût, quelques pincées de sel pour éviter de me sentir mal, d'avoir mal à la tête et des crampes, et je sors. Pendant ma marche, je sirote mon mélange tout en passant mes appels téléphoniques prévus. On peut aussi simplement écouter des podcasts. Une fois la bouteille d'eau finie, remplissez-la ou achetez-en une autre. Ajoutez un peu de sel, poursuivez votre marche, et continuez de boire. Le rythme soutenu de la marche – qui NE doit PAS être un exercice intensif – et une hydratation constante sont essentiels. Certains de mes amis ont essayé de courir ou de soulever des poids : croyez-moi, ça NE marche PAS pour des raisons que je vous épargnerai ici. Je leur ai dit : « Essaie de marcher de façon soutenue et de boire des tonnes d'eau pendant trois ou quatre heures. Je parie que tu seras à 0,7 mmol le lendemain matin. » L'un d'eux m'a envoyé un SMS le lendemain : « Incroyable ! Je suis à 0,7 mmol. »
- Chaque jour du jeûne, consommez à volonté des cétones exogènes ou des acides gras (par exemple, de l'huile de coco dans votre thé ou café), à concurrence de quatre cuillères à soupe. Chaque fois que je termine un jeûne, je me récompense l'après-midi avec un café glacé agrémenté d'un peu de crème de noix de coco. À vrai dire, je me récompense parfois avec un paquet de SeaSnax au nori. Quelle décadence…
- Terminez votre jeûne le dimanche soir. Et réjouissez-vous. Si votre jeûne a duré 14 jours ou plus, il vous faudra reprendre votre alimentation avec beaucoup de précaution. Mais, pour un jeûne de trois jours, à mon avis, vous pouvez manger ce que vous voulez. Il m'est arrivé de prendre un steak, des salades composées, et même des burritos bien gras. Du point de vue de notre courbe d'évolution, qu'un hominidé mourant de faim ait besoin de trouver du chou râpé ou un autre aliment ridicule de ce genre pour ne pas mourir n'a aucun sens. Mangez simplement ce que vous trouvez.

Une fois la diète cétogène commencée, comment la maintenir sans jeûner ?

La réponse simple est : Mangez chaque jour une cargaison d'acides gras (1,5 à 2,5 g environ par kilo de poids corporel), pratiquement pas de glucides, et une dose modérée de protéines (1 à 1,5 g par kilo de poids corporel). Je reviendrais aux repas typiques suggérés par Dom par la suite, mais d'abord quelques remarques critiques :

- Un niveau élevé de protéines associé à peu de graisses ne marche pas. Votre foie convertira l'excès d'acides aminés en glucose, ce qui stoppera la cétogenèse. Il faut 70 à 85 % de calories sous forme de graisses.
- Cela ne signifie pas que vous ne deviez manger que des entrecôtes. Un morceau de blanc de poulet à lui tout seul vous sortira de votre cétose, mais des morceaux de blanc de poulet dans une salade composée avec beaucoup d'huile d'olive et de feta, et agrémenté de Bulletproof Coffee (un café mélangé à du beurre « d'été » et à de l'huile de MCT) vous y maintiendra. L'un des défis de la diète cétogène est la quantité de graisses dont on a besoin pour la maintenir. 70 à 80 % de vos calories doivent provenir de graisses. Au lieu d'essayer d'incorporer des bombes de graisses dans chacun de vos repas (on se lasse d'un bon steak bien gras, des œufs et du fromage), Dom boit des graisses entre les repas (en mettant du lait de coco – pas de l'eau – dans son café par exemple) et y ajoute de la « glace », comme vous le verrez page 65.
- Après avoir remarqué que les produits laitiers pouvaient causer des problèmes de profil lipidique (par exemple augmenter le taux de LDL), Dom a commencé à diminuer des aliments tels que la crème et le fromage. J'ai fait la même expérience. Il est facile de manger une quantité écœurante de fromage pour maintenir sa diète. Mais il vaut mieux envisager le lait de coco (lait de coco pur d'Aroy-D) à la place. Dom ne s'inquiète pas de voir des taux de LDL élevés à partir du moment où les autres marqueurs sanguins ne s'emballent pas aussi (taux élevé de CRP, baisse des HDL, etc). Il déclare : « Je me concentre surtout sur les triglycérides. Si votre taux est élevé, cela signifie que votre corps ne s'adapte tout simplement pas à la diète cétogène. Chez certains d'entre nous, le taux de triglycérides est élevé même quand le nombre de calories est limité. C'est un signe que la diète cétogène n'est pas pour vous… Ce n'est pas un régime adapté à tout le monde. »

Mais assez de préambule, voici ce que mange le Grand Dom. N'oubliez pas qu'il pèse environ 100 kilos, donc adaptez selon votre poids :

▶ Petit déjeuner

- 4 œufs (cuits dans une combinaison de beurre et d'huile de coco)
- 1 boîte de sardines à l'huile d'olive (de la marque Wild Planet par exemple)
- ½ boîte d'huîtres (de la marque Crown Prince. Remarque : les glucides indiqués sur l'étiquette proviennent de phytoplancton non glycémique)
- Quelques asperges ou autres légumes

TF : Dom et moi voyageons tous les deux avec des boîtes de sardines, des huîtres et des noix de macadamia.

▶ « Déjeuner »

Au lieu de prendre un déjeuner, Dom prend beaucoup de MCT tout au long de la journée sous la forme de poudre d'huile MCT de Quest Nutrition. Il emporte aussi un thermos de café agrémenté d'environ 50 g de beurre et d'une à deux cuillères de poudre de MCT, un mélange qu'il boit peu à peu tout au long de la journée, ce qui représente l'équivalent de trois tasses de café.

▶ Dîner

« Avant mon dîner, qui est mon repas principal de la journée, j'ai appris à prendre un bol de soupe, en général de la crème de brocoli ou de champignons. J'utilise du lait de coco concentré à la place de crème laitière. Je le dilue [avec un peu d'eau] pour diminuer la densité en calories. Une fois que j'ai mangé cela, j'ai moitié moins faim. »

Le dîner de Dom se compose presque toujours d'une grande salade composée de :

- Mesclun avec feuilles d'épinard
- Huile d'olive vierge extra
- Artichaut
- Avocat
- Huile de MCT
- Un peu de parmesan ou de feta
- Un peu (50 g environ) de poulet, de bœuf ou de poisson. Il choisit les morceaux les plus gras et augmente les protéines dans la salade de 70 à 80 g s'il a fait du sport ce jour-là.

En plus de la salade, Dom prendra d'autres légumes comme des choux de Bruxelles, asperges, diverses espèces de choux, etc., qu'il fait revenir dans du beurre et de l'huile de coco. Il considère les légumes comme des « systèmes de livraison de graisses ».

▶ La recette de la glace céto du chef Dom

La recette pour la « glace » de Dom contient environ 100 g de graisses, soit 900 kcal de bienfaits. Elle peut vous sauver la mise si votre dîner manque de graisses (n'oubliez pas d'arriver à 70 ou 85 % de calories provenant de graisses !) :

- 2 tasses de crème fraîche ou de crème de noix de coco non sucrée (PAS de l'eau de coco)
- 1 cuillère à soupe de chocolat noir de cuisson
- 1 à 2 pincées de sel de mer (fleur de sel)
- 1 à 2 pincées de cannelle
- Un peu de stevia (Dom l'achète bio au poids)
- Facultatif : 1/3 à 1 tasse de myrtilles, si Dom n'a pas absorbé de glucides de la journée ou s'il a fait du sport

Tout mélanger jusqu'à obtenir une mousse épaisse que vous mettrez au congélateur jusqu'à ce qu'elle prenne la consistance d'une glace. Une fois prête, vous pouvez la manger telle quelle, ou ajouter en garniture :

- De la crème fouettée préparée avec de la crème épaisse (près de 100 % de graisses) et un peu de stevia.
- Une cuillère à soupe d'huile de coco réchauffée (surtout si la « bombe » contient des myrtilles) à mélanger dans la glace, ce qui donne l'impression de manger ensuite des pépites de chocolat bien croquantes.

La diète cétogène nécessite environ 300 g de graisses par jour pour le poids de Dom (100 kilos). Ce dessert aide à placer la barre presque tout là-haut. En plus, il est délicieux. L'épouse de Dom ne suit pas de régime cétogène, mais elle aime ce dessert.

▶ Les astuces de Dom pour les végétariens

Le « Veggie Elite Performance Protein » de MRM – le moka au chocolat est très bon. Si vous en prenez environ une cuillérée que vous mélangez à du lait de coco avant d'y ajouter la moitié d'un avocat et un peu d'huile de MCT – l'huile C8 –, le [shake] qui en résulte contient 70 % des calories issues de lipides, 20 % des protéines, et 10 % des glucides. »

Les compléments de Dom à prendre avec soi

- La poudre d'huile de MCT et la poudre d'huile de coco, de la marque Quest Nutrition.
- Bouillon d'os de Kettle & Fire, 2 à 3 fois par semaine.
- L'idébénone « est un autre des produits que j'ingurgite [400 mg] quand je prends l'avion ou avant de faire de l'exercice intense. Pour moi, l'idébénone, c'est une version de la coenzyme Q10. On l'absorbe plus facilement et elle atteint les mitochondries plus facilement. Elle ressemble à un antioxydant mitochondrial. »
- Du magnésium, à prendre quotidiennement. « Le citrate, chlorure et glycinate de magnésium... Quand j'ai commencé ma diète cétogène, j'ai eu des crampes. Depuis que je prends des compléments alimentaires, les crampes ont disparu... Si je devais choisir un magnésium, ce serait cette poudre de citrate de magnésium appelée Natural Calm. »
- XTEND Perform, de la marque Scivation, aux acides aminés ramifiés (BCAA) : la leucine, l'isoleucine et la valine dans une combinaison 2 en 1, la leucine étant l'acide aminé ramifié prédominant dans la formule. « La leucine est un puissant activateur de mTOR, ce qui est bien ; activer le mTOR dans le muscle du squelette est très important quand on fait de l'exercice sur un temps bref. J'utilise XTEND avant de commencer et pendant. »
- KetoCaNa et KetoForce.
- KETO//OS de Prüvit : cétones exogènes crémeuses, goût excellent.
- Kegenix : a davantage le goût d'un Kool-Aid acidulé.

Prüvit et Kegenix sont tous deux conçus à partir d'un brevet BHB + MCT mis au point par le laboratoire de Dom, propriété de son université.

Le jeûne et les traitements anticancer

« **Jeûner avant une chimiothérapie est une méthode qui devrait absolument être mise en place dans nos services d'oncologie** », déclare Dom. Il ajoute : « En gros, jeûner ralentit (voire parfois stoppe) la division rapide des cellules et déclenche une « crise énergétique » qui rend les cellules cancéreuses vulnérables à la chimio et aux rayons. » Des études de qualité soutiennent ce postulat[2].

L'un de mes amis est en phase de rémission complète d'un cancer avancé des testicules. Alors que d'autres membres de son groupe de chimio étaient maintenus alités 2 à 3 jours après les séances de chimio, lui a jeûné pendant 3 jours avant ses séances et faisait 15 kilomètres de course à pied le lendemain matin. Le jeûne sensibilise les cellules cancéreuses à la chimio, comme on l'a déjà dit, mais il aide aussi les cellules saines à résister à la toxicité du traitement. Cette solution ne s'adapte pas à tous les patients, surtout ceux qui souffrent d'un cas extrême de cachexie (atrophie musculaire), mais elle convient à beaucoup néanmoins.

Dans les cas de cachexie, certains modulateurs des récepteurs androgènes (SARM), conçus pour avoir la capacité anabolique de la testostérone à reconstruire les tissus (et d'autres stéroïdes anaboliques) sans les effets androgéniques (autrement dit les effets secondaires des hormones), pourraient s'avérer utiles. Dom mène aussi des études sur l'utilisation des BCAA. Le taux de survie des rats atteints d'un cancer a augmenté de 50 % après qu'il a ajouté des acides aminés à chaîne ramifiée à leur diète cétogène. Comme annoncé, les animaux ont maintenu leur poids corporel.

Dans une autre étude, en traitant des souris atteintes d'un cancer du cerveau métastatique agressif à l'aide de cétones et d'oxygénothérapie hyperbare

---

2 Safdie, F.M., Dorff, T., Quinn, D., Fontana, L., Wei, M., Lee, C., Cohen, P., Longo, V.D., « Fasting and cancer treatment in humans: A case series report » [Le jeûne et les traitements anti-cancéreux chez l'être humain : un rapport sur une série de cas cliniques], *Aging (Albany NY)*, 1.12, 2009, p. 988-1007. Dorff, T.B., Groshen, S., Garcia, A., Shah, M., Tsao-Wei, D., Pham, H., Cheng, C.W., Brandhorst, S., Cohen, P., Wei, M., Longo, V., Quinn, D.I., « Safety and feasibility of fasting in combination with platinum-based chemotherapy » [Innocuité et faisabilité du jeûne en combinaison avec une chimiothérapie à base de platine], *BMC Cancer*, 16.360, 2016. Bi-anchi, G., Martella, R., Ravera, S., Marini, C., Capitanio, S., Orengo, A., Emionite, L., Lavarello, C., Amaro, A., Petretto, A., Pfeffer, U., Sambuceti, G., Pistoia, V., Raffaghello, L., Longo, V.D., « Fasting induces anti-Warburg effect that increases respiration but reduces ATP-synthesis to promote apoptosis in colon cancer models » [Le jeûne induit un effet anti-Warburg qui augmente la respiration mais réduit la synthèse d'ATP pour promouvoir l'apoptose dans les modèles de cancer du côlon], *Oncotar-get* 6.14, 2015, 11806-19. Lee, C., Raffaghello, L., Brandhorst, S., Safdie, F.M., Bianchi G, Martin-Montalvo A, Pistoia V, Wei M, Hwang S, Merlino A, Emionite L, de Cabo R, Longo VD. « Fasting cycles retard growth of tumors and sensitize a range of cancer cell types to chemotherapy » [Les cycles du jeûne retardent la croissance des tumeurs et sensibilisent plusieurs types de cellules cancéreuses à la chimiothérapie], *Science Translational Medicine* 4.124, 2012, p. 124-127.

(HBOT), Dom, le Dr Seyfried et d'autres scientifiques ont réussi à augmenter le temps de survie moyen des animaux de 31,2 jours (avec une diète standard) à 55,5 jours. Pour le protocole de l'HBOT, Dom a utilisé 2,5 atmosphères absolues (2,5 ATA) pendant 60 minutes le lundi, le mercredi, et le vendredi. Si on y ajoute le temps de pressurisation et de dépressurisation, chaque séance durait 90 minutes.

Même dans les pires scénarios – si un patient est intubé et à l'article de la mort –, il serait potentiellement possible d'ajouter des cétones exogènes à une perfusion en plus (ou à la place) du glucose, puisqu'il a été démontré que les cétones exogènes avaient le pouvoir significatif de supprimer ou réduire les tumeurs, même en présence de glucides alimentaires. Cette dernière information présentée en italiques est celle qui me paraît le plus remarquable.

Si vous pensez que la diète cétogène ne s'adresse qu'aux fous, sachez que les cétones exogènes ne nécessitent que d'être mélangées à une cuillère à l'eau avant d'être avalées.

5 choses à faire en cas d'urgence

Voici 5 des choses que ferait Dom si on diagnostiquait chez lui le pire des scénarios, un glioblastome en phase terminale (GBM), un cancer du cerveau agressif.

Certains des collègues de Dom s'opposent aux protocoles « de soin standard », comme la chimiothérapie. Sur la base des études publiées, Dom estime qu'ils sont justifiés dans les cas de cancer des testicules, de leucémie, de lymphomes et des cancers du sein de stade I et II. En dehors de ces cas, « il est peu logique de traiter un cancer avec ce que nous savons être un puissant agent carcinogène (la chimiothérapie) ».

Les cinq choix de Dom semblent tous fonctionner grâce à des mécanismes qui se superposent. Ils créent donc une synergie entre eux. L'ensemble est plus grand que la somme de ses parties. Autrement dit, 1 + 1 + 1 + 1 + 1 = 10, pas 5. J'ai fait précéder d'un astérisque les suggestions que j'ai expérimentées sur moi.

- *La diète cétogène comme thérapie de base. C'est le fondement.
- *Jeûne intermittent : un repas par jour dans un créneau de plus ou moins quatre heures.
- *Compléments par cétones deux à quatre fois par jour : L'objectif de Dom est d'élever ses niveaux de BHB de 1 à 2 mmol au-delà de sa base de référence, qu'il atteint grâce aux deux méthodes mentionnées ci-dessus. Autrement dit, si son taux est d'environ 1,5 mmol en appliquant le régime

Atkins modifié en 1 repas par jour, il prend assez de cétones supplémentaires pour maintenir son niveau entre 2,5 et 3,5 mmol. Les options les plus simples pour cela sont KetoCaNa et/ou la poudre d'huile de MCT de Quest Nutrition. En les associant, on « s'approche de la puissance d'un ester de cétones mis au point pour des applications militaires ». Le MCT en poudre augmente la tolérance par l'intestin de deux à trois fois par rapport à l'huile, vous pouvez donc en consommer davantage.

- *Metformine : Il augmente la posologie quotidienne progressivement jusqu'à provoquer une détresse intestinale (diarrhée ou reflux), puis la réduit progressivement. Cette méthode lui permet de découvrir sa limite tolérable, qui varie de 1500 à 3000 mg/jour pour la plupart des gens.
- DCA (acide dichloro-acétique) : Pour certaines raisons encore inconnues et dans certains cas uniquement, le DCA peut tuer des cellules cancéreuses à des dosages relativement non toxiques pour les cellules saines. Dom commence par 10 mg par kilo de poids corporel (comme je l'ai déjà mentionné, il pèse environ 100 kilos) et augmente la dose peu à peu sans excéder 50 mg par kilo, puisque, à ce niveau, on peut souffrir de neuropathie périphérique (la thiamine B1 peut réduire cette dernière). Les essais cliniques utilisent environ 20 mg par kilo. La DCA semble bien fonctionner avec tous les régimes, y compris ceux riches en glucides.

J'ai posé la même question à une autre médecin en qui j'ai confiance (« Que feriez-vous si vous vous découvriez un GBM en phase terminale ? »), sans lui révéler les réponses de Dom. Voici ci-dessous sa réponse faite sous couvert d'anonymat. De nouveau, j'ai fait précéder d'un astérisque les suggestions que j'ai expérimentées sur moi.

« Si je (autrement dit [nom dissimulé], angoissé de première) me découvrais un GBM, je :

1. Refuserais les rayons.
2. *Commencerais une diète cétogène limitée en calories avec le soutien de BHB exogènes.
3. *Prendrais de la metformine à 2 ou 2,5 g par jour.
4. Prendrais des DCA.
5. *Prendrais de l'oxygène hyperbare.
6. Prendrais de la rapamycine en petites doses et par intermittence.
7. Séquencerais la tumeur pour voir si un inhibiteur témoin (une sorte d'immunothérapie) pourrait être efficace.

Mais je ne recommanderais probablement pas cela à n'importe qui. »

▶ Les livres que Dom offre ou recommande

- *Cancer as a Metabolic Disease*, de Thomas Seyfried : lecture obligatoire pour tous les étudiants de Dom.
- *Tripping Over the Truth*, de Travis Christofferson : Dom a offert ce livre à huit personnes au cours de l'année passée.
- *De la génétique à Dieu*, de Francis Collins.

▶ Visionnage recommandé

« The gut is not like Las Vegas: What happens in the gut does not stay in the gut », présenté par Alessio Fasano.

▶ Une idée fabuleuse à développer partout

KetoPet Sanctuary (KPS) : Ouvert par la Fondation Epigenix, ce refuge fait tout son possible pour sauver des chiens atteints d'un cancer incurable en phase terminale. Le but n'est pas de leur offrir des soins palliatifs. Bien sûr, les équipes s'occupent de ces chiens avec amour, mais au lieu de les abandonner à leur triste sort, KPS les fait bénéficier d'une thérapie métabolique révolutionnaire développée pour les cancers canins.

Joe De Sena

Joe De Sena (TW/FB/IG : @SpartanRace, Spartan.com) est le cofondateur de la Spartan Death Race (plus de 1 million de concurrents), entre autres. Il a terminé l'Iditarod, la célèbre course avec chiens de traîneau particulièrement éprouvante… à pied. Il a également franchi l'arrivée de l'ultramarathon de Badwater (217 km sous 49 °C), Vermont 100, et l'Ironman au lac Placid, le tout dans la même semaine. Cet homme, c'est un maniaque et c'est un businessman hautement stratégique. Je l'ai rencontré lors des Summit Series (summit.co). Il insiste pour que je vienne le voir dans le Vermont, et moi, je décline son offre parce que j'ai peur.

Animal totem : le loup

Des cours de Wall Street aux courses extrêmes

« On gagne et on perd 30 ou 40 millions de dollars en quelques minutes quand on foire un ordre ou quand un client ne veut plus faire affaire avec vous. C'était très stressant. [Je voulais] revenir aux fondamentaux… [Un ami] m'a dit : "Tu sais, tu pourrais mourir. Il y a cette course, l'Iditarod en Alaska. Ça se passe en plein hiver, à pied, il fait -30 ° C, mais" "Inscris-moi. Je dois le faire." **Je voulais revenir au stade où on a simplement envie d'eau, de nourriture, d'un abri. Le tourbillon qu'était ma vie, la vie de Wall Street que j'avais adoptée, s'arrêterait.** »

Les origines de la Death Race

« Et si j'organisais – avec un copain – une course qui casserait tous ces gens exprès ? Pas comme les courses auxquelles j'avais déjà participé ni comme un marathon, mais une course où je ferais craquer les concurrents ? Ils ne savent pas quand elle commence ni quand elle finit, on ne leur donne pas d'eau ni de car pour les transporter. Et on leur dit "Vous pouvez abandonner là où vous êtes. Montez dans le bus. C'est pas fait pour vous. Vous êtes trop faible." … et c'est comme ça que j'ai commencé à organiser des couses. »

TIM : Comment faites-vous craquer les gens ?

JOE : Ils ne savaient pas au départ ce qui les attendait parce que c'était complètement inédit. Je me souviens d'un concurrent en particulier qui a commencé à pleurer « Je suis un bon coureur mais je ne sais pas couper du bois. » Il a craqué. Personne ne savait rien, on ne leur disait rien. Doug Lewis qui est un skieur de niveau olympique, avait couru 15 ou 18 heures et commençait à craquer. Il s'est retourné vers moi : « J'ai fait les J.O., je me suis entraîné toute ma vie. Je suis plutôt endurant, mais là, c'est de la folie. » C'est à ce moment-là qu'on a su qu'on tenait notre champion.

Une anecdote marrante d'Amelia Boone

Amelia Boone (page 38) a terminé trois fois la Death Race et m'a envoyé ce message :

« L'ouragan Irene avait détruit un pont sur sa propriété. Une poutre métallique de 1 tonne traînait dans l'eau depuis des années et l'État menaçait de lui faire payer une amende exorbitante s'il ne la retirait pas. Ça lui aurait coûté des mille et des cents de la faire enlever. Alors il a décidé de faire patauger les candidats de la Death Race en plein mois de janvier pour l'enlever de la rivière. Ça nous a pris huit heures. J'en suis ressortie avec des engelures aux orteils, comme beaucoup de concurrents. Et le plus drôle ? Les gens l'ont payé pour vivre cette expérience (les droits d'inscription) ET il a évité l'amende et le coût pour faire retirer la poutre de l'eau. Quel génie ! »

En bref

- Joe, comme Jocko [Willink, page 368], est persuadé qu'on n'a pas besoin de caféine ou d'alcool. Il pense aussi qu'il « faut transpirer tous les jours comme si on avait la police à nos trousses. »
- Quand on dit à Joe de s'arrêter pour respirer l'odeur des roses, il rétorque : « Et qui s'occupe des roses ? »

* **Une maxime qui régit votre vie ou qui vous revient souvent à l'esprit ?**
« Ça pourrait toujours être pire. »

Wim Hof, l'« Homme de glace »

« Respire, enfoiré ! »

– La réponse de Wim à la question
« Que mettriez-vous sur une affiche ? »

Wim Hof (TW/IG : @Iceman_Hof, icemanwimhof.com) est un Néerlandais détenteur de plus de 20 records mondiaux. « L'Homme de glace » qui n'a pas froid aux yeux – ni ailleurs – demande fréquemment aux scientifiques de mesurer et valider ses exploits dont voici des exemples :

- En 2007, il a escaladé l'Everest vêtu d'un simple short et de chaussures jusqu'à 7 500 m d'altitude.
- En 2009, Wim a couru le marathon au-dessus du cercle Arctique en Finlande, une fois encore vêtu d'un short malgré une température avoisinant les - 20 °C.
- Wim a établi de nombreux records d'endurance dans de l'eau glacée, son meilleur temps étant près de 2 heures.
- En 2011, il a couru le marathon dans le désert du Namib, sans eau. Il peut aussi courir en altitude sans souffrir du mal des montagnes.

Avertissement : Ne faites jamais d'exercices de respiration sous l'eau sans entraînement préalable. Perdre connaissance sous l'eau peut être fatal. Aucun signe avant-coureur ne vous préviendra avant qu'il ne soit trop tard.
La méthode de respiration Wim Hof ne devrait jamais se pratiquer à proximité d'eau. Joshua Waitzkin (page 511), un autre invité de podcast qui a une longue expérience de l'apnée, a perdu connaissance dans une piscine publique de New York et est resté 3 minutes de plus sous l'eau avant d'être repêché par un maître nageur. Il est resté inconscient pendant 20 minutes, puis a été hospitalisé 3 jours et a subi une batterie de tests pour évaluer les dégâts, y compris de potentielles lésions cérébrales. Il aurait facilement pu mourir. Alors, je le répète : ne faites pas ce genre d'exercice sous l'eau. Rien ne vous indiquera que vous êtes à deux doigts de perdre connaissance. Compris ?

Une expérience époustouflante

Avant de décrire l'exercice, je répète mon petit refrain habituel : ne faites pas de bêtise, vous vous blesseriez. Mettez-vous sur une surface molle au cas où vous tomberiez sur la tête.

1. Enchaînez des séries de pompes jusqu'à épuisement. Notez le nombre de pompes.
2. Reposez-vous au moins 30 minutes.
3. Répétez environ 40 fois l'exercice de respiration suivant : inspirez à fond (en soulevant le buste) et « relâchez » expirez (d'un coup). L'expiration est comme un « ha » court. Si vous faites l'exercice correctement, après 20 ou 30 répétitions, vous vous sentirez relâché, légèrement étourdi, avec une sorte de picotement. On ressent souvent les picotements en premier dans les mains.
4. Au cours du dernier cycle de respiration, remplissez complètement vos poumons et expirez à fond avant d'attaquer une nouvelle série de pompes. Souvent, les gens arrivent à faire plus de pompes même si leurs poumons sont vides.

Le froid a un pouvoir purifiant

Wim, le surfeur Laird Hamilton (page 109) et Tony Robbins (page 202) ne jurent que par le froid. Cela dynamise le système immunitaire, accélère la perte de poids (en partie grâce au taux plus élevé d'adiponectine), et améliore considérablement l'humeur. On avait prescrit à Van Gogh des bains glacés deux fois par jour dans l'unité psychiatrique qu'il avait intégrée après s'être coupé l'oreille.

« Tous mes problèmes du quotidien s'évanouissent quand je m'expose [au froid]. Le froid a un pouvoir purifiant énorme. »

Quand il s'agit de froid, Wim va jusqu'aux extrêmes (ses rétines ont gelé pendant qu'il nageait dans un lac sous la glace), mais vous pouvez commencer doucement par un rinçage à l'eau froide. Il suffit que l'eau de la douche soit froide les 30 à 60 dernières secondes. Parmi les autres invités cités dans ce livre, Naval Ravikant (page 480), Joshua Waitzkin (page 511) et moi-même désormais, le faisons. Josh le fait avec son jeune fils, Jack, qu'il entraîne à dire « c'est si bon ! » quand ça devient insupportable.

Voici mon programme « grand froid » que j'alterne avec mon programme « grosse chaleur » évoqué page 42. Je m'impose donc : 1) d'avaler des BCAA avant l'effort, 2) un entraînement, 3) des protéines de lactosérum après l'effort, 4) un bain de chaleur immédiat (~ 20 minutes) suivi de 5) un bain froid (5 à 10 minutes). Je répète le cycle chaud-froid deux à quatre fois.

Après l'effort, mon programme froid est le suivant :

- Versez ~20 kilos de glace (en fonction de la taille de votre baignoire) dans la baignoire et remplissez-la d'eau froide. Suivez cet ordre pour éviter les éclaboussures et accélérer le refroidissement de l'eau. Faites-vous livrer de la glace ou acheter un coffre congélateur juste pour vos sacs de glace, c'est bien plus pratique que toutes les machines à glaçons qui existent.
- Au bout de 15 à 20 minutes, lorsque la température de l'eau est descendue à ~ 7 °C, le bain est prêt. Je vérifie la température avec un thermomètre de bain bon marché. Le coach Sommer (page 44) plonge ses sportifs dans une eau à 10 °C.
- Après le bain de chaleur, je plonge dans le bain froid mais je n'y mets pas les mains. Cela me permet de tenir plus longtemps puisque la densité capillaire est élevée dans les mains. J'immerge les mains les dernières 3 à 5 minutes.

Le régime magique

Je m'attendais à ce qu'un mutant comme Wim ait des conseils alimentaires à me fournir. Lorsque je lui ai demandé ce qu'il mangeait d'habitude au dîner, sa réponse m'a fait rire : « J'adore les pâtes avec quelques bières ! » Comment peut-il carburer avec cette alimentation ? C'est peut-être une question de gènes, parce qu'en plus il mange rarement avant 18 heures, et il se contente souvent d'un seul repas par jour. Il pratique le jeûne par intermittence depuis des décennies.

Cœur à cœur

La première fois que je me suis entraîné avec Wim à Malibu, en Californie, j'ai remarqué que ses embrassades étaient différentes. Il place son bras gauche sur les épaules de l'autre personne et sa tête à droite. J'ai demandé à un habitué s'il était gaucher.

« Pas du tout. Il préfère les embrassades cœur à cœur. »

Ça me plaît. Plusieurs amis qui figurent dans le livre ont adopté cette salutation chaleureuse, mais attention, ça déstabilise les gens, comme quand on leur serre la main de la main gauche. Le mieux est de prévenir (en plaçant la main sur le cœur et/ou en disant « cœur à cœur ») pour éviter les coups de boule.

Wim + Dom = intéressant

Au cours de cette même séance d'entraînement, j'ai amélioré ma durée d'apnée de mes habituelles 45 secondes à 4 min 45 s sans grand effort. Plusieurs mois plus tard, en pleine cétose (6 + mmol) après 8 jours de jeûne, j'ai renouvelé l'expérience dans un caisson hyperbare à une pression de 2,4 ATA. Résultat : j'ai retenu mon souffle pendant 7 min 30 s avant d'arrêter, par crainte de liquéfier mon cerveau. Si jamais vous aviez sauté le paragraphe d'avertissement page 9, lisez-le. Si vous l'aviez lu, relisez-le. Pour plus d'informations sur la cétose et le jeûne, voir Dominic D'Agostino page 56.

Jason Nemer

Jason Nemer (IG : @jasonnemer, acroyoga.org) est un des créateurs de l'AcroYoga, une combinaison entre la sagesse spirituelle du yoga traditionnel, les bienfaits du massage thaï et le dynamisme des acrobaties. Jason a été deux fois champion national junior d'acrobaties et a représenté les États-Unis aux championnats du monde à Pékin en 1991. Il a participé à la cérémonie d'ouverture des JO de 1996. Des enseignants certifiés proposent des cours d'AcroYoga dans plus de 60 pays à plusieurs centaines de milliers d'adeptes.

Animal totem : le lapin

Pour la petite histoire

En 2015, j'étais assis à côté de Jason lors d'un dîner chez des amis communs à Los Angeles. Mon mal de dos chronique s'est réveillé et il m'a proposé de me faire « voler » sur place. J'ignorais complètement de quoi il s'agissait et je me suis retrouvé à tournoyer dans les airs sur ses pieds pendant un quart d'heure. C'était irréel, ça défiait les lois de la gravité. Je précise que je pèse ~ 80 kilos et lui 72 kilos (il l'a fait avec une personne de 127 kilos mesurant 2 mètres), et que mon dos ne me faisait plus souffrir après cette traction à l'envers.

Je n'ai jamais été attiré par le yoga : trop de charabia, trop peu d'action. L'AcroYoga, c'est autre chose. Il faudra passer par un peu de sanskrit, mais autrement, c'est une sorte de combinaison entre séance de musculation, de danse (la « base » est le meneur, le « volant » suit le mouvement), de chahut (pas mal de chutes), et de rééducation des hanches (au bout de 10 séances, j'avais l'impression que mes membres inférieurs avant rajeuni de 10 ans).

C'est le meilleur Prozac à base de mouvements. Dans une culture où le contact physique est tabou, cela offre une expérience sensuelle mais aucunement sexuelle tout en améliorant sa force et sa souplesse. Et pour couronner le tout, j'ai rigolé pendant la moitié des séances, un équilibre parfait avec les séances d'entraînement « sérieuses » que je fais. Pour me regarder porter et voler ou enseigner les techniques de base, tapez « acroyoga » sur youtube.com/timferriss.

Divers

▶ Thé Oolong

Jason avait apporté ce thé délicieux à siroter pendant notre séance d'enregistrement. Autrefois, les habitants d'une région de Chine voulaient se garder ce thé incroyable, alors ils l'ont surnommé « thé de fientes ». Bien vu, car, pendant des siècles, ce thé n'était pas populaire, jusqu'à ce qu'on découvre qu'il n'avait pas le goût de fientes.

Jason a voyagé de par le monde pendant six ans sans rester plus de trois semaines au même endroit. Il voyage léger, quasiment sans bagages, mais toujours avec un ukulélé et un énorme chargement de thé.

▶ Chaise de yoga

Le facteur qui limite la plupart des gens qui apprennent la posture du poirier, ce sont les poignets. Ces jointures fragiles empêchent de nombreuses postures tête en bas. Le tabouret de la marque FeetUp est la solution idéale : imaginez une chaise percée basse avec une lunette rembourrée. On glisse la tête dedans, les épaules appuyées sur la surface rembourrée, on agrippe les poignées et on monte en position de poirier. Ce sont les épaules qui supportent le poids du corps. Vous pourrez alors travailler l'alignement, les contractions et les postures plus facilement. Jason se sert régulièrement du tabouret FeetUp, mais vous pourrez trouver d'autres marques sur Internet.

▶ Un dicton du mentor de Jason, le grand maître acrobate chinois Lu Yi

« **Plus d'extension** ! » Dans la posture du poirier, remontez les épaules au niveau des oreilles (ou au-delà si possible). Si vous pratiquez les shrugs avec des altères, imaginez relever les épaules avec les bras au-dessus de la tête et évitez de vous cambrer. De plus, les index ont tendance à vouloir se décoller du sol lorsqu'on fait le poirier. Jason appelle ça les « vilains doigts ».

▶ Pour vous inspirer, regardez ces profils sur Instagram :

- @theacrobear
- @duo_die_acrobatics
- @acrospherics
- @cheeracro_
- @acropediaorg
- @mike.aidala
- @yogacro
- @lux_seattleacro

▶ Pour trouver des cours d'AcroYoga, des professeurs
et voir les postures de base :

- AcroYoga.org
- Facebook : entrez le nom de votre ville et « acroyoga ». La page AcroYoga Paris, par exemple, compte 2 652 membres prêts à s'entraîner avec vous.
- Acromaps.com
- Acropedia.org (techniques)

* **Êtes-vous persuadé de quelque chose qui est une folie pour d'autres ?**
J'adore la réponse de Jason, mais voici d'abord le contexte :
« Qu'on puisse faire confiance aux gens. On peut faire confiance à plein de gens. On n'a pas à vivre dans la crainte de l'étranger. Un étranger est simplement quelqu'un qu'on ne connaît pas encore. C'est dingue, dans beaucoup de cultures, on apprend à nos enfants

à se méfier et à ne pas parler aux personnes qu'on ne connaît pas. Moi, j'ai voyagé aux quatre coins du monde. Ma mère n'était pas ravie la première fois que je me suis rendu au Moyen-Orient. J'étais à Boston pour dispenser une formation quand la bombe a explosé pendant le marathon. Quinze de mes élèves se sont retrouvés confinés pendant 24 heures. J'ai appelé ma maman et je lui ai dit : "Tu trouvais qu'Israël est un pays dangereux, mais là, je suis à Boston. Le danger est partout." Quoi qu'il en soit, ce n'est pas une raison de ne pas faire confiance aux gens. J'ai voyagé dans des endroits louches et il ne m'est jamais rien arrivé. Je suppose que les gens sont "des gens bien", que je peux leur faire confiance, jusqu'à ce qu'ils me prouvent le contraire. Quand on adopte cette mentalité, la confiance est comme un muscle qu'on exerce. Ça ne veut pas dire que j'accorde ma confiance à tout-va mais généralement j'ai le nez creux. »

TIM : Attendez, vous dites qu'il ne vous est jamais rien arrivé. Est-ce que c'est parce que vous voyez les choses de façon positive ? [Les douaniers vous ont volé] vos couteaux de lancer au Panama. Donc vous avez quand même des mésaventures, j'imagine.

JASON (après avoir rigolé puis s'être tu un instant : Il m'est arrivé un truc incroyable un jour. Tous mes biens se sont volatilisés… Je ne voulais [plus] travailler dans des restaurants. Je me disais : « Je suis un yogi, je vais faire ça et peu importe si c'est dur. Ça me plaît. » Et me voilà en train de vivre dans ma camionnette.

Pour mes 30 ans, un ami avait organisé une fête. On m'a offert ce soir-là un livre sur le bouddhisme, une cagette de noix de coco et j'ai passé une bonne soirée avec mes amis. Le lendemain, ma camionnette avait disparu. Ma maison, volatilisée. Tous mes biens, disparus. Alors, j'ai ouvert une noix de coco et j'ai commencé à lire sur le bouddhisme parce que… je n'avais rien d'autre à faire ! À la 4e page, le livre parlait d'itinérance. Je me suis dit que c'est ce que j'allais faire. Et c'est là que j'ai commencé ma vie de nomade. Si j'étais resté à San Francisco pour devenir professeur de yoga, l'AcroYoga ne se serait pas développé à l'échelle mondiale.

Laissez tomber ce qui ne fonctionne pas et faites l'inventaire de ce qui marche, de ce qui vous motive. Ce n'est pas tant qu'il ne m'arrive rien de mal. Il y a beaucoup de choses que je ne qualifie pas de bien ou de mal. [À la place, je me demande :] comment je peux évoluer à partir de là ? Qu'est-ce que je voudrais savoir ? Où est mon centre ?

* Les livres que vous offrez ou recommandez

- *Le Prophète*, de Khalil Gibran : « J'adore les affirmations condensées, pleines de shakti [d'autonomisation] et d'énergie, quelque chose qui se lit en quelques minutes ou qu'on peut relire toute la vie. » [**TF** : Ce livre compte moins de 100 pages. N'hésitez pas à vous procurer la version avec les illustrations de l'auteur.]
- *Tao-tö-king*, de Lao-tseu : C'est le livre de voyage de Jason. « Avant de méditer, j'ouvre souvent le livre à une page au hasard. Je lis un passage et je m'en imprègne

pendant que je reste assis. » (Voir Rick Rubin, page 451 et Joshua Waitzkin, page 511.) Lorsque j'ai demandé à Jason quelle était sa traduction préférée, il a plaisanté « Tao-tö-king a tu madre » (ah, mes amis) et spécifié Stephen Mitchell.

* **La meilleure acquisition de Jason pour moins de 100 $**

  Jason adore le disc golf (genre de frisbee) et voyage toujours avec son matériel, un disque d'approche Innova Roc et le Fairway driver TeeBird. Il joue au disc golf mais parfois il lâche son disque :

  « Je corrige les gens quand ils prennent ça trop au sérieux. Imaginez, il y a des gens qui ont des caddies pour ça ! Ces gens pensent que c'est un sport mais, quoi qu'il en soit, ça reste un passe-temps. Ce n'est qu'un morceau de plastique qu'on lance… Mais regardez un disque voler pendant une minute, c'est magique… Au yoga, il y a la philosophie *svaha*. Je l'appelle "laisse tomber"… J'aime lancer mes frisbees en hauteur. Quand je me trouve dans un lieu très cérémoniel, comme au Machu Picchu, je me demande ce que je lâche. C'est un acte intentionnel. »

* **Que mettriez-vous sur une affiche ?**

  « **Jouez** ! Jouez plus souvent. J'ai l'impression que les gens sont si sérieux. Il leur en faut peu pour qu'ils retrouvent la sagesse du jeu d'enfant. » Si je devais prescrire deux choses pour améliorer la santé et le bonheur dans le monde, ce serait bouger et jouer. On ne peut pas vraiment jouer sans bouger, les deux vont ensemble.

  « Les tapis de course tuent l'esprit. On a des raisons de les utiliser et des moments, mais si c'est votre seul moyen de bouger, vous n'atteignez pas votre plein potentiel. Il y a d'autres moyens bien plus amusants de bouger et j'ai la chance d'en connaître beaucoup. Alors jouez ! »

Dernière remarque : ne pas trop cloisonner

À propos du yoga théorique vs le yoga appliqué : « J'ai l'impression qu'il y a un plafond au yoga. On a tout ce savoir merveilleux, toute cette pratique incroyable, mais comment l'appliquer dans la vie ? Que se passe-t-il lorsque vous êtes coincé dans les bouchons ? Comment vous comportez-vous avec votre mère ? Est-ce que vous lui parlez ? Lui dites-vous la vérité ? »

ACROYOGA – leçon de vol

L'AcroYoga est un mélange de trois disciplines complémentaires : yoga, voltige et massage.

L'aspect thérapeutique a été apporté par Jenny Sauer-Klein, cofondatrice de l'AcroYoga (avec Jason Nemer, page 78), et ressemble à un massage thaï suspendu. J'ai vu Jason époustoufler des acrobates de haut niveau (des membres du cirque du Soleil) avec la feuille morte (page 85), peut-être la plus simple des postures d'AcroYoga thérapeutique. Soyez prévenu, le visage s'approche parfois de l'aine. Si votre partenaire n'est pas prêt à se retrouver à quelques centimètres de votre aine, la torsion du bassin (page 84) est une alternative.

Pour vous initier au monde de l'« Acro », voici mes mouvements préférés en voltige thérapeutique. Ces mouvements sont plus sûrs que les acrobaties qui demandent un professeur et des spotters (des aides qui surveillent le voltigeur et le porteur).

En cinq minutes, j'ai pu soulager le mal de dos de six invités de ce livre. « Je n'avais pas ressenti un tel soulagement et niveau de détente depuis des années… ou jamais » est une remarque que j'ai souvent entendue. Allez-y doucement et profitez-en ! Si c'est inconfortable, c'est que vous ne faites pas bien le mouvement. Faites ces exercices sur un matelas ou une pelouse, et dans l'ordre indiqué de préférence.

Toutes les remarques entre guillemets sont les miennes en tant que porteur (la personne allongée sur le dos) formant un porté débutant (la personne qui se retrouve la tête en bas). Une règle d'or pour l'Acro et la vie en général : **dites aux gens ce que vous** voulez, **pas ce que vous ne voulez pas, et dites-le simplement**. Autrement dit, dites « Coudes tendus » au lieu de « Ne pliez pas les bras ». Dites « Relâchez les orteils » au lieu de « Arrêtez de chatouiller mes abdos avec vos orteils ».

Il y a mille façons d'enseigner les bases de l'Acro, mais voici mes préférences.

Avant toute inversion

▶ Porté : entraînez-vous à faire sur le sol ce que vous ferez en l'air

1. Asseyez-vous sur le sol, les jambes tendues et écartées (à 90 °, c'est amplement suffisant), le dos aussi droit que possible. C'est la posture de l'angle assis. L'angle entre le buste et les cuisses devrait être de 90 °. La pliure au niveau des hanches est primordiale car elle fournit une « plate-forme » pour les pieds du porteur. Placez les mains à quelques centimètres au-dessus du pli des hanches. Je vais dire (en tant que porteur) : « C'est ici que je vais poser les pieds. »
2. Maintenant, rejoignez vos plantes de pied dans la posture du « papillon ». L'espace entre les jambes forme un losange. Pour les adeptes de sanskrit, cette position s'appelle *baddha-konasana*. Le suffixe *-asana* signifie « posture ». Tout cela me passait par-dessus la tête au début et je l'ai appelé « *papikanasa* » pendant des mois.
3. Tout en conservant la posture du papillon, attrapez vos coudes dans le dos. Si vous n'y arrivez pas, attrapez vos avant-bras.

▶ Porteur : testez la force de vos jambes

1. Allongez-vous sur le dos et levez les jambes. C'est la position de l'« léquerre ».
2. Demandez au porté de croiser les bras sur sa poitrine, puis de poser les avant-bras sur vos deux pieds et de se pencher vers vous. Le poids est désormais sur vos jambes. Jusqu'ici, tout va bien ?
3. Ne laissez pas vos pieds avancer au-dessus du visage car ça compliquerait les choses. Gardez les hanches à un angle de 90 ° si possible.
4. Si vos fessiers sont très contractés, pliez votre tapis ou serviette sous le bas du dos. Cette surélévation rendra les choses plus faciles.

Torsion du bassin

1. **Porteur** : Allongez-vous. **Porté** : Placez-vous debout près des hanches du porteur, les pieds bien écartés.
2. **Porteur** : Placez les pieds légèrement tournés vers l'extérieur sur le pli des hanches du porté.
3. **Porteur** : Dites au porté : « Posez vos mains sur mes genoux » **(fig. A)**.
4. « Regardez-moi dans les yeux et inspirez profondément. En expirant, penchez-vous en avant et j'agripperai vos épaules. Gardez les mains sur mes

genoux, les bras fléchis. » Et, si nécessaire : « Visez mon ventre avec le sommet de votre crâne. »

5. **Porteur** : Tendez les bras pour retenir les épaules du porté. Les doigts pointés vers le haut, soulevez le porté. (**fig. B**)
6. Le porteur dit au porté : « Gardez les jambes écartées et les pieds lourds, les orteils collés au sol. » **Porté** : Gardez les hanches bien pliées. La plupart des portés soulèvent leurs jambes et perdent le pli d'appui, ce qui peut entraîner la chute. Autre conseil : « Gardez les pieds aussi près du sol que possible. »
7. « Laissez le haut du corps être lourd et les jambes superlourdes. »
8. « Attrapez vos coudes dans le dos si vous y arrivez. Sinon, attrapez vos avant-bras ou poignets. »
9. « Ramenez vos plantes de pied en posture papillon (**fig. C**). Maintenant, descendez vos orteils de façon à les voir. » Le pli d'appui reste bon ainsi.
10. **Porteur** : Les bras et jambes doivent être tendus. « Inspirez profondément et expirez. » **Porteur** : À l'expiration, pliez lentement une jambe pour obtenir une torsion au niveau de la taille du porté. Tendez à nouveau les jambes. Recommencez le cycle de respiration et effectuez une torsion de l'autre côté. Faites le mouvement quatre à six fois au total.

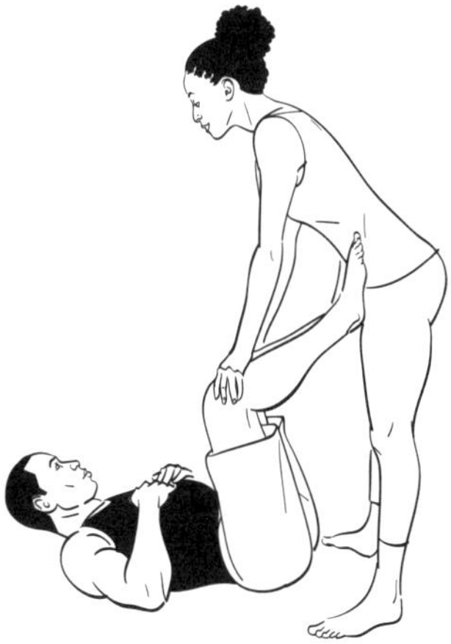

Fig. A

Fig. B

Fig. C

Feuille morte ou Leaf Hugger

Recommencez les étapes 1 à 7 de la torsion des hanches (page opposée).

1. Le **porteur** dit au porté : « Maintenant, détendez complètement les bras et posez le dos des mains sur le sol. Je vais vous aider. » Attrapez délicatement

les poignets du porté et placez ses mains loin derrière ses hanches (**fig. D**). Le porté ne devrait pas supporter de poids. Les jambes du porté sont bien écartées et lourdes, aussi près du sol que possible sans contracter de muscles. C'est la posture de la feuille morte.

2. **Porteur** : Glissez les mains sous les aisselles du porté jusqu'à ses omoplates (**voir médaillon**).
3. **Porteur** : Pliez légèrement les jambes pour que la cage thoracique du porté repose sur vos tibias (**fig. E**). Cela forme un angle plus sûr pour les épaules du porté.
4. **Porteur** et **porté** : Inspirez ensemble. **Porteur** : Étirez le dos du porté avec vos jambes pliées et tirez sur le haut du corps du porté avec les bras. Il s'agit du Leaf Hugger.
5. **Porteur** : Tendez à nouveau les jambes pour relâcher la traction sur le dos du porté, puis répétez deux à quatre fois le mouvement.

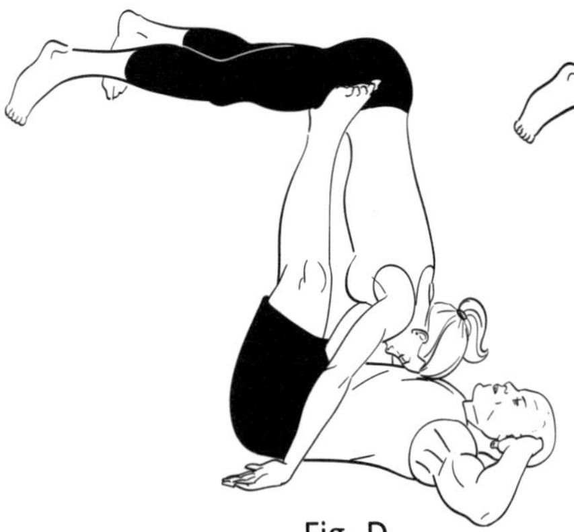

Fig. D

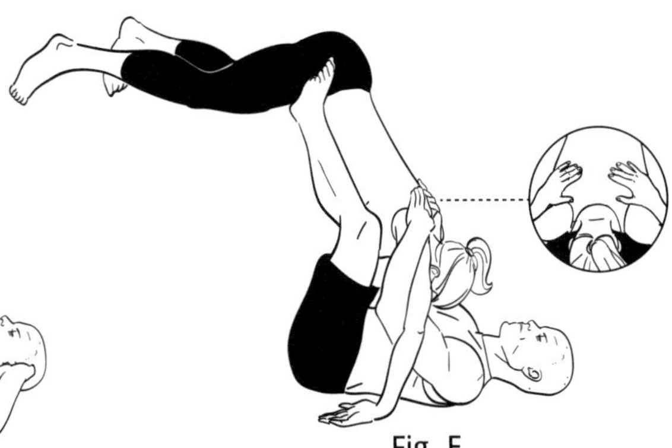

Fig. E

Leg Love – « Gravity Boots »

À la fin d'une séance d'AcroYoga, les jambes du porteur sont en compote. C'est là que le mouvement « Leg Love » est apprécié : le porté aide le porteur à détendre ses jambes et ses hanches. Il y a des dizaines de techniques (comme le « Bus Driver »), mais celle-ci est particulièrement efficace. Puisque je n'ai jamais entendu son nom, je l'appelle « Gravity Boots », l'effet étant comparable à des bottes d'astronaute.

Indépendamment de l'AcroYoga, cet exercice a des vertus thérapeutiques.

1. **Porteur** : Allongez-vous sur le dos, jambes tendues et écartées.

2. **Porté** : Placez-vous entre les jambes du porteur et prenez ses pieds dans les mains entre le talon d'Achille et le haut du talon. Le porteur doit être complètement détendu et se laisser faire.
3. **Porté** : Tournez les pieds du porteur vers l'intérieur derrière vos hanches (voir médaillon), et penchez-vous en arrière deux à cinq secondes (**fig. A**). Cela détendra les hanches et les jambes du porteur. Recommencez trois ou cinq fois.

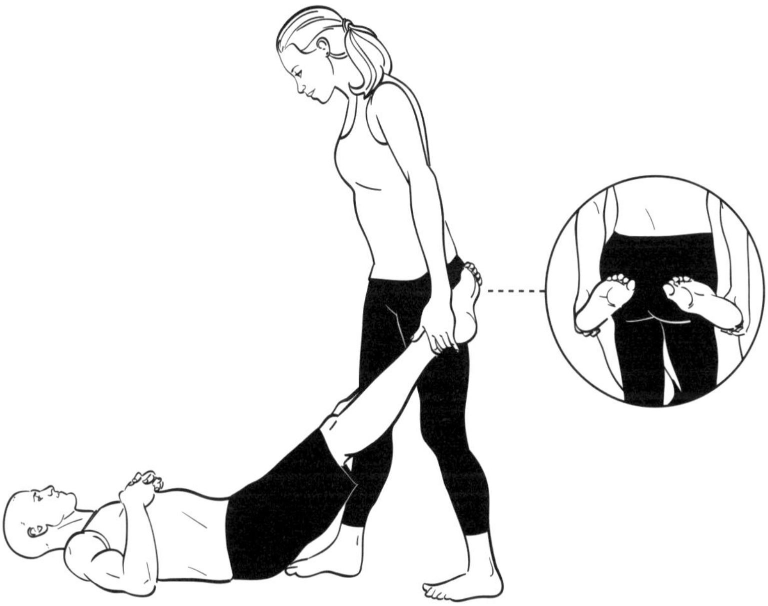

Fig. A

Dr Peter Attia

Peter Attia, docteur en médecine (TW : @peterattiamd, eatingacademy.com), est un ancien athlète ultra-endurant (par exemple, il a participé à des courses de natation de 40 km), un auto-expérimentateur compulsif, et l'une des personnes les plus fascinantes que je connaisse. C'est à lui que je m'adresse pour toute question liée à la performance ou la longévité. Peter a fait ses études de médecine à Stanford. Il a par ailleurs une licence d'ingénieur en mécanique et en mathématiques appliquées, obtenue à la Queen's University de Kingston, dans l'Ontario. Il a fait son internat de chirurgie à l'hôpital Johns Hopkins et mené des recherches sous la direction du Dr Steven Rosenberg à l'institut national du Cancer, où Peter s'est intéressé au rôle des cellules T régulatrices dans la régression de cancers et autres thérapies immunitaires pour le traitement des cancers.

Le petit déjeuner de Peter

« Généralement, je commence par rien et puis j'en reprends un peu parce que j'ai faim. Et je finis par une autre dose de rien. »

Peter prend rarement un petit déjeuner et a testé diverses formes de jeûne par intermittence, allant d'un repas par jour (soit 23 heures de jeûne quotidien) aux schémas d'alimentation plus classiques 16/8 et 18/6 (soit 16 ou 18 heures de jeûne, ne s'alimentant que dans une fenêtre de 8 ou 6 heures). S'abstenir de manger pendant 16 heures génère généralement un bon équilibre entre autophagie (cherchez la définition sur Internet) et anabolisme (développement musculaire).

En bref

- Peter a passé 3 ans consécutifs en cétose nutritionnelle, tout en maintenant un haut niveau de performance en cyclisme et natation sur des distances ultralongues, mais aussi en force (par exemple, il peut retourner 6 fois un pneu de 200 kilos en 16 secondes). Il entre toujours en cétose une fois par semaine (un repas par jour vers 18 ou 20 heures), et il considère qu'il est au top de sa forme en suivant cette diète cétogène. S'il s'en écarte, c'est parce qu'il avait envie de manger plus de fruits et de légumes.
- Peter a plusieurs obsessions, dont une pour les montres (comme l'Omega Speedmaster Professional, calibre 321, créée dans les années 1950) et les simulateurs de course automobile de classe professionnelle. Le simulateur de Peter fonctionne avec le logiciel iRacing, mais tout le matériel (siège du cockpit, volant, système hydraulique, etc.) a été fait main. La voiture qu'il préfère conduire est la formule Renault 2000.

Pourquoi je m'entends bien avec Peter

Peter explique son plaisir de boire son premier lot expérimental de cétones chimiques (exogènes) :

« La première que j'ai testée était l'ester bêta-hydroxybutyrique, qu'un bon ami m'avait fait parvenir [Dominic D'Agostino, page 56]. On m'avait dit que ça avait un sale goût. J'en avais parlé à deux personnes qui en avaient déjà consommé, des militaires stoïques, pas des gamins de 6 ans. « Ils m'ont dit : “Le goût est vraiment dégueulasse.” Donc j'étais prévenu mais j'ai oublié ce détail dans l'excitation à l'arrivée de la boîte. Dans le paquet, il y avait une recette pour concocter un cocktail d'un goût agréable avec 10 autres ingrédients. J'ai mis ça de côté et j'ai sorti le flacon de 50 ml.

« Je l'ai englouti. Il était 6 heures du matin, mon épouse dormait encore. Je l'ai bu et ça avait le goût que j'imagine pour du kérosène ou du diesel. Vous connaissez l'odeur du distillat ? C'est horrible et on imagine le goût que ça peut avoir. Là, c'était le goût que ça avait. La première chose à laquelle j'ai pensé, c'était “Mince, et si je devenais aveugle ? Et s'il y avait du méthanol dedans ? Qu'est-ce qui m'a pris ?” Ma seconde pensée, c'était “Oh non, j'étouffe, pour de vrai. Si tu vomis ce truc, il faudra le ravaler et ça sera pire.” J'étais pris de haut-le-cœur, j'étouffais. Je faisais tout pour ne pas réveiller toute la maison ni vomir mon ester de cétone partout dans la cuisine. J'ai mis 20 minutes à monter sur mon vélo et faire un tour, ce qui était le but de l'expérience. »

Outils de travail

Peter porte un moniteur de glucose Dexcom G5 en continu pour surveiller 24 h/24 son taux de glucose, qui apparaît sur son iPhone. S'il avait une baguette magique, ses objectifs seraient de conserver un taux moyen bas et de minimiser les effets de variation. En dehors d'un laboratoire, cela revient plus ou moins à minimiser son taux d'insuline « en deçà de la courbe ». Pour y parvenir, Peter cherche à conserver son taux moyen de glucose (par période de 24 heures) entre 84 et 88 mg/dl et une variation moyenne inférieure à 15. L'appareil Dexcom mesure tout ceci. Peter l'étalonne deux à trois fois par jour grâce à son lecteur de glycémie OneTouch Ultra 2, un appareil moins gourmand en sang et visiblement plus précis que le Precision Xtra que j'utilise pour mesurer mon taux de cétone.

Renforcer son muscle glutéal

« C'est latéralement que l'homme d'aujourd'hui est le plus faible et le moins stable. Renforcer le muscle moyen glutéal, le muscle tenseur du fascia lata et le muscle vaste médial est primordial pour un bon alignement genou-hanche et la performance à long terme. »

Un jour, Peter est venu me voir à San Francisco et on est allés au club de sport ensemble. Entre des séries d'haltères et autres exercices virils, j'ai aperçu Peter en train de faire des exercices à la Jane Fonda. Une fois mon fou rire maîtrisé, il m'a expliqué qu'il avait évité une opération du genou grâce à cette série d'exercices que lui avaient enseignée le joueur de base-ball rapide comme l'éclair Ryan Flaherty et le kinésiologue Brian Dorfman (qui lui a aussi évité une opération de l'épaule après une lésion du bourrelet glénoïdien).

J'ai essayé une série de « thighmasters inversés » et j'ai été surpris par la faiblesse de mon muscle glutéal. C'était atroce. Je me suis senti bête et j'avais certainement l'air d'un imbécile. (Voir le commentaire du coach Sommer, « Pour devenir un étalon… », page 45.) Pour chacun des sept mouvements suivants, commencez par des séries de 10 ou 15. Lorsque vous arriverez à enchaîner des séries de 20 pour tous les exercices, vous pourrez ajouter des poids aux chevilles.

Vous serez content de vous lorsque vous aurez terminé les premiers exercices, mais rappelez-vous : pas de pause entre les exercices et pas de repos avant d'avoir complété les sept séries.

Pour tous les exercices, gardez le gros orteil du pied soulevé non pas à la hauteur du talon mais sous le talon (comme un pigeon) pour faire travailler les bons muscles. Faites des séries deux fois par semaine.

▶ #1 – Lever de jambe

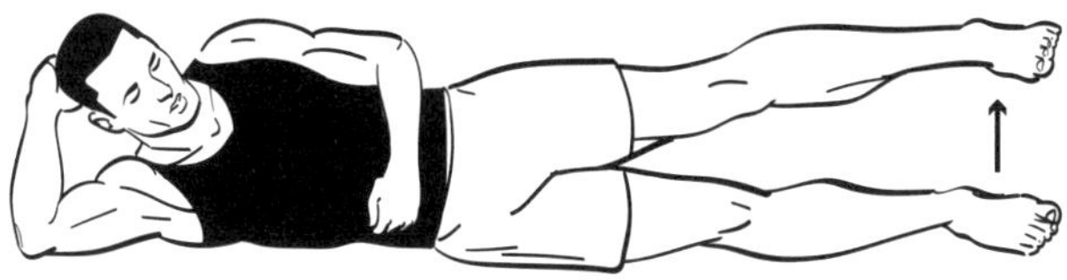

Allongez-vous sur le côté, la tête soutenue par le bras. En tendant les jambes, soulevez et abaissez la jambe en tournant légèrement le pied. Inutile de lever la jambe très haut. L'angle d'ouverture maximal ne devrait pas dépasser 30 °. Si vous levez la jambe plus haut, la tension sera réduite et le but de l'exercice raté.

Pour les exercices #2-4, maintenez un écart d'environ 30 cm entre les chevilles. Contractez le muscle glutéal et déplacez la jambe horizontalement. La cheville ne doit pas s'affaisser lorsque la jambe part en arrière. Au cours des deux premières séries, cherchez la hauteur de jambe la plus « difficile » pour vous. L'écart entre les chevilles est généralement de 30 à 45 cm. Gardez bien une légère inclination du pied avec le gros orteil sous le talon.

▶ #2 – Fente avant

Ouvrez la jambe à un angle de 45 ° (comme montré à droite). Pensez au « French cancan ».

▶ #3 – Fente arrière

Basculez la jambe vers l'arrière aussi loin que possible sans vous cambrer.

▶ #4 – Fente avant/arrière

Basculez la jambe vers l'avant puis vers l'arrière sans vous arrêter (enchaînement des deux exercices précédents).

▶ #5 – Cercles dans le sens des aiguilles d'une montre

Décrivez un cercle de 45 cm de diamètre avec le talon. En bas du cercle, vos chevilles devraient rester écartées de 30 cm. Si vos chevilles se rapprochent trop, vous trichez.

▶ #6 – Cercles dans le sens inverse des aiguilles d'une montre

Recommencez par la direction opposée.

▶ #7 – Pédalage

Pédalez comme sur un vélo.
Fastoche ? Tournez-vous de l'autre côté et recommencez la série.

Planche en rotation sur un ballon

L'objectif de cet exercice est de créer un mouvement de rotation scapulaire (omoplates). La mobilité scapulaire est essentielle pour le bon fonctionnement du haut du corps. Les muscles renforcés sont les teres minor, l'infraspinatus, le supraspinatus, le subscapulaire et le rhomboïde.

Installation : faites la planche, les coudes sur un ballon de gymnastique, les avant-bras vers l'avant. Ne faites pas de creux entre les omoplates et ne creusez pas les reins (maintenez la position tonique décrite page 55). Commencez avec les jambes bien écartées pour un meilleur équilibre. Vous pourrez les resserrer par la suite. En maintenant la position de planche, utilisez les avant-bras pour décrire des cercles avec le ballon, comme indiqué ci-dessous. Une série comprend 10 à 15 répétitions de chacun des exercices suivants sans faire de pause :

1. Cercles dans le sens des aiguilles d'une montre.
2. Cercles dans le sens inverse des aiguilles d'une montre.
3. Avant et arrière (glissez les coudes vers l'avant de 15 à 30 cm, puis vers l'arrière en les rapprochant de votre cage thoracique).

Lorsque l'exercice est fait correctement, vous devriez sentir vos omoplates bouger.

Peter fait trois séries complètes, deux fois par semaine. Il complète par des « Wolverines » (cherchez sur Google) sur une machine pour renforcer les rhomboïdes au lieu des deltoïdes.

Analyses sanguines recommandées par Peter

« Évidemment, tout dépend de l'individu et de ses risques (maladies cardiovasculaires, cancer, etc.) en fonction de ses antécédents familiaux et génétiques mais, en règle générale, ces cinq tests sont très importants. »

1. **Génotypage de l'Apo-E** : « Pour informer sur les risques de maladie d'Alzheimer. Ce gène n'est pas anodin, mais l'avoir ne cause pas cette maladie, cela augmente simplement les risques en fonction de votre variante et de sa numération. En tout état de cause, le phénotype ApoE (le taux réel de lipoprotéine qui circule dans votre sang) est un meilleur révélateur de la maladie d'Alzheimer que le gène lui-même. C'est donc un marqueur plus important à déceler. Toutefois, [ce test] n'est pas encore commercialisé mais j'y travaille. »
2. **Mesure des particules de LDL par RMN** (technologie pour mesurer le taux de lipoprotéines dans le sang) : « Cette mesure dénombre toutes les particules de LDL qui sont dominantes pour véhiculer le cholestérol dans l'organisme, de et vers le cœur et de et vers le foie. On le sait, plus le nombre de ces particules est élevé, plus les risques de maladies cardiovasculaires augmentent. »
3. **Lp (a) par RMN** : « La lipoprotéine (a) est sans doute la particule la plus athérogène dans l'organisme. Si elle est incluse dans la numération de toutes les particules de type LDL, j'aimerais savoir si quelqu'un a un taux de Lp (a) élevé, car indépendamment du total de LDL, c'est un énorme indicateur de risques. C'est quelque chose sur lequel il faudrait agir mais on le fait indirectement. En d'autres termes, les régimes et les médicaments ne semblent pas influencer la numération, alors il faudrait actionner d'autres leviers. Près de 10 % de la population a hérité d'un taux élevé de Lp (a), et c'est de loin le risque le plus courant d'athérosclérose héréditaire. Hélas, la plupart des médecins ne l'analysent pas, mais la bonne nouvelle c'est que savoir que vous l'avez peut vous sauver la vie. Un médicament (de la classe des "antisens apo(a)") permettra de le traiter directement dans trois ou quatre ans. »
4. **Test de la tolérance au glucose suite à une charge orale (OGTT)** : « Pour ce test, on doit boire une concoction à base de glucose et mesurer la réponse

à l'insuline et au glucose au bout de 60 puis 120 minutes. Au bout de 1 heure, on peut distinguer les premiers signaux avec des taux de glucose élevés (ou plus de 40 à 50 sous insuline), ce qui représente une hyperinsulinémie, symptôme de problèmes du métabolisme. En fait, la réponse à l'insuline au bout de 60 minutes pourrait être l'indicateur le plus important de votre propension à l'hyperinsulinémie et à la résistance à l'insuline, malgré la présence de marqueurs " traditionnels" normaux comme le HbA1C. »

5. **IGF-1 (somatomédine-C)** : « Cette hormone pourrait être cancérigène. Un régime (par exemple cétogène, restriction calorique, jeûne intermittent) peut contribuer à maintenir un faible taux d'IGF-1. »

Signes avant-coureurs de cétose

« La cétose fonctionne bien pour beaucoup de gens, mais elle n'est pas l'idéal pour tout le monde. On se demande pourquoi ça convient à certaines personnes pendant de longues périodes alors que d'autres obtiendront de meilleurs résultats en faisant du vélo. Si certains marqueurs augmentent (par exemple la protéine C réactive, l'acide urique, l'homocystéine, et le taux de particules de LDL), le régime ne convient visiblement pas à cette personne. Il faut l'interrompre ou le modifier. Certains patients qui souffrent d'une augmentation significative du nombre de particules de LDL lorsqu'ils sont en cétose peuvent inverser la tendance en limitant les graisses saturées à moins de 25 g et en remplaçant ces calories nécessaires par des graisses mono-insaturées (par exemple, de l'huile de noix de macadamia, de l'huile d'olive et de l'huile d'avocat en petite quantité). »

Avant d'effectuer une batterie de tests, décidez quel est votre seuil d'action

« La probabilité d'entreprendre une série de tests et d'obtenir des résultats "normaux" est faible, alors ne l'effectuez pas à moins d'être prêt à accepter l'incertitude qui émane de la nécessité de prendre des décisions (ou pas) avec des informations incomplètes et parfois contradictoires. Avant le génotypage de l'APO-E par exemple, décidez de ce que vous ferez si vous avez une ou deux copies de l'allèle E4. »

TF : Décidez avant, et pas après, lorsque vos émotions sont fortes, quels résultats méritent d'être traités ou ignorés et quelles seront vos actions « si/alors ».

Les dangers des analyses de sang « à un instant t »

Il est important de faire des prélèvements sanguins assez fréquemment pour établir une tendance et pour confirmer un mauvais résultat avant d'agir radicalement. D'autres invités de mes podcasts valident cette idée, comme le Dr Justin Mager, et Charles Poliquin :

« En 2005, j'ai nagé de Catalina Island à Los Angeles. Mon ami Mark Lewis, un anesthésiste, a effectué un prélèvement sanguin 10 minutes avant que je m'immerge à Catalina Island et 10 minutes après être sorti de l'eau à L.A., soit 10 heures et demie plus tard. C'était une véritable révélation pour moi, car j'avais développé un syndrome de réponse inflammatoire systémique (SIRS), quelque chose que l'on voit généralement chez les patients hospitalisés qui souffrent d'infections ou de traumatismes terribles : blessure par balle, accident de la circulation, ce genre de chose.

Mon taux de plaquettes normal a été multiplié par six. Mes globules blancs ont été multipliés par cinq. Toutes ces modifications radicales ont eu lieu dans mon sang. En gros, j'étais comme le gars qui venait de se faire tirer dessus…

J'ai toujours hésité à traiter un patient sur une seule analyse à un instant t, même si celle-ci paraissait alarmante. Par exemple, j'ai reçu un homme récemment dont le taux de cortisol le matin était cinq fois plus élevé que la normale. On pourrait penser à une tumeur de la (glande) surrénale. Mais après avoir discuté avec lui, j'ai compris que, à 3 heures, le matin de la prise de sang, son ballon d'eau chaude avait explosé. Le taux normal de cortisol le matin suppose que la personne ait dormi la nuit. Là, il avait passé la nuit à éponger. »

4 balles à éviter

« Si vous avez plus de 40 ans et que vous ne fumez pas, il y a 70 à 80 % de chances que vous mourriez d'un de ces quatre types de maladies : maladie cardiovasculaire, cérébrovasculaire, cancer ou maladie neurodégénérative. »

« Il y a deux manières de viser la longévité. La première, c'est de repousser la mort aussi longtemps que possible en retardant l'apparition d'une maladie chronique (les quatre principales décrites ci-dessus). On appelle ça le jeu défensif. La seconde, c'est améliorer son hygiène de vie. Il s'agit du jeu offensif. Dans le jeu défensif, il y a en gros quatre types de maladies qui risquent de vous tuer.

En d'autres termes, si vous avez la quarantaine et que vous faites attention à votre mode de vie, vous n'allez sans doute pas mourir d'un accident de la circulation ou d'un homicide. Vous ne faites pas partie de cette catégorie de personnes. Il est peu probable que vous mourriez de x, y et z. En regardant les causes de mortalité, vous avez 80 % de chances de mourir d'une maladie cardiovasculaire, d'un AVC, d'un cancer ou d'une maladie neurodégénérative. Point.

Si vous devez vous rappeler une seule chose, souvenez-vous de ceci : si vous avez la quarantaine ou plus et que vous avez l'intention de vivre encore longtemps, ce qui vous place dans une catégorie à sélection partiale, il y a 80 % de chances que vous mouriez [d'une de] ces quatre maladies. Toute stratégie visant à augmenter votre longévité doit s'attacher à réduire autant qu'il est humainement possible les risques que ces maladies se déclarent.

[Pour ceux qui l'ignorent,] une maladie cérébrovasculaire serait un accident vasculaire cérébral. Il survient par occlusion ou par hémorragie, généralement dues à une pression artérielle élevée, entre autres. La maladie neurodégénérative est comme son nom l'indique la dégénérescence du cerveau. La cause la plus courante est la maladie d'Alzheimer, qui est l'une des dix principales causes de décès aux États-Unis.

[D'après les recherches], je pense qu'il y a un lien avec les carbohydrates hautement raffinés et les sucres (et potentiellement les protéines, mais peut-être pour une autre raison), qui semblent augmenter l'insuline, ce qui comme nous le savons augmente par extension l'IGF-1. On sait également que l'IGF est un facteur de vieillissement mais aussi de beaucoup de cancers. »

Les compléments alimentaires que Peter ne consomme PAS

Peter prend suffisamment de compléments alimentaires en fonction de ses résultats sanguins. Sa sélection est donc personnalisée. Toutefois, il ne prend jamais certains compléments courants tels que :

- **Les multivitamines** : « C'est le pire des deux mondes. Elles contiennent pas mal de trucs inutiles et pas assez de trucs utiles. C'est donc un risque inutile sans aucun bénéfice. »
- **Les vitamines A et E** : Il n'est pas convaincu d'avoir un apport supplémentaire à celui que lui fournissent les aliments complets.
- **La vitamine K** : « Si vous mangez des légumes verts à feuilles, vous consommez suffisamment de vitamine K. La K2, c'est parfois une autre histoire, en fonction du régime des gens. »

- **La vitamine C** : « La plupart des gens en consomment suffisamment dans leur régime alimentaire. Si les fortes doses peuvent avoir des bénéfices, notamment pour combattre des maladies virales, la vitamine C orale bio se trouve difficilement dans le commerce. »

C'est un adepte des compléments à base de magnésium. Il en prend 600 à 800 mg par jour, alternant le sulfate et l'oxyde de magnésium. Il consomme aussi du carbonate de calcium deux fois par semaine.

La logique du lithium à petite dose

Après une discussion avec Peter, je prends désormais du lithium à petite dose sous forme de 5 mg d'orotate de lithium. Plus je lis des études épidémiologiques, plus je suis convaincu que le lithium est un élément essentiel, ou essentiel sous condition. Il suffit de 1 à 5 mg pour vous assurer d'obtenir le niveau naturel dans les nappes phréatiques américaines. Je vous suggère de commencer par lire l'article du *New York Time*s « Should we all take a bit of lithium? »[3] [Devrions-nous tous prendre un peu de lithium ?], dont voici un extrait :

« Même si cela semble étrange que la quantité microscopique de lithium trouvée dans les nappes phréatiques puisse avoir un impact médical conséquent, plus les scientifiques étudient ces effets, plus les découvertes s'enchaînent. On commence progressivement à prouver que des doses relativement infimes de lithium pourraient apporter des bénéfices. Elles sembleraient réduire radicalement le taux de suicide et pourraient même contribuer à la bonne santé du cerveau et améliorer l'humeur. »

Peter ajoute : « Le lithium est vraiment parfaitement sûr à petites doses – en gros, tout dosage à moins de 150 mg – si vos reins fonctionnent normalement. C'est un ingrédient qui a mauvaise réputation à cause des fortes doses parfois nécessaires pour traiter des personnes bipolaires récalcitrantes à la monothérapie, mais ces doses qui avoisinaient les 1 200 mg n'ont rien à voir avec la logique évoquée ci-dessus. »

---

3 Fels, Anna, « Should we all take a bit of lithium ? », *The New York Times*, 13 septembre 2014.

Encore de la comédie – il y a longtemps, quand Peter a grossi de 77 à 95 kilos, gagnant surtout de la graisse

« Franchement, ça m'exaspérait. On en plaisante aujourd'hui, mais à l'époque j'ai dit à mon épouse que j'allais me faire poser un anneau gastrique. Elle m'a dit : “Tu es le plus ridicule des hommes. Il va falloir qu'on parle de notre couple si c'est ce que tu envisages à 95 kilos.” Je suis néanmoins allé voir un spécialiste de l'obésité à San Diego. C'est une drôle d'histoire, parce que même si j'étais visiblement en surpoids, j'étais de loin la personne la plus maigre de la salle d'attente. Ça m'a fait relativiser. [Je me suis dit :] “Peter, tu crois que tu as des problèmes. Regarde, les autres pèsent 180 kilos chacun.” Quand j'ai été appelé pour voir le docteur, l'infirmière m'a fait monter sur la balance. Je pesais 95 kilos. Et là, elle m'a dit, “Ah, c'est super. Vous venez pour un suivi ?” »

Abandonner la course, soulever de la fonte

« Ça me fend le cœur de voir des gens batailler pour perdre du poids et penser qu'ils vont devoir courir 30 km par semaine. Ils n'ont pas envie de courir, ils ont mal aux genoux, ils ont horreur de ça et ils ne perdent pas de poids. J'aimerais leur dire : “Bonne nouvelle, les amis. Inutile de faire un pas de plus en courant car ça n'apporte rien.”

« Mais il y a des bénéfices à faire de l'exercice, et je pense que le type d'exercice le plus important, surtout si vous en voulez pour votre argent, est la musculation intensive. La musculation est bénéfique aussi bien pour l'élimination du glucose et la santé du métabolisme que pour la densité des mitochondries ou la stabilité orthopédique. Ce dernier point ne vous parle sans doute pas si vous avez la trentaine, mais, lorsqu'on a 70 ans, ça fait toute la différence entre se casser le col du fémur et aller se promener au parc. »

Comment Peter s'est mis à la méditation

Comment je suis devenu 10 % plus heureux, de Dan Harris, est le livre qui a motivé Peter à méditer régulièrement. Après un succès mitigé avec la méditation de pleine conscience, il a été initié à la méditation transcendantale par son ami Dan Loeb, un milliardaire qui a fondé Third Point LLC, une société de gestion d'actifs qui pèse 17 milliards de dollars.

* **Les livres qu'il offre ou recommande**

  Vous voulez rire, monsieur Feynman !, de Richard Feynman.

  Les Erreurs des autres, l'autojustification, ses ressorts et ses méfaits, de Carol Tavris et Elliot Aronson. Cet ouvrage traite des dissonances cognitives qui apparaissent comme des faiblesses courantes etbiaisent la réflexion. Peter met un point d'honneur à ne pas être trop sûr de lui. Ce livre l'aide à le rajuster.

* **La meilleure acquisition de Peter pour moins de 100 $**

  Une fois par mois, Peter se fait un tête-à-tête avec sa fille de 8 ans. Voici ce qui est ressorti d'un de leurs rendez-vous :

  « On rentrait à l'hôtel et on croise un rickshaw tout illuminé. En temps normal, ça ne m'aurait jamais traversé l'esprit de monter dedans, mais j'ai vu les yeux de ma fille : "Ouah, il a mis des lumières partout." [Alors on est montés.] Le monsieur nous a raccompagnés. Le trajet m'a coûté 20 $. Ça ne m'aurait rien coûté de rentrer à pied, mais la tête que faisait ma fille valait tout l'or du monde. Ça fait peut-être un peu ringard et cliché, mais les pères sont comme ça. Ces 20 $ étaient ma meilleure dépense depuis longtemps. »

* **Selon vous, qui incarne le mieux le mot « réussite » ?**

  Peter a évoqué plusieurs personnes, y compris son ami John Griffin, un gestionnaire de fonds spéculatifs de New York, mais j'aimerais rapporter sa dernière réponse : son frère. Le frère de Peter, Paul (TW : @PapaAlphaBlog), est un procureur général, un grand sportif et père de quatre enfants de moins de cinq ans. Il réfléchit énormément à comment devenir un meilleur procureur et un meilleur père. Peter élabore :

  « Le succès, c'est : est-ce que vos enfants se souviennent de vous comme étant le meilleur des pères ? Pas le père qui leur a tout donné, mais celui à qui ils pourront tout dire un jour ? Pourront-ils vous appeler à l'impromptu, n'importe quel jour, quelles que soient les circonstances ? Êtes-vous la première personne à qui ils vont demander conseil ? Et en même temps, pouvez-vous assurer dans votre métier, que vous soyez avocat, médecin ou courtier ? »

L'antisèche du régime SLOW-CARB®

Beaucoup de gens perdent espoir en voulant perdre du poids.

Heureusement, ça n'a pas besoin d'être compliqué. Même si je jeûne et entre en cétose régulièrement, le régime Slow-Carb Diet (SCD), pauvre en hydrates de carbone donc en glucides, a été mon régime par défaut depuis plus de 10 ans. Son fonctionnement est incroyable, et il modifie plus que l'apparence. Commentaire d'un lecteur :

« Je tenais à remercier Tim d'avoir pris le temps de faire des recherches et d'écrire *4 heures par semaine pour un corps d'enfer*. Ma mère, qui approche les 70 ans, a perdu 20 kilos et ne prend plus les cachets contre l'hypertension qu'elle avalait depuis plus de 20 ans. Elle y est parvenue en trois mois. Je vais donc pouvoir profiter d'elle encore longtemps. »

Les règles de base sont simples et s'appliquent six jours par semaine :

Règle #1 : Évitez les féculents « blancs » riches en hydrates de carbone (ou ceux qui peuvent être blancs).

Donc le pain, les pâtes, le riz, les pommes de terre, les céréales (y compris le quinoa). Si vous devez vous renseigner pour savoir si ça en contient, ne le mangez pas.

Règle #2 : Mangez toujours les mêmes repas, notamment au petit déjeuner et déjeuner.

La bonne nouvelle, c'est que vous le faites déjà. Vous choisissez simplement des nouveaux menus par défaut. Pour faire simple, divisez votre assiette en trois : 1/3 de protéines, 1/3 de légumes et 1/3 haricots secs/légumes.

Règle #3 : Ne buvez pas de calories.

Une exception toutefois : 1 à 2 verres de vin rouge sec par soir, mais cela peut faire stagner le poids de femmes en périménopause ou ménopausées.

Règle #4 : Évitez les fruits.

(Fructose, glycérol phosphate, plus de graisse, en gros.) Les avocats et tomates sont autorisés.

Règle # 5 : Quand c'est possible, évaluez vos progrès en terme de pourcentage d'adiposité, pas en kilos.

La balance peut vous décevoir et démotiver. Par exemple, il est courant de gagner du muscle tout en perdant de la graisse avec le régime SCD. C'est l'objectif, mais l'aiguille sur la balance ne bouge pas, et c'est frustrant. Je remplace ma balance par une densitométrie osseuse, un appareil à échographie à domicile BodyMetrix, ou des pieds à coulisse avec un professionnel du sport (je recommande la méthode Jackson-Pollock en sept points).

Puis :

Règle #6 : Lâchez-vous un jour par semaine.

Je choisis et recommande toujours le samedi. C'est la journée « de triche », le jour « gras » qu'on pourrait appeler « gramedi ». Pour des raisons biochimiques et psychologiques, il est important de ne pas se retenir. Certains lecteurs se font pendant la semaine une liste d'ingrédients « à manger » (le samedi), ce qui leur rappelle qu'ils ne renoncent à leurs plaisirs que six jours consécutifs.

Vous trouverez tous les détails, les questions/réponses fréquentes, et les solutions aux problèmes dans *4 heures par semaine pour un corps d'enfer*, mais le résumé ci-dessus devrait suffire pour perdre 10 kilos en un mois et deux tailles de vêtement. Beaucoup de lecteurs ont perdu 45 à 90 kilos en suivant ce régime.

Pavel Tsatsouline

Pavel Tsatsouline (TW/FB : @BeStrongFirst, StrongFirst.com) est le président de StrongFirst, Inc., une école de musculation internationale. Cet ancien entraîneur physique du Spetsnaz, les forces spéciales soviétiques, travaille désormais pour le Corps des Marines, les services secrets américains et les Navy SEALs. On lui doit l'introduction des kettlebells en Amérique. Il est l'auteur de *Kettlebell – la musculation ultime.*

Test de micro

Avant une interview, je vérifie toujours mon matériel en posant la même question. Elle vise à faire parler les gens pendant au moins 10 secondes. Avec Pavel, voici ce qui s'est passé :

TIM : Pavel, si ça ne vous ennuie pas, dites-moi ce que vous avez pris pour le petit déjeuner ce matin afin de vérifier si le micro est en marche.

PAVEL : Micro, en marche. Petit déj, café.

J'ai trouvé ça si drôle que je l'ai laissé au début de l'épisode. Les fans le réécoutent en boucle histoire de rigoler.

Deux échauffements : halos et la danse du cosaque

Pour un échauffement rapide et efficace, faites ces deux exercices.

▶ Halos

Tenez le disque à deux mains et faites-le tourner autour de la tête pour détendre la ceinture scapulaire. J'utilise une kettlebell ou un disque de 11 à 20 kilos pour effectuer cinq séries lentes dans chaque sens. Commencez léger.

▶ La danse du cosaque (Squat cosaque)

Quand tout le reste ne fonctionne pas, les fentes cosaques (décrites ci-dessous) dédoublent la mobilité de mes chevilles, ce qui a d'autres effets positifs. Gardez toujours les talons au sol et alignez vos genoux et vos oreils. Maintenez les hanches aussi bas que possible en changeant de côté. J'effectue 5 à 6 mouvements de chaque côté par séries de 2 ou 3. Je complète souvent par l'échauffement d'Eric Cressey, la « marche de Spiderman ».

Principes de base de la force

- « La force est la première qualité de toutes les qualités physiques. »
- « La force est un talent et, en tant que telle, elle se pratique. »
- « Soulevez beaucoup de poids, pas à l'arrachée. »
- « Tout mouvement répété plus de cinq fois devient du culturisme… Pour vous muscler, ne faites pas plus de cinq mouvements. »
- « Si vous vous entraînez pour vous muscler, évitez de brûler vos muscles. La brûlure est votre pire ennemie. »
- « L'entraînement doit rester un plaisir. »

Cette dernière maxime ne vise pas à vous motiver. Elle est à prendre littéralement. Si vous suivez un entraînement musculaire, vous devriez vous sentir mieux en sortant qu'en entrant dans la salle de sport. Il y a un aspect neurologique important.

Surhomme sans effort

Pavel m'a présenté l'entraîneur d'athlétisme Barry Ross. Ce dernier avait lu une étude menée par Peter Weyand à Harvard, qui concluait que la clé du succès d'un sprinter est sa puissance relative, et, plus précisément, la force que le sprinteur doit plaquer au sol par rapport à son poids. Puis Ross a lu les recommandations de Pavel pour augmenter sa puissance sans développer beaucoup ses muscles : soulever des poids importants, petites séries, petit volume, et écarter le négatif. Il a additionné les deux et mis au point un programme de deadlifts pour produire des sprinters hors pair. Un de ses premiers protégés était Allyson Felix. Son protocole basé sur le deadlift comprend des mouvements partiels sans aller jusqu'en bas (mouvement négatif/excentré). J'ai suivi cet entraînement pendant 8 semaines et je le décris en détail dans *4 heures par semaine pour un corps d'enfer*, donc je ne vous donne ici que les bases :

La technique de base : Soulevez la barre jusqu'aux genoux puis relâchez-la. Je prends la posture du « sumo », mais la position traditionnelle est parfaite.

Format : 2 à 3 séries de 2 à 3 mouvements, chaque série étant suivie d'exercices de pliométrie (par ex. un sprint sur 10 à 20 mètres, 6 à 8 sauts, etc.), et au moins 5 minutes de repos. Mes meilleurs gains étaient avec 10 minutes de repos, ce qui n'est pas rare chez les athlètes.

Fréquence : Je m'entraînais deux fois par semaine, le lundi et le vendredi. Le temps total « sous tension » pendant les séries était de moins de 5 minutes par semaine.

Résultats : J'ai ajouté 55 kilos à mon poids maxi en deadlift en huit semaines et pris moins de 4,5 kg de masse musculaire. Je n'ai jamais rien connu de tel pour développer la force relative. Vous vous croyez trop vieux ou trop x pour les deadlifts ? Le père de Pavel a commencé à 70 ans. Il soulevait 180 kilos sans ceinture de force quelques années plus tard, établissant plusieurs records en Amérique.

L'échelle de cycles respiratoires

Vous n'avez pas une bonne endurance ? Voici la stratégie d'un collègue de Pavel, le moniteur de fitness Rob Lawrence. Pour les kettlebells, sprints ou tout exercice qui essoufle, décidez à l'avance que vous allez vous reposer pendant un certain nombre de cycles respiratoires (par ex. 5, 10, 30 cycles ou le nombre que vous voulez entre les séries). Cela vous apprendra à ralentir votre fréquence de respiration et à arrêter de surmener votre système nerveux. Cette maîtrise améliorera votre endurance bien avant toute adaptation biochimique.

Amelia Boone (page 38) utilise une échelle de respiration entre ses burpees (sauts de grenouille) à l'échauffement. Elle augmentera progressivement le nombre de sauts et de cycles respiratoires de 1 à 10. Concrètement, elle exécute un saut de grenouille, un cycle respiratoire, deux sauts, deux cycles et ainsi de suite jusqu'à 10 sauts et 10 cycles respiratoires.

3 exercices à haut rendement – le programme avec kettlebell « SIMPLE et SINISTER » de Pavel.

- Kettlebell swing à une main.
- Relevé turc (Turkish get-up).
- Goblet squat.

Faites ces trois exercices d'une forme ou d'une autre tous les jours et vous ne serez pas déçu du résultat. Le relevé turc est aussi idéal pour diagnostiquer des faiblesses.

La hollow position n'est pas réservée aux gymnastes

Pour maîtriser les tractions, il faut développer votre « hollow position » (voir page 55). Cette position de base, en y ajoutant les pieds tournés vers l'intérieur (pour gainer les obliques), m'a aidé à réussir des tractions militaires (cou à la barre sans pause) avec 24 kilos aux chevilles. Pour voir la hollow position en action, regardez n'importe quel gymnaste sur des anneaux : les fessiers sont contractés et le corps est en cuvette. L'astuce de Pavel : essayez de rapprocher le coccyx du nombril.

« En cas de doute, faites travailler vos abdos profonds et améliorez vos prises »

« Renforcer vos abdos profonds et vos prises augmentera forcément votre force pour tout soulever. Pour les abdos, l'effet est dû en partie à une plus forte pression intra-abdominale et à une meilleure stabilité. Pour la prise, vous profitez d'un phénomène neurologique d'irradiation – tension qui irradie depuis les muscles des doigts jusqu'aux autres muscles.

« Le moyen le plus rapide d'obtenir une force extraordinaire dans les mains est de s'entraîner avec les poignées IronMind Captains of Crush [dont le ressort peut s'adapter jusqu'à 165 kilos de résistance]. Parmi les meilleurs exercices pour les abdos, on compte le "power breathing", les hollow rocks, les Janda, le relever de jambe à la barre, et la planche "hard-style". Pour exécuter ce dernier, maintenez la position de planche 10 secondes totalement contracté, pas pendant plusieurs minutes. Maintenez la position comme si vous attendiez un coup et respirez "derrière le bouclier" de vos abdos contractés. Pour augmenter la difficulté, relevez les pieds sur le mur, à quelques centimètres du sol. »

Faites 3 à 5 séries de 3 à 5 répétitions pour les exercices dynamiques ou maintenez la position 10 secondes pour les exercices statiques. Accordez-vous 3 à 5 minutes de repos entre les séries.

Ou alors, comme le dirait Pavel : « Encore mieux, *grease the groove.* » Ce qui nous mène au principe suivant :

« Grease the groove » (GTG) pour la force et l'endurance

« Pour augmenter votre nombre de tractions, commencez par faire la moitié des tractions que vous êtes capable de faire (par ex. des séries de 4 si votre record est 8) ,et répétez la série au cours de la journée. Accumulez les tractions en récupérant au moins 15 minutes entre les séries. Ajustez le volume quotidien pour toujours vous sentir frais et dispo. »

C'est ainsi que le père de Pavel a doublé ses tractions de 10 à 20 à l'âge de 64 ans, alors qu'il n'en faisait pas autant dans la Marine dans sa jeunesse. Les

15 minutes minimum de repos sont nécessaires pour l'hypercompensation de phosphocréatine.

« Alors que la plupart des programmes de musculation-endurance consiste à tolérer une production massive d'acide lactique, le GTG entraîne à baisser la production d'acide lactique. Il augmente la quantité et la qualité de mitochondries dans les fibres musculaires à contraction rapide et les rend plus aérobiques. »

Si vous faites de courtes séances d'entraînement intense pour obtenir un mouvement maximal, ne faites pas plus de 5 mouvements par série. Dans ce cas, la méthode adopte un mécanisme différent (pour les intellos : facilitation synaptique et myélinisation). Admettons que vous vous entraînez à faire une seule pompe parfaite sur une main. Lors de votre progression, vous pourrez faire des pompes sur une main les pieds au sol et les mains sur le bord d'une table. Si votre maximum est de six pompes, vous ferez des séries GTG de 2 à 3 mouvements.

Mon étirement préféré – le moulin à vent

Le moulin à vent avec une kettlebell est incroyable pour la récupération et l'échauffement au niveau des hanches. La position debout ressemble à la posture *trikonasana* au yoga, mais une seule jambe supporte 70 à 80 % du poids du corps. Et on maintient la kettlebell au-dessus de la tête. YouTube est votre allié.

Maxime préférée

Extrait du film *Opération Dragon* : « Sparte, Rome, les chevaliers d'Europe, les samouraïs… une force adulée. C'est la force qui rend toutes les autres valeurs possibles. »

« Le calme est contagieux »

Voici une autre citation que Pavel affectionne. Voici un extrait d'un discours prononcé par Rorke Denver, ancien commandant des Navy SEAL :

« Un master chief, le grade le plus élevé dans la Navy (une sorte de Dieu pour nous) nous a dit qu'il nous donnait un conseil inestimable qu'un autre master chief lui avait donné pendant la guerre du Vietnam. Il a dit : "Voilà la meilleure chose que vous retiendrez de l'entraînement des SEAL." On était tous impatients de l'entendre. Il a dit : "Quand vous êtes un leader, les autres vont reproduire votre comportement, à un degré minimum… C'est garanti." Alors voici le conseil essentiel : "Le calme est contagieux." »

* **Le livre que Pavel offre ou recommande**

  « La plupart des gens sont bloqués quelque part entre les modes marche et arrêt. Ils ont du mal à se brancher et à libérer de suite une forte énergie, et ils sont incapables de se débrancher et de profiter pleinement d'un temps de repos. Pour apprendre à contrôler son bouton marche/arrêt, lisez le livre *Psych*, du Dr Judd Biasiotto. C'est un des meilleurs haltérophiles de l'histoire : il a pu soulever 272 kilos alors qu'il n'en pèse que 60… sans être dopé, à 44 ans et après une opération du dos. »

Laird Hamilton, Gabby Reece & Brian MacKenzie

Laird Hamilton (TW/FB : @LairdLife, lairdhamilton.com) est considéré comme le meilleur surfeur de grosses vagues de tous les temps. On lui doit le tow-in surfing (l'utilisation d'un jet-ski pour tracter les surfeurs dans d'énormes vagues), et le retour du paddle-board. Hamilton a joué dans de nombreux films sur le surf et a tenu le premier rôle dans le documentaire *Riding Giants*.

Gabrielle Reece (TW/IG : @GabbyReece, gabriellereece.com) a été nommée l'une des « 20 sportives les plus influentes » par *Women's Sports & Fitness*. Elle est surtout connue pour ses exploits en volley-ball. Reece a mené l'équipe féminine de la ligue de beach volley pendant quatre saisons consécutives. Par la suite, elle est devenue mannequin et a été entraîneur dans l'émission *The Biggest Loser*. Ses diverses casquettes l'ont conduite à devenir la première athlète féminine à dessiner une paire de chaussures pour Nike. *Rolling Stone* l'a placée sur sa liste de « Wonder Women ».

Brian MacKenzie (TW/IG : @iamunscared) est le fondateur de CrossFit Endurance et l'auteur du *New York Times* best-seller *Unbreakable Runner*. Brian a déclenché une controverse en suggérant une approche minimaliste de la course d'endurance. Il s'attaque non seulement aux courses très longue distance, mais aussi aux régimes riches en glucides. Il fait de la musculation intensive pour réussir des courses de 5 km et des ultramarathons. Il a décrit dans *4 heures par semaine pour un corps d'enfer* comment s'entraîner au marathon en 8 à 12 semaines. Les magazines *Runner's World*, *Men's Journal*, *ESPN*, *Outside* et *The Economist* lui ont tous consacré des articles.

Animal totem de Laird : l'orque ; Gabby : le faucon ; Brian : le corbeau

Contexte

Laird était un de mes professeurs de surf dans ma série télé *The Tim Ferriss Experiment*, produite par ZPZ, la société qui produisait les émissions d'Anthony Bourdain *No Reservations, Parts Unknown*, etc.

L'interview de Laird, Gabby et Brian s'est déroulée dans la cuisine de Laird et Gabby à Malibu, juste après une séance d'entraînement. J'étais surexcité. Brian m'avait invité à voir comment Laird s'entraînait dans sa piscine customisée avec une profondeur allant par endroits jusqu'à 4 mètres et qui présente des marches dans le sol. Il y a aussi des enceintes sous l'eau pour écouter de la musique et une sangle de slackline à 60 cm au-dessus de la surface. Brian avait déjà tenté de me convaincre d'essayer auparavant, mais j'avais toujours refusé, par crainte de me noyer. Ce matin-là, j'ai serré les dents et rejoint les 6 ou 10 autres hommes pour répéter le cycle suivant pendant 90 minutes : aqua-entraînement avec haltères, bain glacé pendant au moins 3 minutes, puis sauna à 100 °C pendant 15 minutes. Le groupe suit cet entraînement deux fois par semaine, en alternance avec des séances bihebdomadaires de musculation sur la terre ferme. Ils se motivent, c'est merveilleux. Les glandeurs ne font pas long feu.

L'« échauffement » des durs à cuire

Des athlètes professionnels rendent occasionnellement visite à Laird pour tester son célèbre entraînement en piscine. Si le client est un gros balèze goguenard, Laird propose un « échauffement » avec Gabby. C'est leur code. Gabby l'anéantit nonchalamment, le laissant terrorisé et épuisé. Une fois qu'il a ravalé son ego, Laird lui demande innocemment : « Bon, tu es prêt à commencer l'entraînement ? » Pour Brian, l'eau dit : « Ah, balèze et agressif ? Parfait, je vais te noyer. »

Nos boissons

Avant entraînement : Laird a préparé un café pour tout le monde, additionné de sa crème au moka « superfood creamer » (lairdsuperfood.com). Ça vous illumine à l'intérieur comme un sapin de Noël.

Après entraînement : Racine de curcuma fraîchement pressée, champignon chaga, extrait de poivre, miel cru, vinaigre de cidre et eau (pour diluer le goût). Parfois, Laird ajoute du kombucha pour adoucir l'amertume résiduelle du curcuma.

Accessoires de piscine

Masque de plongée Cressi Big Eyes. De simples lunettes de piscine s'enlèvent trop facilement.

Travail des psoas – ça fait mal

Il s'agit de muscles profonds qui relient le bas du dos et les hanches. Laird détend ses psoas régulièrement en s'allongeant sur la poignée d'une kettlebell ou le bord d'un disque de 12 kilos.

Le club de lecture

Laird a formé ce que Gabby appelle un « club de lecture pour hommes ». Les habitués qui viennent s'entraîner chez lui – des célébrités, des apnéistes recordmen du monde et des grands P-DG – conseillent tous les mois un livre qui n'est pas un roman et tous les autres le liront pour en discuter. Rick Rubin en suggère fréquemment. Voici deux ouvrages qui n'ont pas été censurés juste avant notre interview :

- *Tous des héros*, de Christopher McDougall.
- *Deep Survival*, de Laurence Gonzales, que Laird qualifie de « livre incroyable sur la peur et la gestion de la peur ».

S'entraîner à être le premier

GABBY : Je dis toujours que c'est moi d'abord… À la caisse d'un supermarché, c'est moi qui dirai bonjour en premier. Si je vois quelqu'un et que nos regards se croisent, c'est moi qui sourirai en premier. [J'aimerais que] les gens essaient dans leur vie quotidienne d'être le premier parce que – pas tout le temps mais souvent – c'est en votre faveur. La réaction est assez étonnante… J'étais au parc l'autre jour avec les enfants. [Le parc aquatique] Hurricane Harbor. C'est l'enfer. Il y avait deux femmes un peu plus âgées que moi, très différentes de moi. Quand je suis passée devant elles, je les ai regardées et j'ai souri. Un sourire a instantanément fleuri sur leur visage. Les gens sont prêts mais il faut faire le premier pas. Dans le monde actuel, on nous apprend à [nous désengager] – personne ne fait le premier pas.

TF : Les gens sont plus sympa qu'ils ne semblent, mais il faut faire le premier pas. Ça me fait penser à une réplique du personnage de Raylan Givens dans la série télé *Justified* : « Si tu croises un crétin le matin, c'est pas grave. Si tu croises des crétins toute la journée, alors c'est toi le crétin. » J'écris souvent « Faire le premier pas » dans mon journal le matin comme motivation quotidienne.

Remarque : Derek Sivers (page 177) a écouté cet épisode de mon émission, et il a retenu le principe de Gabby « faire le premier pas ».

Essais avec l'ancêtre du kitesurf

« On était les premiers à s'offrir les kites français sans redémarrage… quand on foirait, c'était terminé. Parfois, on se retrouvait en pleine mer avec un édredon géant. Vous avez déjà essayé de nager avec un édredon ? C'est compliqué. Un édredon géant et un plateau de cantine. C'est vrai, la planche ressemblait à un plateau de cantine [et] quand on se retrouve à 3 km de la plage, on se dit qu'on est mal barré. »

Où est-ce que les auditeurs peuvent vous trouver ?

C'est la question que je pose toujours à la fin d'une interview. Mes invités mentionnent des réseaux sociaux, des sites Internet, etc. Laird a répondu sans hésiter : « Sur l'océan Pacifique. »

Don Wildman, l'inspirateur

BRIAN, à propos de Don Wildman et de ses exploits physiques incroyables à l'âge de 82 ans : Don Wildman est parti faire du snowboard pendant 80 jours l'année dernière. J'ai fait de l'héli-snowboard avec lui il y a deux mois en Alaska. Se faire déposer en hélicoptère avec un snowboard aux pieds, c'est exigeant. Pendant une semaine, on enchaîne 15 ou 16 descentes par jour. Le troisième jour, on commence à chanceler, [mais] il ne s'est jamais plaint… Je peux défier quasiment n'importe qui sur un vélo, sauf un cycliste professionnel qui va vous laminer.

GABBY : Ce que Don fait aussi et qui est très malin, c'est qu'il sollicite des gens pour faire partie de son groupe parce que personne n'y arrive tout seul. Alors il est toujours entouré de gars généralement bien plus jeunes que lui.

L'énergie est mutualisée et tout le monde en profite. [TF : Rick Rubin parle aussi de Don page 454.]

« Un lieu isolé est un lieu sans motivation »

Cette phrase de Laird confirme tout ce que j'ai vu dans son environnement. Il dispose d'une tribu soudée, et les séances de sport programmées en groupe d'amis sont le ciment du groupe. Si vous passez beaucoup de temps comme moi à réfléchir à « comment » vous entraîner et à « quel type d'exercices », demandez-vous plutôt : « Et si je choisissais mes exercices en fonction de "avec qui ?" ? Qu'est-ce que je ferais si l'entraînement n'était possible qu'avec d'autres personnes ? » C'est comme ça que je me suis mis à l'AcroYoga (page 83).

Conseils éducatifs

Laird et Gabby, qui se sont mariés en 1997, entretiennent une relation très complice avec leurs trois enfants. J'ai eu la chance de les observer en famille plusieurs fois. Beaucoup de contact physique et une ambiance chaleureuse, très agréable. Les astuces suivantes ont été glanées au cours de la conversation.

LAIRD : Aimer ses enfants permet de passer outre beaucoup d'injustices. [Même si on se trompe ou si on fait des erreurs.]

GABBY : On est inclusifs. On les traite comme des adultes. On leur a toujours parlé comme à des adultes…

En tant que parent, il faut apprendre à s'excuser parce que vous vous êtes énervé… Parfois, on peut dire : « Tu sais quoi ? Je suis crevée et je n'ai pas beaucoup de patience. Je suis injuste envers toi et j'en suis désolée. » Il faut admettre qu'on est imparfaite et apprendre à ouvrir cette porte… Je demande toujours à mes filles si elles se sentent suffisamment aimées. Réponse : « Allez, quoi, maman. » Mais c'est important de demander…

J'apprends à mes filles à dire : « Désolée, ça ne me convient pas. » J'ai appris beaucoup de choses à force d'être entourée d'hommes. Je respecte leur caractère. On peut leur dire un truc tout de go. Généralement, avec les femmes, on doit y aller progressivement, jusqu'à la crise. Elles pourraient tout aussi bien dire : « Non, ça ne me convient pas. » Et [je leur enseigne] à ne pas douter [d'elles] après avoir mis une limite. C'est très important. Si on a un don, du talent, quels qu'ils soient, ne vous sentez pas coupable, mal ou bizarre à cause de ça…

Je dis toujours aux enfants : « Si tu fais partie de l'équipe, tu as de la chance. Si tu es le meilleur, tu es le plus chanceux. »

Gabby, à propos d'apprendre à s'affirmer

« Petite fille, on nous dit, "Sois gentille. Les filles bien se comportent comme ça." On met donc longtemps à arriver à se dire : "Je vais faire des choses, dire des choses, croire en des choses qui vont déplaire aux autres et ça ne me dérangera pas." Les hommes le font beaucoup plus facilement alors que ça prend bien plus longtemps aux femmes. Les seules athlètes [féminines] que je connais qui le font facilement sont généralement les petites dernières [de leur famille] avec des grands frères. »

(Voir Caroline Paul, page 413.)

Sur la dynamique homme/femme dans le couple

LAIRD : [Sur 10 000 couples qui marchent], ils n'avaient qu'une chose en commun, quelle que soit la dynamique. Et c'est quoi ? L'homme respecte la femme. C'est l'essentiel.

GABBY : Je peux ajouter quelque chose ? Ces dynamiques sont variables – parfois, c'est la femme qui est le gagne-pain, parfois c'est l'homme, parfois la femme est le dominant, parfois c'est lui –, mais en fin de compte, assez fréquemment, si la femme peut éviter d'essayer de changer son partenaire ou de le materner, elle sera plus en mesure de se retrouver dans une position où l'homme la respectera. Un homme a besoin de soutien. Je vous adore, vous êtes forts mais vous êtes aussi très fragiles, il faut vous soutenir et [à nous de vous] aider à vous réaliser.

Laird m'a dit… ça faisait deux ans qu'on était ensemble et sa mère est malheureusement décédée. Il m'a dit : « J'avais une mère et elle est morte. » C'était clair… sujet clos. Par nature, on ne peut pas s'en empêcher, on est des mères nourricières. Parfois, ça devient : « Chéri, cette blague était inappropriée à table et tu parlais un peu fort. » Et parce que l'homme essaie d'être adorable, il nous apaise et change comme on voudrait qu'il soit mais nous, on ne veut pas qu'il change. Alors c'est génial de pouvoir dire : « Je vais choisir un partenaire quand je sentirai que nos systèmes de valeur sont similaires. La façon d'y parvenir peut être très différente mais… on se retrouve sur les sujets importants. »

Le poids des sacrifices selon l'individu – ce qui est facile pour vous ne l'est pas forcément pour les autres

GABBY : Quand un homme dit : « Je vais vraiment essayer d'être fidèle à cette femme », il lui donne… presque tout ce qu'il a, 80 %. La femme lui donnera 35 % [pour être monogame]… Ou par exemple, disons que je suis très timide et que je sors de ma réserve pour parler avec vous. Peut-être que je vous offrirai 200 % parce que c'est ma nature. Le point de départ, c'est comprendre qui on est, ce qu'on donne, comment on le donne, et l'accepter tel quel…

Résoudre des faiblesses physiques

LAIRD : Tous les souples devraient soulever de la fonte et tous les gros balèzes devraient faire du yoga… On est toujours attiré par nos forces parce qu'on veut paraître sous notre meilleur jour.

Un conseil aux anciens athlètes battus ?

BRIAN : Plus d'humilité. C'est pour ça que je voulais que vous veniez ici. Je ne me disais pas que Tim avait besoin d'une dose d'humilité. Non, c'était : « Venez voir à quoi ça ressemble d'appliquer votre talent pour le reste de votre vie.' »

TF : Par « plus d'humilité », je croyais que Brian voulait dire réfléchir à des options terrifiantes avec l'ouverture d'esprit d'un débutant. Je suis ravi d'avoir pris le risque de me ridiculiser en m'entraînant avec Laird et ses copains. Tout d'abord, j'ai appris une méthode d'entraînement intense et durable, avec des éléments que j'ai tendance à négliger (cohésion sociale, entraînement au grand air, etc.). Et ensuite, ça m'a persuadé que j'étais capable de beaucoup plus que je ne le pensais.

Le conseil que vous vous seriez donné à 30 ans ?

GABBY : Ne rien prendre personnellement, mais aussi ne pas se retenir. Je pense que c'est plus dans le caractère des femmes que dans celui des hommes. On a parfois tendance à s'asseoir sur notre talent et notre potentiel parce qu'on ne veut ni vexer ni être pointée du doigt… J'ai eu un coach qui était l'assistant de l'entraîneur de l'équipe masculine de volley d'Amérique. Lors d'un match [il ne leur fallait qu'un point], le coach a regardé Karch Kiraly dans les yeux et lui a dit : « Je compte sur toi pour prendre le ballon et remporter ce match. » Et ç'a été comme un déclic : « D'accord. » Et Karch a réussi.

[Un jour, le même coach] entraînait des femmes à très haut niveau et il a fait la même chose à l'athlète « favorite ». Ça n'a pas fonctionné parce que… que nous [les femmes] avons du mal avec ce genre de distinction au lieu de comprendre qu'on peut être désignée… pour un bien commun.

LAIRD : Arrêtez de boire. Arrêtez immédiatement et brevetez toutes vos idées… et exercez votre empathie quotidiennement.

Kelly Starrett

Le Dr Kelly Starrett (TW/IG : @mobilitywod, mobilitywod.com) est l'un de mes entraîneurs préférés question performance. Il a à son actif plus de 150 000 heures d'entraînement d'athlètes de CrossFit et 11 années d'expérience au San Francisco CrossFit, qu'il a fondé avec son épouse en 2005. C'est l'un des 50 premiers affiliés CrossFit sur les 10 000 que compte le monde. Parmi les clients de Kelly, on trouve des médaillés d'or olympiques, des coureurs du Tour de France, des haltérophiles recordmen du monde, des médaillés des CrossFit Games, des ballerines professionnelles et des militaires des corps d'élite. Il adore sortir des petites phrases-choc et il est l'auteur du best-seller du *New York Times*, *Becoming a Supple Leopard.*

Animal totem : le lion aux trois fleurs de lotus

Pour la petite histoire

- Juste avant d'enregistrer le second podcast, Kelly m'a offert un café. Une fois avalé, il m'a montré la bouteille : un concentré froid qu'on est censé diluer. Je venais d'engloutir l'équivalent de cinq tasses de café. Kelly l'appelle ça sa « tasse de peur ». On a lancé l'enregistrement et j'ai commencé à transpirer comme si j'étais poursuivi par une meute de hyènes.
- Kelly effectuait des saltos arrière sans élan en pesant 105 kilos. Il a fini un ultramarathon en pesant ce poids sans courses d'entraînement dépassant les 5 km, sur les conseils de Brian MacKenzie (page 109). Kelly a réussi à arracher 165 kilos malgré un poignet fragile. Il soulève ses haltères avec le bras replié sur le torse, comme un salut.
- Il boit une quantité d'eau étonnante, dans laquelle il verse une pincée de sel dès qu'il le peut. Pourquoi ? Le plus grand risque qu'il encourt n'est pas la déshydratation mais l'hyponatrémie, ou une concentration dangereusement faible de sodium dans le sang. D'après une étude de 2005 de CSD Almond et al., publiée dans le *New England Journal of Medicine*, « L'hyponatrémie est devenue une cause importante de décès et de maladies graves auprès des coureurs de marathon. »[4]
- Kelly est un grand fan de science-fiction et de littérature héroïque-fantaisie. Il connaît par cœur Dune, de Frank Herbert, et L'Âge du diamant, de Neal Stephenson. Bizarrement, beaucoup de mes invités apprécient ces deux ouvrages. Kelly a des filles et m'a expliqué plus tard par SMS pourquoi il aimait ce livre dont l'héroïne est une jeune femme : « Comment élève-t-on des filles qui font partie du système mais qui veulent le détruire pour en reconstruire un meilleur ? »

Érection ou pas érection ?

« Les gars, si vous vous réveillez sans érection, il y a un souci. Oui ou non ? Un ou zéro ? Érection ou pas érection ? »

---

4 Almond, Christopher S.D., Y. Shin, Andrew, Fortescue, Elizabeth B., Mannix, Rebekah C., Wypij, David, Binstadt, Bryce A., Duncan, Christine N. et al., « Hyponatremia among runners in the Boston Marathon », *New England Journal of Medicine*, 352, n° 15, 2005, p. 1550-1556.

TF : L'« autosurveillance quantifiée » n'est pas forcément compliquée. On rate facilement un signal d'alarme bien visible pendant qu'on s'adonne aux analyses sanguines complexes, à la génomique, etc. Pour les hommes, le test « érection ou pas érection » est un indicateur simple mais fiable de la qualité du sommeil, de l'équilibre hormonal (hormone de croissance, FSH, testostérone), rythme circadien, etc.

Le test du feu de camp

« Si vous ne pouvez pas vous accroupir jusqu'en bas avec les chevilles et genoux serrés, vos articulations des hanches et des chevilles sont raides. C'est ce mécanisme qui provoque inflammation des hanches, fasciite plantaire, déchirure du tendon d'Achille ou des muscles du mollet, etc. C'est un problème pénible et vous devriez tout faire pour [le régler]. »

« Le sport le plus dangereux pour les hommes d'âge mûr est l'entraînement d'athlétisme [parce que le corps travaille intensément des mouvements inhabituels]. »

À propos du squat overhead

« [Greg] Glassman [le créateur de CrossFit] le considère comme une pratique essentielle. En fait, l'un des meilleurs exercices de CrossFit pour commencer – je crois que ça s'appelle "Nancy" – est de courir 400 mètres, puis de faire 15 squats overhead avec une barre de 43 kilos. C'est si anodin, pas vrai ? Puis [recommencer la séquence] 5 fois. Vous allez vite constater qu'on y arrive pour trois séquences, mais que quand on commence à fatiguer ou que nos appuis ne sont pas solides, on s'énerve. On ne compense plus. Le monde se rétrécit et on commence vraiment à souffrir…

« Quand on dit "squat overhead" je dis simplement : "Montrez-moi que vous pouvez vous accroupir avec le buste droit." Ça ressemble beaucoup à du sport, n'est-ce pas ? Si vous devez vous pencher loin devant, cela indique un fonctionnement incomplet de l'articulation des hanches et des chevilles et que vous n'arrivez pas à créer une stabilité au niveau du torse. »

TF : Faire des squats overhead avec une barre légère et les pieds faiblement écartés en combinaison avec des squats cosaques (page 103) pendant trois mois m'a aidé à réussir à 99 % le test du « feu de camp ». Hélas, ma cheville gauche n'est toujours qu'un tas d'os.

« Si vous ne pouvez pas respirer, votre position est incorrecte »

En d'autres termes, si vous avez du mal à respirer dans une certaine position, c'est que vous ne maîtrisez pas encore.

Les mobilisations essentielles au quotidien

« Voici quelques mouvements à faire tous les jours :

1. Chacun peut profiter de l'étirement dit "de la vache" (ou du chat dans les cours de yoga). C'est un étirement statique qui consiste à faire le dos rond et le dos creux.
2. Rester en fente aussi longtemps que possible. [TF : Voir la « démarche de Spiderman » d'Eric Cressey. Je pose l'intérieur de mon coude au sol avant de changer de côté. C'est également valable pour assouplir les hanches en AcroYoga.]
3. "Écraser" vos intestins (en faisant rouler dessus une balle de massage avant d'aller vous coucher pour améliorer la régulation intestinale). [TF : un moyen efficace pour faciliter l'endormissement. Mon accessoire préféré est la balle MobilityWOD Supernova (120 mm) conçue par Kelly. Amelia Boone (page 38) en a toujours une dans son sac de voyage.]
4. Les rotations internes de l'épaule sont primordiales. L'échauffement Burgener vous indiquera si les rotations internes de vos épaules sont complètes.

Tout ceci doit sembler normal. »

« Enfiler des chaussettes de contention [après exercice] change la vie »

Kelly utilise des chaussettes de la marque SKINS.

Hygiène de sommeil

Dans le NOIR. « Il y a eu une étude récente où on pointait un laser dans le creux du genou des cobayes humains, et les gens le remarquaient. C'est de la lumière. On ne peut pas dormir avec son téléphone dans la chambre. Ni avec une télé. La chambre doit être plongée dans le noir total. »

La solution pour bien dormir est un matelas mou. « Aujourd'hui, l'être humain a besoin de dormir sur un matelas mou. L'idéal serait de dormir dans un hamac. On devrait pouvoir se réveiller le matin en pleine forme sans avoir à s'étirer le bas du dos. La plupart des athlètes et des gens sont sensibles aux extensions parce qu'ils passent la journée assis ou subissent des entraînements sollicitant les extensions (course, saut, squats). Dormir sur un matelas trop ferme vous met en extension, ce qui est l'opposé de ce qu'on recherche si on y est sensible. Idéalement, on devrait pouvoir dormir sur le sol et se réveiller en pleine forme, mais ce n'est plus possible aujourd'hui, car l'homme est trop inactif et trop souvent en position assise. »

▶ La check-list de Kelly pour acheter le bon matelas

- Choisissez le matelas le plus mou possible, mais évitez ceux composés uniquement de mousse à mémoire de forme car ils maintiennent l'extension.
- Dans le magasin, allongez-vous sur le matelas pendant cinq minutes. Si vous devez croiser les pieds, le lit est trop dur.
- Si vous devez placer un oreiller sous les jambes pour être en flexion, vous avez besoin d'un matelas plus mou. Veillez aussi à ouvrir l'articulation des hanches.

Sphygmo-oxymètre : feu vert/feu rouge

Kelly utilise l'application RestWise avec son sphygmo-oxymètre (pour mesurer la saturation en oxygène de l'hémoglobine) le matin afin de savoir si ses athlètes doivent s'entraîner ou pas. Cette technologie répond à la question : « Est-ce que je m'entraîne trop ou pas assez ? » Selon la société, 62 championnats mondiaux ont été remportés par des athlètes utilisant ce système. Le système est plein de subtilités, mais voici une observation de base : si votre saturation en oxygène est un à deux points au-dessous de la norme, ça peut indiquer une inflammation pulmonaire ou le début d'un rhume. Dans ce cas, mieux vaut s'abstenir de s'entraîner.

Prenez des multivitamines

Les compléments diététiques Nutriforce WODPak (Nutriforce Sports).

Douleurs chroniques – faites un mouvement proche de celui qui vous a blessé

« On peut cartographier un mouvement et la douleur associée. Si vous avez mal pendant que vous effectuez un mouvement précis pendant un mois par exemple, c'est une douleur chronique. Le cerveau commence à cartographier le chemin de la douleur et celui du mouvement moteur et les associe. Il commence à se souvenir du mouvement qui crée la douleur et, même s'il n'y a pas de traumatisme, chaque fois que vous effectuerez ce mouvement, vous ressentirez une douleur. Une des façons d'éliminer les douleurs chroniques est d'établir un nouvel exercice moteur (par ex. ne pas rentrer les genoux pendant un squat). »

Chaussures « zéro drop » pour vos enfants

Offrez à vos enfants (et à vous-même) des chaussures plates « zéro drop » dans lesquelles le talon et les orteils sont à la même distance du sol. Je porte des Vans pour cette raison, mon modèle préféré étant les chaussures de skate noires Vans Classic Slip-On (unisexe, semelle en gomme). On peut aussi bien les mettre pour crapahuter ou à une réunion d'affaires quand on voyage léger. Kelly élabore la logique du « zéro drop » : « Évitez de systématiquement raccourcir les tendons d'Achille de vos enfants avec de mauvaises chaussures. Leur amplitude de mouvement au niveau de la cheville sera réduite quand ils grandiront. Achetez des Vans, des Chuck Taylor ou des chaussures similaires pour vos enfants. Faites-leur porter des chaussures plates aussi souvent que possible ou laissez-les pieds-nus. »

Paul Levesque (triple H)

« Quand on réussit, ça devient plus difficile. »

Paul Levesque, plus connu sous le nom de Triple H (TW/FB/IG : @TripleH), est 14 fois champion du monde de catch. Il est vice-président exécutif des Talents, Événements live et Création à la World Wrestling Entertainement (WWE).

Animal totem : le lion

Pour la petite histoire

Paul partage son temps entre ses trois enfants, ses affaires et ses séances d'entraînement. Généralement, il s'entraîne de 22 heures à 1 heure du matin avec Joe DeFranco, dont je parle dans *4 heures par semaine pour un corps d'enfer* dans le chapitre « Piratage de la combine du NFL ». Paul se réveille à 6 heures du matin et reprend sa routine. L'un de ses échauffements habituels est le squat cosaque sans poids supplémentaire (page 103).

« Les enfants ne font pas ce que vous leur dites de faire. Ils font ce qu'ils voient.
Votre mode de vie est leur exemple. »

Le « frappuccino » céto

Paul s'entraîne souvent avec le culturiste Dave « Jumbo » Palumbo en préparation du WrestleMania, le plus grand événement annuel de la WWE (qui a attiré plus de 100 000 spectateurs dans l'arène en 2016). Dave fait suivre à Paul un régime cétogène, et ce dernier a mis au point une recette de « frappuccino » qui répond à ses besoins :

« J'utilise des protéines en poudre [Palumbo chez Species Nutrition]. Tous les matins, je mélange deux doses de protéines de petit-lait [Isolyze], de la glace, du café soluble Starbucks, de l'huile de noix de macadamia. Je mélange bien et c'est parti pour la journée. »

Adieu jet-lag

À une certaine période, Paul a effectué plus de 260 voyages par an, se produisant dans une ville différente tous les soirs. Voici une de ses astuces :

« Dès que j'atterrissais, j'allais à l'hôtel et je demandais immédiatement si la salle de sport était ouverte, même si ce n'était qu'un vélo d'appartement. Je faisais 15 minutes de sport pour me recadrer. J'ai vite constaté que ça m'empêchait de ressentir les effets du décalage horaire. »

TF : Ça semble fonctionner, même si vous effectuez votre séance à 1 heure du matin pendant 3 à 5 minutes. J'ignore quel est le mécanisme physiologique, mais je l'applique quand je voyage.

Un rêve ou un objectif ?

« [Evander Holyfield] a déclaré que son entraîneur lui avait dit le premier jour : “Tu pourrais être le prochain Mohamed Ali. Ça te tente ?” Evander lui a dit qu’il fallait qu’il demande à sa mère. Il est rentré chez lui, puis quand il est revenu, il a dit : “Ça me tente.” Son coach lui a demandé : “C’est un rêve ou un objectif ? Parce qu’il y a une grosse différence.”

« J’ai retenu cette phrase et je demande maintenant à mes enfants : “C’est un rêve ou un objectif ?” Parce qu’un rêve, c’est quelque chose qu’on idéalise et qui ne se réalisera sans doute jamais. Un objectif est quelque chose qu’on planifie, on bosse pour ça, on l’atteint. J’applique toujours ça à tout ce que je fais. Ceux qui ont été mes exemples étaient des gens qui structuraient leurs objectifs, qui mettaient un plan en place pour les atteindre. C’est ce qui m’impressionnait chez Arnold [Schwarzenegger]. C’est ce qui m’impressionnait chez mon beau-père [Vince McMahon]. »

S’inquiéter ne changera rien

« Je m’entends bien avec Floyd Mayweather. Un jour, je voulais regarder les matchs préliminaires au combat contre Marquez, alors on était arrivés tôt. Un type est venu me dire : “Floyd voudrait vous saluer avant de se préparer, papoter quelques minutes.” Alors avec mon épouse Steph, on est allés en coulisse. Dans sa loge, on l’a trouvé affalé sur le canapé en train de regarder un match de basket-ball. “Ah, bonjour. Asseyez-vous.” On a papoté un peu mais je ne voulais pas le déranger avant un combat important.

« Dès qu’il y a eu un trou dans la conversation, je lui ai dit : “Bon, on va y aller, te laisser tranquille. On repassera après.” Il a répondu, “Hé, ce n’est pas la peine. Asseyez-vous, j’apprécie notre petite conversation.” Il était archidétendu.

« À un autre moment, un ange repasse. “On va y aller, Floyd. Je ne voudrais pas te déranger.” “Tu sais, Hunter, je suis en train de me détendre et de regarder le match.” Je lui ai demandé s’il n’était pas nerveux et il m’a répondu : “Pourquoi est-ce que je serais nerveux ? Soit je suis prêt, soit je ne le suis pas. M’en inquiéter maintenant ne changera rien, n’est-ce pas ? Ce qui doit arriver arrivera. Soit j’ai tout fait pour être prêt, soit je n’ai pas tout fait.” »

TF : L’humoriste Whitney Cummings (page 430) m’a déclaré la même chose avant un spectacle : « Ce n’est pas ce soir que je fais mon travail. Je l’ai déjà fait il y a trois mois. Maintenant, je dois simplement le présenter. »

Une leçon de son premier mentor, Killer Kowalski

« Il m'a dit beaucoup de choses que je répète aujourd'hui aux jeunes… Par exemple, si on ne fait pas bien quelque chose, il faut éviter de le faire à moins de vouloir consacrer du temps à l'améliorer. Je vois encore beaucoup d'exemples sur le ring où je me dis : "Il ne fait pas ça bien mais il le fait tout le temps." Il ne devrait pas le faire. »

TF : Ceci m'a conduit à me demander lors du bilan trimestriel de mes angoisses, etc. : « Qu'est-ce que je continue à m'imposer que je ne fais pas bien ? » Mieux vaut chercher à l'améliorer, l'éliminer ou le déléguer.

Jane McGonigal

« On m'a appris une astuce : il faut savoir prendre du recul pour pouvoir être prévoyant. »

« L'opposé de jouer n'est pas travailler. C'est déprimer. »

Jane McGonigal, PhD (TW : @avantgame, janemcgonigal.com), est chercheuse affiliée à l'institut pour l'Avenir et auteur du best-seller du *New York Times Reality Is Broken: Why Games Make Us Better and How They Can Change the World*. Son travail a fait l'objet d'articles dans *The Economist*, *Wired* et le *New York Times*. Elle est l'un des « 10 innovateurs à suivre » de *BusinessWeek* et l'une des « 100 personnes les plus créatives dans le monde des affaires », selon Fast Company. Ses conférences TED sur les jeux vidéo ont été vues plus de 10 millions de fois.

Animal totem : la pieuvre noix de coco

Une partie de Tetris comme thérapie

Vous avez du mal à vous endormir ? Jouez 10 minutes à Tetris. De récentes études ont montré que Tetris – ou Candy Crush Saga, ou Bejeweled – peuvent vous aider à remplacer les visualisations négatives qui entraînent des addictions (comme manger trop), prévenir l'état de stress post-traumatique et, dans mon cas, les insomnies. Comme l'explique Jane, tout cela est dû aux caractéristiques de ces jeux : leur intensité visuelle et leur objectif de résoudre des problèmes.

« On voit des flash-backs visuels [par ex. des blocs qui tombent ou des pièces qui changent]. Ils occupent le centre d'analyse visuelle du cerveau de façon à ne plus vous faire penser à votre désir ardent [ou d'autres obsessions qui peuvent être aussi très visuelles]. L'effet peut durer 3 ou 4 heures. Il s'avère que si vous jouez à Tetris après avoir été témoin d'un événement traumatisant [idéalement dans les 6 heures, mais ça a été prouvé dans les 24 heures], cela empêche les flash-backs et réduit les symptômes de l'état de stress post-traumatique. »

Un fait peu connu sur Jane

J'ai interviewé deux personnes qui ont une vraie sœur jumelle : Jane McGonigal et Caroline Paul (page 413). Les deux ont vécu des « actions effrayantes à distance » : ressentir ou percevoir ce que leur jumelle vivait.

✶ **Documentaires recommandés par Jane**

- *G4M3RS: A Documentary* (gratuit sur YouTube).
- *The King of Kong.*

TF : Ce dernier est aussi un des documentaires que Kevin Kelly (page 424) affectionne.

✶ **Livres offerts ou recommandés par Jane**

- *Jeux finis, jeux infinis*, de James Carse.
- *Suffering Is Optional*, de Cheri Huber.

TF : Cheri a également un podcast, Open Air.

✶ **La meilleure acquisition de Jane à moins de 100 $?**

Un porte-bébé BabyBjörn.

✶ **Une maxime qui régit votre vie ou que vous avez souvent à l'esprit ?**

« "Toute déclaration utile sur l'avenir devrait avant tout sembler ridicule", de Jim Dator. Et aussi, "Dès qu'il s'agit de l'avenir, il est bien plus important de se montrer imaginatif que d'avoir raison", d'Alvin Toffler. Les deux sont de célèbres futurologues. Ces phrases me rappellent que les grandes idées qui bouleversent le monde paraîtront absurdes à la plupart des gens et que le travail le plus utile que je peux effectuer est de repousser les limites de ce que l'on considère possible. Si mon travail semble raisonnable aux yeux de la plupart des gens, alors je ne travaille pas dans un domaine suffisamment créatif et innovant ! »

* **Êtes-vous persuadée de quelque chose qui est une folie pour d'autres ?**
  « Qu'on ne devrait jamais critiquer quelqu'un ou quelque chose en public à moins que ce soit une question de morale ou d'éthique. Tout ce que vous dites de négatif pourrait gâcher la journée de quelqu'un ou pire, lui fendre le cœur. Ou simplement changer une personne qui pourrait être votre futur allié en quelqu'un qui n'oubliera jamais combien vous avez été méchant ou injuste. C'est si fréquent aujourd'hui de se plaindre ou de critiquer le travail des autres sur les réseaux sociaux ou sauter sur quelqu'un qui vous aurait offensé. J'évite. Ce n'est pas mon boulot d'être le critique du monde et je ne voudrais pas exclure tout futur allié. »

Adam Gazzaley

Le Dr Adam Gazzaley (FB/TW : @adamgazz, neuroscape.ucsf.edu) a fait ses études de neurosciences à la faculté de médecine Mount Sinai, à New York, puis son post-doctorat en neurosciences cognitives à Berkeley. Il est actuellement directeur du laboratoire de neuroscience cognitive Gazzaley Lab à l'université de San Francisco.

Le Dr Gazzaley est le cofondateur et conseiller scientifique d'Akili Interactive, une société qui développe des jeux vidéo thérapeutiques. Il est également cofondateur et scientifique en chef de JAZZ Venture Partners, une société de capital-risque qui investit dans les technologies expérimentales pour l'amélioration des performances chez l'être humain. Par ailleurs, il est conseiller scientifique pour le compte d'une dizaine de sociétés de haute technologie, dont Apple, GE, Magic Leap et Nielsen.

Animal totem : le renard argenté

Pour la petite histoire

Adam a fait un pari avec Kevin Rose (page 297) à propos de la réalité virtuelle. Adam est optimiste, Kevin est pessimiste. L'enjeu du pari : une bouteille de whisky Suntory Hibiki de 25 ans d'âge qu'on ne trouve qu'au Japon. Ils iront la boire ensemble alors tout le monde y gagne, comme le dirait Kevin.

L'être humain n'utilise que 10 % de son cerveau ? Pas tout à fait…

« La structure la plus complexe de tout l'univers ne dispose pas d'un terrain vague qui attend d'être construit. Elle est sans cesse utilisée et de façons si complexes qu'on ne les comprend pas toujours. »

Méthode de recrutement pour les postes convoités dans son laboratoire

« Je n'ai pas de méthodologie fixe. Cela tient en grande partie au rapport qu'on a avec les gens quand ils parlent de leur métier, de leur passion. C'est généralement par là que je commence : "**Qu'est-ce qui vous passionne** ?" C'est parce que je suis plus intéressé par ce qui motive les gens, ce pour quoi ils se lèvent le matin, que par leur CV. »

Trop sérieux, c'est ennuyeux

Depuis 2008, Adam organise une soirée pour ses amis (avec généralement 40 à 80 invités) le premier vendredi de chaque mois. À ces occasions, il a testé tous les alcools possibles et imaginables. En ce moment, ce qu'il préfère est le rye, le whisky de seigle, et il recommande le Whistle Pig rye.

« Le rye est un whisky intéressant. Avant la Prohibition, c'est ce qu'on trouvait le plus fréquemment parce qu'il était produit dans le nord de l'Amérique, en Pennsylvanie, au Vermont, dans l'État de New York, etc., des régions où on cultivait beaucoup de seigle. Après, avec la Prohibition et la culture du maïs dans le Sud, le bourbon s'est développé. C'est encore et de loin le whisky dominant. Mais le rye revient en force. Personnellement, j'adore. »

* **Documentaire préféré**

La série *Cosmos*, de Carl Sagan, a motivé Adam à devenir scientifique. Il n'est pas un cas isolé, car beaucoup de grands scientifiques que j'ai interviewés ont également été inspirés par cette émission. [**TF** : L'astrophysicien Neil deGrasse Tyson a produit une version spectaculaire de Cosmos.]

« C'était un bon moyen pédagogique d'être initié aux complexités et merveilles de l'univers qui me fascinaient quand j'étais petit. Je regardais l'émission avec mon père, ça nous rapprochait. La façon dont [Sagan] expliquait les choses était captivante. C'est vraiment ce qui m'a donné envie de travailler pour la science. »

* **Le conseil que vous vous seriez donné à 30 ans ?**

« Je dirais : n'ayez aucune crainte. Quand on a la chance de faire des choses incroyables et qu'on a peur de faire une erreur ou de rater, on n'ira pas loin. Il faut être hardi. »

Pour remettre cette pensée dans son contexte, Adam a dit la chose suivante au fil de la conversation : « J'aimerais si possible faire des découvertes fondamentales. Quand on a cet état d'esprit, si c'est ce qui nous motive, si c'est notre objectif dans la vie avec le peu de temps qu'on a pour faire la différence, alors la seule façon d'y arriver est de lancer des recherches que d'autres considéreraient risquées ou même imprudentes. Mais ça fait partie du jeu. »

Cinq outils pour mieux (s'en)dormir

En tant qu'ancien insomniaque, j'ai tout essayé pour m'endormir plus rapidement et dormir plus longtemps.

Voici cinq astuces qui fonctionnent. J'ai délibérément omis la prise de mélatonine et autres médicaments sur ordonnance que je n'utilise qu'en cas de jet-lag important. Voici donc dans l'ordre ce que je fais, en commençant 60 à 90 minutes avant de me coucher. Passez outre ce qui vous déplaît et essayez ce qui vous plaît.

1. (Facultatif) Si je ne dors pas seul, AcroYoga

Je mets mon partenaire en posture de la « feuille morte » et le porte quelques minutes (voir les détails page 85). Après avoir passé la journée assis, cela replace mon fémur au bon endroit. Le bénéfice est acquis et ne disparaît pas à la prochaine étape.

2. Étirer la colonne vertébrale

J'ai appris à étirer ma colonne vertébrale auprès de Jerzy Gregorek, un émigré polonais de 60 et quelques années qui a établi un record mondial en haltérophilie. Il a écrit The Happy Body, un livre qui explique tous les mouvements d'assouplissement matinaux que Naval Ravikant (page 480, qui m'a présenté Jerzy) et moi effectuons quasiment tous les jours. Pour Jerzy, se suspendre la tête en bas après une séance d'entraînement d'haltérophilie est indispensable.

Il faut savoir que Jerzy, qui pèse près de 61 kilos, peut encore arracher et jeter des poids impressionnants dans une posture parfaite. Avec quelques disques en moins, il y arrive aussi bien sur une planche d'équilibre.

Il est sans complexe et direct. Avant ma première séance d'entraînement avec lui, nous avons bu un thé ensemble (il ne boit que du thé noir Marco Polo de Mariage Frères) et discuté des objectifs. Au bout d'un moment, il a froncé les sourcils, avancé la main et m'a pincé le téton : « Vous êtes trop gros. » Ah, je l'adore !

Voici trois options, listées dans l'ordre croissant pour des raisons de sécurité. Le protocole que je me suis établi est de 2 ou 3 séries pour chaque mouvement pendant une durée de 5 à 7 secondes, pas plus :

1. **Bottes d'inversion Teeter EZ-Up** : C'est mon défaut, je prends des poids de 10 à 20 kilos pour augmenter la traction. Mais attention, on peut se rompre le cou avec des bottes d'inversion si on ne les utilise pas correctement. Faites-moi plaisir, ne vous tuez pas. Passez cet exercice si vous n'arrivez pas à faire des tractions ou à toucher vos orteils les jambes tendues.
2. **Table d'inversion** : Je n'en utilise pas mais plusieurs de mes amis des Opérations spéciales déclarent l'utiliser au quotidien. On peut souvent voir des pubs pour ces appareils, qui sont nettement plus sûrs que les bottes d'inversion.
3. **L'appareil à étirer le dos Lynx ou Teeter P3** : Il s'agit d'un gadget portable de la taille d'un grand trépied. Je l'utilise plusieurs fois par semaine lorsque c'est trop embêtant (après un bon dîner) ou risqué (après avoir consommé de l'alcool) de me suspendre la tête en bas avec des bottes d'inversion. Cet appareil maintient les chevilles et une fois allongé on fait des mouvements de dips pour détendre le bas du dos. C'est l'option la plus rapide, mais elle ne permet pas de détendre le haut du dos (thorax/cervicales). Si quelqu'un peut vous aider, le « Leg Love » (page 86) est une bonne solution.

3. Le surmatelas rafraîchissant

C'est Kelly Starrett (page 117) et Rick Rubin (page 451) qui m'en ont parlé. Rick et moi le programmons sur la température la plus fraîche possible environ une heure avant de nous coucher.

Voici une scène familière. Un homme et une femme dorment ensemble, se partageant draps et couvertures. La température du corps de la femme atteint 350 °C comme un four à pizza. L'homme commence à transpirer et sort une jambe de la couette. Au bout de 10 minutes, il a froid et remet sa jambe sous la couette. Le cycle se répète ad nauseam. Il arrive même qu'il arrache la couverture, ce qui agace la femme. C'est un cauchemar pour tout le monde. La température pour bien dormir est très personnelle.

Un surmatelas rafraîchissant est très fin, il est à peine perceptible sous le drap. Dedans circule de l'eau à la température précise que vous aurez sélectionnée sur l'appareil à côté du lit. Il existe des versions avec deux zones pour que deux personnes dormant côte à côte puissent régler leur température idéale. Peut-être que la vôtre est de 12 °C, 16 °C ou 23 °C ? Si vous avez froid, vous pouvez augmenter la chaleur par le dessous au lieu d'ajouter une couverture qui fera suer votre partenaire. Les réglages peuvent aller de 12 °C à 43 °C.

Plusieurs de mes amis de la Silicon Valley ont avoué que parmi tous les conseils de mes livres ou podcasts, le surmatelas rafraîchissant avait eu le plus gros impact sur leur qualité de vie. D'autres ont mentionné le miel + le vinaigre de cidre, que voici.

4. Miel + vinaigre de cidre, tisane au caramel Yogi ou extrait de pavot de Californie

Quelles que soient les circonstances, une de ces méthodes risque de fonctionner pour vous.

Miel + vinaigre de cidre : La recette de ma boisson apaisante est simple : 2 cuillères à soupe de vinaigre de cidre et 1 cuillère à soupe de miel mélangées dans 250 ml d'eau chaude. C'est ce que m'avait enseigné le grand Dr Seth Roberts. Certains de ses lecteurs ont constaté d'énormes progrès immédiats dans les exercices de musculation après avoir consommé ce cocktail pendant quelques jours avant de dormir.

Tisane apaisante au caramel Yogi : Si vous voulez éviter le sucre (miel), voici une alternative. L'emballage est plutôt conçu pour les femmes. Je me souviens d'avoir rigolé quand une de mes ex m'en avait offert, pensant que c'était pour atténuer les douleurs menstruelles. Quelques nuits plus tard, petit Timmy s'est retrouvé seul un soir avec l'envie de boire une boisson chaude et savoureuse. Je me suis concocté une tisane au caramel et 10 minutes plus tard j'ai commencé à flageoler. Je me sentais comme Leonardo DiCaprio dans sa cabine téléphonique dans Le Loup de Wall Street. Je me suis péniblement mis au lit et je me suis endormi immédiatement. Il était 21 heures. Remarque : cette tisane n'a eu le même effet que sur 30 % de mes lecteurs.

Extrait de pavot de Californie : Si le miel + vinaigre de cidre et la tisane au caramel ne font aucun effet, essayez le plan C : quelques gouttes d'extrait de pavot de Californie dans de l'eau chaude. La tisane Yogi en contient, mais une prise directe permet d'en augmenter le dosage.

5. Réécriture visuelle

Je pratique la « réécriture visuelle » avant d'aller me coucher pour éliminer tout ce qui passe en boucle dans mon esprit et m'empêchera de dormir (par exemple, un e-mail, une liste de choses à faire, une dispute, « J'aurais dû dire… »). Voici deux outils en particulier que je trouve très efficaces :

10 minutes de Tetris avant de se mettre au lit : C'est une recommandation du Dr Jane McGonigal (page 127). La version d'essai suffit amplement.

Ou :

Un truc à la télé court et qui met de bonne humeur : Je n'ai qu'une seule recommandation : la première saison d'Escape to River Cottage. Je l'ai regardée plusieurs fois. Si vous avez déjà eu envie de tout balancer, quitter votre travail et amorcer un retour à la terre, offrez-vous cette série. Si vous avez déjà rêvé de quitter la ville pour vous installer au fin fond de nulle part et faire pousser vos légumes, vous allez adorer. La série a un côté rétro touchant, et l'hôte/chef Hugh Fearnley-Whittingstall vous donnera envie de cultiver des tomates même si vous avez horreur des tomates. Et de pêcher des anguilles. C'est important, les anguilles.

Dans les ténèbres

Le masque de sommeil Sleep Master et les bouchons d'oreilles Pillow Soft Silicone Putty de Macks : Le masque Sleep Master – un superproduit avec un nom horrible. J'ai essayé des dizaines de masques de sommeil et c'est mon préféré. Il m'a été conseillé par Jeffrey Zurofsky, un invité de marque du 4-Hour Chef, où il apparaît sous le pseudo « JZ ». Vous vous souvenez peut-être de nos « marathons alimentaires » avec 26,2 plats dégustés dans 26 restaurants différents de Manhattan en moins de 24 heures. Mais je m'écarte du sujet… La spécificité de ce masque est qu'il couvre les oreilles. C'est peut-être un détail, mais c'est une énorme amélioration question design. Il assourdit les sons, n'irrite pas les oreilles et ne glisse pas. De plus, il y a une bande Velcro pour maintenir le masque en place au lieu du traditionnel élastique.

Quant aux bouchons d'oreilles en silicone Macks, ils servent à étouffer le bruit des ronflements, à éviter d'avoir de l'eau dans les oreilles quand on nage ou toute autre chose tout aussi agaçante. Ils sont confortables même lorsqu'on dort sur le côté.

Appareil de thérapie sonore à bruit blanc Marpac Dohm DS : Si les bouchons d'oreilles vous gênent – ils me gênent parfois –, utilisez l'appareil à bruit blanc Marpac Dohm DS deux vitesses. Ce sont mes lecteurs qui m'en ont parlé. Cet appareil permet d'atténuer toutes sortes de bruits, de la circulation (la raison de mon achat) aux voisins bruyants, en passant par un robinet qui fuit ou des aboiements. Cet appareil a reçu près de 10 000 avis sur Amazon et ~ 75 % des acheteurs lui donnent cinq étoiles. Pour une solution à la MacGyver, un ventilateur bon marché (assez bruyant) éloigné du lit peut faire l'affaire.

Cinq rituels matinaux qui m'aident à passer une bonne journée

Puis… on ouvre les yeux. Et maintenant, on fait quoi ?

Après avoir demandé à plus d'une centaine d'interviewés quels étaient leurs rituels le matin, j'en ai testé beaucoup avant de découvrir ceux qui me correspondaient le mieux.

Voici cinq choses que j'essaie de faire tous les matins. En réalité, si j'arrive à en faire trois sur cinq, je suis content. Et si on est content, la journée s'annonce bien. Je ne suis sans doute pas la première personne à le dire, mais il me faut 60 à 90 minutes pour cadrer ma journée. Ces premières minutes facilitent ou handicapent les 12 prochaines heures. J'ai fait exprès de placer la barre assez bas pour « réussir ma journée ».

Vous pourrez penser que ce ne sont que des détails mais, souvenez-vous, les détails font les grandes choses.

#1 – Faire son lit (< 3 minutes)

En 2011 à Toronto, j'ai croisé un ancien moine qui s'appelait Dandapani (Dandapaniorg) à l'événement Mastermind Talks. Je traversais une période où je me dispersais dans ma vie et j'avais l'impression que mon énergie partait dans tous les sens. Pour me canaliser, il m'a convaincu de commencer par faire mon lit.

Si un moine avec trois traits sur le front vous fait ricaner, je vous dirai ceci : ouvrez votre esprit, sauvage ! Et je vous citerai l'amiral William McRaven, qui a commandé tous les niveaux des Opérations spéciales, y compris les opérations conjointes, lors du raid sur Ben Laden.

Voici un extrait de son discours d'introduction à l'université du Texas, à Austin :

« Si vous faites votre lit en vous levant, vous aurez déjà accompli la première tâche de la journée. Vous en tirerez un léger sentiment de fierté et vous serez motivé pour accomplir une autre tâche, puis d'autres encore. À la fin de la journée, l'accomplissement de cette première tâche donnera de nombreuses tâches accomplies. Faire son lit renforce l'idée que des petits détails comptent dans la vie. »

Que signifie « faire mon lit » pour moi ? J'ai plutôt une approche vite fait, bien fait. L'objectif est que ce soit visuellement net, pas dans le genre hôtel 5 étoiles ou lit au carré comme à l'armée. Je ne borde pas les draps. Je me contente d'étaler la couette correctement, de poser les oreillers de façon symétrique dessus ou dessous et c'est fini. C'est simple. Si vous travaillez chez vous, ça a une double utilité, surtout si vous travaillez dans votre chambre à coucher. Si un élément extérieur vous distrait (je parle pour moi), vous finissez par être distrait vous-même. Noah Kagan et moi « faisons » nos lits, même à l'hôtel.

La vie est imprévisible. Il y a tant de problèmes inattendus qui surgissent. J'ai trouvé deux astuces qui m'aident à garder le cap durant la tempête de la journée. Je les applique le matin : A) lire quelques pages traitant de stoïcisme, comme *Pensées* de Marc-Aurèle pour moi-même, et B) contrôler quelques petites choses contrôlables. J'y reviendrai.

Tout d'abord, pour le point A, voici une citation de Marc-Aurèle que j'ai collée sur mon réfrigérateur et qui fait l'affaire (c'est moi qui souligne en gras) :

« **Dès l'aurore, dis-toi par avance : "Je rencontrerai un indiscret, un ingrat, un insolent, un fourbe, un envieux, un insociable.** Tous ces défauts sont arrivés à ces hommes par leur ignorance du bien et des maux." Pour moi, ayant jugé que la nature du bien est le beau, que celle du mal est le laid, et que la nature du coupable lui-même est d'être mon parent, non par la communauté du sang ou d'une même semence, mais par celle de l'intelligence et d'une même parcelle de la divinité, je ne puis éprouver du dommage de la part d'aucun d'eux, car **aucun d'eux ne peut me couvrir de laideur.** » (Pour compléter, voir page 428.)

Ensuite, le point B) : contrôlez ce que vous pouvez contrôler. **Même si vous passez une mauvaise journée, même si votre journée s'avère catastrophique, vous pouvez quand même faire votre lit. Vous en retirerez le sentiment (du moins, moi, j'ai le sentiment) d'avoir tenu bon sans flancher.**

Il y a au moins une chose que j'ai contrôlée, une main qui est restée sur le volant de la vie. À la fin de la journée, vous revenez vers quelque chose que vous avez accompli. Je ne voudrais pas exagérer l'importance de ce rituel pour moi, mais tout d'abord, faites votre lit.

#2 – Méditer (10 à 20 minutes)

Je vous offre plusieurs possibilités page 143. Au moins 80 % de mes invités dans ce livre pratiquent une sorte de méditation au quotidien. Parfois, je ferai des exercices de mobilité « Corps heureux » de Jerzy Gregorek (que m'a présenté Naval Ravikant, page 480) comme instant de méditation.

Une fois que j'ai fini, je vais dans la cuisine pour allumer ma bouilloire électrique bon marché (à 85 % de sa puissance). C'est pour mon thé (étape 4).

#3 – Faire 5 à 10 séries d'une forme ou d'une autre d'exercice (< 1 minute)

J'ai commencé à le faire après mes échanges avec le lève-tôt (4 h 45) Jocko Willink (page 368). Il s'entraîne avant que les gens ne se réveillent alors que je m'entraîne avant que les gens ne s'endorment (comme Triple H page 123).

Les 5 à 10 répétitions ne sont pas vraiment de l'exercice. C'est pour me réveiller, me sortir de mon état second. Me « mettre dans mon corps », même pendant 30 secondes, a de l'effet sur mon humeur et m'apaise l'esprit. Mon exercice préféré est les pompes sur anneaux tournés vers les côtés (voir page 51), car ça réveille gentiment mon système nerveux. Ensuite, je prends une douche froide de 30 à 60 secondes, à la Tony Robbins (page 202).

#4 – Préparer un « thé au titane » (au départ, le nom était une blague, mais il est resté) (2 à 3 minutes)

Je mets des feuilles de thé dans une théière en verre Rishi, mais on peut aussi utiliser une cafetière à piston. Le mélange ci-dessous est excellent pour la fonction cognitive et la perte de poids. Le dosage est une cuillère à café rase de chaque ingrédient :

Thé noir pu-erh vieilli

Thé vert Puits du Dragon (ou un autre thé vert)

Copeaux de curcuma et gingembre (souvent de la marque Rishi)

Ajoutez l'eau chaude et laissez infuser 1 à 2 minutes. Certains puristes diront : « Hé, Ferriss, tu t'es mal renseigné. Les températures d'infusion de ces thés sont toutes différentes. La première infusion devrait durer 15 secondes ! » Oui, c'est vrai, je pourrais préparer mon thé dans les règles de l'art, mais quand je suis dans le coltard, je m'en fiche et je fais au plus simple. Réservez les complexités du thé pour le week-end. Plus ou moins 85 °C, c'est parfait.

Ajoutez un des ingrédients suivants dans votre tasse : 1 à 2 cuillères à soupe d'huile de coco contenant 60 à 70 % de TCM (triglycérides à chaîne moyenne) selon le poids ou 1 dose de Quest MCT Oil Powder, qui donnera une consistance crémeuse à votre thé.

Versez le thé dans votre tasse, mélangez et dégustez. Généralement, je prends un verre d'eau et ma tasse avant d'aller m'asseoir devant ma table de cuisine en bois d'acacia pour la prochaine étape.

#5 – Pages du matin ou journal en 5 minutes (5 à 10 minutes)

La prochaine étape consiste à écrire mon journal (rien à voir avec « Cher journal… »).

Je pratique deux sortes de journalisation que j'alterne : les pages du matin et le journal en 5 minutes (J5M). Le premier sert principalement à décoincer une situation ou à résoudre un problème (que devrais-je faire ?) ; le dernier sert à prioriser et exprimer ma reconnaissance (sur quoi devrais-je me concentrer et comment l'exécuter ?). Je reviens en détail sur les Pages du matin page 212, donc je ne vais détailler ici que les J5M.

Le J5M, c'est la simplicité même. On fait d'une pierre deux coups : 5 minutes le matin pour noter quelques réponses et 5 minutes le soir également. Chaque évaluation dispose de 3 lignes pour trois réponses.

▶ À compléter le matin :

Je suis reconnaissant pour...
1. __________ 2. __________ 3. __________
Qu'est-ce qui rendrait cette journée super ?
1. __________ 2. __________ 3. __________
Affirmations du jour. Je suis…
1. __________ 2. __________ 3. __________

▶ À compléter le soir :

Les 3 choses positives du jour. . .

1. __________ 2. __________ 3. __________

(comme la pratique des « trois victoires » de Peter Diamandis page 323.)

Comment aurais-je pu améliorer ma journée ?

1. __________ 2. __________ 3. __________

Les questions en gras sont les plus importantes à mes yeux. Je suis déjà une véritable machine à checklist et à exécution. On tombe facilement dans l'obsession de toujours vouloir faire avancer les choses et on devient obnubilé par l'avenir. Si l'anxiété est tournée vers l'avenir, pratiquer les évaluations 2 à 3 minutes par jour est un bon remède. Le J5M me force à réfléchir sur ce que je possède par opposition à ce que je cherche.

Pour répondre à « Je suis reconnaissant pour … », ayez 4 catégories en tête, sinon, vous risquez de répéter les mêmes réponses jour après jour (par ex., « une famille en bonne santé », « mon adorable chien », etc.). Je l'ai fait et ça va à l'encontre de l'objectif. Dans les 4 catégories énoncées ci-dessous, de quoi êtes-vous reconnaissant ? Je me pose la question tous les jours en remplissant mon J5M et je choisis les trois catégories pour la journée :

- Une ancienne connaissance qui vous a aidée ou que vous appréciez.
- Une occasion qui se présente. Peut-être simplement une occasion d'appeler vos parents ou d'aller travailler. Ce n'est pas forcément quelque chose d'exceptionnel.
- Quelque chose de super qui est arrivé hier, et pas forcément à vous.
- Quelque chose de simple, proche de vous ou dans votre champ de vision. C'était un conseil de Tony Robbins. Les éléments de reconnaissance ne devraient pas tous tourner autour de « ma carrière » et autres concepts abstraits. Faites simple et concret – un joli nuage que vous voyez par la fenêtre, le café que vous sirotez, le stylo que vous utilisez...

Personnellement, j'utilise les J5M de la marque Intelligent Change car je les trouve pratiques, mais vous pouvez aussi utiliser n'importe quel cahier de votre choix. C'est sympa et c'est une bonne thérapie de relire vos « choses positives » du soir un mois après.

Mes rituels du matin semblent plus longs sur le papier qu'ils ne le sont en réalité.

Évidemment, il y a des jours où la vie fait qu'on a des urgences à gérer. Est-ce que je fais toujours mes 5 rituels ? Pas du tout. Au mieux, c'est 30 % du temps.

Mais je suis sûr que vous trouverez le temps d'en faire au moins un, et si vous en faites trois je parie que vous trouverez que vous avez passé une belle journée.

Entraînement mental

« On ne s'élève pas au niveau de nos attentes.
On tombe au niveau de notre entraînement. »
Archiloque

La plus régulière des pratiques

Plus de 80 % des grands talents que j'ai interviewés pratiquent une forme de méditation ou de pleine conscience au quotidien. Les deux peuvent être considérés comme « cultiver un état de conscience qui aide à être non réactif. » Ceci s'applique à tous, d'Arnold Schwarzenegger (page 170) à Justin Boreta de Glitch Mob (page 313) ; d'athlètes de haut niveau comme Amelia Boone (page 38) aux écrivains tels que Maria Popova (page 362). C'est la pratique régulière la plus répandue auprès de tous.

C'est un « métatalent » qui améliore tout le reste. On commence la journée en exerçant sa concentration quand ça n'a pas d'importance (rester assis 10 minutes sur un canapé) pour pouvoir mieux se concentrer plus tard quand ça aura de l'importance (une négociation, une conversation avec un être cher, un soulever de terre extrême, une fusion de cerveaux avec un Vulcain, etc.).

Si vous voulez obtenir de meilleurs résultats avec moins de stress, moins de nœuds au cerveau genre « J'aurais dû dire x », etc., la méditation a les bienfaits d'un bain chaud sur l'esprit. Il se peut que vous soyez une machine à conquérir l'univers avec une concentration au top, mais vous avez peut-être besoin de vous détendre quelques minutes par jour avant de vous épuiser.

La méditation me permet de prendre du recul et d'avoir un « point de vue de témoin » (comme avec des psychédéliques). J'observe mes pensées au lieu qu'elles me lessivent. Je peux sortir de la machine à laver et regarder paisiblement ce qui se passe dans le tambour.

Pendant la plupart de notre temps éveillé, on a l'impression d'être dans une tranchée sur le front, avec des balles qui sifflent au-dessus de nos têtes. Avec 20 minutes de méditation, je peux devenir le commandant en chef, celui qui observe le champ de bataille depuis la colline. Je peux étudier la cartographie du terrain et prendre des décisions importantes. « Les hommes ne devraient pas combattre dans ce coin. Que fait le régiment B là-bas ? Il faut les rappeler. On a besoin de renfort vers la crête. Pour atteindre l'objectif, on devrait attaquer A, B et C dans cet ordre. On va ignorer toutes les prétendues urgences tant que ce n'est pas fait. Bon, super. On respire profondément et… à l'attaque ! »

Les choix du buffet

Si je ne devais choisir qu'un seul exercice physique, ce serait sans doute les soulevers de poids ou le kettlebell swing à deux mains. Si je ne devais choisir qu'un seul exercice mental, ce serait 10 à 20 minutes de méditation au moins une fois par jour.

Il existe de nombreuses variantes. En interrogeant mes lecteurs, j'ai constaté que beaucoup plus d'hommes pratiquaient la méditation transcendantale et que beaucoup plus de femmes sont adeptes de la technique Vipassana. Allez savoir pourquoi. Moi, je pratique les deux à 60/40, mais il revient à chacun de trouver ce qui lui convient.

Comment savoir ce qui nous convient ? Essayez au moins une des méthodes suivantes. Je les ai toutes utilisées avec succès, tout comme des centaines, voire des milliers de mes fans :

1. **Utilisez une application comme Headspace ou Calm.** La version d'essai gratuite « Take10 » de Headspace vous guidera 10 minutes par jour pendant 10 jours. Certains de mes invités l'utilisent pour s'endormir. D'autres, comme Rich Feloni de Business Insider, ont rédigé de longs rapports expliquant comment cette appli avait changé leur vie. Amelia Boone navigue entre Headspace et Calm selon les circonstances. Personnellement, je préfère la voix de Headspace (Andy Puddicombe), mais le fond sonore des bruits de la nature de Calm est aussi très apaisant.
2. Écoutez une méditation guidée par Sam Harris (page 408) ou Tara Brach (page 490). Maria Popova de BrainPickings.org (page 362) écoute le même

enregistrement tous les matins– Tara Brach's Smile Guided Meditation enregistrée en 2010.

3. **Suivez des cours de méditation transcendantale (tm.org).** Vous en aurez probablement pour 1 000 $ mais vous aurez un coach personnel. Dans mon cas, c'est ce qui a déclenché deux années de méditation régulière. Je ne suis pas fan de tout ce que propose l'organisation de Méditation Transcendantale, mais le programme est pratique et tactique. Rick Rubin et Chase Jarvis m'ont convaincu de m'inscrire malgré le tarif élevé, alors que je traversais une période difficile dans ma vie. Et je leur en suis reconnaissant. La pression d'avoir un professeur pendant 4 jours consécutifs était exactement la motivation qu'il me fallait pour me mettre à méditer régulièrement et en prendre l'habitude. Rick et Chase m'ont tous les deux dit : « Tu as le budget et ça pourrait t'aider. Qu'est-ce que tu as à perdre ? » Justement, je faisais des économies de bouts de chandelle depuis longtemps. Mais je craignais aussi de « perdre mon mordant », comme si la méditation allait me rendre moins agressif ou motivé. Mes craintes étaient infondées ; la méditation vous aide simplement à vous centrer sur les choses importantes sans vous laisser distraire par n'importe quelle cible mouvante ou adversaire imaginaire qui surgit.
4. **Si vous avez envie d'essayer la méditation avec un mantra sans suivre de cours, asseyez-vous et répétez silencieusement un mot de deux syllabes (j'ai choisi « nature ») pendant 10 à 20 minutes dès votre réveil.** Les puristes de la méditation transcendantale appelleraient ça une hérésie, mais vous constaterez néanmoins des résultats. Visez le confort physique. On ne croise pas les jambes, on ne se contorsionne pas comme au yoga. La position par défaut est la position assise, relativement droit sur une chaise, les pieds au sol, les mains sur les cuisses et le dos appuyé.
5. **Essayez un ou plusieurs exercices suggérés par Chade-Meng Tan, page 148.** Ils sont simples et extraordinaires. J'en effectue plusieurs fois par semaine, souvent dans mon sauna.

Des résultats visibles en combien de temps ?

▶ Macro

Engagez-vous pour un cycle d'au moins 7 jours. Moins, ça ne sert à rien. Du moins, c'est mon avis. Il y a comme un déclic à un moment donné. Si votre médecin vous prescrit des antibiotiques pendant une semaine et que vous n'en prenez que trois jours, l'infection ne sera pas réglée et vous reviendrez à la case départ. La durée minimale pour rendre la méditation efficace est d'environ 7 jours.

Si vous avez besoin qu'on vous botte l'arrière-train, faites un pari avec un partenaire ou utilisez un service tel que Coach.me ou Stickk.com.

Finissez vos sept séances avant de devenir ambitieux sur la durée des séances. Dix minutes, c'est déjà ça. Ne commencez PAS par des séances de 30 ou 60 minutes, au risque d'abandonner avant le déclic. Commencez petit et faussez le jeu pour gagner.

Un jour, quelqu'un a demandé au dalaï-lama combien de temps il fallait pour ressentir des effets qui changent la vie. Sa réponse a été succincte : « Environ 50 heures. » Franchement, ce n'est pas grand-chose. D'après plusieurs études, simplement rester « assis » pendant 100 minutes cumulées seraient déjà suffisant pour produire des changements.

Curieusement, pour des cas particuliers comme Arnold Schwarzenegger (page 170), une année à pratiquer assidument la méditation suffirait à recalibrer certaines personnes à vie, même sans méditer à nouveau.

▶ Micro

Dans mes séances de 20 minutes, je laisse la boue se redéposer pendant 15 minutes et je ressens les bénéfices au cours des 5 dernières minutes. Pour moi, c'est comme un entraînement avec haltères qu'on ne réussit pas. Les bénéfices proviennent des derniers mouvements, mais il faut avoir effectué tous les mouvements précédents pour en arriver là.

Mais si on pense à sa liste de choses à faire, à la dernière dispute avec son partenaire ou à des images porno pendant 19,5 minutes sur 20 ? Est-ce qu'on a un 0 en méditation ? Non. Si vous passez ne serait-ce qu'une seconde à remarquer ce décrochage et que vous reportez votre attention sur votre mantra (ou autre), c'est une séance « réussie ». Comme Tara Brach me l'a fait remarquer, le muscle qu'on travaille reporte l'attention sur quelque chose. Mes séances sont à 99 % des dialogues avec mon singe de l'esprit, mais c'est le dernier 1 % qui est important. Si vous ressentez de la frustration, vous en attendez trop, ou vos séances sont trop longues. Je répète : 7 jours et faussez le jeu pour pouvoir gagner. L'objectif n'est pas d'« apaiser l'esprit » qui va mettre votre cerveau en ébullition ; le but est d'observer vos pensées. Si vous vous repassez des bêtises dans la tête et que vous le remarquez, dites-vous « Je pense, je pense » à vous-même pour retrouver votre concentration.

Quand je médite régulièrement, ma récompense est que je fais 30 à 50 % plus de choses dans la journée avec 50 % de stress en moins. Pourquoi ? Parce que je me suis déjà échauffé à ne pas me laisser distraire en restant assis le matin. Si je subis des distractions ou interruptions plus tard dans la journée, je pourrai me remettre plus facilement à la tâche. (Remarque pour les férus de technologie : Momentum de Google Chrome est très pratique aussi.)

En conclusion

« Donnez-moi six heures pour abattre un arbre. Je passerai les quatre premières heures à affûter ma hache. »

– Abraham Lincoln

Abattre des arbres avec une hache émoussée n'est pas une façon de vivre. Essayez pendant 7 jours et aiguisez votre esprit.

Trois astuces d'un pionnier de Google

Chade-Meng « Meng » Tan (TW/FB : @chademeng, chademeng.com) est un pionnier de Google, ingénieur reconnu et auteur de best-sellers. Meng était le 107e employé de Google et a créé une formation innovante sur l'intelligence émotionnelle basée sur la pleine conscience pour les employés, appelée Search Inside Yourself. Il y avait une liste d'attente de 6 mois pour ce cours. Le travail de Meng a été approuvé par le Président Carter, Eric Schmidt de Google et le dalaï-lama. Il est coprésident de One Billion Acts of Peace, un mouvement candidat au prix Nobel de la Paix en 2015. Son livre, Joy on Demand, est l'un des guides de méditation les plus pratiques que j'aie jamais trouvé.

Animal totem : le dragon chinois

L'intervention de Meng

Comment maintenir sa pratique de la méditation au point qu'elle devienne si fascinante qu'elle s'auto-entretient ? J'ai trois suggestions :

1. Trouver un compagnon

J'ai appris ceci de mon ami et mentor, Norman Fischer, qu'on surnomme affectueusement « le père zen de Google ». Prenons le club de sport comme analogie. Y aller seul est difficile, mais si on a un « compagnon de sport » qu'on s'engage à accompagner, on risque d'y aller plus régulièrement. En partie parce qu'on n'est pas seul, et en partie parce que cet arrangement vous encourage mutuellement et vous responsabilise l'un envers l'autre (le « harcèlement mutuel » comme j'aime en plaisanter).

Donc nous vous suggérons de trouver un « copain de pleine conscience » et de vous engager à converser 15 minutes par semaine sur au moins un de ces deux sujets :

a. Est-ce que je respecte mon engagement vis-à-vis de ma pratique ?

b. Qu'est-ce qui m'est arrivé dans la vie en relation avec ma pratique ?

Nous suggérons également de terminer la conversation par la question : « Comment s'est déroulé cette conversation ? »

Nous avons institué ce rituel dans notre cours d'intelligence émotionnelle basé sur la pleine conscience (Search Inside Yourself) et l'avons trouvé très efficace.

2. Faire moins que ce qu'on peut

J'ai appris ceci de Mingyur Rinpoche, dont je recommande le livre The Joy of Living. L'idée est de moins pratiquer de façon formelle qu'on n'en est capable. Par exemple, si vous pouvez rester assis en état de pleine conscience pendant 5 minutes avant que cela ne devienne pénible, alors ne faites que 3 ou 4 minutes, peut-être plusieurs fois par jour. Comme ça, la pratique ne deviendra pas un fardeau. Si la pratique de pleine conscience ressemble à une corvée, elle n'est pas durable.

Mon amie Yvonne Ginsberg dit souvent : « La méditation est un petit plaisir qu'on s'offre. » Je trouve que cela illustre joliment l'idée fondamentale de Rinpoche. Ne pratiquez pas trop longtemps pour que ça ne devienne pas lourd. Faites-le souvent, durant quelques instants, et votre pratique de la pleine conscience deviendra un réel plaisir.

3. Respirez une fois par jour

Je suis peut-être le plus fainéant des coaches de pleine conscience au monde parce que je dis à tous les participants de mes cours qu'il suffit de s'engager à une respiration consciente par jour. Une seule. Inspirez et expirez consciemment et vous aurez rempli votre engagement de la journée. Tout le reste est du bonus.

Une seule respiration est importante pour deux raisons. D'abord, pour l'élan. Si vous respirez consciemment une fois par jour, vous pouvez facilement tenir votre engagement et garder l'habitude de la pratique. Plus tard, quand vous êtes prêt pour en faire plus, vous pouvez facilement recommencer. Vous pouvez dire que vous n'avez pas 10 minutes aujourd'hui à consacrer à la méditation, mais vous ne pouvez pas dire que vous n'avez pas le temps pour une respiration consciente. Le faire au quotidien est parfaitement faisable.

La seconde raison est qu'avoir l'intention de méditer est une méditation en soi. Cette pratique vous encourage à avoir l'intention de faire quelque chose de bénéfique pour vous-même tous les jours. Avec le temps, ce bienfait personnel devient une habitude mentale précieuse. Lorsqu'on est gentil avec soi-même, la pleine conscience devient plus facile.

Souvenez-vous, mes amis, ne sous-estimez jamais le pouvoir d'une respiration. La bonne santé mentale et le bonheur à la demande commencent ici, par une simple respiration.

Mes deux exercices préférés, expliqués par Meng

▶ 1. Remarquez quand c'est fini (Just Note Gone)

Il y a une pratique simple pour démultiplier votre capacité à remarquer l'absence de souffrance [physique, mentale ou émotionnelle], mais cela ne se limite pas à la douleur.

Avec « Just Note Gone », on entraîne le cerveau à remarquer que quelque chose de vécu est fini. Par exemple, à la fin d'une respiration, remarquez que la respiration est terminée. Finie. Quand le bruit disparaît, remarquez quand il se termine. Fini. À la fin d'une réflexion, remarquez quand la pensée est finie.

Disparue. À la fin d'une émotion vécue – joie, colère, tristesse ou autre –, remarquez quand elle se termine. Finie.

Cette pratique est sans aucun doute l'une des plus importantes qui soient. Le maître de méditation Shinzen Young a dit que s'il ne devait enseigner qu'une seule technique de concentration, ce serait celle-ci. Voici les instructions pour une pratique informelle de cette technique d'après l'article de Shinzen « The Power of Gone » :

Quand toute ou partie d'une expérience sensorielle disparaît soudainement, remarquez-le. Par « remarquer », j'entends reconnaître clairement quand on détecte le point de transition entre sa présence globale et sa disparition même partielle.

Si vous le souhaitez, vous pouvez utiliser une étiquette mentale. Pour toute fin soudaine, cette étiquette est « Disparu ».

Si rien ne disparaît pendant un moment, ce n'est pas grave. Attendez que quelque chose se termine. Si vous vous inquiétez que rien ne semble se terminer, remarquez chaque fois que cette pensée disparaît. C'est un « Disparu ». Si vous avez beaucoup de phrases mentales, vous aurez plein de points finaux, des Disparus !

Et alors ? Pourquoi devrions-nous nous intéresser au fait de pouvoir détecter le moment où un dialogue intérieur particulier, un son extérieur particulier ou une sensation physique particulière disparaît soudainement ?

Pour commencer à répondre à cette question, prenons un exemple extrême.

Supposons que vous ayez vécu une expérience atroce qui impliquait une souffrance physique, une détresse émotionnelle, une confusion mentale et une désorientation temporo-spatiale en même temps. Où trouveriez-vous refuge ? Où trouveriez-vous du réconfort ? Où trouveriez-vous un sens à tout ça ?

Pas dans votre propre corps. Vous n'y trouverez que souffrance et peur. Pas dans votre esprit. Vous n'y trouverez que confusion et incertitude. Pas dans ce que voient vos yeux ni dans ce que vos oreilles entendent. Vous n'y trouverez que bouleversement et chaos.

Sous une telle contrainte, y a-t-il un endroit où vous pourrez trouver du réconfort ? Oui.

Vous pouvez vous concentrer sur le fait que chaque attaque sensorielle passe. En d'autres termes, vous pouvez inverser l'habitude normale de repérer toute nouvelle agression pour vous concentrer sur toute agression qui se termine. Le micro-soulagement est toujours accessible.

▶ 2. La bonté bienveillante et la journée la plus heureuse depuis sept ans

Lors de mes conférences, j'instaure souvent un exercice très simple de 10 secondes. Je demande aux membres de l'auditoire d'identifier deux personnes dans la salle et de penser simplement : « Je souhaite du bonheur à cette personne-ci et je souhaite du bonheur à cette personne-là. » C'est tout. Je leur rappelle qu'il ne faut rien dire ni rien faire, simplement penser – c'est un exercice mental. Tout l'exercice représente uniquement 10 secondes de réflexion.

Tout le monde termine l'exercice en souriant, plus heureux que 10 secondes avant. C'est le bonheur de la bonté bienveillante. Il s'avère qu'être l'émetteur d'une pensée bienveillante est gratifiant... Ainsi, pour être plus heureux, il suffit de souhaiter du bonheur à quelqu'un choisi au hasard. Rien de plus. Ça ne demande ni temps ni effort.

Jusqu'où peut-on pousser ce bonheur de la bonté bienveillante ? Un jour, j'ai donné une conférence publique dans un centre de méditation, le Spirit Rock, en Californie. Comme d'habitude, j'ai guidé le public dans cet exercice de 10 secondes, et juste pour le plaisir j'ai donné un devoir à faire à la maison. On était lundi soir, et le lendemain, mardi, c'était une journée de travail ordinaire, alors j'ai demandé à l'auditoire de faire cet exercice mardi : une fois par heure, toutes les heures, identifier au hasard deux personnes passant devant votre bureau et secrètement souhaiter du bonheur à chacun. Vous n'avez pas à faire ou à dire quoi que ce soit – pensez simplement : « Je souhaite que cette personne soit heureuse. » Comme personne ne sait à quoi vous pensez, il n'y a aucune gêne à avoir. Cet exercice peut être fait en cachette. Et après 10 secondes, remettez-vous au travail. C'est tout. Le mercredi matin, j'ai reçu un e-mail d'une inconnue, que j'appellerai Jane. Elle me disait : « Je hais mon travail. Je déteste venir travailler chaque jour. Mais j'ai assisté à votre conférence lundi, fait mes devoirs mardi, et mardi a été ma journée la plus heureuse depuis sept ans. »

La plus heureuse depuis sept ans. Et combien de temps est-ce que ça a pris ? Dix secondes d'un vœu de bonheur pour deux personnes exprimé en secret, répété huit fois, soit un total de 80 secondes de réflexion. Tel est l'incroyable pouvoir de la bonté bienveillante, mes amis !

EXERCICE INFORMEL : SOUHAITER DU BONHEUR À DES GENS SÉLECTIONNÉS AU HASARD

Pendant vos heures de travail ou d'étude, choisissez au hasard deux personnes qui vous croisent ou qui se tiennent près de vous, debout ou assis. Souhaitez-leur en secret d'être heureux. Pensez : « Je souhaite que cette personne-ci soit heureuse, et je souhaite que cette personne-là soit heureuse. » Voilà l'exercice. Ne faites rien, ne dites rien ; pensez simplement. C'est un exercice purement mental.

Si vous préférez, vous pouvez le faire à n'importe quel moment de la journée, pendant la durée que vous souhaitez. Vous pouvez le faire n'importe où. Si personne n'est physiquement présent, vous pouvez penser à quelqu'un.

Exercice formel : se concentrer sur le bonheur de la bonté bienveillante.

Asseyez-vous dans la position qui vous permet d'être à la fois alerte et détendu. Vous pouvez fermer les yeux ou les garder ouverts.

Répétez ce cycle une fois par minute : pensez à quelqu'un pour qui vous éprouvez de la bonté bienveillante. Souhaitez-lui d'être heureux. Vous pouvez peut-être ressentir le bonheur de la bonté bienveillante et, si c'est le cas, concentrez-vous sur la joie qu'il vous procure jusqu'à ce que le sentiment disparaisse. Reposez votre esprit pour la fin de la minute.

Au début de la minute suivante, recommencez le cycle, et ce pour un total de 3 minutes.

Faites cet exercice aussi longtemps qu'il vous plaira. Vous n'avez pas à suivre le rythme d'une pensée par minute – reposez votre esprit aussi longtemps que vous le souhaitez entre deux cycles. Le timing n'a aucune importance ; la seule chose qui est importante, c'est de se concentrer sur le bonheur que procure la bonté bienveillante, rien de plus.

TF : J'ai tendance à faire une seule session de 3 à 5 minutes le soir, en pensant à trois personnes à qui je souhaite du bonheur. Il s'agit souvent de deux amis actuels et d'un ancien ami perdu de vue. En 3 jours seulement, pendant que je travaillais sur ce livre à Paris, je me suis demandé : « Pourquoi est-ce que je me sens aussi heureux ? » Si je trouve ça si efficace, c'est en partie parce que la méditation est normalement concentrée sur soi. On se laisse vite emporter dans le tourbillon de penser uniquement à nos « trucs ». Cet exercice de bonté bienveillante détourne l'attention de soi, ce qui, pour moi, résout immédiatement au moins 90 % de mes dialogues intérieurs.

Coach Sommer, la décision unique

On connaît tous des frustrations.

Moi en particulier, quand je ne constate aucun progrès après plusieurs semaines à suivre un nouveau programme d'entraînement.

Malgré les rappels réguliers du coach Sommer (page 44) sur l'adaptation des tissus conjonctifs qui prend 200 à 210 jours, au bout de quelques semaines à me débattre avec les « extensions en L », je n'en pouvais plus. Après le troisième entraînement, je les avais rebaptisées « grenouilles infirmes » dans mon journal d'entraînement. Franchement, je ressemblais à une grenouille électrocutée quand j'en faisais.

Chaque semaine, j'envoyais une vidéo de mon entraînement au coach Sommer sur Dropbox. À un moment, dans mes commentaires, je lui ai dit que c'était décourageant de faire zéro progrès visible dans cet exercice. Voici la réponse qu'il m'a envoyée par e-mail et que je conserve précieusement pour la relire fréquemment.

Toute sa réponse est fabuleuse, mais j'ai mis mon passage préféré en gras.

> Salut Tim,
>
> Patience. C'est bien trop tôt pour espérer un développement musculaire. Les développements musculaires [dans un exercice comme celui-ci] prennent au minimum six semaines. Tout développement perçu avant ces six semaines est le résultat d'une amélioration de la plasticité synaptique. En langage courant, le système nerveux central est simplement devenu plus efficace dans ce mouvement particulier grâce à l'entraînement. Toutefois, il ne faut pas le confondre avec un gain musculaire.
>
> Gérer une frustration temporaire parce qu'on ne progresse pas fait partie du cheminement vers l'excellence. En fait, la

frustration est essentielle et tous les grands athlètes doivent apprendre à la gérer. Si la quête de l'excellence était facile, tout le monde la suivrait. Cette impatience dans la gestion de la frustration est la première raison pour laquelle les gens n'atteignent pas leurs objectifs. Des attentes déraisonnables pour le temps imparti qui génèrent des frustrations inutiles provoquées par un sentiment d'échec. Accomplir l'extraordinaire n'est pas un processus linéaire.

Le secret, c'est de se pointer, faire le boulot et rentrer chez soi.

L'éthique d'un ouvrier associée à une volonté indéfectible. C'est littéralement aussi simple que ça. Aucune interférence. Rien qui fasse dévier de l'objectif. Une fois la décision prise, il faut refuser d'en bouger. Refuser de faire des compromis.

Et il faut accepter que la qualité des résultats à long terme exige une bonne concentration sur le long terme. Pas d'émotions. Pas de drame. Pas d'autoflagellation parce que le chemin est chaotique. Il faut apprendre à profiter et à apprécier les progrès. Ceci est d'autant plus important que vous allez passer bien plus de temps à effectuer le voyage qu'à triompher brièvement à la fin.

Il faut toutefois célébrer les instants de triomphe quand ils apparaissent. Plus important encore, apprenez de vos échecs lorsqu'ils arrivent. En fait, si vous ne connaissez pas l'échec relativement régulièrement, c'est que vous n'essayez pas assez. Et refusez catégoriquement d'accepter moins que le meilleur de vous-même.

Ne tenez pas de calendrier. Ça prendra le temps que ça prendra.

Si vous vous engagez pour atteindre un objectif à long terme et non pas une série de buts intermédiaires plus modestes, alors vous n'avez qu'une seule décision à prendre et vous devez vous y tenir. C'est clair, c'est simple, c'est direct. C'est bien plus facile de s'y tenir que d'avoir à prendre une série de petites décisions et garder le cap en les gérant les unes après les autres. Ça fournit trop d'occasions de dévier par inadvertance de l'objectif fixé. La décision unique est le meilleur instrument de toute la boîte à outils.

2

LES NANTIS

« Si vous placez la barre extrêmement haut et que vous ratez, votre échec sera supérieur aux succès des autres. »

– James Cameron

« Si le combat est équitable, c'est que vous n'avez pas bien planifié votre mission. »

– Colonel David Hackworth

« Ce n'est pas mon cirque, ce ne sont pas mes chiens savants. »

– Proverbe polonais

Chris Sacca

« C'était peut-être de la chance, mais ce n'était pas un accident. »

Chris Sacca (TW/FB/IG/SC : @sacca, lowercasecapital.com) est un investisseur en capital d'amorçage dans des dizaines de sociétés, dont Twitter, Uber, Instagram, Kickstarter et Twilio. Il a fait la couverture de l'édition Midas 2015 du magazine Forbes grâce à ce qui sera sans doute le meilleur investissement à risque de l'histoire, Lowercase Capital. Auparavant, Chris était responsable des initiatives spéciales chez Google Inc. Il est régulièrement invité à l'émission Shark Tank d'ABC.

Animal totem : un Z'animo

En bref

- J'ai rencontré Chris en 2008, lors d'un barbecue organisé par Kevin Rose (page 297). Toute ma vie, j'ai souffert d'une phobie de l'eau et j'ai toujours eu peur de me noyer. Le sujet a été abordé en buvant du vin, et Chris m'a dit : « J'ai la réponse à tes vœux. » Il m'a fait découvrir le cours de natation par immersion totale de Terry Laughlin et, en moins de 10 jours d'entraînement en solo, je suis passé de 2 longueurs maximum (dans une piscine de 22 mètres) à nager plus de 40 longueurs par séries de 2 et 4. Je suis époustouflé, et maintenant je nage pour le plaisir.
- Chris est l'une des personnes qui m'ont gentiment initié aux investissements dans les start-ups. Les autres sont Naval Ravikant (page 480), Kevin Rose (page 297) et Mike Maples, qui m'ont lancé (voir le vrai MBA page 232).
- Chris m'a parlé de plusieurs livres au cours d'un podcast, dont I Seem To Be a Verb, de Buckminster Fuller, et 48 heures plus tard les exemplaires d'occasion se vendaient 999 $ sur Amazon.

Un jeu d'attaque ou de défense ?

Bien que les gens fassent référence à Chris comme à un « investisseur de la Silicon Valley », il ne vit plus à San Francisco depuis 2007. Il s'est acheté un petit chalet à Truckee, une petite ville moins onéreuse que sa voisine Tahoe, à deux pas des stations de ski et des lieux de randonnée. Ce n'est pas vraiment un des foyers de la haute technologie. À l'époque, Chris n'avait pas encore eu beaucoup de retours sur ses investissements, mais l'achat de sa maison suivait une logique :

« Je voulais passer à l'attaque. Je voulais avoir le temps de me concentrer, d'apprendre ce que je devais savoir, construire ce que je voulais bâtir et nouer des relations solides au lieu de passer mes journées à boire du café. »

TF : Il ne se sent plus obligé d'assister à des réunions qu'il n'a pas sollicitées. Fini les réunions tôt le matin autour d'un café ou tard le soir autour d'un dîner. Chris préférait inviter dans sa « garçonnière » des créateurs d'entreprise choisis pour un week-end à profiter du jacuzzi extérieur. Pour lui, son chalet a été son meilleur investissement :

« Tout le monde adore venir prendre l'air dans les montagnes. Au fil des ans, ça m'a aidé à nouer des amitiés durables. Certains de ces amis ont été les catalyseurs de mes investissements dans Uber, Twitter et autres. Il y a même un auteur de best-sellers fouineur et obsédé par la transformation de son corps qui est venu plusieurs fois. [TF : Je me suis rendu ridicule avec mon slip de bain.] J'ai emprunté de l'argent pour m'acheter un chalet avec trois chambres, et j'ai gagné des amis pour la vie et des affaires qui marchent. C'est de loin mon meilleur coup. »

Chris affirme : « Généralement, ça revient à savoir si vous êtes plutôt attaquant ou défenseur. En regardant les défis de la vie, on peut se demander lesquels on s'est imposés et lesquels vont faire plaisir à quelqu'un d'autre. Votre boîte de réception d'e-mails est une liste de choses à faire dans laquelle n'importe qui dans le monde peut ajouter une action. J'ai besoin de sortir de ma boîte de réception et de revenir à ma propre liste de choses à faire. »

Assistez à autant de réunions de haut niveau que possible

TIM : Dans un environnement de start-ups, que doit-on faire pour apprendre et s'améliorer le plus possible ?

CHRIS : Il faut assister à toutes les réunions possibles, même si vous n'y êtes pas invité, et trouver comment vous rendre utile. Si les gens se demandent ce que vous faites là, prenez des notes. Lisez tout ce que vous trouverez sur la société, afin d'en avoir une connaissance globale que votre fonction limitée ne vous offre pas. Rendez-vous utile en faisant cela. Ça a fonctionné pour moi dans différents environnements, et je vous encourage à essayer.

TF : Chris était connu chez Google pour débarquer à des réunions, y compris celles entre les cofondateurs. Si les gens se regardaient, surpris, Chris s'asseyait et leur faisait comprendre qu'il allait prendre des notes. Et ça fonctionnait. Il a pu s'asseoir au premier rang des réunions cruciales chez Google, devenant un membre permanent de ces réunions.

Les chemises de cow-boy

Chris est réputé pour porter des chemises de cow-boy un tantinet ridicules, mais c'est devenu son style. Dans un article sur lui pour Forbes, Alex Konrad nous explique le pourquoi du comment : « Steve Jobs avait des cols roulés noirs. Chris Sacca a des chemises de cow-boy brodées. La première qu'il a achetée était un achat impulsif à l'aéroport de Reno, en allant à une conférence. L'accueil qu'on lui a réservé l'a poussé à acheter la moitié du magasin au retour. » Ses préférées sont les Scully et les Rockmount. Vous trouverez de nombreux modèles sur VintageWesternWear.com.

Une chemise peut paraître un détail, mais Chris a vite compris qu'être un investisseur qui réussit ne se limite pas à savoir dans quelle société investir. Une partie du processus consiste à faire en sorte que les fondateurs sachent qui vous êtes. Si une chemise peut faire couler beaucoup d'encre dans les médias sans entacher votre réputation, c'est bon à prendre. De plus : « Ça m'a empêché de perdre du temps à me demander comment m'habiller et d'économiser sur des costumes. »

Quand les choses se corsent – « Ce soir, je serai dans mon lit »

En 2009, Chris a participé à un périple à vélo au profit d'une œuvre de bienfaisance. L'équipe de Trek Travel l'a emmené de Santa Barbara, en Californie, à Charleston, en Caroline du Nord.

« Je n'arrêtais pas de me répéter : "Ce soir, je serai dans mon lit. Ce soir, je serai dans mon lit. Ce soir, je serai dans mon lit." Je me répétais cette phrase pour me rappeler que mes souffrances n'étaient que temporaires et que, quoi qu'il arrive, à la fin de l'étape, je retrouverais mon lit le soir. »

L'avantage de cultiver un esprit de néophyte

« Souvent, l'expérience ne fait qu'ancrer plus profondément des suppositions qu'il faudrait remettre en question en premier lieu. Quand on a beaucoup d'expérience sur un sujet, on ne remarque pas les nouveautés. On ne remarque pas les particularités qu'il faudrait régler. On ne remarque pas les trous, les manques, ce qui ne fonctionne pas bien. »

TF : Tout comme le père de Malcolm Gladwell (voir page 506), Chris est doué pour poser des questions « bêtes ».

L'empathie, c'est bon dans la vie et dans les affaires

« En tant que bâtisseur, entrepreneur, comment créer quelque chose pour quelqu'un d'autre si vous ne le connaissez pas assez pour imaginer le monde tel qu'il le voit ? »

Des étés doux et amers

« Mes parents avaient mis au point un système assez unique en son genre. Avec mon frère, on appelait ça les “étés doux et amers”. Nos parents nous envoyaient pour la première partie de l'été faire un stage chez un membre de la famille ou un ami qui avait un poste intéressant. À 12 ans, j'ai effectué un stage chez mon frère spirituel, un lobbyiste à Washington DC. Je l'accompagnais pour interpeller les membres du Congrès. Je devais porter une cravate. Je rédigeais assez bien. Je rédigeais des résumés de 1 page sur les projets de loi qu'on argumentait. Je restais assis à côté de ces membres du Congrès avec leurs sales têtes – genre le vieux sénateur de l'Alabama – et j'observais le débat. C'était génial. J'ai tant appris et développé ma confiance en moi. Ça a aiguisé mon talent pour raconter des histoires.

« Mais ensuite, je rentrais à la maison et je faisais un sale boulot sur un chantier en bleu de travail. Je devais par exemple nettoyer de l'équipement qui avait servi à réparer des fosses septiques, dégazer des trucs, traîner des machins dans la cour, remplir des fûts de propane. J'étais le plus jeune et je me faisais maltraiter par n'importe qui. Mais je crois que ça faisait partie du plan de mes parents : plein de bonnes opportunités t'attendent, mais on veut que tu comprennes aussi l'éthique du travail et pourquoi tu n'as pas envie de finir dans un de ces vrais métiers… »

TIM : Vous avez été initié au monde du lobbysme par votre frère spirituel. C'étaient vos parents qui organisaient la « sale partie » de vos étés ?

CHRIS : C'est le meilleur ami de mon père qui gérait cette entreprise de bâtiment, et mon père lui avait demandé de faire en sorte qu'on passe des journées difficiles sur le chantier.

« Les bonnes histoires battent toujours une bonne feuille de calcul »

« Que vous soyez en train de lever des fonds, d'argumenter sur votre produit devant un client, de vendre votre société ou de recruter des employés, n'oubliez pas que, derrière les calculs et les beaux diplômes, on est toujours des êtres humains qui marchent aux sentiments. On s'attache aux histoires, on n'agit pas à cause d'équations : on suit nos croyances. On soutient des leaders qui nous émeuvent. Au début de votre aventure, si vous tombez sur quelqu'un qui s'attache trop aux chiffres, cela signifie qu'il cherche une bonne raison de s'intéresser à vous. »

« Assumez votre côté bizarre »

« J'ai fait un discours inaugural dans le Minnesota il y a quelques années [à la Carlson School of Management]. L'essence de mon speech était "restez vous-même sans vous excuser pour votre bizarrerie". Je pense que l'authenticité est ce qui nous manque le plus aujourd'hui. »

Voici un extrait de ce discours : « La bizarrerie est la raison pour laquelle on adore nos amis… La bizarrerie nous lie à nos collègues. Notre bizarrerie nous démarque des autres, c'est grâce à elle qu'on se fait embaucher. Assumez votre côté bizarre. Être bizarre pourrait être la clé du bonheur. »

TF : Par exemple, les perruques coupe mulet.

CHRIS : « Pour les fêtes, rien ne vaut les perruques. Foncez sur Amazon et commandez 50 perruques coupe mulet. Vous verrez, ça change tout. »

Je voudrais peut-être étudier les personnes qui ont créé des produits qui ont changé le monde ?

Marc Andreessen

Marc Andreessen (TW : @pmarca, a16z.com) est une légende dans la Silicon Valley. Ses créations ont changé le monde. Au cœur de l'univers de la haute technologie, on trouve difficilement quelqu'un d'aussi fascinant. Marc a cocréé le navigateur Mosaic, le premier navigateur graphique couramment utilisé. Il a aussi cofondé Netscape, qui a été revendu à AOL pour 4,2 milliards de dollars. Puis il a cofondé Loudcloud, revendu comme Opsware à Hewlett-Packard pour 1,6 milliard de dollars. On le considère comme un des pères fondateurs d'Internet, aux côtés de pionniers tels que Tim Berners-Lee, qui a lancé l'Uniform Resource Locator (URL), le protocole de transfert d'hypertexte (HTTP) et les premières normes HTML.

Tout ceci fait de lui une des rares personnes à avoir créé des catégories de logiciels utilisés par des milliards de gens et à avoir créé des sociétés de grande valeur. Marc est un associé du fonds de capital-risque Andreessen Horowitz, qu'il a cofondé. C'est l'un des investisseurs les plus influents de la planète dans le domaine des nouvelles technologies.

« Augmentez les prix »

Telle a été la réponse de Marc à la question « Que mettriez-vous sur une affiche ? » Il l'installerait en plein San Francisco pour la raison suivante :

« Quand les entreprises ont des difficultés, la première raison est que leurs produits ne coûtent pas assez cher. C'est devenu habituel dans la Silicon Valley. Pour que ça marche, le prix doit être aussi bas que possible, car, avec un prix bas, tout le monde pourra se l'offrir. Donc vous aurez du volume. Et on n'arrête pas de voir des gens se planter à cause de ça. Ils ont "trop faim pour manger". Ils ne vendent pas leur produit assez cher pour pouvoir s'offrir le budget marketing nécessaire pour que les gens achètent le produit. Quelle est l'utilité perçue de votre produit si les gens ne paient pas plus cher pour l'obtenir ? »

Ne fétichisez pas l'échec

« Je suis vieux jeu. D'où je viens, les gens aiment réussir… Quand j'ai débuté, le mot "pivot" n'existait pas. Il n'y avait pas de terme consacré, alors on appelait ça un "raté".

« Il existe des employés dans des sociétés qui, littéralement, chaque fois qu'on a affaire à eux, ont pivoté. Chaque fois, ils tentent quelque chose de nouveau. C'est comme regarder un lapin courir dans un labyrinthe. Ils n'aboutiront à rien parce qu'ils ne prendront jamais le temps de concrétiser. »

Que font les nerds la nuit ?

Comment Marc déniche-t-il de nouveaux projets ? Il dispose de beaucoup d'outils, mais voici une de ses méthodes heuristiques simples :

« On appelle ce test "Que font les nerds la nuit et le week-end ?" Le jour, ils travaillent pour Oracle, Salesforce.com, Adobe, Apple, Intel ou une entreprise de ce type, une société d'assurances, une banque [ou ils sont étudiants]. Peu importe. Ils font le nécessaire pour gagner leur croûte, mais la vraie question, c'est : quel est leur passe-temps ? Que font-ils le soir et le week-end ? C'est là que ça devient intéressant. »

Tests de résistance des idées avec une équipe adverse

« Chacun des partenaires associés peut lancer un projet sans référendum ni consensus. Si la personne qui présente le projet est fortement impliquée dedans et enthousiaste, on investit même si les autres pensent qu'il s'agit du projet le plus débile jamais évoqué… Toutefois, vous ne faites pas cavalier seul sans avoir subi un crash-test. Si besoin, on crée une "équipe adverse" qui "démontera" le projet. »

TF : Pour éviter que les nouvelles recrues ne se fassent battre plus sévèrement que les seniors, Marc et son associé Ben Horowitz se démolissent systématiquement. Marc : « Quand [Ben] propose un projet, je le démonte, même si c'est la meilleure idée dont j'ai jamais entendu parler, et j'essaie de rallier les autres à ma cause. Mais s'il insiste, "Non, c'est top…" On le soutient tous… **C'est une**

sorte de schéma "désaccord et engagement". Il me fait la même chose. C'est une vraie torture. »

TF : Quand peut-on créer une « équipe adverse » pour tester le bien-fondé de vos précieuses croyances ? (Voir Samy Kamkar, page 383 ; Stan McChrystal, page 390 ; et Jocko Willink, page 368.)

Toujours aller de l'avant

Je laisserai notre échange suivant parler de lui-même. Cette philosophie s'accorde bien avec l'expérience « 21 Jours sans se plaindre » que j'ai développée sur mon blog (fourhourblog.com) :

TIM : Quel conseil donneriez-vous au Marc de 20 ans qui travaillait chez Netscape ?

MARC : Je n'y ai jamais réfléchi. Je n'aime pas trop revenir en arrière. La question à laquelle je ne répondrais jamais serait : « Qu'auriez-vous fait différemment si vous aviez connu x ? » Je ne joue pas à ce jeu-là. Je ne connaissais pas x. Si vous lisez les romans policiers Elvis Cole, du grand Robert Crais, Elvis Cole est justement ce genre de détective privé postmoderne de L.A. Ce sont de bons romans policiers. Il a un partenaire, Joe Pike. C'est mon personnage de fiction préféré : un ancien Marine spécialisé dans la reconnaissance, donc il ressemble beaucoup à votre ami Jocko. Dans les histoires, Joe Pike porte toujours les mêmes vêtements : un jean, un sweat-shirt aux manches coupées et des lunettes de soleil d'aviateur. Il a des flèches rouge vif tatouées sur les deltoïdes, qui pointent vers l'avant. En gros, son truc, c'est « aller de l'avant ».

TIM : C'est comme ça que vous êtes ?

MARC : Aller de l'avant comme quand on ne s'arrête pas. On ne ralentit pas. On ne revient pas sur ses décisions. On ne remet rien en cause. Donc sincèrement, je ne sais pas comment répondre à cette question.

TIM : Vous venez de le faire.

MARC : Ah, parfait. Poursuivons.

« Des opinions tranchées, relativement arrêtées »

Cette phrase a longtemps figuré dans la biographie de Marc sur Twitter. Je lui ai demandé d'en expliquer le sens :

« La plupart des gens ne développent jamais des avis tranchés au cours de leur vie. Ils se contentent d'adhérer au consensus. Un des trucs qu'on recherche en tant que créateur d'entreprise et investisseur, ce sont les choses non consensuelles, allant à l'encontre de l'avis général… Si vous fondez une société autour de ça, que vous allez investir dedans, vous feriez mieux d'être intimement convaincu de son bien-fondé, car vous allez y consacrer du temps, de l'argent ou les deux à la fois. [Mais] que se passe-t-il quand le monde change ? Que se passe-t-il si quelque chose d'autre se produit ? »

TF : C'est là qu'il faut ajouter le « relativement arrêtées ». Les gens ont horreur de changer d'avis, mais il faut être capable de s'adapter à la lumière de nouvelles informations. Beaucoup de mes amis présents dans ce livre défendront leur point de vue bec et ongles, ce qui gênera sans doute vos invités, mais, dès que vous leur citerez une meilleure information ou logique, ils le reconnaîtront et diront : « Tu as entièrement raison. Je n'y avais jamais pensé. »

Deux principes à respecter

Marc et moi sommes des fans de l'autobiographie de Steve Martin, Ma vie de comique. Marc en cite un passage :

« Il dit que la clé du succès, c'est : "Soyez tellement bon qu'on ne puisse vous ignorer." »

TF : Marc a un autre principe moteur : « Les malins devraient faire des choses. » Selon lui : « Si on respecte ces deux principes, c'est une bonne façon de se guider. »

À quoi ressemble votre journée idéale ?

« La journée parfaite, c'est 10 heures de caféine et quatre heures d'alcool. C'est un équilibre idéal. »

TF : Ceci a été dit sur le ton de la plaisanterie, mais j'ai à peu près la même idée [de journée parfaite] dans les moments critiques. La recette « Silicon Valley speedball » est ma préférée pou le soir, pour écrire dans les délais impartis. C'est une combinaison de yerba maté Cruz de Malta et de deux à trois verres de Malbec. Je ne mélange pas, j'alterne. Je sirote le thé à la paille pendant des heures à l'aide de la traditionnelle bombilla, et je prends une gorgée de vin rouge toutes les 5 à 10 minutes. L'avis du pro : l'écriture ne s'arrange pas après le troisième verre.

Ne surestimez pas les gens placés sur un piédestal

« Entrez dans la tête des gens qui ont fait des choses dans le passé et comprenez qu'ils ne sont pas bien différents de vous. À l'époque où ils se sont lancés, ils étaient comme vous… donc il n'y a rien qui vous empêche de faire pareil. »

TF : Marc et Brian Chesky, P-DG d'Airbnb, ont lu et recommandent la biographie de Walt Disney par Neal Gabler. Marc a également cité Steve Jobs au cours de notre conversation, retranscrite ci-dessous. C'est un enregistrement qui date de 1995, et qui a été mené par la Santa Clara Valley Historical Association alors que Jobs travaillait encore chez NeXT :

« Votre horizon peut s'élargir une fois que vous vous serez rendu compte que **tout ce qui vous entoure et que vous appelez "vie" a été fabriqué par des gens qui n'étaient pas plus malins que vous.** Vous pouvez la modifier, vous pouvez l'influencer, vous pouvez construire vos propres trucs que d'autres pourront utiliser. Quand vous l'aurez compris, vous ne serez plus jamais le même. »

Étudier les opposés

En plus d'étudier les investissements de ses concurrents dans la haute technologie et divers projets, Marc étudie aussi les investisseurs à l'autre bout du spectre, comme Warren Buffett et Seth Klarman. Ce n'est pas tant qu'ils investissent dans des sociétés du même type, mais plutôt qu'on observe chez eux une combinaison des mêmes principes-clés.

TIM [en plaisantant] : Vous n'allez pas investir dans See's Candies [un des projets de Buffett] ?

MARC : Non, absolument pas. D'ailleurs, chaque fois que j'entends une histoire comme celle de See's Candies, j'ai envie de dénicher une nouvelle confiserie high-tech qui va la casser. On n'est pas du tout sur la même longueur d'onde. En gros, il parie contre le changement. Nous, on parie sur le changement. Quand il fait une erreur, c'est parce qu'il ne s'attendait pas que quelque chose change. Quand on fait une erreur, c'est parce qu'on s'attendait à un changement qui ne s'est pas produit. On ne pourrait pas être plus différents dans ce sens, mais les deux écoles partagent une vision originale dans le sens où elles sont capables d'évaluer les choses telles qu'elles sont et non pas d'après ce que tout le monde en dit ou en pense.

Court et bien vu

J'ai suivi Marc sur Twitter bien avant de le rencontrer en personne. Voici mes tweets préférés écrits par lui, dont beaucoup ont un rapport avec les points évoqués ci-dessus :

> « Mon but n'est pas de rater rapidement. Mon objectif est de réussir sur le long terme. Ce n'est pas pareil. »

> « Faire dans l'originalité : il n'est pas nécessaire de savoir ce que personne ne sait, mais il est nécessaire de croire dans ce qu'un petit nombre de gens croient. »

> « Andy Grove avait la réponse : pour chaque mesure, il devrait y avoir une autre mesure "associée", qui refléterait les conséquences néfastes de la première. »

> « Montrez-moi une grande boîte qui ne réussit pas à s'adapter aux changements et je vous montrerai des cadres sup qui paient des sommes folles pour rattraper leurs objectifs trimestriels ou annuels. »

> « Tous les milliardaires ont le même problème. Personne ne leur dit : "Hé, ton idée saugrenue est vraiment bête." »

> « Bien plus d'argent a été inutilement investi dans l'anticipation de corrections que dans les corrections elles-mêmes. – Peter Lynch »

Arnold Schwarzenegger

Arnold Schwarzenegger (FB : @arnold, TW/IG: @Schwarzenegger, schwarzenegger.com) est né à Thal, en Autriche, en 1947. À 20 ans, il dominait la discipline sportive du culturisme, devenant le plus jeune candidat à empocher le titre de M. Univers. Avec Hollywood en ligne de mire, il a émigré aux États-Unis en 1968 et remporté encore 5 titres de M. Univers et 7 de M. Olympia avant d'arrêter le culturisme au niveau compétition pour se consacrer au cinéma. Il avait choisi le pseudo Arnold Strong pour son premier rôle, mais c'est en 1982, avec Conan le Barbare, qu'il a vraiment percé. À ce jour, ses films ont généré plus de 3 milliards de dollars à l'international.

Élu 38e gouverneur de Californie entre 2003 et 2010, Schwarzenegger a fait de cet État le leader mondial des énergies renouvelables et de la lutte contre le réchauffement climatique avec l'adoption de la loi Global Warming Solutions en 2006. Il a été le premier gouverneur à investir dans les infrastructures essentielles de la Californie à travers le Plan de croissance stratégique. Ses réformes politiques ont mis un terme à la pratique séculaire du redécoupage électoral en créant une commission indépendante et remis les dirigeants au centre de la scène en créant un système de primaires ouvertes.

Schwarzenegger est président du programme périscolaire national After-School All-Stars, et poursuit son activité politique à travers l'USC Schwarzenegger Institute for State and Global Policy, qui cherche à promouvoir sa vision de la post-partisanerie, dans laquelle les leaders sélectionnent des personnes plutôt que des partis et collaborent pour trouver les meilleures idées et solutions pour l'ensemble du peuple.

Pour la petite histoire

- Arnold est accro aux échecs. Il y joue tous les jours. Il alterne ses partenaires de jeu et tient un journal annuel des parties. Certaines années, il aura annoté des milliers de parties. Un de ses documentaires préférés est Brooklyn Castle, un film traitant du jeu d'échecs dans une école classée en ZEP.
- La première fois que j'ai rencontré Arnold et que je me suis assis dans sa cuisine, je lui ai demandé comment je devais l'appeler. Il m'a répondu : « Comme il vous plaira. Gouvernator, Gouverneur, schnitzel, Arnold... Mais je crois qu'Arnold ira. »
- J'ai utilisé un dictaphone Zoom H6 pour enregistrer nos conversations, mais, lors de la première interview, j'avais également un Zoom H4n, au cas où. Arnold m'a demandé pourquoi. « Au cas où le dictaphone principal ne fonctionnerait pas. » Il s'est frappé le front et a regardé ses assistants assis dans la pièce. Le fait que je sorte un second dictaphone lui a fait bonne impression. Cal Fussman (page 446) a reçu la même réponse de Richard Branson. Quiconque a un emploi du temps chargé n'aime pas accorder trois heures d'interview pour rien.

« Je n'étais pas là pour rivaliser, mais pour gagner »

J'avais une photo d'Arnold âgé de 19 ans, prise juste avant qu'il ne remporte sa première compétition importante, M. Europe junior. À la question : « Vous avez l'air serein par rapport aux autres concurrents. D'où vous venait cette confiance ? », il a répondu :

« C'est ma vision qui me donnait confiance... **Je suis persuadé que si on a une vision claire de son objectif, y parvenir devient plus facile.** On sait pourquoi on s'entraîne 5 heures par jour, on sait pourquoi on repousse les limites de la douleur, pourquoi on doit manger davantage, lutter davantage, être plus discipliné... Je sentais que je pouvais gagner cette compétition et j'étais là pour ça. **Je n'étais pas là pour rivaliser, mais pour gagner.** »

Maçonnerie à l'européenne

En 1971, Arnold a monté une entreprise de maçonnerie avec son ami Franco Columbu, un culturiste italien champion de boxe et de musculation qui vivait en Allemagne. À l'époque, tout ce qui était européen avait une connotation exotique et était considéré meilleur (comme la mode des massages suédois). Ils ont donc passé une annonce dans le Times de Los Angeles : « Maçons européens experts en briques et en marbre. Construction de cheminées de style européen. »

« Franco jouait le méchant, et moi le gentil. Quand on se déplaçait chez quelqu'un, on entendait : "Regardez mon patio, il est tout fissuré. Est-ce que vous pouvez en refaire un neuf ?" Je disais oui. On allait chercher notre mètre, qui était en centimètres. À l'époque, personne ne comprenait rien au système métrique. On prenait les mesures et je disais par exemple : "4 mètres et 82 centimètres." Les gens n'avaient aucune idée de ce qu'on racontait. On écrivait des chiffres en dollars et des mesures en mètres et centimètres carrés. Ensuite, j'allais voir le propriétaire : "Ça fait 5 000 $." "Quoi ? 5 000 $? C'est scandaleux !" Je lui disais : "Vous vous attendiez à quoi ?" Et il répondait : "Plutôt 2 000 ou 3 000 $." "Bon, je vais parler à mon collègue. C'est lui l'expert en maçonnerie, mais je suis sûr que j'arriverai à négocier un peu avec lui." J'allais voir Franco et je lui criais dessus en allemand. "[Contenu en allemand] !!!" Et lui me gueulait dessus en italien. Puis il se calmait d'un coup et je retournais voir le propriétaire : "Ouf… bon, j'ai réussi à le faire baisser à 3 800 $. Ça vous convient ?" Le type me remerciait : "Vous êtes extraordinaire", et bla bla bla. "Bon, faites-nous un acompte de la moitié tout de suite et on ira chercher le ciment, les briques et tout le nécessaire pour commencer lundi." Le propriétaire était ravi. Il nous donnait l'argent et on filait encaisser le chèque. On s'assurait que les sous étaient sur le compte avant de courir acheter le ciment, une brouette et toutes les fournitures nécessaires et de nous mettre au travail. On a fonctionné comme ça pendant deux ans. »

TF : Le « contenu en allemand » est hilarant. Si comme moi vous n'avez jamais entendu Arnold s'exprimer ou jurer dans sa langue natale, écoutez le segment qui commence à 29:30 sur fourhourworkweek.com/arnold.

« T'as mal au genou ? » et autres guerres psychologiques

« Quand j'ai commencé à faire des concours en Amérique [je sortais à mes rivaux :] "Dis-moi, tu t'es blessé au genou ou quoi ?" Les gars me regardaient : "Non, pourquoi ? Je n'ai pas mal au genou… mes genoux vont bien. Pourquoi cette question ?" Je leur sortais : "Ah, tes cuisses m'ont l'air plus fines. J'ai cru que tu aurais du mal à t'accroupir ou à tendre la jambe." Et, pendant deux heures dans la salle de sport, je le voyais devant le miroir examiner ses cuisses… Les gens sont vulnérables à ce genre de chose. Évidemment, on utilise l'effet psychologique pendant une compétition. On demande à untel s'il a été malade récemment. Il paraît plus maigre. Ou alors : “Tu as mangé salé dernièrement ? On dirait que tu fais de la rétention d'eau. Tu avais l'air plus en forme il y a 15 jours.” C'est dingue, ça déstabilise complètement les gens. »

Comment Arnold est devenu millionnaire avant de percer au cinéma

« [Avant] je ne comptais pas sur le cinéma pour gagner ma vie. C'était mon intention, car j'avais vu au fil des ans des gens qui s'entraînaient dans les salles de sport et d'autres que j'avais rencontrés dans les cours de théâtre. Tous étaient fragiles parce qu'ils n'avaient pas d'argent et devaient accepter tout ce qui leur était proposé pour vivre. Je ne voulais pas me mettre dans cette situation. Je me suis dit que si je réussissais dans l'immobilier et que je rassemblais mes maigres économies gagnées lors des concours de culturisme, les interventions et les cours par correspondance, je pouvais investir dans un immeuble. Dans les années 1970, le taux d'inflation galopait et j'ai compris qu'un tel investissement était inégalable. Les immeubles que j'achetais 500 000 $ valaient 800 000 $ l'année d'après pour un investissement de 100 000 $ à peine. Le rendement était donc de 300 %... J'ai rapidement échangé mes immeubles contre des appartements et des bureaux sur Main Street, à Santa Monica, et ainsi de suite... J'ai profité [d'une décennie magique] et je suis devenu millionnaire grâce à mes investissements dans l'immobilier. C'était bien avant que je perce dans l'industrie du divertissement et le cinéma après *Conan le Barbare.* »

TF : Je repense à ma maxime préférée lors d'une négociation : « Celui qui a des états d'âme ne l'emportera pas. » Il a pu décliner de petits rôles parce qu'il avait de l'argent de ses opérations immobilières. Par ailleurs, Arnold fait des films ou joue dedans, mais il n'investit pas dedans. Il a compensé la volatilité potentielle de sa carrière en investissant tout d'abord dans l'immobilier. J'ai adopté une approche similaire en m'intéressant aux deux extrêmes : les start-ups de haute technologie (extrêmement volatiles) et la pierre, que je suis ravi de conserver à jamais, si besoin.

Évitez les auditions – faites-vous votre propre niche

« Je n'ai jamais passé d'audition. Vraiment jamais. Les rôles habituels ne m'ont jamais intéressé, parce que je n'ai pas le physique d'un homme ordinaire.

Je me suis dit la chose suivante : si tout le monde a la même apparence, le Californien blond, sportif et mignon qui va passer des entretiens à Hollywood, comment me créer ma propre niche ? Évidemment, il y avait toujours des détracteurs : "L'époque [des bodybuilders] est finie. C'était il y a 20 ans. Vous êtes trop gros, trop imposant, trop musclé, vous ne ferez jamais de cinéma." C'est ce que les producteurs me sortaient au début. Les agents et managers ajoutaient : "Je doute que ça marche pour vous… Aujourd'hui, les sex-symbols s'appellent Dustin Hoffman, Al Pacino, Woody Allen, des petits bonshommes. Vous, vous pesez 110 kilos. Vous avez raté le coche." J'étais persuadé que quelqu'un finirait par apprécier mon physique… [En fin de compte] tout ce que les agents, managers et producteurs considéraient comme un obstacle est devenu un atout. Et j'ai percé. »

TF : Arnold a pu transformer ses « défauts » en avantages, notamment parce qu'il pouvait se permettre de patienter. Une anecdote sur Terminator illustre bien ses propos : « Jim Cameron a déclaré que ce film n'aurait pas pu être fait sans Schwarzenegger. Il n'y avait que lui qui ressemblait à une machine. »

Le film le plus rentable pour Arnold était… Jumeaux ?

« Jumeaux… Je sentais que je pouvais faire passer mon humour si un metteur en scène se montrait assez patient et compréhensif à mon égard. »

Puisqu'il était fan de SOS fantômes, Arnold a contacté le réalisateur Ivan Reitman. Les gens imaginaient qu'une comédie avec Schwarzenegger ferait un flop et qu'ils pourraient en tirer profit.

« On était au restaurant et on a conclu un marché qu'on a écrit sur une serviette de table : "On fera le film gratuitement. On ne touchera pas de salaire, mais une part conséquente des bénéfices." Ivan l'a montré à Tom Pollock, qui a couru chez Universal Studios. Tom Pollock leur a dit : "C'est super, on peut faire ce film pour 16,5 millions de dollars si les acteurs ne touchent pas de salaire. Ils auront une participation aux bénéfices. On donnera 37 % par exemple à Danny [DeVito], Ivan, et moi [à diviser entre nous trois]." On est tombés d'accord sur notre pourcentage [les salaires se seraient élevés sinon au budget de la production]… et c'est comme ça qu'on a fini par se partager le gâteau. Vous savez, c'est avec ce film que j'ai gagné le plus d'argent, et ça continue. C'est merveilleux. Une fois le film sorti, Tom Pollock a dit : "Voilà ce que vous m'avez fait, les gars." Il s'est retourné, s'est penché en avant et a retourné ses poches. "Vous m'avez baisé et dépouillé." C'était drôle. Il a ajouté qu'il ne referait jamais un tel marché. Le film a fait un tabac. Il est sorti pour

Noël et, la semaine des fêtes, il a généré 3 à 4 millions de dollars par jour, ce qui aujourd'hui représenterait le double ou le triple. Le film a cartonné, engrangeant 129 millions de dollars en Amérique et quelque 269 millions à l'international. »

TF : Ça me fait penser au marché que George Lucas a conclu avec le studio pour Star Wars : « Des produits dérivés ? Oui, si tu veux, tu peux les garder. » Une erreur à plusieurs milliards de dollars qui a mis Lucas à l'abri du besoin à vie (on estime plus de 8 000 000 000 de gadgets vendus à ce jour). Lorsque vous faites un marché, demandez-vous si le faible gain à court terme ne pourrait pas potentiellement se transformer en réel avantage à long terme. Y a-t-il un élément qui pourrait prendre de la valeur dans cinq ou dix ans (qui pensait aux droits d'auteur pour les éditions numériques il y a 10 ans ?) Y a-t-il des droits ou des options que je pourrais explicitement exclure ou conserver ? Si vous pouvez limiter les inconvénients (temps passé, capital, etc.) et avoir confiance, pariez sur vous-même. Il suffit d'un billet gagnant au loto.

Un an à méditer, une vie à en profiter ?

Lorsque sa carrière d'acteur a décollé, Arnold a été submergé de demandes et de propositions. Pour la première fois, il s'est senti inquiet et angoissé comme jamais auparavant. Il a rencontré par hasard sur la plage un professeur de méditation transcendantale qui lui a dit : « Oh, Arnold, ce n'est pas inhabituel. C'est courant. Beaucoup de gens passent par là. Pour eux, la méditation transcendantale est un moyen de gérer le problème. » Il était bon vendeur, car il n'a pas dit que c'était la seule solution, mais une réponse parmi d'autres. » L'homme a invité Arnold à venir suivre un cours à Westwood, L.A., le jeudi suivant.

« J'y suis allé, j'ai suivi le cours, je suis rentré et j'ai essayé à la maison. Je me suis dit que j'allais bien voir. J'en faisais 20 minutes le matin et 20 minutes le soir, et je dirais qu'en 15 jours ou 3 semaines je pouvais me déconnecter pendant quelques secondes et régénérer mon esprit, mieux me concentrer et m'apaiser. J'ai constaté les effets sur-le-champ. J'abordais les défis plus calmement. J'ai continué à pratiquer toute une année avant de me dire : "Je crois que je maîtrise maintenant. Je ne me sens plus complètement dépassé."

« J'en tire profit encore aujourd'hui, car j'ai toujours l'habitude de séparer les choses pour ne pas les considérer comme une montagne de problèmes. Je relève les défis un par un. Quand je lis un scénario et que j'apprends mes répliques, je ne laisse rien interférer, je me concentre exclusivement dessus. Par ailleurs, j'ai appris qu'il y a beaucoup de façons de méditer. Par exemple, quand je dois vraiment me concentrer très fort, je ne peux le faire que pendant 45 minutes, une heure, pas plus.

« Je me suis rendu compte que je pouvais transformer mes séances d'entraînement en séances de méditation parce que je me concentre sur un muscle, mon esprit est dans mon biceps quand je fais mes curls (flexions du biceps). Mon esprit est dans mes pectoraux quand je fais des bench press (développé couché). Je suis complètement dedans, comme en méditation, car on n'a pas l'occasion de penser ou de se concentrer sur autre chose à ce moment-là. »

* **Selon vous, qui incarne le mieux le mot « réussite » ?**

  Arnold a cité plusieurs personnes, dont Warren Buffett, Elon Musk, Nelson Mandela, et Mohamed Ali. Le dernier nom cité était inattendu :

  « **Cincinnatus**, un dictateur romain. La ville de Cincinnati doit son nom à cet homme qu'admirait George Washington. Il est l'exemple parfait de la réussite. Ce sont les sénateurs qui l'ont nommé dictateur quand Rome a été menacée de destruction par les batailles et les guerres. C'était un agriculteur, un homme fort. Il a relevé le défi, libéré Rome, repris le contrôle de l'armée et gagné la guerre. Sa mission achevée, il a abdiqué et il est retourné cultiver la terre. Ça ne lui est pas arrivé qu'une seule fois, mais deux. Il est revenu pour mater une révolte de la plèbe et l'a fait avec brio. Il avait une véritable âme de leader pour fédérer les gens. Après, il a à nouveau abdiqué et il est retourné à ses cultures. »

Derek Sivers

Derek Sivers (TW/FB : @sivers, sivers.org) est un homme que j'adore et je l'appelle souvent pour des conseils. Imaginez un roi de la programmation philosophe, maître de conférence et joyeux farceur. À l'origine, il était musicien professionnel et clown de cirque (un métier qu'il a exercé pour « soigner » son introversion). Derek a créé CD Baby en 1998. C'est devenu la première boutique de musique indépendante en ligne, avec 100 millions de dollars de ventes et 150 000 artistes en stock.

En 2008, Derek a revendu CD Baby pour 22 millions de dollars et reversé les recettes à une association caritative qui œuvre pour l'éducation musicale. Il intervient régulièrement aux conférences TED. Plus de 5 millions de personnes ont visionné ses discours. Outre les 33 guides Wood Egg publiés, il est l'auteur de Anything You Want, un recueil de leçons de vie que j'ai lu au moins dix fois. J'ai conservé mon premier exemplaire tout annoté et surligné.

Pour la petite histoire

- Derek a lu, révisé et classé plus de 200 livres à sivers.org/books. Ils sont automatiquement triés du meilleur au moins bon. C'est un grand fan de Charlie Munger, l'associé en affaires de Warren Buffett, et il m'a fait découvrir Seeking Wisdom: From Darwin to Munger, de Peter Bevelin.
- Il a lu L'Éveil de votre puissance intérieure, de Tony Robbins (page 202) à 18 ans et ça a changé sa vie.
- Voici ce que j'ai posté sur Facebook pendant que j'écrivais ce chapitre : « J'aurais peut-être besoin d'une suite à mon prochain livre 100 % consacré aux perles de sagesse de Derek Sivers. Il y en a tant. C'est difficile de couper. » Le commentaire le plus apprécié était celui de Kevin O. : « Mettez un lien vers le podcast pour qu'on puisse les écouter. Ça dure

moins de deux heures et ça changera la vie des gens. Tim, avec Derek, vous m'avez fait évoluer d'un poste dans un centre d'appel vers celui de free-lance indépendant du site avec plus de pouvoir de négociation en termes de revenus et bénéfices [que ce que] j'avais imaginé. Vous m'avez tous les deux appris la valeur de "assez", de la satisfaction et de l'appréciation, ainsi que de l'accomplissement. » J'ai gagné ma semaine avec ça et j'espère que vous aussi : fourhourworkweek.com/derek.

« Si plus d'information était la solution, alors nous serions tous des millionnaires aux abdos parfaits. »

TF : Ce n'est pas ce que l'on sait, mais ce que l'on fait régulièrement. (Voir Tony Robbins, page 202.)

« Comment se développer dans un avenir incertain ? Choisir le projet avec le plus d'options. Le meilleur plan est celui qui vous laisse la possibilité de changer de plan. »

TF : C'est une des « Consignes » de Derek, une de ses règles de vie distillée dans les centaines de livres qu'il a lus et les leçons qu'il a retenues depuis des décennies. Parmi les autres consignes, il y a « Coûter cher » (voir Marc Andreessen, page 164), « S'attendre à la catastrophe » (voir Tony Robbins, page 202), et « Posséder aussi peu que possible » (voir Jason Nemer, page 78, et Kevin Kelly, page 424).

* **Selon vous, qui incarne le mieux le mot « succès » ?**

« La première réponse à toute question n'est jamais très drôle, parce qu'elle est automatique. Quel est le premier tableau qui vous vient à l'esprit ? Mona Lisa. Citez un génie. Einstein. Un compositeur ? Mozart.

« C'est le sujet du livre Système 1, Système 2, les deux vitesses de la pensée, de Daniel Kahneman. Il y a la pensée instantanée, inconsciente, automatique, et il y a la pensée plus lente, consciente, rationnelle, réfléchie. Moi, j'aime la pensée lente qui casse mes réponses automatiques aux choses de la vie et j'aime réfléchir pour trouver une réponse plus raisonnée. Pour les choses de la vie où une réponse automatique est utile, je peux en créer une nouvelle consciemment.

« Et si je vous demandais : "**Selon vous, qui est la troisième personne qui incarne le mieux le mot 'succès' ? Pourquoi est-ce qu'elle a plus de succès que la première**

personne qui vous est venue à l'esprit ?" Dans ce cas, le premier serait Richard Branson, parce que c'est l'archétype. Pour moi, c'est la Mona Lisa du succès. Sincèrement, vous pourriez être ma seconde réponse, mais on pourra en reparler ultérieurement. Ma troisième réponse, après réflexion, est qu'on ne peut pas savoir sans connaître les objectifs des gens.

« Et si Richard Branson aspirait à une vie tranquille, mais que, tel un joueur compulsif, il ne pouvait pas s'arrêter de monter des entreprises ? Alors ça changerait tout. On ne pourrait pas dire qu'il a réussi. »

TF : C'est génial. Ricardo Semler, P-DG et propriétaire majoritaire de la société basée au Brésil Semco Partners, demande toujours trois fois « Pourquoi ? ». Il le fait aussi bien pour questionner ses propres motivations que de grands projets. Sa logique est identique à celle de Derek.

Pour ceux qui se lancent – dites « Oui »

Quand Derek avait 18 ans, il vivait à Boston, où il suivait des cours au Berklee College of Music.

« Je faisais partie d'un groupe. Un jour, lors d'une répétition, le bassiste me dit : "Hé, mon agent m'a proposé de jouer au salon du cochon dans le Vermont pour 75 $." Il lève les yeux au ciel et ajoute : "Je ne le ferai pas. Ça t'intéresse ?" Je lui réponds : "Payé pour jouer ? Ah, oui alors !" Alors je suis allé à Burlington, dans le Vermont. Le billet de bus aller-retour coûtait 58 $. Arrivé au salon du cochon, je mets la guitare sèche en bandoulière et je me promène dans le salon en jouant pendant 3 heures. J'ai pris le bus du retour et le lendemain, l'agent m'appelle : "Vous savez, vous avez assuré au salon du cochon…"

« Beaucoup d'occasions et 10 années de scène ont suivi cet insignifiant salon du cochon… Quand on se lance, je pense que la meilleure stratégie est de dire oui à tout ce qui se présente. Chaque petite occasion. On ne sait jamais si c'est le ticket du gros lot. »

La vitesse de croisière est pour les crétins

« Kimo Williams est un grand musicien noir, un ancien élève de la Berklee School of Music, qui y a ensuite enseigné pendant un temps… Ce qu'il m'a appris m'a permis d'obtenir mon diplôme en un temps record. Il m'a dit : "Je pense que tu peux terminer la Berklee School of Music en deux ans au lieu de quatre. La vitesse de croisière, c'est pour les crétins. L'école doit organiser son cursus autour du plus petit dénominateur commun pour que personne ne reste sur la touche. Ils doivent ralentir le rythme pour que tout le monde puisse s'accrocher. Mais toi, tu es plus malin. Tu devrais acheter les livres du programme [sécher les cours] et contacter le directeur des études pour passer l'examen final." »

Ne soyez pas un âne

TIM : Quel conseil vous seriez-vous donné à 30 ans ?
DEREK : « Ne sois pas un âne. »
TIM : Ce qui signifie… ?
DEREK : Eh bien, j'ai rencontré beaucoup de trentenaires qui vont dans tous les sens, mais qui ne progressent en rien. Ils sont frustrés qu'on les force à choisir une direction alors qu'ils veulent tenter beaucoup de choses différentes : « Pourquoi je dois choisir ? Je ne sais pas quoi choisir ! » Mais le problème, quand on réfléchit à court terme, c'est que l'on pense que, si on n'a pas tout fait dans la semaine, on n'a rien fait. La solution est de penser sur le long terme, de comprendre qu'on peut faire une chose pendant quelques années, puis une autre pendant un temps, puis une autre. Vous connaissez sans doute la légende de l'âne de Buridan. Un âne se retrouve entre son picotin d'avoine et son seau d'eau. Il regarde le picotin à gauche, l'eau à droite, il hésite. L'eau, l'avoine ? L'avoine, l'eau ? Incapable de décider par quoi commencer, il finit par mourir de faim et de soif. Un âne ne réfléchit pas à l'avenir, sinon, cet âne aurait compris qu'il pouvait boire son eau puis manger son picotin.

« "Ne sois pas un âne" serait le conseil que je me donnerais à 30 ans. On peut faire tout ce qu'on veut. Il faut simplement être prévoyant et patient. »

Un business model peut être simple : inutile de « pivoter » constamment

Derek raconte l'origine sophistiquée du business model de CD Baby et sa politique de prix :

« À l'époque, je vivais à Woodstock, dans l'État de New York, et il y avait un petit disquaire sympathique qui vendait les CD stockés en consignation de musiciens locaux. Un jour, je lui ai demandé : "Comment ça marche si je veux vendre mon CD chez vous ?" La patronne m'a répondu : "Vous fixez le prix de vente. On se garde un forfait de 4 $ par CD vendu et, chaque semaine, vous passez vous faire payer." Je suis rentré chez moi et j'ai écrit sur mon nouveau site Web ce soir-là : "Vous fixez votre prix de vente. On garde 4 $ par CD vendu. On vous paie toutes les semaines." Je me suis rendu compte que j'avais mis 45 minutes à introduire un nouvel album dans le système parce qu'il fallait que je scanne la pochette, que je la recadre sous Photoshop, que je corrige les fautes d'orthographe dans les biographies des musiciens et ce genre de chose.

J'ai calculé que 45 minutes de mon temps valaient 25 $. C'est pour dire à combien j'estimais la valeur de mon temps à l'époque ! Donc j'allais demander 25 $ pour les frais d'inscription. Puis je me suis dit qu'entre 25 $ et 35 $ il y avait peu de différence. Dix dollars, c'est autre chose, 50 $, c'est différent, mais 25 ou 35 $, on ne fait pas vraiment la différence. Alors j'ai décidé de fixer le prix à 35 $ et de faire une ristourne si on me le demandait. Si quelqu'un m'appelait un peu énervé, je pouvais lui dire : "Je vais vous faire un prix." Alors j'ai ajouté ce petit supplément pour pouvoir offrir des ristournes, ce que les gens ont adoré. **Donc 35 $ de frais d'inscription, 4 $ par CD vendu et… c'était tout pendant 10 ans. C'était mon business model, élaboré en 5 minutes après avoir demandé son fonctionnement à un disquaire.** »

Une fois qu'on a du succès – si c'est pas : « Oui, super ! », c'est : « Non »

Cette devise de Derek est vite devenue une de mes règles pratiques favorites. Elle m'a poussé à prendre un « congé indéfini » fin 2015. Je décris ceci page 339, mais voici comment tout a commencé :

« Il était temps de réserver un billet d'avion [pour un voyage qu'il s'était engagé à faire longtemps auparavant] et je me disais : "Pff, je n'ai vraiment pas envie de partir en Australie en ce moment. J'ai déjà beaucoup de pain sur la planche." Je m'en plaignais au téléphone à mon amie Amber Rubarth, une musicienne de talent. C'est elle qui m'a fait remarquer : "On dirait que tu es dans une position où tu n'es pas en train d'hésiter entre oui et non. Tu dois savoir si c'est plutôt : 'Oui, super !' ou 'Non.'"

Parce qu'on dit trop souvent oui à trop de choses, on laisse ces petites choses médiocres nous bouffer la vie… Le problème, c'est que, quand l'occasion "Oh mon Dieu, oui, super !" survient, on n'a pas le temps de s'y consacrer parce qu'on a accepté trop de petites choses prenantes. Une fois que j'ai commencé à appliquer sa méthode, la vie s'est ouverte à moi. »

« Débordé » = hors de contrôle

« Chaque fois qu'on me dit : "Je sais que vous devez être complètement débordé...", je pense toujours : "Non, pas du tout." C'est parce que je suis maître de mon temps. Je le contrôle. Pour moi, "débordé" implique "hors de contrôle". Comme : "Oh mon Dieu, je suis débordé. Je n'ai pas le temps pour ça ! " J'ai l'impression que cette personne ne maîtrise pas sa vie. »

TF : Un manque de temps, c'est un manque de priorités. Si je suis « débordé », c'est parce que j'ai fait des choix qui me placent dans cette position, alors je m'interdis de répondre à la question « Comment ça va ? » par « Débordé ». Je n'ai pas le droit de me plaindre. En revanche, si je suis débordé, c'est le signal qui m'indique qu'il faut que je revoie mon mode de fonctionnement et mes règles.

✶ **Que mettriez-vous sur une affiche ?**

« J'admire les endroits comme le Vermont ou São Paulo, au Brésil, où les panneaux d'affichage sont interdits. Je sais bien que ce n'était pas la question. Je crois que j'aimerais une affiche qui dise : **"Ça ne vous rendra pas heureux."** Je la placerais à l'entrée des centres commerciaux ou des concessionnaires de voitures. Vous savez quel projet serait amusant ? Ce serait d'entraîner des milliers de perroquets à répéter : "Ça ne vous rendra pas heureux !" et les lâcher dans les centres commerciaux et les grands magasins dans le monde entier. C'est ma mission dans la vie. Quelqu'un me suit ? Je suis partant. »

Prendre 45 minutes au lieu de 43 – est-ce que ça valait le coup de s'essouffler ?

« J'ai toujours eu une personnalité de Type A. Un ami m'a fait découvrir le vélo quand je vivais à L.A. J'habitais devant la plage de Santa Monica, où il y a une magnifique piste cyclable de 40 km de long. Je faisais du vélo sur cette piste, je fonçais, je pédalais dur, je m'essoufflais. J'allais jusqu'au bout de la piste aller-retour et je rentrais chez moi. Je mettais toujours mon chronomètre en marche...

J'ai remarqué que mon temps était toujours de 43 minutes. C'est le temps qu'il me fallait pour parcourir aussi vite que possible la piste cyclable. Mais j'ai aussi remarqué qu'avec le temps j'étais moins motivé pour rouler sur la piste. Mentalement, quand j'y pensais, ça ressemblait à un effort et à une souffrance... Alors je me suis dit : "C'est pas cool d'associer des idées négatives à cette balade en vélo. Pourquoi est-ce que je ne prendrais pas mon temps ? Pour une fois, je vais faire cette même promenade à vélo à la moitié de mon rythme habituel, sans pour autant aller à la vitesse d'un escargot." J'ai enfourché mon vélo et c'était simplement une balade agréable.

J'ai refait le même parcours et j'ai remarqué que je levais la tête, que je regardais davantage autour de moi. J'ai regardé la mer et j'ai vu des dauphins. Je suis allé jusqu'à la Marina del Rey, où je fais toujours demi-tour, et j'ai vu un pélican qui volait au-dessus de moi. "Hé, un pélican !" Et la bestiole m'a chié dessus !

Bref, cette balade était purement et simplement agréable. Je n'étais pas rouge après l'effort ni essoufflé. En atteignant mon point d'arrivée habituel, j'ai regardé mon chronomètre. Il indiquait 45 minutes. "Mais comment est-il possible que j'aie mis 45 minutes par rapport à mes 43 minutes habituelles ?" Pourtant c'était vrai : 45 minutes. C'était une bonne leçon qui a changé ma façon de vivre...

On pourrait faire le calcul exact, [mais] disons que 93 et quelque pour cent de mon essoufflement, de mes efforts et de mon stress ne me servaient à faire que 2 minutes de moins. En gros, rien du tout... [Donc,] dans la vie, je pense que toute maximisation – chercher à tirer profit du moindre sou, de la moindre seconde, de la moindre minute – ça ne vaut pas la peine qu'on se stresse pour l'obtenir. J'ai adopté cette philosophie depuis ce jour. Je fais des choses, mais j'arrête avant que ça ne devienne stressant...

On remarque ce râle d'effort interne. C'est mon signal d'alarme. Je le traite comme une douleur physique. Mais qu'est-ce que je fais ? Je dois arrêter de faire ce qui me fait mal. Qu'est-ce que c'est ? Généralement, c'est quand je donne un coup de collier ou que je fais quelque chose que je n'ai pas vraiment envie de faire. »

Le manque de routine le matin

« Je n'ai pas de rituels du matin, mais, en plus, il n'y a rien que je fasse chaque matin, à part manger et écrire sous une forme ou une autre. Je vous explique pourquoi : Je ne fais vraiment qu'une seule chose à la fois. Par exemple, il y a un an, j'ai découvert une nouvelle approche pour la programmation de ma base de données PostgreSQL qui a beaucoup simplifié mon encodage. J'ai passé cinq mois – chaque heure éveillé – complètement plongé là-dedans.

Au bout de cinq mois, j'avais terminé ce projet. J'ai pris une semaine de vacances pour aller crapahuter à Milford Sound, en Nouvelle-Zélande.

Complètement coupé du monde. Quand je suis revenu, j'étais en mode zen nature, et j'ai passé 15 jours à lire des livres en plein air. »

* **Quelle est la chose à laquelle vous croyez que les autres considèrent une folie ?**

  « Ah, ça, c'est facile. J'ai beaucoup d'opinions impopulaires. Je trouve que l'alcool a mauvais goût, tout comme les olives. Je n'ai jamais bu de café, mais je n'aime pas l'odeur. Je pense que tous les livres audio devraient être lus et enregistrés par des Islandais parce qu'ils ont l'accent le plus pur. Je trouve que ce serait merveilleux de déménager dans un nouveau pays tous les six mois pour le restant de mes jours. Je pense qu'on ne devrait pas monter une affaire à moins qu'on ne vous le demande. Je pense que je me situe en dessous de la moyenne. C'est une conviction que je cultive pour compenser notre tendance à nous croire supérieurs à la moyenne. Je pense que le film *Scott Pilgrim* est un chef-d'œuvre. Je pense que la musique et les gens ne font pas bon ménage ; la musique devrait s'apprécier par elle-même, sans qu'on en connaisse l'auteur, sans personne autour. Simplement écouter de la musique pour la musique, sans écouter les gens autour de vous, sans la filtrer par ce qu'on sait quelque chose de la vie privée des musiciens. »

Considérez la vie comme une série d'expériences

« Je vous recommande de faire de petits tests. Essayez de vivre pendant plusieurs mois la vie dont vous rêvez, mais laissez-vous une porte de sortie en restant ouvert à la forte probabilité que vous n'aimiez pas cette vie après l'avoir testée… Le meilleur ouvrage à ce sujet est Et si le bonheur vous tombait dessus, de Daniel Todd Gilbert. Il recommande de discuter avec des gens qui ont atteint l'objectif que vous vous êtes fixé et de leur en demander les avantages et les inconvénients. Croyez ce qu'ils vous racontent, car ils sont en plein dedans, ce ne sont pas des souvenirs ou des inventions. »

« Quand tout tourne à la catastrophe et que je n'ai aucune raison d'avoir confiance, je décide simplement d'être confiant »

« Kurt Vonnegut a lâché au milieu d'un de ses livres cette phrase magnifique : "On est ce qu'on fait semblant d'être." »

Le meilleur e-mail jamais écrit par Derek

À l'apogée de CD Baby, Derek y consacrait 4 heures tous les six mois. Il avait tout rationalisé pour que l'affaire tourne sans lui. Outre le succès qu'il connaît, Derek est épanoui, car il n'hésite pas à remettre en question le statu quo, à tester des hypothèses. Il suffit de peu, comme le prouve son e-mail ci-dessous.

▶ Derek

« Quand on monte une affaire, on crée un petit monde où on fait la loi. Peu importe comment les choses se passent ailleurs. Dans votre petit monde, vous êtes le roi.

Quand j'ai lancé CD Baby, chaque commande s'accompagnait d'un e-mail pour informer le client que le CD avait été expédié. Au début, c'était simplement : "Votre commande a été expédiée aujourd'hui. Contactez-nous si vous n'êtes pas livré. Merci pour votre commande."

Au bout de quelques mois, j'ai trouvé que ça ne collait pas avec ma mission de faire sourire les gens. J'ai donc pris 20 minutes pour concocter ce petit message :

> Votre CD a été délicatement retiré de nos rayonnages CD Baby avec des gants stériles et posé sur un coussin de satin.
>
> Une équipe de 50 employés a inspecté votre CD et l'a astiqué pour s'assurer qu'il était dans le meilleur état possible avant expédition.
>
> Notre spécialiste de l'emballage du Japon a allumé une bougie. La foule s'est tue alors qu'il plaçait votre CD dans le plus beau coffret doré disponible sur le marché. Nous avons tous célébré ce moment, puis nous nous sommes tous dirigés en chœur vers le bureau de poste, où tous les habitants de Portland ont souhaité bon voyage à votre colis. À ce jour, vendredi 6 juin, il est en cours d'acheminement, dans le jet privé de CD Baby.
>
> Nous espérons que vous avez passé un moment agréable à faire vos emplettes chez CD Baby. Nous avons passé un moment très agréable à préparer votre commande. Nous avons affiché votre photo sur le mur en tant que « Client de l'année ». Nous sommes tous épuisés, mais nous avons hâte de vous revoir sur CDBABY.COM !!

Ce petit message rigolo envoyé à chaque commande a été tellement apprécié que si vous cherchez « jet privé CD Baby » sur Google, vous aurez 20 000 résultats. Ce sont des personnes qui ont reçu cet e-mail et qui l'ont posté sur leur site ou partagé avec leurs amis.

Cet e-mail ridicule a généré des milliers de nouveaux clients.

En réfléchissant à comment développer une affaire, on est tenté d'essayer de penser à de grandes choses, un plan qui changerait le monde, une action massive.

Sachez toutefois que ce sont souvent les petits détails qui motivent quelqu'un à parler de vous à son entourage.

Alexis Ohanian

Alexis Ohanian (TW/IG : @alexisohanian, alexisohanian.com) est surtout connu pour avoir cofondé Reddit, puis Hipmunk. Il était dans la catégorie supérieure de Y Combinator, le plus sélectif des « accélérateurs » de start-ups au monde, dont il est désormais un associé. Il investit et conseille une centaine de start-ups. C'est un fervent militant en faveur des libertés du monde numérique (par ex. SOPA/PIPA), et auteur du best-seller Without Their Permission.

Animal totem : l'ours noir

« Vous êtes une erreur d'arrondi »

« [J'ai rencontré] un dirigeant de Yahoo! qui m'avait invité avec Steve [pour discuter d'un éventuel rachat]. C'était au début de Reddit. Il nous a dit qu'on était "une erreur d'arrondi" parce qu'on n'avait pas beaucoup de trafic sur notre site… J'ai placardé "Vous êtes une erreur d'arrondi" sur un mur dans les bureaux de Reddit après cette réunion. C'était mon "mur de renforcement par le négatif". Ça m'a beaucoup aidé, et je suis encore content aujourd'hui d'avoir eu cette réunion avec ce crétin parce que c'était motivant. Quoi qu'il en soit, je n'ai pas envie de lui ressembler. »

TF : Reddit est aujourd'hui l'un des 50 premiers sites Internet au monde.

Montrer qu'on s'intéresse

« [Notre site] fait rire [les internautes] parce qu'on insère parfois des blagues dans les messages d'erreur… Je demande aux gens : "Donnez-moi un exemple de quelque chose que vous avez créé pour votre produit ou service et dont vous êtes particulièrement fier." C'est le genre de truc qui touche les gens au point de dire : "Ouah, si on peut insuffler de la vie dans une application, dans une copie, dans ce que vous voulez, on peut vraiment toucher les gens." Les gens envoient encore des tweets à propos de notre message d'erreur sur Hipmunk, et ce n'était qu'un message d'erreur. Pourquoi le font-ils ? Parce que ça leur a apporté un instant de légèreté pendant qu'ils accomplissaient une tâche ennuyeuse comme chercher un billet d'avion.

Les créateurs d'entreprise doivent savoir que la barre est placée bas parce que la plupart des sociétés ont arrêté de s'en soucier depuis longtemps… C'est quelque chose que j'aimerais que les autres créateurs d'entreprise fassent, et c'est plutôt facile. Si on le compare au fait de développer le site existant ou de retravailler l'architecture en arrière-plan, cela ne demande pas des années d'expérience en programmation. Ça demande simplement que vous vous intéressiez plus aux gens et ça, peu de gens le font. »

Une mission de moins de 15 minutes pour montrer qu'on s'intéresse aux autres

Améliorez un e-mail de notification de votre entreprise (par ex. un message de confirmation d'inscription, de commande, etc.) :

« Investissez un quart d'heure pour rendre un message plus humain ou – en fonction de votre marque – le rendre plus drôle, plus original, plus… Ça en vaut la peine. C'est le défi que je vous propose. »

(Voir le meilleur e-mail jamais rédigé par Derek Sivers, page 177.)

* **Une des questions pour les créateurs d'entreprise s'inscrivant au Y Combinator :**

  « Que faites-vous qui soit grandiose alors que le reste du monde ne s'en rend pas compte ? »

Fournir un feed-back aux fondateurs d'entreprise – comment exprimer son scepticisme ?

Alexis a évidemment plusieurs approches, mais j'aime cet exemple de ce que Cal Fussman (page 446) appellerait « laisser le silence faire le boulot » : « Beaucoup de choses peuvent être véhiculées par un simple haussement de sourcils. »

Des organismes dont Alexis m'a parlé :

Electronic Frontier Foundation (eff.org) est un grand organisme à but non lucratif qui défend les libertés individuelles dans le monde numérique.

Fight for the Future (fightforthefuture.org) se consacre à la défense des libertés et au développement du pouvoir de transformation d'Internet sur nos vies en créant des campagnes civiques touchant des millions de personnes.

Astuces de « productivité » pour les névrosés, maniaco-dépressifs et tarés (comme moi)

Ce chapitre a été l'un des plus difficiles à écrire. J'en ai rédigé une partie, puis je l'ai mis de côté pendant 6 mois. Me sentant coupable, j'y ai de nouveau consacré quelques heures avant de procrastiner à nouveau. Par conséquent, les leçons sont étalées au fil des ans.

En fin de compte, c'est la phrase ci-dessous qui m'a aidé à terminer le chapitre. J'espère qu'elle sera aussi utile pour vous qu'elle a été embarrassante pour moi :

« Dès l'instant où on a le sentiment de marcher nu dans la rue, exposant trop son cœur et son âme et tout ce qu'il y a dedans, en se dévoilant trop, c'est à cet instant qu'on commence peut-être à comprendre. »

– Neil Gaiman, discours d'introduction à l'Université des Arts

Alors voilà. J'espère que ça aidera au moins certains d'entre vous.

Contrôle de la réalité

Il n'y a pas longtemps, j'ai organisé un anniversaire.

Avec une dizaine d'amis, on a passé plusieurs jours au soleil, à la plage, à rattraper le temps perdu. Le dernier jour, je ne me suis pas levé avant 11 h 30, sachant pertinemment que les derniers devaient partir à midi.

J'avais peur de me retrouver seul.

Comme un gamin, je me suis caché sous mon drap et j'ai somnolé jusqu'à ce que je ne puisse plus nier la réalité.

Mais… pourquoi je vous raconte ça ?

Les mythes dangereux des gens qui ont « réussi »

On aime tous avoir l'air d'avoir « réussi » (un terme nébuleux), et les médias aiment montrer les personnes remarquables comme des superhéros.

Parfois, ces histoires d'incroyables défis qui ont été surmontés sont une source d'inspiration, mais le plus souvent elles mènent à une conclusion malsaine par réflexe :

« **Eh bien… peut-être qu'il [l'entrepreneur/l'artiste/le créateur dépeint comme un superhéros] peut le faire, mais moi, je suis un gars/une fille normal(e)…** » Ce chapitre a pour vocation de vous donner un aperçu de ma vie depuis les coulisses. Même si j'ai déjà fait des profils « Un jour dans la vie de… » avec l'équipe de Morgan Spurlock, je laisse rarement les journalistes me suivre dans une journée « normale ».

Pourquoi ?

Parce que je ne suis pas un superhéros. Je suis même à peine un gars « normal ».

▶ En 2013, j'ai eu une traversée du désert pendant trois mois où :

- J'ai pleuré en regardant Rudy.
- J'ai réappuyé sur la touche « Répéter » de mon réveil 1 à 3 heures après qu'il avait sonné, parce que je ne voulais pas affronter la journée.
- J'ai pensé à tout bazarder et à déménager à Montréal, Séville, ou en Islande. Les lieux différaient selon ce à quoi je voulais échapper.
- J'ai consulté un psy pour la première fois, puisque j'étais convaincu d'être condamné au pessimisme toute ma vie.
- J'ai regardé des sites pour messieurs (euh…) afin de me « détendre » la journée, alors que j'avais des trucs urgents et importants à faire.[5]
- J'ai avalé trop de caféine (= automédication), et mon pouls au repos atteignait 120+ battements/minute. Je buvais 8 à 10 tasses de café par jour au minimum.
- J'ai porté le même jean pendant une semaine afin d'avoir un repère pendant des semaines de chaos.

---

5 Méfiez-vous de ceux qui déclarent ne jamais l'avoir fait.

Tout ceci ne semble pas très normal, n'est-ce pas ?

▶ Mais, au cours des 8 dernières semaines de cette période, j'ai aussi :

- Augmenté de plus de 20 % mes « revenus passifs ».
- Acheté la maison de mes rêves.
- Médité deux fois par jour pendant 20 minutes sans faute. C'était la première fois que j'arrivais à méditer régulièrement.
- Réduit ma dose de caféine à presque rien (les 4 dernières semaines) et pris du thé pu-erh le matin et du thé vert l'après-midi.
- Avec l'aide des lecteurs de mon blog, levé 100 000 $ pour une bonne cause : de l'eau pour mon anniversaire.
- Levé 250 000 $ en 53 minutes pour la start-up Shyp.
- Signé le meilleur contrat depuis 10 ans : mon émission télé *The Tim Ferriss Experiment.*
- Pris 10 kilos de muscles après avoir connu les peines et les joies des grosses séries de front squats (et appliqué de la DHEA localement) grâce à Patrick Arnold.
- Transformé la biochimie de mon sang.
- Compris – une fois encore – que les symptômes de la psychose maniaco-dépressive sont inhérents à l'esprit d'entreprise.
- Resserré les liens avec les membres de ma famille proche.

Mes arguments

La plupart des « superhéros » ne sont pas comme ça. Ce sont des créatures étranges, névrosées, qui réalisent de grandes choses MALGRÉ beaucoup de contre-production et de fréquents dialogues intérieurs.

Personnellement, je suis nul en efficacité (faire les choses rapidement). Pour compenser et gérer, voici ma méthode en 8 étapes pour optimiser mon efficacité (faire les choses bien) :

1. Se lever au moins une heure avant de s'installer devant un écran d'ordinateur. Les e-mails ramollissent le cerveau.
2. Se faire une tasse de thé (j'aime le pu-erh) et s'asseoir avec un stylo et une feuille de papier.
3. Écrire trois à cinq choses – pas plus – qui angoissent ou gênent. Ce sont souvent des choses qui ont été repoussées de jour en jour sur la liste des choses à faire. Généralement, le plus important rime avec le plus pénible, donc avec risque de rejet ou de conflit.

4. Pour chaque point, se demander : « **Si je n'accomplissais que ceci aujourd'hui, est-ce que je serais satisfait de ma journée** ? », « **Est-ce que commencer par ceci minimise l'importance des autres tâches ou facilite leur exécution** ? », **ou encore** : « **Si je fais ceci, est-ce que le reste sera plus facile ou dénué de sens** ? »
5. Ne considérer que les points où vous avez répondu « oui » à au moins l'une de ces questions.
6. Consacrer deux à trois heures à UNE de ces tâches. Mettre de côté les autres choses urgentes, mais moins importantes. Vous les retrouverez demain.
7. JE RÉPÈTE : consacrer deux à trois HEURES pour vous concentrer sur UNE tâche aujourd'hui. Il s'agit d'un bloc de temps indivisible. Accumuler 10 minutes ici et là pour arriver à 120 minutes ne fonctionne pas. Pas de coups de téléphone ni de petit tour sur les réseaux sociaux.
8. Si vous êtes distrait ou que vous procrastinez, ne vous éparpillez pas ; reconcentrez-vous sur votre UNIQUE tâche.

Félicitations ! Et voilà.

C'est le seul moyen que j'ai trouvé pour faire des choses malgré mon envie irrépressible de procrastiner, de faire la sieste et de gaspiller ma journée à des futilités. Si j'ai dix choses importantes à faire dans la journée, il est sûr à 100 % que rien d'important ne sera fait. D'un autre côté, j'arrive à gérer une de mes tâches et à repousser pendant deux à trois heures mes mauvaises habitudes.

Il ne faut pas grand-chose pour paraître un surhomme « qui a réussi » aux yeux de votre entourage. En réalité, une seule règle suffit : **ce que vous faites** est plus important que **la façon dont vous faites** tout le reste, et faire quelque chose **bien** ne la rend **pas moins importante**.

Si vous ressentez le besoin contre-productif d'abattre du volume, de faire plein de choses, écrivez ces phrases sur un pense-bête : Être occupé est une forme de paresse – réflexion paresseuse et agir à l'aveugle. Être occupé est souvent une excuse pour éviter des actions importantes, mais embêtantes.

Et si, malgré votre meilleure volonté, vous sentez que vous perdez pied dans la vie, souvenez-vous de ceci : ça arrive même aux meilleurs des meilleurs. Lorsque je suis en plein désespoir, je me rappelle ce que l'écrivain Kurt Vonnegut a dit à propos de son processus créatif : « Quand j'écris, j'ai l'impression d'être un manchot cul-de-jatte avec un stylo dans la bouche. »

Ne surestimez pas les autres, et ne vous sous-estimez pas. Vous êtes meilleur que vous ne le pensez.

Et surtout, vous n'êtes pas un cas isolé.

Matt Mullenweg

« Si on écrit bien, on réfléchit bien. »

« Tout le monde est intéressant.
Si vous trouvez une conversation ennuyeuse,
le problème vient de vous,
pas de votre interlocuteur. »

Matt Mullenweg (TW/IG : @photomatt, ma.tt) est l'une des 25 personnes les plus influentes sur Internet d'après le magazine BusinessWeek, mais je trouve que c'est un euphémisme. Il est surtout connu en tant que premier développeur de WordPress, un système de gestion de contenus utilisé par plus de 25 % des sites Web dans le monde. Si vous avez déjà visité des sites comme Wall Street Journal, Forbes, TED, NFL ou Reuters (ou mon modeste site), vous avez vu WordPress à l'action. Matt est le P-DG d'Automattic, le distributeur de WordPress, qui pèse plus de 1 milliard de dollars et compte 500 employés à l'international.

Lorsqu'il est venu pour enregistrer un podcast, j'ai voulu le soûler à la tequila (Casa Dragones Blanco, mais il apprécie aussi Don Julio 1942) et l'entendre jurer. Raté !

Animal totem : la crevette mante

Pour la petite histoire

- Matt ne jure jamais. Un jour, je l'ai entendu dire : « C'est vraiment mauvais. » Je lui ai demandé : « Quoi ? C'est un euphémisme pour ne pas dire "craignos" ? Désolé, c'est interdit de faire dire ça. »
- On est tous les deux fans de Peter Drucker et de son livre La Pratique de la direction d'entreprise, et de *Comment Proust peut changer votre vie*, d'Alain de Botton (page 437).
- Matt a écrit la majorité du code de WordPress au cours d'une année de sommeil « polyphasique » : 4 heures d'éveil suivies de 20 à 30 minutes de sommeil, un cycle répété indéfiniment. Il s'agit du protocole surnommé « Uber-homme ». Pourquoi a-t-il arrêté ? « J'ai trouvé une copine. »
- On a pas mal voyagé ensemble à l'étranger. En général, il prend les photos tandis que j'essaie d'apprendre la langue du pays pour traduire. Lors d'un trajet vers la Grèce en 2008, j'étais énervé que les gens piratent mon livre La Semaine de 4 heures sur Internet. Il m'a demandé pourquoi j'étais si énervé, ce qui m'a étonné. Quoi, ce n'est pas évident ? Puis il a enchaîné : « Les gens qui téléchargent ton livre en mauvais fichier PDF ne sont pas tes clients. Ils n'achèteront jamais ton livre. Considère ça comme de la publicité gratuite. » En 30 secondes, il avait effacé mes inquiétudes.
- Matt est une de ces personnes que je m'efforce d'imiter. Sous pression, il est exceptionnellement calme et logique. Je l'ai vu gérer plusieurs crashes de serveurs avec une quasi-indifférence, sirotant calmement une bière au milieu d'une partie de billard. « Que dois-je répondre au grand journaliste qui pose des questions à ce sujet ? » « Dis-lui qu'on s'en occupe. » Puis il a tranquillement rentré une autre boule. Matt est l'incarnation du dicton « La colère n'arrange rien ». Alors, souvent, je me pose la question : « Que ferait Matt dans ce cas ? », ou : « Que me dirait Matt dans ce cas ? »

Réfléchir à la suite – pensez « Et si… ? »

« Dès le début de WordPress, on se disait toujours : "Bon, si on fait x aujourd'hui, ça donnera quoi demain, dans 1 an, dans 10 ans ?" La métaphore qui me revient souvent à l'esprit – parce qu'elle est simple – c'est le chien qui poursuit une voiture. « Que fera le chien s'il rattrape la voiture ? Il n'en a aucune idée. C'est pareil pour les entrepreneurs. Les gens ne prévoient pas la réussite. »

Perdre un chèque de 400 000 dollars

Matt n'arrête pas de perdre des trucs.

« Je suis pressé et je vais passer 10 minutes à chercher mon portefeuille, qui peut être n'importe où, dans le réfrigérateur, par exemple. Je perds toujours mes affaires. Un jour, j'ai même perdu le chèque de l'investissement initial. C'était quand même 400 000 $. »

TIM : Aïe, ça fait mal.

MATT : L'investisseur, Phil Black, qui est d'ailleurs toujours dans l'organigramme de la société aujourd'hui, avait sorti son chéquier, comme celui qu'on utilise pour les achats courants. Je n'avais jamais vu une somme pareille de toute ma vie. J'avais à peine 20 ans. Je m'attendais à un chèque démesuré, de la taille d'une table, comme les chèques qu'on remporte dans des jeux-concours.

TIM : Je vois, une sorte de tapis magique qui nous emmènerait directement à la banque.

MATT : Heureusement, les autres investisseurs ont fait des virements, mais j'avais perdu le chèque. Je me demandais ce que je devais faire. Phil Black pouvait faire opposition, mais il venait de m'offrir 400 000 $ et je les avais perdus. Est-ce que je lui dis ? Je ne lui dis pas ? Est-ce qu'il s'en apercevra ? Des mois se sont écoulés et il n'a rien dit, moi non plus.

TIM : Pas envie de lui en parler.

MATT : Oui. Mais le jour où je rentrais chez moi à Houston pour Thanksgiving, j'ai ouvert un livre et le chèque servait de marque-page. Il est littéralement tombé du livre dans l'avion !

Passé et avenir

Lors d'une balade à San Francisco, Matt m'a recommandé de lire « The Tail End », de Tim Urban, sur le blog Wait But Why – si vous ne devez lire qu'un seul article ce mois-ci, lisez celui-là. Il y a des tableaux pour illustrer combien la vie est courte. Une phrase-choc : « Quand j'ai fini le lycée, j'avais déjà utilisé 93 % de mon temps passé avec mes parents. Maintenant, je profite des derniers 5 %. On en est à la fin. » Il serait peut-être temps pour vous (et moi) de revoir nos priorités personnelles. À ce propos, le père de Matt a brusquement disparu quelques semaines après qu'il m'avait conseillé cet article. Matt était à son chevet.

Qwerty, c'est pour les débutants

La traditionnelle disposition des touches de clavier Qwerty avait été conçue pour ralentir les opérateurs humains afin d'éviter les encombrements. Mais c'est une antiquité aujourd'hui. Essayez plutôt la disposition Dvorak, plus ergonomique, et qui évite l'apparition du syndrome du canal carpien. Lisez The Dvorak Zine (dvzine.org). Ou, si vous osez, la disposition Colemak, qui est encore plus efficace. Chez Automattic, Matt a organisé des concours de dactylographie où le perdant devait s'adapter à la disposition de touches du vainqueur. Jusqu'ici, Dvorak a toujours battu Qwerty.

L'obtention du nom de domaine MA.TT

« J'ai dû transférer de l'argent [plusieurs milliers de dollars] à Trinidad et Tobago. À ma banque, on m'a demandé : “Monsieur, vous êtes sûr de vouloir effectuer cette opération ?” “Oui, c'est bon. Je l'ai lu sur Internet.” »

Les outils high-tech

Voici des outils qui aident Matt :

- **P2 (thème de WordPress)** pour remplacer les e-mails – p2theme.com.
- **Slack pour remplacer la messagerie instantanée** – slack.com.
- **Momentum** : une extension Chrome qui aide à se concentrer.
- **Wunderlist** : une appli de gestion de listes pour aider à réaliser des projets.
- **Telegram** : une messagerie avec un bon cryptage.
- **Calm.com** pour la méditation.

La remise en forme de Matt

Matt effectue une pompe avant de se coucher. Si, si, une seule pompe :

« Même si on est très en retard, même s'il se passe plein de choses dans le monde, on ne peut pas contester le temps que ça prend de faire une pompe. On n'a aucune excuse de ne pas la faire. Je sens parfois qu'il faut que je dépasse ce qui me ralentit avec un objectif presque gênant tant il est modeste et, après, ça devient une habitude. »

TF : Vous vous souvenez de la « respiration unique » de Chade-Meng Tan, page 148 ? C'est du même style.

SMS et redistribution totale

Automattic compte plus de 500 employés, et la société est représentée dans plus de 50 pays. Il n'y a pratiquement aucune réunion physique ou téléphonique. Pas plus de véritable « QG ». Ni de bureaux. Automattic recrute les meilleurs talents dans le monde entier et reverse aux employés les 250 $ économisés par mois sous forme d'allocations et autres avantages.

« Le processus de recrutement se passe autant que possible comme le travail dans la vraie vie. Tout se fait par [e-mail ou] SMS parce que c'est surtout ainsi qu'on communique. Ça évite toute forme de parti pris inconscient. »

TIM : Qu'est-ce que vous recherchez ou évitez ?

MATT : Je recherche une passion, l'attention aux détails, une motivation qui va au-delà du travail demandé. J'adore les décalés.

TIM : Quelles questions posez-vous pour vous en assurer ?

MATT : À ce stade [au début], je vais regarder les e-mails. Il n'y a pas de dialogue, d'échange. C'est simplement basé sur l'attention et l'effort consacrés à l'e-mail. On a essayé les formulaires à remplir, mais on est revenus à l'e-mail libre, parce que je voulais voir l'attention que les candidats y prêtent. Je cherche à voir à qui ils ont adressé leur e-mail. Je veux savoir si ça se voit qu'ils ont copié/collé des éléments à cause des différentes polices et tailles de caractères. Tout ceci est une indication, et pas n'importe laquelle. Je peux dire que, ce qu'on recherche en recrutant un candidat, c'est la clarté du style. Un style d'écriture clair indique un mode de pensée clair.

TF : Je recommande vivement de lire « The CEO of Automattic on Holding "Auditions" to Build a Strong Team » [« Le P-DG d'Automattic fait passer des "auditions" pour former une équipe soudée », dans le numéro d'avril 2014 de la Harvard Business Review (hbr.org)].

Les mots qui font mouche

Matt prête énormément d'attention au choix de ses mots, à sa diction et à sa syntaxe. Il adore étudier les « poètes du code » (des codeurs ayant un style élégant et poétique), mais il fait pareil avec le langage oral. Il m'a recommandé de lire Words That Work, du stratège politique Frank Luntz. Ce livre est extraordinaire. Matt a ajouté : « Si les gens aiment ce livre, je leur conseillerais George Lakoff. Son œuvre-phare des années 1980 s'appelle Women, Fire, and Dangerous Things. » Il adore les livres traitant d'encadrement et de langage.

* **Le conseil que vous vous seriez donné à 20 ans ?**

« Lève le pied. J'ai fait beaucoup d'erreurs dans ma jeunesse par ambition, pas par paresse. Alors levez le pied, que ce soit en méditant, en vous accordant du temps sans écrans, en vous concentrant sur votre interlocuteur ou la personne à côté de vous. »

104 nuggets au poulet

« Le Super Bowl se passait à Houston, au Texas [en 2004]. Je vivais à 2 km du stade Reliant. Pour le Super Bowl, McDonald proposait une offre spéciale de 20 McNuggets pour 4 $. J'étais fauché à l'époque, donc je me suis dit que j'allais profiter de l'offre, comme les boîtes de soupe Campbell que j'achetais quand elles étaient en promotion. J'en achetais toujours plusieurs dans ce cas.

« Donc je suis allé m'acheter des McNuggets – j'adore les McNuggets –, et j'ai dû insister pour que la serveuse me donne plein de sauce aigre-douce. »

TIM : Oh, Seigneur.

MATT : La sauce aigre-douce de McDonald est unique. Toutes les autres sauces aigres-douces sont rouges, la leur est marron. J'ignore pourquoi, mais vous le savez peut-être.

TIM : Elle a été génétiquement modifiée pour être hautement addictive ? Franchement, je ne sais pas.

MATT : C'est si bon. J'ai commencé à engloutir les nuggets et, sans m'en apercevoir, j'en ai mangé 104.

TIM : Sans que ce soit un pari ? Vous en avez dévoré 104 ?

MATT : Tout en regardant le Super Bowl.

Nicholas McCarthy

Nicholas McCarthy (TW : @NMcCarthyPiano, nicholasmccarthy.co.uk) est né en 1989 sans main droite. Il a commencé le piano à l'âge de 14 ans. On lui a dit qu'il ne serait jamais pianiste professionnel. Ceux qui doutaient de ses capacités avaient tort. Lorsqu'il a obtenu son diplôme au prestigieux Royal College of Music de Londres en 2012, la presse internationale a parlé de lui. C'est le seul pianiste manchot à être diplômé du Royal College of Music en 130 ans d'histoire.

Nicholas a depuis joué dans le monde entier. Il a accompagné le groupe Coldplay et interprété l'hymne paralympique devant 86 000 spectateurs et 500 000 téléspectateurs du monde entier. Son premier album, Solo, comprend 17 morceaux du répertoire pour la main gauche, qui s'étend sur trois siècles. À sa sortie, l'album a été acclamé dans le monde entier.

Franz Liszt

Je suis gêné d'avouer que je n'avais jamais entendu parler de Franz Liszt avant mon entretien avec Nicholas. Maintenant, je l'écoute régulièrement. Cherchez « Best of Liszt » sur YouTube (Halidon Music) :

« Franz Liszt est l'un des grands compositeurs romantiques de la littérature du piano. Il était considéré comme le supervirtuose du XIXe siècle. »

* **Des musiciens moins connus à découvrir ?**

  « Les concerts de la pianiste argentine Martha Argerich. Elle est surhumaine. Elle est assez âgée aujourd'hui, mais elle joue encore. Elle doit venir aux BBC Proms cette année. C'est une pianiste-culte dans notre milieu. »

TF : Je l'écoute désormais régulièrement. Mâchez-vous le travail, tapez « Tchaïkovski Piano Concerto No 1 FULL Argerich Charles Dutoit », le passage à la 31e minute sur YouTube.

Miser sur le long terme

Nicholas explique pourquoi il a décidé de se spécialiser dans le répertoire pour la main gauche, au lieu de se servir aussi de sa « petite main », une courte excroissance sous son coude droit :

« Un jour, mon professeur m'a dit : "Tu ne veux pas devenir une curiosité." Surtout avec toutes les émissions télé qui commençaient à fleurir. C'était les débuts d'*Incroyable talent* au Royaume-Uni… Je suis ravi d'avoir suivi son conseil, parce que j'aurais été cette curiosité qui aurait gagné plein de sous en deux ans, mais qui n'aurait pas le respect dont je jouis actuellement en tant que pianiste. Et je n'aurais certainement pas eu la carrière que j'ai eue jusqu'à aujourd'hui et que je compte poursuivre jusqu'à 65 ans. »

✶ La meilleure acquisition de Nicholas pour moins de 100 $

Le diffuseur d'aromathérapie Neal's Yard, qu'il utilise au quotidien chez lui : « Je trouve que [le géranium] me détend, mais je reste assez tonique pour travailler. »

TF : J'ai commencé à utiliser de l'huile de géranium peu après notre podcast, quand je me suis mis à imaginer et à esquisser ce livre. Puisque je n'avais pas de diffuseur, j'en mettais une goutte sur les poignets et je me frottais le cou sous les oreilles. Effet placebo ou pas, j'ai ressenti un regain de vigueur. J'ai par la suite acheté un diffuseur InnoGear 200 ml « imitation bois » (la plupart des diffuseurs font bon marché autrement) pour la maison.

Tony Robbins

Tony Robbins (TW/FB/IG : @tonyrobbins, tonyrobbins.com) est la star mondiale du coaching de performance. Il a conseillé les plus grands, de Bill Clinton et Serena Williams à Leonardo DiCaprio et Oprah (qui le qualifie de « surhumain »). Tony Robbins a également officié comme consultant auprès de leaders mondiaux, parmi lesquels Nelson Mandela, Mikhaïl Gorbatchev, Margaret Thatcher, François Mitterrand, la princesse Diana, mère Teresa, et trois Présidents américains. En outre, Tony Robbins a créé et produit 5 info-pubs primées qui, depuis 1989, sont diffusées sans discontinuer – en moyenne – toutes les 30 minutes quelque part aux Etats-Unis.

Contexte

J'ai découvert Le Pouvoir illimité, de Tony Robbins, au lycée. Le livre m'avait été recommandé par un des meilleurs élèves de mon établissement. Ensuite, tout juste sorti de l'université, j'ai écouté Le Pouvoir personnel II pendant mes trajets quotidiens. J'avais trouvé la cassette d'occasion et je la mettais dans l'autoradio du monospace que ma mère m'avait cédé. Ces lectures ont servi de catalyseur pour mon premier vrai projet : La Semaine de 4 heures. Les gens disent : « Ne rencontrez jamais vos héros », car on est presque toujours déçu quand on le fait. Avec Tony, j'ai vécu l'inverse : plus je le connais, plus il m'impressionne.

Un fait peu connu

Ma toute première photo publiée sur Instagram (@timferriss) a été celle de mon visage littéralement caché par la main de Tony. Ses mains ressemblent à des gants de base-ball.

« Je n'ai pas survécu, je me suis préparé. »

Telle a été la réponse de Nelson Mandela lorsque Tony lui a demandé : « Monsieur, comment avez-vous survécu à toutes ces années en prison ? »

Une maxime qui régit votre vie ou qui vous revient souvent à l'esprit ?

« C'est une croyance : les événements de notre vie arrivent toujours pour nous, pas contre nous. Notre travail est de découvrir quels en sont les bénéfices. Quand on y parvient, la vie est belle. »

En bref

« "Stressé" est le mot que les performants utilisent pour "apeuré". »

« Les losers réagissent, les leaders anticipent. »

« La maîtrise ne vient pas d'une figure de style. Ce que vous savez ne vaut rien. Que faites-vous invariablement ? »

La meilleure acquisition de Tony pour moins de 100 $

35 $ pour un séminaire de 3 heures donné par Jim Rohn, auquel il a participé à l'âge de 17 ans. Décider de dépenser ces 35 $ a été une vraie torture pour lui, étant donné qu'il gagnait 40 $ par semaine comme concierge, mais, grâce à cette expérience, il a pu trouver la direction qu'il voulait prendre dans la vie. Quelques décennies plus tard, lorsque Tony a demandé à Warren Buffett quel avait été son meilleur investissement de tous les temps, ce dernier lui a indiqué un stage d'expression en public, enseigné par Dale Carnegie, auquel il avait participé à l'âge de 20 ans. Avant, Buffett vomissait chaque fois qu'il devait prendre la parole en public, mais après, et c'est là le point crucial, il a aussitôt demandé à l'université d'Omaha un poste d'enseignant pour ne pas retomber dans le piège de son ancien comportement. Comme le raconte Tony, Buffett lui aurait dit : « Investir dans soi-même est l'investissement le plus important que l'on puisse faire dans une vie… Aucun investissement financier ne pourra l'égaler, car cela veut dire développer vos talents, vos aptitudes, votre perspicacité et vos capacités, qui vous permettront d'obtenir votre liberté économique… Seul cet ensemble de qualités vous y aidera. » Cette réponse fait écho à la célèbre

citation de Jim Rohn : « Si vous laissez ce que vous apprenez se transformer en savoir, vous devenez bête. Si vous laissez ce que vous apprenez se transformer en action, vous devenez riche. »

Les bonnes questions font une belle vie

Parfois, Tony reformule cette idée ainsi : « La qualité de votre vie reflète la qualité de vos questions. » Ces dernières déterminent votre objectif. La plupart des gens, et j'en fais sans doute partie parfois, passent leur vie à se concentrer sur le négatif (par exemple : « Comment a-t-il osé me dire ça ?! »), et donc sur de fausses priorités.

Pleins feux sur « moi » = souffrance

« Ce cerveau qui occupe notre tête est vieux de 2 millions d'années… C'est ce logiciel archaïque de survie qui nous fait agir la plupart du temps. Chaque fois qu'on souffre, ce logiciel de survie est là. Si vous souffrez, c'est parce que vous vous concentrez sur vous-même. Les gens me disent : "Je ne souffre pas de cette façon. Je m'inquiète pour mes enfants. Mes enfants ne sont pas ce qu'ils devraient être." Faux. Si [ces personnes] sont déprimées, c'est parce qu'elles ont le sentiment d'avoir manqué à leur devoir envers leurs enfants. Donc elles parlent d'elles-mêmes, encore et toujours… La souffrance provient de trois modes de pensée : perte, moins, jamais.

TF : La phrase en gras ci-dessus, associée au conseil d'un autre ami, a changé ma vie. Il m'a fallu un moment pour que j'en tire les conclusions qui s'imposaient. Je ne pense pas être totalement narcissique (trop chauve et trop pâle pour cela), mais je me demandais encore comment mettre cette réalité en pratique dans mon quotidien. C'est alors que j'ai découvert par mon ami Chade-Meng Tan l'exercice de méditation simple comme bonjour, "la bonté bienveillante" (page 152). L'effet sur moi a été radical, et ce en 3 ou 4 jours. Essayez-la.

État – Récit – Stratégie

J'ai appris cette formule lors d'un séminaire de Tony, UPW – Libérer son pouvoir intérieur, auquel il m'avait invité après notre premier podcast. Au-delà de toute autre leçon apprise de Tony, c'est à cette expérience que j'ai le plus pensé au cours de cette dernière année. Si vous consultiez mon journal de bord quotidien, vous y verriez que j'ai écrit « État – Récit – Stratégie » en haut de chaque page les semaines suivantes, un rappel pour écrire dans cet ordre-là.

Selon Tony, lorsque nos émotions sont mises à mal, nous ne voyons que les problèmes, pas les solutions. Imaginons que vous vous réveilliez fatigué et dépassé par les événements. Vous vous asseyez pour réfléchir à des stratégies qui résoudront vos problèmes, mais en vain, ce qui aggrave votre négativité. Tout ceci est dû au fait que vous aviez un état d'esprit négatif au réveil, que vous avez tenté d'élaborer une stratégie sans succès (à cause d'une vision étroite de vos problèmes), avant de vous lancer dans des élucubrations contre-productives (par exemple : « Je fais toujours ça. Pourquoi suis-je tendu au point de ne pas pouvoir réfléchir ? »). Pour régler ce problème, Tony nous encourage à améliorer d'abord notre état d'esprit. La biochimie qui en résultera nous aidera à inventer un récit qui nous donnera des forces. Ce n'est qu'à partir de ce moment-là que nous pourrons aborder le côté stratégique, car nous verrons les options à la place des impasses.

« Préparer » mon état d'esprit est souvent très simple : 5 à 10 pompes ou prendre le soleil pendant 20 minutes (voir Rick Rubin, page 451). Bien que je réserve mon entraînement intensif pour le soir, j'ai commencé à faire 1 à 2 minutes de callisthénie – ou de kettlebell swings (voir Justin Boreta, page 313) – le matin, afin de bien démarrer ma journée. Je décris un peu plus loin la préparation de Tony.

Désormais, je me pose souvent les questions suivantes : « Est-ce un problème qui nécessite vraiment que je réfléchisse à la façon de m'en extraire ? Est-il possible qu'une modification biochimique suffise ? » J'ai perdu beaucoup de temps à décrire dans mon journal des « problèmes » alors qu'il m'aurait suffi de prendre mon petit déjeuner plus tôt, de faire 10 pompes ou de dormir une heure de plus. Parfois, on pense qu'il faut trouver le sens de notre existence, alors qu'en réalité on a juste besoin de manger quelques noix de macadamia et de prendre une douche bien froide.

« Se mettre en route le matin tout en méditant »

Dès le réveil, Tony démarre immédiatement sa préparation, qui vise à modifier rapidement sa physiologie : « Si on veut une vie au top, on doit s'y préparer chaque jour. » Au cours des années, j'ai vu Tony essayer de nombreuses techniques. J'en ai adopté certaines :

- Bain glacé (pour moi, c'est 30 à 60 secondes de douche froide).

- Tony poursuit avec des exercices de respiration. Il effectue 3 séries de 30 répétitions. Sa technique assise est similaire à la « respiration du feu » en yoga, une respiration rapide par le nez, mais il lève brièvement les bras au-dessus de la tête à l'inspiration et ramène les coudes à la cage thoracique à l'expiration.
- Alternative : La « marche couplée à la respiration ». C'est une technique ancienne de Tony, que je pratique souvent quand je suis en déplacement. Marchez simplement pendant quelques minutes en inspirant brièvement 4 fois par le nez, puis en soufflant 4 fois par la bouche.

En suivant plus ou moins ce modèle, Tony effectue en réalité 9 à 10 minutes de ce que certains considéreraient comme de la méditation. Mais, pour lui, l'objectif est différent : il s'agit de puiser et de susciter des émotions qui le rendront efficace toute la journée. Il partage ces 9 à 10 minutes en trois phases :

Les 3 premières minutes : « Être reconnaissant de 3 choses. Je fais en sorte que l'une des trois soit très, très simple : le vent sur mon visage, le reflet d'un nuage que je viens de voir.

Mais je ne me limite pas à une pensée. Je laisse la gratitude envahir mon âme, parce que quand on est reconnaissant la colère s'efface. Il est impossible d'être en colère et reconnaissant simultanément. Quand on est reconnaissant, la crainte disparaît. On ne peut pas être craintif et reconnaissant à la fois. »

La deuxième série de 3 minutes : « Concentration totale sur le ressenti de la présence divine ou une autre formulation à votre convenance. Cette présence intérieure soigne mon corps, mon esprit, mes sentiments, mes relations, mes finances. **Pour moi, cette présence résout tout. Je sens qu'elle renforce ma gratitude, mes convictions, ma passion…** »

Les 3 dernières minutes : « Concentration sur trois choses que je vais réaliser, mon "trio gagnant"… Considérez-les comme déjà accomplies, ressentez les émotions que vous en tirez, etc. »

« Et, comme je le dis toujours, vous n'avez aucune excuse pour ne pas faire ces 10 minutes d'exercices. Si vous n'avez pas 10 minutes, vous n'avez pas de vie. »

C'est ce que j'ai déjà entendu de la part de nombreux adeptes de la méditation (comme Russell Simmons), selon plusieurs variantes : « Si vous n'avez pas 20 minutes pour une introspection par la méditation, cela signifie qu'en réalité vous avez besoin de 2 heures. »

Quatre points communs aux meilleurs investisseurs

Tony a établi de vrais liens d'amitié avec certains grands investisseurs, parmi lesquels Paul Tudor Jones (qu'il coache depuis plus de 10 ans), Ray Dalio, Carl Icahn, David Swensen, Kyle Bass et bien d'autres encore, qu'il a interviewés. Ce sont tous des « licornes » qui se laissent difficilement interviewer, qui battent invariablement le marché bien que l'on dise que c'est impossible. Tony a écrit un livre sur ce qu'il a appris (*L'argent* : *l'art de le maîtriser*), et voici quelques-uns des modèles qu'il a identifiés :

1. **Limiter les inconvénients** : « Ils sont tous obsédés par ne pas perdre d'argent. Mais ce niveau d'obsession est hallucinant. » Il écrit au sujet de Richard Branson : « Quelle que soit l'affaire concernée, sa première question est : "Quel en est l'inconvénient ? Comment est-ce que je m'en protège ?" Par exemple, pour Virgin – fonder une compagnie aérienne représente un gros risque –, il a négocié avec Boeing la possibilité de rendre les avions si l'affaire ne marchait pas, et ce sans être redevable de quoi que ce soit. »

TF : Branson a également testé le risque limité ou le zéro risque. Dans son livre Mes Virginités, un ouvrage qui m'a profondément influencé à la fin de mes études universitaires, il décrit son premier vol : « Notre vol pour Porto Rico a été annulé. Le terminal de l'aéroport s'est retrouvé envahi de passagers en rade. J'ai appelé quelques compagnies et réussi à affréter un avion vers Porto Rico pour 2 000 $. J'ai divisé le prix par le nombre de sièges et j'ai emprunté un tableau noir sur lequel j'ai écrit : Virgin Airways : 39 $ aller simple pour Porto Rico. J'ai fait le tour de l'aéroport avec mon tableau noir et j'ai rempli mon charter en un rien de temps. Lorsque nous avons atterri à Porto Rico, un passager s'est tourné vers moi et m'a dit : "Virgin Airways n'est pas mal – améliorez le service et vous ferez sans doute des affaires." »

Retour à Tony : « limiter les inconvénients » s'applique aussi à la réflexion à long terme sur les frais et les intermédiaires : « Si trois de mes amis [et moi] épargnons la même somme d'argent à un taux d'intérêt de 7 %, mais qu'un des amis paie 3 % de frais, l'autre 2 % et moi 1 % sur un investissement de 1 million ou 100 000 $… mon ami qui paie 3 % de frais percevra 65 % de moins [sur le long terme]… »

2. **Risques et dividendes asymétriques** : « Ils sont tous obsédés par les risques et dividendes asymétriques… En gros, ils essaient de courir le moins de risques possible tout en empochant les plus gros dividendes, et ils ne vivent que pour cela… [Ils ne croient pas] qu'ils doivent prendre d'énormes risques pour obtenir d'énormes rendements. "Comment faire pour éviter tout risque et récolter d'énormes dividendes ?" C'est parce que vous vous posez cette question sans cesse, et que vous estimez qu'il y a une réponse, que vous obtenez ce que vous voulez. »

TF : Voici un exemple fou. Un jour, Kyle Bass a acheté pour 1 million de dollars de pièces de 5 cents. Pourquoi ? Parce que leur valeur faciale était de

5 cents et leur valeur en métal était de 6,8 cents à ce moment-là. Il en a donc tiré un profit immédiat de 360 000 $. Bien joué.

3. **Répartition des actifs** : « **Ils savent catégoriquement, sans l'ombre d'un doute, qu'ils vont faire une erreur…** Aussi mettent-ils en place un système de répartition de leurs actifs pour garantir leur réussite. Tous s'accordent à dire que la répartition des actifs est la décision la plus importante d'un investissement. » Dans L'Argent : l'art de le maîtriser, Ray Dalio répond à Tony : Les gens pensent qu'ils ont un portefeuille équilibré, mais les actions sont trois fois plus instables que les obligations. Ainsi, si vous êtes à 50/50, votre équilibre est en réalité à 90/10. Vos risques sont énormes et c'est la raison pour laquelle quand les marchés chutent, vous vous faites manger tout cru…

Quelle que soit la catégorie d'actifs dans laquelle vous investissez, je vous promets qu'à un moment ou un autre de votre vie ils perdront au moins 50 % de leur valeur, voire plus probablement 70 %. C'est la raison pour laquelle vous devez absolument diversifier. »

4. **Contribution** : « Leur dernier point commun : quasiment tous font des dons d'argent, avec une réelle générosité, pas feinte… ils ont la passion du don… Ce n'est pas une blague. »

TF : La fondation Robin Hood, créée par Paul Tudor Jones pour lutter contre la pauvreté à New York, en est bon exemple.

∗ Selon vous, qui est une « tête à claques » ?

J'ai posé la question au cours d'une bonne dizaine de podcasts : « Quand vous entendez l'expression "tête à claques", quel visage vous vient immédiatement à l'esprit ? » Neuf fois sur dix, je n'ai obtenu aucune réponse, donc j'ai cessé de poser la question. Mais mon interview avec Tony a racheté tous mes échecs. Il a réfléchi un long moment avant de déclarer : « Tête à claques… Eh bien, j'ai eu un entretien intéressant avec le Président Obama… » Il m'a rapporté leur conversation privée (à partir de 42:15 de l'épisode #38). C'est dans ces cas-là que je prie pour que mon enregistreur ne me laisse pas tomber. Tony a conclu : « Donc je ne sais pas s'il faudrait le "claquer" ou plutôt le "secouer". »

∗ Les livres le plus souvent offerts ou recommandés par Tony

- *Découvrir un sens à sa vie*, de Viktor Frankl.
- *The Fourth Turning*, de William Strauss (et Generations, que lui a offert Bill Clinton).
- *Changer d'état d'esprit*, de Carol Dweck (pour l'éducation des enfants).
- *Tel un homme pense*, de James Allen (voir Shay Carl, page 396).

Morgan Spurlock

Morgan Spurlock (TW : @MorganSpurlock, morganspurlock.com) est un documentariste installé à New York et qui a été nommé aux Oscars. C'est un scénariste, réalisateur, producteur prolifique, ainsi qu'un cobaye humain. Son premier film, Super Size Me, a été projeté pour la première fois au festival de Sundance de 2004, où il a remporté le prix du meilleur réalisateur dans la catégorie documentaire. Super Size Me a ensuite été nommé pour l'Oscar du meilleur documentaire.

Depuis, Morgan a réalisé, produit et/ou distribué *Morgan Spurlock, Inside Man*, une série saluée par la critique et diffusée sur CNN, *30 Days*, une série diffusée sur FX, ainsi que, parmi de nombreux autres films, les films *Where in the World Is Osama Bin Laden?*, *Freakonomics* et *Super Cash Me*.

Le dernier projet de Morgan est une start-up du nom de Clect (clect.com), plate-forme centralisée communautaire où tout le monde peut regarder, vendre et acheter tous les objets de collection possibles et imaginables (Star Wars, Schtroumpfs, BD, un faucon Millenium fait avec des pièces détachées de moto, etc.).

Animal totem : le rhinocéros

« Quand on veut faire chic, on fait l'inverse »

TF : La remarque s'appliquait à un type d'équipement, mais on peut l'étendre à d'autres domaines.

La genèse de Super Size Me

« J'étais assis sur le canapé chez ma mère, perdu dans les brumes du tryptophane, lorsque j'ai entendu aux informations que deux jeunes filles attaquaient McDonald en justice. "On est grosses, on est malades, et c'est votre faute." Je me suis dit qu'elles exagéraient. "Comment ? Vous allez les poursuivre en justice parce qu'ils vous ont vendu de la nourriture que vous avez achetée, que vous avez mangée, et vous le leur reprochez ? Comment allez-vous faire ?" C'est alors qu'un porte-parole de McDonald est apparu à l'écran. "Il est impossible de faire le lien entre notre nourriture et l'état de santé de ces jeunes filles. Il est impossible de faire le lien entre notre nourriture et leur obésité. Nous vendons des aliments sains, nourrissants, bons pour la santé." Je me suis dit qu'il était tout aussi difficile d'affirmer ça. "Si c'est bon pour moi, je devrais pouvoir en manger pendant 30 jours consécutifs sans effets secondaires, non ?" C'est cette question qui m'a décidé. »

TF : Peut-on réfuter une croyance populaire par une œuvre d'art ? Par un test ? Qu'est-ce qui vous met en colère ? (Voir Whitney Cummings, page 430.)

L'avantage de se féliciter en premier

« Touré est un grand écrivain commentateur. Il m'a raconté sa visite chez Kanye West… Dans le salon, il y a un poster géant de Kanye. Touré lui a demandé pourquoi il avait son portrait sur son mur. Kanye lui a répondu : "Eh bien, je peux me féliciter avant que les autres m'applaudissent." Et je me suis dit : "Sa logique est implacable. C'est une bonne réponse." »

Le scénario l'emporte sur la technique

Conseil à des cinéastes débutants : « La qualité d'un film peut être négligée tant que l'histoire est bien. Il m'arrive de regarder des séquences tremblotantes si l'histoire capte mon attention. »

« Le travail de cet éclairagiste me fait penser à un singe qui baise un ballon de foot » – James Cameron

Morgan adore cette phrase de James Cameron, extraite de son portrait « Man of Extremes » publié dans le New Yorker. En fait, j'ai rencontré Jim brièvement grâce à Peter Diamandis (page 323). On a effectué un vol parabolique (en apesanteur) ensemble, qui était destiné en réalité à une levée de fonds pour XPRIZE. On est tous repartis avec un T-shirt de l'équipe de tournage d'Avatar. Ces T-shirts arborent en grosses lettres sur trois lignes : l'espoir n'est pas une stratégie ; la chance n'est pas un facteur ; la crainte n'est pas une option. Je continue de porter ce T-shirt quand j'ai besoin de motivation pour de gros projets, comme ç'a été le cas juste avant que je ne remette mon tapuscrit de *4 heures par semaine pour un corps d'enfer*.

N'ayez pas peur de montrer vos cicatrices

« Il y a quelques années, un de mes amis m'a donné un bon conseil : "Tu ne peux pas te permettre d'avoir peur de montrer tes cicatrices." Elles font partie de nous. Il faut rester fidèle à soi-même. » C'est un des meilleurs conseils qu'on m'ait jamais donné. »

✶ **Le livre le plus souvent offert ou recommandé par Morgan**
The Living Gita: The Complete Bhagavad Gita – A Commentary for Modern Readers, de Sri Swami Satchidananda.

✶ **Documentaires préférés**

- *Brumes de guerre*, d'Errol Morris. Beaucoup de mes interviewés le recommandent. C'est un documentaire formidable qui a 98 % de critiques positives sur Rotten Tomatoes.
- *Brother's Keeper*, de Joe Berlinger et Bruce Sinofsky.
- *Hoop Dreams*, de Steve James.
- *Enron: Smartest Guys in the Room et Going Clear: Scientology and the Prison of Belief*, d'Alex Gibney.

Aperçu de mon journal du matin

L'histoire regorge d'exemples de personnes, qu'elles aient réussi (ou pas), qui tenaient un journal de bord : de Marc-Aurèle à Benjamin Franklin et de Mark Twain à George Lucas.

Mais qu'écrivaient-ils donc ?

Peut-être êtes-vous déjà tombé sur un de leurs journaux secrets et vous êtes-vous dit : « Mince, ça se lit comme le discours de Gettysburg ! » Et ça vous a démoralisé.

Dans ce chapitre, je vais vous montrer à quoi ressemble mon journal du matin sans retouche et (vous) décrire sa fonction.

Pourquoi ?

Parce que c'est le bazar, et parce que voir du bazar peut vous encourager. Il est facile d'imaginer nos héros comme des mastodontes imperturbables qui terrassent l'insécurité à grands coups de karaté mental tous les matins. Évidemment, ce n'est qu'imaginaire. La plupart de ceux que l'on voit en couverture des magazines connaissent des matins où ils préféreraient rester cachés sous la couette.

Donc si vous voulez devenir riche – en argent, temps, relations, sommeil réparateur ou autres –, cet « essuie-glace spirituel » vous aidera à y parvenir avec moins d'accidents et de migraines. Je vous explique…

La bataille quotidienne

Quasiment tous les matins, je m'assieds avec mon cocktail curcuma, gingembre, thé pu-erh et thé vert, et j'ouvre mon exemplaire du journal Libérez votre créativité, de Julia Cameron.

L'ouvrage original m'avait été recommandé par le scénariste et producteur Brian Koppelman (page 546), donc c'est grâce à lui que j'ai pris cette habitude. J'avoue avoir sauté plein de passages, peut-être de façon injuste, car continuer à « consommer » des livres ne m'intéressait pas. La lecture, c'est souvent ma façon de procrastiner. Ce qu'il me fallait, c'était un exercice de production quotidien et méditatif, un peu comme une cérémonie du thé. Alors j'ai acheté le journal. Ce « compagnon » m'offre suffisamment d'occasions pour que je l'utilise seul.

Soyons clairs, je ne tiens pas de journal pour « être productif ». Je ne le fais pas pour noter de grandes idées ou de la prose que je pourrais publier ultérieurement. Ces pages sont uniquement pour moi.

Les pages du matin sont, comme le dit Julia Cameron, des « essuie-glaces spirituels ». C'est la thérapie la plus rentable que je connaisse. Elle a ajouté :

Une fois qu'on a couché ces pensées boueuses, exaspérantes, déroutantes [soucis nébuleux, énervements, préoccupations] sur le papier, on affronte la journée sous un meilleur jour.

Relisez la citation ci-dessus. C'est la plus importante des façons de capturer ses pensées sur une feuille (par l'écriture). Même si vous trouvez que vous ne savez pas bien écrire, considérez l'écriture comme un outil. Il y a de gros avantages à écrire, même si personne – y compris vous-même – ne lira ce que vous avez écrit. Autrement dit, le processus a plus d'importance que le résultat.

Voici un exemple de ce que j'ai pu écrire dans mon journal. Je l'ai dactylographié pour une meilleure lisibilité.

> Dimanche 28 décembre, New York
>
> Réveil à 7 h 30, avant les autres. C'est agréable.
>
> On est dimanche, donc je peux prendre mon temps, ce qui explique sans doute pourquoi c'est agréable.
>
> Pourquoi est-ce que lundi et mardi devraient être autrement ? Il y a néanmoins des gens qui attendent. Qu'ils attendent.
>
> C'est drôle qu'on travaille, qu'on vise et qu'on s'efforce d'atteindre un point où les gens nous attendent et pas l'inverse. Exemple : *Get Shorty*.
>
> Et pourtant, quand on arrive à ce point tant acclamé, la foule des gens qui ne cessent (souvent à juste titre) de frapper à la porte, les uns après les autres, cause bien plus de stress que si on n'était qu'un simple péon (ortho) ! [Je ne suis pas sûr de l'orthographe.]
>
> Est-ce davantage à cause des x 100 plus qui arrivent que le sentiment de libre arbitre se réduit ? Un sentiment qu'on choisit constamment sur le buffet de quelqu'un d'autre au lieu de se le concocter soi-même ?

Ou est-ce parce qu'on *sent* qu'on doit être sur la défensive et protéger ce qu'on possède : temps, argent, relations, espace, etc. ?

Pour quelqu'un qui a « gagné », qui n'a connu que l'attaque, jouer un jeu défensif s'oppose à ce qu'il est vraiment au fond de lui.

C'est quoi l'objectif, déjà ?

Il y a deux façons d'interpréter cet extrait de journal, et elles peuvent se superposer :

▶ 1. J'essaie de comprendre des choses et ça peut m'aider.

Par exemple : j'ai identifié des conflits entre un objectif (« réussir » dans un sens) et des effets secondaires (x 100 arrivés en plus) qui annulent les bénéfices. J'ai aussi remarqué que mes plus gros gains dans la vie se sont produits par une attitude agressive, un peu comme celle du catcheur Dan Gable, dont les diatribes épiques dans le documentaire difficilement trouvable Competitor Supreme méritent d'être trouvées. Mais les revers d'un succès, même modeste, vous poussent à jouer un jeu défensif, ou à gérer au lieu de conquérir. Cela va à l'encontre de mon ADN, et par conséquent du bonheur. C'est pourquoi il faut que je me débarrasse des acquis qui nécessitent une « protection », ou que je délègue davantage cette responsabilité.

Tout ceci semble agréablement analytique. On est malin, hein ? Mais peut-être la vraie valeur est-elle que…

▶ 2. J'essaie de coucher mon dialogue intérieur sur papier pour pouvoir attaquer ma journée.

Si vous ne retenez rien de ce chapitre, mais le #2 ci-dessus et les quelques lignes suivantes, j'estime que j'aurai accompli ma mission.

Les pages du matin ne doivent pas forcément résoudre vos problèmes. Ces derniers doivent simplement sortir de votre tête, sinon, ils tourneront en boucle toute la journée comme des balles qui ricochent dans votre crâne.

Est-ce que râler et ronchonner sur papier cinq minutes chaque matin va changer votre vie ?

Aussi étrange que cela puisse paraître, je pense que la réponse est oui.

Reid Hoffman

Reid Hoffman (LI/TW : @reidhoffman, reidhoffman.org) est souvent appelé l'« oracle de la Silicon Valley » par les experts high-tech qui admirent sa façon de monter des sociétés et d'investir (Facebook, Airbnb, Flickr, etc.). Reid a cofondé et préside LinkedIn, qui compte 300 millions d'utilisateurs. Cette société a été rachetée par Microsoft pour 26,2 milliards de dollars cash. Il était le vice-président de PayPal, une société rachetée par eBay pour 1,5 milliard de dollars. Il a obtenu un diplôme en philosophie à Oxford, où il a bénéficié d'une bourse Marshall.

Pour la petite histoire

- Avec Matt Mullenweg (page 194), Reid est le meilleur exemple de personne calme que je connaisse. Un de ses anciens DRH a raconté qu'un jour Reid avait répondu à une insulte par : « Je suis parfaitement prêt à accepter ces insultes », et avait poursuivi son chemin.
- Reid était surnommé « chef des pompiers » chez PayPal par l'ancien président, Peter Thiel.
- Reid et moi sommes conseillers auprès de QuestBridge, qu'il préside également.

Il s'agit d'un programme à but non lucratif qui permet à un plus grand nombre d'étudiants brillants à faibles revenus d'intégrer les meilleures universités que tous les autres programmes du même genre réunis. QuestBridge a créé un système de demandes d'inscription unique et normalisé, accepté par plus de 30 établissements, dont Stanford, MIT, Amherst et Yale. Ceci leur permet par exemple d'offrir des ordinateurs portables et des bourses à des jeunes qui autrement n'auraient même pas envisagé de poursuivre leurs études. Savez-vous que près de 3 milliards de dollars de bourses disponibles par an ne sont pas utilisés ? Ce n'est pas un problème de financement, mais de sources. QuestBridge est aux études supérieures ce que Billy Beane, des Oakland A et de Moneyball, était au base-ball.

Comment Reid a développé la capacité de supprimer les problèmes et d'interagir avec de nombreux partenaires en même temps (banques, traitement de cartes de crédit, législateurs, etc.)

« Petit, je jouais beaucoup à des jeux Avalon Hill. Ces jeux de plateau présentent des règles et des situations complexes. » Reid a également lu Carl von Clausewitz et Sun Tzu dans sa jeunesse, ce qui a développé son esprit stratégique.

Une lecture recommandée aux allergiques à la philosophie

Reid conseille d'étudier Ludwig Wittgenstein, le sujet d'un de ses cours à Oxford. « L'un des fondements de la philosophie analytique moderne est de penser [au langage]... Si vous essayez de parler d'un problème à quelqu'un pour tenter de le résoudre, comment faire pour que le langage devienne un instrument positif ? De quelle façon peut fonctionner le langage et qu'est-ce qui empêche le langage de fonctionner ? »

TF : J'adore cette citation de Ludwig Wittgenstein : « Les limites de mon langage définissent les frontières de mon monde. » (« Die Grenzen meiner Sprache bedeuten die Grenzen meiner Welt. »)

Ça ne doit pas toujours être compliqué

« J'ai appris qu'une facette de la stratégie d'entreprise est de résoudre le problème le plus simple, le plus facile et le plus précieux.

En fait, une partie de la stratégie consiste à résoudre le problème le plus simple, donc si on travaille avec des logiciels, par exemple, c'est que les atomes [les produits physiques] sont très compliqués. »

TF : Les passages en gras sont essentiels. Je vous explique pourquoi. En procédant à une analyse 80/20 de vos activités (autrement dit, déterminer les 20 % de vos activités/tâches pour produire 80 % des résultats souhaités), on finit par obtenir une short-list. Le critère suivant est « simple ». Laquelle de ces activités importantes est la plus simple pour moi ? On peut bâtir une carrière entière sur cette analyse 80/20 et en se posant cette question.

Faire travailler son esprit la nuit

Quotidiennement, Reid note dans un cahier les problèmes sur lesquels son esprit devra travailler pendant la nuit. C'est moi qui ai mis les mots-clés en gras. Vous remarquerez qu'il utilise le conditionnel, et pas l'indicatif.

« Quels sont les aspects essentiels qui pourraient être une **contrainte pour la solution** ou qui pourraient en être un **attribut**, et **quels seraient les outils ou avantages que je pourrais posséder** ?... Je pense qu'évidemment, la majeure partie de notre réflexion est inconsciente. J'essaie de profiter de la période de relaxation et de ressourcement qu'est le sommeil pour tenter de faire émerger une solution. »

Il peut par exemple noter : « Un truc essentiel auquel il faut que je réfléchisse : le design d'un produit, une stratégie, une solution à un problème rencontré par une des sociétés de mon portefeuille », ou tout ce qu'il aimerait résoudre de façon créative avant une réunion prochaine.

Josh Waitzkin (page 511) a une habitude similaire, mais il préfère noter des trucs juste après le dîner, et pas avant de se coucher. Pour Josh, la période de gestation de quelques heures avant de dormir est importante puisqu'il ne veut pas consciemment réfléchir au problème en se glissant entre les draps.

Josh et Reid ont tous deux la même habitude au réveil. Idéalement, Reid consacre 60 minutes à faire la chose suivante : « La toute première chose que je fais le matin, de façon quasiment systématique, c'est m'asseoir et travailler au problème [noté la veille], car c'est le moment où je suis le plus frais. Je ne suis pas distrait par des coups de fil ou des réponses à fournir. C'est le moment où la table est rase. J'en profite pour optimiser ma créativité sur un projet en particulier. « Je m'y attelle généralement avant de me doucher, car autrement je continuerai d'y réfléchir sous la douche. »

TF : Les descriptions de Reid et Josh m'ont poussé à inscrire en haut de mon carnet de notes : N'allez jamais vous coucher sans exprimer une demande à votre inconscient. – Thomas Edison

Leçons supplémentaires de Ben Cashnocha (FB : cashnocha), l'ancien DRH de Reid

▶ Le premier principe de Reid : la vitesse

« Nous avions décidé que je porterais des jugements de valeur sur certaines problématiques en son nom sans le consulter. Il m'a dit : "**Pour avancer rapidement, je m'attends à ce que tu fasses des fautes de pied. J'accepte un taux d'erreur de 10 à 20 % – les fois où j'aurais pris une autre décision dans une situation donnée –, si cela implique que tu avances rapidement.**" Je me sentais habilité à prendre des décisions avec ce taux d'erreur en tête. C'était extrêmement libérateur. »

TF : Les « fautes de pied » sont évidemment une métaphore. Cela fait référence au tennis, quand on effectue un service sans placer les pieds correctement, souvent par précipitation.

▶ L'approbation des meilleurs employés ou partenaires

« Comment savoir si on a les meilleurs joueurs dans votre équipe ? Vous le devinez quand ils rejettent la stratégie que vous leur proposez. [Les meilleurs joueurs] devraient suggérer des modifications au projet en fonction de leur connaissance des détails. »

▶ Reid cherche une raison unique pour une action potentiellement onéreuse, pas une série de raisons

« Par exemple, on discutait un jour si ça valait la peine qu'il fasse un déplacement en Chine. Il y avait le développement de l'activité de LinkedIn en Chine, des événements intellectuels amusants, la sortie de Managez votre carrière comme une start-up [le livre de Reid] en chinois. [Il y avait] de nombreuses bonnes raisons d'y aller, mais aucune ne justifiait le déplacement en elle-même. Il a dit : "Il doit y avoir une raison décisive, et savoir si ce déplacement est mérité doit se mesurer à l'aune de cette unique raison. Si j'y vais pour ça, il faudra revoir le planning des autres activités secondaires. Si j'y vais pour de multiples raisons, je suis sûr de revenir en me disant que c'était une perte de temps." »

Seth Godin

« C'est toujours la difficulté qui crée la valeur. »

« Vous êtes plus puissant que vous ne le pensez. Agissez en conséquence. »

Seth Godin (TW : @thisissethsblog, sethgodin.com) est l'auteur de 18 best-sellers qui ont été traduits en plus de 35 langues. Ses sujets de prédilection sont la façon dont les idées se propagent, le marketing, le renoncement stratégique, le leadership et bousculer le statu quo dans tous les domaines. Parmi ses livres, on compte Êtes-vous indispensable, Tribus, Le Dip, La Vache pourpre, et C'est à vous de jouer.

Seth a monté plusieurs sociétés, dont Yoyodyne et Squi-doo. Son blog (que vous trouverez facilement sur Google) est l'un des plus populaires au monde. En 2013, il a été intronisé au Direct Marketing Hall of Fame. Récemment, Seth a révolutionné le monde de l'édition en sortant une série de quatre livres sur Kickstarter. La campagne a atteint ses objectifs en 3 heures, devenant le meilleur projet de livre de l'histoire de Kickstarter.

Animal totem : le plongeon

« La confiance et l'attention – ce sont deux produits rares dans ce monde post-pénurie. »

« On ne peut pas imposer davantage d'obéissance que la concurrence. »

TF : Cette phrase me plaît tellement que je tiens à la répéter ! Vous la retrouverez plus loin dans son contexte.

Soyez un individu spécifique plutôt qu'un lambda errant

Savoir dire non et refuser : « Le téléphone n'arrête pas de sonner. Beaucoup de gens vous demandent quelque chose. Si cela ne correspond pas à votre mission et que vous acceptez, vous prenez en charge [leur mission]. Il n'y a aucun mal à être un lambda errant au lieu d'un individu spécifique, mais ne vous attendez pas à effectuer le changement que vous [espérez] faire si tel est le cas. »

« L'argent est une histoire… Mieux vaut vous raconter une histoire d'argent qui ne vous empêche pas de dormir. »

« Une fois que vous avez de quoi mettre du beurre dans les épinards, et que votre famille est à l'abri du besoin, l'argent devient une histoire. Vous pouvez vous raconter l'histoire qui vous plaît au sujet de l'argent, mais mieux vaut vous raconter une histoire d'argent qui ne vous empêche pas de dormir. »

Si vous produisez suffisamment de mauvaises idées, quelques bonnes idées finiront bien par faire surface

« Les gens ont du mal à trouver de bonnes idées et, s'ils disent la vérité, ils vous diront qu'ils n'ont pas beaucoup de mauvaises idées. Ceux qui ont plein de bonnes idées, s'ils ne mentent pas, vous diront qu'ils ont encore plus de mauvaises idées. Le but n'est donc pas d'avoir de bonnes idées, mais d'en avoir de mauvaises. Une fois qu'on a suffisamment de mauvaises idées, quelques bonnes idées finiront bien par apparaître. »

(Voir James Altucher, page 228.)

Ce qu'on peut pister détermine la portée de l'objectif – à choisir soigneusement

« Ceux d'entre nous qui ont la chance de pouvoir s'assurer le gîte et le couvert ont tendance à comptabiliser les mauvaises choses : combien de fois on s'est fait rejeter ; combien de fois ça n'a pas marché ; combien de fois quelqu'un nous a brisé le cœur, trahi ou déçu. Évidemment, on peut comptabiliser ce genre de chose, mais à quoi bon ? Dans quel but ? Est-ce que ça nous rend meilleur ?

« Ce ne serait pas plus malin de comptabiliser le reste ? Le nombre de fois où ça a fonctionné ? Le nombre de fois où on a pris des risques ? Où on a égayé la journée de quelqu'un ? Lorsqu'on commence à le faire, on peut se requalifier en quelqu'un qui peut avoir un impact sur le monde. Ça m'a pris plusieurs cycles pour comprendre que l'histoire ne tenait qu'à moi.

« Si un scénario ne fonctionne pas, alors pourquoi l'utiliser ? On ne subit pas le récit, on le choisit. Lorsqu'on peut modifier l'histoire, on est capable de changer les règles du jeu. »

« Les histoires nous permettent de nous raconter des mensonges, et ces mensonges satisfont nos envies »

TF : Les histoires qu'on se raconte peuvent parfois être contre-productives. J'ai moi-même adopté un refrain que j'ai écrit dans mon journal après un examen du moi profond induit par des plantes médicinales : « Ne pas se réfugier dans une histoire. »

Aller s'asseoir ailleurs

« Quand on réfléchit à sa vie, la plupart des gens passent leur temps sur la défensive, en mode réaction, à jouer avec les cartes qu'ils ont en main au lieu de changer de table pour avoir d'autres cartes. Au lieu d'essayer de changer les autres, ils sont prêts à se laisser changer. Une partie de mon enseignement est le suivant : quiconque est capable de l'entendre a plus de pouvoir qu'il ne le pense. Mais la question est : qu'est-ce que vous allez faire de votre pouvoir ? »

Peut-on pousser quelque chose dans la descente ?

« Si l'on réfléchit à la difficulté de tirer une entreprise vers le sommet, notamment au début de l'activité, il est possible de dire : "Pourquoi ne pas lancer une autre entreprise, une activité qu'on peut pousser dans la descente ?"

Mon amie Lynn Gordon a l'esprit vif et créatif. Pendant des années, elle a conçu des jouets et des peluches pour les tout-petits. Toutes les marques de jouets en Amérique l'ont rejetée. Je lui ai dit : "Lynn, c'est simple. Les marques de jouets n'aiment pas les créateurs. Ce n'est pas dans leur compétence de traiter avec des designers de jouets. Elles ne s'attendent pas que les créateurs frappent à leur porte. Tente l'édition. Tu y trouveras des gens très intelligents, mais qui sont sous-payés et qui attendent qu'une bonne idée atterrisse sur leur bureau. Ils sont prêts à acheter ce que tu leur proposes." Et en deux mois, elle a lancé 52® cartes d'activités manuelles. Elle a vendu plus de 5 millions de jeux de cartes. »

Objectif : dix personnes

Seth a publié près de 6 500 posts sur son blog depuis 2002. S'il ne devait en choisir qu'un, vers lequel orienterait-il les gens ?

« Celui que je conseille le plus souvent est "D'abord 10". Il s'agit d'une théorie marketing simple : parlez-en, montrez-le, partagez-le avec 10 personnes qui ont confiance en vous et qui vous apprécient. Si aucune de ces 10 personnes n'en parle autour d'elle, l'idée n'est pas bonne. Révisez votre projet. Si ces 10 personnes en parlent, vous êtes sur la bonne voie. »

Pour créer quelque chose de super (ou d'énorme), commencez tout petit

« Lorsque vous en avez la possibilité, je vous suggère de vous poser la question suivante : quelle est la plus petite empreinte possible que je pourrais laisser ? Quel est le plus petit projet possible qui mérite que j'y passe du temps ? Quel est le plus petit groupe de personnes pour lesquelles je ferais une différence ? Le plus petit objectif est réalisable. Mais le plus petit objectif peut sembler risqué. Si vous choisissez le plus petit et que vous échouez, c'est le fiasco total.

« On veut choisir le gros projet. L'infini est notre ami. L'infini, c'est sécurisant. L'infini nous fournit une cachette. Moi, j'aimerais encourager les gens à viser petit, à être disponible sur un seul média à l'endroit où les gens peuvent vous trouver, pour pouvoir bénéficier d'une interaction avec une tribu, une communauté où les bouées de sauvetage sont comptées. »

(Voir « 1 000 vrais fans », page 259.)

« Personne ne se fait tatouer une Suzuki. C'est vous qui décidez quel tatouage vous méritez. »

Seth, à propos de Suzuki vs Harley-Davidson, qui a délibérément créé une marque aspirationnelle.

« Je ne quantifie pratiquement rien dans la vie »

J'ai peur de perdre la boule si j'arrête de tout mesurer. Son conseil a été libérateur, car Seth est mon idole depuis des années. Il m'a conseillé de commencer à « interrompre le cycle » de quantifications, de la même manière que j'arrive à interrompre ma prise de compléments alimentaires pendant une semaine tous les deux mois (exemple : en juillet 2016, je n'ai pas suivi mon poids ni les statistiques des médias sociaux, des sites Internet et de la newsletter).

J'aime examiner ce que Seth ne fait pas autant que ce qu'il fait. Seth n'a aucun commentaire sur son blog, il ne prête aucune attention à l'analytique et il n'utilise pas Twitter ou Facebook (sauf pour rediffuser ses posts quotidiens, mais cela se fait automatiquement). Dans un monde où l'on est obsédé par les outils et la crainte de laisser passer quelque chose sur les réseaux sociaux, Seth semble insouciant. Il s'attache simplement à diffuser de bons posts courts tous les jours et ignore le reste. Pourtant, il prospère. Il n'y a pas vraiment de règles, alors inventez les vôtres.

En bref

▶ Petit déjeuner

« Je ne prends pas de décision pour mon petit déjeuner. Je mets simplement de la banane congelée, de la farine de chanvre, du lait d'amande, un pruneau et des noix dans le mixeur. »

▶ Cours de cuisine

« Mon épouse m'a inscrit à un cours de cuisine avec Chris Schlesinger, une première pour moi. J'ai plus appris sur la cuisine en 20 minutes que je n'en avais appris auparavant et que je n'en ai appris depuis. En gros, Chris m'a appris à penser à ce que je voulais préparer et a conseillé :

A) Goûtez votre préparation au fur et à mesure, ce que peu de gens font.

B) Trichez avec du sel et de l'huile d'olive, deux armes secrètes qui fonctionnent à tous les coups. »

▶ Audiogon

Seth est un audiophile. Il apprécie particulièrement le son analogique d'équipements anachroniques assemblés à la main. Audiogon est un site Internet « où l'on trouve des gens qui revendent du matériel qu'ils ont acheté neuf il y a six mois et qui est donc en parfait état. »

Conseil aux parents

« Qu'est-ce qui pourrait être plus important que vos enfants ? Je vous en prie, ne faites pas les débordés. Si vous vous éloignez pendant deux heures de tout objet électronique pour jouer, parler et résoudre des problèmes intéressants avec eux, vous fournirez à vos enfants une tout autre éducation que celle des enfants qui ne passent pas de temps avec leurs parents. C'est pour cela que je prépare le dîner tous les soirs, car c'est un merveilleux environnement où l'on est à moitié distrait et où votre enfant peut s'ouvrir à vous. À vous d'avoir des conversations légères, mais superimportantes avec quelqu'un d'important à vos yeux. »

À propos d'éducation et d'enseignement

« Tôt ou tard, les parents prennent la responsabilité d'intégrer leurs enfants dans un système qui les endette et qui leur apprend à être un rouage dans une économie saturée de rouages. Ce sont les parents qui décident… [et] de 15 heures à 22 heures, les enfants sont scolarisés à domicile. Soit ils regardent La Famille Pierrafeu, soit ils apprennent quelque chose d'utile.

Il faut apprendre deux choses aux enfants : 1 : lire, et 2 : résoudre des problèmes intéressants. Car, en réalité, il existe de nombreux pays sur Terre où les gens sont prêts à obéir et à travailler plus dur que nous pour un salaire moindre. **On ne peut obliger à obéir davantage que ne le fait la concurrence.**

On ne peut pas imposer davantage d'obéissance que la concurrence. C'est pourquoi on doit devancer les autres et trouver des réponses avant eux…

Le meilleur moyen d'enseigner à vos enfants comment résoudre des problèmes intéressants, c'est de leur proposer des problèmes intéressants. Mais n'allez pas les critiquer s'ils ne réussissent pas. Les enfants ne sont pas bêtes. S'ils se font disputer chaque fois qu'ils essaient de résoudre un problème intéressant, ils se contenteront d'avoir des 20/20 en apprenant leurs leçons par cœur. Je passe beaucoup de temps avec les enfants… Pour moi, c'est un privilège de pouvoir regarder dans les yeux un enfant de 11 ans confiant, énergique, et lui dire la vérité. On peut dire à cet enfant : "Je me fiche de ta note au contrôle de vocabulaire. Ce qui m'intéresse, c'est ce que tu as à dire." »

* **Croyez-vous en quelque chose que d'autres considèrent comme une folie ?**
« Au fond de moi, je suis persuadé que **les gens sont en plastique, dans le sens positif du terme : souples et capables de grandir. Je pense que quasiment toute chose est fabriquée, pas innée. Ça met les gens mal à l'aise parce qu'ils doivent en payer le prix,** mais je le pense sincèrement. »

* **Les livres audio que Seth préfère et écoute en boucle.**
TF : Je vous les liste puis cite son usage conseillé.

- *Goals: Setting and Achieving Them on Schedule, How To Stay Motivated*, et *Les Secrets pour conclure une vente*, de Zig Ziglar : « Zig est notre grand-père à tous. C'est le grand-père de Tony Robbins. Aucun d'entre nous ne serait ici sans Zig. »
- Les ouvrages de Pema Chödrön : « C'est presque la face B. Je me suis beaucoup amélioré dans [les longues périodes difficiles] grâce à Pema, à la méditation, et parce que j'ai appris à l'accepter au lieu d'insister pour que la tension disparaisse. »
- *Leap First* : « Inspiré par [Zig et Pema], et mes travaux personnels. J'ai produit ce livre pour la bonne cause, pour que tout le monde ait accès à ce savoir. C'est un livre audio court, que vous trouverez sur le site Sounds True. »
- *L'Univers de la possibilité*, de Rosamund Stone Zander et Benjamin Zander : « … très difficile à dénicher sous forme audio, mais qui en vaut la peine. »
- *La Guerre de l'art*, de Steven Pressfield : « Également difficile à trouver en livre audio. Je trouve la voix de Steven fascinante et, avant même de le rencontrer, j'étais fasciné par lui en l'écoutant parler de ses travaux. La Guerre de l'art est l'un de ces livres, du moins pour moi quand j'ai enfin mis la main dessus, à propos desquels on se demande : "Mais pourquoi je n'étais pas au courant ? Pourquoi ce livre a mis tant de temps à atterrir sur mon bureau ?"… Il faut être franc avec nous-mêmes à propos de nos craintes, des raisons de nos peurs, et savoir si nous sommes prêts à faire avec, car cette crainte ne s'effacera jamais. »

- *Just Kids*, de Patti Smith : « C'est l'unique meilleur livre audio jamais enregistré par Patti Smith. Cela ne changera pas la façon dont vous gérez vos affaires, mais ça pourrait changer votre mode de vie. Ça parle d'amour, de perte et d'art. »
- *Dette*, de David Graeber : « Je recommande la version audio parce que David a tendance à se répéter un peu et à faire des ellipses. Mais ça passe en audio parce qu'on peut simplement le réécouter. »

TIM : Par lequel de ces ouvrages vous me recommanderiez de commencer ?

SETH : À mon avis, si vous avez l'impression de stagner, choisissez *La Guerre de l'art* et *L'Univers de la possibilité*. Si vous êtes stressé, écoutez Pema. Si vous devez voir une voie plus colorée que la vôtre, en Technicolor, prenez Zig. Et si vous voulez verser une larme, optez pour *Just Kids*. *Dette* est celui qui offre l'expérience la plus proche de la lecture. Je ne crois pas que beaucoup de gens écouteront *Dette* dix fois.

*** La meilleure acquisition de Seth pour 100 $ ou moins**

« Les barres en chocolat artisanales pourraient devenir une obsession. Ce n'est pas une nécessité, mais une possibilité. Chez moi, ça tournait à l'obsession. Il y a un an environ, j'allais lancer ma propre chocolaterie parce que ce n'était pas très compliqué. Puis j'ai constaté que quelques marques réussissaient déjà mieux dans le domaine que ce que je pouvais espérer… Je voudrais mentionner deux chocolateries : Rogue [dans le Massachusetts] et Askinosie. Actuellement, je suis devenu conseiller pour une nouvelle société appelée Cacao Hunters, en Colombie. »

*** Le conseil que vous vous seriez donné à 30 ans ?**

« J'ai connu bon nombre de ratés à 30 ans. Ça a duré 9 ans. Je ne me donnerais aucun conseil, car si je n'avais pas eu tous ces bleus et ces bosses je ne serais pas tel que je suis aujourd'hui et je suis plutôt satisfait de ce que je suis devenu. »

Marottes – le café et la vodka

Seth ne boit ni café ni alcool, mais il adore préparer des espressos et vodkas fantaisie pour son entourage. Toutes les personnalités que j'ai interviewées pour ce livre ont des toquades étranges. Je trouve la description de Seth tordante. Sa recette de vodka est absolument délicieuse :

« Commençons par le café. Je précise, je ne bois pas de café. J'aimerais bien, car j'aimerais avoir un vice. Mais j'adore préparer le café. Sans être quelqu'un qui mesure tout, ce n'est pas mon truc, j'ai une sorte d'intuition pour doser un bon espresso. J'ai eu une machine sophistiquée, une Slayer tout électronique qui n'a sa place dans aucune cuisine, surtout pas la mienne. Alors, quand elle s'est détraquée, je l'ai revendue à bon prix et j'ai choisi une machine suisse qui a 17 ans, complètement manuelle, où il faut tirer sur une manette.

« Et puis je torréfie mes grains de café moi-même, ce qui est essentiel. C'est Marco Arment [cofondateur de Tumblr et créateur d'Instapaper et Overcast] qui me l'a appris. Torréfier les grains est le geste le plus important dans la préparation d'un café. Je crois qu'il y a une métaphore là-dedans. Oui, j'en suis même sûr : on peut passer beaucoup de temps à essayer de bidouiller les choses ultérieurement, mais si on a le bon matériel à la base, ça fait une énorme différence. »

TIM : Et la vodka… ?

SETH : Près de chez moi, il y a le [Blue Hill au] Stone Barns Center, l'ancienne maison de campagne des Rockefeller. C'est un bon restaurant. Je ne bois pas d'alcool, mais on m'a dit qu'au bar on sert de la vodka avoine-miel. J'ai changé la recette, mais elle n'est pas encore gravée dans le marbre. Je fais mon petit mélange dans ma cave. Pour ceux que ça intéresse, voici la recette : prenez une bouteille de vodka– pas le premier prix ni une bouteille très chère parce que c'est un peu l'arnaque –, versez-la sur une livre de flocons d'avoine ordinaires crus et un demi-pot de miel. Laissez la préparation 15 jours au réfrigérateur en mélangeant de temps en temps. Filtrez le mélange et versez-le dans la bouteille d'origine. Et voilà.

* Un dernier conseil ?

« Envoyez un mot de remerciement à quelqu'un demain. »

James Altucher

« Dans la vie, on a tous deux ou trois dizaines de choses qui font vraiment mal et qui touchent d'autres personnes. En gros, j'essaie d'écrire dessus puis de décrire comment j'ai tenté de m'en sortir. »

James Altucher (TW : @jaltucher, jamesaltucher.com) est un capital-risqueur américain, entrepreneur et auteur de best-sellers. Il a fondé ou cofondé une vingtaine de sociétés, dont Reset et Stockpickr. Parmi ces sociétés, 17 ont capoté et 3 lui ont fait gagner des dizaines de millions. Il a écrit 17 livres, dont La Puissance du non. Je n'ai jamais vu quelqu'un conquérir un lectorat vaste et convaincu aussi rapidement que James.

Animal totem : la souris

TF : Pour moi, la citation de la page précédente explique comment James est passé d'illustre inconnu à auteur lu par des millions de lecteurs à un rythme effréné. La force de James, ce sont ses propres douleurs et peurs. Il montre la lumière à la fin du tunnel sans ignorer qu'il fait tout noir au milieu. C'est plutôt agréable dans un monde où les gourous de la pensée positive ne sont que sourires forcés et tapes dans la main.

Certains de mes posts les plus populaires depuis 2007 sont ceux qui m'ont pris le moins de temps, mais aussi ceux que me gênaient le plus. Pour les produire, je me demande en général : « Qu'est-ce qui fait que je me débats avec ce sujet ? Et qu'est-ce je fais pour améliorer le problème ? »

Si vous pouvez trouver 10 idées, vous pouvez en trouver 20

James conseille de prendre l'habitude de noter 10 idées tous les matins sur un bloc-notes ou dans un petit carnet. Cet exercice vise à développer vos « muscles à idées » et à accroître votre confiance dans votre créativité à la demande. Pratiquer cet exercice régulièrement est plus important que les sujets :

« Et si [vous] ne parvenez pas à trouver 10 idées ? Voici la solution miracle : si vous ne trouvez pas 10 idées, trouvez-en 20… Vous vous mettez trop la pression. Le perfectionnisme est l'ENNEMI du muscle à idées… c'est votre cerveau qui tente de vous protéger d'un danger, comme celui de trouver une idée gênante et bête qui vous ferait souffrir. La façon de résoudre ceci est de forcer [le cerveau] à générer des mauvaises idées.

« Par exemple, vous avez noté 5 idées pour des livres, et elles sont toutes pas mal. Et là, vous êtes coincé… Eh bien, en avant les mauvaises idées. En voici une : Dorothée et le Magicien de Wall Street. Dorothée est prise dans un ouragan au Kansas et atterrit à l'angle de Broadway et de Wall Street, à New York. Elle doit parcourir tout Wall Street pour trouver le Magicien de Wall Street (Lloyd Blankfein, le P-DG de Goldman Sachs), afin de pouvoir rentrer au Kansas. Mais au lieu de l'aider à rentrer chez elle, il lui offre un poste de trader. Quelle mauvaise idée ! Bon, passez aux 15 idées suivantes.

« [Après], je divise ma feuille en deux colonnes. Une colonne pour la liste des idées, et l'autre pour la liste des PREMIÈRES ÉTAPES. Attention, uniquement la première étape, parce que vous ignorez où cette première étape vous mènera. Un de mes exemples préférés est celui de Richard Branson, qui n'aimait pas le service sur la compagnie aérienne qu'il avait prise. Alors il a eu cette idée : "Je vais lancer ma propre compagnie aérienne." Comment un éditeur de magazine sans le sou peut-il lancer une compagnie aérienne en partant de rien ? Sa première étape : téléphoner à Boeing pour savoir s'ils avaient un avion qu'il pourrait louer. Aucune idée n'est jamais énorme au point qu'il soit impossible de franchir la première étape. Si cette étape semble trop difficile, simplifiez-la. Encore une fois, ne vous tracassez pas si c'est une mauvaise idée. Tout cela est un entraînement. »

TF : « Si vous ne trouvez pas 10 bonnes idées, trouvez-en 20. » Cette devise s'est avérée utile. Il y a un an, j'ai fait un brainstorming de la liste des « choses les plus folles que je pourrais faire » tout en assistant à une conférence Wired avec des penseurs originaux tels que le photographe Platon. Après quelques cartouches brûlées (par ex. « Donner tout mon argent », « Vendre tous mes biens », « Me couper du monde virtuel pendant 6 mois »), je me suis retrouvé coincé. Comme le prône James, j'ai décidé de me lâcher complètement. Les choses ont vite viré vers le territoire des « mauvaises idées », comme « Me couper les deux pieds » (Hein ?). Mais la liste s'est allongée, et l'une des idées était « Prendre des vacances à durée indéterminée par rapport aux start-ups », ce qui est devenu l'une de mes idées les plus importantes de ces cinq dernières années (voir page 339).

Échantillon de listes pour l'exercice de James « 10 idées/jour »

Toutes les listes d'idées de James ne concernent pas le travail. En réalité, elles sont peu nombreuses. Il explique : « C'est difficile de trouver plus de 3 000 idées par an pour le business. Si j'ai de la chance, j'en trouverai quelques-unes. Le truc, c'est que ça doit rester amusant, sinon, vous ne le ferez pas. »

Voici en condensé des exemples des types de listes que James rédige :

- **10 idées anciennes que je peux renouveler** ;
- **10 trucs ridicules que j'aimerais inventer** (par ex. les toilettes intelligentes) ;
- **10 livres que je pourrais écrire** (*The Choose Yourself Guide to an Alternative Education*, etc.) ;
- **10 idées commerciales pour Google/Amazon/Twitter, etc.** ;
- **10 personnes à qui je peux transmettre mes idées** ;
- **10 idées de podcasts ou vidéos que je pourrais enregistrer** (par ex. Lunch with James, un podcast vidéo où je discute avec mes invités sur Skype autour d'un repas) ;
- **10 industries dans lesquelles j'éliminerais l'intermédiaire** ;
- **10 choses que je désapprouve alors que tout le monde les approuve religieusement** (les études supérieures, l'accession à la propriété, le droit de vote, les médecins, etc.) ;
- **10 façons de transformer mes vieux posts en livres** ;

- **10 personnes dont j'aimerais être l'ami** (et trouver la première étape pour les contacter) ;
- **10 choses que j'ai apprises hier** ;
- **10 choses que je pourrais faire autrement aujourd'hui** ;
- **10 façons de gagner du temps** ;
- **10 choses que j'ai apprises de X** (X étant quelqu'un avec qui j'ai récemment discuté, ou qui est l'auteur ou le sujet d'un livre que j'ai lu. J'ai écrit des posts à ce sujet sur les Beatles, Mick Jagger, Steve Jobs, Charles Bukowski, le dalaï-lama, Superman, Freakonomics, etc.) ;
- **10 choses dans lesquelles j'aimerais m'améliorer** (et 10 façons de m'améliorer pour chacune) ;
- **10 choses qui m'intéressaient quand j'étais petit et qu'il pourrait être sympa d'explorer maintenant** (peut-être que je pourrais écrire la bande dessinée « Le fils du Dr Strange », comme j'ai toujours souhaité le faire. Et maintenant, 10 idées d'intrigues) ;
- **10 méthodes à tester pour résoudre un problème** (ça m'a sauvé plusieurs fois la mise auprès du fisc. Malheureusement, le service des contraventions reste insensible à mes superpouvoirs).

En bref

▶ À propos de la valeur de l'ignorance sélective, après avoir travaillé pour un journal

« En gros, on vous dit : “Trouvez ce qui va effrayer le plus les gens et écrivez un article dessus.” C'est Halloween tous les jours dans la presse. J'évite de lire les journaux. »

TF : Beaucoup de personnes productives font de même, y compris l'essayiste Nassim Taleb.

▶ Le monde n'a pas besoin de vos explications. À propos de dire non :

« Je ne donne plus d'explications et je me reprends quand je commence à dire un truc genre : “Ah, désolé, je ne pourrai pas venir. J'ai un rendez-vous chez le médecin ce jour-là. Je suis vraiment malade. Je me suis cassé la jambe ce week-end.” Je dirai simplement : “Je ne pourrai pas venir. J'espère que ça ira.” »

▶ Vous n'avez pas de but unique et fondamental ? C'est peut-être inutile

« Laissez tomber le but. On peut être heureux sans. La quête d'un objectif unique a gâché bien des vies. »

Comment se créer son propre MBA du monde réel

L'idée d'obtenir un MBA est plutôt sympa.

Les MBA sont attrayants pour plusieurs raisons : développer de nouvelles compétences en affaires, développer un meilleur réseau d'affaires ou, le plus souvent, prendre deux ans de vacances sans que ça fasse tiquer sur un CV.

En 2001, et de nouveau en 2004, je voulais faire ces trois choses.

Dans ce chapitre, je vais vous parler de mon expérience avec les programmes de MBA et comment j'ai fini par créer mon propre MBA. J'espère que cela vous fera réfléchir sur les expériences réelles par rapport à la formation théorique, les hypothèses non testées (en particulier sur la tolérance au risque) et le bon jeu du business en général. Il n'est pas nécessaire de dépenser 60 000 $ par année pour appliquer les principes sur lesquels je reviendrai.

Dernière mise en garde : rien ici n'est conçu pour me présenter comme un expert en investissement, que je ne suis pas.

Les débuts

Ah, la Stanford Graduate School of Business (GSB). Stanford, avec ses avenues plantées de palmiers, ses toits de tuiles rouges, a toujours eu une place de choix dans mon esprit.

Mais mes rêves d'intégrer la GSB étaient au comble de la frénésie quand j'ai assisté au cours « Entrepreneuriat et capital » enseigné par Peter Wendell, qui avait fait des investissements précoces dans des sociétés telles que Intuit.

En 30 minutes, Pete m'avait plus appris sur la réalité du capital-risque dans le base-ball que tous les livres que j'avais pu lire sur le sujet.

J'étais enchanté et prêt à m'inscrire à la GSB. Qui ne l'aurait pas été ?

Donc, plein d'enthousiasme, j'ai entamé les démarches que j'allais répéter deux fois : télécharger le formulaire d'inscription pour commencer, visiter le campus et assister à d'autres cours.

Ce sont les autres cours qui m'ont fait tiquer. Certains étaient fabuleux, enseignés par des experts qui avaient tout vu, mais beaucoup d'autres étaient enseignés par des théoriciens diplômés qui utilisaient de grands mots et bon nombre de diaporamas PowerPoint. Un prof a passé 45 minutes à faire défiler des slides remplies d'équations qui pourraient se résumer à : « Si vous faites un produit merdique, les gens ne l'achèteront pas. » Personne n'avait besoin de me le prouver, et encore moins de me noyer sous les calculs pour m'en apporter la preuve.

À la fin de ce cours, je me suis tourné vers l'étudiant qui me faisait visiter, et je lui ai demandé ce qu'il pensait de ce cours. Sa réponse : « Ah, c'est de loin mon préféré. »

Et ça a signé l'arrêt de mort de la grande école pour moi.

Comment se faire une petite fortune

En 2005, j'avais fini de tourner en rond avec l'histoire des grandes écoles, mais j'avais toujours envie d'en apprendre davantage sur le capital-risque (CR). En 2007, j'ai commencé à déjeuner souvent avec le brillant Mike Maples, qui avait cofondé Motive Communications (introduction en bourse à 260 millions de dollars) et était le créateur exécutif de Tivoli (racheté par IBM pour 750 millions). Il est désormais cofondateur associé du Floodgate Fund.

On discutait généralement de plusieurs sujets, dont la performance physique, les campagnes marketing (je venais de sortir La Semaine de 4 heures) et d'un sujet qui lui tenait à cœur à l'époque : l'« investissement providentiel ».

Par rapport au traditionnel CR, l'investissement providentiel ne demande que des sommes relativement modestes – de 10 000 à 50 000 dollars le plus souvent –, investies précocement dans des start-ups. Dans le monde de Mike, « précoce » pouvait signifier deux ingénieurs avec un prototype pour un site Web ou un entrepreneur en série qui avait une nouvelle idée. Les investisseurs providentiels ont généralement une certaine expérience et sont considérés comme de l'« argent intelligent. » Autrement dit, leurs conseils et relations ont autant de valeur que l'argent qu'ils investissent.

Au bout de plusieurs déjeuners avec Mike, j'avais trouvé mon école de commerce.

J'ai décidé de créer un programme de 2 ans, la « Bourse Tim Ferriss », pour remplacer Stanford. Je n'allais pas passer par les étapes officielles pour créer une bourse légalement viable, mais simplement élaborer un plan et investir mon propre capital comme si j'avais obtenu une bourse.

La Stanford GSB n'est pas donnée. J'ai calculé en 2007 que ça revenait à ~ 60 000 $ par année, donc 120 000 $ pour les deux ans. Avec la Bourse Tim Ferriss, je visais à dépenser intelligemment 120 000 $ sur deux ans en investissements providentiels par tranches de 10 ou 20 000 $, soit 6 à 12 sociétés au total. Le but de cette « école de commerce » serait d'apprendre autant que possible sur le financement des start-ups, la structuration des opérations, le design rapide de produits, les transactions de rachats, etc.

Ce programme n'était qu'une partie du cursus. L'autre consistait à rencontrer les « étudiants », de préférence ceux qui agissaient et secouaient le plus le monde des investissements dans les start-ups. Business School = programme + réseau.

La spécificité la plus importante de mon MBA personnel : j'avais prévu de « perdre » 120 000 $.

Je me suis lancé dans la Bourse Tim Ferriss en acceptant les 120 000 $ comme un fonds perdu, mais je m'attendais que les leçons que j'aurais apprises et les personnes que j'aurais rencontrées vaillent bien ces 120 000 $ avec le temps. Le programme sur 2 ans était de dépenser méthodiquement 120 000 $ pour apprendre, pas pour le retour sur investissement.

Attention, je ne vous suggère pas d'avoir la même approche avec les investissements providentiels, à moins que :

5. Vous ayez un savoir d'initié qui vous donne un avantage. J'habite dans la Silicon Valley et je connais de nombreux P-DG et investisseurs, donc je suis mieux informé que la majeure partie du reste du monde. J'investis rarement dans des entreprises publiques, car je sais que les professionnels qui investissent dedans disposent de plus d'outils et de leviers que moi.
6. Perdre votre fonds « MBA » ne vous fasse rien. On ne doit spéculer qu'avec ce qu'on accepte de perdre. Si une perte financière possible peut vous désespérer ou vous déprimer, ne le faites pas.
7. Vous ayez monté et/ou géré des entreprises par le passé.
8. Vous ne limitiez vos investissements providentiels à hauteur de 10 ou 15 % de vos liquidités. Je souscris au principe de la barre d'haltères de Nassim Taleb, que je mets en œuvre avec 90 % de capital conservateur et les 10 % restants en investissements spéculatifs qui peuvent capitaliser sur des « cygnes noirs » positifs.

Malgré le respect de ces critères, les gens surestiment leur tolérance au risque. Même si vous n'avez que 100 $ à investir, c'est un aspect important. En 2007, un gestionnaire de fortune m'a demandé quelle était ma tolérance au risque et je lui ai répondu honnêtement : « Je n'en sais rien. » Ça l'a surpris.

Je lui ai demandé quelle était la moyenne des réponses de ses clients. « La plupart de mes clients répondent qu'ils ne paniqueraient pas avant de perdre 20 % en un trimestre. »

Ma question suivante a été : « Et quand est-ce que la plupart commencent à paniquer et à vendre à bas prix ? » Sa réponse : « Quand ils perdent 5 % en un trimestre. »

Donc à moins de perdre 20 % en un trimestre, il est impossible de prédire votre réaction. Ça peut ne rien vous faire de perdre 20 $ sur 100 $, mais vous pouvez paniquer si vous perdez 20 000 $ sur 100 000 $. Le nombre absolu est tout aussi important que le pourcentage.

Comme Cus D'Amato, le premier entraîneur de Mike Tyson a dit « Chacun a un plan jusqu'à ce qu'il reçoive un coup sur le nez », je suggère la chose suivante aux aspirants investisseurs providentiels : allez au casino ou aux courses et restez-y jusqu'à ce que vous perdiez 20 % de votre mise de départ.

Admettons que vous avez prévu d'investir 25 000 $. Je vous demanderai de perdre exprès 5 000 en trois heures au moins, et pas en une seule fois. Il est important que vous perdiez progressivement pour apprendre le jeu, pour tenter de contrôler quelque chose d'incontrôlable. Si vous n'êtes pas affecté par la perte de vos 5 000 $ (ou 20 % de votre investissement initial prévu), vous pouvez songer à vous lancer dans l'investissement providentiel.

Mais faites-le prudemment. Il y a un dicton qui s'applique même aux plus malins dans le monde des start-ups : « Si vous voulez obtenir une petite fortune, commencez avec une grosse fortune et faites des investissements providentiels. »

Première opération, première leçon

Alors, qu'est-ce que j'ai fait ? J'ai immédiatement brisé mes propres règles, comme un imbécile. Il y avait cette start-up très prometteuse, d'après les corrélations de valorisation du classement Alexa (méfiez-vous de cette approche), qui était 5 fois sous sa valeur ! Même si elle atteignait une « valeur de base » à la sortie de 25 millions, je pourrais facilement récupérer mes 120 000 !

J'étais emballé et j'ai fait un chèque de 50 000 $. « Ce n'est pas un peu agressif pour une première fois, non ? » m'a demandé Mike. Pas du tout. Mon intuition était bonne, j'étais convaincu, d'après les autres investisseurs et toute l'excitation autour de cette affaire, que la société était sur le point d'exploser.

En deux ans, cette start-up s'est retrouvée sous assistance respiratoire et elle a succombé peu après. J'ai perdu 50 000 $. Oups.

Suivre les règles

Leçon 1 : Si vous avez formulé des règles intelligentes, suivez-les, bon sang ! En voici quelques-unes qui ont fonctionné pour moi. Je n'ai pas besoin de les suivre toutes, mais je tiens à en suivre la plupart :

- S'il n'y a qu'un seul fondateur, il doit être supertechnique. Deux cofondateurs techniques, c'est l'idéal.
- Je dois avoir envie d'utiliser le produit moi-même. Ça élimine pas mal de grandes sociétés, mais je souhaite un marché tangible que je comprends.
- En relation avec le point précédent : les produits/services destinés aux consommateurs (par ex. Uber, Twitter, Facebook, etc.) ou de petites sociétés dédiées aux produits/services (par ex. Shopify), pas de grandes sociétés qui fabriquent des logiciels. Il s'agit de sociétés sur lesquelles je peux avoir un impact direct de valorisation à travers ma plate-forme, que je peux promouvoir auprès de mon public, faire découvrir aux journalistes, etc.
- Plus de 100 000 utilisateurs actifs OU un créateur d'entreprise en série qui a déjà revendu des sociétés OU plus de 10 000 clients payants. Je cherche à ajouter du combustible sur le feu, pas à allumer un feu.
- Plus de 10 % de croissance d'activité chaque mois.
- Un « tableau de planification » sain, avec peu ou pas de financements antérieurs ni intermédiaires.
- Des sociétés basées aux États-Unis ou des sociétés désireuses de créer des entités américaines où il est possible d'investir. Shopify a été créé au Canada, par exemple.
- Est-ce que les fondateurs ont déjà exercé de petits métiers, comme serveur dans un restaurant ? Si c'est le cas, ils ont tendance à avoir les pieds sur terre plus longtemps. Moins de mégalomanie signifie généralement de meilleures décisions, car ceci prend normalement plusieurs années à atteindre.

Fin 2010, en suivant ces principes, j'ai eu la chance de voir deux affaires aboutir.

La première, Daily Burn, a été rachetée par IAC. C'était la garantie que je n'allais pas perdre d'argent sur ma « bourse » de deux ans, dans l'hypothèse où je n'irais pas claquer les bénéfices bêtement. À propos de Daily Burn : la société répondait à toutes les exigences de ma check-list, mais la majorité des investisseurs (mais pas tous) à qui j'avais demandé de participer avaient refusé parce que les cofondateurs habitaient dans l'Alabama et au Colorado, et non pas dans une pépinière high-tech. À l'époque, Mike Maples m'avait expliqué une règle fondamentale simple que j'ai souvent appliquée depuis : **briser ses règles pour co-investir avec des investisseurs reconnus est généralement une mauvaise idée, mais suivre ses règles quand les autres rejettent une start-up peut très bien marcher.**

Ma seconde sortie du capital peut paraître étrange. Souvenez-vous, apprendre était la motivation principale de mon MBA du monde réel.

Ma seconde sortie du capital concernait ma propre société ! Profitant de ce que j'avais appris à travers les investissements providentiels sur les structures et le processus de rachat, j'étais moins frileux à l'idée de « vendre » une société. Ce n'était pas forcément compliqué, et c'est ainsi que BrainQUICKEN a été revendu fin 2009. Le retour sur investissement de mon MBA personnel, uniquement basé sur ces deux sociétés, a plus que doublé ma « bourse ».

Je sais, la somme peut paraître dérisoire pour certains (120 000-200 000 $ pour 2 ans d'efforts ?), mais deux choses sont importantes à souligner :

9. Vendre ma société m'a offert du temps pour me concentrer sur autre chose, comme *4 heures par semaine pour un corps d'enfer*, classé #1 sur la liste des best-sellers du *New York Times*, et qui a engendré des milliers d'opportunités.
10. Deux sorties du capital de start-ups, ce n'était pas la fin de l'histoire. Ce n'était que le début.

Les parts investies dans les start-ups peuvent rester bloquées pendant 7 à 10 ans. C'est pourquoi le « cycle de financement » de la plupart des fonds de capital-risque est de 10 ans. C'est le temps qu'ont mis la plupart des sociétés qui ont connu le succès à être introduites en bourse ou à se faire racheter. Autrement dit, on ne sait pas si on est un bon ou un mauvais investisseur providentiel, si on a eu raison ou tort d'investir, pendant très LONGTEMPS.

Alors, quels sont les autres paris que j'ai faits entre 2007 et 2009 ? Certaines start-ups ont dépassé le stade de Seed ou de Series A :

- Shopify (introduction en bourse-conseiller) ;
- Uber (à déterminer, mais apparemment mon plus gros pari) ;
- Facebook (introduction en bourse) ;
- Twitter (introduction en bourse) ;
- Alibaba à 9 $/action (introduction en bourse).

Depuis, je compte 6 ou 10 belles sorties de plus et j'ai aussi pu faire des transactions privées sur le « marché secondaire ». Lorsque les start-ups font une nouvelle levée de fonds, les actionnaires existants se voient parfois proposer ces transactions.

Je tiens à ajouter que j'ai dû ajuster mon approche d'investissement de 2008 à 2010 à cause de ma bévue à 50 000 $ et la limite de 120 000 $ en capital de départ que je m'étais imposée.

J'ai adopté en plus les principes suivants qui, même s'ils semblent arbitraires, m'ont permis de filtrer 90 % des opérations et d'éviter de perdre de l'argent. Je les ai appliqués jusqu'en 2010, car, après, je disposais de plus de capital et :

A) J'ai préféré investir de l'argent au lieu de temps (plus facilement mesurable) ;

B) Je pouvais appliquer des règles légèrement différentes puisque je disposais d'un filet de sécurité plus solide.

Même si investir dans les start-ups n'est pas votre tasse de thé, à vous de choisir les règles qui rendent les mauvaises décisions difficiles à prendre. En voici quelques-unes qui m'ont aidé.

▶ Si chaque start-up est introduite en bourse à 5 fois sa valorisation actuelle en Series A, elle devrait pouvoir couvrir deux tiers de votre capital investi.

La plupart de vos start-ups capoteront, donc les réussites doivent compenser les pertes. Admettons qu'une start-up vous propose un investissement de 15 000 $ et qu'elle vaudra 1,5 million après le cycle de financement. Si on applique la règle de « deux tiers » et que votre capital (comme le mien de 2007 à 2009) est de 120 000 $, vous ne devriez pas investir 15 000 $ dans cette start-up, puisque 15 000 x 5 = 75 000 $. Deux tiers de 120 000 $ font 80 000 $. Donc soit vous investissez légèrement plus, et abaissez la valorisation, soit vous devenez conseiller auprès de cette start-up (détaillé ci-dessous) et recevez davantage d'actions en retour. Ceci ne comptabilise même pas la dilution, un sujet qui dépasse le cadre de ce livre, mais qui est probable dans la plupart des cas.

▶ Si une start-up sort à 3 fois sa valorisation actuelle, vous devriez empocher 300 000 $

C'est une des méthodes que je préfère pour sélectionner ou disqualifier une start-up. Même si j'aime beaucoup une personne, je ne peux pas entreprendre un autre boulot à temps partiel pendant 7 à 10 ans pour gagner 50 000 $ au final.

Admettons qu'une start-up finisse avec une valorisation post-financement de 3 millions de dollars. Si je les ai aidés à plus que tripler la valeur de leur société à 10 millions, combien vais-je empocher s'il n'y a pas d'autres cycles de financement ? Si c'est 50 000 $, ça n'en vaut pas la peine. Étant donné le temps que j'y consacrerai, je pourrais gagner cinq fois plus en faisant autre chose. Cet investissement n'a donc aucun sens.

Passer d'investisseur à investisseur/consultant puis à consultant

Admettons que vous vous engagiez à dépenser 60 000 $ par an en investissements providentiels, comme je l'ai fait sans vraiment savoir ce qui m'attendait. Cela signifie deux choses :

11. Vous ne pourrez pas respecter les règles précédentes de « couvrir deux tiers de l'investissement » ou de « gagner 300 000 $ si la valorisation triple » pour de nombreuses sociétés. Il se peut que vous fassiez 3 à 6 investissements.
12. 3 à 6 investissements, ça ne fonctionne généralement pas pour les investissements providentiels, alors que les experts prédisent que 9 sur 10 échoueront.

Il est donc quasiment impossible d'obtenir un intervalle statistique fiable avec 60 000 $ par an. Le calcul est mauvais, surtout si vous vous emballez comme je l'ai fait et lâchez 50 000 $ pour votre premier investissement.

Voici comment j'ai changé de cap et géré le problème :

D'abord, j'ai investi de toutes petites sommes dans quelques start-ups soigneusement sélectionnées, idéalement celles dans des réseaux denses « de germination » (les anciens « incubateurs ») comme Y Combinator et Techstars. Puis j'ai fait de mon mieux pour offrir autre chose que la valeur de mon investissement. Je voulais que les fondateurs se demandent : « Mais pourquoi ce gars nous aide autant pour une part si dérisoire ? » C'était essentiel pour me forger une réputation de sérieux créateur de valeur, quelqu'un qui donne un coup de main pour pas grand-chose.

Ensuite, en m'appuyant sur cette réputation grandissante, j'ai commencé à négocier des accords mixtes avec des start-ups, avec certes un investissement, mais aussi des parts additionnelles pour une activité de conseil. Ces parts « de consultant » sont des parts que je gagne avec le temps (disons, 1/24e du total chaque mois pendant deux ans), mais que je n'achète pas. La start-up peut annuler l'accord à tout moment si je ne suis pas performant.

Et, pour finir, j'ai franchi le pas pour devenir simplement conseiller. À la fin de la première année de la Bourse Tim Ferriss, plus de 70 % de mes « investissements » dans des start-ups étaient du temps plutôt que de l'argent. Les six derniers mois, je n'ai fait qu'un seul chèque pour une start-up.

Passer d'investisseur à conseiller m'a permis de réduire le montant total du capital investi, d'augmenter le pourcentage de mes parts et de faire fructifier mes 120 000 $ malgré mes erreurs de départ. Je suis convaincu que cette approche produit aussi de meilleurs résultats pour les start-ups.

Les start-ups ont fini par devenir ma poule aux œufs d'or. Lorsque CB Insights a analysé les 1 000 premiers investisseurs providentiels en 2014, j'étais classé 6e. Ironiquement, j'ai complètement arrêté les investissements providentiels aujourd'hui, même si ça me rapportait 10 fois plus que ce que je gagne avec mes livres et tout le reste. Pourquoi ? Vous le saurez page 339.

Mais ça suffit, l'aspect technique. Regardons quels autres choix s'offrent à vous.

Créer son propre programme d'études

Comment créer votre propre MBA ? Voici trois exemples avec les coûts estimatifs selon le programme :

- Maîtrise en écriture créative – 12 000 $ par an

Comment dépenser (ou sacrifier) 12 000 $ par an pour devenir un auteur créatif de classe internationale ? Si vous gagnez 75 000 $ par an, vous pouvez vous inscrire à un groupe d'écriture et négocier de ne plus travailler le lundi (pour vous concentrer sur l'écriture d'un roman ou d'un scénario) en acceptant une réduction de salaire de 10 à 15 000 $.

- Maîtrise en sciences politiques – 12 000 $ par an

Utilisez la même approche pour dédier une journée par semaine pour travailler (bénévolement ou pas) pour une campagne politique. Décidez de lire un livre par semaine parmi les ouvrages au programme de la 1re année du cursus Sciences politiques de l'université de Georgetown.

▶ MBA – 30 000 $ par an

Engagez-vous à dépenser 2 500 $ par mois pour tester diverses « muses », des sources de revenus automatiques. Voir La Semaine de 4 heures ou sur Google « muse examples Ferriss ».

▶ Et plus généralement

Engagez-vous, dans les limites du raisonnable question finances, en faveur de l'action aux dépens de la théorie.

Apprenez à affronter les défis du monde réel au lieu de vous réfugier dans le giron protecteur du monde académique. Vous pouvez contrôler la plupart des risques et vous n'imaginez même pas votre récompense.

Ressources

Pour les férus de high-tech, voici quelques ressources pédagogiques sur les investissements providentiels, la création de sociétés de haute technologie ou sur comment choisir une start-up pour laquelle travailler :

- Venture Deals, de Brad Feld et Jason Mendelson.
- Venture Hacks (venturehacks.com), cocréé par Naval Ravikant (page 480) et Babak « Nivi » Nivi (2 fois). Contenu gratuit sur tous les aspects de ces enjeux. Certains termes ou normes peuvent être désuets, mais il s'agit de moins de 20 % du contenu. Les parties théorie et stratégie sont justes.
- AngelList, aussi cofondé par Naval et Nivi. Super pour trouver des opérations, voir qui investit dans quoi et trouver un job dans des start-ups en plein développement. Je suis conseiller chez AngelList, et vous pourrez trouver mon portfolio complet sur angel.co/tim.

Shaun White

Shaun White (TW/FB/IG : @ShaunWhite, shaunwhite.com) est un snowboardeur et skateur professionnel. Au nombre de ses exploits, on compte deux médailles d'or olympiques et le record de 15 médailles d'or aux X Games (ainsi que le record total de 23 médailles). Shaun s'est classé second sur la liste BusinessWeek des 100 meilleurs athlètes commercialisables. Il est propriétaire majoritaire du concours Air & Style, une série d'événements décrite comme « une combinaison entre le festival Coachella et les X Games ».

Pour la petite histoire

- Shaun est né avec une malformation cardiaque appelée « tétralogie de Fallot ». Plusieurs des valves de son cœur fuyaient, et il a dû se faire opérer plusieurs fois à cœur ouvert pour régler ce problème. Petit, il s'évanouissait sur le terrain de foot dès qu'il produisait un effort trop intense.
- Mon podcast avec Shaun a été enregistré en live devant le public du Troubadour, à L.A., où Guns N' Roses a donné le concert qui a valu au groupe de signer chez le label Geffen.

*** Qu'est-ce que vous vous dites avant d'attaquer un run olympique ?**

« Je me dis : "En fin de compte, qui s'en soucie ? Et après ? Je suis là, je vais faire de mon mieux et je vais rentrer chez moi, ma famille m'attend… Même si mon monde en dépend, qui s'en soucie ?" »

TF : Il a piqué la phrase « je vais rentrer chez moi, ma famille m'attend » à son mentor Andre Agassi. Shaun et moi adorons et conseillons de lire l'autobiographie d'Andre, Open.

Surmonter la pression des pairs et la valeur des objectifs « débiles »

« Je me suis retrouvé dans une drôle de situation. J'étais au Japon pour le Toyota Big Air. J'étais le candidat libre de la compétition. J'avais payé le voyage. Ma mère m'accompagnait. On avait payé l'hôtel, la nourriture, tout. Les autres riders étaient tous invités [vol et hôtel inclus]. Sur place, ils touchaient une indemnisation quotidienne. Et puis il y avait le premier prix de 50 000 $.

« Ils sont tous sortis faire la fête. Moi, je n'étais qu'un gamin. J'étais resté à l'hôtel avec ma mère. Ils se sont pointés avec la gueule de bois à la compétition, genre “Le tremplin est naze” – parce qu'ils sont des snowboardeurs, donc –, “C'est pas cool, on veut pas concourir aujourd'hui. On va juste faire une démo et on se partagera les sous”. J'ai fait un calcul rapide dans ma tête : “Mince, ça ne remboursera même pas nos billets d'avion.” Alors je leur ai dit : “Non, je ne veux pas partager le prix.”

« Ils ont voulu me bizuter, genre “Ah, il n'y a que l'argent qui t'intéresse…” Je savais que je ridais bien ce jour-là. Ils ont pris une photo de tous les riders et ont dessiné le sigle du dollar sur mes yeux. J'avais 15 ans. C'était intimidant. Mes héros qui me pointaient du doigt et… j'ai gagné ! J'ai reçu 50 000 $ et une voiture. J'étais ravi : “Oh mon Dieu, qu'est-ce qu'on va faire ?” »

TIM : Où avez-vous trouvé cette force pour affronter ce genre de pression de vos pairs ? C'est plutôt inhabituel pour un jeune de 15 ans, surtout quand il s'agit de vos idoles qui vous lancent des flèches. Est-ce un héritage de vos parents ? Est-ce inné ? Ou est-ce totalement autre chose ?

SHAUN : J'avais bossé, j'avais investi du temps. Je sentais que j'étais le meilleur rider. Les autres s'étaient vu offrir le voyage… Je me suis dit que c'était mon jour, que je n'allais pas les laisser le gâcher. J'avais travaillé dur pour atteindre cet objectif. **Chaque saison, je me donne deux objectifs. Un objectif très sérieux et un objectif plus drôle, un peu dingue.**

TIM : Donnez-nous un exemple de chaque.

SHAUN : Vous allez rire – c'est ridicule. Un des objectifs était de gagner les JO, et l'autre était de remporter le plus de véhicules possible. À l'époque, les constructeurs automobiles distribuaient des voitures. J'étais sur ma lancée et, à la fin de la saison, j'avais gagné 9 voitures. Il y avait une Suzuki Sidekick, une Volvo, une Jeep et d'autres voitures… Je les ai données en fin de compte pour ne pas payer d'impôts dessus.

TIM : Vous vous fixez encore des objectifs comme ça ?

SHAUN : Oui. Ils sont toujours inopinés. Aux JO de Vancouver – j'ai du mal à croire que je vous raconte ça ! –, mes objectifs étaient, encore une fois, de remporter les JO, et aussi de porter un pantalon que j'avais fabriqué avec le drapeau américain dessus. J'avais vu une photo d'Axl Rose portant un pantalon comme ça, sans doute plus serré et plus court. "Je ne vais peut-être pas réussir, mais je peux fabriquer un pantalon comme ça." C'était un objectif bête, comme "Si je gagne, peut-être que je pourrai faire la couverture de Rolling Stone ou autre ?" Mais c'est ça qui est sympa. Ça retire beaucoup de pression. Remporter les JO est un gros objectif, très stressant, donc c'est bien d'en avoir un autre pour compenser. Tout était si sérieux. C'était ma façon de gérer le stress.

TF : Shaun a fini sur la couverture de Rolling Stone avec un pantalon à motif drapeau américain.

Un cas particulier

Parfois, être en marge des lieux connus présente un énorme avantage – ce que Malcolm Gladwell (page 506) explore dans son livre Tous winners. L'histoire que raconte Shaun me rappelle également la logique de Richard Betts pour choisir un restaurant page 498 :

« Je lisais [Tous winners] et j'étais épaté par l'histoire des joueurs de hockey et les anomalies du système. J'ai commencé à l'appliquer à ma vie personnelle en me disant : "Les gens pensent que c'était un désavantage pour moi de grandir dans le sud de la Californie. Eh bien, pas du tout. Il faisait beau la majeure partie de l'année et même en hiver." Nos hivers ne sont pas comme au Colorado ou dans le Vermont. Donc le nombre de jours où je pouvais aller rider était le double ou le triple de ceux qui avaient grandi ailleurs.

« En même temps, il y avait quelqu'un qui construisait des parcs à Bear Mountain et à Snow Summit Resort [en Californie du Sud], sur des petites montagnes. Il avait carte blanche et il a construit des rampes fabuleuses, de super half-pipes. Désormais, il construit des modules pour tous les grands événements du monde, mais c'est là qu'il a débuté, dans ces montagnes.

« On n'allait pas l'envoyer à Aspen pour détruire le travail de la surfaceuse. Le half-pipe disposait d'une sorte de tire-fesses et je me disais : "Ouah, je ride beaucoup parce qu'il fait beau et parce que je n'ai pas à défaire les fixations pour remonter à pied." Je faisais mon trick, je remontais par le tire-fesses et je recommençais. Je me suis rendu compte que j'engrangeais des mois d'entraînement par rapport à ceux qui habitent dans le Vermont ou autre, où il gèle et où ils doivent remonter à pied. Arrivés en haut, ils sont crevés.

« Quand il fait froid, ça fait peur de se dire : "Bon, je vais essayer ce flip." Oh que non. C'est très intimidant, il fait froid, on a envie de rentrer chez soi et se réchauffer. Moi, je profitais de conditions de poudreuse, j'avais un expert qui construisait les meilleurs modules dans le coin, donc… J'ai pu tirer beaucoup de choses sympa à appliquer dans ma vie dans ce livre. »

Accepter de faire le concert et chercher d'autres portes à ouvrir

« La musique, c'est étrange parce que, dans ma famille, personne n'a l'oreille musicale… Un jour, j'ai gagné une guitare à une compétition de snowboard et je me suis dit : "Ouah, ce serait cool si je pouvais jouer une chanson à une soirée." Et une chanson s'est transformée en : "Bon, je vais pratiquer pour devenir guitariste…"

« Je suis le premier guitariste du groupe Bad Things. Il se compose essentiellement d'amis d'enfance et de musiciens de talent que j'ai rencontrés à L.A. On a commencé à écrire nos propres chansons, on a fait des concerts et à un moment donné, on a été invités à Lollapalooza. C'était énorme. »

[**TF** : À ce moment-là du récit, j'ai murmuré « Ouah… »]

« Attendez la suite… c'était pour la scène des gamins. J'ai dit : "Vous savez ce qui serait super ? Ce serait d'aller faire ce concert pour les gamins." Je ne me voyais pas sur la scène principale. Ce n'est pas parce que je faisais partie de ce groupe qu'on devait nous offrir ces opportunités. Alors on s'est pointés et on a joué. On a fait un superspectacle pour les petits. Et un truc incroyable s'est produit. On aurait dit un film. Le groupe principal de la scène Grove à Lollapalooza a décidé de ne pas jouer. Ils ont affiché un grand panneau ON NE VA PAS EXPOSER NOTRE ART ICI. Les fans ont détruit tout leur matériel. C'était le chaos total.

« Ils [les organisateurs] ont regardé autour d'eux, genre : "Il nous faut un groupe sur la scène principale." Je me suis avancé : "On est un groupe." Littéralement. C'était dingue. "Bon, suivez-nous." Je pensais : "Seigneur, c'est une occasion de rêve, il faut qu'on le fasse." Et on a joué comme jamais on n'avait joué. On a sauté sur l'occasion. Comme n'importe qui prend une guitare et rêve de monter sur scène, on avait rêvé de ce moment où on quitte la scène et où le public demande un rappel. J'ai regardé les potes : "Est-ce qu'on a une autre chanson ? Non." [L'organisateur] a dit : "Rejouez la première alors." »

Fifty shades of chicken

C'est le titre du livre que Shaun adore offrir. C'est sérieux. Je croyais que c'était une plaisanterie, mais ce livre a 700 avis sur Amazon et 4,8 étoiles en moyenne.

La loi des catégories

« En ce qui concerne les idées, les nommer revient à se les approprier. Si vous pouvez nommer un problème, vous pouvez vous l'approprier. »

Thomas L. Friedman

Je conseille toujours aux entrepreneurs de lire Les 22 Lois du marketing, d'Al Ries et Jack Trout, qu'ils fondent une société pour la première fois ou qu'ils soient des lanceurs de produits en série. « La loi des catégories » est le chapitre que je consulte le plus souvent. En voici un résumé. La version originale a été éditée en 1993, alors certaines références « actuelles » sont dépassées. Quoi qu'il en soit, les principes restent intemporels.

La loi des catégories

Qui est la troisième personne à avoir volé au-dessus de l'Atlantique en solitaire ?

Si vous ne savez pas que Bert Hinkler est le second aviateur à avoir traversé l'Atlantique, vous savez que vous n'avez aucune chance de nommer la troisième personne qui l'a fait. Mais si, pourtant. Il s'agit d'Amelia Earhart.

Bon, est-ce qu'Amelia est célèbre pour avoir été la troisième personne à voler au-dessus de l'Atlantique en solitaire ou pour avoir été la première femme à le faire ?

Quand la bière Heineken est devenue populaire, le fabricant Anheuser-Busch aurait pu dire : « On devrait aussi offrir une bière d'importation. » Mais il ne l'a pas fait. Il a pensé : « S'il existe un marché pour de la bière importée à prix élevé, peut-être qu'il existe un marché pour de la bière nationale à prix élevé. » Donc il a commencé à promouvoir Michelob, la première bière nationale à prix fort, qui a rapidement doublé Heineken en termes de ventes. (En réalité, Anheuser-Busch vendait aussi une bière importée, Carlsberg, qui a une bonne réputation en Europe. Toutefois, aux États-Unis, le concept me-too de la Carlsberg n'a jamais pris.)

Miller Lite était la première bière nationale légère. Il a fallu cinq années à un importateur pour dire : « S'il y a un marché pour une bière nationale légère, peut-être qu'il y a un marché pour une bière légère importée. » En effet. Amstel Light est devenue la première bière légère importée en termes de ventes.

Si vous n'avez pas analysé l'esprit des clients potentiels le premier, n'abandonnez pas tout espoir. Trouvez une nouvelle catégorie où vous serez le premier. C'est plus facile qu'on ne le croit.

Après le succès d'IBM dans l'informatique, tout le monde s'y est mis. Burroughs, Control Data, General Electric, Honeywell, NCR, RCA, Sperry. On les appelait Blanche-Neige et les sept nains.

Quel « nain » a grandi pour devenir un géant international avec 126 000 employés et un CA de 14 milliards de dollars, une société dont on dirait qu'elle est « la seconde firme informatique au monde » ? Aucune. Après IBM, la marque d'ordinateurs la plus performante dans les années 1970 et 1980 était Digital Equipment Corporation. IBM restait premier pour les ordinateurs. DEC était premier pour les micro-ordinateurs.

Beaucoup d'autres sociétés d'informatique (et leurs propriétaires) sont devenues riches et célèbres en suivant un principe très simple : si vous ne pouvez pas être le premier dans une catégorie, créez une nouvelle catégorie où vous serez premier.

Tandem était premier en ordinateurs insensibles aux pannes, avec un CA de 1,9 milliard de dollars. Stratus a mis au point le premier micro-ordinateur insensible aux pannes.

Est-ce que les lois du marketing sont difficiles ? Non, elles sont relativement simples. Mais dans la pratique, c'est autre chose.

Cray Research a franchi un sommet avec le premier superordinateur. Alors Convex a lancé le premier mini-superordinateur.

Parfois, on peut transformer un perdant en vainqueur en inventant une nouvelle catégorie. Commodore était un fabricant d'ordinateurs familiaux qui n'a pas décollé avant de positionner Amiga en tant que premier ordinateur multimédia.

Il existe de nombreuses façons d'être le premier. Dell s'est imposé dans le marché saturé des PC en étant le premier à vendre ses produits par correspondance.

Quand vous lancez un nouveau produit, la première question à vous poser n'est pas : « En quoi ce nouveau produit est-il meilleur que ses concurrents ? », mais : « Premier en quoi ? » En d'autres termes, dans quelle catégorie ce nouveau produit sera-t-il premier ?

Charles Schwab n'a pas créé une meilleure société de courtage. Il a lancé la première société de courtage discount.

Cela va à l'encontre de la stratégie marketing classique qui se concentre sur les marques : comment faire pour que les gens préfèrent ma marque ? Oubliez la marque. Pensez catégories. Les clients potentiels sont sur la défensive lorsqu'il s'agit de marques. Chacun a des arguments pour défendre sa marque, mais les clients potentiels gardent l'esprit ouvert quand il s'agit de catégories. Tout le monde s'intéresse aux nouveautés. Peu de gens s'intéressent à ce qui est mieux.

Lorsque vous êtes le premier dans une catégorie, il faut promouvoir la catégorie. En somme, vous n'avez pas de concurrent. DEC a expliqué aux clients potentiels pourquoi ils devraient acheter un micro-ordinateur, pas un micro-ordinateur DEC.

Au départ, Hertz proposait un service de location de véhicules. Coca-Cola vendait une boisson. Les stratégies marketing des deux groupes étaient plus efficaces à l'époque.

TF : À l'image de DEC et des « micro-ordinateurs », j'ai inventé le terme « lifestyle design », que j'ai introduit dans La Semaine de 4 heures. Voici la première apparition du terme, même si j'ai retiré quelques paragraphes :

> Les Nouveaux Riches (NR) sont ceux qui ont délaissé l'objectif de vie différée [économiser et prendre sa retraite au bout de 20 à 40 ans] et ont créé des modes de vie de luxe au présent en utilisant la monnaie des NR : le temps et la mobilité. Ceci est un art et une science que nous appellerons désormais Lifestyle Design (LD)… Avoir 1 000 000 $ en banque n'est pas le fantasme. Le fantasme, c'est la liberté totale que ce mode de vie permettrait. La question est, alors, comment avoir la liberté absolue du mode de vie des millionnaires sans avoir 1 000 000 $?

Il s'ensuit des outils et des principes, comme le géoarbitrage, le tri d'e-mails, l'autre approche des voyages de luxe, la « miniretraite » (un autre terme que j'ai inventé), etc.

« Lifestyle design » représentait un nouveau concept concis pour quelque chose qui s'expliquait en plusieurs phrases autrefois. Je n'ai pas cherché à breveter le terme ni à le protéger. Au contraire, je l'ai propagé autant et aussi rapidement que possible. Je l'ai semé dans des interviews, dans les conférences, les articles, partout. Je voulais que le terme entre dans le langage populaire, voir des communautés organiques de « lifestyle designers » pousser sur Internet et partout dans le monde. Après que La Semaine de 4 heures a été parodiée par Jay Leno et après la série The Office, ça s'est produit. L'effet secondaire a été – du moins pendant la première année – que, lorsque quelqu'un utilisait ou définissait le terme « lifestyle design », il mentionnait également mon nom ou le litre de mon livre. C'était parce que j'étais à l'origine de la notoriété, la « catégorie » mentale, pas propriétaire d'un nom de marque. Évidemment, maintenant le terme s'est démocratisé et vit sa vie. À l'heure actuelle, il y a ~ 14,6 millions ou ~ 585 000 résultats sur Google pour « lifestyle design », selon que l'on mette les guillemets ou pas.

Chase Jarvis

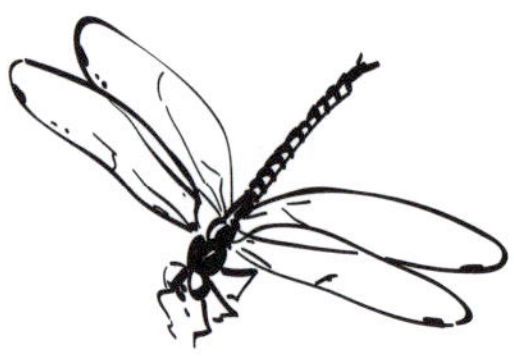

« Je ne crée pas de l'art pour avoir des projets bien payés, je fais des projets bien payés pour pouvoir créer plus d'art. »

Chase Jarvis (TW/FB/IG : @chasejarvis, CreativeLive.com) est le P-DG de CreativeLive et l'un des photographes qui vend le mieux ses œuvres au monde. C'est le plus jeune Hasselblad Master, Nikon Master et ASMP Master. Chase a travaillé pour Nike, Apple, Columbia Sportswear, REI, Honda, Subaru, Polaroid, Lady Gaga, Red Bull et beaucoup d'autres. Il est réputé pour son style hypercinétique, ses portraits et photos de sport. CreativeLive est une plateforme d'apprentissage en ligne qui diffuse des cours en live en HD à plus de 2 millions d'étudiants dans 200 pays. Tous les cours peuvent se visionner gratuitement ou se télécharger (service payant). Parmi les enseignants, on compte des lauréats du prix Pulitzer et des personnalités du monde des affaires.

Animal totem : la libellule

Pour la petite histoire

- Chase et Rick Rubin (page 451) sont les deux premiers à m'avoir incité à méditer régulièrement.
- Chase est aussi la personne qui m'a initié au cocktail Moscow Mule (bière épicée au gingembre, vodka, citron vert).
- Lors de notre première visite à la Maison-Blanche, les gardes lui criaient de ne pas marcher sur la pelouse quand il cherchait l'angle idéal pour des selfies. J'ai vraiment cru qu'il allait recevoir un coup de taser. Pendant le reste de la journée, je lui criais « Marche pas sur la pelouse ! » dès qu'il marchait sur de l'herbe à Washington D.C. Il sursautait chaque fois, comme un chat devant un concombre.

« La créativité est une ressource infinie. Plus vous l'utilisez, plus vous en avez »

C'était Chase qui paraphrasait Maya Angelou en discutant des similitudes entre la créativité et la méditation.

Sa première photo vendue

« J'ai grandi dans le milieu du ski et du snowboard. Je connaissais bien le sujet et de nombreux sportifs. Je les ai photographiés avec leur équipement de la saison à venir. Je connaissais les fabricants et leurs représentants. Si on a la bonne photo de la bonne personne avec le bon équipement, les fabricants accourent... Ils ont vu mes photos, m'ont contacté, et j'ai fini par signer des accords de licence– ce qui ne revenait pas vraiment à vendre –, mais consistait en une sorte d'accord de redevance de 500 $ plus une paire de skis.

« À l'époque, je devais gagner 10 $ de l'heure. Je me suis dit : “Une seconde. Je viens de gagner 500 $ en partant skier avec mes copains. J'aimerais recommencer. Bon, comment j'ai fait ? Qu'est-ce qui a fonctionné et qu'est-ce qui a raté ?”... Et j'ai donc recommencé, en faisant monter les enchères chaque fois. »

Le prix fort dès le début

« J'ai réussi à m'introduire dans le système en demandant plusieurs milliers de dollars par jour dès mon premier contrat.

J'avais placé la barre tellement haut que j'étais mal à l'aise et que je devais donner le meilleur de moi. J'avais fixé ce tarif parce que j'avais fait le boulot, les recherches, et je savais combien les autres grands photographes touchaient. Je me suis directement placé dans cette catégorie. Mon tarif était de 2 000 à 2 500 $ par jour.

« Ils [le premier prospect] ont dit : "Bon, ce sera un shooting sur six jours." Dans ma tête, je faisais le calcul. C'était plus que je n'avais gagné l'année précédente, et j'allais gagner cette somme en une semaine. Ils ont dit : "C'est parfait. Il y aura peut-être une journée supplémentaire de travail..."

« Je leur ai dit : "Je vous tiens au courant" [pour la faire cool]. L'enjeu était grand... c'était un indice de mon ambition. Je savais que je voulais coûter cher. Je voulais moins travailler et me concentrer sur les boulots haut de gamme. Attention, je ne voudrais pas faire croire que je n'ai pas fait de boulots merdiques. Je n'ai pas connu un succès instantané. J'ai mis 10 ans... Toute ma vie tournait autour de la photo [et] **quand j'ai pu monnayer mon art, j'ai appliqué un tarif très élevé**. Remarque : si le client dit "d'accord" si vite, c'est que vous n'avez pas demandé assez. »

TF : Chase et moi partageons plusieurs philosophies, dont celle-ci. J'ai refusé tout message publicitaire pour mes podcasts jusqu'à ce que j'obtienne 100 000 téléchargements par épisode en 6 semaines, d'après la norme de l'industrie. Pourquoi ? Les podcasteurs novices (comme je l'ai été), les blogueurs et les artistes de tout poil deviennent trop distraits au stade de développement par la monétisation. Pour le podcasting : dans les 3 à 9 premiers mois, on devrait peaufiner ses méthodes et produire des podcasts toujours meilleurs. "Un bon contenu est le meilleur moyen d'optimiser le rendement" m'a dit le podcasteur Robert Scoble.

En gros, on a deux choix, et la majorité des gens choisissent l'option A.

Option A : on peut perdre 30 à 50 % de son temps à persuader quelques petits sponsors de s'impliquer au départ, puis stagner à 30 000 téléchargements par épisode parce qu'on a négligé le côté créatif. Les choses empirent quand on s'embourbe dans des opérations d'affiliation louches.

Option B : on peut miser sur le long terme et attendre 6 à 12 mois qu'on atteigne la masse critique puis les 300 000 téléchargements par épisode, et gagner 10 fois plus par épisode avec des marques plus connues qui peuvent s'aligner sur vos nouvelles exigences. La précipitation engendre du gâchis. Dans ce cas, ça fait la différence entre 50 000 $ et 1 million de dollars par an.

Amplifiez vos forces au lieu de réparer vos faiblesses

« Tout est remixé, mais quelle est votre version d'un remix ? Admettons que je connaisse quelques célébrités. Je pourrais obtenir des photos d'elles que d'autres photographes ne pourraient pas avoir parce que ces gens étaient chez moi, sur mon canapé, à jouer à la PlayStation… Il faut se demander : "Quel est le charme unique que je peux apporter et comment est-ce que je pourrais l'amplifier ?" Amplifiez vos forces au lieu de réparer vos faiblesses.

« Si vous n'êtes pas super pour capturer des images, mais que vous êtes un bon narrateur, vos photos peuvent s'accompagner d'une histoire fabuleuse. Si vous allez dans une galerie d'art – je n'ai pas le budget pour ça, mais j'ai un goût plutôt classique –, vous verrez des trucs vendus 10 millions de dollars sans que vous n'arriviez à comprendre ce que c'est. Vous lisez la pancarte à côté : "Ah, c'est une très belle histoire. Je vois comment ils vendent ces trucs." »

Différent, pas simplement meilleur

« Je me suis inspiré d'Andy Warhol, Jean-Michel Basquiat [il a transposé les graffiti des rues dans les galeries d'art] et Robert Rauschenberg [il voyait les choses en grand et faisait du mix média], les artistes de New York des années 1950, 1960 et 1970 parce qu'ils étaient des pirates… [Certains] faisaient de l'art pour l'art. Ils réinventaient le jeu tout en y jouant.

« Si je regarde ailleurs et que tous les autres font x, comment faire zig quand tout le monde fait zag ? Si j'ai pu ziguer en photo quand les autres zaguaient, c'est parce que je faisais la chronique de mes exploits dans cet art… C'était 10 ans avant que la transparence soit bien vue. J'ai été diabolisé pour avoir osé partager les secrets du métier. »

La spécialisation, c'est bon pour les insectes (comme le dirait Heinlein)6

« Tout au long de ma carrière, j'ai entendu : "Tu dois te spécialiser." Je suis "spécialisé" dans l'exploration de ce qui m'intéresse. J'ai beaucoup parlé des sports

---

6 De Time Enough for Love : 'Tout être humain devrait être capable de changer une couche-culotte, de planifier une invasion, d'égorger un porc, de manœuvrer un navire, de concevoir un bâtiment, d'écrire un sonnet, de faire un bilan comptable, d'ériger un mur, de réduire une fracture, de soutenir un mourant, de prendre des ordres et d'en donner, de coopérer ou d'agir seul, de résoudre des équations, d'analyser un nouveau problème, d'épandre du fumier, de programmer un ordinateur, de préparer un repas savoureux, de se battre efficacement et mourir avec élégance. La spécialisation, c'est bon pour les insectes.'

extrêmes, mais aussi de mode, de break dance, de diverses choses culturelles. J'ai fait des émissions télé, tourné des pubs, photographié des campagnes publicitaires, créé des start-ups et [conçu] la première appli pour iPhone pour partager des images sur les réseaux sociaux. Autrefois, on m'aurait traité de dilettante, mais pouvoir toucher à toutes ces choses [c'est] aussi découvrir qu'en fin de compte elles se complètent. »

Montrez votre travail

Chase et Derek Sivers (page 177) sont fan du livre Partager comme un artiste, d'Austin Kleon.

Dan Carlin

Dan Carlin (TW/FB : @HardcoreHistory, dancarlin.com) anime mon podcast préféré, Hardcore History, ainsi que Common Sense. Jocko Willink (page 368) est aussi un fan de Hardcore History. Conseil : commencez par « Wrath of the Khans ».

Ne pas faire ce pour quoi on est qualifié

« S'il y a un truc que j'ai appris avec les podcasts, c'est de **ne pas avoir peur de faire une chose pour laquelle on n'est pas qualifié.** »

TF : C'est un fil conducteur dans tout ce livre. Kamal Ravikant, le frère de Naval Ravikant (page 480), m'a déclaré qu'un jour Naval lui avait dit (paraphrasé) : « Si j'avais toujours fait ce pour quoi j'étais "qualifié", je serais en train de passer le balai quelque part. » Comme je l'ai entendu : « Des amateurs ont construit l'Arche, les pros ont construit le Titanic. » Dan désamorce les critiques potentielles en affirmant au début de presque tous les épisodes : « Souvenez-vous que je ne suis pas un historien, mais… »

L'origine de Hardcore History

« J'avais l'habitude de raconter mes histoires, les mêmes depuis toujours, à table. Alors que j'avais déjà lancé le podcast sur les faits d'actualité [Common Sense], ma belle-mère m'a dit : "Pourquoi ne pas faire un podcast sur les sujets dont vous parlez à table ?" Je lui ai répondu que c'était impossible : "C'est de l'histoire. Je ne suis pas qualifié pour parler d'histoire. Je n'ai pas de doctorat, je ne suis pas historien." "Ah, j'ignorais qu'il fallait un doctorat pour raconter des histoires." J'y ai réfléchi un moment… La plupart des grands historiens d'avant n'avaient pas de doctorat non plus. Ils n'étaient que des narrateurs eux aussi. Tant que je ne prétends pas être un historien et que je me base sur leurs travaux… Je parlerai d'une controverse [historique] et dirai : "Voici ce que l'historien A dit à ce sujet, et voilà ce que l'historien B en dit." J'ai été surpris de voir combien d'auditeurs aiment l'"historiographie", c'est-à-dire l'écriture de l'histoire, comprendre comment elle se fait et comment on l'interprète. Ils adorent ! Donc je finis par parler des différentes théories. Je n'invente rien. Je me repose sur des experts pour raconter une histoire. »

TF : Dan construit son émission autour de sa réponse à la question : « Qu'est-ce qui est étrange dans cette histoire ? », en lisant divers rapports d'historiens, souvent conflictuels.

« Brevetez vos erreurs »

« J'étais toujours "dans le rouge", comme ils disaient à la radio… Je criais si fort que l'aiguille sautait dans la zone rouge. On me disait : "Respecte le volume sinon tu bousilleras la compression de la station de radio." Au bout d'un moment, je n'écrivais plus que les titres et sous-titres [les intros lues par d'autres] pour le présentateur : "Voici Dan Carlin, il parle fort…" ou un truc du genre.

C'est mon style. "C'était exprès si je criais. D'ailleurs, si vous criez, vous m'imitez. " On dit : "Non, ce n'est pas négatif. C'est comme ça que je fais. J'ai breveté mon style. Je parle fort et puis je me calme. Si ça vous pose un problème, c'est que vous ne comprenez pas ce qu'est un bon style. " Donc brevetez vos défauts ! »

✶ Le conseil que vous vous seriez donné à 25 ou 30 ans ?

« Un jour, je me souviens d'être sorti de la chaîne de télé où je travaillais comme reporter. Je travaillais la nuit. Je venais de passer la journée à travailler sur des histoires et je n'en étais pas entièrement satisfait au moment de les diffuser. J'ai quitté la chaîne vers minuit. L'immeuble était en haut d'une montagne, un endroit magnifique. J'ai regardé autour de moi : "Seigneur, quand est-ce que je me sentirai satisfait du travail que j'accomplis ?" J'y repense tout le temps… Si je pouvais revenir en arrière, je me dirais : "**Ne stresse pas, tout ira bien.**" On aimerait tous le savoir. Dites-moi que tout ira bien et je pourrai affronter mes 20 ans. La vingtaine, j'ai trouvé ça très difficile… Si on m'avait dit d'arrêter de stresser parce tout irait bien, ça m'aurait épargné une tonne de stress et d'inquiétudes. Je suis un inquiet par nature. **Néanmoins, si on m'avait dit ça, je me serais peut-être trop relâché et ma réalité [actuelle] aurait pu ne pas se produire. C'est pour ça qu'on ne peut pas remonter le temps, à cause de l'effet papillon – on finirait par tout faire capoter.** Donc je ne veux pas remonter le temps et savoir que tout ira bien parce que je détruirais mon avenir. »

Ramit Sethi

Ramit Sethi (TW/IG : @ramit, iwillteachyoutoberich.com) a terminé ses études de technologie, psychologie et sociologie en 2005 à l'université de Stanford. Il a développé son blog sur la finance qui compte aujourd'hui plus de 1 million de lecteurs par mois, puis a transformé son projet d'études secondaires en une affaire pesant plusieurs millions et comptant plus de 30 employés. Certaines semaines, son revenu est de 5 millions. Dans le monde de la finance saturé de « gourous » aux références douteuses, Ramit a toujours été transparent sur les chiffres.

Animal totem : le martinet

Pour la petite histoire

- Ramit et moi rigolons parfois des titres de nos livres. Franchement, que dire de *Devenez riche* et *La Semaine de 4 heures* ? Facile à mémoriser, difficile à oublier.
- Depuis 20 ans, Ramit relit de temps en temps *Iacocca: An Autobiography*, de Lee Iacocca et William Novak.

Des initiales difficiles à porter

« Mon vrai nom de naissance était Amit, un prénom courant en Inde. Deux jours après ma naissance, mon père s'est réveillé et a dit à ma mère : "On ne peut pas l'appeler Amit. Ses initiales feraient ASS [« cul »]." Le meilleur, c'est que comme de véritables immigrants – mes parents sont indiens –, ils sont allés à l'hôpital et ne voulaient pas payer les 50 $ pour changer mon prénom, alors ils ont dit qu'ils avaient oublié de mettre la première lettre, un R, et ils n'ont rien payé. Merci, papa, merci, maman. »

TF : J'ai récemment reçu un SMS de Ramit : « Au fait, je t'ai dit que mes sœurs voulaient un chien depuis 15 ans, mais que c'était impossible parce que mon père était allergique. Mais on a découvert qu'il ne l'est pas. Il nous a menti parce qu'il déteste les animaux de compagnie. »

C'est vous, J. Crew ?

« On envoie des millions d'e-mails par mois avec plusieurs millions de combinaisons [variantes combinatoires] d'entonnoirs d'e-mails, et on génère près de 99 % de nos revenus par e-mail. »

« [Mes e-mails] sont simples… Je ne suis pas J. Crew. J. Crew vend une marque, alors ses e-mails doivent être esthétiques. Les miens, ça ressemble à une lettre personnelle parce je veux devenir votre ami… à grande échelle. C'est pour ça que mes e-mails paraissent simples. Derrière, il y a beaucoup de choses, mais ils font… message griffonné. »

TF : J'ai arrêté d'envoyer des newsletters pendant des années à cause de la complexité de la chose. Je n'avais pas envie de peaufiner de belles maquettes et d'envoyer des missives dignes d'un magazine en papier glacé. Ramit m'a convaincu d'envoyer des e-mails ordinaires, que du texte, pour ma newsletter 5-Bullet Friday. C'est devenu une partie importante de mon affaire en 6 mois.

Les outils de son métier

Infusionsoft : logiciel intégral d'automatisation pour la vente et le marketing destiné aux PME, avec un accent particulier mis sur les « entonnoirs ».

Visual Website Optimizer : logiciel de test A/B pour les spécialistes en marketing.

Conseil d'un mentor

« Les tactiques, c'est super, mais elles se transforment vite en marchandises. »

TF : Si vous comprenez les principes, vous savez élaborer des tactiques. Si vous dépendez de tactiques caduques, vous aurez toujours un désavantage. C'est pour cette raison que Ramit étudie la psychologie comportementale et les mécanismes de persuasion qui paraissent établis. Le livre qu'il aime offrir est *Age of Propaganda*, d'Anthony Pratkanis et Elliot Aronson, et son manuel de rédaction préféré a été publié en 1931. Il s'agit de *The Robert Collier Letter Book*.

« Les Indiens ne se font pas tabasser. Ils ne se bagarrent pas. Ils préfèrent les concours d'orthographe »

Pour je ne sais quelle raison, j'ai demandé à Ramit s'il se souvenait de la dernière fois qu'on l'avait frappé au visage. Sa réponse se trouve ci-dessus.

1 000 vrais fans

« ["1 000 vrais fans" de Kevin Kelly] est l'un de ces articles fondamentaux qui m'ont poussé à créer des outils incroyables au lieu de recycler ceux qui existaient déjà. Je savais que si je comptais 1 000 vrais fans, je pourrais non seulement gagner ma vie en faisant ce qui me plaisait, mais aussi que je pourrais en compter 2 000, 5 000, 10 000 – et c'est précisément ce qui s'est passé.

Regardez mes posts pour savoir comment j'ai gagné mes 1 000 premiers vrais fans. Ils étaient très longs, ils faisaient parfois 15, 20, 25 pages… Si votre contenu est bon, qu'il touche les gens, vous n'avez pas de limite de pages… Je ne cherche pas à écrire des tartines, mais je ne m'inquiète pas de la longueur.

Et ensuite, je ne recommande jamais assez les posts d'invités. J'en ai écrit un pour vous ["The Psychology of Automation"] – qui m'a demandé 20 à 25 heures de rédaction. Il était très détaillé, avec une vidéo et tout ça. À ce jour, quand je demande aux gens comment ils m'ont connu, la réponse est souvent : "Par Tim Ferriss." »

TF : Pour la sortie de La Semaine de 4 heures, j'ai appliqué cette stratégie de posts d'invités sur Gigaom, Lifehacker et d'autres sites.

« J'offre gratuitement 98 % de mes travaux, mais beaucoup de mes cours essentiels coûtent extrêmement cher, 10 à 100 fois plus que ceux de mes confrères »

TF : J'ai reproduit l'approche de Ramit concernant mes prix de vente. Je pratique rarement des prix très élevés, mais quand ça m'arrive je demande 10 à 100 fois ce que mes « concurrents » pourraient demander. En général, je sépare mon contenu de façon binaire : gratuit ou ultrapremium.

« Gratuit » signifie que vous pouvez vous procurer gratuitement 99 % de mes travaux (par ex. les podcasts, le blog), ou pour une somme modeste (mes livres). J'écris sur des sujets :

A) Qui me plaisent et que j'ai envie d'approfondir.

B) Qui vont attirer des gens intelligents, motivés et accomplis. C'est ce qui justifie l'ultrapremium.

Ultrapremium signifie :

- De temps en temps, j'offre un produit limité ou une opportunité rare à un prix élevé, comme un événement de 200 places à 7 500 ou 10 000 $ la place. J'arrive à vendre une opportunité rare et ultrapremium en 48 heures par un unique post sur mon blog, comme mon événement « Opening the Kimono », à Napa. Évidemment, il faut assurer derrière. Comment je mesure le taux de satisfaction de ma clientèle ? Le groupe Facebook créé pour les participants est toujours actif… *5 années plus tard* !
- J'utilise les réseaux et contacts que j'ai créés grâce au contenu « gratuit » pour trouver d'excellentes opportunités autres que de contenu, comme des investissements précoces dans des sociétés high-tech. J'ai ainsi découvert Shopify via mes fans sur Twitter, pendant que j'actualisais *La Semaine de 4 heures*. J'ai commencé à conseiller Shopify lorsque la société ne comptait que 10 employés. Ils sont maintenant plus de 1 000, et la société est cotée en bourse (SHOP). Les fans sur les réseaux sociaux m'ont recommandé Duolingo dans sa phase de bêtatest privé, et j'ai investi dedans lors du premier tour de financement. La société compte désormais 100 millions d'utilisateurs, et c'est l'une des applications d'apprentissage des langues les plus populaires au monde.

Puisque je suis ouvert aux chemins de traverse, je ne suis pas obsédé par l'idée de vendre mon « contenu ». Mon réseau, que j'ai partiellement bâti par l'écriture, est la valeur nette. Si vous cherchez à multiplier par 10 vos revenus au lieu de les augmenter de 10 %, les meilleures opportunités tombent souvent du ciel (par ex. livres → start-ups).

Les check-lists

Ramit et moi sommes des inconditionnels des check-lists et adorons tous les deux le livre d'Atul Gawande, The Checklist Manifesto. J'en possède un exemplaire qui est toujours exposé dans mon salon comme un pense-bête. Malcolm Gladwell (page 506) apprécie aussi cet innovateur. Ramit élabore des listes de vérification pour tous les processus opérationnels possibles avec le logiciel Basecamp. Cherchez sur Google « entrepreneurial bus count » pour un article intéressant sur la façon dont les check-lists peuvent sauver votre start-up.

* **Selon vous, qui illustre le mieux le mot « réussite » ?**
  « Je pense à Mark Bustos, que j'ai rencontré récemment. Il a un compte Instagram (@ markbustos) super. C'est un coiffeur haut de gamme de New York. Il travaille dans un salon branché, et le week-end il va couper les cheveux des sans-abri dans la ville. Il écrit leurs histoires. C'est génial qu'un coiffeur de luxe qui compte des célébrités parmi ses clients fasse ça ses jours de congé. Il coiffe des personnes qui n'auraient autrement jamais l'occasion de se faire couper les cheveux, surtout par un coiffeur comme lui. »

* **Deux personnes qui ont appris des choses à Ramit (ou à qui il s'est intéressé) l'année passée**
  Jay Abraham et Charlie Munger.
  TF : Jay Abraham est un des mentors de Daymond John (page 286) et l'auteur de *Getting Everything You Can Out of All You've Got*, l'un des livres que Ramit adore offrir. Je recommande souvent les ouvrages de Jay aux personnes qui demandent comment structurer une joint-venture.

Ça fait longtemps… et tu as grossi !

« Si vous êtes en surpoids et que vous atterrissez [en Inde], la première chose que votre famille va vous dire, c'est : "Ouh, là là, tu as grossi." »

TF : Si vous voulez être aussi franc en Amérique, je vous suggère de lire d'abord l'article de mon ami A.J. Jacobs dans Esquire : « Je te trouve gros ».

1000 vrais fans de Kevin Kely

1 000 VRAIS FANS – version révisée

J'ai littéralement recommandé « 1 000 True Fans », de Kevin Kely, à des millions de gens. De nombreux invités de ce livre ont fait de même. « Si vous ne devez lire qu'un seul article sur le marketing, autant que ce soit celui-là » : c'est ce que je ne cesse de répéter. Voici un synopsis très simplifié : **La « réussite » n'est pas forcément compliquée. Commencez simplement par rendre 1 000 personnes vraiment heureuses.**

Certains passages de l'article original de Kevin sont aujourd'hui démodés, mais il a eu la gentillesse de rédiger un nouveau résumé de concepts-clés pour vous, lecteurs de mon livre.

Depuis que j'ai lu l'original il y a 10 ans, j'ai testé ses concepts dans des dizaines d'affaires, et beaucoup sont devenues aujourd'hui des sociétés pesant plusieurs milliards de dollars. J'ai ajouté mes principaux enseignements et mes recommandations à la fin.

Kevin

J'ai publié cet essai en 2008, alors qu'il n'était qu'au stade embryonnaire, et huit ans plus tard, mon essai a besoin d'être actualisé par quelqu'un d'autre que moi. Je vais donc simplement reformuler les idées-clés qui, je pense, seront utiles à tous ceux qui fabriquent ou font avancer les choses. – KK

Créer avec succès n'implique pas forcément des millions. On n'a pas besoin de millions de dollars ni de millions de clients, de consommateurs ou de fans. Pour gagner votre vie en tant qu'artisan, photographe, musicien, designer, auteur, animateur, créateur d'applications, entrepreneur ou inventeur, il ne vous faut que 1 000 vrais fans.

Un vrai fan est par définition un « inconditionnel qui achètera tout ce que vous produisez ». Ces fans feront 300 km pour vous entendre chanter ; ils achèteront la version reliée et de poche et audio de votre livre ; ils se procureront votre prochaine figurine sur description ; ils paieront pour le DVD « best of » de vos vidéos gratuites postées sur YouTube ; ils goûteront à votre gastronomie une fois par mois ; ils s'offriront la réédition en coffret de luxe haute résolution de votre produit même s'ils possèdent la version basse résolution. Ils ont créé une alerte Google avec votre nom ; ils enregistrent dans leurs favoris les pages eBay où vos éditions épuisées apparaissent ; ils viennent à vos inaugurations. Ils possèdent des exemplaires dédicacés de vos produits, le T-shirt, la tasse à café et la casquette dérivés ; ils attendent avec impatience que vous sortiez votre prochaine œuvre. Ce sont de vrais fans.

Si vous comptez plus ou moins 1 000 fans comme eux (des inconditionnels), vous pouvez gagner votre vie avec – si cela vous suffit –, mais vous ne ferez pas fortune.

Voici le calcul. Vous devez remplir deux critères : d'abord, créer suffisamment tous les ans pour pouvoir toucher, en moyenne, un bénéfice de 100 $ par vrai fan. C'est plus facile dans les domaines artistiques et d'affaires, mais c'est un défi créatif intéressant dans tous les domaines, parce que c'est toujours plus facile et avantageux d'offrir plus à vos clients acquis que de trouver de nouveaux fans.

Et ensuite, vous devez entretenir une relation directe avec vos fans. Ils doivent vous payer directement. Vous devez conserver la totalité de leur soutien financier, contrairement au petit pourcentage que vous toucheriez de votre maison de disques, éditeur, studio, revendeur et autre intermédiaire. Si vous touchez la totalité des 100 $ de chaque vrai fan, il ne vous en faut que 1 000 pour gagner 100 000 $ par an. C'est le revenu de la majorité des gens.

Avoir 1 000 clients est un objectif beaucoup plus facilement atteignable que viser 1 million de fans. Avoir des millions de fans payants n'est pas un but réaliste, surtout au démarrage de l'activité. Mais 1 000 fans, c'est faisable. Vous pourriez même arriver à retenir 1 000 noms. Si vous gagnez un vrai fan par jour, il ne vous faudra que quelques années pour en obtenir 1 000. Satisfaire un vrai fan est à la fois agréable et motivant. L'artiste reste fidèle à lui-même et se concentre davantage sur le côté original de son travail, des qualités que les inconditionnels apprécient.

Le chiffre 1 000 n'est pas absolu. Il s'agit simplement d'un ordre de grandeur – 3 zéros de moins que 1 million. Le véritable nombre reste à déterminer selon chacun. Si vous pouvez ne gagner que 50 $ par an par vrai fan, il vous en faudra 2 000. (De même, si vous pouvez toucher 200 $ par fan et par an, il ne vous en faudra que 500.) Ou si vous ne visez que 75 000 $ par an, vous pourrez ajuster le nombre d'inconditionnels à la baisse. Autre exemple, si vous êtes un duo, vous devrez multiplier le nombre de fans par deux pour en obtenir 2 000, etc.

Une autre façon de calculer le montant que vous souhaitez obtenir de vos vrais fans est d'obtenir l'équivalent d'une journée de leur salaire par an. Est-ce que vous les motivez et les satisfaites suffisamment pour qu'ils vous reversent l'équivalent d'une journée de travail ? Vous placez la barre haut, mais ce n'est pas impossible pour 1 000 personnes dans le monde entier.

Évidemment, tout fan ne sera pas super financièrement. Si le soutien de 1 000 vrais fans vous suffit pour gagner votre vie, pour chaque inconditionnel, vous pourriez compter deux ou trois fans ordinaires. Imaginez des cercles concentriques avec les inconditionnels au centre et un cercle plus large de fans ordinaires. Ces fans ordinaires peuvent acheter vos créations de temps en temps, ou peut-être simplement une seule fois. Quoi qu'il en soit, leur achat unique participe à votre revenu global, peut-être même à hauteur de 50 %. Pourtant, préférez vous concentrer sur les inconditionnels, car leur enthousiasme peut augmenter votre clientèle ordinaire. **Les vrais fans ne constituent pas votre seule source directe de revenus, mais ils représentent votre principale force marketing pour vos clients ordinaires.**

Les fans, les clients, les consommateurs ont toujours existé. Alors, qu'y a-t-il de nouveau ? Plusieurs choses. Si les relations directes avec les clients étaient autrefois le mode par défaut, l'évolution du commerce a signifié pour la plupart des créateurs du siècle dernier avoir moins de contact direct avec leurs consommateurs. Très souvent, les éditeurs, les ateliers, les marques et les fabricants ne possédaient pas cette information essentielle qu'est le nom des clients. Par exemple, même s'ils existaient depuis plusieurs siècles, les éditeurs de New York ignoraient les noms de leurs principaux lecteurs. Les intermédiaires (il y en avait souvent plusieurs) vous forçaient à toucher un public bien plus vaste. Avec l'omniprésente communication peer-to-peer et les systèmes de paiement actuels – autrement dit Internet –, chacun a à sa disposition d'excellents outils qui permettent de vendre un produit directement à quelqu'un d'autre n'importe où dans le monde. Ainsi, un créateur de Bend, dans l'Oregon, peut vendre et livrer un client à Katmandou, au Népal, aussi facilement qu'une maison de disques à New York (voire encore plus facilement). Cette nouvelle technologie permet aux créateurs de tisser une relation avec leurs clients pour qu'ils deviennent des fans. Ainsi, le créateur conserve la totalité des recettes, ce qui réduit le nombre de fans nécessaire.

Cette nouvelle possibilité pour le créateur de conserver le montant total des recettes est révolutionnaire, mais une seconde innovation technologique amplifie encore le phénomène. Une des caractéristiques fondamentales du réseau d'égal à égal (comme Internet) est que le nœud le plus improbable n'est qu'à un clic du nœud le plus populaire. Autrement dit, le livre, la chanson ou l'idée les plus inaccessibles ne sont qu'à un clic du livre, chanson ou idée qui se vendent le mieux. Au début d'Internet, les grands « agrégateurs » de contenus et produits tels que eBay, Amazon, Netflix, etc., ont remarqué que le total des ventes de *tous* les produits qui se vendaient le moins bien pouvait égaler et parfois dépasser les ventes des produits qui se vendaient le mieux. Chris Anderson (mon successeur chez Wired) a baptisé cet effet « longue traîne », en raison de la forme de la courbe des ventes : une longue ligne interminable et mince de produits qui ne se vendent qu'à quelques exemplaires par an formant une longue « traîne » par rapport au pic abrupt de quelques best-sellers. Le volume des ventes de la « traîne » était identique à celui de la « tête ». Ainsi, les agrégateurs ont tout intérêt à pousser le public à cliquer sur les produits « obscurs ». Ils ont inventé des moteurs de recommandation et autres algorithmes pour canaliser l'attention vers les créations rares de la longue traîne. Même les moteurs de recherche comme Google, Bing et Baidu ont trouvé un intérêt à récompenser les internautes cherchant des produits inaccessibles, car ils pouvaient aussi proposer des espaces publicitaires dans la longue traîne. Par conséquent, le plus inaccessible est devenu moins inaccessible.

Si vous habitez une des 2 millions de petites villes sur Terre, vous êtes peut-être le seul à aimer la musique death metal, à vous sentir émoustillé par des murmures ou à vouloir une canne à pêche pour gaucher. Avant Internet, vous n'aviez aucun moyen de satisfaire votre désir. Vous étiez seul avec votre envie. Mais aujourd'hui, la satisfaction est à portée de clic. Quels que soient vos centres d'intérêt en tant que créateur, vos 1 000 vrais fans ne sont qu'à un clic de vous. Autant que je puisse dire, il n'y a rien – aucun produit, idée ou désir –qui n'ait pas une base de fans sur Internet. Tout ce qui est produit ou imaginé peut intéresser au moins une personne sur 1 million – et encore, la barre est placée bas. Même si cette personne sur 1 million est intéressée, ça fait potentiellement 7 000 personnes sur la planète. Donc n'importe quoi peut compter 1 000 vrais fans. Le truc, c'est de trouver ces fans ou, plus précisément, qu'ils puissent vous trouver.

Le financement participatif ou crowdfunding est l'une des nombreuses innovations qui servent les créateurs. Avoir des fans qui financent votre prochain produit, c'est un coup de génie. C'est une situation 100 % gagnant-gagnant. Il y a environ 2 000 plates-formes de financement participatif différentes dans le monde, dont beaucoup sont spécialisées : lever des fonds pour des expériences scientifiques, des groupes de musique ou des documentaires. Outre sa spécialité, chacune a ses propres exigences et son propre mode de fonctionnement. Certaines plates-formes exigent des objectifs de financement « tout ou rien » ; d'autres autorisent le financement partiel ; d'autres encore lèvent des fonds pour des projets terminés ; et enfin certaines, comme Patreon, financent des projets en cours. Les supporters de Patreon peuvent ainsi financer un magazine mensuel, une série de vidéos ou un artiste. La plus célèbre des entreprises de financement participatif est Kickstarter, qui a levé 2,5 milliards de dollars pour plus de 100 000 projets. Le nombre moyen de contributeurs pour la réussite d'un projet Kickstarter est de 290 – donc beaucoup moins de 1 000. Ce qui signifie que si vous possédez 1 000 fans inconditionnels, vous pouvez lancer une campagne de crowdfunding, car, par définition, un vrai fan deviendra un contributeur Kickstarter. (Malgré tout, la réussite de votre campagne dépend de ce que vous demandez à vos fans).

Mais fidéliser 1 000 vrais fans prend du temps, voire est énervant, et tout le monde n'est pas doué pour ça. Lorsqu'on fait bien les choses (et pourquoi les faire autrement ?), ça peut devenir un boulot à plein temps. Au mieux, c'est une tâche prenante et difficile qui demande un effort permanent. De nombreux créateurs ne veulent pas traiter avec leurs fans, et certains feraient mieux de s'abstenir. Ils devraient se consacrer à leur peinture, couture, musique, et embaucher quelqu'un pour gérer leurs inconditionnels. Si c'est votre cas et que vous employez une personne pour gérer vos fans, cet assistant « faussera » votre formule, augmentera le nombre de fans nécessaire, mais ce sera peut-être pour le mieux. Si vous poussez la logique, alors pourquoi ne pas « sous-traiter » la gestion des fans à un intermédiaire – un label, un atelier, un éditeur, ou un détaillant ? S'ils travaillent dans votre sens, parfait, mais rappelez-vous, dans la plupart des cas, ils pourraient être pires que vous dans ce domaine.

Le calcul de 1 000 vrais fans n'est pas un choix binaire. N'excluez pas d'autres alternatives. De nombreux créateurs, comme moi, utiliseront les liens directs avec les inconditionnels en plus d'un intermédiaire. Mes travaux ont été publiés par de grandes maisons d'édition de New York, mais j'ai également fait de l'autoédition et utilisé Kickstarter pour publier des ouvrages pour mes fans inconditionnels. Je choisis le format en fonction du contenu et de mon objectif, mais, chaque fois, fidéliser ma base de fans enrichit le chemin que j'ai choisi.

1 000 vrais fans, c'est un chemin de traverse par rapport à la célébrité. Au lieu de viser le livre best-seller, le film blockbuster ou le statut de célébrité improbable, vous pouvez chercher la connexion directe à 1 000 vrais fans. En chemin, et peu importe le nombre de fans que vous gagnerez réellement, vous serez porté par une appréciation sincère et authentique, sans subir les caprices d'une amourette. C'est une destinée bien plus saine que vous aurez beaucoup plus de chances de connaître.

Réflexions de Tim

Kevin fait la différence entre « gagner sa vie » et « gagner une fortune », un point de départ important dans la discussion. Toutefois, les deux ne s'excluent pas. Créer une base de 1 000 vrais fans est aussi la façon de créer un tube, un best-seller intemporel, une renommée internationale (attention à ce que vous désirez vraiment). Tout ce qui est grand a commencé petit et ciblé. Les 1 000 vrais fans sont la première étape, que l'on souhaite gagner 100 000 $ par an ou devenir le prochain Uber. C'est ce que j'ai constaté avec toutes mes start-ups qui ont grossi le plus vite et qui ont bien marché. Elles ont toutes commencé avec une base de 100 à 1 000 clients, créant une niche dans la niche par leur message et leur cible (démographique, géographique, etc.) pour atteindre un nombre gérable, rentable et accessible de clients.

Il est vrai que vous pouvez vous demander pourquoi viser simplement 100 000 $ et pas développer une affaire de 1 milliard. Il y a deux raisons :

1) Viser le milliard dès le départ conduit souvent à négliger les 1 000 vrais fans sensibles qui seront votre principale force commerciale gratuite pour « franchir le cap » vers une plus large diffusion. Si vous ne constituez pas votre armée de base, vous risquez d'échouer.

2) Souhaitez-vous vraiment créer et gérer une grande entreprise ? Pour la plupart des gens, l'expérience est désagréable et prenante. Certains P-DG aiment ces montagnes russes, mais ils sont minoritaires. Lisez Small Giants, de Bo Burlingham, pour connaître des exemples fabuleux de sociétés qui ont choisi d'être les meilleures plutôt que les plus grandes.

Et, comme l'a fait remarquer Kevin, le nombre de vos vrais fans peut être bien inférieur à 1 000. Ceci est tout particulièrement le cas si :

A) Vous produisez un contenu qui attire une clientèle de niche, mais nantie.

B) Vous cherchez des sources de revenus indirects autres que le e-commerce (par ex. des conférences rémunérées, des opportunités d'investissement, des travaux de conseil). Cela peut s'avérer bien plus lucratif qu'une campagne publicitaire, un financement participatif ou autre.

Ce sont les musiciens qui critiquent souvent l'idée des « 1 000 vrais fans ». On les entend déclarer : « Je ne peux fixer un prix que de 10 $ pour mon album et je ne peux en produire qu'un seul par an. Donc ça ne me rapportera que 10 000 $, pas assez pour subsister. Les “1 000 vrais fans”, ça ne marche pas. » De nombreux écrivains disent la même chose, mais c'est faux. Souvenez-vous, un inconditionnel achètera tout ce que vous produirez. S'ils refusent de payer plus de 10 $, alors vous avez mal fait votre travail pour trouver et fidéliser des inconditionnels. Si vous avez de vrais fans, vous pouvez envisager (et tester) une hausse des prix, des options plus haut de gamme qui changent des 10 $. Ne restez pas fixés sur le modèle de tarification des titulaires. En 2015, le groupe de rap Wu-Tang Clan a vendu un album sur mesure aux enchères – dans un écrin en argent et nickel signé par l'artiste anglo-marocain Yahya – à une personne qui l'a payé 2 millions de dollars. Il y a une foule d'options entre 10 $ et 2 millions. Lisez mon approche « gratuite ou ultrapremium » page 260, qui m'a valu une totale liberté créative et financière.

Vous n'êtes pas obligé de sacrifier votre intégrité en tant qu'artiste pour obtenir un revenu confortable. Vous devez simplement créer une expérience fabuleuse et la taxer suffisamment.

Vous ne savez pas fixer vos prix ? Vos devriez peut-être commencer par calculer votre revenu mensuel cible (RMC) pour mener la vie que vous souhaitez et remonter à partir de là. Pour voir des exemples et une feuille de calcul simple, connectez-vous à fourhourworkweek.com/tmi.

Kickstarter : mode d'emploi

Comment lever 100 000 $ en 10 jours

Voici ce qu'a écrit Mike Del Ponte, l'un des fondateurs de Soma, une start-up pour laquelle je suis consultant (FB/IG/TW : @somawater, drinksoma.com). Il a levé 100 000 $ sur Kickstarter en 10 jours. Je lui ai demandé de partager ses outils et astuces pour que vous puissiez faire de même.

Remarque : « AV », ci-dessous, fait référence à un « assistant virtuel » qu'il recrute sur Upwork ou Zirtual.

▶ Mike

Combien de fois avez-vous rêvé de lancer un nouveau produit, mais l'avez-vous abandonné ?

« Je n'ai pas le premier sou ! Et si ça capotait ? »

Auparavant, ces excuses étaient valables. Lancer une nouveauté sur le marché pouvait coûter très cher. Parfois, il fallait faire un prototype, produire puis espérer que le reste du monde veuille de votre produit. Autrement, on finissait avec un hangar plein de dettes : un inventaire invendable.

Aujourd'hui, on a de nouvelles options. Les plates-formes de financement participatif comme **Kickstarter** et **Indiegogo** vous permettent d'introduire (tester) un nouveau produit avant de lancer sa production, ce qui réduit considérablement les risques. Si les gens aiment ce que vous proposez, vous pourrez avoir à disposition des milliers ou des millions de dollars pour financer votre rêve. Dans le pire des cas, vous aurez pu tester votre idée sans investir beaucoup de temps ni d'argent.

Mais planifier et gérer une campagne Kickstarter se fait souvent au petit bonheur la chance.

Pour préparer la nôtre, on ne voulait rien laisser au hasard, alors on a interviewé 15 des meilleurs créateurs qui ont profité de Kickstarter.

J'ai travaillé pour des sociétés de RP qui facturent 20 000 $ par mois et qui prennent trois mois pour planifier un lancement. Suivez nos conseils – basés sur notre expérience – et vous aurez une chance d'obtenir de meilleurs résultats sans dépenser le moindre sou.

En utilisant des assistants virtuels, des techniques de développement et en appliquant les principes issus des livres de Tim, on a pu lever plus de 100 000 $ en 10 jours. Puisqu'on avait atteint notre objectif avec 30 jours d'avance, on a pu se détendre pendant les fêtes.

Voici quelques astuces non évidentes qu'on a apprises :

▶ Trouver le trafic minimum pour être efficace sur Kickstarter

Si vous souhaitez lever des fonds importants sur Kickstarter, vous devez attirer énormément de trafic vers votre projet. Et vous voulez que ce trafic inclue des soutiens potentiels de votre projet. En appliquant le concept de la DME (« dose minimale efficace » tirée de *4 heures par semaine pour un corps d'enfer*), on savait qu'il fallait découvrir et se concentrer sur les meilleures sources de trafic.

Mon ami Clay Hebert est un expert de Kickstarter. Il m'a appris une astuce simple : utiliser le monitoring bit.ly. Bit.ly est un service de réduction d'URL utilisé par des millions de personnes… et Kickstarter. Si vous ajoutez + à la fin d'une URL sur bit.ly, vous apercevez les statistiques de ce lien. Par exemple : voici les statistiques pour le réducteur généré par Kickstarter pour notre campagne : http://kck.st/VjAFva+ »

[**TF** : C'est vraiment étonnant. Allez sur n'importe quel projet Kickstarter, cliquez « Partager » et choisissez un réseau social, Twitter par exemple. Un tweet prérempli apparaîtra avec un lien réduit. Copiez et collez le lien seul dans un nouvel onglet, ajoutez + à la fin et cliquez « Retour ». Et voilà.]

Pour découvrir les principales sources de parrainage, nous avons fourni à notre AV une liste de projets Kickstarter similaires au nôtre pour dresser la liste des parrains. En nous appuyant sur ces données, nous avons décidé de nous concentrer sur deux objectifs uniquement :

13. Faire parler de nous sur les bons blogs.
14. Activer nos réseaux pour créer le buzz sur Facebook, Twitter et par e-mail.

En faisant cela, nous savions que nous serions listés dans la rubrique des Projets populaires de Kickstarter, ce qui est le meilleur moyen pour que les gens qui naviguent sur Kickstarter s'intéressent à votre projet et le financent.

▶ Trouver des blogueurs pertinents en utilisant Google Images

Cherchez qui a couvert des projets Kickstarter similaires au vôtre en profitant de Google Images. Il suffit de glisser-déplacer n'importe quelle image dans la barre de recherche sur images.google.com, et vous verrez la liste de tous les sites Internet qui ont posté l'image en question. Pas mal, hein ?

Voici comment votre AV procédera :

- Trouver 10 projets Kickstarter similaires au vôtre et pour chacun :
  - Cliquer droit et sauvegarder dans Bureau 2 à 3 images.
  - Glisser-déplacer chaque fichier d'image de votre ordinateur dans la barre de recherche Google Images.
  - Passer en revue les blogs affichés sur la page de résultats pour découvrir le plus pertinent par rapport à votre projet.
- Remplir les champs suivants dans un tableur : publication, URL, nom et prénom de l'auteur, liens vers des posts pertinents du même auteur.
- Vous disposez désormais d'une dizaine de blogs potentiellement très pertinents, tous proprement organisés dans un tableau. Votre AV pourra trouver d'autres sites similaires à ceux de votre liste en cherchant sur SimilarSites.com.

▶ Évaluer le trafic sur SimilarWeb.com ou Alexa.com

Plus gros n'est pas toujours mieux, mais ça aide de connaître le volume du lectorat de chaque blog. Demandez à votre AV de rechercher le nombre de visiteurs uniques par mois de chaque blog et ajoutez cette information à votre feuille de calcul.

TF : j'utilise l'extension Chrome SimilarWeb.

▶ Identifier des relations sur Facebook

C'est sans doute la partie la plus importante de votre campagne RP. Dans notre cas, 8 précieux posts sur les blogs sur 10 ont été induits par relation. Moins de 1 % des blogueurs nous répondaient si on n'avait pas été recommandés par une tierce personne. En étant « parrainé », le taux de réponse dépassait les 50 %.

Comment identifier des relations ? Sur Facebook, demandez à votre AV de se connecter sur votre compte Facebook pour rechercher des blogueurs figurant sur dans votre liste de médias et d'ajouter les amis que vous avez en commun sur votre feuille de calcul. Vous pouvez aussi chercher sur des réseaux professionnels tels que LinkedIn.

▶ Utiliser les bons outils

TextExpander permet de coller n'importe quel message sauvegardé – un numéro de téléphone ou un e-mail de deux pages – dans n'importe quel document ou zone de texte en tapant simplement un raccourci. Cet utilitaire est extrêmement pratique pour une activité de sensibilisation répétitive. C'est une application incontournable qui nous a fait gagner une à deux heures de frappe par jour.

L'un des outils que nous n'avons pas utilisés (mais nous aurions dû) est **Boomerang**, un plug-in de Gmail qui permet de planifier l'envoi des e-mails. Nous avons envoyé des e-mails légèrement personnalisés aux personnes influentes et à nos amis le jour de notre lancement, à l'aide de TextExpander. Nous aurions dû rédiger et sauvegarder ces e-mails personnalisés quelques jours auparavant. Ainsi, nous aurions pu programmer leur envoi automatique avec Boomerang à la seconde où nous nous sommes lancés. Cela nous aurait fait gagner un temps précieux le jour J.

TF : Pour une dizaine d'autres conseils et une demi-douzaine d'exemples d'e-mails utilisés par Soma pour sa campagne RP et de lancement (ce qui pourrait vous faire gagner 100 heures de travail), rendez-vous sur **fourhourworkweek.com/kickstarter**.

Mon matériel d'enregistrement

Puisqu'on me demande tout le temps quel matériel j'utilise pour mes podcasts et que je crois que tout le monde devrait essayer de lancer une émission radio sur Internet pour apprendre, je vais tout vous expliquer dans ce chapitre.

L'audiovisuel peut être très complexe, mais on peut faire simple. Comme le dirait Morgan Spurlock (page 209) : « Quand on veut faire chic, on fait souvent l'inverse. » Je vous suggère de commencer par enregistrer des interviews par téléphone par Skype. C'est un moyen très économique de tester le podcast, et on peut un peu tricher : se référer à des questions, des notes et antisèches sous Evernote ou tout autre programme pendant qu'on parle. Ça enlève beaucoup de pression. Les interviews en face à face sont bien plus difficiles à organiser, à réussir, et le côté technique n'est pas évident.

Voici mon « minimum nécessaire » pour produire un podcast qui ne sera pas la risée de tous sur Internet. J'utilise toujours tous ces outils. Pour avoir des liens actifs, rendez-vous sur fourhourworkweek.com/podcastgear.

Interview en face à face

- **Un enregistreur portatif numérique Zoom H6** : pour les interviews en face à face, j'utilise un H6 avec de simples micros de scène (ci-dessous). Pour les interviews de deux à quatre personnes simultanément, il est bien mieux que le modèle précédent H4n. Astuce du pro : TOUJOURS installer des piles neuves pour toute interview importante. J'utilise de simples écouteurs pour vérifier le fonctionnement des micros.
- **Microphone cardioïde pour la voix Shure SM58-LC** : j'ai essayé toutes sortes de micros cravate fantaisie, des perches, etc., mais le plus rentable, ce sont les bons vieux micros traditionnels pour les podcasts. Même si on les

jetait contre un mur, ils résisteraient. Certains utilisent des pieds pour les micros, pas moi. Je préfère que mes invités les tiennent à la main, comme ça, ils ne s'éloignent pas trop. Le volume sonore est plus régulier, ce qui demande moins d'effort en postproduction.

- **Câble de micro trois broches XLR (2 m)** : pour relier le micro Shure SM58-LC à l'enregistreur H6 Zoom. Ne lésinez pas sur la qualité. D'après ma petite expérience, s'il y a bien une chose qui peut ne pas fonctionner (et ne pas être détectée à temps), c'est une broche mal ajustée.
- **Bonnettes Bluecell en mousse** : ces bonnettes minimisent les pops, les bruits de souffle et autres bruits de fond ou du vent. La marque n'a que peu d'importance.

Interviews par téléphone/Skype

- **Enregistreur d'appels Ecamm pour Skype** : cet appareil sert à enregistrer les appels sur Skype. Je n'ai pas trouvé de superlogiciel, mais celui-ci fonctionne correctement. Je l'utilise pour plus de 50 % de mes interviews. Zencastr a également des avis positifs, mais demande beaucoup de mémoire disponible chez l'interviewé.
- **Microphone dynamique cardioïde Audio-Technica ATR2100-USB** : C'est mon micro de voyage pour tous mes interviews par téléphone. On peut aussi l'utiliser pour enregistrer des introductions, des messages de sponsors, etc., avec QuickTime. J'envoie souvent ce micro via Amazon Prime à mes invités s'ils ont besoin d'un micro, car il a le meilleur rapport qualité-prix. N'oubliez pas d'y installer une bonnette « antipop » ou contre les bruits extérieurs.
- **Yellowtec iXm** : J'utilise ce micro pour les enregistrements de dernière minute en voyage et pour les introductions en postproduction. C'est un fabuleux micro tout-en-un qui permet d'enregistrer sans Zoom ou ordinateur portable. Il corrige automatiquement les volumes et, en toute sincérité, produit le meilleur son de tous les micros que je possède. Je l'utilise pour mes intros (« Bienvenue à un nouvel épisode *The Tim Ferriss Show…* »), et les messages de sponsors que j'enregistre séparément des interviews. Si je suis en déplacement et que je *risque* d'avoir besoin d'un micro, c'est celui-là que j'emporte. Il n'est pas donné, mais il est de grande qualité et très pratique.

Postproduction et mixage

- **Comme il vous plaira** : j'ai édité 20 de mes 30 premiers épisodes en utilisant GarageBand, même si je n'aimais pas cette application. Pourquoi ? Parce que c'est simple à maîtriser et ça m'a obligé à conserver un format simpliste pour mes podcasts. Les fantaisies n'étaient pas de mise pour le luddite que j'étais, et le logiciel ne s'y prêtait pas. C'est ce que je cherchais : une contrainte positive. Si GarageBand vous semble trop amateur pour vos trois premiers épisodes, je parie qu'il y a 99 % de chances pour que vous jetiez l'éponge au cinquième épisode. La plupart des aspirants podcasteurs abandonnent vaincus par le matériel et le mixage. Comme Joe Rogan, j'ai décidé d'enregistrer et de diffuser l'intégralité et pas seulement l'essentiel des conversations (réduisant ainsi la postproduction).
- **Faites simple** : voici quelques solutions utilisées par mes ingénieurs son/mixeurs : Audacity (gratuit), Ableton, Sound Studio et Hindenburg. Si je devais apprendre à me servir d'un nouveau logiciel, ce serait probablement Hindenburg.
- **Auphonic** : J'utilise souvent Auphonic.com pour finaliser et peaufiner mes podcasts après les avoir mixés. Il s'agit d'un outil de postproduction audio sur Internet visant à améliorer la qualité audio générale des podcasts.

Ce dont je me passe

À ce jour, je n'ai pas utilisé de préamplis, de table de mixage ou autre matériel. Les améliorations seraient infimes et je ne trouve pas que la complexité supplémentaire, le poids du matériel et le risque de dysfonctionnements en vaillent la peine.

Ed Catmull

Ed Catmull (TW : @edcatmull, pixar.com) est le cofondateur des studios d'animation Pixar, aux côtés de Steve Jobs et John Lasseter. Il est l'actuel président de Pixar et de Walt Disney Animation Studios. Ed a reçu cinq Academy Awards et a beaucoup contribué à développer les images graphiques en tant qu'ingénieur informatique. Il est l'auteur de Creativity, inc., que Forbes a qualifiée de « meilleur livre jamais écrit dans le domaine des affaires. »

Pour la petite histoire

En 1995, la dernière année de parution de Calvin and Hobbes, j'ai acheté mes premières actions – Pixar.

Au départ, ça craint

« On a dû [recommencer en interne] Toy Story 2. On a dû recommencer Ratatouille aussi… [parce que] tous nos films sont nuls au départ. »

TIM : Pourquoi dites-vous ça ? Parce que le premier jet est trop brut de décoffrage ?

ED : Les gens croient à tort que le premier jet d'un film est [dès le départ] la version embryonnaire de l'œuvre finale. En réalité, le film final n'a rien à voir avec le point de départ. On a constaté que la première version craignait toujours. Je ne le dis pas par modestie : au départ, toutes nos premières versions sont nulles.

L'incroyable force stratégique et visionnaire de Steve Jobs

« On est entrés en bourse une semaine après la sortie [de Toy Story]… La logique de Steve Jobs était – il voulait que l'on soit cotés en bourse pour des raisons qui nous laissaient dubitatifs – qu'il voulait le faire après la sortie du film pour prouver aux gens qu'une nouvelle forme d'art était née et que cela valait la peine d'investir dedans. »

TIM : Pourquoi tenait-il tant à la cotation en Bourse si les autres étaient sceptiques à ce sujet ?

ED : On était en train de réaliser le premier film. Aucun de nous n'avait jamais travaillé dans ce genre de société, et on ignorait ce que ça signifiait réellement, donc [on pensait] que ça allait nous distraire… On se disait "On va faire des films et prouver notre valeur avant de nous lancer en bourse", mais Steve avait une autre logique. Il a dit : "Pour l'instant, on a un contrat de trois films avec Disney." Selon les termes financiers du contrat [partage des bénéfices], même s'ils étaient corrects étant donné les circonstances, une fois que notre société aurait décollé, notre part des bénéfices aurait été réduite.

Donc Steve voulait renégocier le contrat. On entretenait tous de bonnes relations avec Disney, mais Steve a dit qu'au bout des trois ans, si on se séparait de Disney pour devenir indépendants, on serait leur pire cauchemar parce qu'ils auraient contribué à la réussite d'un concurrent. Ceci a eu lieu avant que les choses n'arrivent réellement, et on imaginait alors que les choses pourraient se passer ainsi. Mais c'était le pronostic de Steve parce qu'il était persuadé que le film allait cartonner.

Il a dit : « Ce qui va se passer dès la sortie du film, c'est que Michael Eisner va comprendre qu'il a participé à la naissance d'un concurrent et qu'il voudra renégocier. Si on renégocie, on demandera un partenariat 50/50. »

Je précise que ce n'était pas le Steve d'autrefois, qui aurait foncé et tenté de tout rafler. Il en était arrivé au stade où il disait que ce n'était pas une position agréable [pour Pixar]. Une position confortable serait un partenariat 50/50. C'était une bonne règle, mais le chemin paraissait sinueux. Si on faisait un partenariat 50/50, cela signifiait qu'il fallait qu'on apporte la moitié du budget. Et Pixar n'avait pas un sou.

TIM : Oui, il vous fallait un trésor de guerre.

ED : Exactement, un trésor de guerre. Si on se lançait en bourse, on aurait notre trésor de guerre. Après, lors de la renégociation, on pourrait prétendre à un partenariat 50/50. Donc le film est sorti et, au bout de quelques mois, Steve a reçu un appel de Michael Eisner pour renégocier le contrat. Steve lui a dit : « Très bien. Faisons 50/50. » Tout s'est passé comme Steve l'avait prédit. J'en suis encore tout étonné. Il avait vu juste.

Si on n'arrive pas à le lire, autant l'écouter

« Mon cerveau a un fonctionnement à part. Il s'avère que je suis incapable de lire de la poésie... Au bout de quelques secondes, mon cerveau déclare forfait.

« Robert Fagles venait de traduire l'Iliade, et le texte était en vers. Je ne pouvais pas le lire. À un dîner, une dame m'a dit : “Ne le lisez pas, écoutez-le.” J'ai acheté la version audio et je l'ai écoutée. Ça m'a captivé. J'étais étonné que cette histoire se soit transmise oralement il y a 2 800 ans, dans une langue différente, dans une culture différente. Elle était conçue pour une transmission orale, évidemment, parce qu'elle était parfaitement rythmée. »

Cours magistraux

Pendant plusieurs années, Ed a écouté les cours magistraux de Teaching Company tous les jours durant ses trajets.

« J'ai écouté des cours d'économie, de littérature, Shakespeare, etc. Ceux qui m'ont le plus marqué étaient les cours d'histoire du monde... J'avoue qu'il y avait un sujet sur l'époque d'Henri VIII, les Tudor et les Stuart, que j'écoutais en boucle. »

Pour devenir un artiste, apprenez à voir

Ed voulait devenir animateur dès le lycée. Il était doué en dessin. Quoi qu'il en soit, à son entrée à la fac, il ne voyait pas comment obtenir le niveau exigé par Disney pour devenir animateur, alors il a étudié la physique. On pourrait croire que c'est incongru et sans rapport, mais Ed pense le contraire :

« Les gens pensent que c'est totalement différent, mais j'ai une autre façon de voir les choses. Je pense que la plupart des gens ont une fausse idée des études artistiques. Pour eux, il s'agit apprendre à dessiner ou à s'exprimer sous une certaine forme. Mais en réalité, les artistes apprennent à voir. »

La méditation

Ed pratique une séance de méditation Vipassana de 30 à 60 minutes par jour. Il s'y est mis après avoir visité le centre tibétain Symbol of Man.

✶ Les livres qu'Ed offre ou recommande le plus souvent

« J'ai offert certains livres plusieurs fois à des enfants. Je pense en particulier à *One Monster After Another*, de Mercer Mayer. J'adore ! »

Tracy DiNunzio

Tracy DiNunzio (TW : @TracyDiNunzio, tradesy.com) est une tueuse ! Elle a créé et préside Tradesy, une société qui a décollé comme une fusée. Elle a levé 75 millions de dollars auprès d'investisseurs tels que Richard Branson, Kleiner Perkins et moi-même. Parmi les membres du conseil d'administration de sa société, on trouve le légendaire John Doerr. Tradesy a pour vocation d'estimer à la demande la valeur marchande de tous les biens que vous possédez. Son slogan : « Du cash dans vos placards. »

Animal totem : l'abeille

« Quand on se plaint, personne n'a envie de nous aider »

« Je suis née avec un spina bifida, une maladie congénitale qui empêche la colonne vertébrale de se refermer autour de la moelle épinière. C'est sans doute parce que mon père a été exposé à de l'agent orange au Vietnam… J'ai beaucoup peint après mes opérations. J'ai dû inventer des techniques intéressantes, comme ramper sur le sol pour peindre parce que je ne pouvais pas tenir debout. J'ai voulu me plaindre et m'aigrir [comme mécanisme de survie], mais ça n'a pas fonctionné. C'était pire… Stephen Hawking a eu la phrase la plus juste à ce sujet et son histoire est légitime… [Il] a sans doute le droit de se plaindre plus que personne au monde. Et pourtant voilà ce qu'il a dit : "**Quand on se plaint, personne n'a envie de nous aider.**" C'est dit simplement et clairement. Il était le seul à pouvoir dire cette vérité brutale et franche, n'est-ce pas ? **Si on passe son temps à se concentrer sur tout ce qui ne va pas et que c'est ce qu'on exprime et projette autour de soi, on ne devient pas une source de croissance pour les gens. On devient une source de destruction.** Et ça attire encore plus la destruction.

« Puisque je pensais à ma souffrance et que j'en parlais, ma vie s'est laissé entraîner dans un élan négatif. À un moment, entre 2006 et 2007, j'ai décidé de me mettre au "régime des plaintes". Je me suis dit que je n'allais plus rien dire de négatif à propos de ma situation, mais qu'en plus j'allais m'interdire d'y penser de façon négative… Ça a pris longtemps, je ne le faisais pas parfaitement, mais… remplacer les idées noires m'a permis d'avancer dans une meilleure direction. Je n'étais plus obsédée par ce qui n'allait pas. Ça m'a aussi permis de ressentir moins la douleur physique, ce qui est libérateur et nécessaire si on veut faire des choses. »

Choisir le public devant lequel on va se planter

« Si vous devez essayer de convaincre des investisseurs, je vous conseille d'abord des réunions avec 10 investisseurs auxquels vous ne tenez pas vraiment, parce que vous allez sans doute vous planter au début. J'ai été nulle à ce jeu pendant longtemps. »

TF : Jerry Seinfeld faisait un flop à ses débuts (voir le documentaire *Comedian*), mais il a développé son art dans de petites salles. Nike teste de nombreux nouveaux produits et campagnes par exemple en Nouvelle-Zélande avant de les lancer sur le marché américain. J'ai essuyé 27 refus en tentant de vendre l'idée de La emaine de 4 heures auprès d'éditeurs new-yorkais. Heureusement, il suffit souvent d'un éditeur, d'un investisseur, d'un x. Réservez votre liste de gens importants pour après vos 10 premières présentations.

Chris Young

Chris Young (TW : @ChefChrisYoung, chefsteps.com) est un bricoleur, inventeur et innovateur compulsif. Ses champs de compétence vont de l'aviation extrême aux mathématiques en passant par les barbecues géants. Mais il est avant tout le penseur le plus clairvoyant que je connaisse.

Chris est le principal coauteur des six volumes de *Modernist Cuisine*. Chris a également été chef de la cuisine expérimentale de Heston Blumenthal au Fat Duck, le laboratoire secret qui invente des plats pour l'un des meilleurs restaurants au monde. Avant de devenir chef, Chris a terminé ses études de mathématiques et biochimie. Il est aujourd'hui P-DG de ChefSteps, une société dont les bureaux sont situés au-dessus du célèbre marché Pike Place de Seattle, dans l'État de Washington.

Animal totem : la frégate

Pour la petite histoire

- Matt Mullenweg (page 194) et moi avons visité le labo de Chris maintes fois. Cherchez la vidéo « Ferriss aerated green apple sorbet » pour me voir en Puff le Dragon magique.
- Quand il ne travaille pas, Chris s'entraîne pour pulvériser le record du monde de planeur. Destination visée : la Patagonie.
- Chris était le scientifique à qui je demandais conseil pour le chapitre « Sciences » de *The 4-Hour Chef*, et j'ai pu assister à une démonstration de plusieurs de ses recettes avec Jimmy Fallon.
- Chris est l'ami de l'auteur d'ouvrages de science-fiction Neal Stephenson, qui a écrit plusieurs livres que j'adore, dont Snow Crash et Cryptonomicon. Nombreux sont mes invités à recommander Snow Crash et *L'Âge de diamant* (comme Seth Godin, page 219, et Kelly Starrett, page 117). Chaque année, Chris et Neal organisent la « Fête annuelle du bruit » dans le jardin de Neal, où ils construisent de drôles de machines et des trucs pour cuisiner. Chris explique : « On a creusé une fosse de 2 X 2 m, sur 2 mètres de profondeur dans son jardin, qu'on a transformé en jacuzzi pour cuire sous vide un cochon de 135 kilos. L'année suivante et pour les cinq prochaines années, on devait trouver une idée encore plus délirante, plus exotique, ridiculement dangereuse. Dangereuse dans le sens où les maisons voisines pourraient prendre feu, que quelqu'un pourrait mourir en versant du béton ou être réduit en cendres parce qu'on aurait cuisiné avec du magma en fusion, ce genre de chose. »

* **Que mettriez-vous sur une affiche ?**

« Ça s'est finalement bien passé » devant son ancien lycée. Je n'ai pas un bon souvenir de mes années de lycée.

« Les boulots intéressants sont ceux que vous vous créez »

Le père de Chris, un entrepreneur accompli, lui a donné ce conseil quand il était en 2nde ou 1re au lycée :

« Je me souviens très bien qu'il m'a dit de ne pas m'inquiéter de ce que j'allais faire parce **que mon futur boulot n'avait pas encore été inventé… Les boulots intéressants sont ceux qu'on se crée**. J'espère inculquer ça à mon fils : "Ne t'inquiète pas pour ton futur métier… Fais ce qui t'intéresse, et si tu le fais très bien, tu trouveras un moyen de le mettre à profit avec de bonnes opportunités de travail." »

« Sur quel projet intéressant travaillez-vous ? Pourquoi cela vous intéresse-t-il ? Qu'y a-t-il de surprenant ? Est-ce que quelqu'un d'autre y a pensé ? »

Ce sont les questions courantes de Heston Blumenthal, l'ancien chef exécutif de Fat Duck, à l'époque classé meilleur restaurant du monde. Chris explique : « Je n'ai jamais rencontré quelqu'un d'aussi curieux que lui. Il pouvait parler à n'importe qui de ce que cette personne faisait. Il posait ce genre de question à n'importe qui sur n'importe quel sujet, qu'il s'adresse à des psychologues, des entraîneurs sportifs, des chefs, des écrivains ou autre. »

Ça m'a fait sourire. J'avais rencontré Heston au début des années 2000 à une séance de dédicace dans une école de cuisine de San Francisco. Je l'avais approché timidement pour lui demander : « Quelle est votre recette préférée de haricots ? J'ai honte, mais je n'arrive pas à les cuisiner correctement. » Il s'est ragaillardi et m'a regardé droit dans les yeux : « Vous savez, les gens ignorent combien les haricots peuvent être complexes. » Il m'a ensuite posé une dizaine de questions, puis s'est mis à m'enseigner en cinq minutes l'art de cuire les haricots. Je suis un fan depuis.

« Si vous aviez 100 millions de dollars, qu'est-ce que vous en feriez qui n'aurait aucune valeur pour d'éventuels copieurs ? »

Gabe Newell, le milliardaire qui a cofondé la société de développement et de distribution de jeux vidéo Valve, a largement financé la société ChefSteps de Chris. Il a mis la main à la poche après avoir posé à Chris des questions qui l'ont interloqué :

« Gabe m'a demandé : "Si je vous donne 100 millions de dollars, qu'est-ce que vous en feriez qui n'aurait aucune valeur pour d'éventuels copieurs ?" Je vous donne un exemple. Quand Intel sort une nouvelle puce, ça lui coûte des milliards de dollars. Il n'y a aucun intérêt à les copier, parce que ça demanderait encore plus de milliards pour rattraper Intel, apprendre tout ce qu'Intel sait, et il faudrait que la puce soit 10 fois meilleure pour que les gens changent de marque. Donc ce serait une perte de temps pour tout le monde [d'essayer de les copier]. »

TF : Je connais un grand spécialiste du capital-risque qui utilise une variante de ce test de vérité pour mesurer les « perturbateurs » : pour chaque dollar de revenu que vous générez, pouvez-vous coûter 5 à 10 $ au concurrent en face ? Si c'est le cas, il investit. Par ailleurs, l'un de mes fichiers PDF préférés qu'on trouve sur Internet au sujet des affaires est « Valve: Handbook for New Employees », de la société de Gabe. Chris souligne : « C'est le seul document RH qu'on ait sciemment envie de lire. »

Le contrôle psychique des Jedi

Chris a décroché son premier poste en cuisine en flattant l'ego du chef (William Belickis). Il était stagiaire et aurait aimé être embauché à plein temps :

« À la fin du service, William s'est montré très gentil. Il s'est assis à côté de moi dans la salle et a pris un verre de vin. Il m'en a proposé un. Il m'a dit : "Tu sais, ce n'est pas le bon moment. Je ne suis pas sûr d'avoir du travail pour toi." Très honnêtement, je lui ai dit : "Je comprends parfaitement. Y aurait-il un autre restaurant en ville que vous me recommanderiez pour y travailler ? Je voudrais m'engager dans la cuisine. J'aimerais apprendre."

« Je l'ignorais à l'époque, mais c'était sans doute la meilleure chose à dire à William, parce qu'il avait un ego énorme et il ne voulait pas dire qu'il y avait un autre bon restaurant en ville. Je l'ai entendu dire : "Eh bien, il n'y a vraiment personne. Je pense que je suis la bonne personne pour t'enseigner la cuisine. Tu veux repasser mardi ?" »

Maintenir la qualité

Chris a dit que, à son arrivée au Fat Duck, Heston ne hurlait plus sur le personnel, mais « signalait sa déception autrement… Il poussait toute l'équipe à aspirer à l'excellence tout le temps ». Je lui ai demandé un exemple. Voici sa réponse, écourtée par manque de place :

« La commande est arrivée [des cailles en gelée], et j'ai vu qu'elles n'étaient pas entièrement dressées. J'ai tenté de mettre la crème de langoustine par-dessus et je les ai envoyées sur le passe sachant que le dressage n'était pas parfait. Les plats sont revenus comme un boomerang. Heston est arrivé avec les assiettes à la main et a dit : "Chris." Il me regarde, regarde le plat, me regarde… "Impossible." Et il les replace. Je me souviens de son regard cinglant – en gros, si je recommençais, pas la peine de revenir au boulot. Je me souviens de la leçon parce qu'il a dit : “On peut faire autre chose. Si ce n'est pas prêt, on ne peut pas l'envoyer et espérer que personne ne remarquera rien. Ce n'est pas correct. On va arranger ça. On va faire autre chose, mais n'essaie plus de refiler quelque chose que tu sais ne pas être à la hauteur.” On se souvient de cette leçon, on n'a pas à nous la répéter. Ce n'était pas la qualité attendue et on le savait. **Il faut maintenir la qualité, demander de l'aide, arranger les choses, faire le nécessaire, mais jamais tricher.** »

TIM : Comment gérer la mince frontière entre insister sur la qualité et être un chef autoritaire ? [Chris gère une société de plus de 50 employés.]

CHRIS : La première chose, un bon jour, j'essaierai de prendre du recul et me demander : « **Dans quel contexte est-ce que cette personne évolue, et est-ce que je lui ai offert le contexte approprié** ? »… Étant donné le contexte, peut-être que j'aurais pris la même décision, ou j'imagine que quelqu'un l'aurait prise. Donc j'essaie de plus en plus de penser : « Quel contexte et quelle visibilité ai-je et quels sont les leurs ? **Est-ce que je suis injuste parce que j'ai simplement plus d'informations qu'eux** ? »

Le manuel antipipeau

L'un des livres que Chris a souvent offerts est un ouvrage épuisé sur la thermodynamique intitulé The Second Law. « Il a été écrit par un professeur de chimie d'Oxford appelé P.W. Atkins. C'est un ouvrage phénoménal, informel, plein d'infographies sur le fonctionnement du monde du point de vue énergétique. Je l'ai trouvé incroyablement utile quand j'essayais de comprendre comment faire quelque chose, comment faire pour que ça marche, et parfois tout bonnement pour savoir si c'était faisable. C'est mon détecteur à pipeau. »

* **Selon vous, qui illustre le mieux le mot « réussite » ?**

  Chris a répondu son père et Winston Churchill :

  « Il y a une magnifique série de livres sur Winston Churchill écrits par William Manchester. Le troisième tome est sorti il y a quelques années à titre posthume. Quoi qu'il en soit, les deux premiers tomes ne traitent que de sa vie avant la Seconde Guerre mondiale et ne parlent même pas de tout ce qui s'est produit une fois que la guerre avait commencé. Je me souviens d'avoir pensé [avant même qu'il fasse ce à quoi on l'associe] : il était un auteur reconnu à 20 ans, il a combattu dans des guerres, il était un des journalistes les mieux payés et il était un membre important du Parlement. »

Daymond John

Daymond John (TW/FB/IG : @TheSharkDaymond, DaymondJohn.com) est le fondateur et P-DG de FUBU, une société que Daymond a créée avec un budget de 40 $ et qui est devenue une marque de mode pesant 6 milliards de dollars. Il est ambassadeur présidentiel chez Global Entrepreneurship et participe à l'émission de téléréalité *Shark Tank*, de la chaîne ABC. Daymond a reçu plus de 35 prix de l'industrie, dont le titre de Marketer of the Year de *Brandweek*, Marketing 1000 Award for Outstanding Ad Campaign de *Advertising Age*, et New York Entrepreneur of the Year Award de Ernst & Young. Il est l'auteur de trois best-sellers, dont *The Power of Broke.*

Animal totem : la mangouste

« Si vous vous lancez et que vous faites du bruit et vendez vos produits, les gens vous trouveront. Les ventes, c'est le remède à tout. Vous pouvez parler de votre super business plan et des prévisions de ventes. Vous pouvez vous forger votre propre opinion, mais vous ne pouvez pas créer vos propres réalités. Seules les ventes comptent. »

« Cinq jours par semaine, je relis mes objectifs avant de me coucher et au réveil. Je me suis lancé 10 objectifs : santé, famille, affaires, etc., avec des dates butoir. Je les actualise tous les 6 mois. »

« Mes parents m'ont inculqué que mon métier ne me rendra(it) jamais riche, que ce serait plutôt mes devoirs à la maison. »

« Peu importe si vous êtes mon frère – si on joue au foot ensemble, j'essaierai de vous défoncer. Ça ne signifie pas que je ne vous aime pas ni que je ne vous respecte pas. »

✶ Quel a été votre meilleur investissement ? Un investissement de temps, d'argent, d'énergie ou autre

« Mon meilleur investissement a été de prendre le temps de devenir coursier pour First Boston pendant que j'étais au lycée. Je courais partout dans Manhattan et j'ai été amené à rencontrer des gens très différents. Certains étaient de hauts dirigeants malheureux, d'autres étaient de petits employés heureux. Je n'avais jamais été exposé à ça auparavant et ça m'a ouvert les yeux sur les opportunités de la vie. »

✶ Une maxime qui régit votre vie ou à laquelle vous pensez souvent ?

« L'argent est un bon serviteur, mais un maître tyrannique. »

✶ Les livres que vous offrez ou recommandez fréquemment ?

Réfléchissez et devenez riche, Who Moved My Cheese?, Stratégie Océan bleu, Invisible Selling Machine, L'Homme le plus riche de Babylone et *Genghis Khan and the Making of the Modern World.*

TF : Le livre sur Genghis Khan m'a été recommandé par plusieurs milliardaires.

Luis von Ahn

« La frustration est une question d'attentes. »

Luis von Ahn (TW : @LuisvonAhn, duolingo.com) est professeur d'informatique à l'université de Carnegie Mellon et P-DG de Duolingo, une plate-forme gratuite d'apprentissage des langues étrangères qui compte plus de 100 millions d'utilisateurs. C'est l'outil le plus populaire au monde pour apprendre une langue. J'ai rencontré Luis en tant qu'investisseur lors de son premier cycle de financement. Auparavant, Luis a inventé les CAPTCHAS, a été un MacArthur Fellow (allocataire de la bourse « génie ») et a revendu deux sociétés à Google alors qu'il n'avait que 20 ans. Luis est l'un des Brilliant 10 du magazine Popular Science et l'un des 100 Most Creative People in Business du magazine Fast Company.

Animal totem : le hibou

Piéger ceux qui trichent à ses cours à Carnegie Mellon

« Il y avait un [problème dans un devoir] qui s'appelait le puzzle de Giramacristo. C'était un mot que j'avais inventé de toutes pièces. J'avais vérifié qu'il n'existait pas sur Google. J'ai créé un site Internet qui offrait la solution, mais qui enregistrait l'adresse IP des Internautes. À la fac de Carnegie Mellon, on peut savoir de quelle chambre il s'agit. Je pouvais donc savoir qui avait triché. Il s'avère qu'à l'époque, sur 200 étudiants, 40 environ avaient cherché la réponse sur Google. C'était drôle. J'avais l'habitude de tendre des pièges comme ça, et les étudiants étaient terrifiés à l'idée que ça pouvait être un piège. Je leur disais : "Si vous avouez, vous aurez passable à votre devoir", et ils avouaient. Je tendais des pièges pour les deux premiers devoirs, histoire de leur apprendre à ne pas tricher. »

L'origine de la mascotte et du logo de Duolingo

« On était en train de lancer Duolingo et on a fait appel à une société canadienne, Silverorange, pour la stratégie de marque… C'est eux qui ont créé le logo de Firefox, par exemple. On adore travailler avec eux. À une de nos premières réunions concernant le branding de la société, mon cofondateur Severin [Hacker] a déclaré : "Je n'y connais pas grand-chose en design et je m'en moque un peu, mais sachez que je déteste le vert."

« On s'est dit que ce serait drôle si notre mascotte était une bestiole verte. C'est donc pour ça que notre hibou est vert. On faisait une blague au cofondateur. Et depuis, il le voit tous les jours. Il n'aurait jamais dû dire ça. »

L'importance du « Je ne comprends pas »

« Mon mentor [à Carnegie Mellon] s'appelait Manuel Blum. Beaucoup le considèrent comme le père de la cryptographie [cryptage, etc.]. Il est génial et drôle. Il m'a beaucoup appris. Lorsque je l'ai rencontré il y a 15 ans environ, il devait avoir la soixantaine, mais il a toujours fait plus âgé. Il faisait semblant de tout oublier…

J'ai dû lui expliquer ce sur quoi je travaillais à l'époque, CAPTCHA, les caractères déformés qu'on doit retaper partout sur Internet. C'est très agaçant. Je travaillais dessus [un projet racheté par Google par la suite] et j'ai dû lui expliquer. C'était drôle parce que généralement, quand je commençais à lui expliquer quelque chose, il m'interrompait dès la première phrase : "Je ne comprends pas ce que tu me dis." Alors j'essayais de paraphraser et, au bout d'une heure, je n'avais toujours pas dépassé le stade de la première phrase. "Bon, l'heure est passée, on se retrouve la semaine prochaine." Ça s'est répété pendant des mois et j'ai commencé à me demander pourquoi les gens le croyaient si intelligent. Plus tard [j'ai compris ce qu'il faisait]. C'était un jeu. En gros, si mes explications n'étaient pas claires, c'est que je ne comprenais pas parfaitement ce que j'essayais de lui expliquer. Il ne faisait que creuser encore plus profondément jusqu'à ce que je me rende compte qu'il y avait quelque chose qui n'était pas clair dans mon esprit. Il m'a appris à réfléchir en profondeur et c'est quelque chose que je n'ai jamais oublié. »

TF : Cette semaine, essayez de dire « Je ne comprends pas. Vous pouvez m'expliquer ? » plus souvent. (Voir ce que dit Malcolm Gladwell au sujet de son père, page 507.)

Fonder une start-up en dehors de la Silicon Valley

« C'est assez incroyable quand on parle avec des gens [de la Silicon Valley lors d'événements de l'industrie]. On dirait qu'en moyenne les gens restent un an et demi [dans une start-up]... Chez nous [à Pittsburgh], les gens restent. On n'est pas la seule start-up de la ville – ce serait injuste de dire ça –, mais il n'y en a pas beaucoup. »

TF : J'ai connu des fins heureuses avec des start-ups basées un peu n'importe où, que ce soit à Oklahoma et dans le Colorado (Daily Burn) ou à Ottawa, au Canada (Shopify). Question recrutement, Shopify est l'une des principales sociétés high-tech de l'Est canadien, mais son taux de départs est faible. Les gens qui s'installent à Ottawa ne se font pas débaucher par Facebook, Google, Uber. Ces familles n'ont pas envie de déménager à San Francisco, et c'est la raison pour laquelle Shopify n'a pas le besoin d'entrer dans la mêlée.

Vous croyez que vous êtes condamné parce que vous n'êtes pas basé dans l'épicentre de votre industrie ? Cherchez quels en sont les avantages, car certains sont peut-être loin d'être évidents.

La stratégie de la toile

« Les grands hommes qui se montrent prêts à obéir prouvent souvent par la suite qu'ils sont capables de commander. »

– Lord Mahon

Si vous voulez avoir de grands mentors, vous devez devenir un grand « mentoré ». Si vous voulez mener, vous devez d'abord apprendre à suivre. Ben Franklin, le légendaire entraîneur de la NFL, Bill Belichick et plusieurs personnages historiques que vous considérez comme des leaders ont suivi une seule stratégie à leurs débuts. J'ai appliqué la même stratégie pour développer mon réseau. Ça explique également comment mon premier livre a atteint le seuil critique, et ma réussite dans les investissements précoces.

Ryan Holiday (TW/FB/IG : @ryanholiday, ryanholiday.net) l'appelle la « stratégie de la toile », et il est passé maître dans l'art de l'appliquer. Ce stratège en marketing et auteur a abandonné ses études à 19 ans pour devenir stagiaire chez Robert Greene, auteur de The 48 Laws of Power, et il est devenu directeur du marketing d'American Apparel à l'âge de 21 ans. Sa société actuelle, Brass Check, conseille des clients tels que Google, TASER et Complex, ainsi que de nombreux auteurs de best-sellers. Ryan a publié quatre livres, dont Ego Is the Enemy. Récemment, The Obstacle Is the Way a trouvé un public fidèle auprès des entraîneurs de la NFL, des athlètes de carrure internationale, des leaders du monde politique et bien d'autres dans le monde. Il vit dans un petit ranch en périphérie d'Austin, au Texas.

Ryan

« Dans le système romain, il y avait un concept pour l'art et la science pour lequel nous n'avons qu'un équivalent incomplet. Les hommes d'affaires, les politiques ou les play-boys richissimes subventionnaient un certain nombre d'écrivains, de philosophes et d'artistes. Au-delà d'être payés pour produire de l'art, ils devaient effectuer un certain nombre de tâches en échange d'une protection, de nourriture et de cadeaux. L'un de leurs rôles était se servir d'anteambulo – littéralement, « celui qui fraie le chemin ». Un anteambulo se déplaçait devant son patron dans les rues de Rome, écartant la foule, délivrant des messages et, de façon plus globale, facilitant la vie de son patron. Le célèbre auteur d'épigrammes Martial a tenu ce rôle pendant des années, servant un temps Méla, un riche homme d'affaires, frère de Sénèque, philosophe stoïcien et conseiller politique. Né dans une famille modeste, Martial a également servi un autre homme d'affaires appelé Petillius. En tant que jeune écrivain, il passait ses journées à aller de la maison de son riche patron à une autre, offrant ses services, présentant ses respects et recevant paiements et faveurs en contrepartie.

Mais voilà le problème : comme la majorité d'entre nous avec nos stagiaires et petits employés (ou plus tard avec nos éditeurs, patrons ou clients), Martial détestait son travail. Il pensait que ce système l'avait transformé en esclave. Aspirant à vivre comme un propriétaire terrien – comme ses patrons –, Martial voulait posséder une fortune et un domaine en propre. Il rêvait que là, il pourrait enfin produire son art en toute tranquillité et indépendance. Par conséquent, ses épigrammes sont empreints de haine et d'amertume envers l'aristocratie romaine, dont il se sentait cruellement exclu.

Aveuglé par sa rage impuissante, Martial ne pouvait voir sa position privilégiée en tant qu'étranger à la société qui lui offrait une vision si fascinante de la culture romaine qu'elle se poursuit encore aujourd'hui. Au lieu de souffrir du système, n'aurait-il pas pu l'accepter ? Et si – oh ! – il avait pu apprécier les opportunités que cela lui offrait ? Mais non. Le système le bouffait de l'intérieur.

C'est une attitude courante qui transcende les générations et les sociétés. Le génie incompris, en fulminant, est forcé de faire des choses qu'il n'apprécie pas, pour des gens qu'il ne respecte pas, tout en faisant son chemin dans le monde. Comment osent-ils m'obliger à ramper comme ça ! Quelle injustice ! Quel gâchis !

On le voit dans les récents procès où les stagiaires poursuivent leurs employeurs pour des questions de paie. On le voit chez les jeunes qui préfèrent rester chez leurs parents plutôt que de se soumettre à un travail pour lequel ils s'estiment surqualifiés. On le voit comme une incapacité à respecter les conditions des autres, une réticence à faire un pas en arrière pour potentiellement en faire plusieurs en avant. *Je ne les laisserai pas me dominer. Je préfère qu'on n'ait rien, ni l'un ni l'autre.*

Prenons la peine d'analyser le prétendu affront de "servir" quelqu'un. En réalité, non seulement le modèle de stage est responsable d'œuvres magnifiques au cours de l'histoire – tout le monde, de Michel-Ange à Léonard de Vinci et Benjamin Franklin, a été obligé de passer par un tel système –, mais si vous allez être aussi grand que vous le croyez, est-ce que ce ne serait pas qu'un abus insignifiant et temporaire ?

Quand quelqu'un commence à travailler pour la première fois ou qu'il rejoint une nouvelle société, il entend souvent ce conseil : "Caresse les gens dans le sens du poil et tout ira bien." On lui dit de garder la tête basse et d'être au service du patron. Naturellement, ce n'est pas ce que le jeune qui a été choisi parmi tous les autres jeunes candidats a envie d'entendre. Ce n'est pas ce à quoi s'attend un diplômé de Harvard – après tout, il a justement fait ces études pour éviter ce prétendu affront.

Retournons le problème pour qu'il ne paraisse pas si humiliant : le but n'est pas donner des coups de pied dans le derrière, ni de caresser quelqu'un dans le sens du poil. Le but est d'offrir un soutien pour que les autres puissent être bons. Une meilleure façon de formuler le conseil serait : trouvez des toiles pour que les autres puissent peindre dessus. Soyez un anteambulo. Frayez le chemin pour les autres et vous finirez par vous créer votre propre chemin.

Lorsque vous débutez, on peut être sûr de nouvelles réalités fondamentales : 1) Vous n'êtes pas aussi bon ni aussi important que vous le croyez. 2) Votre comportement doit changer. 3) La plupart des choses que vous croyez savoir ou que vous avez apprises dans les livres ou à l'école sont dépassées ou fausses.

Il existe un moyen fabuleux pour que ça sorte de votre système : attachez-vous aux gens et aux sociétés qui connaissent déjà le succès, englobez votre identité dans la leur et avancez ensemble simultanément. C'est certainement plus glamour de viser votre propre gloire – mais ce n'est pas aussi efficace. Obéir est la façon d'avancer.

L'autre effet de ce comportement, c'est qu'il réduit votre ego à un moment critique dans votre carrière. Il vous permet d'absorber tout ce que vous pouvez sans les entraves qui bloquent la vision et la progression des autres.

Personne n'approuve la flagornerie. À la place, il s'agit de voir ce qui se passe depuis l'intérieur et de chercher des opportunités pour quelqu'un d'autre que vous. Rappelez-vous, anteambulo signifie frayer le terrain – trouver la direction que quelqu'un a déjà l'intention de prendre et l'aider à faire son bagage, le libérant ainsi pour lui permettre de se concentrer sur ses forces. En fait, il s'agit d'améliorer les choses au lieu d'avoir l'air de le faire.

Beaucoup de gens connaissent les fameuses lettres que Benjamin Franklin a signées sous des pseudonymes tels que Silence Dogwood. "Quel jeune prodige malin", pensent-ils sans vraiment voir le côté le plus impressionnant : Franklin a écrit ces lettres, les a soumises en les glissant sous la porte de l'imprimeur et n'a reçu aucun crédit pour elles jusque très tard dans sa vie. En réalité, c'est son frère, le propriétaire de l'imprimerie, qui profitait de leur immense popularité et qui les publiait régulièrement en première page de son journal. Mais Franklin avait pris la route la plus longue – apprendre comment fonctionnait l'opinion publique, éveiller l'intérêt pour ce à quoi il croyait, se forger un style, un ton et un esprit. C'est une stratégie qu'il a appliquée de nombreuses fois au cours de sa carrière – allant même jusqu'à publier dans le journal de son concurrent pour porter atteinte à un troisième concurrent –, car Franklin voyait un bénéfice constant à faire mousser les gens et les laisser se faire créditer pour vos idées.

Bill Belichick, l'entraîneur en chef de l'équipe des Patriots de la Nouvelle-Angleterre qui a remporté quatre fois le Super Bowl, est monté à l'échelle de la NFL en adorant et maîtrisant une partie du boulot que les autres coaches détestaient à l'époque : analyser les vidéos. Son premier poste dans le football américain professionnel, chez les Colts de Baltimore, il l'a accepté sans être payé – les munitions et les stratégies essentielles pour le jeu que sa sagacité offrait ont été attribuées exclusivement aux coaches seniors. Il s'est épanoui avec ce qui était considéré comme un sale boulot, le revendiquait, et s'est efforcé de devenir le meilleur dans un domaine que les autres dédaignaient. "Il était comme une éponge, il retenait tout, écoutait tout", a dit un coach. "Vous lui confiiez une tâche et il disparaissait dans une pièce. On ne le revoyait que quand il avait terminé et il en redemandait", a déclaré un autre. On le devine, Belichick a commencé à être payé rapidement.

Avant cela, au lycée, il connaissait si bien le jeu qu'il devenait une sorte de coach assistant tout en jouant les matches. Le père de Belichick, lui-même assistant du coach de football pour la Navy, lui a inculqué une leçon essentielle dans la politique de ce sport : s'il voulait donner un feed-back à son coach ou remettre en question une décision, il devait le faire en privé et avec modestie, pour ne pas offenser son supérieur. Il a appris à devenir une étoile montante sans menacer ou aliéner qui que ce soit. En d'autres termes, il maîtrisait la stratégie de la toile.

On comprend comment les droits et le sentiment de supériorité (les privilèges de l'ego) auraient facilement rendu impossible la réussite de ces deux hommes. Franklin n'aurait jamais été publié s'il avait favorisé le mérite au détriment de la créativité – et quand son frère l'a appris, il l'a littéralement battu par rage et jalousie. Belichick aurait énervé son coach et aurait sans doute fini sur le banc des remplaçants s'il lui avait damé le pion en public. Il n'aurait certainement pas accepté d'être bénévole pour son premier job et n'aurait pas visionné des milliers d'heures d'enregistrements s'il s'était soucié de son statut. La grandeur vient de débuts humbles, avec les sales boulots. Vous êtes la personne la moins importante dans la pièce – jusqu'à ce que vous changiez cela par des résultats.

Il existe un vieil adage : "Parler peu, agir beaucoup." Ce que nous devrions faire, c'est actualiser et appliquer une version de cet adage pour notre première approche. Soyez moindre, faites-en plus. Et si vous trouviez un moyen d'aider chaque personne que vous rencontrez, quelque chose que vous pourriez faire pour elle ? Et si vous voyiez cela comme quelque chose qui profiterait à ces personnes, pas à vous ? Avec le temps, l'effet cumulé serait énorme : vous auriez beaucoup appris en résolvant divers problèmes. Vous vous seriez forgé une réputation d'élément indispensable. Vous auriez un nombre incalculable de nouvelles relations. Vous auriez un trésor de faveurs que vous pourriez demander en chemin.

C'est ça, la stratégie de la toile – vous aider en aidant les autres. Faire un effort concerté pour échanger votre satisfaction à court terme pour une récompense à long terme. Alors que tout le monde cherche les honneurs et à être « respecté », ne cherchez pas à vous attribuer le mérite. Oubliez-le au point d'être content quand d'autres l'obtiennent à votre place – c'était votre but, après tout. Laissez les autres engranger les éloges pendant que vous remettez ça à plus tard et rapportez des intérêts sur le principal.

Le côté stratégique est le plus difficile. C'est facile de tomber dans l'amertume, comme Martial, au point de détester l'idée de soumission, de mépriser ceux qui ont plus de moyens, d'expérience ou un meilleur statut que vous. De vous dire qu'à chaque seconde où vous ne travaillez pas sur votre œuvre ou vous-même, vous gâchez votre talent. D'insister, *je ne me laisserai pas rabaisser.*

Une fois qu'on étouffe cette impulsion émotionnelle et égoïste, la stratégie de la toile devient plus simple. Les itérations sont infinies.

- Avoir des idées qu'on passe à son patron.
- Trouver des gens, des penseurs, de jeunes ambitieux à présenter les uns aux autres. Croiser les fils pour créer de nouvelles étincelles.
- Trouver ce que personne d'autre ne veut faire et le faire.

- Trouver des inefficacités, les gâchis, les redondances. Identifier les fuites et les réparations pour libérer des ressources dans de nouveaux domaines.
- Produire davantage que tous les autres et faire cadeau de vos idées.

En d'autres termes, découvrez les occasions de promouvoir leur créativité, trouvez des débouchés et des collaborateurs et éliminez les distractions qui les empêchent de progresser et de se concentrer. C'est une stratégie gratifiante et infiniment évolutive. Considérez chaque personne comme un investissement dans vos relations et votre développement personnel.

La stratégie de la toile est à votre disposition à tout moment. Il n'y a pas de date d'expiration non plus. C'est l'une des rares stratégies que l'âge ne limite pas – junior ou senior. Vous pouvez commencer à l'appliquer à tout moment – avant de trouver un travail, avant d'être embauché, et pendant que vous faites autre chose, ou si vous lancez un projet ou vous vous retrouvez dans une société sans soutien ou alliés de poids. Vous trouverez peut-être qu'il n'y a aucune raison d'arrêter d'appliquer cette stratégie, même quand vous aurez fait vos preuves et que vous vous lancerez dans vos propres projets. Laissez cette stratégie devenir naturelle et permanente ; laissez les autres l'appliquer sur vous pendant que vous êtes trop occupé à l'appliquer sur vos supérieurs.

Car si vous reprenez le flambeau une fois, vous apercevrez ce que l'ego de la majorité des gens les empêche d'apprécier : la personne qui fraie le chemin finit par en contrôler la direction, tout comme la toile donne forme à la peinture. »

Kevin Rose

Kevin Rose (TW/IG : @kevinrose, thejournal.email) est l'un des meilleurs sélectionneurs d'actions dans l'univers des start-ups. Il arrive à prédire les tendances, même non technologiques, avec une étonnante précision. Il a cofondé Digg, Revision3 (revendu à Discovery Communications) et Milk (revendu à Google), ce qui lui a valu de devenir partenaire général chez Google Ventures, où il a fait partie de l'équipe qui a investi dans des sociétés telles que Uber, Medium et Blue Bottle Coffee. Il est actuellement P-DG de Hodinkee, le premier site au monde de vente en ligne de montres. Il est l'un des Top 25 Angel Investors de Bloomberg et l'un des Top 25 Most Influential People on the Web pour le magazine Time. Il publie la newsletter populaire « The Journal » tous les mois.

Kevin est un de mes bons amis et nous faisons plus ou moins régulièrement une émission vidéo ensemble, The Random Show, dont le nom tient à son contenu et son horaire de diffusion très irréguliers. Ce profil est aussi un peu plus aléatoire. Pourquoi bénéficie-t-il de ce traitement de faveur ? Parce que c'était le tout premier invité de mon podcast.

Il se retrouve dans la section des Nantis à cause de ce qui vient page 300, où il détaille son approche des investissements.

Animal totem : la chenille

En bref et en vrac

- Kevin adore le thé, au point de s'être fait un tatouage à l'intérieur du bras gauche de l'empereur chinois Shennong (littéralement « le fermier divin »), qui aurait découvert le thé. Ses deux thés préférés sont faciles à trouver chez Red Blossom Tea Company : oolong Donding, très torréfié, et, pour un thé plus doux, le thé blanc Silver Needle.
- Kevin était mon invité pour le tout premier épisode du Tim Ferriss Show, qui ne portait pas ce nom à l'époque. Il a suggéré TIMTIMTALKTALK (c'est une longue histoire) et des milliers de fans utilisent encore ce surnom sur les réseaux sociaux. Merci, KevKev !
- La pire question que je lui aie posée : « Si tu étais une céréale pour le petit déjeuner, laquelle serait-ce et pourquoi ? » On était en train de boire du vin et les choses ont quelque peu dérapé.
- En 2012, Kevin et son épouse, la neuroscientifique Darya Pino Rose, ont passé trois semaines au Japon avec ma petite amie de l'époque et moi. Un soir, après le dîner, on marchait dans la rue et j'ai glissé la main dans la poche arrière de mon ex. « Oh, salut, TimTim », a dit Darya d'un air décontracté. Oups, je me suis trompé. Les deux femmes se ressemblaient de dos : même chevelure, même carrure, même taille. Pardon, KevKev !
- Kevin est la seule personne que j'ai vu lancer un raton laveur. La bestiole attaquait son chien et les images ont été enregistrées par une caméra de sécurité de deux angles différents. C'est sur YouTube (« Kevin Rose raccoon »). On dirait des images de synthèse, mais elles sont vraies.
- - Notre bouillon préféré est le bouillon poulet curcuma du bar à soupes Brodo, à New York.

La bataille contre les trolls sur Internet

Kevin est un pro de la guerre psychologique contre les bêtises sur Internet. Un critique anonyme et persistante m'embêtait en 2009. Kevin m'a posé deux questions auxquelles je repense souvent :

« Est-ce que les gens que tu respectes ou apprécies laissent des commentaires haineux sur Internet ? » (Non.)

« Est-ce que tu as vraiment envie d'engager le combat avec des gens qui n'ont rien de mieux à faire ? » (Non.)

* **Un de ses outils préférés pour déceler une habitude et modifier le comportement**
  L'application Way of Life.

Histoire de glucose

Il y a plusieurs mois, j'ai reçu un SMS de Kevin qui disait : « J'ai trouvé le Graal », avec une image de son lecteur de glucose en continu Dexcom qui affichait 79 mg/dL (une mesure basse saine), après avoir consommé deux bières, une côtelette de porc au miel, quatre tranches de pain de maïs avec du miel et du beurre plus des gnocchis à la pomme de terre.

Le « graal » était 25 mg d'acarbose (¼ de cachet) avec son repas. Il a appris cette astuce auprès de Peter Attia (page 88), que je lui avais présenté.

Investir à l'instinct

Kevin est un de ces rares investisseurs à représenter une double menace : il excelle à la fois dans les investissements précoces (Séries Seed ou A) et dans les actions cotées. La plupart des gens sont bons dans un domaine et mauvais dans l'autre.

Quand je lui demande un conseil dans l'un ou l'autre domaine, il me pose souvent des variantes des questions suivantes :

« Est-ce que tu comprends cette société ? »

« Est-ce que tu crois qu'ils seront en position dominante et qu'ils grandiront dans trois ans ? »

« Est-ce que tu crois que cette technologie fera plus ou moins partie de notre vie dans trois ans ? »

Il a fait des dizaines d'investissements spectaculaires en se basant sur ses propres réponses à ces questions, et en y ajoutant une autre dimension : sa réponse émotionnelle. Certains écarteront l'aspect « instinctif », mais comme on dit : « Une fois, c'est de la chance, deux fois, c'est que vous êtes bon. » Kevin a connu maintes et maintes fois le succès.

Il existe de nombreuses approches complexes de l'investissement. Elles vous sont expliquées dans divers ouvrages. Mais voici une alternative dont peu de gens parlent.

▶ Kevin

« Juste avant d'entrer sur scène pour faire un discours à une conférence technique, le fondateur de TechCrunch, J. Michael Arrington, m'a demandé : "Vous avez investi dans de nombreuses start-ups qui ont décollé. Comment les avez-vous sélectionnées ?" J'ai répondu que je faisais confiance à mon instinct.

Ma réponse n'a pas eu l'air de le satisfaire pleinement. "J'aurais aimé une meilleure réponse."

J'ai toujours admiré les investisseurs de high-tech qui élaborent des thèses complexes pour cadrer leur philosophie d'investissement. "L'informatique bouffe le monde", "l'économie ascendante" et "investir dans des brontosaures", pour n'en citer que quelques-unes.

Ce genre d'approche thématique est une bonne stratégie pour les fonds d'investissement, mais elle ne s'est jamais vraiment appliquée à moi en tant qu'investisseur providentiel individuel.

Pour moi, la décision d'investir dans une start-up dépend du résultat de tout un processus pondéré par le QE (quotient émotionnel). Le processus débute par l'exploration émotionnelle d'une société. Si elle passe ce premier obstacle, j'effectue alors les vérifications préalables en m'appuyant sur les données objectives pour valider les estimations des entrepreneurs quant à l'aspect quantifiable de l'opération.

Mais comment explore-t-on une idée émotionnellement ?

Pour évaluer un nouveau produit, je regarde les aspects nouveaux (pas toutes les caractéristiques) et cherche à savoir de façon exhaustive de quelle manière ils risquent d'avoir un impact sur les émotions des consommateurs finaux. Ensuite, je reprends ces caractéristiques et je réfléchis à comment elles pourraient évoluer avec le temps.

Prenons par exemple mes notes sur Twitter (qui ont validé mon investissement dans cette société en 2008). J'étais intrigué par quelques aspects inédits :

- Tweet – partage rapide

« Réaction émotionnelle : saisir 140 caractères est plus rapide et plus simple qu'ouvrir un blog. La peur et le temps associés à l'écriture d'un long post sont éliminés. Les mises à jour peuvent se faire par SMS, aucun ordinateur n'est nécessaire (souvenez-vous, c'était l'époque avant les « apps »). Ce serait attirant pour les personnalités qui n'ont pas la fibre technique.

- Suivi – un nouveau concept anticonformiste qui permet de suivre des gens qu'on ne connaît pas. Alors que c'est monnaie courante aujourd'hui, c'était un modèle qui révolutionnait les amitiés réciproques, plus populaires, de l'époque.

« Réaction émotionnelle : bâtir une base de "suiveurs" est comme un jeu hautement concurrentiel. Les utilisateurs encouragent leurs amis et fans à vous suivre, ce qui augmente le nombre d'utilisateurs. Ce "jeu" d'amener des amis et des fans est du marketing gratuit pour Twitter. Suivre force le public à partager par défaut. Les fans ont un lien plus profond avec les gens qu'ils admirent, mais qu'ils ne connaissent pas personnellement. »

[**TF** : Twitter a utilisé une liste des « Top 100 » personnes les plus suivies au début pour alimenter la compétition.]

▶ Syndication du contenu

« Réaction émotionnelle : Les utilisateurs commencent à utiliser la nomenclature "RT" pour indiquer un "retweet" (c'était une pratique courante avant la création officielle de la fonction du retweet). Cette fonction ad hoc permet aux utilisateurs de syndiquer les messages au-delà de leur cercle social, offrant au message initial une meilleure visibilité. La caractéristique "temps réel" de Twitter permet aux informations de circuler plus rapidement que par les médias traditionnels (et même que ma start-up Digg à l'époque).

En me permettant de considérer ces caractéristiques du point de vue des utilisateurs, je comprends l'engouement qu'elles génèrent. »

« Ce genre de réflexion peut également s'appliquer à des tendances plus importantes de l'industrie.

Mon collègue et ami David Prager était l'un des premiers à posséder une Tesla Model S. Dès l'instant où il a reçu sa voiture, il a permis à tous ses amis de l'essayer. Ce qui m'a surpris n'était pas tant la voiture elle-même, mais le bruit qu'elle faisait. Après m'avoir déposé, il a appuyé sur l'accélérateur et il a grimpé une des collines raides de San Francisco. Je n'ai entendu qu'un murmure. Pour moi, c'était comme dans les films de science-fiction que j'avais vus dans ma jeunesse – c'était le bruit du futur.

Quelques jours plus tard, je me souviens d'avoir entendu un bus de ville tenter de grimper la même colline. Le moteur diesel faisait un boucan d'enfer et s'essoufflait.

Il était clair dans mon esprit que, même si l'adoption des consommateurs allait être lente, les véhicules électriques allaient représenter l'avenir de l'industrie automobile, de pair avec les progrès technologiques du stockage de l'énergie (simplement une question de temps).

Ces sentiments m'ont conduit à prendre position dans la société à l'époque où cette technologie n'était pas à la mode. »

« En réalité, j'ai davantage employé cette méthode pour éviter les mauvais investissements que pour en trouver des bons. En évaluant mes réunions de l'année civile passée, j'ai rencontré en moyenne 18 dirigeants avant de trouver une société qui vaille la peine. Il faut souvent dire non.

Par exemple, le matériel actuel de réalité virtuelle (RV) échoue à mon test. Le matériel est gros, encombrant, demande des ordinateurs hors de prix et l'installation est plus que laborieuse. Si l'expérience est amusante, ça ne dépasse pas de beaucoup celle d'un jeu vidéo traditionnel.

Donc, pour l'instant, j'évite tout ce qui est investissements dans la RV. À un moment (dans des années), on trouvera le bon équilibre entre puissance, taille, prix et technologie qui produira du matériel sans doute adopté en masse. Mais pour l'instant, je passe. »

[**TF** : Kevin avait prédit l'explosion de la réalité augmentée (RA) des mois avant l'explosion de Pokemon Go, soulignant que la RA et la RV sont deux choses différentes. Il était enthousiasmé par la RA, mais prudent sur la RV.]

« Il faut aussi souligner que je crois dans les données objectives et que je les utilise pour prendre des décisions, surtout pour ce qui est des appels à financement après démarrage. Mais, pour les investissements précoces, dès l'idée de départ, le pari est largement fondé sur la qualité des gens et l'émotion suscitée par le produit.

De nombreux investisseurs ne croient pas à l'instinct et disent que c'est un coup de chance en cas de réussite. Certes, l'intuition créative varie d'une personne à l'autre. Il n'y a pas de formule magique. Mais je pense qu'on peut considérer l'instinct comme un outil utile pour évaluer des idées quand on n'a pas beaucoup de données, comme c'est le cas pour des start-ups qui ne sont pas encore montées. »

Neil Strauss

Neil Strauss (TW : @neilstrauss, neilstrauss.com) est l'auteur de huit best-sellers du *New York Times*, dont *The Game : les secrets d'un virtuose de la drague* et *The Truth*. Il a été rédacteur chez *Rolling Stone* et journaliste au *New York Times*. Par ailleurs, il a fondé des sociétés très rentables. Même si vous n'avez quant à vous pas l'intention de vous lancer dans l'écriture, ses réflexions peuvent s'appliquer à plein d'autres domaines.

Animal totem : le blobfish

Refusez la norme de votre époque

« Je discutais avec un ami milliardaire et je lui ai dit : “J’aimerais vraiment écrire un livre sur la façon dont ton esprit fonctionne.” Il [commentait] les différences entre une personne qui est milliardaire et une qui ne l’est pas… Il m’a dit : “**La plus grosse erreur qu’on peut faire, c’est d’accepter la norme de son époque.**” En refusant les normes, c’est là qu’on innove, que ce soit dans le domaine de la technologie, des livres, de n’importe quoi. Donc refuser la norme est le secret des grandes réussites et (le secret) pour changer le monde. »

✶ **Ouvrages sur le sujet recommandés pour les artistes**

La Vie est ailleurs, de Milan Kundera. « Je pense que c’est une analogie des choix qu’on doit tous faire dans la vie : va-t-on réaliser son potentiel ? Ou va-t-on simplement céder à la pression de nos pairs, du moment, et ne rien devenir ? »

✶ **La meilleure acquisition de Neil pour moins de 100 $**

« Freedom [app]. Je ne m’intéresse pas franchement à ça, mais il y a une application qui m’a sans doute sauvé la vie. C’est mon appli préférée : “Combien de minutes de liberté souhaitez-vous avoir ?” Vous entrez le chiffre que vous voulez – “120 minutes de liberté”, par exemple. Puis on se retrouve coupé d’Internet, quoi qu’il arrive, pendant cette durée. Donc, dès que je m’installe pour écrire, la première chose que je fais est d’activer Freedom, parce que quand on écrit et qu’on veut chercher quelque chose, on se retrouve facilement pris dans un piège à clics. Vous pouvez noter ce que vous voulez chercher sur Internet et effectuer vos recherches lorsque votre temps de liberté est écoulé. Vous allez voir, c’est ultra-efficace. »

TF : Neil et moi, ainsi que de nombreux écrivains, écrivons « TK » pour marquer l’emplacement de quelque chose à venir (par exemple, « Il avait TK ans à l’époque. »). C’est une pratique courante en anglais, car aucun mot ne contient ces deux lettres consécutives, donc on retrouve facilement nos TK en faisant « Ctrl » + « F ».

Rédigez pour vous, vos fans puis vos détracteurs

Neil rédige en trois phases :

- **D’abord, j’écris pour moi.** (Qu’est-ce qui me plaît ?)
- **Ensuite, j’écris pour mes fans.** (Qu’est-ce que mes fans apprécieraient ou qu’est-ce qui leur serait utile ?)
- **Et enfin, j’écris pour mes détracteurs.** (Qu’est-ce que mes détracteurs tenteraient de démonter, discréditer ou railler ?)

Neil développe ce dernier point : « J'ai toujours pris Eminem en exemple. On ne peut pas vraiment critiquer Eminem, car [dans ses chansons] il répond aux critiques... Il n'y a rien qu'on ait dit de lui qui [soit] resté sans réponse ou inachevé d'une manière consciente ou non. Donc je souhaite vraiment répondre aux dénigreurs – à leurs questions, leurs critiques – d'une façon qui reste amusante et divertissante. [D'où] l'idée de "validation des critiques" ».

TF : La « validation des critiques » peut prendre plusieurs formes, que ce soit par l'autodérision (« Je sais que c'est ridiculement contradictoire, mais... »), ou en l'amenant comme une critique possible et en y parant (par ex. : « Certains pourraient à juste titre dire que... [critique]. »). Sénèque le fait parfaitement dans *Lettres à Lucilius*.

« L'angoisse de la page blanche n'existe pas... C'est en gros l'équivalent de l'impuissance pour un écrivain. Il s'agit d'une pression de résultats que vous vous infligez à vous-même et qui vous empêche de faire ce dont vous devriez être capable naturellement. »

L'angoisse de la page blanche est comme l'impuissance

C'est un refrain souvent entendu auprès des journalistes aguerris. Que ce soit au niveau de l'idée (voir James Altucher, page 228) ou de la rédaction, la clé est de « baisser vos standards » provisoirement.

L'un des meilleurs conseils que j'aie jamais reçus concernant l'écriture est le mantra : « Deux pages nulles par jour ». Un auteur plus expérimenté a fait le lien avec IBM, le mastodonte dans plusieurs domaines il y a quelques décennies. Les commerciaux d'IBM étaient réputés comme étant efficaces, et ils pulvérisaient les records. Comment ont-ils développé cela chez IBM ? D'une certaine façon, en faisant l'opposé de ce à quoi on s'attendait. Par exemple, IBM avait des quotas très bas. Ils ne voulaient pas que les commerciaux aient peur de prendre leur téléphone. Ils voulaient qu'ils gagnent en puissance puis qu'ils pulvérisent leurs quotas et leurs objectifs. Et c'est exactement ce qui s'est produit. Transposé à l'écriture, mon but était « deux pages nulles par jour ». C'est tout. Si vous produisez deux pages nulles, même si vous n'en ferez jamais rien, vous avez le sentiment d'avoir « réussi » quelque chose au cours de la journée. Parfois, on a du mal à sortir deux pages qui soient franchement mauvaises. Mais 50 % du temps, vous produirez peut-être 5, 10, ou même – un de ces rares jours miraculeux – 20 pages. Brouillon moche, édition jolie.

Soyez vulnérable pour toucher la vulnérabilité

Neil est un journaliste aguerri qui m'a appris une règle d'or à mes débuts : ouvrez-vous et soyez vulnérable face à la personne que vous allez interviewer avant de commencer l'interview. Ça fonctionne incroyablement bien. Avant d'appuyer sur la touche « Enregistrer », je prends 5 à 10 minutes pour faire la causette, m'échauffer, régler le son, etc. À un moment, je vais offrir une information personnelle ou qui me rend vulnérable (par ex. comment je détestais qu'on déforme mes propos autrefois, je connais ce que ça fait ; comment je me débats avec les délais à cause de pressions externes, etc.). Les gens sont plus enclins à faire pareil après. Parfois, je demande sincèrement conseil sans interrompre l'ordre des choses : « Vous êtes si doué pour x et je me débats avec y. Je ne voudrais pas trop vous prendre votre temps et j'aimerais finir cette interview, mais, un jour, j'aimerais en discuter avec vous. »

Les auditeurs me demandent souvent comment je tisse un lien aussi rapidement. Ce qui est écrit ci-dessus est la première étape.

La seconde étape, c'est que je réponds de façon préventive à leurs inquiétudes pendant ces 5 à 10 premières minutes. Je me suis fait avoir par les médias auparavant, et je veux que mon invité sache que : A) je sais à quel point c'est désagréable, et B) mon interview est un lieu sûr pour s'ouvrir et tester des choses. Parmi les autres points que j'aborde :

- Ce n'est pas une émission « pour que les gens se fassent avoir », mais pour transmettre une image positive d'eux.
- Je demande : « Projetons-nous dans une semaine ou dans un mois après cette interview. Selon vous, qu'est-ce qui ferait sa réussite ? Qu'est-ce que "réussite" signifierait pour vous ? »
- Je demande : « Y a-t-il des sujets que vous préférez ne pas aborder ? »
- À l'image de *Inside the Actors Studio* (j'ai embauché un assistant expérimenté pour lire mes transcriptions et m'aider à les améliorer), l'invité a le « dernier mot » pour le montage. L'enregistrement n'est pas en live (99 % du temps), et on peut effacer tout ce que les gens souhaitent. S'ils ont changé d'avis le lendemain, on peut couper le passage.
- Je dis : « Je conseille toujours d'être aussi brut et ouvert que possible. Mes fans adorent les détails tactiques et les anecdotes. On pourra toujours couper, mais je ne pourrai rien rajouter par la suite. »

* **Trois personnes ou sources qui vous ont appris quelque chose – ou que vous avez suivies attentivement – au cours de l'année passée ?**
  Rick Rubin, Laird Hamilton, Gabby Reece, et Elmo (la marionnette de 1, rue Sésame, qu'il regarde avec son fils).
  TF : Neil m'a présenté Rick qui, lui, m'a présenté Laird et Gabby. Elmo n'a jamais daigné me rappeler.

* **Une maxime qui régit votre vie ou à laquelle vous pensez souvent ?**
  « Soyez ouvert à ce qui va arriver. » – John Cage
  « Peu importe le problème, la bonne façon d'agir est toujours avec amour et compassion. » (Paraphrase d'un de ses professeurs, Barbara McNally.)

Mike Shinoda

« Je réponds par e-mail aux interviews réalisées par écrit, car les gens adorent déformer vos propos et en déduire que vous avez dit une bêtise. »
– paroles de Get Me Gone, de Fort Minor

Mike Shinoda (TW : @mikeshinoda, mikeshinoda.com) est un célèbre rappeur, parolier, joueur de synthé et de guitare rythmique, et un des deux chanteurs du groupe Linkin Park, qui a vendu quelque 60 millions d'albums dans le monde et remporté deux Grammy Awards dans la foulée. Mike a collaboré avec de grands noms de la chanson, de Jay Z à Depeche Mode. Il est aussi le chanteur principal du groupe qu'il a créé à côté, Fort Minor. Et, comme si ça ne suffisait pas, il s'occupe aussi de la production et du mixage des œuvres de ses groupes. J'ai rencontré Mike lors d'une interview pour BlogWorld & New Media Expo en 2008.

Animal totem : le léopard des neiges

J'adore le groupe Fort Minor, et les paroles de la page précédente prennent un autre sens lorsqu'on est mordu. Quasiment tout le monde dans ce livre a vu ses paroles déformées par les médias. C'est généralement à la suite d'un entretien par téléphone, et les conséquences peuvent être dramatiques. Pour la personne qui vous interviewe, il s'agit simplement d'un article qui, il l'espère, sera consulté et partagé. Pour vous, ça pourrait être un bazar qui prête à confusion et qui restera sur votre page Wikipedia à jamais.

Mike a dit durant notre conversation : « Je ne pense pas que les gens soient forcément des tricheurs. Chacun a son propre emploi du temps à respecter. Un journaliste d'un magazine de musique n'ira pas vous interviewer même s'il adore votre musique. Son quotidien, c'est : "Il nous faut de l'argent pour les pubs, il nous faut de bons taux de clics..." Si vous avez une phrase de 40 mots, ils la couperont à 7 [et] c'est vraiment croustillant. [Peu importe si] ça n'a rien à voir avec ce que vous avez dit pendant l'interview. C'est un piège à clics, [mais] ils le font parce que toute leur activité repose là-dessus. »

TF : Moralité, quand c'est possible, faites des interviews par écrit, par e-mail. Une trace papier vous fournira une preuve et un recours si les choses tournent mal. Mais si on ne peut pas le garder dans la boîte de réception ? Et si on ne peut (ou ne veut) pas éviter les coups de téléphone ? Mon approche a évolué au fil des ans, mais elle remplit deux conditions : éviter la perte de temps et ne pas se faire citer ou présenter de travers.

Il est pénible de passer une à trois heures sur un entretien par écrit pour finir enfermé dans une citation d'une phrase. Les 99 % restants de l'interview ne voient jamais le jour. Même si les journalistes enregistrent la conversation téléphonique (déjà un bon pas), je n'ai jamais eu accès à leurs enregistrements audio, puisqu'ils ont un patron qui a un supérieur, etc. Cette situation prend beaucoup de temps et me rend triste. Alors, comment faire pour y remédier ?

Fastoche ! Vous enregistrez de votre côté – ce qui permet aussi de vous couvrir et de combattre toute mauvaise intention – en disant : « Super qu'on soit connectés ! Généralement, j'enregistre de mon côté pour sauvegarder [par Skype en utilisant le Ecamm Call Recorder ou par Zencastr] et je vous envoie le lien via Dropbox. Je suppose que ça vous convient ? » S'ils sont d'accord, vous n'enfreignez pas la loi en enregistrant la conversation et tout est parfait. S'ils ne sont pas d'accord, méfiez-vous et mettez fin à l'entretien. Rater une occasion ne vous tuera pas, mais une citation erronée peut perdurer comme une maladie incurable.

Ces jours-ci, avant d'accepter une interview, je dis : « Je diffuserai peut-être l'interview sur mon podcast après votre diffusion. Je l'ai déjà fait. Je suppose que ça ne vous ennuie pas ? » Perdre deux heures (n'oubliez pas le suivi par e-mail, les vérifications des faits, etc.) pour une éventuelle mention d'une ligne dans un article n'en vaut pas la peine, autrement. Mais si le marché fonctionne… ça peut être merveilleux. Un de mes « interépisodes » les plus populaires sur mon podcast était mon interview par Joel Stein, le célèbre journaliste satiriste de Time (TW : @thejoelstein). Une superinterview pour nous deux.

Quelles sont leurs motivations ?

C'est toujours une bonne chose de se demander avant d'entamer une collaboration : « Quelles sont leurs motivations et leur échéancier ? Comment définissent-ils la "réussite" ? Sommes-nous sur la même longueur d'onde ? » N'allez pas faire un pari tout ou rien à court terme sur des subterfuges commerciaux si vous visez le long terme. Vous ressentirez souvent la pression de gens qui pensent à une promotion au cours du prochain trimestre plutôt qu'à votre carrière dans un ou dix ans. Mike a raconté une anecdote sur un conseil que Linkin Park a reçu de la maison de disques à ses débuts :

« Ils nous disent par exemple : "Les gars, il faut vous trouver des trucs. On va habiller Joe d'une blouse de laboratoire et d'un chapeau de cow-boy. Et Chester, balance une chaussure à chaque concert." Des débilités qu'on aurait dites tout droit sorties du film *Spinal Tap*. Mais c'est véridique, c'étaient leurs suggestions. J'imagine que si on leur en reparlait [aujourd'hui], ils diraient : "Mais non, c'était une plaisanterie." Je vous assure qu'ils ne plaisantaient pas. »

Les membres du groupe se sont mis d'accord pour camper sur leurs positions et ont donné le choix à la maison de disques : les oublier ou les laisser faire ce qu'ils savaient faire. Et ça a marché. J'ai « raté » de nombreuses opportunités financières fondées sur des astuces commerciales. Comme l'a dit Thomas Huxley : « Pour l'homme, mieux vaut se tromper en étant libre qu'avoir raison enchaîné. » Si vous êtes bon, vous aurez d'autres occasions.

En bref

* **Un fait peu connu**
  On est tous les deux fan des animations de Hayao Miyazaki. *Princesse Mononoké* a été une grande source d'inspiration pour le clip d'In the End, de Linkin Park. Et, puisque vous me le demandez, le musée que je préfère dans le monde est le musée Ghibli à Tokyo, créé dans la « Forêt de Mitaka » de Miyazaki.

* **Des groupes moins connus que Mike m'a fait découvrir**
  Royal Blood : J'aime beaucoup Figure It Out, que j'écoute pendant que j'écris. Doomriders : Come Alive déménage et rappelle Danzig. À écouter pendant une séance de sport ou pour briser une piñata.

* **Mike et Justin Boreta de Glitch Mob (page 313) utilisent Ableton Live pour éditer**
  Boreta utilise des plug-ins Universal Audio pour imiter le son des meilleures platines de mixage du marché. Le journaliste Ira Glass, de This American Life, utilise aussi Ableton pour ses productions en live.

* **Selon vous, qui illustre le mieux le mot « réussite » ?**
  Mike a pensé à Rick Rubin (page 451), non seulement comme parolier et producteur, mais aussi pour ses leçons sur la vie.

Justin Boreta

Justin Boreta est l'un des membres fondateurs du groupe The Glitch Mob (TW/IG : @the glitchmob, theglitchmob.com). Leur dernier album, Love Death Immortality, a été classé premier des albums électroniques au Billboard, n° 1 des labels indépendants et 4e de tous les albums numériques. The Glitch Mob est un groupe qui appartient à ses artistes, une véritable start-up. Les morceaux ont été repris dans les bandes-son de films tels que *Sin City : j'ai tué pour elle, Edge of Tomorrow, Captain America: The First Avenger,* et *The Amazing Spider-Man.* On peut entendre leur remix de Seven Nation Army, des White Stripes, dans le trailer de jeu vidéo le plus regardé de tous les temps sur Internet, *Battlefield 1.*

Animal totem : le calamar géant

* **Une maxime qui régit votre vie ?**

« Sois le silence qui écoute. » – Tara Brach

« La vie ne doit pas être un aller simple vers la tombe avec l'intention d'arriver sain et sauf dans un corps relativement bien conservé, mais plutôt un dérapage incontrôlé dans un nuage de fumée, duquel on ressort usé, épuisé, en proclamant haut et fort "Ouah ! Quelle virée !" » – Hunter S. Thompson, *The Proud Highway: Saga of a Desperate Southern Gentleman*, 1955–1967

JUSTIN : « Je me suis fait un pense-bête pour l'anniversaire de Hunter S. Thompson chaque année. Cette citation en particulier me rappelle de ne pas trop me prendre au sérieux et de m'amuser. Je garde aussi des pages vierges dans mon journal du matin pour compiler des citations (de mes lectures, des podcasts, etc.). Ainsi, j'y ai facilement accès et je peux les relire. »

* **Si vous pouviez emmener un album, un livre et un article de luxe sur une île déserte, ce serait… ?**

Selected Ambient Works, d'Aphex Twin, *L'Insoutenable légèreté de l'être*, et une cafetière Chemex.

* **Des artistes que Justin affectionne– Boards of Canada**

« C'est de la musique qui ronronne, très belle. Les albums du duo sont comme de bons amis que j'ai toujours plaisir à réécouter. »

* **Le meilleur conseil qu'on vous ait jamais donné ?**

« C'est quelque chose que mon père m'a dit quand j'avais 5 ou 6 ans : "Ne force pas." Ça paraît pourtant simpliste… J'y repense lors du processus créatif, c'est notre lanterne… [Forcer un carré dans un trou rond] produit rarement les résultats escomptés, que ce soit au niveau créatif ou dans la vie en général… »

TF : La question que je me pose, lorsque je m'échine pendant un moment, c'est : « Comment ce serait si c'était facile ? »

* **Quel est le pire conseil que vous ayez entendu dans votre milieu ?**

« Il y a beaucoup de mauvais conseils sur la façon de trouver l'inspiration ou de chercher la révélation. Comme le dit Chuck Close : "L'inspiration, c'est pour les amateurs – les autres se pointent et se mettent au boulot." Et que les choses se produisent en étant actif et qu'on tombe – grâce au travail – sur d'autres opportunités qui nous ouvriront des portes incroyables, au lieu de rester assis sans rien faire à chercher la "bonne idée" artistique. »

* **Le conseil que vous vous seriez donné à 20 ans ?**

« "Relax. Du calme." J'ai l'impression que moi et d'autres personnes dans la petite vingtaine, on s'attache trop à ce que les choses soient d'une certaine façon. Ça a beaucoup moins d'importance qu'on ne le pense. »

TIM : Oui, c'est vrai. Vous vous en souviendrez dans 10 ans ? Sans doute pas.
JUSTIN : Non. On ne se souvient déjà plus d'un tweet 12 minutes plus tard.

En bref

* **Trois personnes ou sources qui vous ont appris quelque chose – ou que vous avez suivi de près – l'année dernière ?**
  « *Le magazine Nautilus, Brain Pickings*, Esther Perel. »

* **Le meilleur investissement ou le plus rentable que vous ayez fait ?**
  « Après avoir été licencié, j'ai décidé de changer de carrière et de plonger dans la musique. J'ai brûlé ma carte de crédit pour m'acheter une paire d'enceintes de studio : des Genelec 8040A. C'est sans doute le matériel de studio le plus important. J'utilise encore ces mêmes enceintes à ce jour. »

* **Podcast recommandé**
  Radiolab « In The Dust of This Planet » : L'épisode raconte comment un petit traité académique méconnu atterrit dans la culture populaire (dans les magazines de mode et *True Detective*, sur la couverture d'un album de Jay Z, etc.).

* **Rituels matinaux**
  Chaque matin, Justin pratique 20 minutes de méditation transcendantale suivies par des kettlebell swings de 24 kg en plein air. Je fais la même chose deux à trois fois par semaine, visant 50 à 75 répétitions de swings à deux mains selon les recommandations de *4 heures par semaine pour un corps d'enfer*.

* **De la musique pour s'endormir**
  Justin écoute From Sleep, de Max Richter, un album qu'on trouve en version courte sur Spotify. « Je le mets tout doucement au début de mes rituels du soir, donc ça se finit généralement 15 à 20 minutes après que je me sois endormi. Sinon, j'utilise la minuterie de sommeil Sonos si je dors chez moi. Ça commence à avoir un effet pavlovien de K-O si je l'emploie tous les jours, comme une berceuse. Si c'est trop mélodieux, il y a un artiste qui s'appelle Touche Muette qui propose des enregistrements de haute qualité. Le bruit de la pluie et la minuterie de sommeil sont fabuleux, notamment pour éliminer les bruits dans les hôtels quand je suis en déplacement. »

Comment gagner sa liberté

Le mot « richesse » évoque l'accumulation. Accumuler, c'est naturel, mais ça n'aide pas forcément. Souvent, le côté financier n'est pas la première contrainte. En 2004, j'ai voyagé de par le monde pendant 18 mois. Les leçons que j'ai apprises durant mon périple m'ont fourni la base pour mon premier livre, La Semaine de 4 heures. Pendant mon voyage – des ruelles de Berlin aux lacs de Patagonie –, je voyageais léger : un sac à dos et une petite valise. Et deux livres. L'un était Walden, d'Henry David Thoreau (naturellement), l'autre était *Vagabonding: An Uncommon Guide to the Art of Long-Term World Travel*, de Rolf Potts (TW : @rolfpotts, rolfpotts.com).

J'avais noté une liste de destinations de rêve dans la couverture de *Vagabonding* quand je l'ai acheté, parmi lesquelles Stockholm, Prague, Paris, Munich, Berlin et Amsterdam. La liste était longue. En suivant la carte de Rolf et ses conseils, je les ai toutes explorées. J'ai pu en visiter beaucoup pendant des périodes de deux ou trois mois, sans me presser, sans me stresser. C'était un rêve qui se concrétisait. En relisant maintes fois cet ouvrage pendant mes voyages, je me suis rendu compte qu'on ne voyage pas simplement pour changer d'horizon, mais aussi pour se réinventer de l'intérieur.

Animal totem : le bernard-l'hermite

▶ Rolf

« Parmi toutes les répliques-cultes tirées des films, il y en a une qui m'a marqué. Elle ne vient pas d'une comédie légère, d'un film de science-fiction ésotérique ou d'un thriller bourré d'effets spéciaux. Elle vient du film d'Oliver Stone, Wall Street, quand le personnage de Charlie Sheen, un loup prometteur sur le marché boursier, raconte son rêve à sa petite amie : "Si je réussis à toucher le pactole avant mes 30 ans et à sortir de ce trafic, je pourrais traverser la Chine en moto."

La première fois que j'ai vu cette scène il y a quelques années, j'ai failli tomber à la renverse par effet de surprise. Après tout, Charlie Sheen ou n'importe qui pourrait travailler huit mois à récurer des toilettes et avoir suffisamment d'argent pour traverser la Chine à moto. Et on n'a pas de moto, deux mois supplémentaires de ménage permettraient d'en acheter une sur place.

Mais la plupart des Américains ne verraient pas cette scène comme étrange. Pour une raison ou une autre, on considère les voyages dans des pays lointains comme un rêve récurrent ou une tentation exotique, mais pas quelque chose qui s'applique à ici et maintenant. Au lieu de ça – à cause de notre sens du devoir et des factures mensuelles pour payer des choses dont on n'a pas vraiment besoin –, on réduit nos voyages à de courtes escapades frénétiques. Ainsi, en mettant nos richesses au service d'une notion abstraite appelée "mode de vie", voyager devient un accessoire de plus – une expérience lissée et abrégée qu'on achète comme on achèterait un vêtement ou du mobilier.

Récemment, j'ai lu que près de 250 000 courts séjours dans des monastères et couvents avaient été réservés auprès d'agences de voyage l'année dernière. Des enclaves spirituelles de la Grèce jusqu'au Tibet se transforment en hauts lieux touristiques. Les experts du voyage attribuent cette explosion de "séjours réconfort" au fait que "les personnes hyperperformantes cherchent une vie plus simple."

Évidemment, ce que personne n'a voulu souligner, c'est qu'acheter des vacances tout compris pour trouver un mode de vie plus simple revient à se regarder dans un miroir pour voir à quoi on ressemble quand on ne se regarde pas dans un miroir. Ce que les voyagistes vendent, c'est l'idée romantique d'une vie plus simple, car aucune offre d'une semaine ou 10 jours ne vous permettra de changer votre mode de vie habituel.

Le mariage précipité du temps et de l'argent nous maintient dans un cadre. Plus on associe l'expérience avec l'argent, plus on est convaincu que l'argent est nécessaire pour vivre. Et plus on associe l'argent à la vie, plus on est convaincu qu'on est trop pauvre pour s'acheter notre liberté. Avec cet état d'esprit, il n'est pas étonnant que tant d'Américains pensent que les longs voyages à l'étranger sont exclusivement réservés aux étudiants, aux marginaux et aux oisifs aisés.

En réalité, les longs voyages n'ont rien à voir avec l'âge, l'idéologie ou le revenu. C'est une question de point de vue personnel. Les longs voyages n'ont rien à voir avec le fait d'être étudiant. Il s'agit d'être un étudiant de la vie quotidienne. Ce n'est pas un acte de rébellion contre la société, mais un acte de bon sens au sein de la société. Les longs voyages n'impliquent pas forcément "un paquet de fric" ; ils demandent à ce qu'on explore le monde d'une façon plus réfléchie.

Cette façon réfléchie de parcourir le monde a toujours été au cœur de cette forme de voyage accessible et éprouvée que l'on nomme "vagabondage".

Vagabonder implique de consacrer une longue période – 6 semaines, 4 mois, 2 ans – à parcourir le monde selon ses propres envies.

Au-delà du voyage, vagabonder ouvre une perspective sur la vie. Il s'agit de profiter de la prospérité et des possibilités de l'ère de l'information pour augmenter vos options personnelles au lieu de vos biens personnels. Vagabonder, c'est chercher l'aventure dans la vie courante ainsi qu'une vie normale au sein de l'aventure. Vagabonder, c'est un comportement – un intérêt amical pour les gens, les lieux, les choses, qui transforme une personne en explorateur dans le sens premier du terme.

Vagabonder n'est pas un mode de vie ni une mode. C'est une façon inhabituelle de considérer la vie – un ajustement de valeur d'où découle naturellement l'action. Mais plus que tout, vagabonder est une question de temps – notre seul véritable bien –, et la façon dont on choisit de l'utiliser.

Le fondateur de Sierra Club, John Muir (maître ès-vagabondages), s'étonnait toujours de voir des voyageurs nantis arriver au parc national de Yosemite pour en repartir quelques heures plus tard. Muir les appelle les « pauvres en temps » – des gens si occupés à entretenir leurs richesses matérielles et leur standing social qu'ils ne peuvent prendre le temps d'admirer les splendeurs de la nature des forêts californiennes. L'un des visiteurs de Muir à Yosemite à l'été 1871 était Ralph Waldo Emerson, qui s'est extasié devant les sequoias : "C'est étonnant qu'en voyant ces arbres on ne s'émerveille pas davantage." Lorsque Emerson est reparti quelques heures plus tard, Muir s'est demandé si le célèbre transcendantaliste avait réellement vu les arbres.

« Près d'un siècle plus tard, le naturaliste Edwin Way Teale a repris l'exemple de Muir pour se lamenter sur le rythme effréné de la société moderne. Il a écrit dans son livre publié en 1956 Autumn Across America : "La liberté telle que John Muir l'a connue avec sa richesse en temps, ses journées non dirigées, sa latitude de choix… cette liberté est plus rare, plus difficile à atteindre, plus inaccessible à chaque nouvelle génération."

Mais la complainte de Teale sur la détérioration de la liberté individuelle était une généralisation aussi creuse en 1956 qu'elle ne l'est aujourd'hui. John Muir le savait, le vagabondage n'a jamais été régi par la définition changeante du mode de vie. Au contraire, ça a toujours été un choix individuel dans une société qui nous incite sans cesse à faire autrement.

Il y a une histoire qui nous vient des Pères du Désert, un ordre chrétien de moines qui vivaient dans le désert égyptien il y a 1 700 ans. D'après l'histoire, deux moines, Theodore et Lucius, partageaient un ardent désir de visiter le monde. Puisqu'ils étaient des moines contemplatifs, ils n'en avaient pas l'autorisation. Pour satisfaire leur soif d'ailleurs, Theodore et Lucius ont appris à "simuler les tentations" en reléguant leurs voyages à plus tard. En été, ils se disaient : "On partira en hiver." En hiver, ils disaient : "On partira en été." Et ça a duré 50 ans, sans jamais quitter le monastère ni briser leurs vœux.

Évidemment, la plupart d'entre nous n'ont pas prononcé de tels vœux – mais nous choisissons de vivre comme des moines, en nous ancrant à une maison, une carrière et en utilisant le futur comme un genre de rituel bidon qui justifie le présent. Ainsi, nous passons (comme le dit Thoreau) "la meilleure partie de notre vie à gagner de l'argent pour profiter d'une soi-disant liberté pendant la partie la moins précieuse de notre vie." On se dit qu'on aimerait tout laisser tomber et explorer le monde extérieur, mais le moment ne semble jamais propice. Donc, face à un nombre de choix illimité, on n'en prend aucun. On s'installe dans la vie, on s'attache à conserver nos certitudes domestiques qu'on a oublié avoir désirées autrefois.

Vagabonder, c'est trouver le courage de lâcher prise face aux prétendues certitudes de ce monde. Vagabonder, c'est refuser de repousser le voyage à un moment qui semble plus approprié dans la vie. Vagabonder, c'est prendre le contrôle des circonstances au lieu de les laisser décider de votre destin.

Donc la question de savoir comment et quand commencer à vagabonder n'est pas vraiment une question. Le vagabondage commence à l'instant. Même si la réalité physique d'un voyage est encore éloignée de plusieurs mois ou années, le vagabondage commence au moment où on arrête de trouver des excuses, où on commence à économiser de l'argent et à étudier les cartes. À partir de là, la réalité du vagabondage devient plus nette, on ajuste sa vision du monde et on commence à adopter l'incertitude exaltante que promet un véritable voyage.

De cette manière, le vagabondage ne se limite pas à se faire vacciner et à faire son sac. C'est un exercice continu au cours duquel on cherche, on apprend, on change nos habitudes, on cultive une nouvelle fascination pour les gens et les lieux. Ce comportement ne démarre pas à l'aéroport au moment où on vous remet votre carte d'embarquement ; le processus commence à la maison : on teste la température de la rivière qui nous mènera dans les endroits merveilleux.

Gagner sa liberté demande évidemment du travail – et le travail est indissociable du vagabondage pour des raisons psychologiques et financières.

Pour comprendre l'importance psychologique du travail, il ne faut pas chercher plus loin que les gens qui voyagent de par le monde grâce à l'argent dont ils ont hérité. Ils comptent parmi les voyageurs les plus remarqués et malheureux dans l'univers du voyage. Se drapant dans les coutumes locales, ils passent d'un paysage exotique à un autre, se portant bénévoles de façon compulsive pour des causes politiques locales, goûtant à des produits toxiques exotiques et plongeant dans toutes les religions non occidentales possibles. Quand on leur parle, ils disent qu'ils recherchent "un sens".

Mais ce qu'ils cherchent vraiment, c'est la raison pour laquelle ils ont commencé à voyager. Puisqu'ils n'ont jamais travaillé pour gagner leur liberté, leurs expériences de voyage n'ont aucune référence personnelle, aucun lien avec le reste de leur vie. Ils dépensent beaucoup de temps et d'argent en chemin, mais ils ne se sont jamais assez dépensés eux-mêmes pour commencer. Leur expérience du voyage a donc une valeur moindre.

Thoreau a abordé cette notion dans Walden. "Lequel aurait fait le plus de progrès au bout d'un mois – du garçon qui aurait fabriqué son couteau à l'aide du minerai extrait et fondu par lui, en lisant pour cela tout ce qui serait nécessaire –, ou du garçon qui pendant ce temps-là aurait suivi les cours de métallurgie à l'Institut et reçu de son père un canif de chez Rodgers ? Lequel serait le plus vraisemblablement destiné à se couper les doigts ?"

À un certain niveau, l'idée que cette liberté soit liée au travail peut paraître un peu déprimante. Ça ne le devrait pas. Quelles que soient les expériences incroyables qui vous attendent dans des contrées lointaines, le côté "rempli de sens" du voyage commence toujours à la maison, quand on s'investit personnellement dans les merveilles à venir.

D'un point de vue pratique, il y a de nombreuses façons de gagner des voyages. Sur la route, j'ai rencontré des vagabonds de tous les âges, de toutes les catégories sociales, de tous les horizons. J'ai croisé des secrétaires, des banquiers, des policiers qui ont plaqué leur travail et qui s'offrent une pause en itinérance avant de recommencer quelque chose. J'ai rencontré des avocats, des courtiers, des travailleurs sociaux qui ont négocié une mise à disposition de plusieurs mois pour prendre un nouveau tournant dans leur carrière. J'ai rencontré des spécialistes de talent – des serveurs, des Web designers, des strip-teaseuses – qui ont découvert qu'ils pouvaient financer des mois de voyage en quelques semaines de travail. J'ai croisé des musiciens, des camionneurs, des conseillers en emploi qui prennent une pause entre deux missions. J'ai rencontré des soldats en semi-retraite, des ingénieurs et des hommes d'affaires qui se sont octroyé un an ou deux pour voyager avant de changer de voie. Les voyageurs les plus prolifiques sont les travailleurs saisonniers – charpentiers, gardiens de parcs, pêcheurs – qui passent l'hiver dans des régions chaudes et exotiques. D'autres – des professeurs, médecins, barmen, journalistes – ont choisi de faire carrière en itinérance, alternant le travail et le voyage comme ils le souhaitent. Avant que je ne me mette à écrire, une nouvelle quantité d'excuses "anti-sabbatiques" (aménagement paysager, vente au détail, travail en intérim) m'a fait gagner mon temps de vagabondage.

Dans *Au cœur des ténèbres*, de Joseph Conrad, Marlow déclare : "Je n'aime pas travailler, mais j'aime ce que le travail représente – l'occasion de se trouver." Marlow ne parlait pas de vagabonder, mais cette notion peut s'y appliquer. Le travail n'est pas simplement une activité qui génère des fonds et crée des envies : c'est la période de gestation du vagabondage, celle où on gagne son intégrité, où on commence à élaborer des projets, où on met au point son projet. Le travail est un temps pour rêver de voyages et noter ses réflexions, mais aussi celui de régler les derniers détails. Le travail est le moment où on affronte des problèmes qu'on serait autrement tenté d'esquiver. C'est la façon de régler ses dettes financières et émotionnelles, pour que le voyage ne soit pas une fuite en avant, mais une découverte de votre vie réelle. Certes, vous pourrez penser : "Tout ça semble merveilleux, mais je n'ai que 15 jours de vacances par an."

La bonne nouvelle c'est que, en tant que citoyen d'une démocratie stable et prospère, chacun de nous a le pouvoir de se créer son propre temps libre.

Pour concrétiser ce pouvoir, on doit simplement faire bon usage (ne serait-ce que quelques semaines pendant des mois) d'une technique consacrée de liberté personnelle, populairement appelée "arrêter". Malgré son implication péjorative, "arrêter" n'est pas forcément brutal. De nombreuses personnes peuvent se créer du temps pour vagabonder grâce à des "arrêts constructifs", c'est-à-dire en négociant avec leur employeur des congés sabbatiques ou de longue durée.

Arrêter son travail de façon permanente n'est pas forcément un acte négatif, surtout à une époque où le travail se définit par une spécialisation et une segmentation des tâches. Alors que travailler avec l'intention d'arrêter aurait été considéré comme une folie il y a 100 ans, c'est de plus en plus un acte de bon sens à une époque où le talent vous accompagne où que vous alliez et où l'emploi est plus diversifié. Cela dit, ne vous inquiétez pas si vos longs voyages laissent des "trous" dans votre CV. Au contraire, vous devriez y inclure sans complexe votre expérience de vagabondage à votre retour. Faites la liste des compétences que vos voyages vous ont apprises : indépendance, souplesse, négociation, planification, aplomb, autosuffisance, improvisation. Parlez franchement et avec assurance de vos voyages : il y a de fortes chances pour que votre prochain employeur se montre intéressé et impressionné (et peut-être un peu envieux).

Comme Pico Iyer l'a fait remarquer, l'acte d'arrêter "ne signifie pas abandonner, mais aller de l'avant ; changer de direction, non pas parce que quelque chose ne vous convient pas, mais parce que vous n'êtes pas d'accord avec quelque chose. Ce n'est pas une plainte, mais un choix positif. Ce n'est pas une pause en chemin, mais un pas dans une meilleure direction. Arrêter – que ce soit un travail ou une habitude – signifie prendre un tournant pour s'assurer qu'on continue à avancer dans la direction dont on rêve."

Ainsi, arrêter ne devrait jamais être perçu comme quelque chose de désagréable, qu'on fait à contre-cœur. Au contraire, c'est une étape essentielle qui marque le début de quelque chose de nouveau et merveilleux. »

Peter Diamandis

« Je répète sans arrêt à des P-DG : "Jusqu'à la veille de la réussite, ce n'est qu'un projet fou. Si ce n'était pas un projet fou, ce ne serait pas une révolution, mais une amélioration incrémentale. Alors, où testez-vous vos folles idées dans votre société ?" »

Le Dr Peter H. Diamandis (TW : @PeterDiamandis, diamandis.com) a été désigné comme l'un des 50 leaders du monde par le magazine Fortune. Il est le fondateur et président exécutif de la Fondation X PRIZE, surtout connue pour l'Ansari X Prize de 10 millions de dollars de récompense pour le meilleur projet d'engin spatial privé. Aujourd'hui, la fondation X PRIZE conçoit et gère des concours de grande envergure visant à résoudre les grands défis pour le progrès de l'humanité. Il est également le cofondateur (aux côtés de J. Craig Venter et Bob Hariri) et vice-président de Human Longevity Inc. (HLI) ; cofondateur et président exécutif de Planetary Resources, une société qui conçoit des engins spatiaux pour la prospection de matières précieuses sur des astéroïdes proches de la terre. Peter a publié plusieurs livres, dont Bold et Abundance, qui ont reçu le soutien de Bill Clinton, Eric Schmidt et Ray Kurzweil, entre autres.

Animal totem : l'aigle

Pour la petite histoire

- À part pour Tony Robbins, un ami de Peter, je n'ai jamais entendu autant de personnes qualifier quelqu'un autant que Peter de force de la nature.
- Peter est l'un de ces hommes qui, chaque fois que vous le croisez, vous laisse (productivement) songeur : « Mais que diable fais-je de ma vie ?! » Il m'a récemment demandé quel était mon projet lunaire, ce qui m'a poussé à explorer de nouveau de nombreuses questions et concepts de ce profil.

« Il ne faut pas gâcher un problème. »

Ceci est étroitement lié au fil conducteur « grattez ce qui vous démange » de ce livre. Peter développe : « Pour moi, les problèmes sont des mines d'or. Les plus gros problèmes du monde constituent les meilleures opportunités pour les affaires. »

« Quand 99 % des gens doutent de vous, soit vous avez complètement tort, soit vous allez écrire l'histoire »

« Je l'ai encore constaté l'autre jour. Ça vient de Scott Belsky, le fondateur de Behance. »

« La meilleure façon de devenir milliardaire est d'aider un milliard de gens »

Peter a cofondé la Singularity University avec Ray Kurzweil. En 2008, lors de leur conférence de création au centre Ames Research de la NASA à Mountain View, en Californie, le cofondateur de Google, Larry Page, a fait un discours. Il a entre autres souligné comment il évaluait les projets : « J'utilise désormais une règle très simple : travaillez-vous sur un projet qui va changer le monde ? Oui ou non ? La réponse est à 99,99999 % "non". Je pense qu'il faut former des gens à comment changer le monde. »

Les origines de X PRIZE et sa « supercrédibilité »

« Je lisais le livre The Spirit of St Louis, que mon ami Gregg Maryniak m'avait offert… et j'ai pensé : "Hé, si je créais un prix [Lindbergh a traversé l'Atlantique pour remporter un prix], peut-être que je pourrais motiver des équipes à construire des engins spatiaux privés, ce qui m'amènerait à faire un voyage dans l'espace."

J'ai commencé à plancher dessus tout en lisant le livre. 10 millions de dollars devraient suffire. J'allais l'appeler le "X PRIZE" parce que je n'avais aucune idée de qui allait mettre les 10 millions. Le "X" était une variable qui allait représenter le nom de l'investisseur. J'ai trouvé 100 $ par-ci, 1 000 $ par-là pour constituer le fonds de départ. À St Louis, j'ai fini par rencontrer un homme extraordinaire, Al Kerth, qui m'a dit qu'il m'aiderait à rassembler les fonds de départ. Il était motivé par ma passion, mon engagement.

Pour faire bref, en un an, j'ai fini par lever ½ million de dollars en chèques de 10 000 ou 20 000 $ avant que la collecte ne stagne.

On a pris la décision osée d'annoncer une récompense de 10 millions de dollars sans les fonds nécessaires… [et] la façon d'annoncer une grande idée audacieuse au reste du monde est ultra-importante… On a tous un seuil de crédibilité à propos des idées. On les juge en permanence.

Si vous annoncez votre projet sous le seuil de crédibilité, les gens le rejettent d'emblée, mais il y a également le seuil de supercrédibilité. Si votre projet dépasse le seuil de supercrédibilité, les gens vont dire : "Ouah, quand est-ce que ça va se faire ? Comment est-ce que je pourrais y participer ?"

Au mois de mai 1996, j'avais ½ million de dollars. J'ai alloué la totalité à l'événement de lancement, sous l'Arche de St Louis. Sur l'estrade, je n'ai pas eu un astronaute avec moi, j'en ai eu 20. Il y avait le directeur de la NASA, celui de la direction générale de l'aviation civile américaine, la FAA, et la famille Lindbergh pour annoncer ce prix de 10 millions de dollars. Est-ce que j'avais cette somme ? Non. Est-ce que des équipes s'étaient inscrites ? Non. Mais ça a fait la Une des journaux dans le monde entier…

Je me suis dit : "Qui ne voudrait pas payer 10 millions de dollars après achèvement du projet ? La récompense serait versée si le projet fonctionnait." Au cours des cinq années suivantes, entre 1996 et 2001, j'ai contacté 150 P-DG, et tous ont refusé.

Et j'ai fini par rencontrer la famille Ansari. En réalité, il y a eu beaucoup de nuits où j'avais envie de tout laisser tomber, mais seul mon objectif de grande transformation du monde me poussait à continuer. »

TIM : J'adore cette histoire. J'aimerais souligner que vous aviez aussi une responsabilité publique…

PETER : C'était le point de non-retour.

TIM : Qui a été le plus difficile à convaincre de monter sur scène avec vous ?

PETER : Oh, le directeur de la NASA.

TIM : Quel était votre argumentaire ? Comment l'avez-vous convaincu ?

PETER : Mon argumentaire, c'était : « Vous n'aimeriez pas que des entrepreneurs du monde entier essaient de créer de nouvelles technologies pour pouvoir déduire ça de votre budget ? »

TF : Peter est un maître ès-argumentaires. Un des livres qu'il recommande est en réalité un livre pour enfants dont la lecture prend 10 minutes : La Soupe au caillou. « C'est une histoire pour les petits, mais c'est le meilleur livre digne d'un diplôme de MBA. Entre [le concept de] supercrédibilité et La Soupe au caillou [vous avez des bases solides]. Si vous êtes un jeune étudiant entrepreneur ou un entrepreneur aguerri de 60 ans qui en est à sa 20e société, La Soupe au caillou revêt une importance capitale. »

Rituels matinaux

Peter s'étire sous la douche le matin :

« Surtout la partie inférieure de mon corps, puis je fais des exercices de respiration et je récite [un] mantra assertif… [L'exercice de respiration] est une inspiration profonde accélérée pour oxygéner et ouvrir mes poumons. Il y a deux éléments liés à la longévité. C'est étrange… l'usage de fil dentaire et la consommation d'oxygène maximale (VO2 max). »

TF : Les exercices de respiration de Peter consistent à ouvrir les poumons par des grandes inspirations rapides. Son mantra, qu'il répète plusieurs fois, est : « Je suis la joie. Je suis l'amour. Je suis la gratitude. Je vois, j'entends, je ressens et sais que mon objectif dans la vie est d'inspirer et de guider la transformation de l'humanité sur Terre et ailleurs. » L'exercice de respiration de Peter ressemble à certains exercices de Wim Hof (page 74) que j'effectue désormais sous une douche froide (la « préparation » selon Tony Robbins, page 202), juste après ma séance de méditation matinale.

Quant au lien entre le fil dentaire et la longévité, Peter est le premier à admettre qu'il y a une corrélation plutôt qu'une incidence : les gens maniaques au point d'utiliser du fil dentaire régulièrement ont sans doute d'autres habitudes qui participent à prolonger la vie.

Habitudes avant de se coucher

Avant de se coucher, Peter passe toujours en revue ses trois « gains du jour ». C'est aussi ce que je fais dans mon journal en 5 minutes (J5M) du soir (page 141).

Se remettre d'une peur bleue

TIM : Les deux jours suivant une peur bleue [après l'échec d'une de ses premières start-ups], à quoi ressemble votre dialogue intérieur ? Quel est votre rituel ?

PETER : Mon dialogue intérieur en toute honnêteté a duré 2 semaines plutôt que 2 jours. Je me demande : « Pourquoi tu penses que c'est si important ? » « Regarde à quel point tu l'as mal pris jusqu'à présent. » Il s'agit de se rappeler son but dans la vie, non ? Notre raison d'être. Si vous n'êtes pas raccord avec votre but et votre mission dans la vie, oubliez tout ce que j'ai dit. C'est la première chose à faire : trouvez votre mission sur Terre, ce pour quoi vous êtes sur Terre, ce qui vous motive à vous lever le matin.

Comment trouver votre raison d'être ou mission

Peter recommande le programme « Rendez-vous avec votre destin », de Tony Robbins, qui, selon lui, aide les gens à améliorer leur « mode opérationnel ». C'est ainsi qu'il a développé son mantra assertif. Peter pose également les trois séries de questions suivantes :

« Que vouliez-vous faire quand vous étiez petit, avant qu'on vous dise ce que vous étiez censé faire ? Que vouliez-vous devenir ? Que vouliez-vous faire plus que tout au monde ?

Si Peter Diamandis ou Tim Ferriss vous offraient 1 milliard de dollars, à quoi le dépenseriez-vous, en dehors des fêtes, des Ferrari et autres ? Si je vous demandais de dépenser un milliard pour améliorer le monde, résoudre des problèmes, qu'aspireriez-vous à faire ?

Dans quel environnement seriez-vous le plus exposé aux idées nouvelles, aux problèmes, aux gens ? Des choses qui occupent votre "temps sous la douche" [les choses qui occupent votre esprit même sous la douche] ? » [Peter recommande un environnement comme Singularity University.]

TF : Vous vous débattez encore avec votre raison d'être ou votre mission dans la vie ? Une dizaine de mes invités dans ce livre recommandent le livre de Simon Sinek, *Commencez par pourquoi.*

L'avantage de penser X 10 au lieu de 10 %

« J'ai interviewé Astro Teller [pour mon livre Bold]. Astro est le directeur de Google X (désormais appelé "X"), le laboratoire secret de Google… Il a dit : "Quand vous visez la lune– un projet X 10, pas + 10 % –, il se passe un certain nombre de choses…"

Tout d'abord, quand vous visez les + 10 %, vous entrez en concurrence avec tout le monde. N'importe qui cherche une croissance de 10 %. Quand vous visez le x 10, vous vous retrouvez tout seul. Pour moi, [c'est par exemple les extractions minières sur astéroïdes]. Je n'ai pas beaucoup de concurrence dans la prospection minière dans l'espace. Ni par exemple pour accroître de 40 ans la longévité de l'homme. À part HLI, il n'y a pas beaucoup d'entreprises [qui s'y intéressent].

Et ensuite, lorsque vous tentez le X 10, vous devez partir d'une page vierge et approcher le problème différemment. Mon exemple préféré est Tesla. Comment Elon a lancé Tesla et construit à partir de rien le véhicule le plus sûr et le plus extraordinaire d'Amérique, mais aussi, selon moi, du monde entier ? Ce n'est pas en traînant un héritage du passé dans le présent. C'est important.

Troisième point, la différence entre X 10 et + 10 %, c'est que ce n'est généralement pas 100 fois plus difficile, mais 100 fois plus gratifiant. »

D'autres questions intéressantes de Peter

« Une question : "Existe-t-il un grand défi ou un problème touchant des milliards de gens sur lequel vous pouvez vous concentrer ?"

Trois à cinq *milliards* de nouveaux consommateurs seront des Internautes au cours des six prochaines années. Mince, c'est extraordinaire ! De quoi auront-ils besoin ? Que pourriez-vous leur fournir, car ils représenteront des milliers de milliards de dollars dans la nouvelle économie, et une source d'innovation incroyable. J'y pense énormément.

Autre question : "Qu'est-ce qui vous déconcerterait ?" Il faut savoir que tout entrepreneur, société, entreprise finira par être déconcerté. J'ai eu le privilège de m'entretenir avec Jeff Immelt, le P-DG de GE, au cours d'une réunion de la haute direction et je lui ai posé la question ; à Muhtar Kent, président et P-DG de Coca-Cola aussi ; et à Cisco et beaucoup d'autres sociétés. "Qu'est-ce qui vous déconcerterait et comment essayez-vous de vous surprendre ? Si ce n'est pas le cas, vous allez tomber de haut." Trouvez des jeunes dans la vingtaine dans votre société. Peu importe s'ils travaillent au courrier ou ailleurs. Donnez-leur l'autorisation de chercher comment ils feraient tomber votre société. »

Les lois de Peter

Peter s'est créé une série de principes qui régissent sa vie. Ses « 28 Lois » ont été élaborées au cours de décennies. Voici mes préférées :

- Loi 2 : Quand on me donne le choix… je prends les deux.
- Loi 3 : Les projets multiples mènent aux réussites multiples.
- Loi 6 : Quand je suis obligé de faire un compromis, j'en demande davantage.
- Loi 7 : Si je ne peux pas gagner, je change les règles.
- Loi 8 : Si je ne peux pas changer les règles, je les ignore.
- Loi 11 : « Non » signifie recommencer à un niveau supérieur.
- Loi 13 : Quand je doute : je RÉFLÉCHIS.
- Loi 16 : Plus j'avance vite, plus le temps passe lentement et plus je vis longtemps.
- Loi 17 : La meilleure façon de prédire l'avenir est de le créer moi-même. (Maxime d'Alan Kay.)
- Loi 19 : Je reçois ce que j'ai encouragé.
- Loi 22 : Jusqu'à la veille de sa réussite, ce n'est qu'un projet fou.
- Loi 26 : Si je ne peux pas le mesurer, je ne peux pas l'améliorer.

Sophia Amoruso

Sophia Amoruso (TW/IG : @sophiaamoruso, girlboss.com) est la fondatrice et la présidente exécutive de Nasty Gal, la destination shopping sur Internet pour les vêtements, chaussures et accessoires neufs et vintage. Créé en 2006, Nasty Gal était le détaillant à plus forte croissance en 2012 pour le magazine inc. grâce à son taux de croissance de 10 160 % en 3 ans.

Sophia a été qualifiée de « nouveau phénomène de la mode » par le magazine Forbes. Elle est devenue l'un des acteurs les plus importants et iconiques de la distribution. Elle a récemment fondé #Girlboss Foundation, qui offre des bourses pour les femmes dans le monde du design, de la mode et de la musique. Le premier livre de Sophia, *#GIRLBOSS*, est un best-seller du *New York Times* et a été traduit en 15 langues.

Sauter et construire un avion pendant la chute

« **J'aime faire des promesses que je ne suis pas sûre de pouvoir honorer, puis trouver un moyen de les honorer.** Je crois qu'avec la force de l'esprit on peut obliger les choses à se produire, parfois simplement en s'y impliquant… J'ai commencé à laisser des évaluations de mes clientes sur eBay disant [par exemple] : "Lancement prochain de nastygalvintage.com." [Peu de temps après, j'ai tilté :] "Oh, mince, je ferais mieux de créer un site Internet. J'ai intérêt à le faire." J'ai trouvé comment faire, lancé le site, et au moment du lancement eBay a décidé de suspendre mon compte. Ce n'était pas une transition, mais littéralement : "Je vais me lancer dans l'aventure avec ce site et j'espère pouvoir revenir sur eBay si ça ne marche pas." Il est vite devenu clair que ce n'était pas une option. On a suspendu mon compte pour avoir intégré l'URL dans mes messages d'évaluation de mes clientes. »

Une journée qui finit bien…

TIM : Lorsque vous étiez P-DG de la société, rétrospectivement, au cours d'une journée où vous vous êtes dit : « Ouah, j'ai déchiré aujourd'hui », qu'aviez-vous fait les 60 à 90 premières minutes de cette journée en particulier. Quelles sont vos habitudes matinales ?

SOPHIA : Une journée qui finit bien a commencé par de l'exercice. J'en suis persuadée.

* Selon vous, qui incarne le mieux le mot « réussite » ?

« J'aimerais que les gens se rappellent qu'ils sont capables de faire tout ce que font les gens qu'ils admirent. Bon, peut-être pas tout, mais **ne soyez pas aussi impressionnés.** J'ai l'impression que c'est à ça que je pense… Il n'y a aucune raison pour que vous n'ayez pas ce qu'ont les gens que vous admirez. La "réussite" vend cette sorte de but ultime alors que même si j'ai accompli quelque chose et que vous [Tim] avez accompli quelque chose je vous ai dit que j'avais pleuré hier soir. Ce n'est pas : "C'est bon, j'y suis arrivé" ou un truc du genre. »

* Le conseil que vous vous seriez donné à 30 ans ?

« Ça ne devient pas plus facile… les défis deviennent plus importants face à des choses plus importantes. »

B.J. Novak

« Une bonne comédie a le même mode opératoire qu'un bon thriller. La chute est devant vos yeux dès le début, mais vous ne la voyez pas. »

B.J. Novak (TW : @bjnovak, li.st) est surtout connu à travers la série de NBC *The Office*, pour laquelle il a été récompensé par un Emmy Award en tant qu'acteur, scénariste, réalisateur et producteur. Il a également joué des seconds rôles dans des films tels que *Inglourious Basterds*, de Quentin Tarantino, et *Dans l'ombre de Mary*, produit par Disney. Il est l'auteur d'un recueil de nouvelles, *One More Thing*, et du best-seller *Le Livre sans images*, #1 du *New York Times*, qui s'est vendu à plus de 1 million d'exemplaires. Il est également cofondateur de li.st, une appli pour créer et découvrir des listes sur tout et n'importe quoi.

Animal totem : la mouette

« Quand je me dis : "Mais je gagne tellement d'argent !", c'est le signal d'alerte qui m'indique que je ne fais pas le bon truc »

Rétrospectivement, B.J. s'aperçoit que sa carrière aurait pu s'arrêter à plusieurs reprises. Mais non. Il est devenu célèbre grâce à *The Office* et à d'autres films à grand succès. Alors comment a-t-il toujours choisi la bonne direction dans une bifurcation ? Pour lui, c'est surtout en appliquant la règle générale ci-dessus.

Si vous vous dites : « Mais je gagne tellement d'argent » sur un travail ou un projet, soyez vigilant. « Mais je gagne tellement d'argent » ou « Mais je gagne plein d'argent » sont les signaux d'alerte vous prévenant que vous faites fausse route ou, du moins, que vous ne devriez pas emprunter ce chemin longtemps. La fortune, ça peut toujours se reconstituer. Pas le temps ni la réputation.

Obtenir un traitement de faveur quand on est un anonyme

Lorsqu'il étudiait à Harvard, B.J. avait monté un spectacle, *The B.J. Show*, avec un autre étudiant qui s'appelait également B.J. Au cours de leur dernière année d'études, les deux B.J. ont décidé de monter un spectacle et d'inviter Bob Saget sur scène. On leur avait dit que la star de *La Fête à la maison* était un véritable comique de scène.

Mais comment deux jeunes anonymes pouvaient motiver une grande célébrité à venir sans être payée ? B.J. Novak (que nous appellerons désormais « B.J. ») a eu deux idées. La première était de « récompenser » Bob au *Harvard Lampoon*, en espérant qu'il serait d'accord pour faire un sketch en recevant son trophée. La seconde était que tous les bénéfices du spectacle seraient reversés à des associations caritatives. Cette démarche a eu tant de succès que B.J. l'a appliquée à plusieurs reprises au cours de sa vie : si possible, reverser toujours l'argent à des associations, c'est un moyen de se mettre en relation avec des gens qui évoluent bien au-delà de votre niveau de rémunération.

B.J. a téléphoné à l'agent de Saget (qui est devenu ultérieurement l'agent de B.J.), présenté ses arguments, et tout a marché comme sur des roulettes. Bob Saget est venu à Boston accompagné de Jonathan Katz, le créateur de leur nouvelle série de l'époque, *Un Père peut en cacher un autre*. Le style d'écriture nerveux de B.J. leur a plu et ils lui ont proposé de rejoindre leur équipe.

Inscrire l'objectif à long terme sur le calendrier avant d'en ressentir la pénibilité à court terme

La première fois que B.J. s'est essayé à l'humour lors d'une scène ouverte à L.A., ça ne s'est pas bien passé. Il lui a fallu trois mois pour trouver le courage de remonter sur scène. B.J. conseille aux humoristes en herbe de réserver à l'avance leur créneau (sur une scène ouverte) pendant une semaine entière, histoire de ne pas pouvoir jeter l'éponge à la fin de la première soirée. Il a appris que continuer ou abandonner ne devait pas être mis en ballottage chaque soir. « J'étais vraiment nul pendant un bon moment, mais quand, parmi 20 gags, trois provoquent un rire amusé, eh bien, ce sont ces trois que vous gardez. Au bout d'un moment, un des gags fonctionne toujours bien : il devient votre lever de rideau. Puis, désormais, deux gags marchent bien : vous avez votre gag final... C'est comme ça qu'on avance. »

TF : Planifiez les choses à l'avance (et versez des arrhes si possible) pour éviter de vous désister. J'ai appliqué cette technique au cours d'AcroYoga matinal, à la séance de sport tardive, aux leçons de tir à l'arc, etc. Prenez des engagements lorsque vous êtes plein d'énergie pour ne pas vous désister lorsque vous manquerez d'énergie.

Pour aller loin, misez petit (et sur la technique de préférence)

Selon B.J., le succès inattendu de *The Office* était étrange, car le but n'était pas de cartonner à l'échelle nationale. Les producteurs visaient simplement le statut de « culte » auprès d'un public restreint et fidèle. Pourtant, un facteur a changé la donne : le lancement d'iTunes par Apple. Le noyau dur des fans était très jeune et féru de haute technologie. La série a eu beaucoup de succès sur iTunes alors qu'elle marchait moins bien sur NBC. *The Office* a été l'une des premières séries à bien marcher en ligne, créant un des premiers buzz autour d'une série télé.

TF : Voir à nouveau « 1 000 vrais fans » (page 259). Par son format, *La Semaine de 4 heures* a profité du lancement de Twitter lors de ma présentation dans une conférence au festival SXSW de 2007. Je visais délibérément les adeptes de la première heure des nouvelles technologies. Depuis, j'ai recommencé pour tous mes lancements de livres, adoptant diverses nouvelles plates-formes de partage prometteuses (par ex. Product Hunt, BitTorrent Bundle).

À propos de sa collaboration avec Steve Carell

B.J. a présenté des gags à Steve Carell, qui a déclaré : « Pour moi, ce sont de simples blagues. » Pour Steve, la comédie est un dérivé de l'authenticité. C'est toute la différence entre un jeune qui sait qu'il est mignon et celui qui l'ignore (celui qui sait qu'il est mignon n'est pas mignon).

L'importance de la phase de brainstorming

Le processus d'écriture de la nouvelle saison de *The Office* s'est ouvert sur une phase de brainstorming, la phase préférée de B.J. à chaque nouvelle saison.

Pendant deux à quatre semaines, la plaisanterie dans la salle des scénaristes était que chacun répète : « Et si… ? ». Les scénarios les plus fous étaient encouragés, jamais pénalisés. Chaque idée était parfaitement valable durant cette étape. Les phases de génération d'idées et de filtrage/édition étaient bien séparées. Comme l'explique B.J. : « Pour moi, il s'agit d'un ensemble idée et exécution. En les séparant, l'idée puis l'exécution subissent moins de pression. »

« Je me considère de bonne humeur pendant la majeure partie de mon processus créatif »

Généralement, B.J. passe les premières heures de la journée à se « mettre en train » et à améliorer son humeur, jusqu'à ce qu'il trouve une idée qui l'emballe, ou jusqu'à ce que son niveau de dégoût de lui-même et de caféine soit si élevé qu'il doive réagir. (Voir Paulo Coelho, page 459.)

B.J. peut passer des heures à marcher, à lire les journaux avec un café, à écouter de musique, etc., avant de se sentir capable d'écrire, généralement entre 11 heures et 14 heures. Il déclare : « Je trouve qu'être de bonne humeur pour effectuer un travail créatif vaut bien les heures passées à se conditionner. »

Il ajoute : « J'ai lu *Daily Rituals* et je suis démoralisé par le nombre de personnes importantes qui entament leur journée très tôt. » Pour les noctambules comme moi, c'est sympa de savoir que quand [le moment auquel] on entame sa journée est moins important qu'apprendre à se mettre en route systématiquement, quelle que soit la façon dont on y parvient. »

Pas d'aspirine artisanale

Chaque jour, B.J. boit le même café : 60 cl de café noir Pike Place de chez Starbucks. Il trouve que préparer son café chez lui est trop imprévisible. « C'est comme de l'aspirine artisanale. » Ce qu'il veut, c'est une dose standard de caféine.

S'il enseignait l'écriture comique...

P.J. O'Rourke, l'un des rédacteurs en chef du *National Lampoon*, a dit que s'il devait un jour enseigner l'écriture ou l'anglais, il demanderait des parodies à ses élèves parce qu'on n'apprend quelque chose que lorsqu'on tente de le parodier. B.J. demanderait d'écrire des parodies d'œuvres littéraires que les étudiants liraient dans d'autres cours pour leur permettre de s'ouvrir. L'espièglerie est essentielle dans une comédie.

... et l'écriture de scénario...

Voici les scénarios que B.J. ferait étudier à ses élèves :

- *Casablanca*, qui avait une forme, insolite à l'époque, et qui est devenue une référence aujourd'hui.
- *Pulp Fiction*, qui s'éloigne de la forme chronologique.
- *La Folle journée* de Ferris Bueller, qui brise le quatrième mur.
- *Y a-t-il un flic...*, qui enchaîne les gags loufoques.
- *Adaptation*, qui se met en abyme et brise toutes les normes.

Apprendre à persuader (et rigoler)

B.J. adore et recommande deux podcasts sur l'art du débat, « Intelligence Squared » et « The Great Debates », le second étant complètement grotesque.

Des boîtes à chaussures remplies de cahiers

B.J. utilise des cahiers Moleskine® pour prendre des notes au cours de la journée. Il les aime bien, car il les trouve plus fins que les carnets standard. Du coup, il peut les transporter facilement et il a le sentiment du devoir accompli lorsqu'il en termine un. Il commande des couleurs différentes et consomme aussi beaucoup de marque-pages adhésifs aux formes fantaisie. Sur chaque nouveau cahier, il commence par écrire son nom et son numéro de téléphone sur la première page et colle un autocollant en haut à gauche pour savoir lequel il utilise en ce moment. Il n'inscrit pas de date dessus, ce qui peut lui poser problème, mais pour lui cela fait partie du processus créatif. Il conserve ses cahiers non retranscrits dans une boîte blanche, et ceux qu'il a déjà saisis dans son ordinateur sont rangés dans une boîte rouge.

* **La playlist de B.J. au travail**
  - L'émission de radio *Morning Becomes Eclectic*, qui passe de la musique sans coupure publicitaire de 9 heures à midi en semaine.
  - Sirius XM #35, rock indé.
  - *Early Blues*, sur Pandora, la radio par Internet

* **Selon vous, qui incarne le mieux le mot « réussite » ?**
  Shakespeare, parce qu'il a fait des choses émouvantes, pérennes et populaires.

* **Les livres que vous offrez**
  The Oxford Book of Aphorisms, de John Gross, car il contient les plus belles citations de tous les temps. On peut passer des heures sur la même page ou simplement le feuilleter. B.J. recommande également *Daily Rituals*, de Mason Currey, pour tous les curieux qui veulent connaître les habitudes quotidiennes de légendes telles que Steve Jobs, Charles Darwin et Charles Dickens. « C'est tellement rassurant de voir que chacun a ses petites manies et combien elles sont souvent dysfonctionnelles. » Comme le monde est petit ! C'est moi qui ai produit la version livre audio de *Daily Rituals*…

* **Le conseil que vous vous seriez donné à 30 ans ?**
  B.J. était très angoissé lors de la première saison de *The Office*, car il essayait toujours de rajouter des choses qu'il n'avait pas le temps de terminer. Il ne s'est jamais vraiment posé pour profiter de l'incroyable expérience de la série. B.J. aurait aimé se dire à l'époque que c'était un moment unique dans sa vie et qu'il devait se l'approprier et en profiter au lieu d'angoisser pour rien, en fin de compte.
  « Vous savez ce que je répète aux gens ? Si Will Smith ne fait pas de film pendant trois ans, on ne cherche pas à savoir où il est ni ce qu'il fait. Personne ne prête attention aux autres. On croit que tout le monde s'inquiète, mais pas du tout. Alors prenez autant de temps que vous le voulez si vous avez du talent. Vous serez à nouveau le centre d'attention si c'est justifié. »

* Documentaires préférés

- *Catfish* – « C'est cliché, mais c'est génial, un documentaire qui illustre toute une génération. »
- Être et avoir – « Un beau film tout simple sur une année scolaire dans une classe unique en France. »
- *The Overnighters* – « Ça parle de l'exploitation du gaz de schiste au Dakota du Nord, un phénomène dont l'ampleur dépasse la ruée vers l'or au XIXe siècle, grâce au procédé d'extraction appelé "fracking". »

L'art de dire « non » quand c'est essentiel

« Dans la vie, la sagesse consiste à éliminer ce qui n'est pas essentiel. »
– Lin Yutang

« La discipline = la liberté. »
– Jocko Willink (page 368)

Dans ce chapitre, je vais tenter de vous enseigner l'art de dire « non » lorsque c'est essentiel.

Je vous expliquerai comment je réfléchis aux opportunités d'investissement, comment je dépasse la « peur de passer à côté » et comment je réduis l'angoisse.

Enfin, je vous apprendrai à tuer la poule aux œufs d'or lorsque celle-ci ne vous est plus d'aucune utilité.

J'approfondirai l'art de prendre une décision particulièrement difficile – dire « non » à un investissement dans une start-up, ce qui reste mon activité la plus lucrative. Même si vous ne vous considérez pas comme un « investisseur »– ce que vous êtes, consciemment ou non –, la méthode que j'applique pour dire non devrait vous être utile.

Mise en garde pour les professionnels de l'investissement qui liraient ceci :

- Je sais qu'il y a des exceptions à chaque « règle » que j'applique. La majeure partie de ce post est tout aussi subjective que les peurs que je peux avoir.
- Mes règles peuvent être simplistes, mais elles m'ont offert un bon retour sur investissement et un bon sommeil. Chaque fois que j'ai tenté la « sophistication », j'ai reçu un retour de manivelle.

- De nombreux investisseurs dans les start-ups utilisent des approches diamétralement opposées aux miennes et s'en sortent très bien aussi.
- J'ai fait des investissements dans des start-ups à des stades de développement plus avancés (rendement X 2 à X 4) qui vont à l'encontre de certains passages (par ex. viser X 10), mais le prix était inférieur à leur valeur comptable à cause de vendeurs dans le besoin ou d'un événement atypique.
- De nombreux concepts sont simplifiés pour ne pas dérouter les novices.

Le chemin vers le non

▶ Alors, pourquoi j'ai décidé de changer de vitesse ?

Ci-dessous, vous trouverez les questions essentielles que je me suis posées pour arriver à cette conclusion sans appel. Je relis ces questions souvent, généralement une fois par mois. J'espère qu'elles vous aideront à apaiser vos conflits internes.

▶ Faites-vous ce que vous, individu unique, êtes capable de faire, ce pour quoi vous êtes sur Terre ? Peut-on vous remplacer ?

Je me souviens d'un petit déjeuner que j'ai partagé avec Kamal Ravikant (le frère de Naval, page 480). Dans la cuisine d'un ami en engloutissant des œufs, du saumon fumé et du café, on a parlé de nos rêves, de nos craintes, de nos obligations et de nos vies. Investir représentait une grande part de mes revenus et de mon identité. En dressant la liste de mes options pour mon prochain projet de grande ampleur, je lui ai demandé si je devais lever des fonds et devenir un spécialiste du capital-risque à plein temps dans la mesure où j'effectuais déjà ce travail tout en essayant de trouver un équilibre avec mes 10 autres projets. Il sentait mon angoisse. Ce n'était pas mon rêve ; je me disais que j'étais bête de ne pas battre le fer tant qu'il était chaud.

Il a réfléchi en silence puis il m'a dit : « J'ai assisté à des événements où les gens pleuraient parce qu'ils avaient perdu 45 kilos avec le régime Slow-Carb. Tu n'auras jamais le même impact en tant que spécialiste du capital-risque. Si tu n'investis pas dans une société, ils trouveront un autre spécialiste du capital-risque. Tu es remplaçable. »

Il a marqué une pause et a conclu : « S'il te plaît, n'arrête pas d'écrire. » Je repense à cette conversation tous les jours.

Pour certains, le capital-risque est une vocation. Ils sont les Michael Jordan de ce monde. Ils doivent cultiver ce don. Mais si moi j'arrêtais d'investir, ça ne manquerait à personne. J'en ai eu la preuve en 2015. Il n'y avait jamais eu autant d'investisseurs dans les start-ups et ils s'accompagnaient de fondateurs qui tiraient les valorisations vers le haut et dictaient leurs conditions. Évidemment, il y avait des exceptions, mais c'était souvent le cas. Si je sortais par la porte dérobée, le monde des start-ups ne s'arrêterait pas de tourner.

Attention, je ne prétends en aucun cas être le meilleur auteur du monde. Je ne me fais aucune illusion. Des gens comme John McPhee et Michael Lewis me donnent envie de pleurer en cachette.

MAIS… si j'arrêtais d'écrire, peut-être que je gâcherais ma meilleure occasion, générée par un gros coup de chance, d'avoir un impact durable sur un grand nombre de personnes. Ce sentiment d'urgence a été multiplié par 100 les deux mois précédant ma décision quand plusieurs amis proches se sont tués dans des accidents que personne n'a vus venir. La vie est courte. Ou, dit autrement : une longue vie est loin d'être garantie. Quasiment tout le monde meurt avant d'être prêt.

J'en avais assez d'être interchangeable, même si le jeu était très lucratif. Même si j'avais eu tort au sujet de l'écriture, je m'en serais voulu de ne pas avoir essayé.

Alors, êtes-vous en train de gâcher vos propres capacités, ou même la chance de les découvrir en premier lieu ?

▶ À quelle fréquence dites-vous « Ah, oui alors ! » ?

J'adore le philosophe programmateur Derek Sivers (page 177).

Son mode de pensée incisif m'a toujours impressionné, et sa philosophie « Ah, oui ! » ou « Non » est devenue un de mes principes favoris. Voici un extrait de son blog :

> Ceux d'entre vous qui se sentent souvent trop impliqués ou dispersés pourraient apprécier une nouvelle philosophie que je tente d'appliquer : si je ne dis pas « AH, SUPER, OUI ! » à propos de quelque chose, alors je dis non. Autrement dit : quand je décide de m'impliquer dans quelque chose, si je ressens autre chose que « Ouah, ce serait génial ! », « Carrément ! », « Ah, super, oui ! » – alors ma réponse est non. Quand vous dites non à la plupart des choses, vous vous laissez de la place dans la vie, pour vous lancer corps et âme dans cette rare chose qui vous fait dire : « AH, SUPER, OUI ALORS ! » On est tous débordés. On a accepté de s'occuper de trop de choses. Dire oui à moins de choses est la solution.

Pour « réussir », il faut dire « oui » à beaucoup d'expériences. Pour savoir dans quel domaine vous êtes le meilleur ou ce qui vous passionne, il faut tester.

Une fois que vous avez fini de tenter de vous justifier devant les autres et que vous commencez à vous défendre contre les sollicitations extérieures, vous devez impitoyablement dire « non » comme réponse par défaut. Au lieu de jeter la lance, vous tenez le bouclier.

Entre 2007 et 2009, et à nouveau entre 2012 et 2013, j'ai dit oui à beaucoup trop de choses « cool ». Une conférence en Amérique du Sud ? Un article prenant pour un magazine réputé ? Investir dans une start-up avec cinq amis ? « Bien sûr, ça me paraît sympa. » Et je notais ça sur mon agenda. Plus tard, j'ai payé le prix de cette dispersion et de cette surcharge. Mon emploi du temps était devenu celui des autres.

Dire oui à trop de choses « cool » vous enterre vivant et vous transforme en acteur de second rôle, même si vous avez le talent pour tenir le premier rôle. Pour développer votre talent au départ, vous devez apprendre à prioriser ; pour conserver votre talent, vous devez vous défendre contre les priorités des autres.

Une fois que vous avez atteint un niveau correct de réussites professionnelles, rater une opportunité ne vous tuera pas. C'est se perdre dans des engagements « plutôt sympa » qui vous fera couler.

En ce moment, je dis « Ah, oui ! » de moins en moins souvent aux nouvelles start-ups. C'est le signal pour que je sorte complètement du jeu, surtout quand je peux faire un travail que j'adore (par ex. écrire) en dépensant $\frac{1}{10}$ d'énergie.

Je dois arrêter de semer les graines de ma propre destruction.

▶ Quelle est la part de création vs gestion dans votre vie ? Comment vivez-vous cet écart ?

Un de mes essais favoris sur la gestion du temps est « Maker's Schedule, Manager's Schedule », de Paul Graham, de Y Combinator. Lisez-le.

Comme l'ont fait remarquer Brad Feld et de nombreux autres investisseurs, un bon travail créatif n'est pas possible si vous y consacrez 30 minutes par-ci et 45 par-là. De grands moments ininterrompus – trois à cinq heures minimum – génèrent l'espace nécessaire pour trouver et relier les points. Et réserver un grand moment ininterrompu par semaine n'est pas suffisant. Il doit y avoir suffisamment de mou dans le système pour la synthèse intensive de plusieurs journées. Pour moi, ça se traduit par trois ou quatre matinées par semaine où je suis en mode « création » jusqu'à 13 heures environ.

Si je suis réactif, le mode « création » est impossible. Les e-mails et SMS « On est très demandés, mais on pourrait vous caser pour 25 000 $. Réponse avant demain. Intéressé ? » sont de la kryptonite créative.

L'écriture, la création, travailler sur de gros projets me manquent. « Oui » à cela signifie « non » à toute partie de Tape-taupe.

▶ Quels bienfaits en excès sont devenus des malédictions ? Dans quel domaine croulez-vous sous les bienfaits ?

S'il y a excès, la plupart des choses prennent les caractéristiques de leur opposé. Ainsi : les pacifistes deviennent des militants. Les combattants de la liberté deviennent des tyrans. Les bénédictions deviennent des malédictions. Les aides deviennent des gênes. Plus devient moins.

Pour explorer davantage ce concept, lisez ce que dit Aristote sur le juste milieu.

Lors de mes deux premières années en tant qu'investisseur providentiel, mes critères de base étaient très simples (et complètent ceux exposés page 232 dans le MBA du monde réel) :

- Produits ou services destinés aux consommateurs.
- Produits dont je serais personnellement un gros consommateur, produits qui comblent un manque personnel.
- Cible initiale composée d'hommes de 25 à 40 ans, avides de technologie, habitant dans les grandes villes américaines comme San Francisco, New York, Chicago, Los Angeles, etc. (ça m'a permis d'accélérer ma croissance par rapport à ma cible).
- Une valorisation pre-money inférieure à 10 millions de dollars.
- Force de traction prouvée et croissance régulière (pas obtenue par acquisition).
- Pas de tours de table financiers larges – des séries de financement participatif sans investisseur principal défini. Ils mènent souvent à des vérifications préalables bâclées et trop de gens avec des enjeux trop faibles pour s'y intéresser vraiment.

Valider tous ces éléments m'a permis de générer rapidement de la valeur, même pour un petit investissement (je ne détiens qu'une petite part de la société).

Ma capacité à donner un coup pouce s'est propagée par le bouche-à-oreille, et j'ai obtenu ce que je voulais : un bon « flux d'opérations ». Les offres ont commencé à affluer en masse de la part d'autres fondateurs et investisseurs.

Avance rapide jusqu'à 2015 : le bon flux d'opérations paralysait le reste de ma vie. Je coulais à l'arrivée.

Au lieu de rendre possibles de belles choses dans ma vie, ça les empêchait de se produire. Je voulais revenir aux bases et ça demandait de cautériser des bienfaits qui étaient devenus des plaies.

▶ Au fait, pourquoi vous investissez ?

Pour moi, le but d'« investir » a toujours été simple : **répartir des ressources (par ex. argent, temps, énergie) pour améliorer ma qualité de vie**. C'est ma définition personnelle. La vôtre vous sera propre aussi.

Certains termes sont si fréquemment employés qu'ils perdent leur sens. Si vous constatez que vous employez des termes vagues comme « réussite », « bonheur » ou « investir », prenez le temps de les définir ou arrêtez de les employer. Répondre à la question « Comment ça ferait si j'avais… ? » aide à clarifier les choses. **La vie exauce les demandes spécifiques et frustre les souhaits vagues.**

Donc, ici, « investir » signifie répartir des ressources (par ex. argent, temps, énergie) pour améliorer sa qualité de vie.

Cela s'applique à la fois au futur et au présent. Je suis prêt à accepter une légère et temporaire baisse de 10 % dans ma qualité de vie pour un retour hautement probable 10 fois supérieur, que le retour sur investissement soit sous forme d'argent, de temps, d'énergie ou autre. Ça pourrait faire le sujet d'un livre, mais inversement :

Un investissement qui génère un retour financier énorme, mais qui fait de moi une loque angoissée, insomniaque et sujette aux crises pendant une longue période n'est PAS un bon investissement.

Généralement, je n'investis pas dans les actions de sociétés cotées en bourse pour cette raison, même si je sais que je perds des opportunités. Mon estomac ne peut pas digérer les hauts et les bas, mais, comme les automobilistes qui se dévissent le cou pour regarder un accident, je suis incapable d'ignorer les graphiques. Je vérifierai compulsivement sur Google News et Google Finance, même si je sais que c'est de l'auto-sabotage. Je deviens le M. Marché de Benjamin Graham. Comme contre-exemple, mes amis Kevin Rose (page 297) et Chris Sacca (page 158) pensent autrement et aiment bien jouer dans cette arène. Ils savent être rationnels plutôt que réactifs.

On pourrait dire que je devrais améliorer ma réactivité au lieu d'éviter les actions. Je serais d'accord pour modérer ma réactivité, mais je ne le suis pas pour faire de la gestion de mes faiblesses ma priorité ou ma première stratégie de vie.

Tous mes plus gros gains proviennent de la démultiplication de mes forces, et non pas du fait d'améliorer mes faiblesses. Investir est déjà assez difficile pour que vous n'ayez pas en plus à modifier vos comportements. Vous n'allez pas pousser un rocher dans la montée simplement parce que vous en êtes capable.

Les requins de la bourse me mangeraient tout cru dans leur monde, mais je pourrais battre 99 % d'entre eux dans mon bac à sable de start-ups débutantes. Je vis au cœur du commutateur d'informations et je connais les opérateurs.

De 2007 jusque récemment, j'ai trouvé qu'investir dans les start-ups générait paradoxalement peu de stress. Idem pour certaines opérations boursières. Même si les risques sont élevés, je m'en sors bien avec mes décisions binaires. En d'autres termes, je prépare le dossier à fond et je m'engage dans un investissement où je ne peux pas faire machine arrière. L'aspect « ce qui est fait est fait » me permet de bien dormir la nuit, puisqu'il n'y a pas de décisions d'achat ou de vente dans le futur immédiat. Je me protège de mes volte-face et cela a produit plusieurs X 10 à X 100 retours sur investissement.

Quoi qu'il en soit, les choses ont changé ces deux dernières années.

Les investisseurs et fondateurs des jours fastes ont investi la scène des « bonnes » start-ups et font beaucoup de bruit. Là où il y avait une poignée de micro-spécialistes du capital-risque par exemple, on en compte désormais des centaines. Les sociétés de capital-investissement et les fonds d'investissement spéculatifs commencent à placer leurs pions de plus en plus tôt. Le terrain de jeu est surpeuplé, et voici ce que ça signifie pour moi, personnellement :

- Je reçois 50 à 100 propositions par semaine. Cela sature ma boîte de réception, mais le pire, c'est que…
- Beaucoup sont des messages intrusifs « à froid », dans lesquels d'autres investisseurs m'envoient un e-mail avec deux ou quatre fondateurs en copie et le message suivant : « J'aimerais que vous rencontriez A, B et C », sans me demander l'autorisation de leur donner mon adresse e-mail.
- Ces fondateurs font entrer d'autres personnes « dans la boucle », et ça provoque un effet boule de neige. Avant que je ne le sache, 20 ou 50 inconnus m'envoient des questions ou des demandes par e-mail. Par conséquent, j'ai dû changer d'adresse e-mail deux fois en six mois. C'est intenable.

Existe-t-il une bulle technologique ? Cette question dépasse mon champ de compétences et, de plus, est hors sujet. Même si on me garantissait que ça ne va pas exploser dans les trois à cinq prochaines années, je sortirais quand même.

J'ai perdu mon envie de jouer à ce jeu, en grande partie à cause de la surcharge de communication. De plus, chaque minute marginale compte désormais plus à mes yeux que chaque dollar marginal (une leçon de Naval Ravikant).

Alors pourquoi ne pas réduire la voilure de 50 ou 90 % et devenir plus sélectif ? Bonne question. J'y arrive...

▶ Se modérer = se mentir ?

« Le principe de base est qu'on ne doit pas se mentir. On est la personne la plus facile à duper. »

– Richard P. Feynman

Dans quel domaine arrivez-vous à vous modérer ? Dans quel domaine êtes-vous du genre « tout ou rien » ? Dans quel domaine le bouton « Off » vous fait défaut ? Ça vaut la peine de se connaître.

Le régime Slow-Carb de *4 heures par semaine pour un corps d'enfer* réussit là où d'autres régimes échouent pour diverses raisons, mais surtout parce qu'il accepte les comportements humains par défaut au lieu de tenter de les modifier. Au lieu de dire : « Ne triche pas », ou : « Tu ne peux plus manger x », on prévoit des « jours de triche » (généralement le samedi) à l'avance. Les gens qui entreprennent un régime finiront par tricher quoi qu'il arrive, alors on tente de limiter les dégâts en prévoyant régulièrement des « jours sans » et en limitant leur durée à 24 heures.

En dehors des « jours sans », les personnes qui suivent le régime Slow-Carb évitent d'avoir des aliments « domino » chez eux. Il s'agit d'aliments qui pourraient être acceptables si l'être humain limitait strictement leur quantité, mais qui sont interdits parce que quasiment personne ne se limite. Les aliments « domino » les plus courants sont :

- Pois chiches
- Beurre de cacahuètes
- Noix de cajou salées
- Alcool

L'effet domino ne se limite pas aux aliments. Si certaines personnes s'accordent de jouer 15 minutes à *World of Warcraft*, ils y passeront 15 heures. C'est zéro ou 15 heures.

Pour moi, les start-ups sont des aliments domino.

En théorie, « Je ne fais qu'une opération par mois » ou « Je ne fais que deux opérations par trimestre », cela sonne bien. Mais ça n'a JAMAIS fonctionné pour moi ni pour aucun de mes amis investisseurs providentiels. Aucun. Certes, on peut trier les offres. Certes, on peut demander au spécialiste du capital-risque qui fait la proposition s'il s'agit d'un des deux meilleurs entrepreneurs qu'il connaît et rejeter la proposition si sa réponse est négative. Mais que se passe-t-il si vous respectez vos deux opérations par trimestre et que vous voyez deux belles opportunités dès la première semaine ? Si vous investissez dans les deux, serez-vous capable d'ignorer toutes les nouvelles propositions des dix prochaines semaines ? C'est peu probable.

Pour moi, c'est tout ou rien. Qu'on choisisse 2 ou 20 start-ups par an, on doit les filtrer parmi l'ensemble des offres.

Même si je laisse une start-up passer le filtre, 50 autres vont remplir mon emploi du temps comme par magie (ou du moins ma boîte de réception). Je n'ai pas envie d'embaucher quelqu'un pour vérifier, alors j'ai conclu que je dois tout bonnement ignorer toute nouvelle proposition.

Sachez où vous pouvez vous modérer et où vous ne pouvez pas vous modérer.

▶ Vous dites « la santé est ma priorité »… C'est vraiment vrai ?

Après avoir contracté la maladie de Lyme et fonctionné à ~ 10 % de mes capacités pendant 9 mois en 2014, j'ai fait de ma santé la priorité n° 1. Auparavant, je faisais de l'exercice et je mangeais sainement, mais par la force des choses « Ma santé d'abord » était négociable. Désormais, c'est vraiment ma priorité n° 1. Comment est-ce que ça se traduit ?

Si je dors mal et que j'ai une réunion tôt le matin, je vais l'annuler à la dernière minute pour dormir plus longtemps. Et si je n'ai pas fait de sport et que j'ai une conférence téléphonique dans 30 minutes ? Pareil. Une soirée d'anniversaire chez un ami qui promet de s'éterniser ? Je n'y vais pas si je ne peux pas faire la grasse matinée le lendemain. En pratique, déclarer sa santé la priorité n° 1 a des conséquences sociales et professionnelles. C'est un prix que je DOIS accepter de payer au risque de perdre des semaines ou des mois en étant malade ou fatigué.

Faire de sa santé la priorité n° 1 ne fonctionne pas la moitié du temps. C'est absolument tout ou rien. Si c'est votre priorité la moitié du temps, vous allez faire des compromis au moment précis où il est essentiel de ne pas en faire.

Le caractère artificiellement urgent propre aux start-ups fait de la santé mentale et physique une rareté. **Les urgences de dernière minute sans garantie, « Dépêchez-vous de signer » et autres exercices d'incendie me fatiguent. C'est la culture de l'hormone du stress.**

▶ Êtes-vous trop corrélé ?

[**Remarque** : Deux amis investisseurs ont trouvé ce passage lent puisqu'ils sont à fond sur des sujets similaires. N'hésitez pas à zapper si vous trouvez que ça traîne, mais je pense que les novices y trouveront quelques idées intéressantes.]

« Corrélé » signifie que la valeur des investissements a tendance à augmenter ou diminuer en même temps.

Comme l'a dit le célèbre gestionnaire de fonds spéculatifs Ray Dalio à Tony Robbins (page 202) : « Il est presque certain qu'un jour vous perdrez 50 à 70 % de votre investissement. » Rappelez-vous, si vous perdez 50 %, vous devez avoir un retour sur investissement consécutif de 100 % pour revenir au point de départ. Le calcul est implacable.

Alors, comment éliminer les risques dans votre portefeuille ?

De nombreux investisseurs « rééquilibrent » par plusieurs classes d'actifs pour conserver un certain ratio (par ex. x % en obligations, y % en actions, z % en matières premières, etc.). Si une classe d'actifs s'emballe, ils en liquident une partie pour en acheter davantage dans une classe aux performances plus modestes. Il y a des avantages et des inconvénients à cela, mais c'est une pratique courante.

De 2007 à 2009, pendant mon MBA du monde réel qui m'a appris les investissements providentiels (page 232), moins de 15 % de mes liquidités étaient placées dans des start-ups. Mais la plupart des start-ups ne sont pas liquides. Généralement, je ne peux pas revendre mes parts avant 7 à 12 ans, du moins chez mes grandes gagnantes à ce jour. À force, en 2015, les start-ups représentaient plus de 80 % de mes actifs. Argh !

Puisque je ne pouvais pas reprendre mes billes, la première étape la plus simple pour réduire mon stress était d'arrêter d'investir dans des actifs non liquides.

J'ai revendu une bonne partie de mes actifs liquide – principalement des investissements précoces dans des start-ups chinoises (par ex. Alibaba) – pour retrouver le sommeil la nuit, même si les prix étaient plus bas que les plafonds record des 6 à 12 mois précédents. Évitez de vous accrocher aux prix plafond du passé (par ex. « **Je vendrai quand les prix reviendront à x par action…** »). Il ne me reste qu'une ou deux participations.

Certains pourraient suggérer de protéger vos investissements dans des start-ups par des positions courtes. Personnellement, j'adorerais, mais ce n'est pas mon fort, et on peut facilement avoir des problèmes juridiques si on le fait n'importe comment.

La meilleure « protection » ou s'en approchant que j'ai vue dans le monde dépendant du marché haussier des spécialistes du capital-risque, c'est d'investir dans des sociétés comme Uber, qui : A) ont une bonne exposition à l'international, et B) pourraient d'un point de vue macro-économique être considérées comme anticycliques. Par exemple, on pourrait imaginer qu'un réajustement ou krach du marché boursier mènerait simultanément à une baisse des ventes de voitures neuves et/ou une hausse du nombre de chauffeurs Uber cherchant à compléter leurs revenus ou à changer de métier. De même pour Airbnb et d'autres qui ont plus de variables que de frais fixes par rapport aux titulaires (par ex. Hilton).

▶ Pourquoi se précipiter ? Peut-on se retirer et revenir ?

J'investis dans les start-ups dans la durée. Je compte y rester pendant 20 ans.

Voici la réalité : Si vous investissez votre propre argent, sans prendre en compte les frais de gestion, vous pouvez attendre l'offre idéale, même si vous devez attendre plusieurs années. Il se peut que ce ne soit pas la « meilleure » approche, mais c'est amplement suffisant. Pour devenir riche comme Crésus, il n'est pas nécessaire de parier sur un Facebook ou un Airbnb chaque année. Si vous faites une opération correcte sur UNE de ces licornes « non fictives » et bien réelles tous les 10 ans, ou si vous faites deux ou trois investissements qui transforment 25 000 $ en 2,5 millions, vous pouvez prendre votre retraite et profiter d'une merveilleuse qualité de vie. Beaucoup diraient qu'il faut investir dans 50 à 100 start-ups pour toucher le gros lot. Je pense qu'il est possible de réduire ce chiffre (Peter Thiel serait sans doute d'accord avec moi), et ça tient beaucoup au maintien de critères stricts ; vous assurer que vous avez un avantage à titre informatif, analytique ou comportemental ; et LE CHOIX DU MOMENT.

La plupart de mes meilleurs investissements remontent à l'époque de la « crise des dot-com » de 2008-2009 (par ex. Uber, Shopify, Twitter, etc.), où seuls les plus endurants restaient debout au milieu du champ de bataille jonché de start-ups agonisantes. En période de vaches maigres, quand les start-ups ne font plus les couvertures des magazines, les fondateurs ne peuvent pas s'empêcher de créer des sociétés. LinkedIn, en 2002, en est un bon exemple.

Évidemment, des grandes entreprises sont aussi fondées pendant les périodes « fastes ». Cela rend mon travail de détective 10 fois plus difficile et la marge de sécurité s'affine.

Pensez à la « marge de sécurité » comme à une marge de manœuvre.

Warren Buffett est l'un des plus grands investisseurs du XXe siècle, qui s'est autoproclamé investisseur axé sur la valeur. Il cherche à acheter des actions à prix discount (au-dessous de leur valeur intrinsèque) pour que, même dans le pire des scénarios, il puisse bien s'en sortir. Ce prix discount est la « marge de sécurité » et le principe fondamental de certains des investisseurs les plus brillants (comme Seth Klarman). Cela ne garantit pas pour autant un bon investissement, mais laisse une marge d'erreur. Revenons à l'univers des start-ups...

Je veux que chacun de mes investissements, s'il réussit, ait la capacité de me rembourser « en totalité » le capital que j'ai consacré aux start-ups depuis deux ans, par exemple. Cela signifie par conséquent un retour sur investissement potentiel multiplié par 10 au minimum. Ce X 10 minimum est un ingrédient important de ma recette pour avoir une marge d'erreur.

Pour que le retour sur investissement justifiant la mise ait une chance d'aboutir, je dois : A) avoir des connaissances de base en algèbre pour m'assurer que le montant de mon investissement le permette, et B) éviter les sociétés qui me semblent trop chères, où le X 10 serait totalement inédit.

Si vous semez des Ave Maria avec une fréquence raisonnablement basse aux quatre vents et que vous vous justifiez en disant que ça pourrait être le prochain Uber, vous avez de fortes chances de mourir par 1 000 coupures de 25 000 $ qui saignent lentement. Malgré l'euphorie actuelle, appliquer des principes comme le pari de Pascal aux start-ups est un bon moyen de finir sur la paille.

▶ Les bons investisseurs dans les start-ups qui prônent la « promiscuité » restent néanmoins méthodiques

Dans le monde des start-ups, on parle souvent « moonshot », c'est-à-dire une start-up extrêmement ambitieuse qui va soit révolutionner le monde, soit finir en poussière d'étoile.

J'aime beaucoup financer des fondateurs gonflés (y compris des femmes, comme Tracy DiNunzio, page 279), et j'aimerais voir beaucoup de moonshots financés, mais voici la réalité dans mon portefeuille : en signant les documents d'investissement de toutes les grandes réussites que j'ai connues, j'ai toujours pensé : « Je ne perdrai jamais d'argent dans cette affaire. »

Les opérations « jackpot ou rien » finissent généralement par rien. Je ne dis pas pour autant que ces opérations soient toutes vouées à l'échec, mais j'essaie simplement de ne pas m'enfermer dans ce domaine.

De nos jours, les vraies licornes ne sont pas les chouchous des médias avec des estimations atteignant le milliard de dollar. C'est terrifiant, mais c'est du passé. Les licornes sont les start-ups à forte croissance présentant une marge de sécurité raisonnable.

Heureusement, je ne suis pas pressé et je peux attendre que le vent change.

Si vous attendez sagement « que le sang coule », au moment où seuls les véritables partisans restent, vous pouvez être sûr que les fondateurs intrinsèquement déterminés représenteront au moins la moitié de vos interlocuteurs.

C'est peut-être morbide, mais c'est la réalité. Si vous investissez pour en vivre, ne vous précipitez pas. Le timing dépasse souvent la technique.

C'est une panne ou une porte de sortie ? Petit guide pratique

« Acceptez le fait que dire "non" demande souvent d'échanger popularité contre respect. »
– **Greg McKeown,** Essentialism

Si vous vous sentez accablé, posez-vous deux questions :

1. En plein abattement, est-ce que la vie ne me montre pas précisément ce que je devrais éliminer ?
2. Est-ce qu'il s'agit d'une panne ou une porte de sortie ?

Comme le diraient Marc-Aurèle et Ryan Holiday (page 291), « l'obstacle est matière à action ». Attention, cela ne signifie pas identifier le problème, l'accepter et le laisser s'étendre. Pas plus que rationaliser le problème en quelque chose de positif. Pour moi, il s'agit de profiter de la douleur pour trouver la clarté. Si on examine la douleur au lieu de l'ignorer, elle peut vous montrer ce que vous pouvez éliminer de votre vie.

La première étape pour moi est invariablement la même : coucher sur papier les 20 % d'activités et de personnes qui causent 80 % de vos émotions négatives.

Ma deuxième étape est de pratiquer l'exercice « scénariser la peur » sur papier (page 417) en répondant aux questions « Quel est le pire qui puisse arriver si j'arrête de faire l'activité que j'envisage d'éliminer ? Et alors ? Comment pourrais-je annuler les dégâts ? »

Permettez-moi de vous donner un exemple concret : une transcription de la page de mon journal qui m'a convaincu d'écrire ceci et qui a donné le coup d'envoi de mes vacances prolongées du monde des start-ups.

Les questions qui occupaient mon esprit étaient les suivantes : « Quel serait le pire des scénarios si j'arrêtais mes investissements providentiels pendant

6 à 12 mois ? Ces scénarios catastrophe sont-ils vraiment graves ? Comment pourrais-je annuler les dégâts ? Est-ce que je pourrais faire un essai pendant 15 jours ? »

Vous remarquerez que j'ai dressé la liste des points positifs garantis et celle des points négatifs potentiels. Si on prend ma définition du « risque » – la probabilité d'un résultat négatif irréversible –, on voit que tous mes tourments et ma procrastination étaient bêtes (et inutilement douloureux). Il suffisait que je les mette par écrit.

> Le réveil a sonné 4 à 5 fois, donc levé à 10 h 15 au lieu de 8 h 33. L'anxiété est surtout liée aux e-mails et start-ups : nouvelles propositions, nouvelles opérations, etc.
> Tester sur 15 jours la réponse « non » à TOUTES les offres cool ? Pourquoi j'hésite à dire « non » à tout :
>
> **Avantages** :
> - Réduction de l'angoisse garantie à 100 %.
> - Sentiment de liberté.
> - Moins d'indécision, de délibérations, plus de temps pour CRÉER, LIRE, EXERCICE PHYSIQUE [ENTRAÎNEMENT], EXPERIMENTER.
>
> **Inconvénients** (pourquoi pas ?) :
> - Je pourrais tomber sur le prochain Uber (< 10 % de chances).
> - Qui s'en soucie ? Ça ne se matérialisera pas avant 7 à 9 ans au minimum. Si Uber fait une OPI, ça n'est pas grave.
> - Ne plus recevoir d'offres. Mais qui s'en soucie ?
> - Un dîner avec 5 amis compense.
> - Un post sur mon blog compense.
> - AUCUNE de mes meilleures opérations (Shyp, Shopify, Uber, Twitter, Facebook, Alibaba, etc.) ne provient d'une introduction par une connaissance.
>
> **Si essai sur 15 jours, comment garantir la réussite** :
> Je ne regarde pas les e-mails de start-ups.
> - Pas d'entourloupe par téléphone. [Cite] « appels en vacances » à remplacer par e-mail ou fin de journée [revue quotidienne avec assistant].
> - Proposer des « heures de bureau » [supplémentaires] le vendredi [pour le portefeuille existant] ?

Je me suis dit que, si j'établissais des politiques pour éviter de nouvelles start-ups pendant 15 jours, le système persisterait, alors autant le rendre semi-permanent et prendre de vraies « vacances des start-ups ».

À votre tour : par rapport à quoi avez-vous besoin de prendre des vacances ?

Le défi que je vous propose : notez les « Et si… ? »

« Je suis un vieil homme et j'ai connu beaucoup de problèmes, mais la plupart ne se sont jamais produits. »

– Mark Twain

« Un homme qui souffre avant le temps souffre plus que nécessaire. »

– Sénèque

Ce soir ou demain matin, réfléchissez à une décision que vous repoussez et remettez en cause, et aux « et si… ? » confus qui vous retiennent en otage.

Si pas maintenant, alors quand ? Si vous laissez le statu quo s'installer, à quoi ressembleront votre vie et votre niveau de stress dans six mois ? Dans un an ? Dans trois ans ? Qui en souffrira également dans votre entourage ?

J'espère que vous trouverez la force de dire « non » quand c'est essentiel. Je m'efforce de le faire et seul le temps dira si j'ai réussi. Jusqu'à présent, ça fonctionne mieux que ce que j'avais imaginé.

Et à quoi vais-je consacrer mon temps après ? À d'autres expériences et projets créatifs fous, évidemment. Ça va être la folie.

Mais, surtout, à quoi utiliseriez-vous votre nouveau souffle ?

À surfer tous les jours, comme l'avocat de La Semaine de 4 heures qui a quitté la foire d'empoigne pour se créer sa petite affaire paradisiaque au Brésil ? À voyager en famille autour du monde pendant 1 000 jours ? À apprendre des langues étrangères ou à travailler à distance dans 20 pays pour bâtir un empire ? Tout cela est possible. Je le sais, car ce sont des études de cas de mes lecteurs. Tout cela peut se faire. Le choix est quasiment infini.

Alors, commencez par les mettre sur papier. Explorez vos craintes et vous constaterez que, souvent, les monstres mentaux ne sont que des épouvantails inoffensifs. Parfois, il suffit d'une feuille de papier et de quelques questions pour se créer une porte de sortie.

Qu'avez-vous à perdre ? Sans doute pas grand-chose.

3

LES MALINS

« La lutte s'arrête quand commence la gratitude. »

– Neale Donald Walsch

« Il n'y a pas de chemin vers le bonheur – le bonheur est la voie. »

– Thich Nhat Hnah

« Ce que vous recherchez vous cherche. »

– Djalâl ad-Dîn Rûmî

B.J. Miller

« [À la fin de votre existence], vous pouvez laisser s'envoler la plupart des règles qui ont gouverné votre vie quotidienne. Parce que vous prenez conscience que dans notre société nous suivons des systèmes qui souvent nous prennent la plupart de notre temps et ne sont pas dans l'ordre naturel des choses. Nous naviguons dans une superstructure que nous, les hommes, avons créée. »

B.J. Miller (TW : @zenhospice, zenhospice.org) est un médecin en soins palliatifs au CHU de San Francisco et consultant au Zen Hospice Project de la ville. Il réfléchit à la façon de proposer une fin de vie digne et gracieuse à ses patients.

B.J. Miller est un expert sur le sujet de la mort. Grâce à cela, il a appris comment nous pouvons améliorer radicalement notre existence par de minuscules changements. Il a guidé et aidé plus d'un millier de patients à mourir et a mis en évidence des modèles qui peuvent tous nous inspirer. B.J. est amputé de trois membres après avoir été accidentellement électrocuté à la fac. Son allocution « Ce qui compte vraiment au bout de la vie » a été parmi les discours les plus écoutés de tous les TED 2015.

« Ne croyez pas tout ce que vous pensez » : vos pensées peuvent être trompeuses

Telle était la réponse de B.J. lorsque je lui ai demandé ce qu'il inscrirait sur une affiche. Il ne se souvient plus où il a lu cette phrase, peut-être sur un autocollant collé sur un pare-chocs. Vous constaterez à la fin de son profil que B.J. adore ce genre d'absurdités.

Contempler les étoiles, une forme de thérapie

« **Lorsque tout est un combat, levez la tête et admirez le ciel étoilé rien qu'un instant.** Dites-vous que nous sommes tous en même temps sur la même planète. D'après ce que l'on sait, notre planète est la seule à avoir une forme de vie telle que la nôtre. Observez les étoiles. La lumière que vous apercevez est ancienne et [certaines] étoiles que vous voyez n'existent plus le temps que leur lumière parvienne jusqu'à vous. Réfléchir aux faits concrets du cosmos provoque en moi enthousiasme, admiration et crainte. Cela me permet de relativiser mes angoisses. Lorsque l'on est parvenu au bout de notre horizon, aux portes de la mort, on est parfois plus en phase avec le cosmos. »

TF : Ed Cooke (page 464) fait quelque chose de similaire et je fais moi-même de la « thérapie par les étoiles » dès que j'en ai l'occasion. Les effets sont bien plus importants que l'effort fourni.

Savourer le périssable

Voici la réponse de B.J. à la question « Votre meilleur investissement pour moins de 100 $? »

« Un délicieux pinot noir Joseph Swan de Sonoma County. C'est comme une œuvre d'Andy Goldsworthy ou un enchantement éphémère. Le charme d'une bouteille de vin, le savoir-faire, le travail pour l'élaborer… j'aime beaucoup le fait que ce soit périssable et éphémère. Une bonne bouteille m'emmène très loin, pas seulement par son goût et l'excitation de la découverte, mais aussi par l'idée symbolique de me délecter de quelque chose de non pérenne. »

Une bonne raison de remettre en question nos « je ne peux pas »

Pas si vite, lisez toute cette rubrique, elle en vaut la peine. Le concessionnaire de motos Scuderia de San Francisco a également aidé B.J. dans sa quête folle.

TIM : Je ne voudrais pas revenir sur quelque chose qui pourrait sembler superficiel, mais vous avez dit en passant « conduire ma moto ». Pardon si la question semble déplacée, mais, quand on est amputé de trois membres comme vous, comment fait-on pour conduire une moto ?

B.J. : C'était un rêve de longue date qui s'est récemment concrétisé.

TIM : Bravo ! C'est fabuleux. Je suis curieux, racontez-moi la partie logistique.

B.J. : C'est une question intéressante. L'homme qui m'a aidé à réaliser ce rêve, Randy, est devenu un de mes patients au Zen Hospice Project peu après avoir terminé l'aménagement de ma moto. Cette histoire me tient donc particulièrement à cœur.

J'adore les deux-roues. J'adore le mode de vie gyroscopique. J'adore cette sensation. J'ai toujours aimé les motos, j'ai toujours voulu en avoir une. Tous les concessionnaires m'ont jeté et je ne trouvais aucun mécanicien qui voulait bien essayer d'aménager une moto pour moi.

L'ancien champion Mert Lawwill, une légende dans le monde des courses de moto, habite non loin d'ici [dans le nord de la Californie], à Tiburon. Je ne sais pas ce qui a motivé Mert, mais il est mécanicien et bricoleur. À sa retraite, il a créé un adaptateur pour monter une prothèse de bras sur un vélo ou une moto.

La première pièce du puzzle a été la découverte de l'invention de Mert et l'acquisition d'un adaptateur qui m'a permis de fixer ma prothèse de bras d'une façon parfaitement fonctionnelle sur le guidon.

TIM : Les commandes manuelles ont été modifiées ?

B.J. : Randy a pensé… Aprilia produit un modèle automatique appelé Mana. Donc pas d'embrayage et pas de vitesses à changer. Ça facilite grandement les choses. Randy a trouvé un moyen d'épisser les câbles des freins en respectant le rapport de freinage de la roue avant et arrière dans une seule poignée. Mes prothèses de pied ne servent à rien, à part me maintenir sur l'engin. Je ne fais rien non plus avec le bras qui porte une prothèse, à part tenir le guidon. Je fais tout de la main droite. Les freins sont dans la poignée de droite et Randy a bricolé un boîtier avec toutes les commandes – clignotants, avertisseur, etc. – placé à droite à portée de mon pouce. L'accélérateur, les freins, les clignotants, tout se commande de la main droite.

TIM : C'est génial.

B.J. : C'est vrai. Et voilà, roulez, jeunesse !

TIM : J'aimerais demander une chose à tous les auditeurs : quelle excuse bidon avez-vous trouvée pour ne pas concrétiser votre rêve ? Je vous en prie, dites-nous sur les médias sociaux pourquoi ce sont de bonnes excuses en écrivant #bidon à la fin. Ouah, c'est une belle histoire !

La boule de neige miraculeuse

B.J. m'a décrit son réveil dans une unité de soins pour les grands brûlés après avoir été électrocuté à la fac et amputé de trois membres :

Le service des grands brûlés est vraiment un endroit particulier, très glauque. La souffrance des patients est atroce. Travailler dans ce service est très difficile. Le personnel a tendance à demander une mutation rapidement. Ce qui tue souvent les victimes qui ont survécu au traumatisme initial et à l'infection. Les services des grands brûlés sont donc des environnements stériles. Tout le monde porte une tenue, un masque, des gants stériles. Les premières semaines, je ne pouvais avoir plus d'une seule personne à la fois dans ma chambre.

On est coupé de tout. Le jour et la nuit se ressemblent. Il n'y avait pas de fenêtre dans la pièce. Même lorsque vous avez de la visite, les tenues stériles font écran. On n'a plus de relation avec le monde extérieur. On ne peut rien toucher. Et puis la douleur empêche aussi de se concentrer sur quoi que ce soit. C'est loin d'être drôle.

Ça, c'était en novembre. En décembre ou peut-être début janvier, il y avait deux infirmières que j'appréciais énormément et c'est peut-être l'une d'elles [qui m'a apporté la boule de neige]. Joi Varcardipone. C'est peut-être Joi qui me l'a apportée. Il neigeait dehors et je n'en savais rien.

Elle a eu la bonne idée de m'apporter en douce une boule de neige. C'était sidérant. Ce n'était rien que de la neige, mais lorsqu'elle l'a posée dans ma main, j'ai senti le contraste du froid de la neige sur ma peau brûlée et enflammée. J'ai regardé la boule fondre, la neige se transformer en eau, ce petit miracle a eu l'effet d'une bombe sur moi. C'était manifeste : nous, les êtres humains, tant que nous sommes dans notre enveloppe corporelle, nous ne sommes que des machines à ressentir les choses. Si nous sommes isolés, si nos sens sont bloqués, nous sommes neutralisés. C'était un instant de grâce que je n'aurais jamais imaginé.

Tout d'abord ces sensations en tenant cette boule de neige dans la main, mais aussi ce point de vue implicite, inhérent qu'elle m'a offert. Toute chose se transforme. La neige devient de l'eau. C'est beau parce que ça change. Tout est passager. Ça me semblait merveilleux de faire partie de ce monde étrange à cet instant précis. Je me sentais à nouveau intégré à ce monde au lieu d'en être éloigné. C'était fort.

Être présent et à l'écoute

J'ai demandé à B.J. : « Si vous deviez parler en tant que médecin ou mentor à une personne qui vient de subir des blessures identiques aux vôtres, que lui direz-vous ? Ou quelles ressources, lectures ou autres lui recommanderiez-vous ? » Voici sa réponse :

« J'ai eu des problèmes quand je suis arrivé avec des conseils tout cuits. Parfois, ce n'est pas ce qu'il faut, mais plutôt de la camaraderie, être témoin. Donc pour répondre à votre question, quand j'entre dans la chambre d'un patient, je suis là, disponible pour répondre à ses questions. Mais je crois que la vraie valeur d'une visite à l'hôpital est la visite en elle-même, être ensemble, partager ce corps devenu maladroit. »

TF : Depuis ma conversation avec B.J., j'ai remarqué que cela pouvait s'appliquer à beaucoup de domaines. Pour « arranger » le problème de quelqu'un, il suffit souvent de lui prêter une oreille attentive. Même sur les réseaux sociaux ou sur mon blog, j'ai compris que les gens savent que vous les écoutez – vous les valorisez collectivement – et c'est plus important que de leur répondre individuellement. Par exemple, je place parfois un point avant le nom d'un lecteur quand je réponds à quelqu'un sur Twitter (par ex., « . @Widgett, c'est une bonne question. La réponse est... »), pour que tout le monde puisse voir la réponse. Même si je ne peux pas répondre à chacun, ça prouve que je fais attention aux commentaires et aux @ réponses. C'est un simple « Je vous vois. »

*** Si un patient introverti vous disait : « Donnez-moi trois choses que je peux regarder, faire, avaler, contempler, etc., sans interaction humaine », quelle serait votre réponse ?**

« Je pense que je lui mettrai sous les yeux un livre des tableaux de Mark Rothko. Je lui mettrais des écouteurs avec du Beethoven. Et, pour son troisième vœu, je le laisserais contempler le ciel. »

*** Le documentaire préféré de B.J.**

« *Grizzly Man*. Et toute œuvre devant laquelle je ne sais pas si je dois pleurer ou rire – j'adore ce sentiment. On peut aller dans un sens ou dans l'autre, on ne sait pas quelle est la bonne émotion à ressentir. On est simultanément attiré et repoussé. C'est comme ça que je me suis senti en regardant ce documentaire. Pour moi, c'est une réalisation absolument magnifique. »

Un biscuit comme médicament

Pour les patients de l'hospice aux portes de la mort, les grandes conversations existentielles ne sont pas toujours souhaitées. Étrangement, une des alternatives que je propose est de préparer des biscuits ensemble.

« La simple joie de sentir l'odeur d'un cookie... Ça sent délicieusement bon. [L'effet est identique à la boule de neige.] On est récompensé d'être toujours en vie et dans l'instant présent. Sentir l'odeur d'un biscuit n'a rien à voir avec un état futur. C'est un moment agréable, en lui-même, à l'exclusion de toute autre chose. On peut le relier à l'art. L'art est pour lui-même. Un tableau, de la musique, une danse. Son côté touchant tient en partie au fait que ça ne sert à rien, simplement à s'extasier, peut-être, de quelque chose qui est dénué de sens, qu'en soi cela soit déjà remarquable. Une façon de vivre jusqu'à ce qu'on meure est de chérir ces petits moments. »

✶ **Le conseil que vous vous seriez donné à 30 ans ?**

« Lâchez prise. Attention, la vie, c'est sérieux, mais il faudrait aussi que je prenne le jeu et la nonchalance au sérieux... sans que ce soit de la légèreté non plus. Je crois que je me serais encouragé à lâcher prise un peu plus souvent et à ne pas me faire croire que je savais où menait tout cela. On n'est pas obligé de savoir où tout ça va nous mener. »

Maria Popova

« Si vous cherchez une formule pour accomplir de grandes choses, je pense que vous arriverez à cette conclusion : la fermeté animée d'un véritable amour du travail. »

« La vie est un perpétuel chemin pour devenir ce que nous sommes. »

Maria Popova (TW : @brainpicker, Brainpickings.org) a écrit pour *Atlantic* et le *New York Times*, mais son projet le plus exceptionnel est à mon avis BrainPickings.org. Créé en 2006 sous la forme d'un e-mail envoyé à sept amis chaque semaine, *Brain Pickings* compte désormais plusieurs millions de lecteurs par mois. *Brain Pickings* porte un regard sur la façon de vivre et de mener une belle vie. Maria dévore un livre par jour et distille des pensées intemporelles et sages qui méritent d'être retenues et partagées. La qualité de ses écrits et de ses réflexions est stupéfiante.

Animal totem : le caniche

Pour la petite histoire

Maria a un tatouage sur le bras (comme Ryan Holiday, page 291) : CE SUR QUOI SE CONCENTRER, avec une sorte de cible au-dessous. Au centre de la cible, on lit BONHEUR. Selon Maria, « C'est une œuvre de l'artiste Marc Johns que j'ai exposée sur mon mur pendant des années. À un moment particulièrement difficile de ma vie, j'ai trouvé que c'était une de ces vérités simples et pourtant énormes qu'on oublie facilement. C'est une merveilleuse incantation qui remet les pendules à l'heure. Pour la rendre inoubliable dès le matin, je l'ai fait tatouer sur mon bras. »

Parfois, le meilleur « non » est une absence de réponse

« **Pourquoi faire l'effort d'expliquer pourquoi ça ne convient pas s'ils n'ont pas fait leur travail pour savoir si ça convenait** ? » Maria pourrait passer la journée à répondre à de mauvais argumentaires par un refus poli. Je pense souvent à son point de vue. Est-ce que la personne a pris 10 minutes pour faire son travail ? Est-ce qu'elle a fait attention aux détails ? Si ce n'est pas le cas, n'encouragez pas l'incompétence en la gratifiant. Ceux qui sont négligents durant la lune de miel (au début) empirent par la suite. Pour un exemple rigolo de vérification de l'attention portée aux détails, cherchez « David Lee Roth Ferriss » sur Google. Neil Strauss (page 304) met souvent à la fin de ses offres d'emploi sur Craigslist « Pas de réponse par e-mail. Téléphonez au [numéro] et laissez un message à A, B et C. » Tous ceux qui répondent par e-mail ne sont pas retenus. On se sent coupable si on ne répond pas à tout le monde, mais c'est inutile. Comme le dit Maria, « **La culpabilité [est] intéressante parce qu'elle se situe à l'opposé du prestige. Ce sont deux raisons horribles pour faire des choses.** »

Ne pas céder aux sirènes des médias

« Apparaître sur CNN pendant 2 minutes rendra votre grand-mère fière de vous, mais si le déplacement, la préparation et la logistique prennent 20 heures de votre temps et que votre travail [d'écrivain] en souffre et que vous ne serez pas content du résultat, alors, ça n'en vaut pas la peine. Ici **le paradoxe est que l'on accepte les demandes que l'on reçoit aux dépens de la qualité du travail – qui était la raison de ces demandes** –, et c'est ce dont vous devez sans cesse vous protéger. »

TF : C'est pour cette raison que j'ai arrêté quasiment tous les investissements, demandes d'interviews et de conférences. Maria m'a expliqué que le célèbre neurologue et écrivain britannique Oliver Sacks « collait sur le mur près de son bureau une feuille de papier où était inscrit NON !, avec un point d'exclamation. C'était pour lui rappeler de décliner les invitations qui l'empêchaient de se consacrer à l'écriture. »

* Quel est votre texte de référence ?

« En ce moment, et la réponse pourra être différente dans 9 ans, il s'agit des journaux intimes de Henry David Thoreau. Il parle de confluence entre le monde extérieur et le monde intérieur. Personne n'a jamais si bien écrit sur le dialogue immuable entre les deux. Il y a tant de vérités universelles et intemporelles dans ses réflexions personnelles sur divers sujets, de la meilleure définition de la réussite aux dangers de s'asseoir, qu'il a écrit bien avant qu'on ne le dise que "la position assise est tout aussi dangereuse que fumer". »

« Les artistes et écrivains qui déplorent la difficulté de leur tâche, qui trouvent le processus créatif fastidieux et qui se prennent pour des génies torturés… ne les croyez pas. C'est comme si la difficulté, la lutte, la torture conféraient du sérieux au travail que vous avez choisi. Faire du bon travail simplement parce que vous adorez ça ne paraît pas convaincant dans notre culture. C'est un défaut culturel, pas celui de l'œuvre que l'artiste a choisi de réaliser. » Elle évoque une entrée du journal de Thoreau datant de mars 1842 :

« D'après Thoreau, le travailleur réellement efficace ne va pas surcharger sa journée de tâches, mais entourera son travail d'un vaste halo de calme et de loisirs. Il se sera prévu une grande marge de détente au cours de la journée. Il cherchera à assurer les graines du temps sans exagérer la valeur de la cosse. C'est une belle métaphore pour ne pas confondre la cosse – les habits de la productivité tels que l'occupation, un agenda rempli ou une réponse automatique maligne – et les graines, le cœur et la substance du travail produit. Thoreau a ajouté : "Ceux qui travaillent beaucoup ne travaillent pas dur." J'adore. »

« Dans notre culture, on porte notre capacité à manquer de sommeil comme une médaille d'honneur qui symbolise l'éthique du travail, ou l'endurance ou une autre vertu – mais en réalité c'est un manque total de priorités et de respect de sa personne. »

Avec Maria et six autres invités, je vous recommande de lire à propos de cet « échec » La Brièveté de la vie, de Sénèque.

L'image d'en-tête de Maria sur Facebook est une règle d'or

« Ça devrait être une règle d'or sur Internet (et pour tout être humain) : si vous n'avez pas la patience de lire, n'ayez pas l'arrogance de commenter. »

Prise de notes – distiller des joyaux

Pour les livres, Maria et moi avons le même processus de prise de notes : « Je surligne dans l'appli Kindle sur mon iPad, et puis Amazon propose une fonctionnalité où vous voyez toutes vos notes et passages surlignés sur Kindle apparaître sur le bureau de votre ordinateur. Je les copie et colle dans un fichier Evernote pour regrouper toutes mes notes sur un ouvrage spécifique en un seul endroit. Avec mon iPad, j'effectue aussi une capture d'écran de la page Kindle avec le passage surligné et je l'envoie par e-mail vers ma boîte de réception Evernote, car il y a une fonction de reconnaissance optique de caractères. Quand je fais une recherche dans Evernote, ça va aussi rechercher le texte dans l'image. Je n'ai pas à attendre d'avoir fini le livre pour relire mes notes. J'adore Evernote. Je l'utilise depuis des années et je ne peux plus m'en passer. »

Si Maria lit un livre imprimé et l'annote dans les marges (ce qu'elle appelle « marginalia »), elle ajoute parfois « BL » pour indiquer « beau langage. » Moi, je marque « PH » pour « phrase ». Nous créons tous les deux notre propre index sur les pages quasiment vierges au début des livres, comme la page du titre. C'est nettement plus rapide à relire. Par exemple, j'écris « PH 8, 12, 19, 47 » pour indiquer les pages où j'ai trouvé des tournures de phrase que j'ai beaucoup aimées et je peux ajouter des numéros de page au fur et à mesure de ma lecture.

Lire en bougeant

Maria effectue la plupart de ses longues lectures dans une salle de sport, sur son iPad. Son premier choix est une machine elliptique où elle fait un entraînement de haute intensité par intervalles. Son plan B pour le cardio est le sprint (qui exclut la lecture, d'où le plan B), et son plan C, la corde à sauter. Elle voyage toujours avec une corde à sauter lestée.

En cas de doute, grattez ce qui vous démange

« Quand Kurt Vonnegut a écrit “Écrivez pour faire plaisir à une seule personne”, il voulait dire de s’écrire à soi-même. N’essayez pas de satisfaire quelqu’un d’autre que vous-même… **Dès l’instant où vous écrivez pour un public, vous avez perdu la partie, car vous avez créé quelque chose de gratifiant et durable, mais à long terme vous devez surtout garder votre motivation…** Si vous tentez de deviner ce qui intéressera [un public] et vous pliez à ces attentes, vous allez vite rechigner et vous aigrir – ce qui sera visible dans votre travail. Ça se voit toujours si ça vous déplaît. Il n’y a rien de plus désagréable que de lire un écrit plein d’aigreur. »

TF : Pour que les choses restent amusantes, j’ai l’habitude d’intégrer des blagues et des références à *Star Wars* sans mes livres que seuls quelques amis proches comprendront. Dans *4 heures par semaine pour un corps d’enfer*, une réplique du film rendait les relecteurs dingues : « Parce que je suis un homme, hombre. » C’est une longue histoire.

* **Sur les 4 600 articles de Brain Pickings, par lesquels Maria suggère-t-elle de commencer ?**
  - « The Shortness of Life: Seneca on Busyness and the Art of Living Wide Rather Than Living Long »
  - « How to Find Your Purpose and Do What You Love »
  - « 9 Learnings from 9 Years of *Brain Pickings* »
  - Ceux qui parlent d’Alan Watts : « Alan Watts a changé ma vie. J’ai pas mal écrit sur lui. »

* **Le pire conseil dans votre métier ?**
  « “Suis tes rêves.” C’est impossible sans se connaître soi-même, ce qui prend des années. Vous pouvez découvrir votre “rêve” (ou raison d’être) en suivant un chemin que tracent à parts égales les choix et la chance. »

* **Trois personnes ou sources qui ont intéressé Maria l’année dernière ?**
  « Trois écrivains et philosophes que j’ai découverts par leurs écrits exceptionnellement perspicaces et beaux et qui sont devenus depuis des amis proches : l’auteure de mémoires, romancière et essayiste Dani Shapiro, une sorte de Virginia Woolf de notre époque ; l’extraordinaire écrivain scientifique James Gleick ; la cosmologue, romancière et pollinisatrice qui croise science et société Janna Levin. »

* **Votre meilleur investissement ?**
  Une édition rarissime illustrée par Maurice Sendak des poèmes *Songs of Innocence, de William Blake.*

En bref

« La culture de l'information est une culture sans nuance. »

* **Si tous les fonctionnaires ou leaders publics devaient lire un livre, lequel ce serait ?**
  « C'est plutôt une évidence : La République, de Platon. Je suis estomaquée que ce ne soit pas obligatoire pour être assermenté, au même titre qu'on exige que tous les immigrants demandant la nationalité américaine lisent la Constitution. »

Jocko Willink

Jocko Willink (FB/TW : @jockowillink ; jockopodcast.com) a vraiment l'air effrayant. Ce beau bébé de 105 kilos est ceinture noire de jiu-jitsu brésilien. Il avait pour habitude d'envoyer au tapis 20 Navy SEAL à chaque entraînement. C'est une légende dans le monde des opérations spéciales, et ses yeux vous transpercent plus qu'ils ne vous regardent. L'interview qu'il m'a accordée était la première qu'il avait jamais donnée et il a eu un succès immédiat sur Internet.

Jocko a passé 20 ans dans l'US Navy, au sein de laquelle il a commandé la Task Unit Bruiser de l'équipe 3, l'unité d'opérations spéciales la plus décorée de toutes à l'issue de la guerre en Iraq. À son retour aux États-Unis, Jocko est devenu officier en charge de l'entraînement de toutes les équipes de SEAL de la côte Ouest. Durant cette période, il a mis au point et en application certaines des techniques d'entraînement au combat les plus difficiles et les plus réalistes au monde. Une fois retraité de la Navy, il a cofondé Echelon Front, une société de conseil en leadership et management, et coécrit *Extreme Ownership: How U.S. Navy SEALs Lead and Win*, le best-seller du *New York Times*. Désormais, il parle de guerre, de leadership, du monde des affaires et de la vie en général dans son émission sur Internet, *Jocko Podcast*, qui est classée parmi les meilleures. Jocko est un surfer passionné, un mari, et le père de quatre enfants « très motivés ».

Discipline = liberté

À la question « Que mettriez-vous sur une affiche ? », Jocko a répondu : « Mon mantra est très simple : DISCIPLINE = LIBERTE. »

TF : Mon interprétation personnelle est que les contraintes positives peuvent accroître le libre arbitre et améliorer les résultats perçus. Les journées d'oisiveté peuvent sembler idylliques, mais elles sont en réalité paralysantes à cause du paradoxe du choix trop large (par ex. : « Qu'est-ce que je pourrais bien faire maintenant ? »), et la lassitude qu'entraînent les prises de décision constantes (par ex. : « Qu'est-ce que je pourrais bien prendre au petit déjeuner ? »). À l'inverse, une chose aussi simple que des entraînements planifiés agit comme un échafaudage pour mieux prévoir et exécuter ses journées. Ça nous donne un sens accru de notre capacité à agir et un sentiment de plus grande liberté. Jocko ajoute : « Ça signifie aussi que si on veut être libre dans sa vie, que ce soit financièrement, en termes de temps libre, voire sans maladie ni problème de santé, on ne peut le devenir que par la discipline. »

« Deux = un et un = rien »

C'est une expression bien connue des SEAL. Jocko explique : « Ça veut simplement dire qu'il faut toujours du renfort. Si on a deux choses et qu'on en casse ou perd une, il en reste toujours une. Si on n'en a qu'une et qu'on la casse ou la perd, on est foutu. J'adore la citation de Franz Kafka : "Mieux vaut avoir, et ne pas avoir besoin, que d'avoir besoin et de ne pas avoir." » Où éliminer les "points faibles" dans la vie ou au travail ? Jocko ajoute : « Ne vous contentez pas de matériel de secours. Il vous faut aussi un plan B pour gérer les probables imprévus. »

S'exposer aux ténèbres pour voir la lumière

« Pour moi, si on veut vraiment voir la lumière, il faut d'abord se frotter aux ténèbres. Si on se protège de l'obscurité, je crois qu'on n'apprécie pas et qu'on ne comprend pas complètement la beauté de la vie. »

Le 4 juillet 2016, j'ai envoyé un SMS à Jocko pour le remercier de ses services. En plus des formules de politesse habituelles, je lui ai demandé comment lui et sa famille se portaient. Sa réponse : « Tout va bien ici. Sauf que je suis en train de lire un livre sur le massacre de My Lai. Quel cauchemar ! Je suis reconnaissant de ce qu'on a… »

Toutes les personnes interviewées dans ce livre ont leur méthode pour réussir, mais, souvent, celles qui connaissent le succès depuis des décennies cultivent aussi la gratitude. Quand Jocko repense à ses amis qui se sont sacrifiés au cours d'un conflit, il est réellement reconnaissant de chaque lever de soleil, sourire, rire et inspiration dont il profite. Il s'expose aussi volontairement et régulièrement aux récits de ceux qui ont connu l'horreur, la malchance et les ténèbres.

Si vous êtes prêt à lire un livre « sombre » pour vous aider à relativiser, Si c'est un homme et La Trêve (souvent rassemblés en un volume) de Primo Levi sont deux de mes livres préférés. C'est l'illusionniste David Blaine qui me les a recommandés. Il s'est fait tatouer sur le bras le numéro de prisonnier de camp de concentration de Levi. Quand je lui ai demandé ce qu'il avait appris de ces livres, il m'a répondu : « Tout ».

Vous voulez vous endurcir ? Faites-le

« **Si vous voulez vous endurcir mentalement, c'est simple : faites-le. Pas la peine de méditer pendant des heures.** » Ces mots de Jocko ont aidé un de ses auditeurs – un toxicomane – à enfin décrocher après de nombreuses tentatives échouées. Leur logique simple a touché une corde sensible chez lui : « S'endurcir » s'est avéré la décision de le faire. À la décision suivante, on peut déjà se montrer « endurci ». Vous avez du mal à refuser un dessert ? Soyez plus exigeant avec vous-même. Faites-en votre première décision. Vous êtes essoufflé ? Prenez l'escalier quand même. Idem. Peu importe si vous faites de grands ou petits pas au départ. Si vous voulez vous endurcir, faites-le, tout simplement.

« Prendre l'entière responsabilité du monde qu'on se construit »

À l'époque où Jocko dirigeait une de leurs équipes, le Commodore à la tête de tous les SEAL de la côte Ouest rassemblait les commandants de chaque unité pour évaluer les besoins et les problèmes de leurs troupes et mobiliser les ressources nécessaires pour les aider.

« [Le Commodore] faisait un tour de table, parce qu'il voulait des informations directes de chefs en première ligne. Tous ces commandants étaient mes égaux. Le Commodore demandait à l'un : "Vous avez besoin de quoi ?" et le commandant répondait : "Eh bien, les bottes qu'on a sont bien quand il fait chaud, mais on va se trouver bientôt sous un climat plus froid. On a besoin de nouvelles bottes dès cette semaine, avant notre entraînement." Le Commodore répondait : "D'accord." Il passait à la personne suivante, qui disait : "Quand on est au centre d'entraînement dans le désert sans Internet, nos gars sont déconnectés. On a vraiment besoin du wifi dans le centre." "D'accord." Le commandant suivant répondait : "On a besoin de plus de formateurs sur les hélicoptères, parce qu'on a l'impression de ne pas en savoir assez dans ce domaine. C'est important.” Le Commodore acceptait de s’occuper de cela aussi. Puis venait mon tour.

« Le Commodore disait : “Jocko, de quoi avez-vous besoin ?” et je répondais : “De rien, merci.” L’implication est évidente : si j’ai des problèmes, je vais m’en occuper moi-même. Je vais le faire, et sans me plaindre. Je prenais le commandement entier de mon monde. Les conséquences étaient doubles : quand j’avais besoin de quelque chose, c’était toujours quelque chose d’important, un besoin réel. Mais quand je disais au Commodore : “Hé, commandant, on a besoin de ça ici”, je l’obtenais presque instantanément parce qu’il savait que j’en avais terriblement besoin.

« On ne peut pas reprocher à notre patron de ne pas nous donner le soutien dont on a besoin. Beaucoup de personnes disent : “C’est la faute de mon patron”. Non. En fait, c’est votre faute parce que vous n’avez pas “éduqué” votre patron, vous ne l’avez pas influencé, vous ne lui avez pas expliqué d’une façon compréhensible pourquoi vous avez besoin de son soutien. Le faire signifie que vous prenez l’entière responsabilité de votre monde. Il vous appartient. »

Une bonne raison de se lever tôt

« Je suis debout et opérationnel à 4 h 45 du matin. J’aime avoir cet avantage psychologique sur l’ennemi. Quand je me réveille le matin – je ne sais pas pourquoi –, je pense à l’ennemi et à ce qu’il fait. Je sais que je ne suis plus en service actif, mais le réflexe est toujours là. Je continue de penser qu’il y a un gars quelque part dans une grotte, qui se balance d’avant en arrière, une mitraillette dans une main, une grenade dans l’autre. Il m’attend, on va se croiser. Quand je me réveille le matin, je me demande ce que je peux faire pour me préparer à cet instant qui va venir. Ça me fait bondir du lit. »

TF : Cette histoire a amené tant d’auditeurs à se lever tôt qu’il existe un hashtag #0445club sur Twitter avec des photos de montres. Et, plus d’un an après le podcast, sa popularité ne diminue pas.

Thé blanc à la grenade et au-delà

Jocko ne boit pas de café et ne consomme presque aucun produit caféiné. Il s’offre parfois un thé blanc à la grenade (« … qui a un véritable effet sur l’âme, je trouve »). Mais…

« [Pendant] mon premier déploiement en Iraq, les patrouilles en véhicule duraient longtemps et j'avais – dans une série de pochettes suspendues devant mon siège – une grenade à main incapacitante, une autre, et puis une grenade à fragmentation, le genre de grenade qui tue, et une autre encore. Et, dans les trois pochettes suivantes, j'avais des cannettes de Red Bull. »

TIM : Vous êtes déjà un bonhomme assez intense et c'est un compliment de ma part. Vous êtes comment après trois Red Bull ?

JOCKO : Encore plus Jocko.

TF : Jocko refuse d'avoir besoin de caféine. Dans le même esprit, un autre ami SEAL qui est habitué à ne manger qu'un repas par jour m'a écrit : « Je trouve ça drôle quand des gars [des forces spéciales] bougonnent s'ils n'ont pas leur dose de poudre protéinée toutes les deux heures. J'ai un gros avantage sur eux si j'arrive à tout transformer, déchets compris, en carburant, ou si je peux rester sans manger. »

Quelles qualités font un bon commandant ?

« La première chose qui me vient à l'esprit est l'humilité. Il faut savoir être humble et malléable… Quand j'étais responsable de la formation, on a renvoyé quelques chefs d'équipe SEAL parce qu'ils ne savaient pas mener leurs hommes. Et, 99,9 % du temps, ce n'était pas parce qu'ils n'étaient pas bons au tir qu'ils ne faisaient pas l'affaire physiquement, ou qu'ils n'étaient pas prudents dans leurs décisions. C'était toujours un problème d'écoute, d'ouverture d'esprit et d'incapacité à voir qu'il y avait d'autres façons de faire. Ça venait du fait qu'ils manquaient d'humilité…

« On place ces gars dans des conditions d'entraînement très réalistes et très difficiles. Si un de ceux que j'ai entraînés me lit, il doit bien rigoler parce que c'était vraiment réaliste. En fait, on frisait la psychose. On leur mettait une telle pression qu'ils étaient submergés. Les bons leaders réagissaient [de la façon suivante] : "J'ai perdu le contrôle, je n'ai pas fait du bon boulot. Je n'ai pas vu ce qui se passait et je me suis laissé distraire par le petit problème tactique que j'avais sous le nez." Soit ils demandaient carrément : "Où est-ce que j'ai dérapé ?" Et quand on leur expliquait, ils faisaient oui de la tête, sortaient un carnet et prenaient des notes. C'est ce genre de gars-là qui réussissent, qui comprennent. Les arrogants, ceux qui n'ont aucune humilité, n'admettaient pas de critiques extérieures et ne pouvaient même pas s'autoévaluer honnêtement parce qu'ils pensaient tout savoir. Restez humble ou devenez-le. »

De l'importance du détachement

« J'avais probablement 20 ou 21 ans. J'étais dans ma première section SEAL. On s'entraînait sur une plateforme pétrolière en Californie. Pour nous tous, c'était une première. On avait de l'équipement et des caisses partout, sur chaque niveau, et comme les sols sont en grilles métalliques, on peut voir à travers. C'est un environnement complexe. Donc on se trouve tous là et tout le monde reste figé, comme paralysé, à cause de cette complexité.

Moi, j'attendais. J'étais nouveau, alors je me dis que je n'avais pas à réagir. Mais au bout d'un moment je n'ai pas pu m'en empêcher : "Quelqu'un doit faire quelque chose". Du coup, j'ai soulevé mon fusil à deux mains, le canon vers le ciel [pour indiquer que] je n'allais pas tirer. Je me suis décalé d'un pas par rapport à ma rangée et j'ai regardé autour de moi pour évaluer la situation.

Et j'ai lancé : "À gauche, repos. À droite, on avance." Tout le monde m'a entendu et s'est exécuté. Je me suis dit ce jour-là que, ce qu'il faut faire, c'est prendre du recul et observer. Se détacher d'une situation pour voir ce qui se passe est absolument primordial. Aujourd'hui, quand je m'adresse à des directeurs ou à des cadres intermédiaires, je leur explique que c'est ce que je fais tout le temps.

Ça va paraître horrible, mais c'est comme si, parfois, je ne participais pas à ma propre vie. Je suis l'observateur de l'exécutant. Par exemple, pendant que je vous parle, j'observe et je me dis : "Est-ce que je suis trop dans l'émotion ? Attends une seconde, regarde-le. Quelle est sa réaction ?" Parce que je ne vous lis pas correctement si je vous vois au travers de mes propres émotions ou de mon ego. Si je suis trop dans l'émotion, je ne vois pas vraiment ce que vous pensez. Mais si je prends du recul, je vois le vrai vous et peux jauger si vous êtes sur le point de vous mettre en colère, ou si votre ego est touché, ou si vous craquez. La tête remplie d'émotions, je risque de rater tout ça. Donc la capacité de se détacher de tout est primordiale pour un leader. »

∗ Selon vous, qui incarne le mieux le mot « réussite » ?

Les premières personnes qui me viennent à l'esprit sont les vrais héros de mon équipe Task Unit Bruiser : Marc Lee, premier SEAL tué en Iraq ; Mike Monsoor, deuxième SEAL tué en Iraq, à qui on a remis la médaille d'honneur posthume. Il a sauté sur une grenade pour sauver trois camarades ; et, enfin, Ryan Job, un de mes gars [qui a été] grièvement blessé en Iraq. Il a perdu les deux yeux, mais il est rentré aux États-Unis. Il a été mis à la retraite pour raison de santé, mais il est mort de complications après une 22ᵉ opération visant à le soigner. Ces gars, ces hommes, ces héros, ils ont vécu, se sont battus, et sont morts comme des guerriers. »

* **Les livres le plus souvent offerts ou recommandés par Jocko**
  Je crois que je n'ai donné qu'un livre, et qu'à deux ou trois personnes : *About face*, du colonel David H. Hackworth. Et il y en a un autre que j'ai lu à de multiples reprises : Méridien de sang [de Cormac McCarthy].

* **Documentaires préférés**
  « *Restrepo*, que vous avez vu, j'en suis sûr. [TF : Il a été coproduit et coréalisé par Sebastian Junger, le portrait suivant.] Il existe aussi un documentaire d'une heure intitulé *A Chance in Hell: The Battle for Ramadi.* »

En bref

* **Vous entrez dans un bar. Vous commandez quoi ?**
  « De l'eau. »

* **Qu'est-ce que vous mangez, généralement ?**
  « Du steak. »

* **Quelle musique écoute Jocko ?**
  Deux exemples : pendant ses entraînements, Black Flag, My War, face B, et en général, White Buffalo.

Pour la petite histoire

- C'est Peter Attia (page 88) qui m'a présenté Jocko. J'ai vu Peter interviewer Jocko sur scène. Il a déclaré au public : « Jocko peut faire 70 tractions d'affilée. » Jocko s'est empressé de le corriger : « Non, je n'arrive pas à en faire 70, mais seulement 67. »
- Comme moi, Jocko est un grand amateur du podcast *Hardcore History*, animé par Dan Carlin (page 255).
- Quand Jocko a passé la nuit chez moi après notre interview, ma copine de l'époque m'a réveillé le lendemain matin à 8 h avec un « Euh… je crois qu'il est debout et lit depuis 5 heures. Qu'est-ce que je dois faire ? »
- La seule fois où j'ai vu Jocko écarquiller les yeux est quand je lui ai révélé que j'avais appris à nager vers 30 ans. Il m'a envoyé le SMS suivant alors que je travaillais à ce chapitre : « Merci de m'avoir inclus dans votre livre… Un jour, je vous revaudrai ça – je sais, c'est bizarre – en vous ligotant les

pieds et les mains avant de vous jeter à l'eau pour vous apprendre vraiment à nager et à survivre. »

Comment trouver l'animal totem de Jocko ?

J'ai fait des recherches comme un bon étudiant le ferait. C'est son épouse qui m'a suggéré que l'animal totem de Jocko ressemblait probablement au logo de la chanson Snaggletooth, de Motörhead (ça vaut la peine d'aller voir sur Google). Voici une partie de notre échange de SMS :

– Quel serait votre animal totem, si vous deviez en choisir un ? Vous pouvez aussi choisir une plante ou une créature mythologique.

– Négatif.

C'est quoi un animal totem ?

– Ha ha ha ! Attendez-vous à une surprise…

Sebastian Junger

Sebastian Junger (TW : @sebastianjunger, sebastianjunger.com) est l'auteur de best-sellers #1 du *New York Times*, dont *La Tempête, Fire, A Death in Belmont, Guerre* et *Tribe*. En tant que journaliste, il a remporté de nombreux prix, dont un National Magazine Award et un Peabody Award. Il a également coréalisé avec Tim Hetherington un documentaire, *Restrepo*, nommé aux Oscars et qui a remporté le Grand Prix du Jury du festival de Sundance. *Restrepo*, une chronique du déploiement d'un peloton de soldats américains dans la vallée de Korengal en Afghanistan, était un reportage de guerre innovant. Depuis, Junger a produit et réalisé trois autres documentaires sur la guerre et ses conséquences.

« Comment devenir un homme dans un monde qui ne demande plus de courage ? »

Explication : « Chez nous, notre société et nos communautés n'ont [heureusement] plus besoin d'initier les jeunes hommes ni de les préparer à la violence en groupe pour que l'on puisse survivre. C'était la norme pendant deux millions d'années, survivre aux prédateurs ou à d'autres humains… Si on ne donne pas aux jeunes la possibilité d'appartenir à un bon groupe utile, ils vont créer de mauvais groupes. D'une façon ou d'une autre, ils finiront par trouver un adversaire pour montrer leurs prouesses et leur unité. »

L'effet apaisant d'agir au lieu d'attendre

« Les soldats des forces spéciales étaient à l'opposé [de ceux d'unités ordinaires]. Dès qu'ils apprenaient qu'ils allaient subir une attaque écrasante, leur niveau de cortisol chutait. Ils devenaient très calmes. Leur taux de cortisol chutait parce que c'était stressant pour eux d'attendre l'inconnu, mais dès qu'ils savaient qu'ils allaient se faire attaquer ils élaboraient un plan d'action. Ils remplissaient des sacs de sable, nettoyaient leurs armes, rassemblaient les munitions, préparaient les poches de sang, tout ce qu'on fait généralement en prévision d'une attaque. Toute cette activité leur donnait l'impression de maîtriser, de contrôler la situation et les rendait moins angoissés que de rester à attendre dans un endroit dangereux, comme si c´était un jour ordinaire. »

Le bon côté d'une catastrophe

« Ce qui est heureux, beau, merveilleux et bizarrement tragique dans notre société moderne, c'est qu'il n'y a plus de crise. Quand on réintroduit une crise, comme le Blitz sur Londres ou le séisme d'Avezzano en Italie au début du XXe siècle, sur lequel j'ai écrit [les choses changent]. À Avezzano, 95 % de la population a été tuée. Je n'ai plus le chiffre en tête, mais le nombre de morts était impressionnant, comme lors d'une frappe nucléaire… Les survivants ont dû compter les uns sur les autres. Tout le monde – les classes supérieures et inférieures, les nobles et les paysans – se réchauffait autour des mêmes feux de camp. Un des survivants a déclaré : “Le séisme nous a offert ce que la loi promet, mais ne donne pas : l'égalité.” »

« Le sentiment d'appartenance protège beaucoup de gens de leurs démons psychologiques »

– Sebastian, qui expliquait pourquoi les catastrophes et crises créant des élans de solidarité, comme le 11-Septembre ou le Blitz sur Londres lors de la Seconde Guerre mondiale, ont souvent pour conséquence une baisse du taux de suicide, des crimes violents, des symptômes psychologiques graves, etc.

Le but du journalisme est de dire la vérité

« Le but du journalisme est de dire la vérité, pas d'améliorer la société. Il y a des choses, des faits, des vérités qui paraissent des régressions, mais cela n'a pas d'importance, car le but du journalisme n'est pas d'enjoliver les choses. Il s'agit avant tout de donner une information exacte sur l'état des choses. »

L'angoisse de la page blanche des écrivains hors fiction

« **Chez moi, il ne s'agit pas d'un blocage. C'est simplement que je ne dispose pas d'assez de matière pour écrire sur le sujet.** Ce n'est pas que je ne trouve pas les mots justes, mais plutôt que je n'ai pas les munitions nécessaires. Je n'ai pas trouvé dans le monde les éléments qui me permettront d'écrire sur un sujet. **On ne résout pas un problème de recherche par le langage.** On ne va pas broder autour d'un détail de notre recherche simplement parce que notre prose se lit bien. »

Évitez les béquilles verbales

« J'ai horreur de la fainéantise... Il y a tous ces clichés, genre "le mortier a frappé la colline". Je ne veux plus lire ça. Dites-le de façon originale ou ne dites rien. Vous faites perdre du temps à tout le monde, y compris à vous, si vous vous reposez sur ce genre de trope linguistique. »

Son message aux nouveaux lycéens

« Vous êtes programmés pour réussir. La chose la plus difficile que vous ferez dans votre vie sera d'échouer, et si vous ne commencez pas à échouer, votre vie ne sera pas remplie. Vous vivrez prudemment, suivant un chemin plus ou moins tracé. Ce n'est pas comme ça que vous profiterez au maximum du monde merveilleux dans lequel nous vivons. Vous devrez faire la chose la plus difficile à laquelle ni le lycée ni aucune école ne vous prépare : il faut vous préparer à échouer. C'est comme ça que vous allez grandir et vous épanouir. Le processus d'apprentissage et d'échec vous permettra de devenir l'être humain que vous êtes capable d'être. »

* **Le conseil que vous vous seriez donné plus jeune ?**
  « Je me serais dit : "Le public n'est pas une menace." Quand on se rend compte que chacun a besoin des autres, qu'on peut tous apprendre les uns des autres, notre trac s'envole. »

* **Le conseil que le Sebastian de 70 ans vous donnerait ?**
  « Le monde offre en permanence des opportunités et des possibilités. Ce qui est difficile dans la vie, c'est d'un côté de trouver le courage d'aborder des choses qui ne nous sont pas familières et, de l'autre, d'avoir la sagesse d'arrêter d'explorer quand on a trouvé

quelque chose qui vaut la peine de s'y attarder. Ça peut être un lieu, une personne, une vocation. Trouver le bon équilibre entre le courage d'explorer et l'engagement de rester est très difficile. Je pense que Sebastian à 70 ans dirait : "Attention à ne pas pécher par excès dans un sens ou dans l'autre, car tu auras une idée erronée de qui tu es vraiment." »

Pour quoi êtes-vous prêt à mourir ?

À la fin de notre conversation qui a duré plus de deux heures, j'ai demandé à Sebastian s'il avait envie de dire autre chose.

« Pour qui êtes-vous prêt à mourir ? Pour quelle idée ? La réponse à ces questions, pendant une grande partie de l'histoire de l'humanité, serait immédiatement venue à l'esprit des gens. Un Comanche vous aurait dit pour quoi et pour qui il était prêt à mourir. Dans la société actuelle, ça devient plus compliqué. Quand on perd nos réponses toutes faites, on perd une partie de soi, de son identité. Je demanderai aux gens : "Pour qui êtes-vous prêt à mourir ? Pour quoi êtes-vous prêt à mourir ? Que devez-vous à votre communauté ?" Dans notre cas, notre communauté, c'est notre pays. Que doit-on à notre pays en dehors des impôts ? Y a-t-il quelque chose d'autre que vous nous devez à tous ? Il n'y a ni bonne ni mauvaise réponse, mais je pense que c'est une question que tout le monde devrait se poser. »

* **Le livre le plus souvent offert ou recommandé ?**
At Play in the Fields of the Lord, de Peter Matthiessen.

Pour la petite histoire

- J'ai rencontré Sebastian au mariage de Josh Waitzkin (page 511), qui me l'avait décrit par SMS : « L'un des écrivains les plus minces que je connaisse. Peu de place pour la bêtise entre les muscles. »
- Sebastian est grand et il n'a pas l'air d'un coureur, mais il est pourtant rapide. Il a été chronométré à 4 h 12 sur un mile, 9 h 4 sur 2 miles, 24 h 5 sur 5 miles, et 2 h 21 à un marathon.
- Après l'interview, qui s'est déroulée chez nous, j'ai fait du thé et Sebastian a pris quelques minutes pour envoyer des e-mails depuis son ordinateur portable. J'ai remarqué qu'il ne tapait que d'une seule main. Je lui ai demandé s'il s'était blessé. Il a rigolé et m'a dit que non. En réalité, Sebastian n'a jamais appris à taper sur un clavier. Il a écrit tous ses livres et articles en cherchant les lettres et en les tapant d'une seule main. Incroyable !

Marc Goodman

Marc Goodman (TW : @FutureCrimes, marcgoodman.net) a fait sa carrière dans la police et la technologie. Il a été nommé futurologue en poste au FBI, a travaillé comme conseiller senior à Interpol et a servi comme agent de police. Marc dirige l'Institut des Crimes futurs, une sorte de centre d'information et de groupe de réflexion qui fait des recherches et conseille sur les implications liées à la sécurité et aux risques des nouvelles technologies. Marc est l'auteur de *Future Crimes: Inside the Digital Underground and the Battle for Our Connected World.*

Animal totem : le golden retriever

Préface

Être malin inclut le fait de savoir se défendre ou disparaître si nécessaire. La première étape consiste à connaître les menaces.

Google peut déterminer qui va vivre et qui va mourir

« En 2008 [à Mumbai], des terroristes utilisaient des moteurs de recherche comme Google pour déterminer qui allait vivre et qui allait mourir… Si vous utilisez Facebook, il n'y a pas que les médias et les sociétés de marketing qui devraient vous inquiéter. »

Comment les voyageurs d'affaires se font kidnapper

Les groupes de crime organisé sont des spécialistes pour soudoyer le personnel navigant et obtenir la liste des passagers. Ils cherchent chaque nom sur Google, créent une liste de cibles potentiellement valables et arrivent tôt à l'aéroport pour trouver le nom de la cible sur la pancarte d'un chauffeur. Ils paient ou menacent le chauffeur, qu'ils remplacent :

« Le haut dirigeant qui arrive de New York, San Francisco ou Londres verra son nom sur une pancarte à la sortie de l'aéroport, suivra le faux chauffeur jusqu'à la voiture et se fera enlever. Il y a quelques personnes qui se font même tuer. »

TF : C'est pour cette raison que j'utilise Uber ou des pseudonymes pour tout service de chauffeur à l'étranger. En donnant un faux nom lors de la réservation, si vous voyez une pancarte avec votre vrai nom, vous savez que c'est un guet-apens. Si vous avez du succès – ou simplement si vous paraissez avoir réussi sur Internet – et que vous voyagez beaucoup, ce n'est pas de la paranoïa.

Armes biologiques personnalisées

Marc et moi avons parlé de la façon dont les criminels (ou fous savants) pouvaient utiliser nos informations génétiques si elles étaient rendues publiques ou piratées :

« Voici un exemple parfait. Il existe un médicament, Warfarin, qui est un anticoagulant. Il y a un faible pourcentage de personnes qu'un marqueur génétique rend allergiques à ce produit. Si elles en prennent, elles meurent. C'est un médicament courant, et on ne peut pas savoir si une personne y est allergique ou non. Mais, avec [ses données génétiques], vous disposez de cette information. Vous le savez, et ça peut la tuer. »

TF : J'avais discuté des armes biochimiques il y a 10 ans avec un ancien scientifique de la NASA. Elles existent réellement. Pour plus d'informations sur le sujet, lisez l'article de Marc dans The Atlantic intitulé « Hacking the President's DNA ». Si vous êtes une cible potentielle, pensez à votre défense. La technologie CRISPR, entre autres, pourrait transformer le futur proche en une ère de fort développement des armes biologiques. Gardez secrètes vos données génétiques autant que possible. Même si vous utilisez des pseudonymes, j'ai vu que des sociétés pouvaient reproduire les traits d'un visage à partir des données génétiques. À l'avenir, ce sera très difficile d'être complètement anonyme.

✶ Une maxime qui régit votre vie ou à laquelle vous pensez souvent ?

[Entre autres]

- « Le futur est déjà là – il est simplement distribué inégalement. »– William Gibson
- « Si on continue à développer la technologie sans prudence ni sagesse, le savant pourrait devenir notre bourreau. »– Omar N. Bradley

✶ Le pire conseil jamais entendu dans votre métier ?

« Si vous n'avez rien à cacher, vous n'avez pas à vous inquiéter pour votre vie privée. On doit sacrifier notre vie privée pour notre sécurité. »

✶ Trois personnes ou sources qui vous ont appris quelque chose – ou auxquelles vous vous êtes intéressé de près l'an passé ?

David Brooks, « The Moral Bucket List ». Nir Eyal, *Hooked.* Tout ce qu'écrit Kevin Kelly et, en particulier récemment, *The Inevitable.*

Samy Kamkar

Samy Kamkar (TW : @samykamkar, samy.pl) est l'un des hackers les plus innovateurs des États-Unis. Il est surtout connu pour avoir créé le virus le plus virulent de tous les temps, un ver lancé sur MySpace, surnommé « Samy », qui lui a valu un raid des services secrets américains. Plus récemment, il a créé SkyJack, un drone personnalisé qui pirate tout drone se trouvant près de lui, ce qui permet à son opérateur de prendre le contrôle d'une kyrielle d'appareils. Il a également découvert des programmes illicites de traçage de téléphones portables sous Apple iPhone, Google Android et Microsoft Windows. Ses découvertes ont entraîné une série d'actions de groupe contre ces sociétés et lui ont valu d'être entendu par le Congrès américain.

Pourquoi Samy se trouve-t-il dans cette section de mon livre ? Parce que l'attaque ne suffit pas pour se sentir en sécurité ni pour apprécier ses ressources. Il est important d'avoir aussi mis en place des défenses de base. La vie est un sport de contact et nous ferons face aux cygnes noirs un jour ou l'autre.

Animal totem : le ratel

Pour la petite histoire

Samy était un de mes Obi-Wan pour l'épisode « speed-dating » du *Tim Ferriss Experiment.* En 15 à 20 minutes, il a démontré comment optimiser et automatiser la quasi-totalité de ses recherches sur sites de rencontres à Los Angeles et ailleurs. En s'appuyant sur ses traitements de données, il m'a affirmé que les photos torse nu et avec animaux « faisaient l'effet du crack ». Comme je refusais de le croire, on a testé une dizaine de mes photos de profil existantes par rapport à une nouvelle où je me tenais torse nu, un chaton sur l'épaule. Cette photo était ridicule, grotesque. Même Neil Strauss (page 304) ne voulait pas qu'elle emporte les votes. Hélas, elle a gagné.

Musique d'ambiance

Pour se mettre dans l'ambiance, Samy se branche sur AudioMolly.com, The Glitch Mob et Infected Mushroom. Grâce à ses conseils, j'ai trouvé sur AudioMolly certains de mes groupes préférés du moment : Pegboard Nerds (« Blackout ») et David Starfire (*Karuna*).

* **Le conseil que vous vous seriez donné à 20 ans ?**
  « Arrête de commettre des délits. »

Les outils du pirate informatique

J'ai souvent demandé à Samy : « Comment je peux me protéger de gens comme toi ? » Les outils cités ci-dessous répondent à plus de 90 % des menaces de sécurité les plus communes. En ce moment, j'en utilise à peu près la moitié. Cette section est parfois dense, alors n'hésitez pas à survoler et à revenir sur un point si nécessaire.

Voici une précaution de base qui ne vous prendra qu'une minute : masquez par exemple avec de l'adhésif la webcam de votre ordinateur portable (et la caméra de votre téléphone aussi peut-être) quand vous ne l'utilisez pas. Samy m'a expliqué à quel point il est simple de pirater les caméras. C'est terrifiant. Les hackers le font pour surveiller votre maison et vérifier si vous êtes chez vous. Vous pourriez aussi d'être pris en train de vous tripoter… Recouvrir votre caméra, c'est 60 secondes bien utilisées.

Samy

▶ Comment protéger les données sur votre ordinateur et vos appareils portables en cas de vol ou d'un voyage national ou à l'étranger

- **Utilisez BitLocker sur Windows ou FileVault sur OS X.** Vos données seront cryptées quand votre appareil est éteint ou en veille. Cryptez votre disque dur en utilisant « cryptage complet du disque » afin que vos données confidentielles restent protégées si vous perdez votre appareil ou qu'on vous le vole. Personne ne pourra extraire ces données sans le mot de passe.
- **Vous ne m'aurez jamais vivant** ! est un outil gratuit pour systèmes Windows et OS X. Si votre appareil n'est pas branché sur secteur ou sur Ethernet pendant que l'écran est verrouillé [**TF** : **par exemple, quelqu'un part en courant avec votre ordinateur portable**], le système se met en hibernation,

ce qui empêchera au voleur d'accéder à vos données cryptées. Mais cela vous oblige à utiliser le système de cryptage FileVault ou BitLocker.

- Utilisez un code PIN sur vos appareils iOS ou Android pour crypter localement vos données. Bien qu'un code PIN puisse paraître peu sûr, dans l'ensemble, vos données sont bien protégées grâce aux mécanismes qui empêchent de craquer les codes PIN de vos appareils, et grâce aux sécurités [bien qu'imparfaites] installées dans les systèmes iOS et Android. [TF : **Si vous possédez un iPhone, je recommanderais d'augmenter votre code à 8 caractères. Si quelqu'un tente de craquer votre code par la force, il lui faudra non plus 4 ou 5 jours, mais plus de 100 pour y arriver (iPhone :** Réglages – Code – Saisissez le code – Changer le code)].
- N'utilisez jamais le même code deux fois ! Choisissez des mots de passe suffisamment différents pour que le hacker ne puisse pas déduire l'un grâce à un autre. J'essaie d'utiliser des mots de passe longs, mais « simples », faciles à retenir, comme les paroles d'une chanson qui a un rapport avec le site. Un mot de passe long, même avec des mots, est en général plus efficace qu'un mot de passe court avec caractères aléatoires. Je suggère à ceux d'entre vous qui ne sont pas très à l'aise avec la technique d'utiliser un programme comme 1Pass-word ou LastPass (ou KeePass, si vous préférez un logiciel Open Source), qui vous aidera à vous souvenir de vos choix. Personnellement, j'utilise VeraCrypt (voir ci-dessous), mais ce logiciel est plus complexe. La différence avec un outil comme 1Password est que 1Password est intégré au navigateur et qu'en cas de vulnérabilité le logiciel lui-même a accès à mes mots de passe la prochaine fois que je l'utiliserai. Il est peu probable que ça arrive, mais le risque existe malgré tout.
- **Songez à utiliser VeryCrypt, le logiciel multi-plate-forme sous licence libre.** Si vous pensez être un jour obligé de révéler le mot de passe de votre ordinateur à un poste-frontière ou sous pression de la « cryptanalyse du tuyau de caoutchouc » (littéralement d'être battu avec un tuyau jusqu'à ce que vous craquiez), vous pouvez utiliser des « volumes cachés » où dissimuler vos données à l'aide de deux mots de passe, ce qui vous fournit une possibilité plausible de tout nier. Ces volumes cachés sont des disques ou répertoires cryptés avec un mot de passe qui décrypte les dossiers que vous avez placés là et que révéler ne vous dérange pas, tandis qu'un second mot de passe décryptera le même dossier, qui contient les vraies données confidentielles que vous protégez, sans qu'il soit possible de prouver qu'il existe un deuxième mot de passe pour le volume. Personnellement, je

n'utilise un deuxième mot de passe pour aucun de mes disques cryptés… à moins que ?

▶ Comment détecter sur votre ordinateur des logiciels malveillants ou corrompus

- Beaucoup de logiciels établissent des connexions sortantes vers Internet, en général pour des raisons légitimes, mais pas forcément. Si vous souhaitez empêcher ou du moins repérer une telle activité, utilisez **NetLimiter sur Windows** ou **Little Snitch sur OS X**. Ces programmes vous permettront de détecter, puis d'autoriser ou bloquer une application qui se connecterait vers l'extérieur, avant de découvrir où elle voulait se connecter. **Wire-shark**, que je mentionne plus loin, vous permettra une analyse plus poussée.
- Vous pouvez utiliser **BlockBlock sur OS X**. Ce logiciel vous indique si un programme essaie de s'installer pour être actif au démarrage, même s'il se cache dans un recoin de votre système. BlockBlock vous donne la possibilité de le bloquer si vous le désirez. Si donc certains virus ou logiciels malveillants ou simplement agaçants tentent de s'installer, vous pourrez décider de les laisser faire au démarrage ou non.
- Ne branchez aucun appareil par câble USB si vous n'en êtes pas sûrs ! Certaines cigarettes électroniques qu'on recharge grâce à un câble USB sont infectées par un logiciel malveillant. Si vous souhaitez recharger quelque chose, il est plus sûr d'utiliser un chargeur/adaptateur USB [pour prise murale] que votre ordinateur.

▶ Rester anonyme sur Internet

- **Tor** est un logiciel multi-plate-forme sous licence libre qui vous permet de surfer sur Internet de façon anonyme et vous aide à vous protéger d'une surveillance par le réseau. Il vous permet de modifier votre adresse IP à chaque utilisation, ainsi que de crypter vos communications en réseau, mais le dernier « arrêt » de la chaîne de Tor reste capable de voir votre trafic décrypté, sans toutefois pouvoir détecter votre adresse IP. Je ferais plus confiance à Tor qu'à n'importe quel service VPN, car aucun nœud Tor ne connaît à la fois votre IP et vos adresses de connexion, contrairement au VPN, qui serait obligé de partager ces données.
- Quand vous prenez une photo avec votre smartphone, l'appareil enregistre dans l'image vos coordonnées GPS ainsi que d'autres données, tel que le type d'appareil utilisé. On appelle ça des données EXIF ; ce sont des métadonnées cachées dans l'image, et toute personne à qui vous envoyez

directement la photo peut les récupérer. Il est possible d'empêcher les téléphones d'enregistrer votre position géographique sur diverses plateformes [**voir Réglages – Préférences Système, etc. Par exemple, sur l'iPhone 6** : Réglages – Confidentialité – Services de localisation]. Vous pouvez aussi utiliser après coup un logiciel sous licence libre. Cherchez un « outil de suppression d'EXIF » compatible avec votre système d'exploitation ou votre plate-forme mobile quand vous désirez dissimuler votre position dans vos photos.

- Si vous voulez vous montrer particulièrement malin, vous pouvez utiliser une application gratuite, **LinkLiar sur OS X** pour usurper ou randomiser votre adresse IP. Une adresse MAC est un identificateur intégré et unique du périphérique réseau de votre ordinateur et ne change jamais. J'ai découvert que certains grands groupes suivent les adresses MAC pour connaître les positions géographiques. Il n'est donc pas inutile d'ajuster son adresse de temps à autre.

▶ Accès à des données sensibles et contrôle des sites WEB que vous visitez

- Si un site Web envoie des images, vidéos ou documents audio sur votre ordinateur, dans la plupart des cas cela signifie que vous pouvez les télécharger directement, même si le site essaie de vous en empêcher. **Sous Chrome (des outils similaires existent dans Firefox et Safari), allez sur Voir – Développement – Outils de développement, cliquez sur l'onglet Réseau, rafraîchissez la page, et vérifiez tous les contenus qui passent. Cliquez n'importe quel fichier, par exemple une image que le site ne vous laissait pas télécharger, et cliquez « Copier l'adresse du lien » pour accéder directement à l'URL désirée.** L'onglet Éléments est particulièrement utile aussi. [TF : Vous pouvez l'utiliser pour copier et coller facilement de bonnes citations que certains sites aiment vous empêcher de copier.
- Toujours grâce aux Outils de développement, si un site veut vous obliger à vous inscrire ou à remplir un formulaire, recouvre votre page de fenêtres envahissantes, ou la voile, **vous pouvez utiliser l'onglet Éléments sous Outils de développement** (mentionné ci-dessus), **faire un clic droit sur n'importe quel élément de l'onglet, et cliquer sur Supprimer**. Ne vous inquiétez pas, si vous supprimez le mauvais élément, il vous suffit de rafraîchir la page et de réessayer ! Vous n'affectez que la page sur votre ordinateur, mais ça peut être un outil utile pour afficher une page selon vos goûts.

- **Google Reverse Image Search** est un outil étonnamment utile si vous tentez de reconnaître, ou seulement de découvrir d'où une image vous est venue ou à quel endroit elle peut être utilisée sur Internet. Il vous suffit de parcourir Google Images et de glisser-déposer votre image sur la page.

▶ Outils utilisés par les pirates informatiques

Je ne suis pas avocat, mais utiliser ces outils sur un réseau et sur des appareils que vous contrôlez, tels que votre LAN à domicile, ne portera vraisemblablement pas à conséquence. Le seul moyen de savoir si votre propre réseau est fiable consiste à tester les outils que les hackers utiliseraient. Que les personnes intéressées par les outils que je cite ci-dessous le sachent : qu'on soit du bon ou du mauvais côté de la barrière, tout le monde utilise exactement les mêmes outils !

- Pour découvrir certains des outils de base utilisés par un hacker, un agresseur ou un simple curieux, je vous recommande de vous familiariser avec des outils tels que Wireshark, Charles (proxy débogueur sur Internet), NightHawk (ARP/ND d'usurpation d'identité et décodeur de mots de passe), arpy (ARP d'usurpation), dsniff (décodeur de mots de passe), ou Kali Linux (test d'intrusion), et d'étudier des tutoriels sur l'intrusion en ligne, le décodage et l'attaque de l'homme du milieu. En quelques minutes, et avec un outil comme Wireshark, vous pouvez commencer à voir le trafic qui entre et sort de votre ordinateur, tandis que les outils tels que Nighthawk et arpy, associés à Wireshark, peuvent vous aider à inspecter et intercepter tout le trafic sur un réseau.
- Si vous voulez approfondir ce thème de la sécurité, je vous recommande d'apprendre à programmer. C'est plus simple que vous ne le pensez. Apprendre à programmer vous permet de déceler si quelqu'un manigance quelque chose et vous aide à déterminer comment renverser la situation et l'exploiter, comme si vous l'aviez créée vous-même.

Général Stanley McChrystal & Chris Fussell

Stanley McChrystal (TW : @StanMcChrystal, mcchrystalgroup.com) a pris sa retraite de général quatre étoiles de l'armée américaine après 34 ans de service. L'ancien secrétaire à la Défense Robert Gates l'a décrit comme « sans doute le meilleur combattant et meneur d'hommes au combat que j'aie jamais rencontré. »

De 2003 à 2008, McChrystal était le commandant des Joint Special Operations Command (JSOC), et on lui doit la mort d'Abou Moussab Al-Zarqaoui, chef d'Al-Qaida en Iraq. Sa dernière mission était le commandement des forces américaines et de la Coalition en Afghanistan. Il est conseiller au Jackson Institute for Global Affairs à l'université Yale et cofondateur de McChrystal Group, une firme de conseil et leadership.

Chris Fussell (TW : @FussellChris) est un ancien officier de l'US Navy SEAL, ancien aide de camp (bras droit) du général McChrystal et actuellement directeur exécutif de McChrystal Group.

Animal totem de Chris Fussell : un elfe de la Terre du Milieu

« Le sens de la vie est une vie pleine de sens »

C'était la réponse de Stan à la question : « Que mettriez-vous sur une affiche ? » Il s'agit d'une citation de Robert Byrne.

Un repas conséquent par jour

Stan se réconforte avec un gros dîner et des collations légères pendant la journée.

Créer une « équipe adverse »

STAN : « L'idée de l'"équipe adverse" est conçue pour tester un plan. On élabore un plan – on a un problème et on trouve un moyen de le résoudre –, et on finit par l'adorer. On écarte ses lacunes, simplement parce que c'est ainsi que fonctionne notre cerveau… Parfois, on ne prête aucune attention aux revers de ce plan, à ses faiblesses, parce qu'on veut qu'il fonctionne. Tel qu'on le décrit, **un plan peut parfois mener à des miracles, mais ce n'est pas pour autant un plan solide**. Donc on forme une équipe adverse de personnes qui ne sont pas attachées à ce plan, et on leur demande comment ils pourraient perturber ou anéantir notre plan. Si l'équipe adverse est bonne, les résultats peuvent être étonnants. »

Tout le monde dit que vous êtes super, mais…

TIM : J'ai entendu parler de vos enquêtes approfondies des candidats chez McChrystal Group. Il paraît que vous commencez parfois une déclaration que les autres doivent terminer. Disons que vous faites passer un entretien d'embauche à Chris. Vous direz : « **Tout le monde dit que Chris est super, mais…** », puis vous vous tairez. C'est comme ça que vous procédez ?

STAN : Ça m'arrive… Ça force la personne à exprimer de quelle manière les autres la perçoivent. On sait comment cette personne est perçue parce que, dans le processus de recrutement, on reçoit des avis extérieurs. Mais, quand on dit à quelqu'un : « Tout le monde vous adore, mais personne n'aime [tel côté] de votre personnalité » ou « On vous engagerait bien, mais… » [ça a] deux conséquences. **D'abord, ça force la personne à réfléchir à ce que les gens n'aiment pas chez elle, et ensuite, la personne doit vous l'avouer.** Il pourrait s'agir d'un fait connu, mais si les gens n'ont pas le courage de l'admettre et de le dire à leur futur employeur, ça en dit long sur leur caractère.

TIM : Quelles sont les réponses alarmantes, selon vous ? Ou Chris, si vous souhaitez répondre…

CHRIS : J'aime bien chambouler [le déroulement habituel d'un entretien d'embauche] en disant : « On forme une petite communauté. Vous et moi n'avons jamais travaillé ensemble, mais je connais beaucoup de vos pairs qui vous apprécient, et d'autres qui vous apprécient moins. Personne n'est parfait. J'ai moi-même des détracteurs, tout comme vous. Que diront les gens qui n'ont pas une haute estime de vous ? »

Pour moi, le plus important est qu'ils me donnent une réponse. Ça montre que : A) ils ont le courage d'aborder le problème, et B) ils sont conscients que, même s'ils sont appréciés et qu'ils font une belle carrière, il y a certaines personnes pourraient dire qu'ils ont été égoïstes à un moment donné, qu'ils étaient surévalués, qu'ils traînent la patte pour un certain type d'entraînement physique, ou autre. S'ils sont au courant de leur problème, ils doivent me prouver qu'ils y travaillent. Peu importe ce qu'ils en pensent. Je veux juste qu'ils soient conscients de leur image.

* **Selon vous, qui incarne le mieux le mot « réussite » ?**

  CHRIS : « Je vais vous répondre ceci ; je ne sais pas si ça va vous convenir. J'avais un mentor extraordinaire au début de ma carrière, qui m'a donné un conseil dont je tiens compte aujourd'hui encore : il faut avoir une liste de trois personnes que vous surveillez continuellement. Un senior de vous aimeriez imiter, un pair que vous considérez comme étant meilleur que vous et que vous respectez, et un subalterne qui fait mieux que vous le travail que vous faisiez il y a un, deux ou trois ans. Si vous avez ces trois personnes auxquelles vous vous mesurez continuellement et qui vous apprennent des choses, vous allez exponentiellement vous améliorer. »

Le rituel d'entraînement de Stan

Stan commence son entraînement chez lui :

- Série de pompes
- 100 abdos, 3 minutes de planche, 2 à 3 minutes de yoga.
- Série de pompes.
- 50 à 100 abdos jambes levées et croisées, 2 minutes de planche, 2 à 3 minutes de yoga.
- Série de pompes.

- 50 à 100 abdos jambes croisées (combinaison des deux premières séries), 2 minutes et demie de planche, 2 à 3 minutes de yoga.
- Série de pompes.
- 60 battements jambes tendues, puis position statique maintenue ; 1 minute et demie de planche ; série d'abdos ; 1 minute de planche ; 2 à 3 minutes de yoga.

STAN : Ensuite, je sors de chez moi et je vais à la salle de sport, parce qu'elle ouvre à 5 h 30. Elle est à trois pâtés de maisons de chez moi.

TIM : J'imagine que vous voulez dire le matin ?

STAN : Oui, je me lèvre à 4 heures, et je m'entraîne de 4 h 30 à 5 h 20 environ, donc je pars pour la salle de sport à 5 h 25. Là-bas, je fais quatre séries de tractions et j'alterne les haltères et les curls debout. [Exercice d'équilibre sur un pied pour se reposer.] Après, je fais encore d'autres exercices, le tout me prend 30, 35 minutes. Donc je sors de la salle de sport vers 6 h 15 ou 6 h 20, je rentre chez moi, je me douche et je commence à travailler.

L'importance de l'exercice physique pour Stan

En dehors de l'image et de l'aspect performance :

« Ça discipline la journée. Si je passe une journée horrible, mais que je me suis entraîné le matin, je me dirai : “Au moins, je me suis bien entraîné ce matin.” Quand l'article de Rolling Stone a été publié, il est sorti vers 1 h 30 du matin. Je l'ai découvert et j'ai passé quelques coups de téléphone. Je savais qu'on avait un gros problème. Je me suis habillé et je suis allé courir pendant 1 heure, pour me vider la tête, m'étirer. Ça n'a pas résolu le problème, mais c'est ce que je fais dans ces cas-là. »

Trois astuces pour s'endurcir mentalement

C'était la réponse à la question : « Quels tests ou exercices militaires pourraient aider les civils à s'endurcir mentalement ? »

STAN : Tout d'abord, il faut repousser les limites de ses capacités. Dans ce cas, on trouve de nouvelles ressources au fond de nous. Ensuite, se mettre dans un groupe de personnes qui partagent les mêmes difficultés, le même inconfort. On appelle cela la « privation partagée ». Quand on a fait l'expérience d'un environnement difficile, nos engagements nous tiennent plus à cœur. Et, enfin, créer de la peur et laisser les individus la surmonter.

TF : Je pense que ces trois éléments expliquent la popularité grandissante de courses d'obstacles comme la Spartan Race (voir Joe De Sena, page 71) et la World's Toughest Mudder (voir Amelia Boone, page 38).

Le conseil que vous vous seriez donné à 30 ans ?

STAN : Jusqu'à 35 ans environ, j'aimais tout contrôler parce que les unités que je commandais et dont je faisais partie étaient relativement petites, et je pouvais les microgérer. J'avais une personnalité énergique. Si on travaille dur et qu'on étudie bien, on peut bouger toutes les pièces de l'échiquier sans problème. **De 35 à 40 ans, quand on passe au niveau du bataillon, soit environ 600 personnes, il faut soudain gérer les choses différemment. On vous demande de former des gens. Donc ce que je conseille aux jeunes, c'est de former les gens qui vont effectuer le boulot.** À moins de faire le boulot vous-même, **chaque minute du temps que vous prendrez pour développer le potentiel des gens qui feront le boulot aura un résultat exponentiel.**

Pour ceux qui déclarent ne pas avoir le temps de lire…

La majeure partie de la consommation de livres de Stan se fait sous forme audio, une habitude qu'il a prise lorsqu'il était en déploiement à l'étranger et qu'il ne pouvait pas emmener des ouvrages imprimés. Aujourd'hui, 70 % de ses « lectures » sont des livres audio.

STAN : J'ai appris à courir avec un livre audio. Mon esprit reste concentré dessus quand je soulève des poids… **J'ai des petites enceintes dans ma salle de bain, donc j'y écoute un livre le matin, pendant que je me brosse les dents, que je me rase, que je m'habille…** J'arrive à lire des livres très rapidement, car si on fait un entraînement sportif 1 h 30 par jour, on termine les livres plus vite que si on ne les lit qu'au repos… J'ai tendance à balayer de grands pans de l'histoire d'un coup : 20, 30, 40 ans, ou de vastes projets comme la construction du canal de Panama, ou le barrage de Dam [le Hoover Dam], parce qu'ils ont un début, un milieu et une fin et étaient compliqués. Je fais aussi de la lecture compulsive. J'ai avalé 7 ou 8 livres sur George Washington et autres pères fondateurs, parce qu'ils se chevauchent. On finit par en savoir plus sur une époque, et l'époque suivante devient plus intéressante parce qu'elle comble les trous. Je vais rester sur un sujet pendant un temps puis passer à un autre.

* **Des ouvrages qui relatent la réalité de la guerre ?**
  CHRIS : Le classique dans la communauté des Opérations spéciales est Les Murailles de feu, de Steven Pressfield. C'est passionnant…

* **Le livre que Stan offre souvent**
  « Le livre que j'ai sans doute offert le plus souvent a été écrit en 1968 par Anton Myrer. Il s'agit de *Once an Eagle*. C'est l'histoire de deux personnes [qui] s'engagent dans l'armée pendant la Première Guerre mondiale, et on les suit pendant la Seconde Guerre mondiale et l'après-guerre. »

* **Le film préféré de Stan**
  La Bataille d'Alger. Il faut 15 minutes pour se mettre dedans, mais ça en vaut la peine. J'ai remis à plus tard le visionnage de ce film, mais je regrette de ne pas l'avoir regardé dès que Stan m'en a parlé. C'est un film documentaire tourné à Alger, une reconstruction des événements de plus en plus violents lorsque l'Algérie a gagné son indépendance sur la France en 1957. Ce film montre le côté humain des deux parties, et il est furieusement d'actualité face aux événements que l'on connaît aujourd'hui. De plus, il explore le bien et le mal de la nature humaine au sens large.

Shay Carl

« On peut déceler le caractère d'un homme par la façon dont on chien et ses enfants réagissent. »

« Si vous ne croyez pas en Dieu, vous devriez croire en la technologie, qui nous rendra immortels. »

Shay Carl (TW/IG : @shaycarl, youtube.com/shaytards) a eu son premier ordinateur à 27 ans. À l'époque, il était ouvrier. Il a téléchargé sa première vidéo sur YouTube pendant qu'il faisait une pause alors qu'il était en train d'installer un plan de travail en granite. Avance rapide jusqu'aujourd'hui :

- Sa chaîne SHAYTARDS compte 2,5 milliards de visionnages. Des célébrités comme Steven Spielberg y sont apparues aux côtés de Shay et de sa famille.
- Il a cofondé Maker Studios, revendu à Disney pour près de 1 milliard de dollars.
- Il est marié depuis 13 ans et a 5 enfants.
- Il a perdu plus de 45 kilos depuis son pic de surpoids.

Animal totem : l'aigle d'Amérique

Pour la petite histoire

- Shay est venu de l'Utah jusqu'en Californie en avion pour enregistrer le podcast. À San Francisco, je l'ai initié à l'AcroYoga (page 83) et à la flagellation avec des branches dans les bains russes.
- Il a investi dans DietBet.com, un service que j'ai utilisé avec de nombreux fans sans savoir qu'il y détenait une participation. On parie de l'argent en ligne pour se motiver à perdre du poids. Et ça marche ! Les gagnants reçoivent une partie du pot. Ensemble, les parieurs ont perdu 2,2 millions de kilos, et DietBet a versé plus de 21 millions de dollars aux vainqueurs.

« Les secrets de la vie sont cachés derrière le mot "cliché" »

Shay se souvient en particulier d'une virée à vélo durant sa période de perte de poids rapide. « Je me rappelle très bien où j'étais. Je me suis dit : "Les secrets de la vie sont cachés derrière le mot 'cliché.'" On entend souvent des choses que l'on trouve cliché, mais je vous conseille de les écouter attentivement. »

Il avait entendu des phrases comme « Mange plus de légumes » un million de fois, mais les a ignorées pendant des années, car ça lui paraissait simpliste. En fin de compte, ce sont les choses simples qui ont fonctionné. Il n'avait pas besoin de réponses élaborées. Elles étaient sous son nez depuis toujours. Quel conseil ignorez-vous parce que vous le considérez banal ou cliché ? Pourriez-vous l'appliquer à une action qui peut le mesurer ?

Apprendre de son soi futur – un exercice que nous pratiquons tous les deux

J'ai demandé à Shay quel conseil il se serait donné à 25 ans. Sa réponse : « Peut-être que je me serais dit d'abandonner les études plus tôt ? Mais je ne crois pas que ça aurait changé grand-chose… Il est facile de penser à ce qu'on se serait conseillé à 25 ans. Mais là, à 36 ans [l'âge actuel de Shay], je peux aussi me poser cette question comme si j'avais 45 ans. »

TF : Sa réponse m'a poussé à lui raconter une histoire que je vais partager avec vous. Je n'écris pas de romans, mais l'un des rares écrits que j'aie perdu était une histoire courte. Cela m'a rendu triste pendant un long moment. En gros, je suis parti skier et, dans un chalet où je sirotais un chocolat et du vin chaud, je me suis retrouvé assis en face d'un vieux sage inconnu. Après plusieurs heures de conversation, l'inconnu s'est révélé être moi dans le futur. Je lui ai demandé les conseils qu'il me donnerait volontiers avec le recul qu'il avait. C'était une histoire amusante à écrire, et – c'est là que ça semble étrange – j'en ai tiré des leviers spécifiques. En reposant mon stylo, je me suis dit : « J'ignore ce que je viens de faire, mais on dirait un coup de baguette magique. » J'ai découvert plus tard que le sujet était similaire à l'histoire de Jorge Luis Borges intitulée « L'Autre, le même ». Quand j'ai raconté mon histoire à Shay, ses yeux se sont mis à briller :

« C'est exactement ce que j'allais suggérer. Pensez à votre âge actuel et à votre version dans 10 ans. Demandez-vous ce que vous diriez à votre version plus âgée. Cet exercice est rempli de sagesse… [Si vous faites cet exercice et appliquez les réponses] je pense que vous allez grandir plus rapidement et de façon exponentielle. »

Le travail paie quand rien d'autre ne fonctionne

Shay est mormon, membre de l'église Jesus Christ of Latter-Day Saints. Sur mon podcast, il a dévoilé en public sa bataille contre l'alcoolisme :

« Ce n'est pas facile de s'améliorer. C'est même très difficile. Notre nature nous pousse vers l'addiction et les choses faciles. C'est facile de boire pour éliminer les souffrances. C'est facile de ne pas se lever le matin pour faire du sport. C'est facile de passer s'acheter un burger. Qu'est-ce que vous avez envie de faire qui est difficile ? Mon grand-père disait : **“Le travail paie quand rien d'autre ne fonctionne.”** »

Comment Shay filme ses vidéos aujourd'hui

Avec une caméra Canon PowerShot G7 et le logiciel Final Cut Pro X. Il conçoit ses journées en trois actes et les filme par tiers : matinée, après-midi et soirée. Il filme 10 à 15 minutes au total, et jamais plus de 2 minutes à la suite.

Deux approches pour avoir un meilleur moral

Shay m'a expliqué comment poster deux vidéos par jour, ou « vlogging » (vidéo + blog), ce qui a été une thérapie bon marché :

« Physiologiquement, je sentais que mon corps était différent… On se redresse, on sourit, on fait semblant jusqu'à ce qu'on le fasse naturellement et on se sent mieux. C'est une méthode puissante. »

TF : Ça m'a motivé pour tester le vlogging pendant 15 jours pour avoir un meilleur moral. J'ai fait aussi simple que possible : une séance de questions/réponses de 10 minutes filmée avec mon iPhone et postée sur Facebook Live. J'ai téléchargé les vidéos Facebook sur YouTube et j'ai été surpris de constater la rapidité à laquelle se formait un public d'utilisateurs fidèles. Shay m'a expliqué qu'il s'agissait de la relation qu'on construit avec les internautes, pas de la qualité de la production. L'effet de « jouer » à paraître plus enjoué semblait durer 2 ou 3 heures.

Shay a une autre méthode pour se remonter le moral, à employer en dehors d'un aéroport :

« Ça peut paraître dingue, mais je me regarde dans un miroir et je rigole… ça évite d'être prétentieux au point de ne pas pouvoir être ridicule. C'est important de ne pas prendre les choses trop au sérieux. »

*** Selon vous, qui incarne le mieux le mot « réussite » ?**

« Selon moi, la définition du mot réussite, c'est d'être sympa avec ses parents, ses grands-parents [s'ils sont toujours en vie] et ses enfants. Être capable de relever la tâche difficile de gérer les autres comme des êtres humains. »

Bisounours et Disney

« [Maker Studios] s'est développé comme un feu follet. C'était la première fois que des personnes socialement influentes se regroupaient. C'était un peu le regard fixe des Bisounours, quand ils se rassemblent et regardent tous fixement quelque chose. C'est bien plus puissant que le pouvoir d'un Bisounours individuel. »

TF : Quel genre de groupe formeriez-vous si vous aviez un pistolet pointé sur la tempe ? Relisez « La Loi des catégories » (page 246) et « 1 000 vrais fans » (page 259) pour vous aider.

*** Que mettriez-vous sur une affiche ?**

« VOUS ALLEZ MOURIR ! » [**TF** : Shay a insisté sur les majuscules.]

Shay pense constamment au côté éphémère de la vie et à la mort inévitable. Je me suis aussi laissé des temps memento mori (« Souviens-toi que tu vas mourir »), que ce soit en lisant Sénèque et d'autres stoïciens, en passant du temps avec le personnel des hospices, en allant dans des cimetières (par ex. à Omaha Beach), ou en plaçant des souvenirs de personnes récemment disparues dans mon salon.

Will MacAskill

« Si vous gagnez 68 000 $ par an, à l'échelle mondiale, vous faites partie du 1 % aisé. »

Will MacAskill (TW : @willmacaskill, williammacaskill.com) est maître de conférence au Lincoln College, à l'université d'Oxford. Âgé de 29 ans, c'est sans doute le plus jeune maître de conférence en philosophie du monde entier. Will est l'auteur de Doing Good Better et a cofondé le mouvement Altruisme efficace. Il verse tous ses revenus dépassant 36 000 $ par an aux bonnes œuvres qu'il considère comme les plus efficaces.

Il a également cofondé deux célèbres associations à but non lucratif : 80 000 Hours, une association qui fait des études sur les carrières ayant un impact social positif et qui offre des conseils pour faire la différence au travail ; et Giving What We Can, qui encourage les gens à reverser au moins 10 % de leurs revenus aux associations caritatives les plus efficaces. À elles deux, ces associations ont levé plus de 450 millions de dollars en dons et promesses de dons et sont classées dans le top 1 % des associations à but non lucratif en termes de croissance.

« Une association caritative nulle ne peut pas devenir bonne avec des frais généraux bas »

TF : Will m'a fait découvrir GiveWell.org, un site qui effectue des études approfondies pour déterminer le taux de résultats des associations à but non lucratif et des fondations par dollar dépensé (en termes de vies sauvées, d'amélioration des conditions de vie, etc.). Cela évite le problème de la majorité des autres classifications qui considèrent que les frais généraux et administratifs modestes sont un mauvais indicateur de leur « efficacité ». Évidemment, si une association de bienfaisance fait mal les choses, faire des économies financières ne rime à rien, d'où la citation de Will. Il s'agit avant tout de résultats réels.

D'après GiveWell.org, voici les trois associations caritatives les plus efficaces en 2016 :

- Against Malaria Foundation.
- Deworm the World Initiative.
- Give Directly.

✶ Deux philosophes exemplaires pour Will

- Peter Singer, un philosophe utilitariste australien et titulaire de la chaire d'éthique Ira W. DeCamp, du centre universitaire pour les Valeurs humaines, à Princeton. Ses livres les plus célèbres se lisent étonnamment : *L'Éthique à table* et *La Libération animale.*
- Derek Parfit, qui a passé sa vie à l'All Souls College, une élite parmi l'élite d'Oxford. Derek a écrit Reasons and Persons, le livre que Will considère comme l'un des plus importants écrit au XXe siècle.

« Suivez votre passion » est un conseil terrible

« Pour moi, il fausse la perspective de trouver une carrière satisfaisante et un travail épanouissant. Le meilleur indice de satisfaction au travail est l'engagement mental. Il s'agit de la nature du travail, et pas beaucoup de vous… un travail qui offre de la diversité, des retours positifs, qui vous permet d'être autonome, qui a une portée plus large, est-ce un travail significatif ? Est-ce qu'il rend le monde meilleur ? Et aussi un travail qui vous permet de pratiquer un talent que vous avez développé. »

✶ Les ouvrages sur l'épanouissement personnel et l'amélioration de l'efficacité le plus souvent offerts par Will

- *Méditer pour ne plus stresser*, de Mark Williams et Danny Penman. Cet ouvrage est une initiation accessible à la méditation de pleine conscience. Il inclut un cours pratique de méditation guidée sur 8 semaines. Will a suivi ce cours, qui a eu un gros impact sur sa vie.

- *The Power of Persuasion*, de Robert Levine. La capacité de convaincre, de vendre ses idées, de persuader les autres est une métacompétence qui s'applique à divers aspects de la vie. Ce livre n'a pas rencontré beaucoup de succès, mais, pour Will, c'est le meilleur livre sur le sujet de la persuasion.

*** Le conseil que vous vous seriez donné à 20 ans ?**

« L'un serait de souligner le fait que vous allez travailler 80 000 heures au cours de votre vie. Il est donc très important de trouver la meilleure façon de les passer, et ce que tu fais en ce moment – le Will de 20 ans –, c'est dériver et penser. [On] ne passe pas beaucoup de temps à réfléchir à ce genre de macro-optimisation. On pense plutôt à la manière de faire au mieux son devoir à la maison et à la micro optimisation, et pas vraiment à : "Quels sont mes objectifs réels dans la vie et comment puis-je optimiser la façon de les atteindre ?"

« J'utilise l'analogie suivante : vous sortez dîner et ça va vous prendre deux heures. Vous passez cinq minutes à trouver l'endroit où vous allez dîner. C'est plutôt raisonnable de passer 5 % de votre temps à savoir comment vous allez passer les 95 % restants. Si vous le faites avec votre carrière, ça représenterait 4 000 heures, soit deux années de travail. Je pense que ce serait légitime de passer autant de temps à réfléchir à la façon dont vous allez passer le reste de votre vie. »

Le processus de Dickens – le prix de nos convictions

Le « processus de Dickens » (parfois appelé « schéma de Dickens ») est relié à *Un chant de Noël*, écrit par Charles Dickens. C'est un exercice que j'ai pratiqué sur plusieurs années lors des séminaires Unleash the Power Within (UPW), de Tony Robbins.

Mon ami Navin Thukkaram est multimillionnaire et a une vie de rêve. Il avait assisté 11 fois à UPW et m'avait dit que je ne devais pour rien au monde rater le processus de Dickens en live. C'était la raison pour laquelle il assistait à ce séminaire tous les ans. Ça lui sert de mise à jour et de redémarrage annuel. Ce chapitre est consacré aux points essentiels de mon expérience.

Dans *Un chant de Noël*, Scrooge reçoit la visite des fantômes du passé, du présent et du futur. Dans le processus de Dickens, on est amené à examiner nos convictions contraignantes – disons les deux ou trois convictions qui nous handicapent –, au passé, au présent et au futur. Tony nous guide à chaque étape. Je me souviens d'avoir répondu et visualisé des variantes des questions suivantes :

- Que vous a coûté chacune de vos convictions par le passé, et qu'a-t-elle coûté aux êtres qui vous sont chers ? Qu'avez-vous perdu à cause de cette croyance ? Visualisez-le, entendez-le, ressentez-le.
- Que vous coûte chacune de ces convictions à vous et à vos proches, au présent ? Visualisez-le, entendez-le, ressentez-le.
- Que vous coûtera à vous et à vos proches chacune de ces convictions dans 1, 3, 5 et 10 ans ? Visualisez-le, entendez-le, ressentez-le.

Pourquoi cela fonctionne-t-il si bien ? C'est ce que j'ai demandé à Tony des mois plus tard, car je constatais des résultats personnels durables. Il m'a envoyé l'exemple suivant sous forme de texte audio :

« Ils toussent comme des fous en ce moment [à cause d'un cancer des poumons], mais comment continuent-ils à fumer ? Ils se disent : "Eh bien, j'ai fumé pendant des années et ça n'a jamais été un problème." Ou ils se disent : "Ça ira mieux à l'avenir. Après tout, George Burns a vécu jusqu'à 102 ans en fumant le cigare." Ils trouvent l'exception à la règle, car personne ne sait à quoi ressemble le futur. On peut l'imaginer, se convaincre que tout ira bien. Ou alors, on peut se souvenir d'une période passée où tout allait bien. C'est comme ça que les gens s'en sortent.

Quand on souffre dans une certaine période – le passé, le présent ou le futur –, on préfère zapper à une autre période plutôt que changer, car le changement apporte de l'incertitude, de l'instabilité et de la peur. »

Le processus de Dickens ne permet pas de zapper une période.

Naturellement, la théorie et la pratique sont deux choses différentes. Le processus en live a duré au moins 30 minutes. Tony était sur l'estrade devant 10 000 personnes. J'ai entendu des centaines, voire des milliers de personnes pleurer. C'était la goutte d'eau qui avait fait déborder le vase de la résistance. Confrontés à des images saisissantes et douloureuses, les membres du public (moi compris) ne pouvaient plus justifier ou accepter des « règles » destructrices dans leur vie. Comme Tony me l'a dit plus tard : « Il n'y a rien de tel que la dynamique de groupe en immersion totale, quand rien ne vient vous distraire. Vous vous concentrez sur le point de rupture et passez au stade suivant. C'est ce qui fait fonctionner le processus de Dickens. »

Après avoir ressenti la douleur vive de vos convictions handicapantes, on formule deux ou trois convictions de remplacement pour avancer. L'objectif est de ne pas « se sentir happé [par les anciennes convictions] par d'anciens schémas de langage ». Une des trois principales convictions qui me limitaient était « Je ne suis pas fait pour le bonheur », que j'ai remplacée par « Être heureux est mon état naturel ». Après le séminaire, j'ai utilisé l'approche affirmative de Scott Adams tous les matins pour la renforcer. Je sais que ça peut paraître niaiseux sur le papier, mais, quoi qu'il en soit, j'ai connu un énorme changement de phase dans ma vie personnelle au cours des 3 à 4 semaines suivantes. Un an plus tard, je peux dire ceci : je ne me suis jamais senti aussi heureux de toute ma vie d'adulte.

Il est peut-être temps de faire une pause dans votre chasse aux objectifs pour trouver les nœuds dans le tuyau d'arrosage qui, une fois défaits, rendront les choses plus faciles et meilleures. C'est incroyable ce qui peut arriver quand on relâche le frein à main.

Kevin Costner

« Être un entrepreneur, c'est accepter de faire un travail que personne d'autre ne veut faire, [dans le but] de pouvoir passer le reste de sa vie à faire ce qu'on veut. »

« En général, je sens que je suis sur une bonne piste quand j'ai un peu peur. Là, je me dis : "Ouh, là, là ! Je risque de rater mon coup." »

Kevin Costner (TW : @modernwest) est un cinéaste mondialement connu. Il est aussi considéré comme le conteur le plus acclamé et le plus visionnaire de sa génération. Il a produit, réalisé et joué dans des films mémorables tels que, parmi de nombreux autres, *Danse avec les loups, JFK, Bodyguard, Jusqu'au bout du rêve, Tin Cup, Duo à trois, Open Range, Hatfields & McCoys* et *Black or White*. Il a reçu deux Oscars, deux Golden Globe et un Emmy, et a participé à la rédaction du livre *The Explorers Guild*.

Prise de conscience ultime, le fardeau se déplace

Kevin décrit sa première audition (pour la production du Nain Tracassin par le théâtre d'un centre socioculturel). Il s'y rendait au volant d'un vieux pick-up Datsun. Soudain, l'accélérateur s'est emballé, et le pick-up a bondi de 100 à 130 km/heure, alors que la voiture devant lui freinait.

« J'ai recouvré mes esprits quand j'ai compris, au milieu de ma course, que je ne voulais pas mourir. J'ai appuyé sur l'embrayage. Je n'ai jamais entendu un grincement aussi sinistre, mais [ça a marché]… J'ai réussi à éteindre le moteur en retirant la clé de contact et j'ai attendu que le pick-up s'arrête de lui-même. J'ai fini sur la bande d'arrêt d'urgence et je n'ai tué personne. Je suis sorti de ce foutu pick-up comme un fou, et je suis allé à mon audition en stop. Il était hors de question que je la rate. Quant au véhicule, je l'ai abandonné sur place.

C'est parce que je savais où j'avais envie d'être. J'avais le lieu [où] quelque chose allait se passer… et, bien sûr, il ne s'est rien passé. Je n'étais pas assez bon, pas assez entraîné. Je ne connaissais pas vraiment l'histoire du Nain Tracassin… mais c'est tout de même là que les possibilités ont envahi mon imagination.

Je commençais à tomber amoureux de quelque chose. Je ne savais pas si je serais capable de gagner ma vie avec, mais j'ai finalement réussi à faire taire les voix dans ma tête [celles de mes parents], qui me répétaient : "Qu'est-ce que tu vas devenir ?" Je leur répondais : "Ça ne vous regarde pas. Je serai ce que j'ai envie d'être."

Le jour où j'ai pu articuler clairement que je me moquais de l'opinion des gens et que seul mon avis comptait, le poids du monde que je portais sur mes épaules s'est envolé, et tout est devenu possible. Ce poids s'est transféré sur tous ceux qui s'inquiétaient. C'était eux qui le portaient désormais. Quant à moi, j'étais devenu si léger que je me suis senti libre. »

Imaginons que…

Pour son rôle dans le film JFK, Kevin voulait limiter les spéculations. Il désirait se protéger, lui, mais aussi sa crédibilité, et il a trouvé un artifice élégant pour le faire :

« Le jour où j'ai hésité sur la véracité de certains propos, et je n'étais pas le seul à avoir des doutes, j'ai dit à Oliver Stone : "Je ne suis pas à l'aise avec cette réplique. Je préférerais dire 'Imaginons que…' au lieu de "Voilà ce qui s'est passé". Parce que 'Imaginons que' prépare les gens à ce qu'ils vont voir ou entendre. Puisqu'il n'y a pas de véritable témoin, on peut dire 'Imaginons que ça s'est passé'". Oliver, et c'est tout à son crédit, m'a répondu du tac au tac : "D'accord. On va peindre un tableau de ce que je crois qui s'est passé." »

Prendre des risques

Kevin décrit une des rares conversations à cœur ouvert qu'il a eues avec son père, hostile à ce qu'il devienne acteur. À ce moment-là, Kevin était adulte et déjà reconnu comme acteur. Son père était dans son bain :

« Il m'a regardé et m'a dit : "**Tu sais, je n'ai jamais pris de risques de toute ma vie.**" J'avais l'impression d'être dans mon propre Field of dreams, c'était comme un rêve et j'ai senti les larmes couler. Il a poursuivi : "On venait juste de se tirer de 10 ans de tempêtes de poussière, de ce foutu Dust Bowl, et le jour où j'ai trouvé un boulot, Kevin, je n'ai pas voulu le perdre. Je m'y suis accroché, pour qu'on ait toujours de quoi manger." Je lui ai répondu qu'il avait réussi. Mais quel moment incroyable, et quelle vision, avec mon père, comme ça, assis dans la baignoire ! »

Sam Harris

« D'un certain côté, la sagesse n'est rien d'autre que la capacité à suivre ses propres conseils. En réalité, il est très simple de donner de bons conseils à autrui. Mais il est très dur de suivre les conseils que l'on sait bons… Si une personne me présentait ma liste de problèmes, j'arriverais à la tirer d'affaire très facilement. »

Sam Harris (TW : @SamHarrisOrg, samharris.org) est diplômé en philosophie de Stanford University et détient un doctorat de neurosciences de l'University of California de Los Angeles. Il est l'auteur de livres best-sellers tels que *The End of Faith, Letter to a Christian Nation, The Moral Landscape, Free Will, Mensonges, Waking Up*, et *Islam and the Future of Tolerance: A Dialogue* (en collaboration avec Maajid Nawaz). Il anime également le podcast très suivi *Waking Up with Sam Harris.*

Animal totem : la chouette

Pour la petite histoire

Sam et moi nous sommes rencontrés dans les toilettes avant une conférence TED en 2010. Je venais juste d'ingurgiter par inadvertance (j'insiste, c'est vrai) deux énormes brownies au cannabis. Je n'étais préparé ni au THC ni à Sam Harris, et surtout pas aux deux ensemble.

Habitudes matinales

« Imaginez un chaos contrôlé. Pas les mécanismes bien huilés d'une machine bien calibrée. Je vous parle de quelqu'un qui sort en titubant de sa chambre, en manque de caféine, et qui a ou pas vérifié ses e-mails avant le sifflement de la bouilloire. Il n'empêche, je médite fréquemment ; j'essaie même de m'y tenir chaque jour [10 à 30 minutes]. »

L'appréciation des risques que représente l'intelligence artificielle

« Jaan Tallinn, l'un des fondateurs de Skype, déclare que, lorsqu'il parle de ce sujet, il ne pose que deux questions pour voir si son interlocuteur sera capable de capter à quel point l'intelligence artificielle est un sujet pressant. Sa première question est : "Êtes-vous programmateur ?" La pertinence est évidente. Sa seconde question est : "Avez-vous des enfants ?" Il prétend avoir découvert que si ses interlocuteurs n'ont pas d'enfants, leur inquiétude par rapport à l'avenir n'est pas assez calibrée pour comprendre à quel point la perspective de machines superintelligentes est terrifiante en l'absence d'un système de contrôle avéré [qui garantirait que l'IA serve nos intérêts, même si ces machines sont 1 million de fois plus intelligentes que nous]. Ce sont des questions très pertinentes, et qui ne se limitent pas à l'intelligence artificielle, bien sûr. Il faut réfléchir à tous les sujets problématiques d'aujourd'hui. S'inquiéter du destin de la civilisation de façon abstraite est plus difficile que s'inquiéter du type de vie que nos enfants mèneront au quotidien. »

Explorer « l'autotranscendance »

« Le Bouddha et un nombre incalculable de contemplatifs à travers les âges peuvent attester avoir vécu, à défaut d'une meilleure expression, l'amour inconditionnel. Ce n'est pas sans rapport avec ce que j'appellerais l'"autotranscendance", qui, selon moi, est encore plus importante. C'est un phénomène qui existe et qui est de toute évidence plus profond que nos façons provinciales d'en parler dans un contexte religieux. Il existe une vérité plus profonde de la psychologie humaine et de la nature de la conscience. Je trouve que nous devons l'explorer selon des termes qui ne nous obligent pas à mentir à nous-mêmes ou à nos enfants sur la nature de la réalité, et qui ne nous amènent pas à nous adonner à ce langage fractionnel nous forçant à choisir notre camp dans la compétition que se livrent les religions.

« Mon livre [*Waking Up*] aborde le phénomène d'autotranscendance et les moyens que les gens ont de l'explorer sans y croire si les preuves manquent. L'un de ces principaux moyens fait appel à des techniques diverses de méditation, la pleine conscience étant, à mon avis, la plus utile à adopter en premier. On peut aussi avoir recours aux drogues psychédéliques, ce qui n'est pas tout à fait pareil que la méditation, même si, à défaut d'autre chose, elles révèlent que le système nerveux humain est extrêmement malléable puisque notre expérience du monde peut être radicalement transformée. »

Pleine conscience et bavardage mental

« La pleine conscience n'est que cette qualité de l'esprit qui nous permet de prêter attention à ce que nous voyons, entendons et ressentons, et même à ce que nous pensons, sans être perdus dans nos pensées et sans faire le tri entre ce qui nous est plaisant et déplaisant...

« Nous sommes trop habitués à nous perdre dans nos pensées et à avoir cette conversation avec nous-mêmes du matin au soir. Cette conversation n'est que du bavardage de notre esprit, mais un bavardage si captivant que nous n'avons même pas conscience que nous nous y adonnons. En gros, nous sommes dans un état de rêve, et c'est à travers ce voile de pensée que nous menons nos journées et percevons notre environnement. Pourtant, nous ne faisons que nous parler à nous-mêmes, sans arrêt. Tant que nous ne brisons pas ce sortilège et ne commençons pas à considérer les pensées elles-mêmes comme des objets de conscience, qui se forment et s'envolent, nous ne pouvons pas prêter attention à notre respiration ni à quoi que ce soit d'autre, avec clarté. »

✶ **Qu'est-ce que la méditation « vipassana » ?**

« C'est simplement une méthode par laquelle on prête attention, de façon extrêmement précise et sans jugement, à absolument tout ce qu'on ressent. »

TF : Beaucoup des personnes citées dans ce livre écoutent les méditations guidées de Sam sur SoundCloud ou sur son site. Cherchez simplement « Méditations guidées de

Sam Harris ». Selon lui : « Les gens trouvent très utile d'avoir une voix qui leur rappelle de ne pas se perdre dans leurs pensées toutes les deux secondes. »

Le bienfait des retraites de méditation intensive

« Dans mon cas [la méditation] ne m'était pas vraiment utile, autrement dit, ce n'était pas véritablement de la méditation, jusqu'à ce que je participe à mes premières retraites intensives. Je me souviens parfaitement de mon expérience. Très discipliné, j'avais passé 1 an à rester assis chaque matin pendant une heure. À mi-parcours de mes 10 premiers jours de retraite vipassana, je me rappelle m'être fait cette réflexion qu'en réalité j'avais passé une année à ne rien faire d'autre que réfléchir, une heure par jour, les jambes croisées. Ce n'est peut-être pas vrai pour vous qui faites de la méditation sans avoir participé à une retraite, mais ça l'est probablement pour bon nombre d'entre vous… Une retraite dans le silence est une épreuve qui permet de développer assez d'énergie et d'attention pour passer à un autre niveau de conscience… »

Le pouvoir et le handicap des psychédéliques

Dans son fabuleux essai détaillé « Drugs and the Meaning of Life », Sam écrit : « Si elle [ma fille] n'essaie pas un psychédélique comme la psilocybine ou le LSD au moins une fois dans sa vie adulte, je m'inquiéterai du fait qu'elle risque d'avoir raté l'un des rites de passage les plus importants qu'un être humain puisse vivre… une vie sans drogues n'est ni concevable ni, à mon avis, désirable. »

Lors de notre conversation, je lui ai demandé de s'expliquer au sujet de ces lignes. Voici sa réponse :

« J'y ajouterais une mise en garde : j'accepte avec un respect de plus en plus responsable que certaines choses puissent déraper quand on utilise des psychédéliques, et déraper avec des conséquences qui peuvent s'avérer durables… Néanmoins, je continue de penser que ces drogues sont indispensables pour beaucoup de personnes. Elles l'ont été pour moi, sans aucun doute. Je ne pense pas que j'aurais jamais découvert la méditation si je n'avais pas pris, en particulier, de la MDMA, mais les champignons et le LSD m'ont aussi aidé à dévoiler un paysage intérieur qui valait la peine d'être exploré…

« Cette sensation qu'on est un "soi" qui voyage dans sa propre tête – un sentiment que tout le monde nomme "Je" – est une illusion que l'on peut infirmer de maintes façons… Elle est sujette à examen, et cet examen peut prendre de nombreuses formes. Le pouvoir et le handicap uniques [des drogues psychédéliques] sont qu'elles fonctionneront quoiqu'il arrive, d'une façon ou d'une autre…

« [Selon l'ethnobotaniste Terence McKenna], on peut toujours apprendre à une personne à méditer ou à faire du yoga, mais ça ne garantit pas qu'on obtiendra un effet particulier. Que la personne y passe une semaine ou une année, qui sait ce qu'il en résultera ? Elle risque de se lasser et d'abandonner. Si je vous donne 5 g de champignons ou 300 µgr de LSD puis vous dis de vous asseoir sur ce canapé pendant une heure, vous êtes assuré de voir votre expérience se transformer de façon radicale. Peu importe qui vous êtes. Vous allez voir un train plein de sens débouler vers vous. Le mieux, c'est qu'il suffira de regarder l'heure pour savoir quand il arrivera…

« Si votre expérience se passe bien, vous comprendrez que la vie peut être magnifique – qu'il est possible de se sentir chez soi dans l'univers d'une façon que vous n'auriez pas pu imaginer auparavant. Mais, si votre expérience se passe mal – et dans ce cas c'est proportionnellement l'inverse d'une bonne expérience –, vous ferez une rencontre pénible avec la folie. Une folie aussi pathologique que celle de n'importe quel fou qu'on voit dans les rues se parler en criant et complètement coupé du monde des vivants. Vous aurez peut-être cette réaction et il faut espérer que les effets s'effaceront vite. Dans pratiquement tous les cas, les effets ne durent pas. Il n'empêche, l'expérience est rude et il y a des conséquences. Certaines sont positives. Ça peut par exemple vous apprendre la compassion, notamment pour les gens qui souffrent de maladies mentales, une compassion que vous n'auriez pas autrement. »

Le ciel pour méditer

Pendant que vous méditez, regardez le ciel. « Souvent, je médite l'après-midi et, si possible, dehors. Si vous connaissez un peu le Dzogchen, vous savez que ces yogis utilisent souvent le ciel comme support à leur pratique. Vous méditez les yeux ouverts, levés vers un ciel bleu ou l'horizon. J'aime cette méthode. Je ne peux pas toujours l'appliquer, mais je trouve qu'elle vide la tête d'une façon très utile. »

Compléments audio

Écoutez l'épisode 87 de *Tim Ferriss Show* (fourhourworkweek.com/87). Sam parle :

- Des livres qu'il recommanderait à tout le monde (6 h 55).
- D'une expérience de pensée intéressante : le dilemme du tramway (55:25).

Caroline Paul

Caroline Paul (TW : @carowriter, carolinepaul.com) est l'auteur de quatre livres. Son dernier best-seller du *New York Times* s'appelle *The Gutsy Girl: Escapades for Your Life of Epic Adventure.* Caroline avait autrefois peur de tout et ses craintes l'empêchaient de vivre comme elle le souhaitait. Depuis, elle a participé aux séries de qualification olympiques de l'équipe de luge américaine et a combattu des incendies en tant que première femme soldat du feu à San Francisco, où elle faisait partie du groupe Rescue 2. Les membres de cette équipe ne combattent pas seulement les incendies, mais sont également appelés pour des recherches sous-marines (de cadavres), des sauvetages en rappel, des situations à risque avec des matières dangereuses et les accidents graves de véhicules et de trains.

Pour la petite histoire

- Caroline a une jumelle qui était une star de la série télé *Alerte à Malibu.*
- Caroline a incorporé des techniques de Charles Poliquin dans son entraînement aux haltères après lui avoir été présentée par le champion de luge canadien André Benoit.

« Les secrets sont un frein à l'intimité »

« Mon père était un superconservateur. Il a voté Nixon et il était persuadé que c'était un grand Président jusqu'à sa mort. Il était un Républicain convaincu. Je ne lui ai pas dit pendant longtemps [que j'étais homosexuelle], jusqu'à ce que ma sœur me dise : "Pourquoi tu gardes des secrets ? Les secrets sont un frein à l'intimité." Je lui ai répondu qu'il n'avait pas besoin de le savoir. Elle a surenchéri : “C’est une partie de ta vie qu’il ignore et tu la lui caches. Même s’il ne s’en rend pas compte, ça creuse un fossé entre vous. Il faut que tu lui dises.”

« Elle avait raison. Je lui ai avoué, pétrifiée. Mais il a bien réagi. Il était choqué, mais il m’a dit : “Tu sais, je connais des homosexuels.” Et il a commencé à me donner les noms de tous les homos qu’il connaissait. C’était mignon. »

Cuisiner à la caserne de pompier

Les pompiers de l’unité Rescue 2 devaient chacun leur tour cuisiner pour l’équipe :

« Il y avait trois astuces. [La première], je me souviens qu’un jour un des gars m’a dit : “Tu n’as pas mis d’amour dans ce repas.” Ça m’avait amusée de voir ce grand gaillard qui réclamait de l’amour dans son assiette, mais il avait raison. J’avais tellement peu envie de cuisiner ! Désormais, j’essaie de mettre de l’amour dans ma cuisine.

La seconde, c’était de mettre de la couleur… J’ai beaucoup de mal avec ça. Tout était grisâtre. Et la troisième, c’était de proposer trois repas fixes, toujours les mêmes. »

La fierté peut être un bon outil

« Pour moi, la fierté était importante, parce que ma peur d’échouer était plus grande que ma peur du feu. Honnêtement, je n’ai pas souvent eu peur devant un incendie. Je ne prétends pas être courageuse. C’est simplement que j’avais une crainte encore plus grande – l’humiliation, l’échec, décevoir les femmes. La fierté peut être un élément de motivation puissant. »

* **Un livre à offrir à tous les jeunes diplômés ?**
« Je dirais *À propos de courage*, de Tim O’Brien. C’est un livre magnifique d’un auteur qui a combattu au Vietnam. C’est l’ouvrage qui m’a redonné goût à la lecture. À la fac, on perd l’habitude de lire. »

Mettre la peur en ligne de compte

Dans les années 1990, Caroline est illégalement montée sur le Golden Gate jusqu’à 230 mètres sur des câbles fins. Elle m’a parlé de « mettre la peur en ligne de compte », alors je lui ai demandé plus d’explications.

« Je ne suis pas contre la peur. Le facteur peur est important. C'est notre garde-fou. Mais je pense que certaines personnes lui accordent trop d'importance. La peur nous sert à évaluer une situation. Je suis pour la bravoure. C'est mon propre paradigme.

« La peur fait partie du reste. Par exemple, quand on a escaladé le pont, on était cinq à vouloir monter sur les câbles en plein milieu de la nuit. Je vous en prie, n'essayez pas de le faire. On a marché sur le câble, un pied derrière l'autre, jusqu'à une hauteur équivalant à un immeuble de 70 étages. Il n'y a que le vide dessous, et deux petits câbles de chaque côté.

« Techniquement, ce n'est qu'une promenade. Il ne se passera rien, à moins qu'il y ait un séisme ou des bourrasques. On ne risque rien tant que le mental reste intact. Dans ce genre de situation, j'analyse toutes mes émotions : l'anticipation, l'euphorie, la concentration, la confiance, l'amusement et la peur. Pour la peur, je me dis : "Quelle importance vais-je lui accorder ?" Et je mets la peur à sa place, comme quand on monte un mur en briques. On assemble les pièces. »

TIM : Vous visualisez les briques ? Pour quelqu'un qui n'a pas ce genre d'entraînement, auriez-vous un conseil à lui donner – « La prochaine fois que vous avez peur, faites… ? ». Quel exercice pourrait-on faire ?

CAROLINE : J'aimerais que vous isoliez chaque émotion, comme une brique distincte, puis que vous les aligniez. Une fois que vous avez évalué vos compétences et la situation, les choses changent souvent. Il faut s'arrêter et y réfléchir. Je pense que ça changera radicalement la vie, surtout celle des femmes. Les femmes avouent rapidement qu'elles ont peur. C'est quelque chose que j'aimerais voir changer.

Encourager les filles

À propos de la distinction que font les parents en élevant des garçons et des filles :

« Avec les garçons, l'encouragement est actif – malgré la possibilité qu'ils se fassent mal –, et les parents les guident pour faire les choses tout seuls. Lorsqu'une fille décide de faire quelque chose d'un peu risqué, après une mise en garde, les parents ont tendance à l'assister. Quel est le message pour les filles ? Elles sont fragiles et ont besoin d'aide. C'est ce qu'on leur inculque dès le plus jeune âge. Donc, évidemment, quand on devient une femme, que ce soit au travail ou dans un couple, la peur sera notre paradigme dominant.

TIM : Pour celles qui vous écoutent et se disent : « Mince, elle a raison. J'ai grandi dans une bulle. Je ne veux plus de ce défaut. Je veux me préparer à pouvoir affronter la peur. » Qu'aimeriez-vous leur dire ?

CAROLINE : Il est temps d'adopter un paradigme du courage au lieu du paradigme de la peur. Lorsqu'un garçon et une fille, un homme et une femme affrontent exactement la même situation, ils auront deux réactions émotionnelles opposées. L'homme sera face à son courage et la femme face à sa peur.

TIM : Ça souligne quelque chose d'important. Le courage demande de la pratique. C'est un talent qu'il faut développer. Moi, j'ai parfois l'impression d'être un froussard. On est là, chez moi, en train d'enregistrer cette interview et, sur la table base, il y a un morceau de bois flotté sur lequel est gravé une citation [d'Anaïs Nin] : LA VIE SE RETRECIT OU SE DILATE PROPORTIONNELLEMENT AU COURAGE QUE L'ON A. C'est posé sur ma table basse, je le vois tous les jours.

La fragilité est surfaite

« J'espère que personne ne se blessera, mais une blessure n'est pas aussi dramatique qu'on ne le croit. Éviter de faire quelque chose parce qu'on risque de se blesser est une raison terrible pour ne rien faire. On peut se blesser à tout moment. Monter en voiture est dangereux. Il faut remettre les choses à leur place. On dit souvent aux filles : "Attention, tu pourrais te blesser", et le spectre de la blessure prend des proportions énormes. On ne le dit pas aux garçons, et pourtant les garçons et les filles ne sont physiquement pas différents avant la puberté. Ils sont pareils, ils sont tout autant capables, voire les filles sont plus capables que les garçons avant la puberté. Le fait de traiter les filles comme des êtres plus fragiles n'a aucun sens. Ça les pousse à devenir trop prudentes... »

TF : J'adore ce qu'a écrit Caroline dans sa tribune libre dans le *New York Times intitulée* « Pourquoi apprend-on aux filles que c'est mignon d'avoir peur ? » : « ... En mettant les filles en garde contre ces expériences, on ne les protège pas. Au contraire, elles manqueront cruellement de préparation pour affronter la vie. »

Mon exercice mental préféré : scénariser la peur

Ce chapitre détaille le processus de scénarisation de la peur que j'emploie fréquemment et que je programme au moins une fois par trimestre. Il s'agit d'une adaptation d'un chapitre de *La Semaine de 4 heures*.

Scénariser la peur et échapper à la paralysie

« Rester immobile n'exclut pas de faire un faux pas. »

– Dicton

« Nomme ta peur avant de pouvoir la bannir. »

– Maître Yoda, dans Star Wars : l'empire contre-attaque

Rio de Janeiro, Brésil

Plus que 6 mètres.

« Corre ! Coooore ! » Hans ne parlait pas un mot de portugais, mais il a clairement compris le message – grouille-toi ! Ses pieds se sont posés fermement sur la pierre et il s'est élancé vers 900 mètres de vide.

Il a retenu sa respiration au dernier pas et a failli s'évanouir dans la panique. Sa vision s'est troublée jusqu'à ne voir qu'un point lumineux et puis… il volait. Le bleu de l'horizon a rempli son champ de vision une seconde après qu'il a eu compris que lui et son parapente étaient happés par un courant ascendant. La peur était restée en haut de la montagne, derrière lui. Au-dessus de la forêt tropicale luxuriante et des plages de sable fin de Copacabana, Hans Keeling avait aperçu la lumière.

C'était dimanche.

Lundi, Hans est retourné à son cabinet d'avocats de Century City, le quartier d'affaires chic de Los Angeles, pour remettre son préavis de trois semaines. Pendant près de 5 ans, il avait affronté son réveil-matin avec la même angoisse : ça va continuer comme ça pendant encore 40 ou 45 ans ? Une fois, il avait dormi sous son bureau et s'était réveillé le lendemain pour terminer le projet complexe sur lequel il planchait. Ce jour-là, il s'était fait une promesse : « Encore deux fois ce sale plan et j'arrête. » La troisième fois s'est produite la veille de ses vacances au Brésil.

On se fait tous ce genre de promesse, et Hans s'en était fait avant aussi, mais là, les choses étaient différentes. Il était différent. Il avait compris quelque chose pendant qu'il décrivait de lents cercles dans le ciel – les risques ne faisaient plus aussi peur une fois qu'on les avait pris. Ses collègues lui ont dit ce qu'il s'attendait à entendre : il allait tout gâcher. Il était un avocat prometteur – que diable cherchait-il, à la fin ?

Hans ne savait pas exactement ce qu'il voulait, mais il y avait goûté. D'un autre côté, il savait ce qui l'ennuyait à mourir et n'en voulait plus. Plus de journées passées comme un zombie, plus de dîners entre collègues à vanter les mérites de sa nouvelle BMW jusqu'à ce qu'un autre s'offre une Mercedes encore plus luxueuse. Ça, c'était terminé.

Un étrange changement a immédiatement eu lieu – pour la première fois depuis longtemps, Hans se sentait en paix avec lui-même et sa décision. Il avait toujours eu peur en traversant des zones de turbulences en avion, comme s'il risquait de mourir sans avoir donné le meilleur de lui-même, mais, à présent, il pouvait voler à travers une tempête violente et dormir comme un bébé. Vraiment étrange.

Un an plus tard, il recevait encore des offres d'emploi non sollicitées de cabinets d'avocats, mais il avait déjà monté Nexus Surf, une agence d'aventures en surf basée dans le paradis tropical de Florianopolis, au Brésil. Il avait rencontré la femme de ses rêves, une Carioca à la peau couleur caramel appelée Tatiana, et passait le plus clair de son temps à se détendre sous les cocotiers ou à offrir à ses clients des souvenirs impérissables.

Alors, de quoi avait-il si peur ?

Aujourd'hui, il se revoit souvent dans les cadres supérieurs tristes et surmenés qu'il emmène surfer. En attendant la vague, les véritables émotions finissent par sortir : « Mince, j'aimerais faire comme vous. » Il répond invariablement : « Rien ne vous en empêche. »

Le soleil couchant se reflète sur la mer, offrant un cadre très zen au message qu'il sait vrai : faire une pause à durée indéterminée n'est pas abandonner. Il pourrait s'il le souhaitait reprendre sa carrière au point où il l'a laissée, mais ce n'est absolument pas d'actualité.

En pagayant vers la plage après une merveilleuse session de surf, ses clients ont un aperçu d'eux-mêmes et retrouvent leur sérénité. À terre, la réalité les rattrape : « Je pourrais, en effet, mais je ne peux pas tout abandonner derrière moi. »

Ça fait bien rigoler Hans.

Le pouvoir du pessimisme : définition du cauchemar

« L'action ne mène pas toujours au bonheur, mais il n'y a pas de bonheur sans action. »

– Benjamin Disraeli, ancien premier ministre britannique

Faire ou ne pas faire ? Essayer ou ne pas essayer ? La plupart des gens voteront pour l'inaction, même s'ils s'estiment courageux. L'incertitude et la perspective de l'échec les terrifient. Ils préféreront l'insatisfaction à l'incertitude. Pendant des années, je me suis fixé des objectifs, j'ai pris des résolutions pour changer de cap et ça n'a rien donné. J'étais dans l'incertitude et la peur autant que le reste du monde.

Une solution simple m'est apparue par hasard, en 2004. À cette époque, j'avais plus d'argent que je ne pouvais en dépenser et j'étais très malheureux. Je n'avais de temps pour rien et je me tuais au travail. J'avais monté ma société sans me rendre compte que je ne pourrais pas la revendre. Oups. Je me sentais bête et pris au piège. « Je devrais arriver à trouver une solution. Mais pourquoi suis-je bête à ce point ? Pourquoi ça ne marche pas ? Accroche-toi et arrête de faire le (nom d'oiseau au choix) ! Qu'est-ce qui cloche chez moi ? » En vérité, rien ne clochait.

Des erreurs critiques au stade embryonnaire de ma société m'empêchaient de la revendre, même si j'embauchais des elfes et que je branchais mon cerveau à un superordinateur. Mon bébé souffrait de malformations congénitales. (En réalité, c'était une autre limite auto-imposée. BrainQUICKEN a été racheté par un fonds d'investissement privé en 2009, ce que je détaille dans le MBA du monde réel page 232.) La question s'est transformée en : « Comment m'échapper des griffes de ce Frankenstein tout en le rendant autonome ? Comment me libérer de ma boulimie de travail et de la crainte que tout s'écroule sans mes 15 heures de travail quotidiennes ? Comment m'évader de la prison que je me suis construite ? » J'ai opté pour un grand voyage, une année sabbatique pour faire le tour du monde.

Donc j'ai voyagé. J'y reviendrai. Tout d'abord, j'ai senti qu'il serait prudent de me laisser entraîner par ma honte, ma gêne et ma colère pendant 6 mois, tout en repassant en boucle les raisons pour lesquelles mon échappatoire ne fonctionnerait jamais. Une de mes périodes d'intense productivité, c'est certain.

Puis, un jour, tout à mon bonheur de voir la noirceur de mon avenir, j'ai eu une idée de génie. Sûrement un éclair dans ma phase « sois inquiet et malheureux » : pourquoi ne pas définir mon cauchemar – le pire qui puisse arriver à cause de mon grand voyage ?

Eh bien, mon affaire pourrait capoter pendant que je suis à l'étranger. C'était fort probable. Une lettre de relance ne me parviendrait pas et je serais traîné en justice. Ma société serait fermée et mon stock périmerait sur les étagères pendant que je traînerais ma solitude sur une plage glacée d'Irlande. Sous la pluie, de préférence. Mon compte en banque passerait dans le rouge, ma voiture et ma moto seraient volées dans mon garage. Quelqu'un me cracherait dessus du haut d'un balcon pendant que je nourrirais un chien errant qui finirait par me mordre au visage. Seigneur, que la vie est cruelle.

Conquérir la peur = définir la peur

Tu te contenteras d'une nourriture ordinaire et peu abondante, d'un vêtement grossier et rugueux, et tu te diras : « Voilà donc ce qui me faisait peur. »

– Sénèque

Puis il est arrivé quelque chose de drôle. Dans ma quête à me rendre malheureux, j'ai commencé à faire marche arrière par accident. Dès que je court-circuitais le vague malaise et l'angoisse ambiguë en définissant mon cauchemar, le pire des scénarios, je n'étais plus aussi inquiet au sujet de ce voyage. Je me suis mis à réfléchir à des mesures simples que je pourrais mettre en place pour sauver le reste de mes ressources et retomber sur mes pieds si le ciel me tombait sur la tête. Je pourrais toujours travailler de façon temporaire comme barman pour payer le loyer si nécessaire. Je pourrais vendre mes meubles et limiter mes sorties au restaurant. Je pourrais voler l'argent de poche des gamins qui passent devant chez moi tous les matins. Les options étaient nombreuses. Je me suis rendu compte qu'il ne serait pas difficile de revenir où j'en étais, sans parler de survivre, tout bonnement. Rien de tout cela ne serait fatal. De simples inconforts durant le voyage de la vie.

J'ai compris que sur une échelle de 1 à 10, où 1 était 0 impact et 10 un changement définitif de vie, mon pire scénario-catastrophe aurait peut-être un impact temporaire de 3 ou 4. Je suis persuadé que c'est le cas pour la majorité des gens et la majorité des catastrophes « Purée, je suis fini ». Il faut savoir que la probabilité d'une catastrophe est de 1/1 million. D'un autre côté, si mon meilleur scénario ou même le scénario le plus probable s'avérait, il aurait facilement un effet positif définitif de 9 ou 10 sur mon changement de vie.

En d'autres termes, je risquais un improbable et passager 3 ou 4 sur 10 contre un plausible et définitif 9 ou 10. Je pourrais toujours redevenir boulimique de travail avec un peu d'efforts si je le désirais. J'ai donc compris qu'il n'y avait quasiment aucun risque, seulement un probable changement positif de ma vie, et je pouvais toujours revenir à ma vie d'avant sans que ça me demande trop d'efforts.

C'est à ce moment-là que j'ai décidé d'acheter un aller simple pour l'Europe. J'ai commencé à planifier mon aventure et à éliminer mes bagages physiques et psychologiques. Aucune des catastrophes ne s'est produite, et depuis je vis un quasi-conte de fées. Mes affaires vont mieux que jamais, et je les ai presque oubliées alors qu'elles finançaient mon tour du monde en grande pompe pendant 15 mois.

Q & A : questions et actions

« Je suis un vieil homme qui a connu bien des difficultés, mais la plupart d'entre elles ne se sont jamais produites. »

– Mark Twain

Si vous êtes angoissé à l'idée de faire le grand saut ou si vous le repoussez à une date ultérieure par peur de l'inconnu, voici un antidote. Écrivez vos réponses et souvenez-vous qu'une longue réflexion ne sera jamais aussi fructueuse ou prolifique que déverser vos idées en vrac sur une feuille de papier. Notez sans corriger – visez la quantité. Consacrez quelques minutes à chaque réponse.

1. Définissez votre cauchemar, la pire chose qui puisse arriver si vous faites ce que vous envisagez de faire. Quels doutes, peurs et « et si… ? » surgissent quand vous pensez aux grands changements que vous pouvez – ou devez – faire ? Visualisez-les dans les moindres détails. Est-ce que ce sera la fin de votre vie ? Quel serait l'impact permanent, le cas échéant, sur une échelle de 1 à 10 ? Est-ce que ce serait vraiment définitif ? Quelles sont les probabilités que ça arrive ?
2. Quelles mesures pourriez-vous prendre pour réparer les dégâts ou remettre les choses en ordre, même de façon temporaire ? Il se peut que ça soit plus facile que vous ne l'imaginiez. Comment pourriez-vous reprendre le contrôle de la situation ?
3. Quels sont les résultats ou avantages, à la fois temporaires et permanents, des scénarios les plus probables ? Maintenant que vous avez défini votre cauchemar, quels sont les résultats le plus probables ou positifs, qu'ils soient intérieurs (confiance en soi, estime de soi, etc.) ou extérieurs ? Quel serait l'impact de ces résultats probables sur une échelle de 1 à 10 ? Quelle est la probabilité d'obtenir un résultat correct ? Est-ce que des gens moins malins que vous ont déjà tenté et réussi ?
4. Si vous étiez renvoyé de votre travail aujourd'hui, que feriez-vous pour vous en sortir financièrement ? Imaginez ce scénario et reprenez les questions 1 à 3. Si vous quittez votre emploi pour changer de voie, comment pourriez-vous reprendre le fil de votre carrière si c'était une nécessité ?
5. Que reportez-vous par peur ? Généralement, ce qui nous fait le plus peur est souvent ce qu'on a besoin de faire : un coup de fil, une discussion, peu importe – c'est la peur du résultat inconnu qui nous empêche d'agir. Définissez le pire des cas et acceptez-le, puis passez à l'action. Je le répète et suggère de vous le faire tatouer sur le front : ce qui nous fait le plus peur est souvent ce qu'on a besoin de faire. J'ai entendu dire que la réussite d'une personne dans la vie se mesure au nombre de conversations désagréables qu'elle est prête à avoir. Prenez la résolution d'effectuer chaque jour une tâche que vous redoutez. J'ai pris cette habitude en essayant de contacter des célébrités et des hommes d'affaires pour leur demander des conseils.
6. Qu'est-ce que ça vous coûte – financièrement, émotionnellement et physiquement – de procrastiner ? Il ne s'agit pas d'estimer simplement les inconvénients potentiels d'une action. Il faut aussi mesurer le coût exorbitant de l'inaction. Si vous ne faites pas ce qui vous plaît, où serez-vous dans 1 an, dans 5 ans, dans 10 ans ? Que ressentirez-vous quand vous aurez laissé filer 10 ans de votre vie en laissant les circonstances dicter votre sort et en faisant

quelque chose qui ne vous épanouit pas ? Si vous pouviez vous projeter dans 10 ans et avoir la certitude absolue que c'est le chemin tout tracé vers la déception et le regret et si votre définition du risque est « la probabilité d'un résultat négatif irréversible », alors l'inaction est le plus grand de tous les risques.

7. Qu'est-ce que vous attendez ? Si vous peinez à répondre sans invoquer la notion du « ce n'est pas le bon moment », la réponse coule de source : vous avez peur, comme tout le monde. Évaluez le coût de l'inaction, mettez-vous en tête que la plupart de ces faux-pas sont peu probables et sans doute réparables, et prenez l'habitude la plus importante pour ceux qui réussissent et apprécient de le faire : agir.

Kevin Kelly

« La productivité, c'est bon pour les robots. Les êtres humains sont vraiment bons pour poser des questions, être créatifs et faire des expériences. »

Kevin Kelly (TW : @kevin2kelly, kk.org) est un « franc-tireur senior » au magazine *Wired* qu'il a cofondé en 1993. Il a également cofondé la Fondation All Species, une organisation à but non lucratif visant à identifier et cataloguer toutes les espèces vivant sur terre. À ses heures perdues, il écrit des best-sellers, s'occupe du projet Rosetta, qu'il a cofondé pour documenter toutes les langues du monde, et siège au conseil de la fondation Long Now, où il étudie comment faire revivre des espèces éteintes ou en danger comme le mammouth. Dans la vie de tous les jours, il pourrait être l'« homme le plus intéressant du monde. »

Pour la petite histoire

J'ai assisté à la toute première réunion de Quantified Self le 10 septembre 2008 chez Kevin, qui habite une maison en rondins de bois pittoresque. Depuis ce petit rassemblement de 28 personnes, « QS » est devenu un terme courant de la culture pop et un phénomène mondial avec des ramifications dans plus de 20 pays.

Assis, assis ; marche, marche ; on n'oscille pas

« Le mantra zen "Assis, assis ; marche, marche ; on n'oscille pas" est une priorité quand je me trouve avec quelqu'un. Tout le reste est trop multitâche. Non, non, non. Le face-à-face, personne à personne, est l'atout maître. Je me suis dédié à ça. Quand je vais au théâtre ou au cinéma, je suis au théâtre ou au cinéma. Je ne suis pas ailleurs. C'est du 100 % – je vais écouter. Si j'assiste à une conférence, j'assiste à cette conférence. »

TF : Cette approche est similaire à celle de Derek Sivers (page 177), la règle du « Ne sois pas un âne ». Dans ce monde de distraction, la tâche unique est un superpouvoir.

L'horloge qui compte la mort à rebours

« J'ai une horloge qui compte à rebours. Matt Groening s'en est inspiré pour un épisode de Futurama. En fait, j'ai utilisé une table de mortalité pour estimer l'âge de ma mort, et j'ai compté le nombre de jours qu'il me restait. C'est affiché sur mon ordinateur. Croyez-moi, il n'y a rien de tel pour concentrer son temps quand on sait combien de jours il vous reste à vivre. Évidemment, je risque de vivre plus longtemps ; je suis en bonne santé, etc. Quoi qu'il en soit, il me reste 6 000 jours et quelque. Ça n'est pas beaucoup pour tout ce que je voudrais faire.

« J'ai appris quelque chose de mon ami Stewart Brand [fondateur de Whole Earth Catalog, président de la fondation Long Now], qui a organisé les journées qu'il lui restait à vivre par périodes de 5 ans. Selon lui, toute bonne idée qui mérite d'être réalisée dure environ 5 ans, depuis le jour où il y pense jusqu'au jour où il arrête d'y penser. Si on réfléchit en termes de projets de 5 ans, on peut les compter sur les doigts des deux mains, même si on est encore jeune. »

TF : Un investisseur que je connais et qui a extrêmement bien réussi utilise un tableau Excel pour afficher son horloge de compte à rebours. Memento mori – souviens-toi que tu vas mourir. C'est une bonne façon de se souvenir de vivre !

* **Un projet manuel que tout humain devrait réaliser ?**
  « Construire sa maison, son abri. Ce n'est pas si difficile, croyez-moi. C'est moi qui ai bâti ma propre maison. »

Écrire pour avoir des idées, pas pour les exprimer

« À l'image de beaucoup d'écrivains, j'ai découvert que j'écrivais pour penser. Je me dis : "Je crois que j'ai une idée", mais quand je commence à l'écrire, je me rends compte que je n'ai pas d'idée. Je ne sais pas ce que je pense tant que je n'essaie pas de l'écrire… C'était une révélation pour moi. »

Le souci d'être Nostradamus

Kevin a un historique incroyable à prédire les innovations et les tendances en matière de technologie. C'est à la fois une bénédiction et une malédiction :

« Le dilemme, c'est que toute prévision réelle de l'avenir sera écartée. Tout futur crédible aujourd'hui sera faux. Donc on est coincé. Si les gens y croient, c'est dommage, et s'ils n'y croient pas, ça rime à quoi ? »

TF : L'une de ses méthodes pour faire des prédictions incroyables (mais qui finissent par être exactes) est de dresser la liste de tout ce que les gens pensent être vrai ou qui sera vrai dans le futur et de se poser la question : « Et si ce n'était pas vrai ? », puis explorer en profondeur les ramifications.

Peut-on inverser le plan de vie différée et le faire fonctionner ?

« Beaucoup de personnes travaillent très dur, économisent pour pouvoir voyager à la retraite. Moi, j'ai décidé de faire l'inverse, et de voyager pendant que j'étais jeune, quand je n'avais pas d'argent. Les expériences que j'ai vécues ne pourraient pas s'acheter, même pour 1 million de dollars. »

« Ne cherchez pas l'optimisation prématurée »

« Je conseille vivement de se relâcher. "Productif", c'est quand on est dans la force de l'âge. Quand on est jeune, on veut être prolifique, faire des choses, mais on n'a pas envie de les évaluer en termes de productivité. On veut les évaluer en termes de performance extrême, de satisfaction extrême. »

Les idées qu'on ne peut ni offrir ni oublier

« J'adore donner des idées. Dites à tout le monde ce que vous faites… Vous voulez donner votre idée et les gens sont contents, parce que tout le monde aime les bonnes idées. [Je donne une idée et dis :] “Ah ! c'est une bonne idée, essayez-la.” J'essaie de m'en débarrasser, puis de les oublier. Ce sont les idées qui n'arrêtent pas de ressurgir et que je ne peux pas oublier qui m'interpellent : “Humm, c'est peut-être cette idée que je devrais explorer.” »

TF : Kevin Rose (page 297) fait EXACTEMENT la même chose. Je l'ai vu faire des dizaines de fois.

Créer un nouveau créneau

« Ce qui tente les gens, c'est d'être quelqu'un d'autre, d'être dans le film de quelqu'un d'autre. Ils veulent être le meilleur rocker, mais il y en a déjà tellement qu'ils finissent par imiter quelqu'un dans ce créneau. Pour moi, la réussite, c'est créer son propre créneau. On a un créneau inédit. Évidemment, c'est ce qu'ont fait Jésus et tant d'autres. C'est difficile, mais je pense que c'est ça, la vraie réussite. »

(Voir « La loi des catégories », page 246.)

Films vrais

Sur TrueFilms.com, Kevin a fait la critique des meilleurs documentaires qu'il a vus au fil des décennies. La version papier, *True Films 3.0*, détaille les 200 documentaires qu'il faut absolument, selon lui, avoir vus avant de mourir. Vous la trouverez en PDF sur kk.org. Les trois documentaires qu'on adore tous les deux sont *The King of Kong*, *Le Funambule*, et *Les Demoiselles de Pyongyong*.

Au pire : un sac de couchage et des céréales

« Ce serait bien d'apprendre relativement tôt à être ultraéconome, une sorte de fétu de paille qui voyage à travers le temps… Apprendre qu'il en faut peu pour vivre de façon satisfaisante, pas uniquement en mode survie. Ça donne confiance pour prendre des risques, car on se dit : “Quel est le pire qui puisse arriver ?” Eh bien, le pire, ce serait d'avoir un sac à dos avec un sac de couchage dedans et des céréales à manger. Mais ça irait quand même très bien pour moi. »

Voilà donc ce qui me faisait peur !

« Les détails nous gâchent la vie… Simplifiez, simplifiez…
Un homme est riche en proportion du nombre de choses
dont il peut se passer. »
– Henry David Thoreau, Walden

Scénariser la peur (page 417) est un instrument de ma boîte à outils pour surmonter la peur. Une autre de mes méthodes est la répétition générale de la peur – je m'injecte régulièrement des microdoses du pire scénario. J'ai discuté avec Jocko Willink (page 368) de la valeur de l'exposition planifiée au « pire » :

TIM : Comment préparez-vous et conditionnez-vous les gens pour qu'ils soient fonctionnels quand les choses dégénèrent ?

JOCKO : Chez les SEAL, on vous désensibilise aux situations horribles, afin que vous puissiez les gérer quand elles se produisent.

Voici un extrait de la Lettre XVIII « Frugalité du sage ». Il s'agit d'une des *Lettres à Lucilius* que Sénèque a écrites à son disciple Lucilius.

Je relis souvent cette Lettre XVIII. La moitié du temps, vous vous rendrez compte que « horrible » n'est pas si horrible, et, le cas échéant, ça devient moins horrible si on y a déjà été exposé.

J'ai également inclus à la suite des exemples où j'applique cette méthode.

▸ Sénèque

Je suis si décidé à mettre à l'épreuve la fermeté de ton âme [Lucilius], que, selon le précepte de grands philosophes, je te prescrirai ceci : réserve quelques jours pendant lesquels tu te contenteras d'une nourriture ordinaire et peu abondante, d'un vêtement grossier et rugueux, et où tu te diras : « Voilà donc ce qui me faisait peur. »

C'est précisément en temps de paix que l'âme doit se préparer aux épreuves et s'aguerrir contre les injustices de sort. En temps de paix, le soldat s'entraîne à la manœuvre, et dresse des remparts alors qu'il n'a nul ennemi en vue. Il s'épuise à des travaux superflus pour pouvoir les reproduire en cas de nécessité. Si tu ne veux pas voir un homme perdre la tête dans le feu de l'action, il faut l'aguerrir. C'est ainsi que faisaient les hommes qui, tous les mois, se réduisaient presque à la misère afin de ne jamais redouter ce qu'ils avaient appris à endurer. Ne crois pas que je te parle de repas à la Timon, de « cabanes de pauvres » ou de ces fantaisies raffinées que les riches utilisent pour tromper l'ennui. Je veux pour toi un vrai grabat, un sayon, du pain dur et grossier. Supporte cela trois ou quatre jours, parfois plus longtemps, pour que ce ne soit pas un jeu, mais une épreuve. Alors, crois-moi, Lucilius, tu exulteras, rassasié avec deux sous et tu comprendras qu'il n'y a pas besoin de fortune pour avoir l'esprit tranquille, car elle nous fournira le nécessaire, même dans ses rigueurs.

Comment mettre cet enseignement en pratique ? Voici des petites choses que j'ai appliquées de façon répétitive 3 à 15 jours de suite pour simuler que je perdais tout mon argent :

- Dormir dans un sac de couchage, par terre dans mon salon ou dehors.
- Porter un simple T-shirt blanc bon marché et le même jean pendant les 3 à 15 jours.
- Utiliser CouchSurfing.com ou un service similaire pour loger gratuitement chez l'habitant, même dans ma propre ville.
- Manger uniquement : A) de la bouillie instantanée de flocons d'avoine et/ou B) du riz et des haricots.
- Ne boire que de l'eau, du thé ou du café soluble bon marché.
- Tout cuire sur un réchaud à bois Kelly Kettle. Cet accessoire de camping peut générer de la chaleur à partir de tout ce qu'on trouve dans son jardin ou sur le bord des routes (branches, feuilles, papier).
- Jeûner, ne consommer rien d'autre que de l'eau et peut-être de l'huile de coco ou de TCM en poudre (voir page 57 pour plus d'informations sur le jeûne).
- Accéder à Internet uniquement à la bibliothèque.

Bizarrement, vous pourrez constater que vos êtes plus heureux après cette expérience de la simplicité extrême. En tout cas, moi, je me sens plus heureux.

Quand vous aurez compris – et ça demande un rappel mensuel ou trimestriel – que votre bien-être n'a rien à voir avec votre aisance, il vous sera plus facile de prendre le « risque » de dire « non » à des propositions qui semblent trop lucratives pour les rejeter.

Il y a plus de liberté à gagner en pratiquant la pauvreté qu'en courant après la richesse. Souffrez un peu régulièrement et vous cesserez de souffrir.

Whitney Cummings

« Si quelque chose vous offense, faites une introspection… C'est un signe qu'il y a quelque chose au fond de vous. »

Whitney Cummings (TW : @WhitneyCummings, whitneycummings.com) est une comédienne, actrice, auteure et productrice de Los Angeles. Elle est la productrice exécutive et cocréatrice, avec Michael Patrick King, de la série sur CBS *2 Broke Girls*. Elle a donné la réplique aux humoristes Sarah Silverman, Louis C.K., Amy Schumer, Aziz Ansari, entre autres.

Sa première sitcom avec des épisodes de 1 heure, *Whitney Cummings: Money Shot*, a été diffusée sur Comedy Central en 2010 et a été nommée aux American Comedy Awards. Sa seconde sitcom, *Whitney Cummings: I Love You*, a également été diffusée sur Comedy Central en 2014. Sa dernière sitcom en date, *Whitney Cummings: I'm Your Girlfriend*, a été diffusée sur HBO.

Animal totem : le colibri

Étonnant

Whitney et Josh Waitzkin (page 511) ont tous deux recommandé le livre *Le Drame de l'enfant doué*, d'Alice Miller.

« Pour que l'art puisse refléter la vie, encore faut-il avoir une vie »

« [En thérapie intensive, similaire à la thérapie post-traumatique] j'ai dû remplacer une pensée négative par une pensée positive pendant 28 jours. J'étais très inquiète. J'en discutais avec mon thérapeute et des gens du groupe et je leur ai dit : "J'ai vraiment peur de ne plus être aussi drôle si je n'ai plus cette noirceur et cette souffrance tout le temps."

« Ç'a [finalement] été le contraire, parce que je perdais trop de temps sur des relations malsaines. Ma faible estime de moi et mon perfectionnisme me paralysaient. **Le perfectionnisme mène à la procrastination, qui mène à son tour à la paralysie.** Je pouvais passer deux jours sans écrire une ligne parce que j'avais une piètre estime de moi. Je ne me croyais pas assez bien. Ce n'étaient que de vieux messages obsolètes et mon instinct de survie.

« [Faire mon travail et la thérapie] m'ont donné une force mentale et une énergie physique. J'ai une vie bien mieux équilibrée maintenant. Je suis plus productive et bien plus vulnérable. Tout auteur doit être vulnérable. Auparavant, je travaillais tellement, j'étais une telle boulimique de travail que j'en oubliais de vivre. Pour que l'art puisse refléter la vie, encore faut-il avoir une vie. »

TIM : C'est profond.

WHITNEY : Pour moi, l'art imitait l'art parce que je ne faisais que bosser.

« Faire plaisir aux gens est une forme de couillonnerie »

Whitney a écrit, produit et joué dans la sitcom *Whitney*, qui a été diffusée sur NBC de 2011 à 2013 :

« J'avais si peur qu'on ne m'apprécie pas que… j'ai ralenti le processus de scénarisation et désorienté mes employés. Dans la pièce, ils lançaient des blagues et je les acceptais toutes parce que je ne voulais vexer personne. Par la suite, je les modifiais, et quand le scénario était fini, ils ne retrouvaient pas leurs blagues. Ils se sentaient trahis et ils avaient l'impression que je leur avais menti.

« La première fois que j'ai assisté à [un groupe de soutien pour les personnes souffrant d'addiction] Al-Anon, quelqu'un a dit : "Faire plaisir aux gens est une forme de couillonnerie." J'ai adoré cette déclaration, parce qu'en fin de compte on ne fait plaisir à personne. On rend les gens amers parce qu'on manque de sincérité, on leur ôte la dignité de leurs propres expériences et [on suppose] qu'ils ne peuvent pas gérer la vérité. C'est très condescendant. »

TF : Après cette conversation avec Whitney, j'ai relu Lying, de Sam Harris. Le genre de « mensonge blanc » que Whitney décrit peut être très destructeur, et Sam est convaincant en conseillant d'arrêter d'utiliser une vaste gamme de demi-vérités.

« La codépendance est souvent mal employée. C'est quand on se tourne vers les autres pour savoir comment on se sent. »

Commencez par un « Je t'aime »

Dès les premières minutes de notre interview dans la cuisine d'un ami, j'ai remarqué des tatouages très pâles sur le bras de Whitney. En fait, ils ont été faits avec de l'encre blanche.

« Je me suis fait tatouer "Je t'aime" en blanc sur l'avant-bras gauche. Personne ne le remarque tant que je ne le dis pas… À l'époque, j'avais beaucoup de mal à me montrer patiente et empathique. Je suis codépendante. J'ai grandi dans un foyer d'alcooliques… Enfants, on a survécu [en exerçant le contrôle autant que possible] du genre : "Si j'organise bien les tournées d'alcool, ça ira pour moi." [En tant qu'adulte] je me sentais frustrée quand les gens ne faisaient pas les choses comme je le voulais… "Je n'aime pas la façon dont tu fais les choses, je n'aime pas la façon dont tu dis ça, je n'aime pas la façon dont tu es assis"… tout et n'importe quoi. "Il a mis des tongs pour venir au boulot ?" C'était ma façon d'éviter de me regarder le nombril. **En fin de compte, parfois, quand on juge les gens, c'est simplement une façon d'éviter de se regarder ; une façon de se sentir supérieur ou moralisateur, ou autre. Mon thérapeute m'a conseillé, chaque fois que je croise quelqu'un, de me dire tout bas "Je t'aime" avant même de lui parler. Ensuite, la conversation se passe beaucoup mieux.**

C'est une astuce intéressante. Pendant 28 jours, quand je croisais quelqu'un, que ce soit la dame du service des cartes grises qui me fait poireauter 2 heures [ou quelqu'un d'autre], je supposais que tout le monde faisait de son mieux dans son champ de compétences, ce que la majorité des gens ont beaucoup de mal à accepter. »

Ce n'est que matériel

« Dès que j'ai eu de l'argent – ce qui n'était pas le cas quand j'étais enfant –, je me suis acheté une voiture… C'était une Lexus hybride. Le premier jour, j'ai fait le plein avec du diesel. Autant dire que je l'ai détruite. C'était terrible. J'en ai tiré un sketch hilarant de 7 minutes qui a sans doute compensé la perte. Désormais, quand il m'arrive une catastrophe, je me dis : “Ah, bien, je vais pouvoir l'utiliser.” »

TF : J'ai vu récemment un T-shirt à Manhattan où il était inscrit : LES MAUVAISES DECISIONS FONT DE BONNES HISTOIRES. Regardez le revers de la médaille ou, du moins, essayez de partager le côté sombre. Ça pourrait vous payer une Lexus.

Ouvrez votre cœur, ça rapporte

« Il y a une différence entre un cœur brisé et un cœur ouvert. Quand il est ouvert, c'est là qu'on trouve de la matière, qu'on peut inventer des superpersonnages. C'est là qu'on devient vulnérable, et c'est important. En tant que comédiens, on est fiers de montrer qu'on est endurcis. Mais on est de vrais porcs-épics. Dessous, c'est de la guimauve. [Et] c'est là que se trouve l'or…

« Je me souviens d'avoir parlé à une réunion Al-Anon de quelque chose qui m'avait vraiment contrariée. J'ai dit : “Il a fait ceci, puis il a fait cela…”, et les gens ont commencé à rigoler. J'ai compris qu'ils trouvaient ça drôle parce que ça leur était arrivé, qu'ils s'identifiaient, que ça touchait une corde sensible chez eux. Quand on parle sincèrement de moments gênants et qu'on montre sa face obscure, il se produit une catharsis, ce que représente le rire. **Je vous assure, si vous dites la vérité et que vous ouvrez votre cœur en tant que comédien, ça vous paiera une belle maison.** »

La matière ne représente que 10 %

TIM : Si vous aviez 8 semaines pour préparer quelqu'un à monter 5 minutes sur une scène ouverte, comment vous y prendriez-vous ?

WHITNEY : Je ferais monter la personne sur scène le premier soir [et] tous les soirs pendant 8 semaines, qu'elle ait de la matière ou pas… La matière, ça ne représente que 10 %. Être à l'aise sur scène, c'est tout le reste. Donc je conseillerais simplement de monter sur scène. Un humoriste passe les 18 à

24 premiers mois seulement à se sentir à l'aise sur scène. La matière n'a aucune importance…

« J'ai mis du temps à me rendre compte que, dès qu'on monte sur scène, il faut parler, ce qui occupe déjà l'esprit des gens… Je ne sais pas qui a dit ça, mais "Les humoristes deviennent des humoristes pour pouvoir contrôler la raison pour laquelle les gens rient d'eux". »

« Les deux premières années, j'ai dû parler de mon nom de famille, Cummings, dès le début du spectacle. Les gens se disaient ensuite : "Bien, on n'a plus à y penser." Sinon, les gens se disaient : "Elle a dit Cummings ? C'est son nom de famille, Cummings ?" et ils étaient distraits. Il faut donc faire table rase. "On peut avancer maintenant ? Bon, mon nom est Cummings, alors on va passer à autre chose." »

TF : Voir la stratégie de Neil Strauss contre les haineux, page 304.

Qu'est-ce qui vous énerve ?

Pour trouver de la matière inédite :

« Je cherche avant tout ce qui énerve. Les gens bornés vous énervent ? Les toilettes dans les aéroports vous énervent ? Qu'est-ce qui vous énerve ? L'humour, c'est la plupart du temps une obsession à l'égard de l'injustice : ce n'est pas juste… Alors, qu'est-ce qui vous énerve ? Louis C.K. a dit : "Si vous pensez à quelque chose plus de trois fois par semaine, vous devez écrire un truc à ce sujet." »

La définition de l'amour selon Whitney

« Ma définition de l'"amour", c'est d'être prêt à mourir pour quelqu'un que vous avez envie de tuer. D'après mon expérience, c'est un marché de ce genre. »

L'équithérapie

Whitney m'a initié à quelque chose de fascinant : la thérapie par le cheval. Ça consiste à mener un cheval dans un enclos, sans rênes, uniquement à l'aide du langage corporel et des intentions. Elle l'a pratiquée dans le centre The Reflective Horse, situé dans les montagnes de Santa Monica, en Californie.

Tout d'abord, on choisit un cheval. La thérapeute parle de chacun des quatre chevaux et on choisit celui qu'on veut. Ce choix lui indique déjà tout ce qu'elle doit savoir sur vous. C'est comme un test de Rorschach. Ensuite, le premier objectif est de mener le cheval d'un bout à l'autre du corral, qui doit faire la moitié d'un terrain de foot.

Je me demande comment faire bouger un cheval sans rênes d'un bout à l'autre du corral sans le contrôler. Je ne peux pas utiliser la menace, le charme, l'humour, l'intelligence ; je ne peux pas utiliser ce qui me sert au quotidien à manipuler et séduire les gens. En gros, il faut utiliser ses intentions.

Donc on le fait savoir au cheval : "On va à l'autre bout." On a le droit de parler. Si vous dites quelque chose et que vous le pensez, le cheval va l'accepter.

C'est une façon de s'entraîner à être présent, connecté, d'avoir une intention cohérente avec l'animal qui, en gros, est le reflet de votre âme… J'ai pratiquement [plus] appris avec l'équithérapie que par n'importe quel autre livre que j'ai lu ou thérapie que j'ai essayée… La thérapie par le cheval est fascinante par ce qu'elle apporte. La façon dont on se comporte avec les chevaux en dit long sur la façon dont on tente de gérer nos affaires, couple, relations. C'est une métaphore pour tout un tas de choses, car la façon dont on fait n'importe quoi est la façon dont on fait tout. »

Préparer un café comme un esclave

« Je le prépare avec du lait d'amande et du sucre 100 % naturel. Une femme est venue retirer toutes les substances cancérigènes chez moi, donc je prépare mon lait d'amande comme le font les esclaves amish. »

Mince, il a vu juste, ce Neil Gaiman !

Whitney et moi adorons le discours d'introduction « Make Good Art », de Neil Gaiman, à l'université des Beaux-Arts de Philadelphie. J'ai regardé la vidéo une dizaine de fois sur YouTube pendant des périodes difficiles. Notre passage préféré est : « Le moment où vous avez l'impression que vous marchez tout nu dans la rue, exposant votre âme et votre cœur, ce qui se trouve au fond de vous, vous dévoilant trop, c'est le moment où vous commencez peut-être à bien faire. » Je sais, je l'ai déjà cité, mais ça mérite d'être répété.

* **Selon Whitney, qui est le maître ès humour ?**
Bill Burr.

* Des humoristes à surveiller de près

- Sebastian Maniscalco (100 % correct, pas de grossièretés, tout en performance).
- Jerrod Carmichael.
- Natasha Leggero.
- Tig Notaro.
- Chris D'Elia.
- Neil Brennan (cocréateur du *Chappelle's Show* avec Dave Chappelle).

Alain de Botton

« Quand les gens semblent méchants, il y a de grandes chances pour qu'ils ne le soient pas. Ils sont simplement angoissés. »

Alain de Botton (TW : @alaindebotton, alaindebotton.com) a plusieurs casquettes, mais, pour moi, c'est un de ces rares philosophes pratiques. En 1997, au lieu d'écrire un roman, il a sorti un long essai intitulé *Comment Proust peut changer votre vie*, qui a eu un succès surprenant. Parmi ses essais de « philosophie du quotidien », on compte Petite philosophie de l'amour, *Du statut social, L'Architecture du bonheur, The News: A User's Manual*, et *Art et thérapie*. En 2008, Alain a participé au lancement de The School of Life à Londres, un institut qui vise à promouvoir l'apprentissage et la thérapie dans la culture moderne.

N'attribuez pas à la malveillance ce qui ne peut être expliqué autrement

« Quand Bill Clinton se retrouvait en face de quelqu'un d'énervé, il demandait systématiquement si la personne avait dormi, mangé, ou si quelqu'un d'autre l'embêtait. C'était sa check-list. Lorsqu'on s'occupe d'un bébé qui crie et gesticule, on ne dit quasiment jamais : “Ce bébé va se venger sur moi” ou “Elle a des intentions diaboliques.” »

Le « succès » doit inclure la paix

« Le mot “succès” est pollué par nos idées d’une personne extraordinaire, très riche, etc. Ça n’aide en rien de se dire ça, car succès rime également avec apaisement. »

L’offense contre la défense

« Plus on sait ce qu’on veut, où on va, moins ce que font les autres a de l’importance. C’est au moment où notre chemin se complique que l’on entend la voix d’autres personnes, le chaos distrayant dans lequel nous vivons, des médias sociaux parasites qui prennent le dessus et deviennent menaçants. »

Ne vous attendez pas à ce que les autres vous comprennent

« Accuser quelqu’un de ne pas vous comprendre parfaitement est profondément injuste, car nous ne nous comprenons pas nous-mêmes, pour commencer, et même si c’est le cas, nous avons du mal à nous faire comprendre par les autres. C’est pourquoi vous fâcher ou devenir amer parce que les gens ne vous comprennent pas parfaitement est une manifestation cruelle d’immaturité. »

Le problème des philosophes des temps modernes

« Aujourd’hui, les philosophes sont majoritairement employés par les universités… Si personne n’a envie de vous payer pour votre sujet de prédilection, c’est une preuve que quelque chose ne va pas… Les philosophes [en général] ne nous disent plus comment vivre ou mourir. Rares sont ceux qui le font encore. »

* **Les philosophes du quotidien suggérés par Alain**

La liste d’Alain est pratiquement identique à la mienne : Épicure, Sénèque, Marc-Aurèle, Platon, Michel de Montaigne, Arthur Schopenhauer, Friedrich Nietzsche et Bertrand Russell.

* **Les livres qu'Alain offre ou recommande souvent**
  L'Insoutenable Légèreté de l'être, de Milan Kundera, et *Essais*, de Michel de Montaigne.

* **Ses documentaires préférés**
  Up Series : cette série de documentaires filmés au Royaume-Uni s'intéresse à un groupe de personnes depuis l'anniversaire de leurs 7 ans (*Seven Up!*). Un documentaire est produit tous les 7 ans jusqu'aujourd'hui, alors qu'ils ont tous la cinquantaine. Les enfants ont été choisis pour représenter diverses classes sociales. Pour Alain, ces films, qui n'ont rien de spectaculaire, mais qui ont un impact puissant, sont « sans doute les meilleurs documentaires qui existent. »
  TF : C'est également le choix préféré de Stephen Dubner, page 508. Selon Stephen : « Si vous vous intéressez à la science, la sociologie, au processus de prise de décision ou à l'inné et l'acquis, ces films vous combleront. »

* **Le conseil que vous vous seriez donné à 30 ans ?**
  « Je dirais : "Apprécie le bon côté du moment présent. Arrête de te dire que tu n'es qu'en transition. Profite du paysage." … J'ai toujours pensé que si on appréciait le présent, on affaiblissait sa détermination à améliorer sa situation. Ce n'est pas vrai, mais, quand on est jeune, on fait facilement l'amalgame… J'ai connu des gens dans mon entourage qui pouvaient s'extasier sur une fleur. Au fond de moi, une petite voix disait : "Quel imbécile. Tu prends le temps d'admirer une fleur ? Tu n'as pas d'autres ambitions ? D'autres projets ?", mais quand la vie nous a un peu bousculés et qu'on a vu pas mal de choses, que le temps passe et qu'on a pris de l'âge, on commence à apprécier des choses plus modestes comme une fleur, un beau ciel ou un matin où tout va bien et où tout le monde a été gentil… Le destin peut faire ce qu'il veut de nous. Nous sommes des créatures fragiles. Il suffit de taper au mauvais endroit, de nous bousculer un peu et on craque facilement. Cette tape peut être un déshonneur, une maladie, une pression financière, etc. Il en faut peu. Il faut donc apprécier chaque jour qui passe sans catastrophe majeure. »

L'apologie de l'oisiveté

Tim Kreider (timkreider.com) est un essayiste et caricaturiste. J'ai adoré son dernier livre, *We Learn Nothing*, alors j'ai contacté Tim pour produire le livre audio avec lui. L'essai qui suit est un extrait de ce livre. Tim est un chroniqueur pour le *New York Times*, le *New Yorker*, *Men's Journal*, le *Comics Journal*, *Film Quarterly*, entre autres. Ses dessins humoristiques ont été compilés dans trois ouvrages publiés chez Fantagraphics. Il vit dans un lieu tenu secret près de Chesapeake Bay, dans l'État de New York, avec le même chat depuis 19 ans.

La parole à Tim Kreider

Quand on vit en Amérique au XXe siècle, on entend sans arrêt les gens dire qu'ils sont débordés. C'est devenu la réponse par défaut quand on demande comment ça va : « Je suis débordé », « Complètement débordé », « Débordé comme jamais ». C'est visiblement une plainte déguisée. La réponse est une sorte de message de félicitations : « Tant mieux », ou « Mieux vaut ça que le contraire ».

Cette suractivité frénétique et autosatisfaisante est un malheur caractéristique des classes supérieures. Ce ne sont généralement pas des gens qui enchaînent les gardes aux urgences, qui s'occupent de leurs parents âgés, ou qui cumulent trois petits boulots payés au Smic relayés par le bus qui vont vous déclarer qu'ils sont débordés ; ces gens-là ne sont pas débordés, ils sont fatigués. Épuisés. HS. Non, ces lamentations nous parviennent généralement de personnes qui s'imposent une suractivité : du travail ou des obligations qu'ils ont acceptées volontairement, des cours ou des activités auxquels ils ont « encouragé » leurs enfants à participer. Ils sont débordés à cause de leur propre ambition, énergie ou anxiété. Ils sont accro à la suractivité et redoutent son absence.

Je ne connais pratiquement que des gens débordés. Ils se sentent angoissés et coupables quand ils ne travaillent pas ou ne valorisent pas leur travail. Ils planifient de passer du temps avec leurs amis comme les étudiants 4.0 s'assurent de s'inscrire à des activités périscolaires qui « font bien » sur leur dossier d'admission à l'université. J'ai récemment écrit à un ami pour lui demander s'il voulait qu'on fasse quelque chose ensemble cette semaine. Il m'a répondu qu'il n'avait pas beaucoup de temps, mais que, si quelque chose était organisé, il s'arrangerait pour quitter le boulot pendant quelques heures. Je ne tâtais pas le terrain pour une éventuelle invitation dans le futur : c'était une invitation, je lui demandais de faire une sortie avec moi. Sa suractivité était comme un bruit de fond puissant. Il devait crier pour que je l'entende et, moi, je n'ai pas essayé de crier à mon tour pour me faire entendre.

Après politiquement correct, caverne de l'homme et fournisseur de contenu, j'ai récemment entendu un nouveau néologisme qui selon moi annonce un horrible tournant culturel : le bon plan shopping. Autrement dit, ne pas s'engager avant de connaître toutes les options puis choisir le plan qui s'annonce le plus amusant/le plus valorisant pour votre carrière/celui où il y aura le plus de filles. Traduction : traiter les gens comme des options du menu ou des produits sur un catalogue.

Même les enfants sont débordés, avec un emploi du temps à la demi-heure près, entrecoupé de cours de spécialisation, de soutien ou d'activités extrascolaires. À la fin de la journée, ils rentrent aussi lessivés que les adultes, ce qui est non seulement triste, mais aussi détestable. J'ai fait partie de la génération de gamins qui portaient leur clé autour du cou et j'ai profité tous les après-midi de 3 heures de liberté totale, sans surveillance ni aucune structure, que je passais à feuilleter une encyclopédie, à réaliser des animations ou à retrouver les copains dans les bois pour nous jeter de la boue au visage. Tout cela m'a apporté des connaissances, des compétences et une perspicacité dont je profite encore aujourd'hui.

La suractivité n'est pas un mal nécessaire ou inévitable dans la vie ; c'est une chose qu'on a choisie, ou du moins à laquelle on consent. J'ai récemment skypé une amie qui a été chassée de New York par les prix des loyers et qui habite désormais dans une résidence d'artistes dans le sud de la France. Elle m'a dit que c'était la première fois depuis longtemps qu'elle se sentait aussi heureuse et détendue. Elle travaille, mais cela n'occupe ni toute sa journée ni tout son esprit. Elle a retrouvé ses années de fac – un cercle d'amis qui se retrouvent au café ou qui regardent la télé ensemble tous les soirs. Elle a rencontré l'amour. (Elle avait résumé les rencontres amoureuses à New York de la façon suivante :

« Tout le monde court et tout le monde pense pouvoir avoir mieux. ») Ce qu'elle prenait pour son caractère – dynamique, grincheuse, angoissée et triste – n'était que l'effet déformant de son environnement, de la pression sociale. Personne n'a envie de vivre comme ça. Personne n'a envie d'être coincé dans un embouteillage, pris dans un mouvement de foule dans un stade ou subir la loi de la cruauté à l'école. C'est quelque chose qu'on s'impose collectivement. Ce n'est peut-être pas un problème qui sera résolu à grands coups de réformes sociales ou d'un traitement autoadministré ; c'est peut-être simplement l'ordre des choses. Pour le zoologue Konrad Lorenz, « l'existence pressée dans laquelle l'humanité industrialisée et commercialisée s'est précipitée » et toutes les afflictions qui s'ensuivent – ulcères, hypertension, névroses, etc. – sont une « évolution inappropriée », une mauvaise adaptation provoquée par notre féroce concurrence intraespèce. Il nous compare aux oiseaux que leur long plumage attrayant a rendus incapables de voler, des proies faciles.

Je ne peux pas m'empêcher de me demander si tout cet épuisement théâtral n'est pas une façon de cacher la futilité d'une grande partie de ce qu'on fait. Je suis sorti avec une stagiaire d'un magazine qui ne pouvait pas sortir déjeuner une heure au cas où on aurait besoin d'elle. Il s'agissait d'un magazine de divertissement dont la raison d'être avait été oubliée depuis l'apparition du bouton Menu sur les télécommandes. Il est donc difficile de considérer ce côté prétendument indispensable comme autre chose qu'une forme d'aveuglement institutionnel. Considérant le volume de mes e-mails et la quantité de choses éphémères trouvées sur Internet que je reçois chaque jour, je soupçonne que la plupart des employés de bureau en font aussi peu que moi. On est de plus en plus nombreux à ne plus rien faire de tangible ni créer. Si votre travail n'est pas effectué par un chat, un boa constrictor ou un asticot en chapeau tyrolien dans un livre de Richard Scarry, je ne suis pas convaincu qu'il soit nécessaire. Je sais, on est tous très occupés, mais que produit-on exactement ? Est-ce que tous ceux qui sont en retard à leur réunion et qui crient dans leur téléphone portable éradiquent la malaria, développent des alternatives durables aux énergies fossiles ou créent quelque chose de beau ?

Cette suractivité, c'est une sorte de garantie existentielle, un rempart contre le vide. C'est sûr, vous ne pouvez pas être bête, trivial ou insignifiant si vous êtes si occupé, complètement saturé, réclamé toute la journée. Tout ce bruit, ce stress et cette précipitation semblent inventés pour masquer nos peurs. Je sais qu'après avoir passé la journée à travailler, faire les courses, répondre aux e-mails ou regarder des films, bref, occuper mon esprit, dès que je m'allonge pour dormir, tous les tracas du quotidien et les grandes questions existentielles que j'avais réussi à écarter submergent mon esprit comme les monstres sortant du placard dès qu'on éteint la lumière. Quand on essaie de méditer, notre esprit est soudain hanté par une foule de choses urgentes auxquelles on devrait penser au lieu de rester simplement assis, immobiles. Selon un de mes correspondants, on aurait tous peur de se retrouver seuls face à nous-mêmes.

Allez, je l'admets : je ne suis pas occupé. Je suis le plus ambitieux des fainéants que je connaisse. Comme la plupart des écrivains, je me sens comme un dépravé qui ne mérite pas de vivre les jours où il n'écrit pas, mais je me dis que 4 ou 5 heures de travail me suffisent pour gagner le droit de rester sur cette planète un jour de plus. Une bonne journée ordinaire pour moi se compose ainsi : j'écris le matin, je fais une longue balade en vélo et fais les courses l'après-midi, et je vois des amis, je lis ou je regarde la télé le soir. Les meilleures journées de ma vie sont celles vouées à la débauche ininterrompue, mais, hélas, elles sont de plus en plus rares et difficiles à organiser. Pour moi, il s'agit d'une journée qui a un rythme sain et agréable. Si on m'appelle pour me demander si je peux m'échapper du boulot pour aller admirer les œuvres américaines au Met, regarder les filles à Central Park ou simplement siroter des cocktails glacés toute la journée, je réponds : « À quelle heure on se retrouve ? »

Mais, récemment, à cause d'obligations professionnelles, j'ai insidieusement commencé à être occupé. Pour la première fois de ma vie, j'ai pu dire aux gens sans rigoler que j'étais « trop occupé » pour faire ce qu'ils voulaient. J'ai compris pourquoi ils appréciaient ma plainte : on se sent important, recherché, sollicité. C'est aussi une excuse imparable pour décliner des invitations ennuyeuses, des projets bancals et toute interaction avec d'autres êtres humains. Sauf que je détestais être occupé ! Chaque matin, ma boîte de réception débordait d'e-mails me demandant des choses que je n'avais pas envie de faire ou m'imposant des problèmes que je devais résoudre. C'était devenu insoutenable, jusqu'à ce que je m'enfuie vers un Lieu Secret d'où j'écris ces lignes.

Ici, je ne suis pas trop tenu par des obligations. Je n'ai pas la télé. Pour consulter mes e-mails, je dois me rendre à la bibliothèque. Je peux passer une semaine entière sans voir âme qui vive. J'ai retrouvé le plaisir d'admirer les boutons d'or, les punaises et les étoiles. Je lis énormément. Et, surtout, c'est la première fois depuis des mois que je me suis vraiment remis à écrire. Il est difficile de parler de la vie sans s'immerger dans le monde, mais il est aussi impossible de comprendre la vie ou d'essayer d'en expliquer le sens sans s'en extraire. Je sais bien que tout le monde ne possède pas une maison isolée où fuir le quotidien. Ne pas avoir la télé câblée ou de connexion Internet s'avère plus économique. Techniquement, la nature est toujours gratuite, même si l'homme tente d'imposer un prix d'entrée élevé. Le temps et la tranquillité ne devraient pas être des biens de luxe.

L'oisiveté, ce n'est pas simplement des vacances, un petit plaisir ou un vice. C'est aussi indispensable pour le cerveau humain que la vitamine D l'est pour l'organisme. Si on en est privé, on souffre d'une maladie mentale qui défigure autant que le rachitisme. L'espace et la tranquillité que l'oisiveté procure sont nécessaires pour prendre du recul, appréhender la vie dans sa globalité, faire des rapprochements inattendus et attendre l'éclair d'inspiration – ce qui paradoxalement est une nécessité pour produire quoi que ce soit. « Rêvasser est souvent l'essence de ce qu'on fait, » a écrit Thomas Pynchon dans son essai sur la paresse. Archimède et son « Eurêka » dans son bain, la pomme de Newton, le docteur Jekyll et M. Hyde, l'anneau benzénique… l'histoire regorge d'exemples d'inspiration survenue à la suite d'un moment d'oisiveté ou d'un rêve. On pourrait presque se demander si on ne doit pas la majorité des idées de génie, des grandes inventions et des chefs-d'œuvre du monde aux oisifs, aux flemmards et aux bons à rien plutôt qu'aux vrais bosseurs.

« L'objectif dans l'avenir est le plein emploi pour qu'on ait tous le temps de s'amuser. C'est pour cette raison qu'il faut casser le système politico-économique actuel. » Ce n'est pas la déclaration d'un anarchiste qui aurait trop fumé, mais celle d'Arthur C. Clarke, qui a trouvé le temps, entre ses plongées sous-marines et ses parties de flipper, d'écrire Les Enfants d'Icare et d'imaginer les communications par satellite. Ted Rall a récemment proposé dans une rubrique que l'on sépare le revenu du travail, que chaque citoyen reçoive un salaire garanti, une idée folle qui pourrait devenir un droit fondamental dans un siècle, comme l'abolition de l'esclavage, le suffrage universel et la journée de travail de 8 heures. Ça peut paraître une hérésie en Amérique, mais il n'y a aucune raison pour qu'on ne considère pas les besognes comme un mal qu'il faudrait éradiquer de ce monde, au même titre que la polio. Ce sont les puritains qui ont travesti le travail en vertu, oubliant visiblement que Dieu l'avait inventé comme une punition. Puisque le Père Fouettard s'est absenté, on devrait peut-être tous se faire une longue pause clope.

J'imagine que le monde tomberait vite en ruine si on se comportait tous comme moi, mais je pense que la vie idéale se trouve quelque part entre mon indolence rebelle et l'éternelle bousculade frénétique du reste du monde. Personnellement, j'ai mené une vie pépère, mais ma position privilégiée en dehors de la ruche m'a offert un point de vue unique. C'est comme celui qui est désigné pour ne pas boire en soirée afin de ramener les autres. Quand on ne boit pas, on voit plus clairement l'ivresse que ceux qui sont ivres. Hélas, le seul conseil que j'aurais à donner aux Affairés serait aussi malvenu que le conseil qu'on donnerait aux Ivrognes. Je ne vous conseille pas de démissionner, mais peut-être de prendre la fin de la journée. Faites une partie de skeeball. Faites l'amour au milieu de l'après-midi. Emmenez votre fille à un spectacle en matinée. Mon rôle dans la vie, c'est d'être une mauvaise influence, le gamin à la fenêtre qui vous tire la langue et vous presse, rien qu'une fois, de trouver une excuse pour vous échapper et venir jouer dehors.

Même si ma propre oisiveté a été plutôt un luxe qu'une vertu, j'ai pris il y a longtemps une décision mûrement réfléchie : j'ai préféré avoir le temps plutôt que l'argent, car on peut toujours gagner plus d'argent. J'ai toujours su que le meilleur investissement de mon temps limité sur Terre serait de le passer avec les gens que j'aime. Sur mon lit de mort, il se peut que je regrette de ne pas avoir travaillé plus, écrit davantage, exprimé tout ce que j'avais à dire, mais je crois que ce que je souhaiterai le plus, c'est de retourner au Delancey avec Nick, refaire le monde un soir avec Lauren, piquer un fou rire avec Harold. La vie est trop courte pour être trop occupé.

Cal Fussman

Cal Fussman (TW : @calfussman, calfussman.com) est un auteur de best-sellers du *New York Times* et chroniqueur pour le magazine *Esquire*, où il a écrit la série d'articles What I've Learned. L'Austin Chronicle qualifie son don pour les interviews comme « hors pair ». Il a transformé l'histoire orale en art, menant des interviews avec des icônes qui ont marqué le monde depuis 50 ans : Mikhaïl Gorbatchev, Jimmy Carter, Ted Kennedy, Jeff Bezos, Richard Branson, Jack Welch, Robert De Niro, Clint Eastwood, Al Pacino, George Clooney, Leonardo DiCaprio, Tom Hanks, Bruce Springsteen, Dr Dre, Quincy Jones, Woody Allen, Barbara Walters, Pelé, Yao Ming, Serena Williams, John Wooden, Mohamed Ali, et tant d'autres.

Ce natif de Brooklyn a passé 10 années consécutives à parcourir le monde, nageant au milieu de requins-tigres, observant les gorilles au Rwanda et cherchant de l'or en Amazonie. Il s'est porté cobaye volontaire – pour boxer contre le champion du monde Julio César Chávez – et a même été sommelier au restaurant au sommet du World Trade Center. Il vit avec son épouse, qu'il a rencontrée lors d'un voyage pour découvrir les plus belles plages du monde, et ses trois enfants à Los Angeles et prend tous les jours son petit déjeuner en compagnie de Larry King.

Animal totem : l'éponge

Avant-propos

Écrire un profil court sur Cal était un véritable défi. Sa force, c'est les longues histoires qui durent 10, 15 minutes et qui – PAN ! – vous submergent d'émotions. C'est un maître de l'art. Quand j'ai annoncé à mes auditeurs que j'allais faire une seconde interview de Cal, ils ont été nombreux à me dire : « S'il vous plaît, laissez Cal parler pendant trois heures. Je pourrais écouter ses histoires sans fin. » Je vous recommande vivement d'écouter les deux épisodes avec Cal…

Un dîner au bar, un billet pour un tour du monde

Cal avait l'impression d'avoir touché le gros lot quand il a été embauché à Inside Sports à New York. Il a pu côtoyer Hunter S. Thompson et échanger des histoires avec des journalistes vainqueurs du Prix Pulitzer :

« Je n'étais qu'un gamin de 2 ans. Chaque soir, tout le monde allait dans le bar d'en face, The Cowboy. À l'époque, j'étais fauché. Ils offraient de petits hors-d'œuvre et ça me faisait mon dîner si les gars qui pouvaient faire des notes de frais ne sortaient pas plus tard. Inside Sports n'était pas un boulot, mais une expérience. C'était un événement chaque jour. Qui allait venir ce soir ? »

Côté artistique, *Inside Sports* était une réussite, mais pas côté commercial. L'entreprise a fait faillite et Cal s'est retrouvé sans boulot ni argent :

« Je ne savais pas quoi faire, alors j'ai appelé mes parents : "Je crois que je vais voyager un peu." Ma mère, qui m'a toujours soutenu, m'a dit : "Oh, c'est merveilleux, Cal." Elle ne savait pas que je n'allais pas rentrer avant 10 ans. Mais moi non plus ! J'ai acheté un billet d'avion pour l'Europe, et avec quelques copains j'ai entamé mon odyssée "Cal autour du monde". »

La magie du goulasch

« L'allée centrale [d'un bus ou d'un train pendant ses voyages] était l'endroit où tout se passait. Pendant que j'arpentais l'allée pour trouver un siège libre, je cherchais quelqu'un d'intéressant à côté de qui m'asseoir. Quelqu'un à qui je pourrais faire confiance et qui pourrait aussi me faire confiance. L'enjeu est important, parce que je sais qu'à la fin du trajet la personne doit m'inviter chez elle. Je n'avais pas de quoi me payer l'hôtel tous les soirs. »

La question qui ouvrait toutes les portes à Cal en Europe était : « Pouvez-vous m'expliquer comment on fait un bon goulasch ? » Il s'asseyait exprès à côté des grands-mères, qui lui ouvraient leur âme. Après quelques minutes de pantomime passionnée, des gens venaient lui offrir leurs services de traducteur, quel que soit le pays. Cal n'a jamais dû s'inquiéter de savoir où il passerait la nuit.

« Pendant [un dîner en Hongrie où une grand-mère m'a préparé un goulasch] un voisin m'a demandé : "Avez-vous déjà goûté à la liqueur d'abricot ? Personne ne fait la liqueur d'abricot aussi bien que mon père. Il habite à une demi-heure d'ici. Vous devez absolument venir la goûter." Le week-end, on a goûté à la liqueur d'abricot et on s'amusait bien. Un autre voisin me dit : "Êtes-vous déjà allé à Kiskunhalas, la capitale du monde du paprika ? Vous ne pouvez pas quitter la Hongrie sans avoir visité Kiskunhalas." Et nous voilà partis pour Kiskunhalas. Croyez-moi, une simple question à propos de goulasch et j'obtenais six semaines de gîte et de couvert. C'est ainsi que j'ai voyagé partout dans le monde pendant 10 ans. 10 ans ! »

Visez le cœur, pas la tête

« Leçon n° 1 [quand on me demande des conseils pour des interviews] : visez le cœur, pas la tête. Quand vous avez atteint le cœur, vous pouvez vous attaquer à la tête. Quand vous avez atteint le cœur et la tête, vous avez accès à l'âme. »

Soyez différent, pas simplement « meilleur »

Cal a eu l'opportunité de s'entretenir 30 minutes avec Mikhaïl Gorbatchev au sommet de sa gloire alors que son attaché de presse lui avait octroyé 2 minutes et demie. Comment a-t-il fait ? « Touchez le cœur avec votre première question. » Voici comment ça s'est passé :

« L'attaché de presse me conduit dans la pièce et je me dis : "Bon, si tu as 2 minutes et demie, fais au mieux." Je lève les yeux et il était là, Gorby. Il était un peu plus âgé que je ne le croyais, 77 ans environ. Il était en ville pour parler d'armes nucléaires et de la raison pour laquelle il fallait les bannir. On s'assied. Je le regarde. Je sais qu'il attend que ma première question soit à propos des armes nucléaires, de la politique internationale, de la perestroïka, de Ronald Reagan. Il est prêt. Donc je le regarde et je lui demande : "Quelle est la meilleure leçon que vous ayez jamais reçue de votre père ?" Il est surpris, agréablement surpris. Il lève les yeux et ne répond pas. Il réfléchit à ma question. C'est comme s'il regardait le film de son enfance au plafond. Et le voilà qui commence à me raconter cette histoire. Il me raconte le jour où son père a été appelé pour combattre lors de la Seconde Guerre mondiale. Les Gorbatchev habitaient dans une ferme, loin de la ville où son père devait rejoindre d'autres hommes pour partir à la guerre… »

« Ne paniquez pas. Laissez faire le silence »

C'est le conseil que Cal m'a donné quand je lui ai dit que je paniquais parfois et que j'intervenais si un interviewé semblait bloquer sur une question. Krista Tippett, l'hôte de l'émission de radio en public et de podcast On Being, m'a dit un truc qui m'aide à garder mon calme : « Écouter, c'est être présent, pas seulement silencieux. »

Une question que Cal aimerait entendre poser plus souvent

« Quels sont les choix qui ont fait de vous ce que vous êtes ? »

« Les bons trucs restent »

Un jour, Cal a demandé à Harry Crews, romancier et auteur de *La Foire aux serpents et Car*, comment il faisait pour se souvenir de quoi que ce soit étant donné la quantité d'alcool et de drogue qu'il consommait. Harry n'écrivait pas de journal. Sa réponse a été : « Les bons trucs restent. » Cal y a repensé des décennies plus tard, quand il a perdu tout un carton de notes de recherche dans sa cave, qui avait été inondée. Le dernier article que Cal a écrit de mémoire est intitulé « Drinking at 1 300 Feet » et est tout simplement incroyable. Il a remporté un prix James-Beard, l'équivalent d'un Oscar dans le monde de la gastronomie. Le début de l'article donne le ton : « On connaît tous ce que ça fait de tenir absolument à faire quelque chose et on s'y efforce tant qu'en fin de compte on n'arrive pas à le faire. »

Comme ça, vous voulez écrire un livre ?

Cal explique pourquoi il offre parfois Cent ans de solitude, de Gabriel García Márquez, à des écrivains en herbe : « Si vous n'avez jamais écrit de livre et que vous dites que vous voulez écrire un chef-d'œuvre, parfait. Lisez d'abord ceci pour savoir ce qu'est un chef-d'œuvre de la littérature. »

Si vous étiez milliardaire…

J'ai demandé à Cal : « Si vous étiez milliardaire et que vous pouviez offrir deux ou trois livres à chaque étudiant qui termine ses études cette année en Amérique, quels titres choisiriez-vous ? » Sa réponse (qui a été actualisée depuis le podcast) : « Pour tous : Comment se faire des amis, de Dale Carnegie. Pour les femmes : Vers l'Ouest avec la nuit, de Beryl Markham. Pour les hommes : L'Étoffe des héros, de Tom Wolfe. C'est un bon point de départ. »

* **Que mettriez-vous sur une affiche ?**
« ÉCOUTEZ. »

Rick Rubin

Rick Rubin est, selon MTV, « le plus important des producteurs [de musique] des 20 dernières années ». Le CV de Rick inclut de nombreux artistes, de Johnny Cash à Jay Z. Parmi ses groupes metal, on compte Black Sabbath, Slayer, System of a Down, Metallica, Rage Against the Machine, et Linkin Park. Il a également travaillé avec des artistes pop comme Shakira, Adele, Sheryl Crow, Lana Del Rey, et Lady Gaga. De plus, il a contribué à populariser le hip-hop avec des artistes tels que LL Cool J, les Beastie Boys, Eminem, Jay Z, et Kanye West. Et ce n'est que la partie visible de l'iceberg…

Animal totem : l'ours blanc

Pour la petite histoire

- Rick était partant pour enregistrer un podcast, à condition de le faire dans un sauna extrêmement chaud. Ce n'était pas la première fois que j'entrais dans un sauna ou dans un bain glacé avec Rick, mais jamais avec de l'équipement électronique. J'ai dû préparer mon matériel en conséquence et j'ai pensé à tout, sauf aux micros. Ils sont devenus brûlants au point qu'il a fallu les emballer dans des serviettes.
- Chris Chelios, un ami et ancien joueur de hockey professionnel, a initié Rick à la pratique régulière du sauna. Il a eu une carrière incroyablement longue dans la NHL, puisqu'il a participé à des tournois jusqu'à l'âge de 48 ans. Il détient le record du plus grand nombre de matchs joués à la NHL en tant que défenseur. Selon Chris, il doit la durée de sa carrière sportive et sa bonne santé à l'utilisation quotidienne de son sauna.
- Rick porte toujours un T-shirt, un short et des tongs, quelles que soient les circonstances. Si un restaurant exige un code vestimentaire, il n'y va pas.
- Rick et Kelly Starrett (page 117) ont été les premiers à me parler des bienfaits d'un surmatelas rafraîchissant (page 134).
- Adele a revu la première version de son album 25 en prenant en compte, entre autres, les remarques de Rick. Son disque ainsi revu et corrigé est devenu la meilleure vente de 2015.

Le pouvoir nettoyant du froid

« Souvent, je me sens mieux après des exercices physiques ou une séance de méditation, mais ça ne vaut pas un bain glacé. C'est magique – aller-retour sauna et bain glacé. Au bout du cinquième ou sixième aller-retour dans une baignoire d'eau froide, vous avez oublié tous vos soucis. »

20 minutes de soleil le matin

Rick a perdu 45 kilos. Il a complètement remodelé son corps et peut facilement me battre en paddle-board. Il doit beaucoup de ces changements au Dr Phil Maffetone, dont l'amélioration de son rythme circadien. Rick se réveille désormais entre 7 h 30 et 8 h 30. Fini la vie d'oiseau de nuit. Le déclic ? « À la fac [à la NYU], je ne prenais jamais de cours avant 15 heures parce que je savais pertinemment que je n'irais pas… [Avant de rencontrer le Dr Maffetone] je dormais dans une chambre avec des rideaux occultants et je sortais rarement avant le coucher du soleil. Il m'a dit : "Désormais, quand vous vous réveillez, je veux que vous sortiez. Dès que vous vous levez, ouvrez les rideaux et sortez, nu si possible. Profitez du soleil pendant 20 minutes." »

TF : Je fais ma séance de médiation matinale dehors, torse nu si possible. J'ai essayé nu comme un ver, mais j'ai été mis à la porte d'un hôtel à Paris, car ma « cour privée » était en réalité une cour commune. Bonjour !

« Les grandes œuvres d'art divisent le public »

La première fois que j'ai vu le nom de Rick, c'était sur la cassette du tout premier album de trash metal que je me suis offert : *Reign in Blood*, des Slayer. Je lui ai demandé comment s'était passée la signature avec ce groupe :

« Quand on a signé [Slayer], on a pris un gros risque… C'était leur premier album pour un grand label [et on craignait] qu'ils ne se renient… J'ai toujours aimé l'extrême. Ils étaient extrêmes et je ne voulais pas diluer leur musique. Diluer des idées pour plaire au plus grand nombre me déplaît. Je crois que les gens veulent ce qui dégage une véritable passion et, souvent, la meilleure version n'est pas au goût de tout le monde… **Les grandes œuvres divisent le public.** Si vous sortez un album et que la moitié des gens l'adorent alors que l'autre le détestent, vous avez bien fait, parce que ça repousse cette limite. »

✶ **Le conseil que vous vous seriez donné plus jeune ?**

« "**Sois plus tendre avec toi-même.**" Je m'en suis beaucoup trop voulu. Je suis très exigeant, très dur envers moi-même. Je ne crois pas que je fasse du bien à quiconque de la sorte. »

TIM : J'ai parfois le même problème – d'un côté, je ne veux pas en faire trop, mais, de l'autre, mon perfectionnisme m'a permis d'atteindre le minimum de succès dont je jouis. J'ai entendu parler de ZZ Top et de *La Futura*, de la façon dont ils avaient travaillé sur cet album avec vous de 2008 à 2012. Ils ont compris pourquoi vous vouliez que l'album soit aussi parfait que possible, même si ça demandait du temps et des efforts. J'aimerais être plus tendre envers moi-même, mais j'ai l'impression que je perdrais la magie, si elle existe, qui me permet de faire ce que je fais.

RICK : Je pense que c'est un mythe. La façon de voir les choses est propre à chacun [et ne dépend pas du perfectionnisme]. C'est comme si vous aviez gagné la guerre et qu'il vous fallait accepter le fait que vous l'avez gagnée. Vous avez un public. Les gens veulent entendre ce qui vous intéresse, les choses que vous voulez apprendre et ce que vous voulez partager. On peut y parvenir sans se tuer à la tâche. Vous ne vous rendriez pas service en vous tuant à la tâche, pas plus qu'à votre public.

Pour se décoincer, rendre la tâche triviale

Comment Rick aide-t-il les artistes qui se sentent coincés ? « Généralement, je leur donne un devoir à faire à la maison, une petite tâche facile à exécuter. Je vous donne un exemple : récemment, je travaillais avec un artiste qui n'avait pas sorti d'album depuis longtemps et qui bataillait pour terminer ses chansons. Il avait un blocage. Je lui ai donné un devoir à la maison tout à fait faisable, simple au point d'en être ridicule. "Ce soir, je voudrais que tu écrives un mot pour cette chanson, qui a besoin de cinq couplets. Je voudrais que tu trouves simplement un mot que tu aimes pour demain. Tu crois que tu y arriveras ?" »

Le point de départ est un travail du cœur, pas de la tête

« Une grande partie de tout travail fait appel aux émotions, au cœur plutôt qu'à la réflexion, à la tête. La tête prend le relais par la suite pour organiser ce que le cœur a présenté. L'inspiration initiale vient d'ailleurs, pas de la tête. Ce n'est pas une activité intellectuelle. »

Apprendre des maîtres, pas des concurrents

« Aller dans les musées admirer les œuvres de grands maîtres peut aider à écrire de meilleures chansons. Comme lire de la grande littérature… voir un chef-d'œuvre au 7e art… lire des poèmes… La seule façon de s'inspirer des autres artistes est de **s'imprégner des chefs-d'œuvre de toutes les époques**… Si vos écoutez les meilleures chansons "classiques", vous découvrirez un moyen de trouver votre propre voie aujourd'hui [au lieu] d'écouter ce qui passe actuellement à la radio et de vous dire : "Je veux concurrencer ça." [Pour la musique] regardez en ligne les 100 Meilleurs albums de tous les temps de MOJO ou les 500 Meilleurs albums de Rolling Stone, ou toute autre source fiable listant les 100 meilleurs albums. Commencez par écouter la musique de ceux que l'on considère comme des maîtres de l'art. »

* **Selon vous, qui incarne le mieux le mot « réussite » ?**
Don Wildman. « Il a 82 ans et a effectué 23 tractions l'autre jour sur la plage. Il a participé aux Jeux olympiques des seniors. Il a pris sa retraite, maintenant… parce qu'il voulait profiter de la vie et faire du sport. C'est quelqu'un qui inspire, qui motive, qui a réussi dans divers domaines. »

TF : Laird Hamilton, Gabby Reece et Brian MacKenzie parlent aussi beaucoup de Don (voir page 112). Je vous recommande de lire l'article qu'Esquire lui a consacré, intitulé « The World's Healthiest 75-Year-Old Man ». En voici un extrait : « Wildman a officiellement pris sa retraite en 1994, à 61 ans [après avoir revendu sa société qui est devenue Bally Total Fitness], non pas parce qu'il n'avait plus la passion de son métier, mais parce que, quand on travaille – même dans l'industrie du fitness –, il est difficile de pratiquer le snowboard 100 jours par an. »

La bande-son de l'excellence

Comme je l'ai déjà dit, plus de 80 % des personnes que j'ai interviewées ont une sorte de rituel de méditation auquel elles se plient tous les matins.

Et parmi les 20 % restant ? Presque toutes ont une activité méditative. Un des rituels est d'écouter en boucle une chanson ou un album, ce qui peut avoir l'effet d'un mantra aidant à la concentration et à la conscience de son état actuel.

Voici quelques exemples :

- Alex Honnold, grimpeur en solo : B-O du *Dernier des Mohicans*.
- Rolf Potts, auteur de Vagabonding et autres ouvrages : 30 minutes de musique du genre *The Zen Effect*, de Rolfe Kent, le compositeur de musique des films *Sideways*, *Serial noceurs* et *La Revanche d'une blonde*.
- Matt Mullenweg, développeur en chef de WordPress, P-DG d'Automattic : « Everyday », de A $ AP Rocky et « One Dance », de Drake.
- Amelia Boone, la plus célèbre coureuse d'obstacles : « Tonight Tonight », des Smashing Pumpkins, et « Keep Your Eyes Open », de NEEDTOBREATHE.
- Chris Young, mathématicien et chef de cuisine expérimentale : « Live at the Rojan in Shanghai », de Paul Oakenfold, et Essential Mix, de Pete Tong.
- Chris Sacca : « Harlem Shake », de Baauer, et « Lift Off », de Jay Z et Kanye West avec Beyoncé. « Je gère une quantité incroyable d'e-mails avec Harlem Shake en bruit de fond. »
- Tim Ferriss : actuellement, j'écoute « Circulation », de Beats Antique, et « Black Out the Sun », de Sevendust, selon mes besoins (continuité ou relance).

Personnellement, je pousse ce comportement répétitif de moine plus loin.

À l'approche d'un rendu de manuscrit, je choisis un ou deux albums et films pour mes séances d'écriture nocturnes, puisque je travaille mieux entre 23 heures et 4 heures du matin. En interrogeant les auteurs les plus prolifiques que je connaisse, plus de 90 % travaillent mieux aux heures où les autres dorment, qu'ils commencent à 22 heures ou qu'ils se lèvent bien avant 6 heures du matin. Personnellement, je mets un film sans le son pour éviter le sentiment d'isolement, et j'écoute un ou deux albums par séance d'écriture, le tout en boucle. En gros, j'ai « vu » des films plus d'une centaine de fois, et il m'arrive de remettre le même 3 à 6 fois par nuit. À la fin de ma séance d'écriture, quand je suis bien fatigué, je passe à la musique « relance » par défaut. Voici les filmographie et discographie que j'ai utilisées lorsque j'ai travaillé sur mes livres :

La Semaine de 4 heures :

- **Films** : La Mémoire dans la peau, Shaun of the Dead.
- **Album** « **continuité** » : Gran Hotel Buenos Aires, de Federico Aubele.
- **Album** « **relance** » : One-X, de Three Days Grace.

4 heures par semaine pour un corps d'enfer :

- **Films** : Casino Royale, Snatch.
- **Album** « **continuité** » : Luciano Essential Mix (2009, Ibiza), avec DeadMau5.
- **Album** « **relance** » : Cold Day Memory, de Sevendust.

The 4-Hour Chef:

- **Film** : Babe, le cochon devenu berger (oui, le film sur le cochon. C'était le premier film gratuit sur Amazon Prime. Je l'ai regardé une fois pour rire et j'ai accroché. « C'est bien, mon cochon. C'est bien. » J'adore.)
- **Album** « **continuité** » : « Just Jammin' », long single, de Gramatik.
- **Album** « **relance** » : Dear Agony, de Breaking Benjamin.

Les clés pour réussir :

- **Films** : Aucun ! Je voyageais et regardais les passants à Paris et ailleurs ; cela a fait office de film.
- **Album** « **continuité** » : I Choose Noise, de Hybrid.
- **Album** « **relance** » : Over the Under, de Down.

Jack Dorsey

Jack Dorsey (TW : @jack) est le cofondateur et le P-DG de Twitter, le fondateur et P-DG de Square, et il siège au conseil de la Walt Disney Company. Il a reçu le prix « Innovator of the Year » du Wall Street Journal en 2012 et a été nommé l'un des « 35 meilleurs innovateurs de moins de 35 ans » par *MIT Technology Review* en 2008.

* **Les livres que vous aimez offrir ?**
  Le Vieil Homme et la mer [d'Ernest Hemingway] ; *Feuilles d'herbe* [de Walt Whitman] (première édition).

* **Que mettriez-vous sur une affiche ?**
  « RESPIREZ. »

* **Une maxime qui régit votre vie ou à laquelle vous pensez souvent ?**
  « Je ne sais rien. »

* **Le pire conseil entendu dans votre métier ?**
  « Échoue vite fait ! »

* **Une chose à laquelle vous croyez et que les autres considèrent comme une folie ?**
  Notre capital de naissance doit nous suffire.

* **Trois personnes qui vous ont appris quelque chose l'année dernière ou que vous suivez ?**
  Wim Hof, Rick Rubin, Rick Owens.

* **Vos épisodes préférés du Tim Ferriss Show ?**
  Rick Rubin et Wim Hof.

* **Votre meilleur investissement ?**
  Prendre le temps d'aller au travail à pied tous les jours (8 km, 1 h 15 de marche).

Paulo Coelho

« Il n'existe que quatre genres d'histoires : une histoire d'amour entre deux personnes, une histoire d'amour entre trois personnes, la lutte pour le pouvoir, et le voyage. Chaque livre qui finit en librairie traite de ces quatre archétypes, de ces quatre thèmes. »

« Le monde change grâce à votre exemple, pas à votre avis. »

Paulo Coelho (FB/TW : @paulocoelho, paulocoelhoblog.com) est depuis longtemps ma source d'inspiration quand j'écris. Ses livres, qui connaissent un succès quasi planétaire, incluent *L'Alchimiste* et *L'Espionne* (le dernier publié), et ont été traduits dans plus de 70 langues. Sa production en tant qu'écrivain est d'une régularité stupéfiante : il publie en moyenne un livre tous les deux ans. J'écris ces lignes pressé par des dates butoirs et je me sens, à l'image de Kurt Vonnegut, « comme manchot cul-de-jatte avec un crayon dans la bouche ». On apprend beaucoup de Paulo.

Contexte

Peu de personnes savent que *L'Alchimiste*, qui s'est vendu à plus de 65 millions d'exemplaires dans le monde, a d'abord été publié par un petit éditeur brésilien à 900 exemplaires. Et ce dernier a refusé de le réimprimer ! Ce n'est qu'après Brida, le roman suivant de Paulo, que L'Alchimiste a été réimprimé et que les ventes se sont envolées.

Paulo est né au Brésil, mais vit maintenant à Genève, en Suisse, où il a enregistré de mon podcast.

À quoi ressemble votre routine chaque matin, chaque jour ?

« Comme tout le monde, je m'assieds. J'ai le livre en moi, mais je commence à atermoyer. Le matin, je consulte mes e-mails, je lis le journal, je vérifie tout ce que je peux vérifier dans le seul but de repousser le moment où je serai seul face à moi-même. Pendant trois heures, j'essaie de me dire : “Non, non, non. Plus tard, plus tard, plus tard.” Et puis, soudain, je me dis – pour ne pas perdre la face auprès de moi-même – que je vais écrire pendant une demi-heure. Et je le fais. Bien sûr, cette demi-heure se transforme en dix heures d'affilée. C'est pour ça que j'écris mes livres très vite, parce que je ne peux pas m'arrêter… [Mais] je n'arrive pas non plus à ne pas perdre de temps. **C'est mon rituel intérieur. Il faut sans doute que je me sente coupable de ne pas avoir écrit pendant trois ou quatre heures.** Mais, une fois arrivé à ce stade, je commence et ne peux plus m'arrêter…

« Une journée d'écriture réussie est une journée où je souffre le matin, mais où je suis heureux le soir, heureux d'écrire. Je ne devrais pas parler de bonheur, car l'exercice est douloureux aussi… j'ai l'impression d'être en transe. Quand je me couche après dix heures de travail, eh bien, l'adrénaline continue de circuler dans mes veines. Il me faut des heures pour m'endormir. **J'ai un carnet auprès de moi et je prends des notes, mais si je les écris, c'est pour les extraire de ma tête. Elles ne me servent à rien le lendemain.** Je n'utilise jamais les notes que je prends… c'était déjà comme ça quand j'ai écrit mon premier livre, Le Pèlerin de Compostelle. Je n'arrive pas à modifier ce processus. J'aimerais pouvoir m'asseoir et écrire sans avoir à me sentir coupable pendant quatre ou cinq heures chaque jour. C'est impossible. »

TF : Même les meilleurs du monde luttent. Je dois souvent réapprendre cette leçon. Pour la plupart des écrivains qui n'ont pas commencé comme journalistes (Malcolm Gladwell ou Neil Strauss, par ex.), écrire est et reste difficile. Qu'est-ce qui facilite le processus ? Savoir que beaucoup de « grands » ont le même problème. Il est rassurant de penser que quelqu'un au sommet de son art – qui a visiblement surmonté tous les obstacles – continue de lutter au quotidien.

✶ Quelles sont les erreurs ou faiblesses les plus communes à tous les romanciers débutants ?

« Restez simple. Faites confiance à vos lecteurs. Ils ont beaucoup d'imagination. N'essayez pas de décrire. Faites une allusion et leur imagination fera le reste. C'est la raison pour laquelle je suis réticent à vendre les droits de mes livres au cinéma parce que, sur un écran, on a tout. Le [spectateur] n'a pas besoin de réfléchir. Cependant, si je dis, comme dans Aleph, au tout début, "Je suis dans ma maison des Pyrénées. Là, il y a un chêne", je n'ai pas besoin d'expliquer à quoi ressemble ma maison. Les éléments importants suffisent : le chêne, moi, et la personne à qui je parle. C'est tout… Faites confiance à vos lecteurs. Comprenez qu'ils sont capables de combler les vides. Ne surexpliquez pas. »

✶ D'où vous viennent les idées qui pourraient vous aider à écrire ?

« J'encourage vivement les écrivains à ne pas penser à l'écriture chaque fois qu'ils font autre chose. Oubliez les carnets. Oubliez de prendre des notes. Laissez l'essentiel s'installer seul. Ce qui ne l'est pas disparaît. Quand on s'assied pour écrire, on passe par un processus de purge, de nettoyage. Après, ne reste que ce qui compte. C'est bien plus simple que prendre des notes et se surcharger d'informations. »

✶ Qu'est-ce qui vous aide quand vous avez un blocage et que vous n'avancez plus ?

« Une seule chose : quand je stagne, je me promets que [même] si l'inspiration ne me vient pas, je dois continuer d'avancer. J'ai besoin de discipline… Quand je me trouve coincé au milieu d'un livre, sans savoir comment continuer, et même si c'est de la non-fiction, je me dis : "Toi, le livre, tu me résistes. D'accord. Je vais rester assis ici, et je ne te laisserai pas tranquille tant que je n'aurai pas trouvé comment me sortir de cet imbroglio." Cela peut prendre 10 minutes ou 10 heures. Sans une discipline stricte, on n'avance pas… »

TF : Plusieurs de mes invités présents dans ce livre, y compris moi-même, ont regagné confiance en lisant Bird by Bird d'Anne Lamott. Un de mes amis était prêt à rendre son avance à son éditeur et à résilier son contrat. Je lui ai prêté mon exemplaire de ce livre, il a repris confiance en lui et son livre est devenu un best-seller du *New York Times*.

✶ Vous faites-vous aider par une équipe ou par des chercheurs ?

« Je n'ai pas de chercheurs. Non, non… Si vous surchargez votre livre d'éléments de recherche, vous allez mourir d'ennui et vos lecteurs aussi. Le but des livres n'est pas de montrer combien vous êtes intelligent et cultivé. Les livres existent pour révéler votre cœur, votre âme, et dire à vos lecteurs fidèles : vous n'êtes pas seuls. »

La leçon d'écriture de Cheryl Strayed

Cheryl Strayed (FB : CherylStrayed.Author, TW : @CherylStrayed, cherylstrayed.com) est l'auteur de best-sellers #1 du *New York Times*. C'est à elle qu'on doit *Wild, Tiny Beautiful Things, Brave Enough* et *Torch*. Les essais de Cheryl ont été publiés dans *The Best American Essays*, le *New York Times*, le *Washington Post Magazine*, *Vogue*, *Salon*, *The Sun*, *Tin House*, entre autres. Elle a obtenu un MFA en fiction à l'université de Syracuse et une maîtrise à l'université du Minnesota. Elle vit à Portland, dans l'Oregon.

Chaque écrivain présenté dans ce livre a son propre procédé, mais tous commencent par une page blanche.

Même si vous ne vous considérez pas comme un écrivain (je ne me suis jamais vu comme tel), mettre ses pensées sur papier est le meilleur moyen : A) de développer des idées et B) de réviser et d'améliorer vos réflexions. Le bénéfice de 30 minutes d'écriture par semaine peut se refléter dans tout ce que vous faites.

Les points suivants sont des sujets de réflexion proposés par Cheryl lorsqu'on lui a demandé des sujets de dissertation pour les étudiants qui avaient lu Wild. Ils sont bien trouvés et forment des tremplins pour toute sorte d'écriture, que ce soit un article de journal, des pages du matin (page 141), un post sur un blog, le début d'un roman, une lettre à un ami, une entrée de journal intime, un scénario ou un message Tinder.

Essayez de remplir une ou deux pages, avec un flux ininterrompu. Ne vous arrêtez pas pour corriger. La première étape est de produire sans juger. Il y a des chances pour que vous soyez surpris.

- Une occasion où vous avez compris que vous vous étiez trompé.
- Une leçon que vous avez apprise par la manière forte.

- Une fois où vous étiez mal habillé pour l'occasion.
- Quelque chose que vous avez perdu et que vous ne retrouverez jamais.
- Une fois où vous avez su que vous aviez bien fait.
- Quelque chose dont vous ne vous souvenez pas.
- Votre professeur le plus ténébreux.
- Un souvenir d'une blessure physique.
- Une occasion où vous saviez que c'était terminé.
- Être aimé.
- Une chose à laquelle vous avez beaucoup réfléchi.
- Comment vous êtes retombé sur vos pieds.
- La bonté d'inconnus.
- Pourquoi vous n'avez pas pu le faire.
- Pourquoi vous l'avez fait.

Ed Cooke

Ed Cooke (TW : @tedcooke, memrise.com) est le P-DG de Memrise et un Grand Maître de la mémoire. Il peut retenir et réciter : A) un nombre à 1 000 unités en une heure, B) un jeu de cartes mélangées en quelques minutes et C) 10 jeux de cartes mélangées en une heure.

Mais le plus impressionnant sans doute, c'est sa capacité à entraîner d'autres personnes à y arriver également. En 2010, il a été interviewé par le journaliste Joshua Foer. Sous sa tutelle à la Yoda, Joshua est devenu en 2011 le prochain champion de la mémoire américain. Il a fallu moins d'un an à Ed pour transformer un novice en champion. Foer a écrit *Aventures au cœur de la mémoire*, qui relate son expérience.

Animal totem : le jaguar

La magie de Johann Wolfgang von Goethe

« Goethe est vraiment un type cool… À l'âge de 25 ans, il a écrit un roman extraordinaire [*Les Souffrances du jeune Werther*], sur les troubles de sa propre jeunesse. C'est l'histoire merveilleuse d'un jeune homme qui tombe amoureux, mais qui connaît des déboires… Goethe a écrit ce livre enfermé dans une chambre d'hôtel pendant trois mois, imaginant cinq amis assis en face de lui et discutant avec eux de différentes intrigues possibles. C'est un exemple de la séparation spatiale dont je parlais. [**TF** : Les êtres humains se souviennent bien des visages, des gens, des lieux/espaces, alors on peut s'en servir comme moyen mnémotechnique, sur le mode de la technique du « palais de la mémoire », par exemple.] Fondamentalement, chacun est enfermé et restreint dans son esprit. Or, en imaginant différents emplacements spatiaux, puis en inventant une idée – ou dans, ce cas, un roman – à travers ces nouvelles perspectives, il a pu se donner cinq points de vue différents et un terrain de jeu pluridimensionnel pour créer une œuvre d'art… ce qui est d'ailleurs une technique fabuleuse. »

TF : On n'a pas besoin de voir nos mentors en personne aussi souvent qu'on le croit. Chaque jour, je me demande par exemple : « Que ferait Matt Mullenweg dans ce cas ? » ou « Que dirait Jocko ? »

Se sentir comme un loser (comme tout le monde parfois)

« À l'école, je perdais les débats ou je me rendais compte plus généralement que j'étais un loser. Je souffrais de ce que j'appellerais un "piratage de cerveau". Aux toilettes ou ailleurs, je me disais : "Aïe, c'est affreux, c'est terrible. Rien ne va." Puis [je réfléchissais] : "Mais, quand on y pense, les étoiles sont vraiment très distantes", et j'essayais d'imaginer le monde vu des étoiles. On zoome et on se dit : "Oh, il y a un petit bonhomme qui pendant un instant s'inquiète de x." »

TF : C'est comparable à la « thérapie des étoiles », que B.J. Miller décrit page 401. Je combine ces deux techniques le soir avant de me coucher.

✶ Les livres recommandés par Ed

- Éloge de l'oisiveté, de Bertrand Russell.
- *Joyeuse cosmologie*, d'Alan Watts.
- *Maximes et réflexions, de Goethe* : « À 18 ans, je parcourais le monde, comme les Anglais ont l'habitude de le faire entre le lycée et la fac. Dans la poche, j'avais un exemplaire des aphorismes de Goethe, un recueil de ses pensées. Je l'ai lu et relu…

En fait, il a eu un impact significatif sur ma vie, parce qu'il lâche de petites bribes de sagesse sur quasiment tous les sujets imaginables. Toutes sont excellentes. Il y a par exemple : "La société des femmes est l'élément des bonnes manières", ou : "L'audace a du génie, du pouvoir et de la magie." Les citations qu'on ne retient pas dans leur forme originale font néanmoins office de microfiltres pour interpréter la réalité. »

- *Le Chemin vers la nuit*, de John M. Hull. C'est, sur 20 ans, la longue descente d'un homme vers la cécité. « Hull est une sorte de théologien, mais il a des réflexions sublimes sur la manière dont il s'est mis à apprécier le monde [en tant que non-voyant]. Par exemple, il dit que la pluie est la meilleure chose pour les aveugles, parce qu'on entend le monde en trois dimensions. À cause de l'écho, le crépitement de la pluie sur les toits, la chaussée, les réverbères et les immeubles vous donne une impression d'espace en 3D alors que, la plupart du temps, votre espace se limite à quelques mètres devant vous. Au-delà, c'est le vide. »

Seth Rogen & Evan Goldberg

Seth Rogen (TW/FB : @SethRogen) est acteur, scénariste, producteur et réalisateur. Evan Goldberg (TW : @EvanDGoldberg) est réalisateur, scénariste et producteur. Tous deux ont collaboré à des films tels que SuperGrave (qu'ils ont écrit adolescents), *En cloque, mode d'emploi, Délire express, The Green Hornet, C'est la fin, Funny People, Nos pires voisins* et *Sausage Party*. Ils ont également écrit pour le *Da Ali G Show* et les *Simpsons*.

Animal totem : Seth = le paresseux ; Evan = le bonobo

Putain, putain, putain

Je me suis rendu à Atlanta pour observer Seth, Evan et leur équipe travailler à Nos pires voisins 2. Un jour, j'ai participé à une séance de brainstorming des scénaristes. Une personne dactylographiait le texte, qui apparaissait au fur et à mesure sur un immense écran. Tout le monde lançait son idée, visible de suite sur l'écran. Evan et d'autres disaient au moins une fois par phrase « putain » ou « putain de merde », et ces mots-là finissaient sur l'écran comme le reste. J'ai demandé ensuite à Evan : « Nettoyer le scénario doit prendre beaucoup de temps, non ? » Il m'a répondu en souriant : « **On peut toujours députaniser le scénario plus tard.** » L'important pour eux était de laisser leur esprit créer librement, sans se corriger. Les révisions venaient après.

Pourquoi Supergrave a bien marché

SuperGrave a bien marché parce que Seth et Evan y ont raconté leurs propres expériences. Comme l'explique Evan : « On n'avait qu'une envie, c'était coucher avec des filles. Évidemment, ça ne nous arrivait pas, on n'était pas cool du tout. » On y gagne à écrire sur les sujets qu'on connaît.

Seth a commencé sa carrière à 13 ans : « Ça m'est venu des humoristes. Darryl Lenox, un excellent humoriste qui se produit toujours, m'a vu sur scène… Je me souviens que j'essayais d'imiter d'autres humoristes comme Steven Wright ou Seinfeld, du genre : "Qu'est-ce qu'il y a d'extraordinaire dans la Super Glue ?" Lenox m'a dit : "Eh, petit, tu es le seul ici à pouvoir raconter comment tu as essayé de te faire faire ta première branlette… Parle de ça !" »

Leçons de Judd Apatow

EVAN : Je dirais que ce qu'on a appris de mieux de Judd est : « Ne cachez rien. » Vous êtes entourés de gens intelligents. Laissez-les participer. Demandez l'avis d'autres personnes. Partagez. Et, surtout, ce sont les émotions qui sont importantes. C'est un voyage émotionnel…

SETH : Je me souviens d'un jour, pendant le tournage d'une scène de En cloque, mode d'emploi, ou 40 ans et toujours puceau peut-être, peu importe. En tout cas, on improvisait, et il nous a hurlé une instruction (il hurle souvent ses ordres du fond d'une autre pièce, c'est hilarant) : « Moins de sperme, plus d'émotion ! » Je trouve que c'est un conseil qu'on peut appliquer dans tous les domaines.

TIM : Vous avez aussi dit que chaque personnage devait avoir une blessure.

EVAN : C'est du Judd tout craché.

TF : Judd leur a recommandé de lire *The Art of Dramatic Writing*, de Lajos Egri (Evan : « Si vous écrivez, 60 % de ce livre vous seront inutiles et 40 % seront de l'or. »). Selon Judd, c'est le livre préféré de Woody Allen.

De l'herbe pour créer

Evan et Seth sont de fins connaisseurs de marijuana et en utilisent différentes variétés à des fins différentes. Pour l'écriture ou autre séance créative, Evan considère que la « Jack Herer » est une bonne herbe de travail. Le site en ligne Leafly la décrit comme « une variété de cannabis à dominante sativa, qui offre une combinaison parfaite entre stimulation cérébrale et soulagement physique ».

✶ Une dernière pensée ou un dernier conseil ?

EVAN : Au bout du compte, SuperGrave a été un succès, mais pendant 10 ans ça a fait un bide. Si vous lisiez les cinq premières ébauches de scénario, vous vous diriez que vous n'avez jamais rien lu d'aussi mauvais.

SETH : Tout le monde nous répétait que personne ne voudrait financer notre film, et il ne nous est même pas venu à l'idée de les écouter. On ne s'est même pas demandé si on devait arrêter. Pas une seule fois. On s'est juste dit : « Qu'ils aillent se faire foutre. Allons voir le suivant. »

EVAN : Il faut s'imaginer Stephen King en train d'écrire son premier livre et dire : « Je sèche. Je vais faire autre chose. » Il faut toujours persévérer.

SETH : Il faut avoir une confiance aveugle en soi-même.

8 tactiques pour se défaire des semeurs de haine

La vie est un sport de contact, surtout sur Internet. Si vous décidez de descendre dans l'arène, préparez-vous à des saignements de nez et à des égratignures.

Les jeux de coudes et les plaquages peuvent prendre de nombreuses formes. Voici l'une des premières critiques de mon livre *La Semaine de 4 heures* reçues sur Amazon, alors que je faisais mes premiers pas de nouveau-né sur le Web :

« Le titre de ce livre est mal choisi. Le sous-titre devrait être "Libérez-vous du 9 heures/17 heures, Vivez où bon vous semble, Rejoignez les nouveaux riches, et Devenez le pire des sales types de la planète". Ne l'achetez pas. Son auteur utilisera probablement votre argent pour établir le record du monde du plus grand nombre de chatons étranglés en une minute.

Bienvenue, gamin. T'as besoin d'un mouchoir ?

C'était en 2007. Depuis, j'ai rassemblé une poignée de règles et citations qui m'aident à conserver quasiment intactes ma santé mentale et ma réputation. Les voici :

▶ # 1 – Peu importe combien de gens ne vous comprennent pas. Ce qui compte, c'est combien de gens vous comprennent

Même si votre objectif est de faire le plus grand bien au plus grand nombre de personnes, il vous suffit de trouver, cultiver et enthousiasmer vos 1 000 premiers vrais fans inconditionnels (page 259). C'est eux, votre force marketing la plus efficace. Le reste se fera tout seul. Les millions ou milliards qui ne comprennent rien ne comptent pas. Concentrez-vous sur ceux qui vous comprennent. Ils sont votre poussée d'Archimède.

▶ #2 – 10 % des gens trouvent toujours le moyen de se sentir visés. Soyez-en conscient et intégrez cette donnée dans vos calculs

Ces 10 % peuvent représenter un nombre important, surtout quand vous vous constituez un public. Préparez-vous mentalement avant de publier quoi que ce soit. « Bon, j'ai 1 000 lecteurs maintenant, donc 100 d'entre eux vont se comporter comme des crétins. Ce n'est pas parce que je suis mauvais ni parce qu'ils sont nuls, mais parce que c'est comme ça que ça marche. » Si vous anticipez, leurs réactions vous déstabiliseront moins. En outre, je pars du principe que 1 % de mes fans sont des fous furieux, tout comme dans la population réelle, ce qui m'aide à gérer des réactions bien plus effrayantes. Si vous imaginez (à tort) que tout le monde va vous accueillir avec des sourires et des encouragements, vous prendrez une claque monumentale, vous répondrez de manière impulsive et vous triplerez les dégâts. Même si vous abordez des thèmes inoffensifs, vous n'êtes pas à l'abri des fous furieux. Regardez un peu le commentaire que j'ai trouvé sur mon blog : Vous présentez à nos enfants un exemple dangereux de cavalier blanc. Vous devriez avoir honte. Vous n'êtes qu'un démon qui a conquis le monde en vendant son âme. Ça se poursuivait par une menace de me dénoncer le jour du Jugement dernier. J'aurais pu le dénoncer au FBI ! Ce n'était pas un commentaire en réponse à mon message sur le massacre des bébés phoques à la matraque. Je n'ai rien écrit de la sorte. Au contraire, j'appelais à lever des fonds (par le biais de donorschoose.org) pour aider des écoles publiques qui avaient un besoin urgent d'argent pour acheter des livres, des crayons, des stylos, etc.

Anticipez, ne réagissez pas.

▶ # 3 – Dans le doute, coupez l'oxygène

Voici mes trois premières réponses aux critiques que je reçois en ligne :

- Privez-les d'oxygène (les ignorer) – 90 %
- Jetez de l'huile sur le feu (les promouvoir) – 8 %
- Engagez la conversation avec les trolls si vous avez un coup dans le nez (et regrettez-le amèrement après) – 2 %

Je vous épargnerai la troisième option, mais les deux premières méritent des explications. Il est recommandé de priver les critiques de 90 % d'oxygène, sinon vous donnez plus de jus à vos semeurs de haine sur Google. Autrement dit, si vous répondez publiquement (le pire serait de répondre sur un autre site très visité avec un lien vers la critique), tout ce que vous accomplirez sera de leur offrir de puissants liens entrants, d'augmenter le nombre de lecteurs et de garantir la persistance et la proéminence de leur prose. J'ai parfois dû tenir ma langue pendant des mois en attendant qu'une critique débile (une litanie d'inepties facilement réfutables) disparaisse de la première, voire deuxième page de résultats sur Google. Il est très, très difficile de garder le silence, mais il est très, très important de se contrôler. Allez revoir la scène du « Attendez ! Attendeeeez ! » dans Braveheart.

Mais quid de la méthode consistant à jeter de l'huile sur les 8 % de critiques négatives ? À quoi bon ? Premièrement, il faut comprendre que tous les critiques ne sont pas des « semeurs de haine ». Prenons un exemple véridique. Eric Karjaluoto a rédigé un post intitulé « Tim Ferriss se comporte-t-il en abruti ? » en réponse à un concours que j'organisais et qui avait provoqué un véritable tollé. Je ne suis pas d'accord avec tous ses arguments, mais il avait soulevé quelques points bien réfléchis qui, à mon avis, élevaient la discussion. J'ai donc promu son post. En ce qui me concerne, réagir ainsi 8 à 10 % du temps a deux conséquences : je prouve que je suis ouvert à la critique, et que je ne me prends pas trop au sérieux. Ces deux éléments tendent à réduire le nombre de vrais semeurs de haine sortis de nulle part.

▶ # 4 – Si vous répondez, ne vous répandez pas en excuses

Il y a des moments où des excuses s'imposent, si vous vous êtes vraiment fourvoyé ou si vous avez parlé trop vite, mais, le plus souvent, reconnaître la critique suffit.

Un « Je vous ai compris » adoucira au moins 80 % des haineux ou haineux en puissance. Parfois, ils retourneront carrément leur veste et deviendront vos plus farouches défenseurs. Contentez-vous de leur présenter les faits ou de leur souhaiter bonne chance, et laissez-les parvenir à leur propre conclusion. J'utilise souvent une formule telle que « Merci pour votre retour. J'essaie toujours de faire mieux. Entre-temps, j'espère que vous trouverez ce que vous cherchez ».

▶ # 5 – Il est impossible de ramener à la raison quelqu'un qui s'est lancé dans une attaque sans raison

▶ # 6 – « Vouloir être apprécié de tous est un signe de médiocrité. Vous évitez de prendre des décisions difficiles et d'affronter des gens contre lesquels il faut s'élever. » – Colin Powell

▶ # 7 – « Si tu veux avancer dans l'étude de la sagesse, ne refuse point, sur les choses extérieures, de passer pour imbécile et pour insensé. » – Épictète

Caton, de la Rome antique, que Sénèque considérait comme l'exemple type du Stoïque, a mis en application la maxime d'Épictète en portant des toges de couleur plus foncée que d'habitude et en allant sans tunique. Il s'attendait qu'on se moque de lui. Ce fut chose faite. Son but était de s'entraîner à n'avoir honte que de ce qui en valait la peine. Pour réaliser un objectif tant soit peu intéressant, vous devez vous entraîner à accepter – voire à apprécier – la critique. Un peu comme Caton, je me mets en situation d'« embarras » pour des sujets superficiels. C'est un exemple d'« entraînement à la peur » (page 417).

▶ # 8 – « Bien vivre est la meilleure des vengeances. » – George Herbert

Alors que je traversais une période difficile il y a plusieurs années, Nassim Taleb, célèbre auteur du Cygne noir, m'a envoyé un aphorisme. Le moment et le sens de la phrase étaient parfaitement choisis :

« Être robuste, c'est s'intéresser davantage au petit nombre qui apprécie votre travail qu'à la multitude qui le déteste (les artistes). Être fragile, c'est s'intéresser davantage au petit nombre qui déteste votre travail qu'à la multitude qui l'adore (hommes politiques). »

Choisissez la robustesse.

Andrew Zimmern

Andrew Zimmern (TW : @andrewzimmern, andrewzimmern.com) est une personnalité du petit écran qui a remporté trois prix James Beard. Il est aussi chef, écrivain et professeur. En tant que créateur, producteur exécutif et animateur de la franchise Bizarre Foods sur Travel Channel (dont *Bizarre Foods with Andrew Zimmern, Andrew Zimmern's Bizarre World, Bizarre Foods America* et *Bizarre Foods: Delicious Destinations*), Andrew s'est intéressé à la culture de plus de 150 pays pour promouvoir des moyens efficaces de réfléchir à l'alimentation, de cuisiner et de produire de la nourriture. Son parcours n'a pas toujours été rose. Abstinent depuis plus de 20 ans maintenant, Andrew a été à une époque un SDF accro à l'héroïne. Il a réussi à s'en sortir grâce à un ami de la clinique Hazelden, dans le Minnesota.

Animal totem : une vieille tortue de mer pleine de sagesse

Le plus important, c'est d'être soi, pas votre acteur intérieur

TIM : Je regarde les notes que j'avais prises après notre première « séance de thérapie » [pour me préparer à animer une émission télé]... Vous m'aviez recommandé d'être moi-même, pas mon acteur interne. Ce qui m'a marqué, c'est comment l'« épisode 1 définit comment vous devez être... ».

ANDREW : Le premier épisode, la première fois, on ne peut pas revenir dessus... Je vous ai déjà raconté l'histoire de l'épisode 1, saison 1 [de *Bizarre Foods*]. Il s'agissait du pilote. Je m'étais rendu à l'Asadachi, un restaurant de Tokyo. En Japonais, le nom se traduirait par « Érections matinales ». Si, c'est vrai ! Il s'agit d'un getemono, une sorte de bar où les hommes d'affaires concluent des contrats et boivent beaucoup. « Si vous avalez de la bile de serpent, j'en avalerai aussi », et hop, le marché est conclu... Au fond de moi, j'avais un petit démon qui me disait de me moquer de leurs noms, de me moquer d'eux. C'est facile de se moquer des gens. On voit ça sans arrêt à la télé. Mais une petite voix dans ma tête me disait : « Ne fais pas ça. Sinon, il faudra que tu aies toujours des formules drôles et moqueuses, et tu seras quelqu'un que tu n'es pas au fond de toi... » En toute sincérité, je suis très respectueux des autres cultures. « Ne cède pas à la tentation facile » est toujours ce que nous finissons par faire. C'est le moyen le plus facile. [Donc] je me suis contenté d'entrer et de me retourner vers la caméra pour lancer une phrase bienveillante, puis je suis ressorti. Morale de l'histoire : je n'avais pas à me moquer des gens, me moquer de ce qu'ils mangeaient, me moquer de leurs noms. C'est la meilleure décision que j'aie prise, parce qu'on me parle souvent du respect que je montre envers les gens dans mes émissions, et ça me fait plaisir. Je pense que c'est très important quand on voyage. [Et] ça demande beaucoup moins d'efforts d'être soi-même.

* Si vous ne deviez cuisiner qu'avec trois herbes aromatiques ou épices pendant une année entière ?

« L'univers des herbes aromatiques et des épices est extraordinaire, mais avant ça il y a d'autres ingrédients que je préférerais avoir dans ma cuisine ou sur mon île déserte : **des piments, des échalotes et du citron**... Évidemment, je pourrais choisir du cumin ou de la coriandre, mais leur utilisation est limitée. Avec du citron, du piment et de l'ail ou de l'échalote, je peux faire tout ce que je veux. Je peux les décliner à l'infini... Le sel [est un] acidifiant, et le citron est acide [**TF** : D'où, comme le disent des chefs : « J'emploie le citron comme d'autres mettent du sel. »] L'ail est très acide également, tout comme les piments. Il n'est donc pas étonnant que ces ingrédients qui changent, et altèrent la nourriture inspirent énormément de techniques en cuisine. C'est bien plus polyvalent que du basilic ou du thym, par exemple. »

Trouver la bonne recette en cuisine et dans la vie : les détails sont un bon indice

« Sur Internet, il y a 20 recettes pour le quatre-quarts. Je choisirai celle qui décrit au centimètre près la taille du moule, car, si quelqu'un prend la peine de détailler autant, c'est qu'il en a fait l'expérience. Si on vous dit : “Graissez le moule” [sans indiquer la taille du moule], vous devinez que la personne qui a écrit la recette ne l'a pas réalisée. Cela indique immédiatement que quelque chose cloche. »

✶ ***Votre meilleur investissement ?**

« La meilleure chose que j'aie faite en dehors de renoncer à l'alcool il y a 25 ans a été de mettre un terme à ma carrière de restaurateur en 2002. J'ai revendu mes parts dans mon restaurant et j'ai travaillé bénévolement à une station de radio locale, un magazine et une chaîne de télé pour apprendre comment créer mon propre programme média. Je voulais créer un produit sur une plate-forme très vaste et tenter de faire la différence. Je ne pouvais pas le faire sans devenir stagiaire à 40 ans et apprendre tout le nécessaire pour pouvoir changer de voie. »

Rainn Wilson

« Le cynisme est une maladie qui vole le don de la vie des gens. »

Rainn Wilson (FB/IG/TW : @rainnwilson, soulpancake.com) est surtout connu pour son rôle dans la série télé de NBC qui a remporté un Emmy Award où il incarne Dwight Schrute, dans *The Office*. Il a aussi joué dans des films, dont *Super, Cooties, Juno, Monstres contre aliens* et *The Rocker*. Il a cofondé SoulPancake, une société de production et de média qui cherche à répondre aux grandes questions de la vie. Il est également membre du conseil de la fondation Mona et a cofondé Lidè Haïti, une initiative pour promouvoir à travers l'art l'éducation des jeunes, et surtout des adolescentes à risques, dans des régions rurales d'Haïti. Il est l'auteur de *The Bassoon King*.

Animal totem : le paresseux

Pour la petite histoire

Pour tous ceux qui rêvent de me lancer un coup de pied dans la tête, Rainn l'a fait pour vous. Cherchez « Rainn Wilson kicking Tim Ferriss in the face ». C'est une longue histoire…

* **Le conseil que vous vous seriez donné à 30 ans ?**
  « À 30 ans, j'étais un comédien new-yorkais criant famine. Je courais le cachet et gagnais à peine 17 000 $ par an avec le théâtre. J'ai fait pas mal de petits boulots. J'étais un "homme avec une camionnette" – j'offrais mes services en tant que déménageur. Je pense que je me serais dit : "Crois en tes capacités." Il faut se persuader que nos capacités sont plus grandes que ce qu'on imagine. Pour moi, c'est une sorte de question divine. Dieu nous a offert des talents et des facultés, et il nous appartient de les découvrir, de les cultiver au maximum, de les utiliser au mieux au service de l'humanité. Mes capacités à 30 ans étaient plus grandes que ce que j'imaginais. L'image que j'avais de moi, c'était : "Bon, je pourrais décrocher des rôles et peut-être faire des apparitions dans New York, police judiciaire et gagner assez d'argent pour m'en sortir en tant que comédien et arrêter de faire des déménagements." L'image que j'avais de moi se limitait à ça. **Donc je dirais simplement : "Crois en toi plus profondément. Tu vaux mieux que ça. Rêve plus grand."** »

Retour à la « normale »

J'ai été rassuré d'entendre ça de Rainn, puisque j'ai souvent la même impression : « Je tourne beaucoup en rond dans ma tête et c'est naze… voici certains outils que j'utilise pour arrêter de cogiter. Dans ma vie, j'ai appris qu'il y a certaines choses que je dois faire pour arrêter de tourner en rond dans ma tête et revenir à la normale. **Je ne parle pas d'être au taquet tout le temps. Pour amorcer un retour à la normale, je dois méditer, je dois faire de l'exercice.** Si je peux me promener en pleine nature, c'est encore mieux. Si je peux jouer une partie de tennis, parfait. Pareil pour jouer la comédie. Jouer la comédie, répéter, interpréter des personnages, voilà ce qui m'empêche de cogiter et d'analyser tout et n'importe quoi, ce qui me rend malheureux et me fait prendre de mauvaises décisions. »

La meilleure version de soi-même

Oscar Wilde aurait dit : « Soyez vous-même. Tous les autres sont déjà pris. »

« J'ai été retenu pour un spectacle sur Broadway quand j'avais 29 ou 30 ans. C'était mon tout premier spectacle et j'ai été lamentable. Je cogitais trop. J'étais coincé, cérébral, raide. Je ne parvenais pas à me libérer, malgré tous mes efforts. J'étais vraiment nul dans mon rôle.

Après ce spectacle, je me suis dit : "Tu sais quoi ? Je ne recommencerai jamais… Je ne peux pas. La vie est trop courte. Je suis trop malheureux et je dois être moi-même dans mon rôle d'acteur. Je dois apporter ma personne dans mon jeu d'acteur. Donc je suis décalé, je suis étrange, je suis marginal, j'achète mes chemises d'occasion. Voilà qui je suis et voilà qui je dois être." Ça m'a vraiment changé en tant qu'acteur et artiste… Je n'aurais jamais eu le succès que j'ai connu à L.A., à la télé et au cinéma, dans des rôles de personnages étranges, si je n'avais pas connu cette épreuve terrible. »

* Une dernière pensée ?

« Je ne veux pas paraître prétentieux, mais j'aimerais que les gens aillent plus au fond des choses. On pourrait faire du monde un endroit plus agréable. On pourrait exiger plus de nous-mêmes. On pourrait faire plus pour les autres. Je pense que la vie est une étape… Approfondissez votre étape dans ce monde et il s'en portera mieux. »

Naval Ravikant

« Pour être heureux, il faut comprendre que le bonheur est un choix que l'on fait et un talent qu'il faut développer. On choisit d'être heureux et on y travaille. C'est comme se muscler. »

Naval Ravikant (TW : @naval, startupboy.com) est le PDG et cofondateur d'AngelList. Il avait précédemment cofondé Vast.com et Epinions, deux sociétés qui ont été introduites en bourse sous l'ombrelle de Shopping.com. C'est un investisseur providentiel actif qui a investi dans une centaine de sociétés, dont plusieurs « licornes » à grand succès. Son portefeuille inclut Twitter, Uber, Yammer, Postmates, Wish, Thumbtack, et OpenDNS. Naval est sans doute la personne vers qui je me tourne en priorité pour des conseils sur les start-ups.

Animal totem : le hibou

Pour la petite histoire

- Naval a grandi dans une famille modeste d'immigrants : « On est venus ici [d'Inde] quand j'avais 9 ans et mon frère 11. On ne possédait pas grand-chose. Ma mère nous a élevés seule dans un studio. Elle faisait des petits boulots le jour et allait à l'école le soir. On avait donc la clé de chez nous autour du cou… On a grandi en regardant le mode de vie américain idéal le nez à la fenêtre. Je me disais : "Je veux ça, moi aussi. Je veux ça pour mes enfants et moi." J'ai grandi avec une vision très sombre du monde de l'autre côté de la voie ferrée… »
- Le nom Naval signifie « homme neuf » en sanskrit. Son fils s'appelle Neo, « nouveau » en grec, l'anagramme de « one » (c'est Naval qui me l'a fait remarquer), et qui est en bonne place dans Matrix.
- Il y a de nombreuses années, j'ai rencontré Naval parce qu'il m'a surpris en train de draguer sa copine de l'époque (ce que j'ignorais qu'elle fût) dans un café à San Francisco. Il s'est approché nonchalamment avec un grand sourire et s'est présenté.
- Son frère Kamal est celui qui m'a convaincu de me « retirer » des investissements précoces dans les sociétés high-tech (page 339).

Réussite et bonheur – c'est compatible ?

« Si vous voulez réussir, entourez-vous de gens qui ont encore plus de succès que vous, mais si vous voulez être heureux, entourez-vous de personnes qui ont moins de succès que vous. »

Gestion d'un conflit

« **La première règle pour gérer un conflit est de ne pas fréquenter de gens qui cherchent toujours le conflit…** Toute la valeur de la vie, y compris dans les relations, vient d'un ensemble d'intérêts. Les gens qui se disputent régulièrement avec les autres finiront par se disputer avec vous. Ce qui n'est pas durable ou même ce qui est difficile à faire perdurer ne m'intéresse pas, même les relations difficiles. »

Les trois options qu'on a toujours dans la vie

« Dans toutes les situations, on n'a que trois options. Seulement trois. On peut changer la situation, on peut l'accepter, ou on peut s'en détourner. Les mauvaises options consisteraient à espérer la changer sans réussir y parvenir, espérer s'en détourner sans y parvenir, et ne pas l'accepter. C'est cette bataille, cette aversion qui cause la plupart de nos malheurs. Je me dis très souvent tout bas : "Accepte." »

La théorie des cinq chimpanzés

« Il y a une théorie que j'appelle la "théorie des cinq chimpanzés". En zoologie, on peut prédire l'humeur et le comportement d'un chimpanzé par rapport aux cinq congénères qu'il fréquente. Choisissez donc vos cinq chimpanzés soigneusement. »

Leçons de physique et de la mafia russe

« J'ai appris [l'importance de l'honnêteté] à deux écoles. La première, quand j'étais enfant, je voulais devenir physicien et j'idolâtrais Richard Feynman. J'ai lu tous ses ouvrages, techniques ou non. Il disait : "Vous ne devez jamais vous duper, or vous êtes la personne la plus facile à tromper."

« L'ancrage de la physique est très important parce qu'en physique on n'a pas le droit de se tromper. On ne fait pas de compromis, on ne négocie pas avec les gens, on n'essaie pas de les faire se sentir mieux. Si votre équation est fausse, elle ne donne rien. La vérité ne se détermine pas par consensus ou popularité – généralement, c'est même l'opposé. Donc, pour moi, le contexte scientifique est important. La seconde école, c'était que j'ai grandi en fréquentant des gamins "difficiles" à New York. Certains étaient membres de la mafia russe. J'en ai vu se menacer de mort.

« Celui qui était menacé est allé se cacher chez lui et a finalement ouvert la porte à son agresseur quand celui-ci lui a promis qu'il ne le tuerait pas. L'honnêteté était primordiale entre eux, et même quand ils étaient prêts à s'égorger ils acceptaient la parole de l'autre. Même s'il s'agissait d'honnêteté dans le contexte de la mafia, je me suis rendu compte de son importance dans toutes les relations. »

L'honnêteté comme valeur fondamentale

Voici une note comique. Souvenez-vous, on est tous les deux très heureux à San Francisco.

TIM : Tu n'hésites jamais à dire ce que tu penses. Les gens habitués à des hochements de tête polis peuvent mal l'interpréter. Je me souviens qu'un jour on était invités à un dîner où on ne connaissait pas grand monde. Tu buvais un verre de vin avec quelques personnes quand je suis arrivé. Je portais une chemise à manches longues couleur turquoise que je ne porte jamais. Tu t'en souviens ?

NAVAL : Non.

TIM : J'avais mis un jean, des chaussures marron de style vintage, genre chaussures de bowling. Tu m'as souri et demandé : « Pourquoi tu es habillé comme un banquier gay ? » Une dame qu'on ne connaissait ni l'un ni l'autre s'est mise à me défendre. Je me suis dit : « Seigneur, c'est parti… »

NAVAL : L'honnêteté est une valeur fondamentale.

TIM : En toute justice, c'est ce que j'ai fait.

La gêne de monter sa première société

« Je travaillais pour @Home Network, et j'ai dit autour de moi (à mon patron, mes collègues, mes amis) : "Dans la Silicon Valley, plein de gens montent des boîtes. Ils peuvent le faire. Je vais monter ma boîte. Je ne fais que passer ici. Je suis un entrepreneur." Je l'ai dit à tout le monde, mais je ne voulais pas me piéger. Ce n'était pas quelque chose de délibéré, de calculé.

« Je m'exprimais simplement à voix haute, je parlais honnêtement. Mais, en réalité, je n'ai pas monté de société. On était en 1996. C'était plus effrayant, plus compliqué de monter quoi que ce soit à l'époque. Évidemment, tout le monde est venu me voir pour me demander ce que je faisais encore ici "Je croyais que tu partais monter ta boîte ?" "Ah, tu es encore là ? Ça fait pourtant un moment que tu nous en as parlé." J'étais littéralement gêné de monter ma propre société. »

La méthode Coué

« Dites à tous vos amis que vous êtes heureux. Vous serez dans l'obligation de vous y conformer. Vous aurez un parti pris cohérent. Vos amis s'attendront que vous soyez heureux. »

90 % de peur, 10 % de désir

« J'ai constaté que 90 % des pensées que j'ai sont basées sur la peur et que 10 % sont basées sur le désir. J'ai lu une excellente définition un jour : "L'illumination est l'espace entre vos pensées." En gros, on n'atteint pas l'illumination en restant assis 30 ans en haut d'une montagne. C'est quelque chose que l'on réalise à tout instant. On peut atteindre un certain niveau d'illumination chaque jour. »

* **Le meilleur investissement de Naval pour moins de 100 $?**
  « Un grill teppanyaki. C'est un petit grill de table [genre plancha électrique]. J'ai appris que la fraîcheur et la qualité des aliments qui passent directement du grill à la bouche sont bien plus importantes que la façon dont on les cuisine. Par exemple, la plupart des recettes contiennent des sauces, de la crème. Tout est trop cuisiné, tous les aliments sont trop préparés. »

* **Que mettriez-vous sur une affiche ?**
  « Je ne sais pas si j'ai un message pour le reste du monde, mais il y en a que j'aime m'envoyer régulièrement. Par exemple, j'ai compris ceci : "**Le désir est un contrat qu'on passe avec soi-même pour être malheureux jusqu'à ce qu'on obtienne ce qu'on veut.**" Je ne crois pas que les gens s'en rendent vraiment compte, mais c'est pourtant vrai. On passe nos journées à désirer des choses et à se demander pourquoi on est malheureux. Je veux être conscient de ça parce que ça me permet de sélectionner mes désirs soigneusement. J'essaie de ne pas avoir plus qu'un seul grand désir à la fois à un moment donné, car je sais que ça me fait souffrir. C'est à ce moment que je sais que j'ai choisi d'être malheureux. Pour moi, c'est un message important. »
  TF : Naval avait trouvé une variante du texte en gras ci-dessus sur un blog désormais inactif appelé *Delusion Damage.*

Les principes de Naval

Voici les réponses de Naval à la question : « Y a-t-il une citation ou une maxime qui régit votre vie ou à laquelle vous pensez souvent ? » Ce sont des pépites, alors prenez le temps de les soupeser.

« Il ne s'agit pas uniquement de citations. Il y a aussi des maximes que j'ai inventées. »

- Soyez présent avant tout.
- Désirer est souffrir (Bouddha).

- La colère est un charbon ardent que l'on tient dans la main en attendant de le jeter sur quelqu'un d'autre (dicton bouddhique).
- Si vous ne vous voyez pas travailler toute votre vie avec quelqu'un, évitez de travailler avec cette personne ne serait-ce qu'une journée.
- Lire (apprendre) est le métatalent absolu qu'on peut échanger contre n'importe quoi.
- Tous les vrais avantages dans la vie proviennent d'un ensemble d'intérêts.
- Méritez avec votre esprit, pas avec votre temps.
- 99 % de tout effort sont gâchés.
- 100 % honnête, 100 % du temps. Il est quasiment toujours possible d'être honnête et positif.
- Faites des éloges précis, faites des critiques générales (Warren Buffett).
- La vérité a un pouvoir de prédiction.
- Analysez vos pensées. (Demandez-vous toujours : « Pourquoi je pense à ça ? »)
- La grandeur émane de la douleur.
- L'amour se donne, il ne se reçoit pas.
- L'illumination est l'espace entre vos pensées (Eckhart Tolle).
- Les mathématiques sont le langage de la nature.
- Chaque instant doit être complet en lui-même. »

Des Tweets de Naval trop mignons pour ne pas les partager

« Le travail que vous choisissez et les personnes avec qui vous choisissez de travailler sont bien plus importants que l'ardeur que vous mettez au travail. »

« La pédagogie gratuite est abondante, partout sur Internet. C'est le désir d'apprendre qui est rare. »

« Si vous mangez, investissez et pensez en fonction de ce que les "nouvelles" recommandent, vous finirez en banqueroute alimentaire, financière et morale. »

« On perd notre temps en réfléchissant à court terme et en nous activant. Warren Buffett a passé une année à cogiter et un jour à agir. Cette action a duré des décennies. »

« Les armes, ce n'est pas une nouveauté. La violence, ce n'est pas une nouveauté. Les caméras de surveillance sont une nouveauté et ça change tout. »

« Si on vous paie pour avoir raison et être le premier, ne vous attendez pas à obtenir le consensus. »

« Ce que j'ai appris dans la vie : "Il n'y a pas d'adultes." Chacun trace sa vie au fur et à mesure. Trouvez votre voie et foncez. »

« Un esprit occupé fait passer le temps de la subjectivité plus rapidement. »

Des singes sur un caillou qui tourne

Pourquoi Naval a abandonné sa quête de l'immortalité :

« Si vous étudiez tant soit peu la science, vous comprendrez que nous ne sommes rien. En gros, nous ne sommes que des singes sur un petit caillou en orbite autour d'une petite étoile qui tourne à l'envers dans une galaxie immense, elle-même dans un univers gigantesque qui pourrait lui-même faire partie d'un multivers encore plus énorme.

L'univers est là sans doute depuis 10 milliards d'années ou plus et le restera encore pendant des dizaines de milliards d'années. Donc notre existence, la mienne également, est infinitésimale. Comme un éclat d'un ver luisant dans la nuit. Rien de ce que nous faisons ne dure. On disparaîtra tous, notre travail disparaîtra, nos enfants disparaîtront, notre planète disparaîtra, le soleil aussi… tout finira par disparaître.

Il y a des civilisations entières dont on ne se souvient que par un mot ou deux, comme "sumérien" ou "maya". Vous connaissez un Sumérien ou un Maya ? Vous les admirez ? Vous les respectez ? Sont-ils parvenus à survivre à leur cycle naturel de vie ? Non.

Si vous ne croyez pas à la vie après la mort, alors vous [devez savoir] que la vie est courte et précieuse. Il est donc très important de ne pas la vivre en étant malheureux. Vous n'avez pas d'excuse à être malheureux. Vous n'avez que 70 ans par rapport à l'univers qui en a encore 50 milliards devant lui. »

Glenn Beck

Glenn Beck (FB/TW : @glennbeck, glennbeck.com) a touché le fond à la trentaine à cause de l'alcool, mais il a réussi à rebondir. En 2014, il était sur la liste des 100 célébrités de Forbes, qui a estimé ses revenus à 90 millions de dollars cette année-là, devant Mark Burnett, Jimmy Fallon, Leonardo DiCaprio et Will Smith. Les plates-formes de Glenn – radio, télévision, site Internet (TheBlaze.com), édition, etc., reçoivent quelque 30 à 50 millions de visiteurs uniques par mois.

Le but de mon podcast est de pousser les auditeurs à sortir de leur zone de confort et de les forcer à remettre en question leurs suppositions. J'invite régulièrement à débattre des penseurs dont les avis divergent. L'idée de cette interview est venue lors d'une séance de sauna tard le soir avec un vieil ami de la Brown University, un libéral dans tous les sens du terme. Je lui ai demandé qui il choisirait pour faire une émission de radio sur Internet, et il a répondu sans l'ombre d'une hésitation : « Glenn Beck. Son histoire est FASCINANTE. » Et c'est vrai…

La grande leçon que Glenn a apprise à la radio

« La meilleure chose que j'aie apprise a eu lieu par erreur. Quelqu'un m'a appelé [pour participer à l'émission radio à ses débuts] et m'a dit : "Glenn Beck, vous êtes M. Parfait, comme si vous n'aviez jamais rien fait de mal. Vous avez du mal à accepter les travers des gens." Tout le monde s'est tu dans la pièce et j'ai répondu : "Vous savez, vous n'avez aucune idée de qui je suis ni des mauvaises choses que j'ai faites. Je vais vous dire qui je suis réellement." Et j'ai passé un quart d'heure à être incroyablement honnête, à me dévoiler entièrement. Sans la moindre excuse, rien. Je disais simplement : "Vous croyez me connaître ? Eh bien, je vous ai menti. Voilà qui je suis." J'ai éteint mon micro et regardé le stagiaire de l'époque, le producteur en bas de l'échelle, qui est désormais mon producteur exécutif. Je leur ai dit : "Notez-le sur votre calendrier. Aujourd'hui est le jour où Glenn Beck a saboté sa carrière."

« Mais c'est l'inverse qui s'est produit. J'avais grandi dans un monde où tout était produit, écrit, chronométré, fabriqué à la perfection. Ce jour-là, j'ai compris que les gens voulaient de l'authentique. Les gens vous acceptent avec vos défauts, tant que vous êtes sincère. Dès que vous leur mentez, ils se désintéressent. On est tous semblables. **Donc la meilleure leçon que j'ai apprise par erreur est : soyez prêt à accepter l'échec ou la réussite de la personne que vous êtes au fond de vous. N'essayez pas de faire croire que vous êtes quelqu'un d'autre.** Ce que vous êtes est suffisamment bien pour ce que vous faites. »

Vertueux ne signifie par radical

Glenn m'a raconté ce qu'il avait appris d'une dame âgée qui, a l'âge de 16 ans, avait offert un bol de soupe à un Juif. Son acte était passible de mort à l'époque, et elle a été expédiée à Auschwitz :

« Elle m'a dit : "Glenn, **souviens-toi : les justes ne sont pas devenus justes d'un coup. Ils ont simplement refusé de sauter du haut de la falaise avec les autres.**" C'est tout ce que nous avons à faire : savoir quels sont nos principes – pas nos intérêts. Si le reste du monde bascule, je ne vais pas changer mes principes. Je vais traiter les êtres humains, qu'ils soient comme moi ou différents, qu'ils aient la même religion que moi ou une autre, avec bienveillance et respect. »

Une conversation avec Wayne Meeks, professeur à Yale, qui a changé sa vie

À la petite trentaine, Glenn a passé un semestre à Yale pour étudier la théologie. Il s'y sentait décalé :

« [Wayne] s'est penché au-dessus de la table et m'a pris la main : "Écoute-moi une seconde, d'accord ? Tu te rends compte que tu n'appartiens pas à ce monde, exact ? Tu as le droit d'être ici." Ce soutien m'a ouvert les yeux. C'était la première fois que quelqu'un me disait : "Tu es assez intelligent. Tu peux y arriver."… Ça a changé ma vie. D'un autre côté, j'aurais préféré l'inverse. J'aurais aimé le prendre avec moins de sérieux, mais j'ai appris, aujourd'hui dans ma position, à le dire aux autres. On a tous un côté bête qui nous fait croire qu'on n'est pas assez bons, qu'on n'est pas assez malins. »

La phrase qui régit la vie de Glenn

« Questionner avec hardiesse l'existence même d'un Dieu parce que s'il y en a un il doit plus approuver l'hommage de la raison que celui de la crainte les yeux bandés. »

– Thomas Jefferson

Tara Brach

« Un mystique a dit que la seule question valable était : "Qu'est-ce que je n'ai pas envie de ressentir ?" »

Tara Brach (FB : TaraBrach, tarabrach.com) est psychologue clinicienne et l'une des grandes enseignantes de la pensée et de la médiation bouddhique du monde occidental. Elle a fondé l'Insight Meditation Community of Washington à Washington, D.C., et ses conférences sont téléchargées des milliers de fois tous les mois sur tarabrach.com.

C'est Maria Popova (page 362) qui m'a présenté Tara en me disant : « [Tara] a changé ma vie, sans doute de manière plus profonde que n'importe qui d'autre. » J'ai lu le premier livre de Tara, L'Acceptation radicale, qu'un neuroscientifique qui travaillait avec Adam Gazzaley (page 130) m'a recommandé. Je digérais 10 pages par soir dans ma baignoire, et l'impact a été immédiat, au point que j'ai interrompu ma lecture après en avoir lu un quart pour mettre en pratique ses enseignements dans la vie réelle. Et ils sont nombreux.

Animal totem : la panthère

« Sans doute une de mes leçons préférées est-elle “Inviter Mara à prendre le thé”. Cet extrait parle de reconnaître notre colère et les autres émotions que nous considérons comme négatives. Au lieu de chercher à éliminer quelque chose ou à le balayer, on dit à nos émotions/à nous-mêmes : “Je te vois”. De manière contre-intuitive, cela nous aide à éliminer ou à résoudre le problème. Par exemple, quand vous méditez et que la colère monte, peut-être le souvenir d’un affront personnel, vous pouvez répéter en silence : “Colère, colère”, et, en la nommant, vous pourrez rapidement revenir à votre concentration.

« J’ai toujours été une battante, et la reconnaissance posée n’est pas naturelle chez moi. Du coup, elle est d’autant plus précieuse.

« Combattre ses émotions est comme s’agiter dans des sables mouvants – ça ne fait qu’empirer les choses. Parfois, la “défense” la plus proactive est un hochement de tête mental. »

▶ Inviter Mara à prendre le thé

L’être humain est comme une maison d’hôtes.
Chaque matin, un nouvel arrivant.

Une joie, une déprime, une méchanceté,
une conscience momentanée arrive
comme un visiteur inattendu.

Accueillez-les tous !...

Les pensées sombres, la honte et la malice,
accueillez-les sur le seuil en riant
et invitez-les à entrer.

Soyez reconnaissant, car peu importe qui vient,
chacun a été envoyé
comme un messager de l’au-delà.
– Djalâl ad-Dîn Rûmî

« À propos de Bouddha, l’une de mes histoires favorites met en évidence le pouvoir d’un cœur éveillé et bienveillant. Avant son réveil, Siddhartha Gautama avait combattu le démon Mara, qui l’attaquait avec tout ce qu’il possédait : l’envie, la cupidité, la colère, le doute, etc. Il a dû battre en retraite le matin de l’éveil de Bouddha.

Mais Mara n'avait été découragé que temporairement. Il continuait à apparaître quand on ne l'attendait pas, même quand toute l'Inde vénérait Bouddha. Ananda, le fidèle serviteur de Bouddha, toujours à l'affût de ce qui pouvait nuire à son maître, lui a rapporté avec effroi le retour du "Malin".

Au lieu d'ignorer Mara ou de le chasser, Bouddha acceptait calmement sa présence en disant : "Je te vois, Mara."

Il l'invitait à prendre le thé et le servait comme un invité de marque. Offrant un coussin à Mara pour qu'il soit assis confortablement, Bouddha emplissait ensuite de thé deux bols en terre cuite et les plaçait sur une table basse entre eux avant de s'asseoir à son tour. Mara restait un moment puis s'en allait, mais, pendant toute la durée de sa visite, Bouddha restait serein et imperturbable.

Quand Mara nous rend visite sous forme d'émotions perturbatrices ou de récits effrayants, on peut dire : "Je te vois, Mara", et identifier clairement la réalité du désir et de la peur qui résident dans le cœur de tout être humain. En acceptant ces expériences avec la chaleur de la compassion, on offre le thé à Mara au lieu de le chasser craintivement. Voyant ce qui est réel, on le reçoit avec bienveillance. On exprime cet éveil du cœur chaque fois qu'on identifie et accepte nos souffrances et nos craintes.

On a pris l'habitude d'être notre propre ami quand tout va bien, et on repousse ou ignore l'obscurité tant qu'on peut. Tout comme une relation avec un ami est empreinte de compréhension et de compassion, on peut apprendre à insuffler ces mêmes qualités à notre vie intérieure.

Selon Pema Chödrön, par l'entraînement spirituel on "apprend à faire ami avec soi-même, avec notre vie, au plus niveau le profond possible". Au lieu de lutter contre notre expérience, on devient ami avec soi-même quand on ouvre notre cœur et qu'on a envie d'inviter Mara à prendre le thé. »

Sam Kass

« Dans un restaurant ou toute autre situation où il y a de la pression, 75 % de la réussite consiste à garder son calme, à ne pas péter les plombs. Pour le reste, on trouve une solution, mais dès qu'on s'énerve, tout s'écroule rapidement. »

Sam Kass (TW : @chefsamkass, troveworldwide.com) a failli devenir un joueur de base-ball professionnel. Lui qui suivait des études d'histoire à l'université de Chicago est devenu le chef privé de la famille Obama. Il a ensuite été conseiller en nutrition pour la politique de la Maison-Blanche et a été classé 11e sur les 100 personnes les plus créatives par le magazine *Fast Company* en 2011 pour son travail, consacré à établir des partenariats privés afin de réduire l'obésité infantile de 5 % d'ici 2030. Sam était la première personne dans l'histoire de la Maison-Blanche à occuper un poste à la fois auprès du bureau exécutif du Président et de la Résidence. Aujourd'hui, il est fondateur associé de Trove, qui met en relation des entreprises, des organisations et des gouvernements désireux d'avoir un impact sur le monde avec des gens et des outils qui les aideront à y parvenir.

Deux règles de son premier sous-chef pour la cuisine et la vie en général

« Ne jamais servir un plat qu'on n'aimerait pas manger. Ne jamais servir de la merde. C'est la règle n° 1. On peut avoir des standards élevés sur tout et n'importe quoi. Règle n° 2 : en plein coup de feu, au lieu de baisser la tête et de travailler aussi vite que possible pour honorer toutes les commandes, mon sous-chef me disait toujours de prendre du recul et de trouver un plan. "Regarde les plats que tu as sur la carte et trouve le moyen le plus efficace de les cuisiner." Si on a par exemple cinq ingrédients identiques, on ne va pas les cuisiner un par un. On les sort tous, on les prépare tous et on les cuisine tous ensemble. »

Les pros aiment l'acide

« La grande différence entre la cuisine de la maison et celle du restaurant est le niveau d'acidité. Quand vous pensez que votre plat est prêt, ajoutez du citron. Les professionnels augmentent toujours le taux d'acidité. C'est un des secrets du métier. On ajoute de l'acide et ça donne meilleur goût à tout. »

Le secret des bons œufs

« Les œufs sont une des choses les plus difficiles à cuisiner. Certains grands chefs testent leurs candidats en cuisine par une omelette. C'est leur test de maîtrise. Moi, j'aime les œufs cuisinés de toutes les façons, mais toujours mi-cuits, comme des œufs mollets. J'aime aussi les œufs au plat et brouillés. Mon astuce pour des œufs brouillés savoureux – après avoir sorti votre couteau à beurre – est de casser les œufs directement dans la poêle et de les saisir une seconde avant de les mélanger. Puis, avant qu'ils soient parfaitement cuits, je les retire du feu, car ils durcissent légèrement dans l'assiette. »

TF : Ces dernières années, j'ai développé une véritable passion pour les œufs mollets, qui peuvent devenir un véritable vice s'ils sont bien préparés. Voici comment je m'y prends : 1) faites bouillir de l'eau, 2) déposez délicatement les œufs dans l'eau et chronométrez 5 minutes, 3) ajustez la température pour avoir un frémissement, pas un bouillon violent, 4) à la fin des 5 minutes, videz l'eau bouillante et remplacez-la par de l'eau froide du robinet, et 5) retirez les œufs de l'eau, écaillez-les et savourez-les.

* **Le conseil que vous vous seriez donné à la remise de votre diplôme universitaire ?**

« La “passion” est un mot exagéré. Je pense que la passion se développe… Je me suis lancé dans la nourriture, mais même si ça me passionnait ce n’était pas une passion dévorante avant que je n’associe alimentation et nourriture à la santé, au développement durable, aux politiques, à la politique et à ce que l’on fait concrètement pour s’assurer que chacun peut mener une vie saine, productive et agréable grâce à la nourriture qu’il ingurgite.

« C’est ce qui est devenu ma passion… Beaucoup de gens [disent] : “Trouve ta passion.” Pour moi, la passion est le résultat d’une ouverture d’esprit et d’une curiosité dues au fait de plonger dans ce qui vous intéresse vraiment. »

Richard Betts

« Le vin est une denrée, pas un luxe. »

Richard Betts (TW : @yobetts, myessentialwine.com) était sommelier au Little Nell, à Aspen, de 2000 à 2008. Il a réussi l'examen Court of Master Sommeliers' Masters à la première tentative, soit la neuvième personne à réussir cet examen du premier coup. À l'heure actuelle, il n'y a que 240 Master sommeliers dans le monde. Richard est l'auteur de *The Essential Scratch & Sniff Guide to Becoming a Wine Expert* et de *The Essential Scratch & Sniff Guide to Becoming a Whiskey Know-It-All.*

Animal totem : le dauphin à long bec

Comment Richard est tombé dans la cuve de vin

Richard s'apprêtait à devenir avocat, mais ça ne lui plaisait pas. Des années auparavant, il avait passé du temps en Italie. Puis : « Quand j'étais en prépa à Flagstaff, je travaillais pour une petite société de protection de l'environnement. J'ai constaté que, que l'on travaille pour l'environnement ou que l'on bosse dans la finance, c'était toujours le même plateau de Monopoly. On faisait les mêmes déplacements, on passait par la case Champs-Élysées. On échangeait un chapeau contre une chaussure ou autre pion, mais le jeu restait le même et je ne l'aimais pas. J'attendais donc le moment… C'était le week-end de soutenance de rapport. Mon rapport était super et je devais intégrer une fac de droit six semaines plus tard.

« [À la place] j'ai sauté par-dessus la barrière et traversé en courant la Route 66 de Flagstaff jusqu'à un petit restaurant/caviste. Je n'y connaissais rien en vin. Je savais que j'en buvais tous les jours en Italie et que c'était agréable. Je suis entré et j'ai acheté une bouteille d'après son étiquette… J'ai cru reconnaître l'étiquette. Je l'ai rapportée chez moi, je l'ai ouverte et je me suis servi un verre. L'odeur du vin m'a ramené quatre ans en arrière, à l'époque où je vivais en Italie. Je me suis souvenu d'un dîner à l'Osteria del Cinghiale Bianco, à Florence. Je me suis rappelé où j'étais assis, avec qui j'étais, ce qu'elle avait mangé, ce qu'elle portait, ce que j'avais mangé, ce que la serveuse avait bien et mal fait ce soir-là. Tout m'est revenu avec l'odeur. »

✶ **Quels sont les cépages sous-estimés ?**

« Grenache du domaine Rusden, Zinfandel de Turley, et Chenin Blanc de Mosse. N'oubliez pas : essayez de sentir avec la bouche ouverte pour obtenir plus d'informations. »

Explication de son tatouage « Be Nice » [sois gentil] qui a commencé avec un simple « B »

« C'était un pense-bête : sois gentil, sois prévenant, sois bienveillant… sois quelqu'un de bien. Parfois, je m'égare, alors c'est un petit rappel. Un mémo. Ça s'est transformé en "Be nice". Clair et simple. »

L'école de cuisine – une question de patates

« Je suis allé parler à un chef : "Voilà où j'en suis… Soit je vous demande de m'embaucher, soit je pars en école de cuisine." Il m'a répondu : "Tu peux venir et me demander du boulot. Je te dirai : 'Super, voilà les patates. Épluche-les.' Ou tu peux aller apprendre la cuisine dans une école pendant deux ans au prix de 30 000 ou 40 000 $ par an et revenir me demander du boulot. Je te dirai : 'Super, voilà les patates. Épluche-les.' Même réponse." Je me suis dit : "Bon, je suis assez doué en maths. J'ai pigé. Où sont les patates ?" Ç'a été aussi simple que ça. »

À l'attaque

« Il y avait deux chefs pour qui je voulais travailler à Tucson. Ils étaient bons, bien notés à l'échelle nationale. Personne ne voulait aller sur place pour travailler avec eux, donc si j'y allais je me créais immédiatement une belle voie et je peaufinais mon apprentissage. C'est donc ce que j'ai fait. Je suis allé voir le second chef et je lui ai dit : "Salut. Je veux travailler avec vous, d'où la raison de ma présence en Arizona." Il m'a répondu : "Super. Dans quelle maison tu as bossé ?" »

TF : Richard a décroché le job. Son histoire est similaire à la philosophie de l'« attaque » et de prise de décision de Chris Sacca (page 158), qui m'a d'ailleurs présenté Richard. La concurrence est exagérée, et, parfois, on peut se contenter de pousser un caillou dans la pente plutôt que d'essayer de le remonter au sommet de la colline (voir Seth Godin, page 219).

Ne pas courir après les récompenses – laissez-les venir

TIM : À votre avis, qu'ont en commun les gens qui réussissent financièrement, mais qui sont en général malheureux ?

RICHARD : De mauvais objectifs. Courir après l'argent n'est pas la bonne façon de faire. Le premier chef qui m'a engagé comme sommelier était super. Les critiques nous avaient négligés sur deux ou trois points et j'étais nouveau dans le monde de la gastronomie et du vin. Ce chef m'a dit : « Écoute, Richard, si tu bosses pour les récompenses, tu ne feras pas un bon travail. Mais si tu bosses bien, les récompenses viendront à toi. »

*** Le conseil que vous vous seriez donné à 25 ans ?**

« “**Ne sois pas aussi timide…**” Il y a encore eu des occasions ces deux dernières années où je me suis dit : “Mince, Richard, j’aurais aimé que tu fonces. J’aurais aimé que tu demandes x au lieu de faire dans la subtilité et les sous-entendus.” J’essaie toujours la façon la plus subtile, la plus élégante, la plus agréable. Je crois que c’est par timidité. Parfois, les indices qu’on exprime sont trop subtils pour être entendus ou, parfois, quelqu’un d’autre parle plus fort que vous et est mieux entendu. »

*** Je trouve que vous êtes un excellent pédagogue. Si vous deviez enseigner à une classe de 3e, qu’apprendriez-vous à vos élèves ?**

« “Aimez-vous vous-même…” Il faut vous aimer avant de pouvoir aimer les autres. Sinon, il n’en sortira rien de productif et on se tapera tous la tête contre les murs. »

Mike Birbiglia

Mike Birbiglia (TW : @birbigs, birbigs.com) est un comédien, scénariste, acteur et réalisateur très affairé. Il a fait ses débuts en tant qu'humoriste et a atteint son apogée dans ce domaine par une tournée internationale en solo qui mêle théâtre, cinéma, narration et humour. Outre ses tournées où ses spectacles ont lieu à guichet fermé et ses livres qui sont sur la liste des best-sellers du *New York Times*, il joue dans des films et participe régulièrement à l'émission radio *This American Life*, animée et produite par Ira Glass. Récemment, il a écrit le scénario du film *Don't Think Twice*, qu'il a réalisé et interprété.

Animal totem : le grizzly

L'art, c'est du socialisme, mais la vie est du capitalisme

« Mon épouse m'a fait remarquer que tout le monde est égal sur scène, alors qu'ailleurs personne n'est égal. » Mike a écrit : « L'art est du socialisme, mais la vie est du capitalisme », une phrase qui est devenue le fil conducteur de son film Don't Think Twice.

Seule l'émotion est durable

Mike installe des plaques de liège sur ses murs et épingle dessus de petites notes. Sa citation préférée est d'Ezra Pound, et Mike la considère comme la meilleure motivation pour écrire : « Seule l'émotion est durable. »

Le silence va parfois mieux que des mots

TIM : Avec quelqu'un comme Ira [Glass], y a-t-il une façon particulière d'obtenir une critique constructive ?

MIKE : Généralement, je raconte des brides ou des gags aux gens par téléphone parce qu'ils peuvent les critiquer sans être catégoriques. En face-à-face [quand on raconte une blague], les gens ressentent une pression. « Ah, je devrais rigoler ou faire un commentaire poli. » Au téléphone, on peut facilement survoler des trucs, et j'entends quand les gens sont intéressés. J'ai lu que Quentin Tarantino appelait sans cesse des gens pour leur raconter les avancements de ses scénarios. Il a déclaré qu'il n'avait pas besoin d'entendre les gens rire ; leur silence évoquant le niveau d'intérêt.

Écrire et jouer en transe

« J'essaie d'écrire avant que mes inhibitions ne prennent le dessus, donc vers 7 heures du matin. Puisque je suis également acteur, je dis toujours : "Écris en transe, joue en transe." Je ne veux pas réfléchir consciemment à ce que j'écris sur ma page blanche. Souvent, j'écris dans mon journal en me disant que personne ne le lira jamais et, régulièrement, ce que je publie est ce que j'ai écrit dans mon journal intime. »

Mike !!! Tu as rendez-vous avec toi-même !

« C'est quelque chose d'étrange, dont je parle rarement, et jamais en public. J'ai remarqué que je procrastinais pour finir un scénario. J'ai donc analysé mes habitudes. Si je repoussais l'écriture du scénario, j'étais toujours partant pour déjeuner avec Brian Koppelman [page 546, un ami commun] ou mon frère…

Je me suis dit : "Je suis toujours à l'heure, je vais toujours à mes rendez-vous, alors, pourquoi ne pas me donner rendez-vous avec moi-même ?" J'ai écrit un message que j'ai accroché à côté de mon lit – et il y a trois points d'exclamation – "Mike !!! Tu as rendez-vous au Café Pedlar [là où j'écris] à 7 heures avec ton esprit !"C'est bête, c'est ridicule, mais ça a marché. »

✶ **Les podcasts que Mike recommande**

- *Sleep With Me* : Mike s'endort avec cette émission. Il a le sommeil très agité, au point qu'une nuit, en pleine crise de somnambulisme, il a sauté par la fenêtre du deuxième étage et a failli se tuer.
- *Scriptnotes* : une émission que d'autres de mes invités aiment écouter. Des conseils honnêtes de personnes qui agissent réellement.

✶ **Que mettriez-vous sur une affiche ?**

« Je la placerais à Times Square et on pourrait y lire : "Aucune de ces entreprises ne s'intéresse à vous." »

Comment approcher des célébrités (et faire dire au Président Obama le mot « caca »)

« J'ai rencontré [le Président Obama] il y a deux ans. Mon épouse était enceinte à l'époque. Quand on rencontrait quelqu'un qui n'avait pas spécialement envie de nous voir, notre grand jeu consistait à lui poser une question piège pour le surprendre. Les gens se sentent obligés d'y répondre ou d'y réfléchir. Alors voici mon conseil. Si vous croisez Jimmy Fallon dans la rue, ne dites pas : "J'adore The Tonight Show !" Dites plutôt : "Que pensez-vous des kiwis ?" Il ne pourra pas s'empêcher de répondre un truc comme : "J'adore les kiwis !" Parlez d'un sujet auquel les gens ne s'attendent pas. C'est incroyable de parler de kiwis à Jimmy Fallon, et c'est un truc qui vous marquera à vie.

« Bref, avec Barack Obama, mon épouse était enceinte de quatre mois et on ne l'avait pas encore annoncé à qui que ce soit. "Pourquoi ne pas dire au Président que tu es enceinte ?" Donc quand on est arrivés devant lui, je dis : "M. le Président, voici mon épouse, Jen. Elle est enceinte, mais ne le répétez pas." Le Président des États-Unis d'Amérique n'a pas pu s'empêcher de dire : "Je suis le premier à qui vous l'annoncez ?" Ma femme a répondu oui et a enchaîné : "Vous auriez un conseil parental à nous donner ?" "Eh bien, engrangez des heures de sommeil." On a rigolé parce qu'il s'agissait du Président. Ce n'était pas hilarant, mais il s'agissait du conseil du patron des patrons. Et puis il a poursuivi : "Non, en vérité, j'ai autre chose à vous dire. Quand vous ramenez le bébé de la maternité, son caca..." Le Président a prononcé le mot "caca" ! Dès qu'il l'a dit, je me suis dit que c'était le plus beau jour de ma vie, que je si mourais sur-le-champ, ça ne me ferait rien. "Quand vous ramenez le bébé de la maternité, son caca ne sent rien. Ce n'est pas comme le caca d'un adulte. Le caca d'un adulte sent mauvais." Il m'a regardé en attendant ma confirmation, genre : "Vous avez raison, M. le Président, le caca d'adulte sent très mauvais. Je suis ravi d'avoir assisté au Séminaire Caca 2015."

« Et il a poursuivi : "À la maison, les bébés ont besoin de rituels pour manger, pour dormir. L'allaitement ne fonctionne pas toujours. Ça sera un peu bancal au début, mais ne paniquez pas. Et si le bébé ne fait pas ses nuits, ne paniquez pas non plus." Il a marqué une pause et repris : "C'est un conseil judicieux !" Il se félicitait de son conseil. Croyez-moi, c'est fabuleux de poser des questions inattendues aux gens. »

✶ Le conseil que vous vous seriez donné à 20 ans ?

« Je dirais : "**Mets tout par écrit parce que tout est très éphémère.**" Je dirais : "Écrivez dans un journal intime", ce que je faisais, mais j'aurais dû le faire plus soigneusement. Et puis : "**Ne vous inclinez pas devant les gardiens des portes du show-biz, mais devant toute entreprise ou initiative." En réalité, je pense qu'il n'y a pas de gardiens. C'est vous, le gardien...**"

"Ne perds pas ton temps en marketing. Essaie de t'améliorer..."

Et aussi : "**Il ne s'agit pas d'être bon, il s'agit d'être superbon.**" En prenant de l'âge, je trouve que beaucoup de gens sont bons, malins, intelligents, mais que peu d'acteurs vous dévoilent leur âme. »

Le pot à chouette

J'avoue que ce n'est pas moi qui en ai eu l'idée, mais mon adorable ex-copine. Elle m'avait fabriqué et offert un pot à chouette parce que je suis assez bon en actions et assez mauvais en appréciations. Voici comment ça marche.

J'ai sur le plan de travail de ma cuisine un bocal sur lequel il est écrit POT A CHOUETTE en lettres pailletées. Dès qu'il arrive quelque chose de sympa dans la journée, quelque chose qui m'a enthousiasmé ou rendu joyeux, je l'écris sur un bout de papier que je place dans mon pot. Quand il se passe quelque chose de chouette, vous croyez que vous vous en souviendrez dans trois mois, mais ce n'est pas vrai. Le pot à chouette garde une trace de toutes les choses sympa qui se sont réellement produites, alors qu'on a tendance à les oublier quand on est déprimé ou qu'on broie du noir. J'ai tendance à me réjouir brièvement, ou pas du tout, alors ce genre de souvenirs de bons moments passés fait du bien pendant des semaines, des mois, voire des années.

Le pot à chouette a eu beaucoup d'effet sur ma qualité de vie. Je sais, ça fait peut-être ridicule, et à 20 ans j'aurais ri de l'idée, mais croyez-moi, ça marche.

Mon pot à chouette est placé de façon très visible. Dès que je le vois, une petite voix me dit : « Les choses ne vont pas si mal, Winnie l'Ourson. Allez, grand sourire ! » J'ai compris que : A) si on est sérieux à longueur de temps, on s'épuisera avant les choses vraiment sérieuses, B) si on n'apprécie pas régulièrement les petites victoires, on n'appréciera jamais les grandes. Elles glisseront entre vos doigts comme du sable et vous serez obnubilé par la semaine qui suit, la prochaine tâche à effectuer, le truc suivant à réparer. C'est au mieux une victoire à la Pyrrhus.

Si vous ne voulez pas l'inscription POT A CHOUETTE, sur votre bocal, faites un gros point d'exclamation à la place. Quoi qu'il en soit, plus on est sérieux dans la « vraie vie », plus il faut, à mon avis, tendre au ridicule. Qui essayez-vous d'impressionner ? Si vous avez des enfants, faites-les participer.

Beaucoup de mes fans motivent leur famille à exprimer leur gratitude grâce à cette petite astuce qui ne mange pas de pain.

Prenez l'habitude de mettre un message tous les jours. Vous ne savez pas quoi écrire ? « Je ne suis pas mort aujourd'hui ! » est pas mal dans le style. En fait, c'est même génial par rapport au contraire... Recherchez les points positifs, entraînez-vous à voir le bon côté des choses et vous le verrez plus souvent.

Malcolm Gladwell

Malcolm Gladwell (TW : @gladwell, gladwell.com) est l'auteur de cinq best-sellers du *New York Times*. Il est l'une des 100 personnes les plus influentes du magazine *Time* et l'un des grands penseurs de *Foreign Policy*. Il a étudié comment les idées se répandent dans *Le Point de bascule*, la prise de décision dans *La Force de l'intuition*, les logiques du succès dans *Tous winners* !, et les atouts des points faibles dans *David et Goliath*. Dans son dernier projet, le podcast *Revisionist History*, il examine comment le temps modifie et éclaire notre perception du monde.

* **Qu'avez-vous pris au petit déjeuner ?**
  « Un cappuccino et un tiers de croissant. J'adore les croissants, mais je pense qu'il ne faut manger que le strict nécessaire le matin… C'est un de mes principes. »

* **Vous aimez le thé noir lapsang souchong ?**
  « Quand certaines personnes le sentent, elles partent en courant. Pour elles, ce n'est même pas du thé. Il y a un petit coffee shop où j'ai mes habitudes le matin qui en propose. Je crois que je suis le seul à en commander. »
  TF : Le lapsang souchong a une saveur fumée et boisée. Un de mes amis à qui le goût rappelait celui du whiskey en buvait pour limiter sa consommation d'alcool.

* **Comment décidez-vous de la manière de commencer un livre ou un chapitre ?**
  « Ce n'est pas une question de maths, où il n'y a qu'une solution. Dès qu'on comprend qu'il n'y a pas qu'une seule bonne réponse, on stresse moins. Généralement, j'essaie plusieurs introductions. C'est plus facile parce que je ne commence pas par le début. Si on ne commence pas par le début, la vie devient nettement moins compliquée. »
  TF : Tapez « in medias res » sur Internet pour voir des exemples de cette approche qui signifie littéralement « au milieu des choses » en latin. Ce terme fait référence à une

œuvre (littéraire, cinématographique, un jeu vidéo, etc.) qui commence au milieu ou à la fin de l'histoire, les événements qui précèdent ne sont narrés qu'après coup. J'ai appliqué cette approche pour tous mes livres jusqu'à présent.

Comment Malcolm a appris à poser des questions

C'est son père mathématicien qui lui a appris à poser question sur question : « Mon père n'a aucune incertitude intellectuelle… Ça ne lui a jamais traversé l'esprit que le monde puisse le considérer comme un crétin. Il n'entre pas dans ce jeu-là. S'il ne comprend pas quelque chose, il demande, même s'il a l'air bête. Il posera des questions évidentes sans état d'âme… Alors il pose beaucoup de questions, beaucoup de questions "idiotes". Il peut très bien dire à quelqu'un : "Je ne comprends pas. Explique-moi", et continuer à poser des questions jusqu'à ce qu'il ait compris. Je l'ai toujours entendu poser des questions, dans tous les contextes possibles et imaginables. [Si mon père avait rencontré Bernie Madoff] il n'aurait jamais investi de l'argent chez lui parce qu'il lui aurait répété "Je ne comprends pas" une centaine de fois. "Je ne comprends pas comment ça marche", d'une voix lente, un peu crétine. "Monsieur, je ne comprends pas. Qu'est-ce qui se passe ?" »

✶ **Qui s'exprime le mieux en public ?**
« L'historien Niall Ferguson a porté un toast à un anniversaire. Je n'ai jamais entendu un toast aussi bon, de ce niveau-là. »

✶ **++ Quel mauvais conseil donne-t-on souvent aux autres ?**
« En Amérique, on terrifie les lycéens sur le choix de leur fac. Tout ce qui a trait à l'université devient un mauvais conseil. Si vous écoutez ma diatribe contre la fac [dans Revisionist History], je dis que le système universitaire américain doit être revu de fond en comble… Ce que j'ai appris aujourd'hui m'inspire au point de vouloir en parler jusqu'à 1 heure du matin ? Est-ce que quelqu'un voudra en discuter avec moi ? C'est tout. Tout le reste, ce sont des bêtises. »

Stephan J. Dubner

Stephen J. Dubner (TW : @freakonomics, freakonomics.com) est un auteur, journaliste et animateur radio et télé réputé. Il a écrit avec l'économiste Steven D. Levitt *Freakonomics, SuperFreakonomics, Pensez comme un freak* !, et À quelle heure braquer la banque ?, qui s'est vendu à 5 millions d'exemplaires et a été traduit en 35 langues. Il anime le podcast très populaire *Freakonomics Radio.*

Animal totem : un chien quelconque de taille moyenne – un peu craintif au départ, mais qui devient assez gentil par la suite, négligé, mais pas trop sauvage, assez fidèle, gros dormeur

Un favori peu connu

On est tous les deux fans de *Levels of the Game*, de John McPhee, un livre de 162 pages consacré à un seul match de tennis, celui entre Arthur Ashe et Clark Graebner en 1968. Le *New York Times* l'a qualifié de « grand moment de journalisme sportif ». C'est le livre que Stephen aime offrir à des adultes. Pour les enfants, il offre *The Empty Pot*, de Demi.

* **Une maxime qui régit votre vie ou à laquelle vous pensez souvent ?**
« Assez est aussi bien qu'un festin. »

Quand mettre de côté ses principes moraux ?

« Si vous voulez résoudre un problème – un problème qui vous tient suffisamment à cœur pour avoir envie de le résoudre –, vous aurez sans doute un tas d'idées. Vous identifierez pourquoi c'est un problème important, ce qui vous dérange précisément, qui sont les méchants, etc.

« Alors, si vous êtes un environnementaliste et que vous pensez qu'une des plus grandes tragédies de ces 100 dernières années est la façon dont les gens pillent l'environnement, dès que vous entendez parler d'un problème concernant l'environnement, que ce soit la disparition des abeilles ou la pollution de l'air, votre position morale immédiate est : "Eh bien, j'en connais exactement la cause. C'est à cause de la stupidité des gens, de leur négligence et de leur cupidité", et ainsi de suite.

« C'est peut-être vrai, mais c'est peut-être faux. Si vous tentez d'approcher chaque problème avec votre sens moral, vous ferez avant tout beaucoup d'erreurs. Vous allez exclure bon nombre de bonnes solutions possibles. Vous allez croire savoir beaucoup de choses alors que vous ne savez pas grand-chose, et vous ne serez pas un allié fiable pour trouver une solution avec d'autres personnes qui ne voient pas le monde comme vous. »

* **Le pire conseil que vous ayez entendu ?**
« "Écrivez sur ce que vous connaissez." Pourquoi j'écrirais sur le peu que je connais ? Au contraire, est-ce que je ne voudrais pas profiter de l'écriture pour apprendre davantage ? »

Sélectionner des idées issues d'un brainstorming

« Certaines n'étaient finalement pas intéressantes, et on ne croyait pas à d'autres. Certaines se sont avérées intéressantes et véridiques, mais elles n'étaient pas étayées par des données ou des histoires qui les illustraient bien… **donc nos brainstormings étaient : trouvons autant d'idées que possible et on les analysera. En gros, essayons de les démonter et, si on n'y arrive pas, on les retiendra.** »

* **Trois personnes qui vous ont appris quelque chose ou que vous suivez ?**
  En ligne : *Marginal Revolution*, Kottke.org, et Cool Tools (de Kevin Kelly, page 424).

* **Le conseil que vous vous seriez donné plus jeune ?**
  « Je dirais simplement : "N'aie pas peur." Il y a beaucoup de choses que je n'ai pas faites, des expériences que je n'ai jamais vécues, des gens que je n'ai jamais rencontrés ou fréquentés parce que j'étais intimidé ou effrayé… Ça revient un peu à ce que les psychologues appellent l'"effet des projecteurs", [comme si] tout le monde devait prêter attention à ce que je fais. En réalité, tout le monde s'en moque. »

Josh Waitzkin

Josh Waitzkin (joshwaitzkin.com) est celui qui a inspiré le livre et le film À la recherche de Bobby Fischer. Ce petit génie du jeu d'échecs a peaufiné ses stratégies d'apprentissage pour pouvoir les appliquer dans tous les domaines, y compris le jiu-jitsu brésilien, qu'il affectionne (il a reçu sa ceinture noire des mains du maître Marcelo Garcia), et le tai-chi-chuan (il est un champion du monde). Actuellement, il passe son temps à coacher des athlètes et investisseurs mondiaux, à tenter de révolutionner l'éducation et à exercer sa nouvelle passion (le paddle-surf), où il a failli me tuer plusieurs fois. J'ai rencontré Josh après avoir lu son premier livre, The Art of Learning, et, depuis, nous sommes inséparables.

Animal totem : le gorille

Faire le vide

Josh n'est pas sur les réseaux sociaux, n'accorde pas d'interviews (à part dans le cadre de mon podcast, où il me traite souvent d'enfoiré) et évite les réunions et coups de fil. Il minimise les entrées pour maximiser les sorties, à l'image de Rick Rubin. Selon Josh : « Je cultive le vide comme un art de vivre en faveur du processus créatif. »

Apprendre la macro par la micro

Josh s'attache à voir large. Il utilise souvent le principe surnommé « apprendre la macro par la micro ». Autrement dit, il se concentre sur un détail dans un domaine (les échecs, les arts martiaux ou autres) pour dégager des principes macro extrêmement puissants, qui s'appliquent n'importe où. Il associe parfois ce procéder au fait de « commencer l'ultime partie ». Par exemple, quand Josh m'a donné ma première leçon d'échecs, il n'a pas commencé avec les mouvements d'ouverture classiques. Mémoriser les ouvertures est naturel, et tout le monde le fait. Mais, pour Josh, cela revient à piquer les réponses d'un examen à un professeur. Si l'on n'apprend pas les principes ou stratégies, on n'apprendra que quelques ruses qui ne nous permettront d'écraser que des adversaires novices. Josh me l'a donc faite à l'envers, tout comme son premier professeur, Bruce Pandolfini, l'avait fait avec lui. L'échiquier ne comptait que trois pièces, comme dans une fin de partie : un roi et un pion contre le roi adverse. Par la micro, une complexité réduite des positions, il m'a aidé à me concentrer sur la macro : les principes comme le pouvoir des espaces vides, l'opposition, et placer l'adversaire en zugzwang (un coup qui le force à casser sa position). En me limitant à quelques pièces, il voulait m'apprendre quelque chose qui ne connaissait pas de limites : des concepts de haut niveau que je pourrais appliquer en toute occasion et face à n'importe qui. Je l'ai vu appliquer ces concepts à beaucoup de choses, dont l'enseignement du jiu-jitsu, dont il peut couvrir quasiment tous les principes en se concentrant sur une seule soumission (fin de combat), appelée « guillotine » (ou, plus précisément, « Marcelotine »).

Si vous étudiez mon jeu, vous entrez dans mon jeu

Josh et moi aimons parler de Marcelo Garcia, un Brésilien 5 fois champion du monde de jiu-jitsu avec qui Josh a ouvert la Marcelo Garcia Academy, à New York. Marcelo est sans conteste le meilleur lutteur de ces 100 dernières années. En gros, il est la combinaison de Mike Tyson, Wayne Gretzky et Michael Jordan en jiu-jitsu. Alors que la plupart des concurrents sont discrets sur leur préparation avant une compétition, Marcelo enregistre et diffuse régulièrement ses entraînements avant un combat important. Josh en explique le raisonnement :

« [Marcelo] montrait en image à ses adversaires ce qu'il allait faire à 15 jours, 3 semaines et 1 mois [de la date de la compétition], et son attitude était inédite : “Si vous étudiez mon jeu, vous entrez dans mon jeu, et je gagnerai plus facilement que vous.” »

TF : Je partage aussi mes secrets sur la façon dont j'ai lancé le podcast, monté des campagnes Kickstarter, etc., car j'ai deux convictions :

1. C'est rarement un jeu où il n'y a ni gagnant ni perdant (si l'un gagne, l'autre perd), et, plus j'offre de détails aux gens, plus de reçois une aide précieuse.
2. S'il s'agit d'un enjeu concurrentiel, j'offre simplement aux gens des détails sur mon jeu. Mon perfectionnisme effraiera une bonne partie de ceux qui auraient aimé essayer. Sur ces 50 %, 40 % s'y essaieront et feront moins bien que moi, et 10 % feront mieux. Mais, puisque ces 10 % auront reçu mes conseils, ils n'hésiteront pas à me contacter pour m'enseigner ce qu'ils ont appris, puisqu'ils auront apprécié ma transparence.

Se souvenir des trois derniers virages

« Un jour, je skiais avec Billy Kidd, un grand champion olympique de descente des années 1960. C'est un chic type, qui skie désormais dans le Colorado, avec un chapeau de cow-boy sur la tête… Il m'a demandé [il y a des années], l'une des premières fois où l'on skiait ensemble : “Josh, selon toi, quels sont les virages les plus importants dans une descente ?” Depuis, j'ai posé cette même question à un tas de gens.

« La plupart des gens répondront “le milieu, parce que c'est la partie la plus difficile”, ou “le début, car il faut prendre de la vitesse”. Mais, pour lui, les trois virages les plus importants sont les trois derniers avant d'atteindre la remontée mécanique. Les skieurs le savent bien. C'est le moment où la pente s'adoucit, où la piste devient moins difficile. La plupart des gens se relâchent complètement à ce moment-là et prennent de mauvaises habitudes. Le hic, c'est que, pendant la remontée, inconsciemment, on intègre de mauvaises habitudes.

« Comme le fait remarquer Billy, si vos trois derniers virages sont précis, vous intériorisez de la précision au cours de la remontée. C'est donc quelque chose que je partage avec les personnes que je forme dans le monde de la finance. Par exemple, finir la journée avec un travail de très haute qualité vous permettra d'intérioriser de la qualité pendant la nuit. »

TF : Grâce à Josh, je termine toujours mes séances d'entraînement par une bonne répétition de gestes précis, que ce soit en AcroYoga, en gymnastique, en tir à l'arc ou autre. Par exemple, si j'ai prévu un entraînement de 60 minutes et que j'établis un superbe « RP » (record personnel) au bout de 45 minutes ou que je réussis un nouvel exercice, je m'arrête là. Pour le tir à l'arc, j'utilise une « cible vierge » pour commencer et terminer toutes les séances d'entraînement. Je décoche 5 ou 6 flèches au feeling, les yeux fermés, sur une cible placée à 3 mètres à peine. L'un des écrivains préférés de Josh, Hemingway, avait l'habitude de mettre fin à ses séances d'écriture au milieu d'un paragraphe, au milieu d'une phrase. Ainsi, il savait précisément où reprendre le lendemain et pouvait entamer et finir ses journées confiant.

Un bouton marche/arrêt

« L'un de mes meilleurs souvenirs [de Marcelo], c'était à un championnat du monde, juste avant la demi-finale. Il faisait la sieste sur les gradins. Tout le monde criait, et lui, il roupillait. Je n'ai pas pu le réveiller.

« Il est [finalement] monté sur le ring, [et] personne n'avait jamais vu quelqu'un d'aussi détendu avant un match de championnat... Il arrive à se débrancher complètement, et, sur le ring, personne ne parvient à se rebrancher avec autant d'intensité que lui. Sa capacité à se mettre sur Off est proportionnelle à l'intensité avec laquelle il se remet en marche. [J'entraîne] les gens à passer de moments de stress intense à des instants de récupération pendant la journée.

« Les entraînements à intervalles réguliers [souvent en milieu de journée ou pendant la pause déjeuner] et la méditation sont deux bonnes habitudes à adopter pour cultiver l'art de déconnecter et se remettre en marche. »

Ces petits trucs qui font de grandes choses

« On parlait de Marcelo, qui incarne le principe de qualité dans les détails [par ex. des protocoles précis de nettoyage de la salle, apprendre aux gens à rajuster leur tenue pendant les cours, etc.]. On pourrait penser que ces petits détails sont insignifiants, mais, quand on les additionne, ils deviennent énormes. »

TIM : Je suis persuadé que les petits détails font les grandes choses, car ce sont des réflexions. Comme on dit, la façon dont on fait une chose est signification de notre façon de faire tout le reste.

JOSH : C'est un principe superbe et essentiel. La plupart des gens pensent pouvoir attendre le moment décisif pour se mettre en marche, mais si on ne cultive pas l'allumage automatique comme mode de vie dans les moments quelconques (et les petits moments sont cent fois plus nombreux que les grands), alors il y a peu de chances que dans les moments importants… Quand on ne cultive pas la qualité, en gros, on cultive la négligence.

« Faire le tour » toute la vie

« La réflexion latérale ou thématique, la capacité à apprendre une leçon et à l'appliquer à autre chose est la discipline la plus importante que l'on puisse cultiver. Nous [mon épouse et moi] avons commencé à la cultiver [auprès de notre bébé, Jack] autour du principe du "tour". La toute première fois, nous étions en vacances dans une petite maison à Martha's Vineyard, une maison entourée d'un grand champ. Notre enfant essayait d'entrer par une porte qui était fermée, mais il pouvait entrer par une autre. Je lui ai dit : "Jack, fais le tour." Il m'a regardé et s'est exécuté.

« "Fais le tour" est devenu chez nous un terme qui nous permet de résoudre des énigmes ou de contourner des obstacles. La métaphore "faire le tour" nous a permis de relier les choses (prendre le principe d'une chose et l'appliquer à autre chose), et nous nous amusons beaucoup avec cela. »

« Embrassez vos peurs »

« C'est un terme qu'emploie mon ami Graham Duncan [un directeur de "fonds de fonds"]. Il est très apprécié, et il participe souvent à nos aventures en surf. C'est fabuleux de refaire le monde avec lui… génie et folie se mêlent à l'intelligence et à l'excentricité. Comprendre cet enchevêtrement est un prérequis pour collaborer avec ce genre de personnes, qui doivent embrasser leurs peurs, leur excentricité et tout ce qui les différencie des autres et même capitaliser dessus pour réussir leurs projets. »

Qui choisit-on quand notre ego est menacé ?

Retour aux sports de combat et au monde du jiu-jitsu :

« Il est intéressant d'observer qui choisissent les meilleurs concurrents à l'issue du 5e combat de leur entraînement, alors qu'ils n'en peuvent plus. Généralement, ceux qui progressent le plus cherchent le gars le plus coriace: celui qui risque de les battre. Les autres, eux, chercheront quelqu'un de plus reposant. »

Il pleut ? Tant mieux !

« Quand Jack avait un an à peine, j'ai remarqué que d'autres parents avaient un langage contre-productif pour évoquer le temps qu'il faisait. Lorsqu'il pleut, on entend des mères, des pères ou des nounous s'exclamer : "Il fait mauvais. On ne peut pas sortir." Ou, à l'inverse : "Il fait beau. On peut sortir." En gros, cela revient à dire que nous dépendons d'un phénomène extérieur, que nous attendons les conditions idéales pour sortir et nous amuser dehors. Jack et moi n'avons jamais passé un jour de tempête de pluie ou de neige à la maison sans en profiter, excepté peut-être une fois, parce qu'il était malade. Nous avons développé tout un langage pour décrire la beauté du mauvais temps. Quand il pleut, Jack me dit : "Regarde, papa, un beau jour de pluie !" Et nous sortons jouer sous la pluie. J'aimerais qu'il développe un locus interne de contrôle, et qu'il n'attende pas les conditions externes idéales. »

De l'utilité du « délestage »

Tenir mon journal quotidien ne se limite pas à mes matinées. C'est un outil qui me permet de clarifier mes pensées et de définir mes objectifs, à l'image de Kevin Kelly (page 424). Le papier agit comme un révélateur pour mon esprit.

Ce chapitre est la transcription de ce que j'ai écrit en octobre 2015.

J'ai écrit ces lignes au Samovar Tea Lounge, à San Francisco, après une promenade de deux heures qui m'a conduit à réintégrer dans ma vie des phases de « délestage ». « Délester » est un concept utilisé dans les entraînements sportifs, qui peut également s'appliquer à beaucoup d'autres domaines. Voici une définition trouvée sur Internet sur le site de sports T Nation :

> Une semaine de « repos » ou de « délestage » est une réduction planifiée du volume ou de l'intensité des exercices. Dans le milieu de la musculation, cette semaine de délestage est souvent insérée entre deux phases du programme d'entraînement. D'après l'extrait d'*Essentials of Strength Training and Conditioning*, le "but de cette semaine de délestage est de préparer le corps à une exigence accrue lors de la phase suivante" et d'éviter le risque de surentraînement.

Quel rapport avec la créativité, la productivité ou la qualité de vie ?

Commençons par un résultat personnel : au cours des 12 derniers mois, je me suis aménagé des phases de délestage en dehors du contexte sportif, afin de réduire mes angoisses de 50 % tout en doublant mes revenus.

Dans mon cas, délester dans le cadre du travail consiste à relâcher la pédale d'accélérateur. J'alterne périodes intensives où je regroupe mes tâches (enregistrement de podcasts, nettoyage de ma boîte de réception, posts sur mon blog, comptabilité, etc.) et longues périodes de déconnexion et, disons-le franchement, de glande.

Les périodes de déconnexion peuvent néanmoins être intenses (cherchez « 4-hour reality check » pour avoir un exemple), mais elles ne sont pas destinées au travail.

Voyons cette page de journal, puisqu'elle développe le raisonnement. J'ai ajouté quelques pensées supplémentaires au-dessous :

> **Mardi – SAMOVAR@17h40**
>
> Grande phase de « délestage ».
>
> C'est ce que je vis cet après-midi, et j'ai l'impression que ce mardi est un dimanche matin paresseux. C'est là que ma muse va sans doute me rendre visite.
>
> J'ai besoin de décompresser.
>
> Le néant plein d'une infinité de possibles n'est envisageable que si l'on n'a aucune obligation, ou, du moins, aucune réaction compulsive. Peut-être n'est-ce possible qu'avec un espace négatif pour, comme le dirait Kurt Vonnegut, « glandouiller » ? Pour faire des choses pour le plaisir ? Sans aucune bonne raison ?
>
> J'ai l'impression que les grandes idées émanent de ces périodes. C'est le silence entre les notes qui fait la musique.
>
> Pour créer, devenir plus grand, mieux ou véritablement différent, il faut se ménager du temps pour les « et si ? » sans avoir un rendez-vous téléphonique dans 15 minutes. Les moments agréables proviennent rarement de l'état d'esprit où on vide sa boîte de réception : « Oh, mince… j'ai oublié de… rappelle-moi de… ne devrais-je pas plutôt ?… je dois absolument faire… »

Le terrain de la boîte de réception est un lieu de perdition dans lequel nous nous égarons tous.

Mon expérience de ce mardi-là a confirmé l'importance de me dégager de grandes plages horaires ininterrompues pendant lesquelles mon esprit peut vagabonder, réfléchir et détecter le bon signal dans le bruit environnant. Si vous avez de la chance, vous pourrez même créer ce signal, ou relier deux signaux (grandes idées) qui ne s'étaient jusqu'alors jamais croisés.

J'ai plusieurs façons de programmer mes phases de délestage : au quotidien, entre 8 heures et 9 heures pour écrire dans mon journal, boire mon thé, etc. ; de

9 heures à 13 heures tous les mercredis pour créer (écrire, réaliser des interviews pour mon podcast) ; et les samedis « sans écran », où je n'utilise pas d'ordinateur, et où je n'emploie mon téléphone qu'à envoyer des SMS à mes amis ou à consulter une carte. Évidemment, je fais toujours des miniretraites, comme je préconise de le faire plusieurs fois par an dans La Semaine de 4 heures.

Les phases de délestage doivent être programmées et défendues encore plus fermement que tout engagement pour le travail. Le délestage peut renforcer et instruire le travail, mais ce n'est pas réciproque.

Pour résumer, comment lever le pied quand on mène une existence qui se plie aux agendas des autres et pas au sien ?

Vous devez créer vos « temps calmes » ; personne ne vous en offrira. C'est la seule façon d'avancer dans le courant au lieu de surnager.

Brené Brown

Le Dr Brené Brown (TW : @BreneBrown, brenebrown.com) est professeure et chercheuse en sciences humaines à l'université Houston Graduate College of Social Work. Sa conférence « Le Pouvoir de la vulnérabilité » à la TEDxHouston en 2010 a été vue plus de 31 millions de fois. C'est la conférence Technology, Entertainment & Design la plus visionnée au monde. Elle a passé 13 ans à étudier la vulnérabilité, le courage, le mérite et la honte. Brené est l'auteure ayant eu les meilleures ventes selon le *New York Times* pour *Daring Greatly, The Gifts of Imperfection* et *Rising Strong*.

Animal totem : le dahu

La peur et la bravoure peuvent coexister

« L'idée qu'on soit ou bien courageux ou bien peureux est tout simplement fausse, car la plupart d'entre vous connaissent la peur et le courage à la fois, tout au long de la journée. »

TF : Ça me fait penser à Cus D'Amato, le premier entraîneur de Mike Tyson, qui disait à ses boxeurs avant un match important : « Le héros et le peureux ressentent la même chose, mais le héros projette sa peur sur son adversaire alors que le peureux part en courant. Dans les deux cas, il s'agit de la peur. C'est ce qu'on en fait qui est important. »

Être juste (honnête ?) envers l'inconfort

TIM : Avez-vous quelque chose à demander à mon public ?

BRENÉ : Acceptez l'inconfort, car on ne trouvera pas de bien-être dans les solutions à nos problèmes de racisme, d'homophobie, d'environnement et même parfois de manque d'amour… Ma demande serait donc plus d'ordre métaphysique : ne fermez pas la porte à la vulnérabilité. Acceptez la gêne. La personne qui accepte le plus d'être gênée n'est pas seulement la plus courageuse, mais celle qui progresse le plus vite.

TF : La citation le plus fréquemment soulignée sur Kindle dans le supplément à La Semaine de 4 heures est : « La réussite d'une personne dans la vie se mesure au nombre de discussions gênantes qu'elle est prête à avoir. »

Lorsque j'en ai eu l'occasion, ai-je privilégié le courage à la gêne ?

Brené ne s'était pas fait remarquer jusqu'à ce qu'elle tombe sur la célèbre citation de Theodore Roosevelt (« Tout le mérite appartient à celui qui descend vraiment dans l'arène, dont le visage est couvert de sueur, de poussière et de sang, qui se bat vaillamment, qui se trompe, qui échoue encore et encore – car il n'y a pas d'effort sans erreur et échec… »). Elle a décidé d'enseigner publiquement malgré les commentaires blessants et les attaques dont elle avait fait l'objet sur Internet.

« À ce moment-là, je me suis dit que je voulais vivre courageusement, que je voulais entrer dans l'arène. Si vous allez vivre dans l'arène, c'est sûr, vous serez malmené… Oser, c'est être vulnérable. Alors, quand vous vous demandez : "Est-ce que j'ai osé aujourd'hui ?", moi, **je demanderais plutôt : "Lorsque j'en ai eu l'occasion, est-ce que j'ai privilégié le courage au confort ?"** »

TF : Voici une question intéressante pour analyser son quotidien dans le Journal de 5 minutes ou tout autre journal intime (page 141).

Comment cela se traduit en 30 millions de vues

« J'ai procédé à une expérience lors de la conférence TED. Je m'y suis dévoilée. J'ai parlé de mes propres échecs, de mon affaiblissement psychologique. J'ai parlé de ma nécessité de suivre une thérapie… et lorsque je suis rentrée chez moi je me souviens d'avoir dit : "Je ne recommencerai jamais." »

Elle a assisté à l'explosion de la popularité de sa vidéo, qui comptabilise plus de 31 millions de visionnages sur TED.com et YouTube. « Rétrospectivement, ce que je retiens de cette expérience est : **si je ne me sens pas un peu nauséeuse à la fin, c'est que je n'ai pas dû me dévoiler comme j'aurais dû le faire.** »

Une de ses règles pour parler en public : l'éclairage de la salle

« Je demande que la salle soit éclairée pour voir les visages du public. Je ne fais que rarement des enregistrements vidéo, car il faut que les projecteurs soient braqués sur vous et que le public soit dans le noir. Pour moi, il s'agit dans ce cas d'une performance, pas d'une connexion. »

La honte vs la culpabilité

« La honte, c'est dire : "Je suis une personne mauvaise." La culpabilité, c'est : "J'ai fait quelque chose de mal."… La honte porte sur l'être, la culpabilité sur le comportement. »

Pour inspirer confiance, soyez vulnérable

« Ce qui résulte de tout ça, c'est la notion de confiance et le rapport entre la confiance et la vulnérabilité. Les gens [pensent] toujours que, lorsqu'on fait confiance à quelqu'un, on devient vulnérable. En réalité, **on ne gagne pas la confiance des gens à moins d'être tant soit peu vulnérable [d'abord]**. » (Voir le conseil de Gabby Reece « être le premier », page 111, et l'approche avant interview de Neil Strauss, page 307.)

* **Selon vous, qui incarne le mieux le mot « succès » ?**
  « Je n'ai personne en tête. Je pense au mot "redéfinir". Le mot "succès" a été un terme très dangereux dans mon étude. **Ma réponse serait : assurez-vous d'avoir appuyé votre échelle sur le bon mur.** »

* **Le conseil que vous vous seriez donné à 30 ans ?**
  « "Il est normal d'avoir peur, **mais ne soyez pas aussi terrifiant quand vous êtes effrayé...**" Avoir 30 ans, c'est crevant. C'est l'âge du perfectionnement, l'âge où il faut se prouver, l'âge où on fait semblant. »

Jon Favreau

Jon Favreau (TW : @jon_favreau, FB/IG : @jonfavreau) a percé grâce au rôle qu'il a tenu dans le film Rudy. Il s'est établi en tant que scénariste grâce au film-culte Swingers, dans lequel il a également joué. Il a ensuite fait ses débuts de réalisateur avec Made, dont il a écrit le scénario et qu'il a produit. Il a réalisé, entre autres, *Le Livre de la jungle, Iron Man, Iron Man 2, Cowboys et envahisseurs, Elfe, Zathura* : *une aventure spatiale,* et *Chef,* qu'il a écrit, produit, réalisé et interprété. Rien que ça ! Jon est polyvalent.

Visez la vérité et le rire suivra

Avant de commencer l'enregistrement de notre interview dans le bureau de Jon, celui-ci m'a parlé du meilleur conseil d'un de ses professeurs, Glenn Close : « Ne cherche pas à faire du comique. Vise la vérité et le rire suivra. »

Dire la vérité, la version la plus facile à retenir (et à écrire)

« Même si [*Swingers*] n'était pas véritablement autobiographique, il y avait assez d'éléments où je me retrouvais... C'était quoi, l'expression dans *Glengarry* ? "Dites toujours la vérité. C'est la version la plus facile à retenir." Si vous parlez d'un quartier, parlez de celui où vous avez grandi, celui que vous connaissez par cœur. Même s'il ne s'agit pas de vous, vous bâtirez un monde plus consistant que si vous placez vos personnages sur Mars, parce que vous ne connaissez pas cette planète. »

Remarque : Jon a écrit *Swingers* en 15 jours et le film a coûté moins de 200 000 $ à réaliser.

Cuisine et amitié

La première fois que j'ai passé la journée chez Jon, il m'a immédiatement invité à faire des beignets en groupe (à l'aide d'une préparation de Café du Monde, de La Nouvelle-Orléans, pour les curieux). Jon explique pourquoi :

« On était là, on ne se connaissait pas bien. J'avais lu tes livres, tu avais vu mes films, et puis tu verses de l'huile chaude ici et comme par magie, on ne se concentre plus sur l'autre. On s'occupe les doigts... Généralement, je n'ai pas grand-chose en commun avec les gens que je rencontre. [La cuisine] c'est génial pour ça parce que ça crée un contexte où tout le monde est sur un pied d'égalité, chacun a des talents différents. Ça devient une véritable tâche [où on est tous interdépendants]. Je constate que je développe énormément de patience avec des personnes que je connais mal quand on est tous en train de travailler sur un projet culinaire. À la fin, on le sert et on a l'impression d'avoir gagné une guerre ensemble. C'est super pour créer des liens. »

Le pouvoir des mythes

Pour l'écriture de scénarios, Jon recommande vivement de lire *Le Guide du scénariste*, de Christopher Vogler, qu'il a utilisé pour vérifier la structure de Swingers. Il est également fan de *The Power of Myth*, une interview filmée de Joseph Campbell par Bill Moyers. « Avec *Le Livre de la jungle*, je fais un véritable retour en arrière et une plongée dans les anciens mythes. »

TF : On a enregistré le podcast pendant le tournage du Livre de la jungle, dans les bureaux de la production à côté des plateaux. Quelques mois plus tard, Le Livre de la jungle était le film #1 dans le monde entier, et il recevait une moyenne de 95 % au classement Rotten Tomatoes.

L'impact à long terme bat le résultat brut à court terme

« Grâce à la VSH, puis au DVD et au disque laser, tout le monde a vu le film [*Swingers*], qui est devenu partie intégrante de notre culture. C'est à ce moment-là que j'ai appris que ce ne sont pas forcément les films qui marchent le mieux [financièrement] qui ont le plus d'impact, qui sont le plus gratifiants ou font le plus avancer votre carrière. »

Une autre raison de méditer

« J'étais en pleine séance [de méditation] quand j'ai eu l'idée de *Chef*. Je me suis arrêté, ce que je ne fais pas d'habitude, et j'ai sorti un cahier. J'ai griffonné huit pages d'idées et de réflexions [puis] je l'ai mis de côté. Quand je regarde ces pages, elles contenaient en gros 80 % du film. Le sujet [*Chef*], les acteurs, les personnages, les autres films à regarder, le ton, la bande-son, le genre de cuisine, l'idée du food-truck, les sandwiches cubains, la musique cubaine… tout est parti de là. »

Tester l'« impossible » : 17 questions qui ont changé ma vie

« Chaque fois que vous vous retrouvez du côté de la majorité, il est temps de faire une pause et de réfléchir. »

– Mark Twain

La réalité peut en grande partie se négocier.

Si vous testez les limites et faites des expériences avec les « impossibles », vous découvrirez rapidement que la plupart de vos limites sont renforcées par une série de règles sociales fragiles que vous pouvez choisir de briser à n'importe quel moment.

Voici les 17 questions qui ont changé ma vie de façon radicale. Chacune est horodatée puisqu'elles sont arrivées à un moment précis de mon existence.

#1 – Et si je faisais l'inverse pendant 48 heures ?

En 2000, je vendais des espaces de stockage de données de masse à des P-DG et directeurs techniques. C'était mon premier boulot après la fac. Lorsque je n'étais pas sur la route dans le minivan que ma maman m'avait refilé, j'étais au bureau à San Jose, en Californie, pour passer des coups de téléphone prospectifs et lancer des e-mails non sollicités. Sourire et composer le numéro était brutal. Les premiers mois, j'allais de refus en refus. Puis, un jour, je me suis rendu compte que tous les commerciaux appelaient entre 9 heures et 17 heures. Pas étonnant, mais je me suis aussi aperçu que les cerbères qui m'empêchaient d'atteindre les décisionnaires – les P-DG et directeurs techniques – travaillaient aussi de 9 heures à 17 heures. Et si je faisais l'inverse des autres commerciaux pendant 48 heures ? J'ai décidé de prendre un jeudi et un vendredi pour passer des coups de fil de 7 heures à 8 h 30 et de 18 heures à 19 h 30. Le reste du temps, je me suis consacré aux e-mails. Ça a marché du tonnerre. En général, à ces heures, les grands patrons décrochent eux-mêmes. Alors je me suis mis à tester plus loin l'idée de faire l'opposé : et si je posais des questions au lieu de faire mon argumentaire de vente ? Et si j'étudiais le côté technique pour avoir l'air d'un ingénieur plutôt que d'un vendeur ? Et si je terminais mes e-mails par « Je comprendrai parfaitement si vous n'avez pas le temps de me répondre et vous remercie de m'avoir lu jusqu'ici » au lieu du traditionnel « Dans l'attente d'une réponse favorable de votre part… » ? L'expérience a payé. Au dernier trimestre à ce poste, mes résultats dépassaient ceux de l'ensemble des commerciaux de notre plus gros concurrent à L.A., EMC.

#2 – À quoi je dépense une somme d'argent ridicule ? Comment gratter là où ça me démange ?

Fin 2000, début 2001, j'ai senti le vent tourner : la start-up pour laquelle je travaillais allait imploser. L'écrémage avait commencé et n'allait plus s'arrêter. Je ne savais pas vraiment quoi faire, mais j'avais été mordu par le virus des start-ups et intoxiqué par la Silicon Valley. Pour explorer les opportunités, je n'ai pas fait d'études de marché savantes. Le point de départ a été mes relevés de carte de crédit. Je me suis demandé : « À quoi je dépense une petite fortune ? » Dans quoi passait une part non négligeable de mes revenus ? Peu m'importait le prix de quel produit ? Réponse : les compléments alimentaires pour les sportifs. À l'époque, je gagnais moins de 40 000 $ par an et je dépensais au moins 500 $ pour ces produits. C'était de la folie, mais des dizaines de copains le faisaient également. Je savais quelles publicités déclenchaient mes achats, quelles boutiques, quels sites Internet, quels e-mails, etc. Est-ce que je pourrais créer un produit qui apaiserait mes démangeaisons ? Est-ce que je ne trouvais pas dans le commerce ce que je concoctais (j'avais assez de connaissances pour que ça soit dangereux) ? Le résultat était un amplificateur cognitif appelé BrainQUICKEN. Avant qu'on soit tous licenciés, j'ai supplié mes collègues de verser des arrhes pour un flacon chacun, ce qui m'a fourni assez d'argent pour engager un chimiste, un expert conseil en régulations et faire un petit essai de production. J'étais hors course.

#3 – Qu'est-ce que je ferais/aurais/serais si j'avais 10 millions de dollars ? Quel est mon revenu mensuel cible ?

En 2004, ma situation financière n'avait jamais été bonne, et BrainQUICKEN était distribué dans une dizaine de pays. Le souci ? Je carburais à la caféine, travaillais 15 heures par jour et j'étais toujours au bord de l'effondrement. Ma copine, que j'avais l'intention d'épouser, m'a quitté parce que j'étais accro au boulot. Au cours des six mois suivants, à faire du sur-place et à me sentir coincé, je me suis rendu compte que je devais restructurer mon affaire ou l'arrêter – ça me tuait littéralement. C'est là que j'ai commencé à réfléchir aux questions « Qu'est-ce que je ferais/aurais/serais si j'avais 10 millions de dollars ? » et « Quel est mon revenu mensuel cible ? » En gros, combien me coûterait par mois la vie dont je rêve – ce que je reporte à ma « retraite » ? (Voir fourhourworkweek.com/tmi.) Après avoir aligné les chiffres, la plupart de mes fantasmes étaient plus abordables que je ne le pensais. Peut-être que je n'avais pas à continuer à être au four et au moulin ? Peut-être que j'avais besoin de plus de temps et de mobilité, pas de revenus supplémentaires ? Du coup, je me suis dit que peut-être, c'était une simple hypothèse, je pouvais me permettre d'être heureux et pas seulement « prospère ». J'ai décidé de parcourir le monde pendant un bon moment.

#4 – Quel est le pire qui puisse arriver ? Est-ce que je pourrais faire marche arrière ?

Ces questions qui remontent aussi à 2004 sont peut-être les plus importantes de toutes. Je leur ai consacré un chapitre entier (voir « Scénariser la peur », page 417).

#5 – Si je ne bossais que deux heures par semaine, quelles seraient mes priorités ?

Après avoir éliminé mes peurs au sujet de mon grand voyage grâce à la scénarisation de mes peurs, l'étape pratique suivante était de me soustraire à mon entreprise. Hélas, « comment puis-je ne pas être indispensable dans ma propre société ? » n'est pas une bonne question. Après avoir lu The E-Myth Revisited, de Michael Gerber, et Le Principe 80/20, de Richard Koch, j'ai décrété que les questions extrêmes étaient la fonction de forçage qu'il me fallait. La question que j'ai trouvée le plus pertinente était : « Et si je ne pouvais travailler que deux heures par semaines dans mon activité, qu'est-ce que je ferais ? » Pour parler franchement, c'était plutôt : « Oui, je sais, c'est impossible, mais si tu avais une arme pointée sur la tête ou que tu contractais une maladie affreuse et que tu étais obligé de te limiter à deux heures par semaines, que ferais-tu pour que ton affaire ne coule pas ? » Le principe du 80/20, également connu sous le nom de la loi de Pareto, est l'outil essentiel dans ce cas. Il dicte les 80 % (ou davantage) de vos objectifs désirés sont le résultat de 20 % (ou moins) de vos activités et apports. Voici les deux questions que je me suis posées : « Quels 20 % de la clientèle/des produits/régions produisent 80 % de mes bénéfices ? Quels facteurs ou caractéristiques communes peuvent entrer en compte ? » Après moult questions, j'ai opéré des changements : j'ai « viré » mes clients les plus demandeurs ; j'ai placé plus de 90 % de mes clients sur autopilote grâce à des termes de ventes simples et des procédures standardisées ; et j'ai approfondi des relations (et augmenté le volume des commandes) avec 3 ou 5 de mes meilleurs clients qui ne me donnaient pas la migraine. Tout cela a conduit à...

#6 – Et si je les laissais décider à hauteur de 100 $? 500 $? 1.000 $?

Cette question m'a permis de réduire ma charge de travail avec mes clients de 40 à 60 heures par semaine à moins de deux heures par semaine. Jusqu'à mi-2004, j'étais l'unique décisionnaire. Par exemple, si un athlète professionnel à l'étranger avait besoin de mon produit du jour au lendemain et que ça demandait des formulaires spéciaux de douane, je recevais un e-mail ou un coup de fil d'un de mes centres de commande : « Comment répond-on à cette demande ? » « Combien voulez-vous demander ? » Ces « cas exceptionnels » peuvent sembler inhabituels, mais il m'en arrivait tous les jours. Je recevais des dizaines de demandes de ce genre, en plus du reste. La solution : j'ai envoyé un e-mail à tous mes direct reports : « Désormais, je vous prie de ne plus me contacter pour des questions à propos de A, B ou C. Je vous fais confiance. Si ça concerne moins de 100 $, décidez vous-même et prenez note (de la situation, de votre réponse, du coût) dans un document pour qu'on puisse l'analyser et faire les ajustements nécessaires une fois par semaine. Concentrez-vous sur la satisfaction de notre clientèle. » Je m'attendais au pire, mais devinez quoi : tout a fonctionné comme sur des roulettes, en dehors de quelques petits accrocs ici et là. Par la suite, j'ai augmenté le seuil à 500 $ puis à 1 000 $, et les « rapports » de décisions sont passés d'hebdomadaires à mensuels, puis trimestriels, puis – une fois que les gens avaient pris le pli – à jamais. Cette expérience m'a appris deux choses : 1) pour accomplir de grandes et belles choses, il faut accepter que de petites choses mauvaises se produisent, et 2) le QI des gens semble doubler dès qu'on leur donne des responsabilités et qu'on leur montre qu'on leur fait confiance.

#7 – Quel est le réseau le moins surchargé ?

Avance rapide au 26 décembre 2006. Je venais de finir d'écrire *La Semaine de 4 heures*, et je me reposais après un magnifique réveillon en réfléchissant au lancement en avril. Que faire ? Comme je n'en avais pas la moindre idée, j'ai contacté une bonne dizaine d'auteurs de best-sellers pour leur poser des questions du style: « Quelles étaient vos plus grosses pertes de temps et d'argent pendant le lancement de votre dernier livre ? » « Que ne referiez-vous jamais ? » « Qu'est-ce que vous feriez en plus la prochaine fois ? » « Si vous deviez choisir un domaine où investir 10 000 $, lequel serait-ce ? »

Il y a un mot qui a été répété souvent : blogs. Ils étaient apparemment à la fois très puissants et mal appréciés. « C'est quoi, un blog ? » a été ma première question, suivie de : « Comment les gens cherchent-ils à atteindre les blogueurs ? » et « Quel est le réseau le moins surchargé ? » Généralement, les gens qui font appel à des blogueurs utilisent l'e-mail d'abord puis le téléphone. Même si c'étaient mes points forts, j'ai préféré tenter les rencontres en personne lors de conférences. J'estimais que j'avais plus de chances de convaincre une personne sur cinq dans un salon plutôt que de lancer 500 e-mails dans des boîtes de réception saturées. J'ai donc fait mon sac pour aller à Las Vegas au Consumer Electronics Show en janvier. En 2005, il y avait eu plus de 150 000 visiteurs. C'est le Super Bowl des nouveautés technologiques où tous les geeks font joujou avec leurs nouveaux gadgets. Je n'ai même pas poussé la porte de ce salon. Je me suis installé dans le salon BlogHaus sponsorisé par Seagate où tous les blogueurs étaient invités pour se détendre, recharger leur portable et prendre un verre gratuitement. J'ai siroté des verres, posé pas mal de questions bêtes et je n'ai jamais fait mon argumentaire ouvertement. Je ne mentionnais mon livre que si on me demandait ce que je faisais là (réponse : « Je viens de terminer mon premier livre et son lancement m'angoisse. Je suis là pour en apprendre plus au sujet des blogs et de la technologie »). Le célèbre blogueur high-tech Robert Scoble a décrit mon plan marketing à la perfection : « S'enivrer avec des blogueurs. » Étonnamment, ça a bien fonctionné.

#8 – Et si je n'arrivais pas à argumenter mon produit ?

Pendant le lancement de mon livre en 2007, je me suis vite rendu compte que les médias se fichaient royalement des sorties de nouveaux bouquins. Ils s'intéressent aux histoires, pas aux annonces. Je me suis donc demandé : « Et si je n'arrivais pas à argumenter mon produit directement ? Et si je devais vendre autour du produit ? » Eh bien, je pourrais montrer des invités de mon livre qui ont complètement revu leur mode de vie (intérêt pour l'humanité) ; je pourrais écrire des expériences folles sans aucun rapport, mais qui attireraient des Internautes sur mon site dédié à mon livre (tapez « Geek to Freak » sur Google pour voir le résultat. C'était mon premier post sur un blog viral) ; je pourrais populariser un nouveau terme et viser la culture pop (voir « lifestyle design », page 248) ; je pourrais faire dans le méta et faire du lancement lui-même une info d'actualité (je l'ai également fait pour la vidéo « bande-annonce de livre » de *4 heures par semaine pour un corps d'enfer*, et le partenariat avec BitTorrent pour *The 4-Hour Chef*). Les gens n'aiment pas qu'on leur vende des produits, mais aiment tous entendre des histoires. Alors mieux vaut se concentrer sur les histoires.

#9 – Et si je créais mon propre MBA du monde réel ?

Cette idée a pris forme entre 2007 et 2008. Voir page 232 pour plus de détails.

#10 – Est-ce que je dois toujours retomber sur mes pieds ?

En 2008, j'étais propriétaire d'une maison à San Jose, en Californie, et sa valeur a chuté. Ou, plus exactement, la banque était propriétaire de ma maison, et j'avais contracté un emprunt à taux variable mal foutu. De plus, je m'apprêtais à déménager à San Francisco. Vendre aurait signifié une perte sèche de 150 000 $. J'ai décidé de partir pour San Francisco et de laisser ma maison de San Jose vide.

Pendant des mois, des amis m'ont mis la pression pour que je loue ma maison, soulignant qu'autrement je jetais de l'argent par les fenêtres. J'ai finalement suivi leur conseil. Même en faisant appel à une agence immobilière, ça m'a causé des migraines et de la paperasse. Et des regrets. Un soir où je m'adonnais à une petite introspection avec l'aide d'une bouteille de vin, je me suis demandé : « Est-ce que j'ai vraiment besoin de refaire autant d'argent que j'en perds ? » Si je perds 1 000 $ à une table de black-jack, est-ce que je vais essayer de les récupérer à cette même table ? Sans doute pas. Si je « perds » de l'argent en remboursant mon emprunt immobilier sur une maison vide, est-ce que je dois chercher à compenser en louant mon bien ? J'ai décrété que non. Je pourrais bien plus facilement générer des revenus ailleurs (par ex. en donnant des conférences, par un travail de consultant, etc.) afin de ne plus être dans le rouge. Les êtres humains sont très vulnérables à un biais cognitif appelé « ancrage », que ce soit dans l'immobilier, la bourse ou autre. Et je ne suis pas une exception. J'ai longuement étudié la question (bon nombre de bons investisseurs apprécient Think Twice, de Michael Mauboussin), et peu après j'ai revendu ma maison de San Jose à perte. Une fois que mon attention et mon esprit ont été libérés de ce poids, j'ai pu rapidement compenser ma perte dans un autre domaine.

#11 – Et si je ne peux résoudre un problème que par une soustraction ?

Entre 2008 et 2009, je me suis posé la question : « Et si je ne peux résoudre un problème que par une soustraction ? » lorsque je conseillais des start-ups. Au lieu de trouver une solution à « Que devrait-on faire ? » j'ai essayé d'abord de répondre à la question : « Que devrions-nous simplifier ? » Par exemple, j'ai toujours voulu resserrer le filet de conversion (le pourcentage d'internautes qui s'inscrivent ou achètent) avant d'attirer trop de trafic sur les sociétés de mon portefeuille. L'une des premières start-ups pour laquelle j'ai travaillé s'appelait Gyminee. Elle a été rebaptisée Daily Burn et, à l'époque, ils manquaient de main-d'œuvre pour refondre le site. Ajouter de nouveaux éléments aurait pris beaucoup de temps, mais en soustraire en prenait moins. Pour tester, on a éliminé 70 % des éléments cliquables sous le menu déroulant de la page d'accueil pour ne s'attacher qu'aux clics les plus valables. Le taux de conversion s'est immédiatement amélioré de 21,1 %. Ce petit test vite fait bien fait a été informatif quant aux décisions ultérieures concernant des développements nettement plus coûteux. Les fondateurs Andy Smith et Stephen Blankenship ont pris de nombreuses décisions intelligentes et la société a fini par être rachetée par IAC en 2010. Depuis, j'ai appliqué cette méthode de soustraction dans de nombreux domaines de la vie de tous les jours, que je paraphrase parfois en : « Qu'est-ce que je devrais mettre sur ma liste à ne PAS faire ? »

#12 – Qu'est-ce que je pourrais mettre en place pour pouvoir disparaître 4 à 8 semaines sans téléphone ni e-mail ?

Depuis 2004, j'ai posé bon nombre de variantes à cette question. Ça finissait généralement par : « … permettez-moi de partir 4 à 8 semaines en vacances », mais ça ne suffit plus. Avec l'accès Internet partout, il est très facile de « partir en vacances » au Brésil ou au Japon et de toujours travailler à plein temps depuis un ordinateur portable. Ce genre d'autodéception subtil est une bombe à retardement.

Depuis cinq ans, je me pose la question suivante : « Qu'est-ce que je pourrais mettre en place pour pouvoir disparaître des radars pendant un mois ou deux ? » C'est aussi la question que je pose aux entrepreneurs qui craquent. Quinze jours, ce n'est pas suffisant, car on peut laisser l'incendie se déclarer et tenter de réparer les choses au retour. Un ou deux mois (ou davantage) ne permettent pas de jouer au pompier. Ça vous force à mettre en place des systèmes et des politiques, à abandonner le tri ad hoc basé sur les e-mails, à déléguer, à séparer le rare essentiel du massif trivial, et à créer une machine qui n'exige pas que vous soyez au volant 24 h/24 et 7 j/7.

Voici le point le plus important : vos systèmes vont perdurer bien après vos vacances et, à votre retour, vous vous rendrez compte que votre affaire (et votre vie) a évolué. Cela n'est possible que si vous travaillez à votre affaire au lieu de dans votre entreprise, comme le dirait Michael Gerber.

#13 – Je chasse l'antilope ou le mulot ?

J'ai piqué cette question vers 2012 à un ancien porte-parole de la chambre des Représentants, Newt Gingrich. Je l'avais lue dans *Buck Up, Suck Up… and Come Back When You Foul Up: 12 Winning Secrets from the War Room*, écrit par James Carville et Paul Begala, les stratèges politiques derrière la campagne présidentielle de Bill Clinton. Voici l'extrait qui m'a marqué :

> Newt Gingrich est un grand leader politique de notre temps. Certes, nous ne sommes pas d'accord littéralement avec tout ce qu'il a fait, mais il s'agit avant tout d'un livre sur la stratégie, pas sur l'idéologie. Il faut quand même rendre justice à Newt. Son talent de stratège – son acharnement à promouvoir des Républicains, la chambre des Représentants – a conduit au plus grand glissement de terrain politique de toute l'histoire de l'Amérique.
>
> Maintenant qu'il travaille dans le secteur privé, Newt utilise une jolie illustration pour expliquer la nécessité de se concentrer sur l'essentiel et

> laisser le superflu de côté : il s'agit de l'analogie du mulot et de l'antilope. Un lion a la capacité d'attraper, de tuer et de dévorer un mulot, mais l'énergie que ça lui demande est plus importante que l'apport en calories du mulot. Donc un lion qui passe ses journées à chasser le mulot mourra lentement de faim. Il ne peut survivre en ne s'alimentant que de mulots. Un lion a besoin de manger des antilopes. Ce sont de gros animaux. Pour attraper une antilope, il faut que le lion déploie plus de vitesse et de force et, une fois qu'il l'a tuée, elle sera un festin pour lui et sa fierté. Un lion peut vivre longtemps et bien en mangeant des antilopes. La distinction est importante. Passez-vous tout votre temps et dépensez-vous toute votre énergie à attraper des mulots ? À court terme, cela peut vous procurer un sentiment agréable et satisfaisant, mais, à long terme, c'est la mort assurée. Posez-vous la question chaque soir : « Est-ce que j'ai passé la journée à chasser le mulot ou l'antilope ? »

Mon autre manière d'aborder cette question est de regarder ma liste de choses à faire : « Quelle tâche, si effectuée, rendrait les autres plus faciles ou sans incidence ? »

#14 – Est-il possible que tout soit bien et terminé comme il le faut ?

Depuis que j'ai commencé à m'intéresser aux plantes médicinales en 2013, je cultive davantage les appréciations quotidiennes et la conscience de mon état présent. C'est donc l'une des questions que je me pose. Je complète avec des outils et rituels comme le journal en 5 minutes (page 141), le pot à chouette (page 504), et je m'efforce de penser à mes « victoires quotidiennes » avant d'aller me coucher, comme Peter Diamandis (page 323). Pour insister sur ce que j'ai déjà dit dans ce livre, le mode par défaut de tout gagnant est la poursuite d'objectifs. C'est un moteur fabuleux pour produire, mais c'est aussi très anxiogène, car on a constamment l'œil rivé sur l'avenir. Personnellement, j'ai décrété que la réussite n'est rien d'autre qu'une note passable dans la vie, un 10/20 qui vous mène cahin-caha à l'étape suivante. Pour le reste et pour tout ce qui concerne le bonheur, il faut désirer ce que vous avez déjà.

#15 – Ça serait comment si c'était facile ?

J'ai réfléchi à cette question et à la suivante en 2015. Aujourd'hui, plus que toute autre question, je me demande comment ce serait si c'était facile. Si je me sens stressé, dépassé, accablé, c'est souvent parce que je complique quelque chose à loisir ou que je n'emprunte pas le chemin le plus facile parce que j'ai l'impression que je dois m'« efforcer davantage » (les vieilles habitudes sont coriaces).

#16 – Comment puis-je « gâcher » de l'argent pour améliorer ma qualité de vie ?

C'est assez explicite. Dan Sullivan est le fondateur et président de la société Strategic Coach, qui a sauvé la santé mentale de bon nombre d'entrepreneurs en série que je connais. Une des maximes de Dan est : « Si vous avez assez d'argent pour résoudre le problème, le problème n'existe pas. » En début de carrière, on passe son temps à gagner de l'argent. Une fois qu'on a trouvé le rythme, on devrait dépenser de l'argent à gagner du temps, car celui-ci n'est pas renouvelable. Il est difficile d'opérer ce changement et de s'y tenir, alors cette question revient régulièrement dans mon journal.

#17 – Pas de précipitation, pas de pause

Ce n'est pas une question, mais une réinitialisation fondamentale. C'est Jenny Sauer-Klein (jennysauerklein.com) et Jason Nemer (page 78), les créateurs d'AcroYoga, qui m'ont initié à « Pas de précipitation, pas de pause ». Il s'agit d'un des « 9 principes de l'harmonie » de Breema, une forme de travail sur le corps qu'elle a étudié de nombreuses années. J'écris toujours « pas de précipitation, pas de pause » en haut de mes cahiers de notes comme pense-bête quotidien. C'est un résumé de l'histoire de Derek Sivers et de son tour en vélo de 43 minutes contre 45 (page 182) : rien ne sert de passer sa vie essoufflé et rougi par l'effort. On peut obtenir 95 % des résultats souhaités en plaçant calmement un pied devant l'autre. Un ami qui est un ancien Navy SEAL m'a récemment envoyé par SMS le principe utilisé au cours des entraînements militaires : Lentement est sûrement, sûrement est rapide.

Peut-être que je me fais vieux, mais ma définition du luxe a évolué. Désormais, il ne s'agit pas de posséder tout un tas de choses. Pour moi, le luxe, c'est de ne pas me sentir pressé par le temps. Sans précipitation, sans pause.

Voilà, c'étaient les grandes questions que je me pose. Trouvez et inventez les vôtres, et cherchez des solutions simples. Si la réponse n'est pas simple, ce n'est sans doute pas la bonne.

Jamie Foxx

« Nous disparaîtrons tous en un battement de cils. Cent ans, ce n'est rien par rapport à l'infini. Je répète tout le temps à ma sœur : "Il est temps que tu commences à t'éclater. On ne sera plus là dans une minute. Rétrospectivement, tu te diras : 'Mince, j'aurais dû rigoler, mais, trop tard, je suis morte.'" »

Jamie Foxx (TW/IG/SC : @Iamjamiefoxx) est un acteur récompensé par un Oscar, un musicien récompensé par un Grammy, et un célèbre humoriste roi de l'impro. Il est sans aucun doute l'artiste le plus complet que je connaisse. Au cours des 2 heures 30 que nous avons passées ensemble chez lui, il m'a époustouflé.

Vive la barre à tractions

Le matin, l'entraînement que Jamie s'impose un jour sur deux consiste en :

- 15 tractions, 50 pompes, 100 abdos.
- 15 tractions (accroche différente), 50 pompes.
- 10 tractions (1re accroche).
- 10 tractions (2e accroche).

« Je me demandais comment Tyrin [Turner], Caine dans *Menace II Society*, faisait pour rester en forme. Il a dit : “Écoute, ce que j’essaie de te dire, c’est vive la barre à tractions.” »

(La simplicité de ses exercices ressemble à l’entraînement du Général Stan McChrystal, page 390.)

La première fois qu’Éric Marlon a employé le nom « Jamie Foxx »

« J’ai atterri à une soirée impro à Santa Monica. Je n’y étais jamais allé. J’ai remarqué qu’une centaine d’hommes pour cinq femmes se présentaient. Les cinq filles finissaient toujours sur scène pour casser la monotonie. [Les producteurs choisissaient au hasard les artistes sur la liste.] Je me suis dit : “Hum, j’ai trouvé un truc.” J’ai écrit des noms unisexes sur la liste : Stacy Green, Tracy Brown, Jamie Foxx, et, quand les noms ont été choisis, j’ai entendu : “Jamie Foxx, elle est là ? Elle sera la première à passer.” J’ai dit : “Non, c’est moi.” “Ah, bon, d’accord, vas-y. Tu es de la chair fraîche.” Ce soir-là, c’était le tournage d’Evening at the Improv, une émission d’humour de l’époque. Le gars m’a dit : “On va te mettre sur scène pour voir si tu arrives à faire rire les gens. Le public est exigeant.” [Le public] se demandait : “Qui est ce gamin ? Il va être dans l’émission ? Ah, c’est de la chair fraîche. C’est un amateur.” Puis les gens ont commencé à crier mon nom – “Hé, Jamie ! Jamie !” –, mais je n’étais pas habitué à ce pseudo, alors ils m’ont pris pour quelqu’un d’arrogant. “Cet enfoiré ne nous répond même pas…” »

Qu’est-ce qui se cache derrière la peur ? Rien

Jamie a confiance en lui. Comme l’un de ses amis me l’a expliqué : « Même quand les choses tournent mal, il donne TOUJOURS l’impression qu’il gère. Beaucoup de gens, moi compris, gravitent autour de lui parce qu’ils apprécient son assurance. » J’ai demandé à Jamie comment il apprenait à ses enfants à avoir confiance en eux. Il invite ses filles à explorer leurs craintes en se posant la question suivante : « Qu’est-ce qui se cache derrière la peur ? » Sa réponse est toujours : « Rien. »

Il explique : « Les gens ont le trac sans raison, alors que personne ne va venir leur donner une claque ou les tabasser… Quand on parle de peur ou du manque d’offensive, c’est tout dans la tête. Tout le monde ne sera pas superoffensif, mais si l’on peut gérer une chose, ce sont bien les craintes des gens. S’ils sont timides mais que l’on s’y prend tôt, on peut les aider à ne plus être aussi timides en leur instillant ça. »

TF : Analysez vos peurs en vous demandant : « Qu'est-ce qui se cache derrière ma peur si je la dépasse ? » La réponse est généralement : rien. Il y a peu ou pas de conséquences négatives, sinon temporaires. Cela rappelle la leçon de Francis Ford Coppola : l'échec ne dure pas.

« Quand vous élevez des enfants, vous êtes l'arc et ils sont la flèche. Vous essayez de viser dans la meilleure direction possible, en espérant que votre tir ne soit pas trop décentré. C'est ce que ma grand-mère a fait avec moi. »

Conseil aux imitateurs

Jamie a fait une dizaine d'imitations pendant notre interview. Un conseil : « Commencez par Kermit la Grenouille, puis ajoutez de l'assurance et vous avez la voix de Sammy Davis Jr. »

Soit vous êtes super, soit vous êtes inexistant

Jamie a expliqué la discipline de Keenen Ivory Wayans en écrivant les sketches de *In Living Color* : « On n'avait pas le droit de se pointer et de faire les choses à moitié. Il me répétait tout le temps : "En tant qu'acteur noir, tu ne peux pas bâcler l'affaire. Soit tu es super, soit tu n'existes pas." Il a écrit des gags pour Eddie Murphy, il a côtoyé les plus grands. Il disait : "Je ne côtoie que les plus grands, alors voilà ce qu'on va faire." »

TF : Cela s'applique aussi hors du cadre de la comédie et des sujets de race. Ça n'a jamais été facile d'être un « créatif » et ça n'a jamais été aussi difficile de percer. Bon ne suffit pas.

Apprendre à dire la vérité

« J'avais 10 ans, j'étais en CM2. C'était en 1976, le Président Carter. Le pasteur a commencé à parler de l'homosexualité. Je ne savais pas ce que c'était. Il disait que Dieu avait créé Adam et Ève, pas Adam et Steve. C'était le Sud, au Texas. Ma grand-mère s'est levée : "Arrêtez tout de suite." Toute l'assistance s'est tue. "Qu'y a-t-il, Mme Talley ?" Ce qu'elle a dit était très intéressant : "Vous savez, je m'occupe d'une école maternelle depuis 30 ans. Je voudrais que vous sachiez tous que Dieu crée aussi des tapettes." L'assistance a fait : "Hein ? Quoi ?" Elle a poursuivi : "Ces petits garçons que j'observe depuis qu'ils marchent, ils mènent leur barque différemment, alors arrêtez de les pointer du doigt parce que vous rendez leur navigation encore plus difficile." Et elle s'est rassise.

« Ma grand-mère avait élevé les gens qui allaient à l'église. [Elle enseignait aux enfants pendant l'année scolaire] et, en été, on déposait les enfants chez elle pour qu'elle les garde. Elle avait beaucoup de pouvoir dans ce sens. »

Ed Sheeran avant sa célébrité

« Un jeune du nom d'Ed Sheeran a dormi sur ce tapis [il pointe le sol de la pièce où l'on enregistrait] pendant six semaines. Il essayait de percer dans la musique. Il venait de Londres. Il avait entendu parler de l'émission en live que je faisais à L.A. Il a dit : "J'aimerais passer dans ton émission, si possible, parce qu'il y a de la musique que j'adore." Passer dans mon émission ? C'est surtout des Noirs. Ce sont de vrais musiciens. Ils sont très pointilleux. Ils ont joué avec Stevie Wonder. J'ai reçu Miranda Lambert un soir. Et Babyface. [Je lui ai dit :] "Tu sais, c'est sérieux. Je me fiche bien de Londres et de ton accent. Il faudra que tu assures." Il m'a répondu : "Ça devrait le faire." Alors je l'emmène à mon émission en live, devant un public de 800 personnes. Il y a des musiciens qui jouent… ils gagneraient facilement *La Nouvelle Star*. Et, tout à coup, Ed Sheeran arrive sur scène avec son ukulélé. « Un pote me dit : "Hé, Foxx, mais qui c'est, ce mec avec les cheveux rouges et le ukulélé ?" J'ai répondu : "Il s'appelle Ed Sheeran. On va bien voir comment il s'en sort." Et, 12 minutes plus tard, il recevait une ovation du public. »

Avant d'aller chercher plus loin…

Jamie a interprété Ray Charles dans le film Ray, ce qui lui a valu un Oscar. Avant le tournage, les deux musiciens ont joué du piano ensemble :

« Pendant qu'on jouait, j'étais au septième ciel. Puis il commence un morceau compliqué, genre Thelonious Monk. Je me dis : "Ah, mince, il faut que je le suive", et je fais une fausse note. Il s'est arrêté net parce qu'il a l'oreille très fine : "Mais qu'est-ce qui te prend ? Pourquoi tu irais frapper cette touche ? Ce n'est pas la bonne note. Merde." "Désolé, monsieur Charles." Il poursuit : "Tu sais, mon frère, les touches sont juste sous tes doigts. Il faut prendre le temps de frapper les bonnes. C'est la vie." »

Bryan Johnson

Bryan Johnson (TW : @bryan_johnson, bryanjohnson.co) est un entrepreneur et un investisseur. Il a fondé OS Fund et Braintree, qui a été racheté par eBay en 2013 pour 800 millions de dollars en liquide. Bryan a lancé OS Fund en 2014 avec un capital personnel de 100 millions de dollars pour financer des inventeurs et scientifiques qui cherchent à améliorer l'humanité en réécrivant les systèmes opérationnels de la vie. En d'autres termes, il finance des savants fous qui s'intéressent aux forages sur astéroïdes, l'intelligence artificielle, le prolongement de la vie, etc. Il est le fondateur et P-DG de Kernel, qui développe la première neuroprothèse du monde [un ordinateur implantable dans le cerveau] pour stimuler le cerveau.

Animal totem : le lion d'Afrique

Pour la petite histoire

- Pour inspirer ses enfants, Bryan a demandé à un artiste street-art de peindre Gandalf le Gris et Harry Potter sur un mur de sa maison. Ils pointent leurs baguettes vers le ciel et le mot « rêve ». Il veut leur apprendre que, à l'image de Tolkien et Rowling, qui ont créé des mondes à l'aide de mots, les entrepreneurs ont le pouvoir d'inventer leur vie avec leurs entreprises.
- Lors de nos promenades régulières à San Francisco, Bryan m'a posé des variantes de cette question plusieurs fois : « Que peux-tu faire qui sera resté dans la mémoire des gens dans 200 ou 400 ans ? »

L'une de ses premières expériences

Vendre des terminaux de cartes de crédit en porte-à-porte chez les détaillants :

« Je disais : "Tim, si vous m'accordez trois minutes de votre temps, je vous donnerai 100 $ si vous ne dites pas oui aux services que je vous propose." Généralement, les gens répondaient un truc comme : "C'est intéressant..." et là, je déroulais mon argumentaire. Voici les fournisseurs, voilà ce qu'ils font, voilà comment ils le font et voilà ce que je fais. Je suis comme les autres, sauf qu'avec moi vous avez l'honnêteté, la transparence et un super service client. Je suis vite devenu le meilleur commercial de cette boîte. J'ai pulvérisé leurs records de ventes en suivant cette formule vraiment simple qui consiste à vendre de l'honnêteté et de la transparence dans une industrie en perdition. »

Ça vous chatouille ou ça vous démange ?

« Je parle souvent à des gens qui ont envie de monter leur affaire, et l'une de mes questions préférées est : "Est-ce que ça vous chatouille ou est-ce que ça vous démange ?" Si ça ne fait que vous chatouiller, ce n'est pas assez. Il s'agit de savoir à quel point vous le désirez vraiment. Moi, j'ai coupé le cordon. Je n'allais pas me contenter d'être un employé. L'échec n'a jamais été envisageable. Je devais tout faire pour que ça marche. »

Tu ne devrais pas recommencer

« Un jour [gamin], je me suis demandé ce qui se produirait si je remplissais une brique de lait avec de l'essence. J'ai donc pris l'essence de la tondeuse à gazon, j'en ai rempli la brique de lait et je suis sorti dans la rue pour y mettre le feu… Comme on peut s'y attendre, ça a fait une grosse flamme. Et là, je vois la voiture [de ma mère] prendre le tournant et descendre la rue. Je me suis dit : "Oh, non…" Donc à la hâte j'ai donné un coup de pied dans la brique d'essence, qui s'est renversée dans la rue et dans le caniveau. Le feu se répandait dans le caniveau, où des voitures étaient garées. J'ai pensé qu'elles allaient exploser, alors j'ai piétiné les flammes pour tenter de les éteindre et, évidemment, ça a giclé sur la pelouse, qui s'est embrasée. La situation était de pire en pire. Bref, on a fini par éteindre le feu, et la seule chose que ma mère m'ait dit est : "Bryan, tu ne dois pas recommencer." J'ai répondu : "D'accord, c'est juste." C'est ma mère tout craché. »

Conseil aux parents – « Comment tu y as pensé ? »

« Il y a 15 jours, mes enfants de 11 et 9 ans et moi sommes montés sur un quad, et je leur ai dit : "Bon, je vais vous mettre un casque et vous expliquer en deux minutes comment avancer, reculer et freiner. Je vous donnerai des leçons pour éviter de tomber dans le fossé, ne pas grimper sur une colline trop raide au risque de basculer, etc., mais là, je veux d'abord que vous alliez faire un tour cinq minutes et que vous reveniez sains et saufs en m'expliquant comment vous avez fait, comment vous y avez pensé, comment vous êtes restés en sécurité, quels risques vous avez pris, etc. Mais je veux que vous le fassiez et je ne monte pas avec vous." Ils sont revenus en un seul morceau et ils ont pu me dire : "Bon, papa, voilà comment on a estimé le risque, voilà comment on a pensé qu'on se mettrait en danger…" Ils sont [quand même rentrés dans un arbre] en allant lentement… mais ils m'en ont parlé. Et selon moi, le fait de m'en parler les a beaucoup aidés. »

Le test olfactif de Shackleton

Ernest Shackleton a eu un impact énorme sur Bryan pendant son enfance. « On se rappelle leur courage et comment ils ont vaincu tous les obstacles qui se sont dressés devant eux pendant l'expédition. Il m'a beaucoup inspiré dans ma vie, parce que j'applique ce que j'appelle le "test olfactif de Shackleton" à tout ce que j'entreprends… Je me pose la question suivante : si je m'embarque dans cette aventure, est-ce qu'elle répond au seuil que Shackleton a appliqué ? Est-ce la tentative la plus audacieuse que je puisse imaginer ? Est-ce que Shackleton le sentirait ? »

TF : Joe De Sena (page 71) fait le même exercice en utilisant Shackleton comme test décisif. « C'est son pote à lui aussi », comme un ami commun le dirait.

* **Une de vos croyances que d'autres estiment comme une folie ?**
  « Que notre existence est programmable. »

* **Une maxime qui régit votre vie ou à laquelle vous pensez souvent ?**
  « La vie, ce n'est pas attendre que la tempête passe, c'est apprendre à danser sous la pluie. » [Librement adapté de Vivian Greene.]

Les cinq singes

C'est en rapport à l'impuissance acquise, qui est souvent dépassée et renforcée par des personnes bien pensantes :

« À Braintree, un des principes que je communiquais en permanence était : "Mettez en doute vos hypothèses." J'étayais avec cette histoire : il y a cinq singes dans une pièce et un panier plein de bananes en haut d'une échelle. Évidemment, les singes veulent monter à l'échelle pour attraper les bananes, mais dès qu'il y en a un qui essaie ils se font arroser d'eau froide. Au bout de plusieurs arrosages, les singes apprennent à ne pas monter à l'échelle pour prendre les bananes… [Les gens qui menaient l'expérience] ont sorti un singe et placé un nouveau singe dans la pièce. Le nouveau venu se dit : "Hé, je vais attraper une banane", mais quand il tente de monter à l'échelle les autres singes le retiennent… Après avoir progressivement remplacé tous les singes du départ, il y a cinq nouveaux singes dans la pièce. Dès qu'un nouveau singe entre dans la pièce et tente de monter à l'échelle, les autres singes le retiennent, même si aucun ne s'est fait arroser d'eau froide. »

TF : Ça m'a fait penser à une histoire de Tara Brach (page 490) à laquelle je pense souvent :

> C'est l'histoire d'un tigre appelé Mohini qui vivait en captivité dans un zoo après avoir été sauvé d'un refuge animalier. Mohini avait été confiné pendant cinq ou 10 ans dans une cage de 3 m^2 avec un sol en béton. L'animal a été lâché dans un grand enclos : pleins d'excitation et

> d'anticipation, les soigneurs ont relâché Mohini dans son nouvel environnement de luxe, mais il était trop tard. Le tigre s'est immédiatement réfugié dans un coin de l'enclos, où il a demeuré pour le restant de ses jours. L'animal a piétiné dans son coin de 3 m^2 jusqu'à ce qu'il n'y ait plus d'herbe… C'est sans doute la grande tragédie de la vie : la liberté est possible, mais on peut passer des années enfermé dans les mêmes vieux schémas.

Quelles limites désuètes – réelles ou perçues – traînez-vous comme un boulet ? Dans quel domaine piétinez-vous un carré d'herbe de 3 m^2 ? Dans quel domaine avez-vous peur d'une douche froide même si ça ne s'est jamais produit ? Souvent, tout ce que vous désirez se trouve à quelques centimètres à peine de votre zone de confort. Essayez pour voir.

Brian Koppelman

Brian Koppelman (TW : @briankoppelman, briankoppelman.com) est scénariste, essayiste, metteur en scène et producteur. Avant son émission culte Billions, qu'il a cocréée et produite (et parfois coécrite), il était surtout connu comme le coscénariste des Joueurs et d'Ocean's Thirteen, ainsi que comme le producteur de *L'Illusionniste* et de *The Lucky Ones*. Il a réalisé des films tels que *Solitary Man*, interprété par Michael Douglas. Brian anime également l'émission sur Internet *The Moment*. L'un de mes épisodes préférés est celui avec John Hamburg, qui a écrit et réalisé *I Love You, Man* et écrit le scénario de *Mon beau-père et nous*, entre autres. C'est comme l'école de cinéma et un cours magistral d'écriture de scénario en une seule conversation.

Animal totem : Penn Jillette (un ami proche)

On ne trouve pas le temps, on s'en fabrique

« J'avais 30 ans et je n'étais pas très content de ma vie quand j'ai poussé les portes d'un club de poker à New York. En entendant les gens parler, en voyant leur apparence, je me suis dit qu'il y avait matière à faire un film [Les Joueurs]… J'ai parlé à mon épouse, Amy, et à mon ami Dave, et j'ai élaboré un plan pour pouvoir continuer à travailler, mais écrire le scénario le matin. Amy a libéré un espace de rangement au-dessous de notre appartement. À l'époque, Dave et moi n'avions aucun contact dans l'industrie du cinéma. On se retrouvait deux heures tous les matins, sauf le dimanche, il me semble, mais en dehors d'un jour de repos hebdomadaire on se réunissait au quotidien. Il était barman, et moi j'allais au boulot ensuite [Brian venait de terminer ses études de droit en cours du soir et travaillait dans la musique].

« Ces deux heures le matin… Dans le local, il n'y a qu'un évier dans un recoin. Et de la place pour une seule chaise. Je m'asseyais par terre et Dave s'asseyait devant la machine à écrire. On avait un tas de livres sur le poker, le jargon du jeu. On allait dans cette pièce minuscule pour écrire et, le soir, on allait dans des cercles de jeu pour tenter de collecter des informations : les phrases que sortaient les gens, les histoires qu'ils nous racontaient, les traits de caractère… sans nous soucier de savoir si c'était vrai ou pas. On ne calculait rien, sauf comment écrire un scénario qui pourrait servir de base pour un film comme Diner ? **Un film dont les gens – à l'époque, je pensais aux jeunes dans la vingtaine – se répéteraient les dialogues.** Une sorte de petit secret, un film privé et, si on y parvenait, on aurait réussi. »

TF : Khaled Hosseini a écrit *The Kite Runner* tôt le matin avant d'aller exercer la médecine à plein temps. Paul Levesque (page 123) s'entraîne souvent vers minuit. Si c'est vraiment important, faites un planning. Paul pourrait vous demander : "Est-ce que c'est un rêve ou un objectif ?" Tant que ce n'est pas sur votre calendrier, ce n'est pas réel.

À propos des pages d'écriture matinales que Brian m'a fait découvrir

« [Chaque matin] ce que je fais se base sur les Pages matinales de Julia Cameron dans The Artist's Way. Trois pages manuscrites pleines sur lesquelles le stylo avance quoi qu'il arrive. Pas de censure, pas de relecture. Pour moi, c'est comme de la magie. Si vous le faites tous les matins avec discipline, il se passe dans l'inconscient quelque chose qui vous permet d'explorer des recoins de votre créativité. Je dirais, et je sais que vous en avez fait l'expérience avec d'autres trucs que vous avez offerts à des gens, que j'ai offert ce livre à une centaine de personnes en leur disant : "Crois-moi, il faut que tu le fasses..." Sur les 100 personnes, peut-être que 10 ont ouvert le livre et fait les exercices. Sur ces 10 personnes, 7 ont réussi dans l'édition, le cinéma, la télé. C'est incroyable. Ce livre a changé ma vie, même s'il a un côté très spirituel et que je suis athée. »

∗ Des recommandations de livres ou de podcasts ?

- *La Guerre de l'art*, de Steven Pressfield.
- *Qu'est-ce qui fait courir Sammy* ?, de Budd Schulberg, sur un parcours atypique à Hollywood.
- Le podcast *Scriptnotes*, de Craig Mazin et John August. « Entre eux, [ils] ont à leur crédit 20 films-cultes. Ils savent de quoi ils parlent. Ils sont sur la ligne de front à faire du cinéma tous les jours. »

Réflexions sur le suicide

Dans ce chapitre, je vais parler du suicide et de la raison pour laquelle je suis encore de ce monde. Le sujet peut paraître sombre, mais mon but est de donner de l'espoir et des outils à ceux qui en ont besoin. Et ils sont bien plus nombreux qu'on ne l'imagine.

Je n'ai pas parlé de ces histoires à ma famille, à mes petites amies ni à mes amis proches pendant des années. Mais, récemment, j'ai vécu une expérience qui m'a ébranlé, réveillé, et j'ai décrété qu'il était temps de tout déballer.

Alors, malgré la honte que je peux ressentir, la peur qui rend mes mains moites pendant que j'écris, permettez-moi de tout vous raconter.

Allez, c'est parti…

L'ironie du sort

« Pourriez-vous signer pour mon frère ? Il apprécierait énormément ce geste. »

Une dizaine de personnes m'entouraient et me posaient des questions. Un fan attendait poliment son tour. Sa demande : un simple autographe.

C'était un vendredi soir, vers 19 heures. Je venais de terminer l'enregistrement en public du podcast *TWiST*. L'air était chargé d'électricité. Jason Calacanis, l'hôte de l'émission et l'interviewer, connaît bien son métier. Il a chauffé le public et m'a posé toutes les questions imaginables pendant plus de 2 heures. Le studio était plein comme un œuf et là, plus de 200 personnes épiloguaient en buvant un verre de vin ou rentraient chez eux pour le week-end.

Quelques personnes s'étaient attardées près des micros pour parler avec moi. « Y a-t-il quelque chose de particulier que vous aimeriez que j'écrive à votre frère ? » ai-je demandé à cet homme vêtu d'un costume impeccable. Il s'appelait Silas.

Il est resté interdit quelques secondes. J'ai remarqué qu'il clignait des yeux. Il y avait quelque chose d'inhabituel que je ne pouvais pas discerner.

J'ai décidé de prendre les choses en main : « Je vais trouver un truc. Ça vous va ? » Silas a hoché la tête.

J'ai écrit quelques lignes et dessiné un Smiley en souriant avent de signer le livre et de le lui rendre. Il m'a remercié et s'est écarté de la foule. Je lui ai fait un signe de la main et j'ai repris ma conversation avec les autres personnes.

Environ 30 minutes plus tard, je devais filer. Ma petite amie venait d'atterrir à l'aéroport et je devais la rejoindre pour dîner. Je me suis dirigé vers les ascenseurs.

« Excusez-moi, Tim. » C'était Silas. Il m'attendait. « Je peux vous parler une seconde ? »

« Oui, si vous m'accompagnez. »

On s'est glissés entre les tables et les bureaux jusqu'aux ascenseurs, que j'ai appelés pour descendre. Dès que Silas a commencé à parler, j'ai oublié l'ascenseur.

Il s'est excusé de ne pas avoir répondu à ma question. Son jeune frère, celui pour qui j'avais signé le livre, s'était récemment suicidé. Il avait 22 ans.

« Il vous prenait pour un exemple. Il adorait écouter vos émissions avec Joe Rogan. Je voulais cette dédicace pour lui. Je rangerai le livre dans sa chambre. » J'ai vu ses yeux s'embuer et j'ai senti les larmes me monter aux yeux. Il a poursuivi.

« Les gens vous écoutent. Avez-vous déjà songé à parler de ces sujets ? Le suicide, la dépression ? Vous pourriez sauver quelqu'un. » C'était à mon tour de rester interdit. Je ne savais pas quoi dire. Et je n'avais aucune excuse. Sans qu'il le sache, j'avais de bonnes raisons de parler du suicide.

Des amis du lycée s'étaient suicidés.

Des amis de la fac s'étaient suicidés.

J'ai failli me suicider.

« Mes sincères condoléances », ai-je dit à Silas. Je me demandais s'il m'avait attendu plus de 3 heures pour me dire ça. Je pense que oui. Il a bien fait. Il avait plus de courage que moi. J'avais déçu son frère en étant un lâche dans mes livres. Et combien d'autres personnes avais-je déçues ? Ces questions me tourmentaient.

« Je vais écrire à ce sujet, ai-je dit à Silas en lui tapotant maladroitement le dos. C'est promis. »

Et, sur ces mots, je suis monté dans l'ascenseur.

Dans le tunnel

« Ils ont voulu nous enterrer, mais ils ignoraient que nous étions des graines. »

– Proverbe mexicain

Il y a des secrets que l'on garde parce qu'ils sont gênants.

Comme le jour où j'ai rencontré Naval Ravikant (page 480) en draguant sa copine par inadvertance dans un bar ? Oups. Ou la fois où un célèbre conférencier m'a emprunté mon ordinateur pour projeter un film d'entreprise rasoir et qu'une image un peu osée s'est ouverte – à la *Fight Club* – devant 400 personnes ? Mais il y a des secrets bien plus sombres, ceux qu'on ne dit à personne, des zones d'ombre qu'on ne dévoile pas par crainte de divulguer notre vie. Pour moi, 1999 était une année pleine de zones d'ombre.

Au point que je n'ai jamais voulu y repenser. Je n'avais jamais évoqué cette période traumatisante jusqu'au 29 avril 2015, lors d'une séance de questions ouvertes sur le site Reddit.

Voici l'itinéraire de ma spirale infernale. Avec le recul, c'est fou comme certains aspects semblent superficiels. Mais à l'époque j'étais en plein dans la tourmente. J'ai inclus des termes comme « situation impossible », qui reflètent mon état d'esprit de l'époque, pas la réalité objective.

Je me souviens parfaitement de ces événements, mais toutes les citations ont été paraphrasées. Donc, voici comment tout a commencé…

- C'est le début de ma dernière année à Princeton. Je dois recevoir mon diplôme en juin 1999. Au cours des 6 mois suivants, plusieurs choses se sont produites en quelques semaines.
- D'abord, j'ai raté les derniers entretiens chez McKinsey Consulting et Trilogy Software, entre autres. Je ne sais pas ce que j'ai mal fait, et je commence à perdre confiance après avoir « réussi » dans mes études depuis si longtemps.
- Peu après, ma copine depuis longtemps (pour un étudiant) rompt, pas à cause des entretiens ratés, mais parce que j'étais devenu « fragile », je voulais qu'on passe plus de temps ensemble et ça nuisait à sa saison sportive. Mais qu'est-ce qui cloche chez moi ?
- Troisièmement, j'ai une affreuse entrevue avec mon directeur de thèse du département Langues d'Asie du Sud-Est. Ayant lu une partie du premier jet de mon travail, il me donne une pile de documents de recherche originaux en Japonais à intégrer dans ma thèse. J'en ressors avec la tête qui tourne :

comment vais-je finir cette thèse (au minimum de 60 à 100 pages) avant la remise des diplômes ?

Il faut savoir qu'à Princeton cette thèse est considérée comme le point culminant des 4 années d'études. Cela se reflète dans la notation : la thèse compte pour 25 % de la moyenne générale. Après ces ennuis, les choses se sont déroulées ainsi…

- J'ai trouvé un sauveur ! Lors de mes recherches sur l'apprentissage des langues pour la thèse, j'ai rencontré un merveilleux professeur qui travaillait chez Berlitz International. Il s'appelait Bernie. Un soir, on dînait ensemble à Witherspoon Street, à Princeton. Il parle plusieurs langues et c'est un nerd, tout comme moi. Une heure passe, puis deux, puis trois. À la fin de notre conversation, il me dit : « C'est dommage que tu ne finisses tes études que dans quelques mois. J'ai un projet qui t'irait comme un gant, mais ça doit commencer plus tôt. » C'était peut-être la solution que je cherchais !
- Je discute avec mes parents sur l'éventualité de mettre mes études entre parenthèses pendant un an, en commençant au milieu de ma 4e année. Cela me permettrait de terminer et peaufiner ma thèse tout en testant le monde du travail « dans la vie réelle ». Mes parents m'encouragent dans ce sens.
- L'administration de Princeton me donne le feu vert et je rencontre mon directeur de thèse pour l'informer de ma décision. Au lieu de se réjouir que je prenne le temps de bien terminer ma thèse (ce à quoi je m'attendais), il semble furieux : « Alors tu abandonnes ?! Tu te défiles ?! Ça a intérêt à être la meilleure thèse que j'aie jamais lue. » Stressé comme je le suis, je n'entends que des menaces à peine voilées et des ultimatums dans l'échange qui suit… mais quel professeur ferait cela, hein ? Notre réunion se termine par un rire moqueur et un « bonne chance » sec. Je suis anéanti et je sors tout étourdi.
- Après avoir retrouvé mes esprits, mon choc se transforme en colère. Comment un directeur de thèse ose-t-il menacer un étudiant d'une mauvaise note simplement parce qu'il fait une pause ? Je savais que ma thèse ne serait pas « la meilleure » qu'il ait jamais lue, donc j'avais la certitude que j'aurais une sale note même si je faisais du bon boulot. Une évidence, non ?
- Je rencontre plusieurs personnes de l'administration de Princeton qui me disent en gros : « Ce n'est pas son genre de faire cela. » J'en reste sans voix. On me traite de menteur ? Pourquoi j'irais inventer ? Qu'est-ce que

ça me rapporterait ? On dirait que personne ne veut faire de vagues avec un enseignant en poste depuis longtemps. Je me sens trahi. La politique au sein de la fac compte plus que moi.

- Je quitte mes amis et le campus pour travailler à distance pour Berlitz. « À distance » signifie que je travaille de chez moi, tout seul. La recette de la catastrophe. Le travail est gratifiant, mais je passe tout mon temps libre, du réveil jusqu'à l'heure du coucher, à regarder les centaines de pages de notes et de recherches pour ma thèse étalées par terre dans ma chambre. Un bazar sans nom.
- Au bout de deux ou trois mois à tenter d'intégrer la recherche en japonais de mon directeur de thèse, mon rapport est une catastrophe. Malgré le fait (ou peut-être à cause de lui) que je passe 8 à 16 heures par jour à regarder ces papiers, c'est une série monstrueuse de faux départs, d'impasses et d'éléments qui n'ont rien à faire dedans. La moitié des documents au moins sont inutilisables. Je suis dans un état pire qu'à mon départ de la fac.
- Mes amis obtiennent leur diplôme, font la fête et quittent Princeton. Je suis seul dans un appartement en ville, coincé dans une situation impossible. Ma thèse n'avance pas et, même si par miracle j'arrivais à un bon résultat, mon esprit est hanté par mon directeur de thèse vindicatif qui va me descendre en flèche. Il va détruire tous les efforts et sacrifices que j'ai faits depuis que j'ai quitté le lycée : mon excellent bulletin scolaire m'avait permis d'intégrer Princeton, et Princeton devait me fournir un bon travail, etc.S'il me casse, les frais de scolarité monstrueux de Princeton seront gâchés, et une part de la fortune de mes parents aura fondu pour rien. Je commence à dormir jusqu'à 14 ou 15 heures. Je n'arrive plus à regarder les piles de documents épars qui m'entourent. Mon mécanisme de survie consiste à rester couché, à réduire au maximum mon temps éveillé et à espérer un miracle.
- Il n'y a pas de miracle. Un après-midi, je flâne dans une librairie sans but particulier et je tombe sur un livre traitant du suicide. Il est là, exposé sous mes yeux. C'est peut-être ça, le « miracle » ? Je m'assieds et je lis le livre dans son intégralité, prenant des notes dans un carnet, y compris les ouvrages de référence mentionnés dans la bibliographie. Pour la première fois depuis très longtemps, je retrouve le goût d'approfondir un sujet. Dans ce vaste océan d'incertitude et de situations désespérées, j'ai l'impression d'avoir recouvré un espoir : la solution finale.

- Je retourne sur le campus de Princeton. Je fonce à la bibliothèque pour regarder tous les ouvrages concernant le suicide que j'ai notés. Un des livres au titre particulièrement prometteur est déjà emprunté, alors je le réserve. Je le recevrai dès qu'il sera rendu. Je me demande qui est le pauvre qui le lit et s'il pourra le rendre à la bibliothèque.

Il est important de souligner qu'à ce stade j'avais dépassé la prise de décision. La décision me paraissait évidente. J'avais échoué, j'étais acculé, j'avais gâché une fortune pour une école qui faisait peu de cas de moi, alors à quoi bon faire autrement ? Pour répéter ce genre d'erreurs indéfiniment ? Pour être un fardeau pour moi-même, ma famille, mes amis ? Merde. Le monde serait mieux sans un raté qui n'arrive pas à se prendre en main. Qu'est-ce que j'apporterais au monde ? Rien. Alors la décision était prise et j'étais en mode planification.

- Dans ce cas, je suis terriblement efficace. J'ai élaboré quatre à six scénarios détaillés, du début à la fin, comprenant d'éventuels collaborateurs et alibis si nécessaires. Et c'est à ce moment que je reçois un coup de téléphone.
- [Maman ?! Ça n'était pas prévu dans mon plan.]
- J'avais oublié que la bibliothèque détenait l'adresse de mes parents dans son fichier et, puisque j'avais pris une année sabbatique, mes parents avaient reçu une lettre qui disait en gros : « Bonne nouvelle ! Le livre sur le suicide que vous avez réservé est désormais disponible à la bibliothèque ! »
- Oups (et merci, mon Dieu !).
- Je suis au téléphone avec ma mère, complètement pris au dépourvu. Elle m'interroge sur ce livre, alors je lui sors un gros mensonge : « Oh, ne t'inquiète pas. Désolé ! Un de mes amis est inscrit à l'autre bibliothèque et du coup, je lui ai réservé ce livre. Il travaille sur la dépression et des trucs comme ça. »
- Mon délire est stoppé net par un hasard hallucinant. C'est là que je me rends compte de quelque chose : ma mort ne toucherait pas que moi. Elle anéantirait la vie des gens que j'aime. J'imagine ma mère qui n'a rien à voir avec ma thèse ratée et qui souffrirait pour le restant de ses jours en culpabilisant.
- La semaine suivante, je décide de vraiment profiter de mon « année sabbatique » (tant pis pour la thèse) pour me consacrer à ma santé physique et mentale. D'où l'histoire de « sumo » des championnats chinois de Kickboxing (Sanshou) de 1999, si vous avez lu La Semaine de 4 heures.
- Quelques mois plus tard, à force de me concentrer sur mon corps au lieu de rester enfermé dans mes pensées, je vois les choses nettement plus

clairement. Tout me semble plus gérable. Je vois les situations « désespérées » comme de la malchance, mais elles sont éphémères.
- Je retourne à Princeton, rends ma thèse terminée à mon directeur toujours amer, me fais descendre lorsque je la soutiens et je m'en fous. Ce n'était pas la meilleure thèse qu'il ait jamais lue ni la meilleure chose que j'aie jamais écrite, mais je passais à autre chose.

Je dois remercier les gens qui m'ont aidé à reprendre confiance en moi au cours de ce dernier semestre. Je n'ai raconté cette histoire à personne, mais j'aimerais les remercier maintenant : mes parents et ma famille (évidemment), le Pr Ed Zschau, le Pr John McPhee, la troupe de danse Sympoh et mes amis du fabuleux Terrace Food Club. J'ai obtenu mon diplôme dans la promotion de 2000 et fait mes adieux au Nassau Hall. J'y retourne rarement, comme on l'imagine aisément.

[Remarque : Après avoir obtenu mon diplôme, je me suis promis de ne jamais écrire quoi que ce soit de plus long qu'un e-mail. C'est plutôt rigolo que j'écrive maintenant des livres de 500 pages, vous ne trouvez pas ?]

Étant donné le nombre d'« actes suicidaires » ayant lieu à Princeton et dans les autres grandes écoles (Harvard a un taux de suicide parmi les étudiants deux fois supérieur à la moyenne nationale), j'espère que l'administration prend les choses au sérieux. Si la moitié des étudiants déclarent se sentir déprimés, il y a peut-être des choses à revoir dans le système. Si vous ne faites rien, vous aurez encore plus de morts de jeunes étudiants sur la conscience.

Au fait, il ne suffit pas d'attendre que les gens tendent la main ou de demander aux jeunes « à risque » de prendre un congé de la fac pour éviter les responsabilités. Peut-être faudrait-il tendre la main régulièrement à tous les étudiants pour les rattraper avant qu'ils ne tombent ? Cela pourrait être simplement sous forme d'un e-mail offrant de l'aide, des ressources ou une oreille attentive.

Le bout du tunnel

« Être aimé par quelqu'un donne de la force, mais aimer quelqu'un donne du courage… »

– Lao-tseu

Avec le recul, j'aimerais faire une analyse de mes pensées morbides avant de vous donner des outils et des astuces qui aujourd'hui encore me permettent de tenir à distance mes idées noires.

Certains pourront se dire : « C'était donc pour ça ?! Parce qu'un étudiant de Princeton risquait d'avoir une mauvaise note ? C'est une plaisanterie ? »

Mais… justement. Il est facile de faire des montagnes de tout et n'importe quoi, de se perdre dans l'histoire qu'on se raconte et de penser que toute notre vie dépend d'un truc dont on se souviendra à peine dans 5 ou 10 ans. Ce truc si important peut être une mauvaise note, entrer à la fac, une relation amoureuse, un divorce, un licenciement, ou une bande de harceleurs sur Internet.

Alors, pourquoi ne me suis-je pas suicidé ?

Voici des éléments qui m'ont aidé (et quelques amis aussi). Ils ne feront peut-être pas de bien à toutes les personnes dépressives, mais j'espère que cela vous aidera quand même.

▶ 1. Si vous avez envie de mettre fin à vos jours, appelez SOS SUICIDE au 01.40.44.46.45. Ce service est à votre écoute 7 j/7 et 24 h/24

Il existe de nombreuses associations qu'il suffit d'appeler pour avoir une conversation avec une personne à votre écoute pour éviter de prendre une décision définitive irrationnelle et terrible. Si vous êtes gêné à l'idée de parler de vive voix, comme dans mon cas, vous pouvez envoyer un message et « chatter quelques minutes ». Vous pouvez toujours prétendre avoir du temps à tuer ou tester différents centres d'appels pour l'annuaire que vous créez. Peu importe. Personnellement, j'aimerais voir ce que vous avez à offrir au monde. Et croyez-en mon expérience : cela finira par passer, quelle que soit la raison qui vous fait envisager le suicide.

▶ 2. J'ai compris que ça anéantirait la vie d'autres personnes : se tuer peut psychologiquement détruire d'autres personnes

On n'est jamais complètement isolé quand on meurt. Cela touche votre famille (qui pourrait culpabiliser), des proches ou simplement les policiers ou les gens qui ramasseront votre dépouille chez vous ou dans un bois. Le résultat garanti par un suicide n'est pas tant une amélioration des choses pour vous que de créer une catastrophe pour d'autres personnes. Même si vous avez l'intention de vous venger en vous suicidant, les dégâts ne se limiteront pas à vos cibles.

Un jour, un ami m'a dit que se suicider revenait à multiplier par 10 sa souffrance et la distribuer à ceux qui vous sont chers. Je suis entièrement d'accord avec lui, mais c'est encore plus que ça. Au-delà des êtres qui vous sont chers, vous pouvez inclure vos voisins, un passant innocent qui assisterait à votre mort, des personnes, souvent des jeunes, qui imiteront votre acte en apprenant votre mort. Telle est la réalité du suicide : ce n'est pas la panacée.

Si vous envisagez de vous suicider, imaginez-vous comme un terroriste portant une ceinture d'explosifs qui se mêle à une foule d'innocents. Cela revient à ça.

Même si vous avez l'impression que personne ne vous aime ou ne se soucie de vous, il est fort probable que vous soyez aimé par quelqu'un et il est certain que vous êtes attachant et méritez d'être aimé.

▶ 3. Vous tuer ne garantit pas que les choses iront mieux !

D'une façon tragiquement comique, c'est une réflexion déprimante à laquelle j'ai été amené quand j'envisageais de me faire sauter la tête ou écraser. Mince ! Aucune garantie.

La « vie d'après » pourrait être 1 000 fois pire que la vie au moment le plus pénible. Personne ne sait. Je pense personnellement que la conscience perdure après la mort physique et je me suis soudain rendu compte que je n'avais littéralement aucune preuve que ma mort améliorerait les choses. C'est un pari risqué. Au moins, ici, dans la vraie vie, on connaît des variables que l'on peut modifier. Le gouffre de l'inconnu pourrait être L'Enfer de Dante décuplé par des stéroïdes. Quand on veut simplement que la souffrance s'arrête, on l'oublie facilement. On ne sait pas ce qu'il y a derrière la porte #3.

Dans notre désespoir, on ne réfléchit pas assez. C'est un peu comme le gag du kamikaze d'un de mes humoristes préférés, Demetri Martin : « Le kamikaze est quelqu'un qui n'a pas réfléchi à la vie après la mort. Boum ! T'es mort. Boum ! Je suis mort. Oh, merde… ça va être gênant à tout jamais. »

▶ 4. Conseils d'amis, en relation avec le point #2 ci-dessus

Pour certains de mes amis (y compris des gens performants qu'on ne soupçonnerait pas d'avoir ce genre d'idées noires), un « vœu de non-suicide » a fait toute la différence. Voici la description d'un ami :

« Quand j'ai solennellement juré à la seule personne que je savais que je ne trahirais jamais [mon frère], ça a pris tout son sens. Tout à coup, cette option à laquelle je pensais parfois n'était plus envisageable. Je ne briserai jamais un serment fait à mon frère. Après ça, j'ai dû trouver une nouvelle façon d'aborder la vie. Il n'y a pas d'issue de secours fantaisiste. Je suis dedans, j'en fais partie. En fin de compte, ce serment que je lui ai fait était le plus beau cadeau que j'aie pu me faire. »

Même si ça paraît bête, il est parfois plus facile de se concentrer sur le fait de tenir sa parole et d'éviter de faire souffrir l'autre que de préserver sa propre vie.

Ce n'est pas grave. Prenez ce qui marche en premier lieu et vous arrangerez le reste plus tard. Si vous devez déguiser ce serment par embarras (« Comment avouer ça à un ami ?! »), trouvez un ami en difficulté et faites-vous cette promesse mutuelle. Pensez-y comme si vous n'essayiez que de protéger cette personne. C'est encore trop difficile ? Faites une « promesse mutuelle de non-souffrance auto-infligée » avec une personne qui culpabilise.

Le fond de cette promesse concerne l'autre personne autant que vous. **Si vous ne vous souciez pas de vous, souciez-vous des autres.**

Comment se défendre contre les Gremlins

Bon, abordons le côté pratique.

Le fait est que, si vous êtes quelqu'un de stimulé, un entrepreneur, une élite ou des centaines d'autres choses, les changements d'humeur font partie de vos gènes. C'est à la fois une bénédiction et une malédiction.

Voici des habitudes et des tactiques qui m'ont aidé. Elles peuvent paraître simplistes, mais elles m'ont gardé sur la bonne voie. Ce sont mes garde-fous devant le gouffre. Ça pourrait vous aider à trouver vos propres défenses. Testez-les, gardez celles que vous préférez et utilisez-les comme point de départ :

- Cinq rituels matinaux qui m'aident à passer une bonne journée (page 138).
- Astuces de « productivité » pour les névrosés, maniaco-dépressifs et tarés (comme moi) (page 190).
- C'est ça qui m'angoissait ? (page 428).
- Le pot à chouette (page 504).
- Musclé comme un gymnaste (page 49).
- AcroYoga (page 83).
- Le régime Slow-Carb (page 100).

Et si vous doutez ou que vous vous sentez glisser, essayez celles-là :

1. Allez à votre salle de sport et faites de l'exercice pendant au moins 30 minutes. Chez moi, c'est 80 % de la bataille gagnée. Lorsque c'est possible, je préfère me rendre dans un club de musculation plutôt que de m'entraîner seul à la maison ou sortir marcher puisque la dernière chose qu'il me faut c'est du temps avec moi-même. Ça vous force à côtoyer d'autres êtres humains.
2. Chaque matin, exprimez votre gratitude envers une personne que vous aimez, qui vous a aidé ou soutenu. Par SMS, e-mail, lettre ou téléphone. Vous n'avez personne en tête ? N'oubliez pas vos anciens profs, camarades de classe, collègues, patrons, etc.
3. Si vous n'arrivez pas à vous faire plaisir, faites plaisir à quelqu'un d'autre. C'est une astuce magique. Concentrez-vous sur les autres au lieu de votre

nombril. Offrez un café à la personne qui attend dans la queue derrière vous (je le fais souvent), faites un compliment à une personne inconnue, devenez bénévole à une soupe populaire, aidez une classe sur DonorsChoose.org, offrez la tournée au personnel de votre restaurant préféré, etc. Ces petites choses apportent d'énormes bénéfices et devinez quoi : il y a des chances qu'au moins une des personnes que vous aurez fait sourire mène le même combat que vous, souffrant d'un mal-être identique.

En résumé – vert et gris

Ma « tempête » était éphémère.

Évidemment, ce n'est certainement pas la dernière tempête que j'affronterai. J'en connaîtrai forcément d'autres. L'essentiel est de se préparer un feu pour se réchauffer en attendant que la tempête se calme. Ce feu (des rituels, des habitudes, des relations, des mécanismes de survie qu'on se crée) vous aide à voir dans l'averse l'engrais au lieu de l'inondation. Si vous souhaitez que votre environnement soit luxuriant, acceptez le fait que le gris constitue une partie naturelle du cycle.

Vous n'êtes pas sans défaut. Vous êtes un être humain.

Vous avez quelque chose à offrir au reste du monde.

Dans les ténèbres, quand vous luttez contre vos démons, souvenez-vous que je suis là, à me battre à vos côtés. Vous n'êtes pas seul. Une vaste tribu vous entoure, et des milliers de ses membres sont en train de lire ce livre.

Les batailles font avancer. N'abandonnez jamais.

Prenez soin de vous et de vos proches.

Tim

« Bien »

par Jocko Willink, ancien commandant des Navy SEAL (profil intégral page 368)

Comment je gère les déconvenues, échecs, délais et autres catastrophes ? J'ai une méthode assez simple pour gérer ces situations. Il y a un mot pour les gérer : « bien ».

C'est quelque chose que mon subalterne direct, qui est depuis devenu un très bon ami, m'a fait remarquer. Il m'appelait pour me parler d'un gros problème qui se passait : « Patron, il se passe ceci ou cela. » Je le regardais et disais : « Bien. »

Un jour, il me parlait d'une situation qui était en train de dégénérer et, dès la fin de son explication, il m'a dit : « Je sais déjà ce que vous allez dire. »

« Ah bon, qu'est-ce que je vais dire ? » « Vous allez dire : "Bien." »

Il a poursuivi : « C'est toujours ce que vous dites. Quand quelque chose ne va pas ou que ça tourne mal, vous me regardez et dites :"Bien." »

Je lui ai répondu : « C'est parce que je le pense. C'est comme ça que j'opère. » Je lui ai expliqué que, quand les choses tournent mal, il y aura quelque chose de bien qui en résultera.

- Ah, la mission a été annulée ? Bien. On peut se concentrer sur une autre.
- Je n'ai pas reçu le matériel rapide que je voulais ? Bien. On fera simple, alors.
- Je n'ai pas été promu ? Bien. J'ai plus de temps pour faire mes preuves.
- Je n'ai pas eu le financement espéré ? Bien. J'aurai une plus grosse part dans la société.

- Vous n'avez pas eu le poste convoité ? Bien. Accumulez de l'expérience et complétez votre CV.
- Je me suis blessé ? Bien. Je vais faire une pause dans mon entraînement.
- Je me suis fait exploiter ? Bien. Mieux vaut se faire exploiter en apprentissage que dans la rue.
- J'ai été battu ? Bien. J'ai appris.
- Un problème inattendu ? Bien. On aura l'occasion de trouver une solution.

Et voilà. Quand ça va mal, ne déprimez pas, ne vous alarmez pas, ne soyez pas frustré. Ça ne sert à rien. Considérez simplement le problème et dites : « Bien. »

Je ne voudrais pas sortir des clichés ni paraître comme monsieur l'Éternel Satisfait. Ce gars-là ignore la dure réalité. Ce gars-là pense qu'une attitude positive résoudra les problèmes. Ce n'est pas le cas. Mais s'attarder dessus non plus. Non. Acceptez la réalité, mais concentrez-vous sur la solution. Transformez le problème, la déconvenue, en quelque chose de positif. Avancez. Si vous faites partie d'une équipe, cette attitude se répercutera sur les autres.

Et enfin, pour terminer : si vous pouvez prononcer le mot « bien », ça veut dire que vous êtes toujours vivant, que vous respirez encore.

Et si vous respirez encore, ça veut dire qu'il vous reste encore un peu de force. Alors, debout, dépoussiérez-vous, rechargez vos batteries, recalez-vous, réengagez-vous et passez à l'attaque.

Et là, franchement, on ne peut pas faire beaucoup mieux.

Sekou Andrews

Sekou Andrews (TW : @SekouAndrews, sekouandrews.com) est la voix de poète la plus impressionnante que j'aie jamais entendue. Je l'ai vu à l'œuvre pour la première fois à une conférence TED où il m'a épaté. Sekou est un maître d'école deux fois champion national de slam. Il a chanté en privé pour Barack Obama, Bono, Oprah Winfrey, Maya Angelou et devant de nombreuses entreprises du Fortune 500.

TF : Puisqu'on arrive à la fin (ou est-ce le début ?), ce profil est court et va droit au but. Pour donner le ton, voici une petite phrase que chante Sekou :

« Tu veux tellement devenir un papillon que tu es prêt à oublier l'étape de la chenille. »

Animal totem : la panthère noire

Conclusion

« Apprendre les règles comme un professionnel afin de pouvoir les briser comme un artiste. »
— Pablo Picasso

« Profites-en. »
— La meilleure réponse de mes amis quand je leur ai demandé ce que je devrais faire de ma vie.

Pendant que j'écrivais ce livre, je restais 20 à 30 minutes dans le sauna tard le soir pour décompresser, puis je faisais la planche dans la piscine pour admirer les étoiles à travers les arbres. À la lumière d'une seule ampoule dans mon sauna en tonneau, je lisais des passages poétiques pour apaiser mon esprit, comme *Feuilles d'herbe* [de Walt Whitman] ou *Le Zen dans l'art chevaleresque du tir à l'arc*, d'Eugen Herrigel, qu'on m'avait recommandé de lire.

Je venais tout juste de me mettre au tir à l'arc, et mon entraînement consistait à faire deux ou trois pauses par jour en tirant 18 flèches. Côté pratique, j'avais des manuels et un coach, mais, de l'autre, *Le Zen dans l'art chevaleresque du tir à l'arc* me semblait 80 % baratin énigmatique et 20 % sagacité philosophique[1]. Quoi qu'il en soit, ce livre m'offrait une pause bienvenue, un peu de détente mentale, et ça me suffisait.

Un matin, mon assistant de recherche, que j'ai fait venir du Canada pour travailler sur ce livre, m'a arrêté devant le réfrigérateur, où je prenais de l'eau et de quoi manger : « Tu es incroyablement calme. Comment tu fais alors qu'il y a des millions de choses qui volent dans tous les sens ? »

---

1 C'est encore mieux sous l'emprise de produits psychédéliques.

J'ai réfléchi à ce qu'il m'a dit. Il avait raison. Il y avait dix mille choses à faire à la fois. J'étais en plein sprint final pour mon livre, et une dizaine d'incendies inattendus s'étaient déclarés, mon chien venait de se faire renverser par un véhicule, ma voiture avait rendu d'âme et j'avais la visite de plusieurs membres de ma famille et d'amis. Le grand cirque. Et moi, je faisais tourner les assiettes.

Depuis toujours, les rendus de livres m'angoissaient et me faisaient perdre ma patience. Il valait mieux m'éviter. Alors pourquoi était-ce différent cette fois ?

Voici l'explication que je lui ai donnée : en lisant et relisant les enseignements de ce livre, j'en avais absorbé bien plus que je ne l'imaginais. Comme sur pilotage automatique, j'utilisais le « bien » de Jocko, j'invitais Mara à prendre le thé comme Tara Brach, j'admirais les étoiles comme B.J. Miller et Ed Cooke, et j'ai rangé ma peur tout comme Caroline Paul en haut du Golden Gate.

Je suis un fabricant de listes. C'est comme ça que je garde ma vie en ordre, que j'organise mon monde. Mais ce qui m'a le plus surpris dans mon calme, c'était que je n'avais fait aucune liste. Je testais simplement un outil ou précepte de titan dans ma tête et, comme me l'a dit Cal Fussman, « les bonnes choses restent ». Ce dont j'avais besoin à un moment donné me venait naturellement à l'esprit. Plus je relisais et réfléchissais à tout ce qui avait été dit par mes invités, plus j'en voyais l'impact.

Quelque 16 heures après cette discussion devant le frigo, j'étais épuisé et prêt pour une bonne suée et un petit plongeon. Je me suis rendu dans mon sauna et me suis assis pour respirer l'odeur du cèdre. Les gouttes de transpiration ont commencé à s'évacuer comme la tension de la journée et je suis arrivé à la fin du *Zen dans l'art chevaleresque du tir à l'arc*. Le passage avec les remarques finales du maître japonais m'a fait marquer une pause plusieurs minutes. En version légèrement abrégée, cela donnait ceci :

Je dois vous mettre en garde : vous êtes devenu quelqu'un de différent au cours de ces années, car c'est bien là la signification de l'art du tir à l'arc : un grand et profond défi entre l'archer et lui-même. Il se peut que vous ne l'ayez pas encore remarqué pleinement, mais vous le ressentirez fortement quand vous rencontrerez à nouveau vos amis et connaissances dans votre pays : les choses ne s'harmoniseront pas comme avant. Vous contemplerez les choses avec un œil neuf et vous les mesurerez avec un autre étalon. [Cela m'est déjà arrivé et cela arrive à tous ceux qui sont touchés par la spiritualité de cet art.]

En guise d'adieu sans être véritablement un adieu, le maître m'a tendu son meilleur arc : « Lorsque vous tirerez avec cet arc, vous sentirez l'esprit du maître à votre côté… »

Ça m'a fait sourire.

Ça m'a fait penser au *Retour du Jedi*, quand l'Empire galactique est battu par l'Alliance, quand Luke Skywalker contemple le ciel d'Endor et voit les visages souriants d'Obi-Wan Kenobi, Yoda, et Anakin Skywalker.

Les deux premiers l'avaient accompagné tout ce temps, et les trois seraient à ses côtés pour toujours.

Lorsque vous lirez et relirez ce live, j'espère que vous sentirez l'esprit des titans vous accompagner. Quels que soient les difficultés, les défis et la grandeur de vos ambitions, ils seront à votre côté.

Vous n'êtes pas seul et vous avez bien plus de capacités que vous ne l'imaginez. Alors, comme le dirait Jocko : foncez !

Pour rigoler un peu… fourhourworkweek.com/friday

Pour rigoler un peu… fourhourworkweek.com/friday

Les 25 meilleurs épisodes du *Tim Ferriss Show*

Voici les 25 épisodes les plus populaires du *Tim Ferriss Show* en septembre 2016. Vous trouverez tous les épisodes sur fourhourworkweek.com/podcast et itunes.com/timferriss.

1. « Jamie Foxx on Workout Routines, Success Habits, and Untold Hollywood Stories » (épisode 124).
2. « Tony Robbins on Morning Routines, Peak Performance, and Mastering Money » (épisode 37).
3. « The Scariest Navy SEAL Imaginable… and What He Taught Me » (épisode 107).
4. « Tony Robbins : On Achievement Versus Fulfillment » (épisode 178).
5. « Lessons from Geniuses, Billionaires, and Tinkerers » (épisode 173).
6. « Tim Ferriss Interviews Arnold Schwarzenegger on Psychological Warfare (and Much More) » (épisode 60).
7. « The Secrets of Gymnastic Strength Training » (épisode 158).
8. « How Seth Godin Manages His Life: Rules, Principles, and Obsessions » (épisode 138).
9. « Dom D'Agostino on Fasting, Ketosis, and the End of Cancer » (épisode 117).
10. « Charles Poliquin on Strength Training, Shredding Body Fat, and Increasing Testosterone and Sex Drive » (épisode 91).
11. « 5 Morning Rituals that Help Me Win the Day » (épisode 105).
12. « Shay Carl: From Manual Laborer to 2,3 Billion YouTube Views » (épisode 170).
13. « Tony Robbins on Morning Routines, Peak Performance, and Mastering Money (Part 2) » (épisode 38).

14. « The Science of Strength and Simplicity with Pavel Tsatsouline » (épisode 55).
15. « Dissecting the Success of Malcolm Gladwell » (épisode 168).
16. « Kevin Rose » (épisode 1).
17. « How to 10 X Your Results, One Tiny Tweak at a Time » (épisode 144).
18. « The Importance of Being Dirty: Lessons from Mike Rowe » (épisode 157).
19. « The Interview Master: Cal Fussman and the Power of Listening » (épisode 145).
20. « The Man Who Studied 1 000 Deaths to Learn How to Live » (épisode 153).
21. « Kevin Kelly: AI, Virtual Reality, and the Inevitable » (épisode 164).
22. « Dom D'Agostino: The Power of the Ketogenic Diet » (épisode 172).
23. « Tools and Tricks from the #30 Employee at Facebook » (épisode 75).
24. « Marc Andreessen : Lessons, Predictions, and Recommendations from an Icon » (épisode 163).
25. « Tara Brach on Meditation and Overcoming FOMO (Fear of Missing Out) » (épisode 94).

Mes questions à brûle-pourpoint

Si vous étiez assis à côté d'un prix Nobel ou d'un milliardaire, quelles questions leur poseriez-vous ? S'ils n'avaient que deux ou cinq minutes à vous consacrer, comment en profiteriez-vous au mieux ?

Voici les questions que j'ai regroupées ou élaboré au cas où cette situation se produirait. La plupart sont les questions à brûle-pourpoint que je pose à quasiment tous mes invités du *Tim Ferriss Show*. Quelques-unes m'ont été inspirées par mes hôtes (comme Marc Andreessen, page 164).

- Selon vous, qui incarne le mieux le mot « réussite » et pourquoi ?
- Êtes-vous convaincu de quelque chose que les autres considèrent comme une folie ?
- Quels sont les livres que vous aimez offrir ?
- Quel est votre film ou documentaire préféré ?
- Quel est le meilleur investissement à moins de 100 $ qui a changé votre vie au cours de ces six derniers mois ?
- Quels sont vos rituels du matin ? Comment passez-vous les 60 premières minutes de la journée ?
- Quelles sont les obsessions que vous analysez le soir ou le week-end ?
- Quel sujet aimeriez-vous aborder en dehors de votre champ de compétences si vous deviez intervenir lors d'une conférence TED ?
- Quel est votre meilleur investissement, que ce soit en termes de temps, d'argent, d'effort ou autre ? Qu'est-ce qui vous a motivé à le faire ?
- Y a-t-il une maxime qui régit votre vie ou à laquelle vous pensez souvent ?
- Quel est le pire conseil que vous ayez jamais entendu dans votre domaine ?
- Que mettriez-vous sur une affiche ?
- Quel conseil vous seriez-vous donné à 20, 25 ou 30 ans ? Que faisiez-vous à l'époque ?

- Comment un échec ou un semblant d'échec vous a mis sur la voie de la réussite ? Quel est votre échec préféré ?
- Est-ce qu'il vous arrive régulièrement quelque chose d'étrange ou de dérangeant ?
- Au cours des dernières années, avez-vous changé d'avis sur quelque chose et pourquoi ?
- Êtes-vous persuadé de quelque chose, même si vous ne pouvez pas en apporter la preuve ?
- Avez-vous une demande à exprimer à mes auditeurs ? Une dernière réflexion ?

Les livres offerts ou recommandés par mes invités

Voici ce que vous attendiez tous ! Remarque sur le format :

- **Titres en gras** : réponse à la question « quel livre offrez-vous souvent ? »
- **Titres en gras** et <u>soulignés</u> : les livres le plus souvent offerts qui n'ont pas été mentionnés lors des enregistrements des podcasts mais que mes invités m'ont communiqués par la suite.
- Les titres en caractères normaux ont été recommandés ou mentionnés par mes invités sans être spécialement les « plus souvent offerts ».

Alors, quels sont les livres qui ont le plus souvent été mentionnés ? Voici le top 17 (tous ceux qui ont été mentionnés au moins trois fois) par ordre décroissant de fréquence :

1. *Tao Te King*, de Lao-tseu (5 mentions).
2. *La Grève : Atlas Shrugged*, d'Ayn Rand (4).
3. *Sapiens : une brève histoire de l'humanité*, d'Yuval Noah Harari (4).
4. *Siddhartha*, d'Hermann Hesse (4).
5. *La Semaine de 4 heures*, deTim Ferriss (4).
6. *The Checklist Manifesto*, d'Atul Gawande (4).
7. *Dune*, de Frank Herbert (3).
8. *Influence et manipulation*, de Robert Cialdini (3).
9. *Et si le bonheur vous tombait dessus*, de Daniel Gilbert (3).
10. *Superintelligence*, de Nick Bostrom (3).
11. *Vous voulez rire, monsieur Feynman !!*, de Richard P. Feynman (3).
12. *4 heures par semaine pour un corps d'enfer*, de Tim Ferriss (3).
13. La Bible (3).
14. *The Hard Thing About Hard Things*, de Ben Horowitz (3).
15. *La Guerre de l'art*, de Steven Pressfield (3).

16. *Watchmen*, d'Alan Moore (3).
17. *De zéro à un*, de Peter Thiel, avec Blake Masters (3).

Bonne lecture !

- **Altucher, James : *Jesus' Son*** (Denis Johnson), *Les cerfs-volants de Kaboul ; Mille soleils splendides* (Khaled Hosseini), *Antifragile ; Le Cygne noir ; Le Hasard sauvage* (Nassim Nicholas Taleb), *Les 12 Lois du cerveau* (John Medina), *Outliers* (Malcolm Gladwell), *Freakonomics* (Steven D. Levitt et Stephen J. Dubner).
- **Amoruso, Sophia : *L'Homme le plus riche de Babylone*** (George Samuel Clason), *No Man's Land: Where Growing Companies Fail* (Doug Tatum), *Venture Deals* (Brad Feld et Jason Mendelson), *Lettres à un jeune poète* (Rainer Maria Rilke).
- **Andreessen, Marc :** *High Output Management ; Only the Paranoid Survive* (Andrew S. Grove), *De zéro à un : comment construire le futur* (Peter Thiel, avec Blake Masters), *Walt Disney: The Triumph of the American Imagination* (Neal Gabler), *Schulz and Peanuts: A Biography* (David Michaelis), *The Wizard of Menlo Park: How Thomas Alva Edison Invented the Modern World* (Randall E. Stross), *Ma vie de comique* (Steve Martin), *The Hard Thing About Hard Things* (Ben Horowitz).
- **Attia, Peter : *Les erreurs des autres. L'autojustification, ses ressorts et ses méfaits*** (Carol Tavris et Elliot Aronson), ***Vous voulez rire, monsieur Feynman !*** (Richard P. Feynman), *Comment je suis devenu 10 % plus heureux* (Dan Harris).
- **Beck, Glenn : *The Book of Virtues*** (William J. Bennett), ***Winners Never Cheat*** (Jon Huntsman).
- **Bell, Mark :** COAN: *The Man, The Myth, The Method: The Life, Times & Training of the Greatest Powerlifter of All-Time* (Marty Gallagher).
- **Betts, Richard : *Le Dernier Stade de la soif*** (Frederick Exley), *Choisir, c'est renoncer* (Elle Luna).
- **Birbiglia, Mike : *Avoir un bon sommeil*** (William C. Dement).
- **Boone, Amelia : *La Maison des feuilles*** (Mark Z. Danielewski).
- **Boreta, *Justin : Musicophilia : la musique, le cerveau et nous*** (Oliver Sacks), ***Waking Up: A Guide to Spirituality Without Religion*** (Sam Harris), *This Is Your Brain on Music* (Daniel J. Levitin), *L'Insoutenable Légèreté de l'être* (Milan Kundera).

- **Brach, Tara : *The Essential Rumi*** (Jalal al-Din Rumi, traduction de Coleman Barks), ***Conseils d'une amie pour des temps difficiles*** (Pema Chödrön), *Internet rend-il bête ?* (Nicholas Carr), *Périls et promesses de la vie spirituelle* (Jack Kornfield).
- **Brewer, Travis : *Autobiographie d'un yogi*** (Paramahansa Yogananda), ***Vieillir en pleine conscience*** (Ram Dass), ***Conversations avec Dieu*** (Neale Donald Walsch).
- **Brown, Brené : *L'Alchimiste*** (Paulo Coelho).
- **Carl, Shay : *The Book of Mormon*** (Joseph Smith Jr.), ***Tel un homme pense*** (James Allen), ***Comment se faire des amis*** (Dale Carnegie), ***Réfléchissez et devenez riche*** (Napoleon Hill), ***The Total Money Makeover*** (Dave Ramsey), *Les 7 habitudes de ceux qui réalisent tout ce qu'ils entreprennent* (Stephen R. Covey), *The Denial of Death* (Ernest Becker).
- **Catmull, Ed : *Il y a un cauchemar dans mon placard*** (Mercer Mayer).
- **Chin, Jimmy : *La Pierre et le Sabre*** (Eiji Yoshikawa et Charles Terry), ***Yi King, l'oracle de la voie du cosmos*** (Carol K. Anthony), *Sans consentement* (Jon Krakauer).
- **Cooke, Ed :** *The Age of Wonder* (Richard Holmes), *Touching the Rock* (John M. Hull), *Éloge de l'oisiveté* (Bertrand Russell), *Les Souffrances du jeune Werther* ; *Traité des couleurs* ; *Maximes et réflexions* (Johann Wolfgang von Goethe), *Joyeuse cosmologie* (Alan Watts).
- **Cummings, Whitney : *Super triste histoire d'amour*** (Gary Shteyngart), ***Le Drame de l'enfant doué*** (Alice Miller), ***The Fantasy Bond*** (Robert W. Firestone), ***Le Concept du continuum*** (Jean Liedloff).
- **D'Agostino, Dominic : *L'éveil de votre puissance intérieure*** (Tony Robbins), ***Tripping Over the Truth*** (Travis Christofferson), *De la génétique à Dieu* (Francis Collins), *Tactique du diable* (C.S. Lewis), *Cancer as a Metabolic Disease: On the Origin, Management, and Prevention of Cancer* (Thomas Seyfried), *Ketogenic Diabetes Diet: Type 2 Diabetes* (Ellen Davis, MS et Keith Runyan, MD), *Fight Cancer with a Ketogenic Diet* (Ellen Davis, MS).
- **de Botton, Alain : *L'Insoutenable légèreté de l'être*** (Milan Kundera), ***Essais*** (Michel de Montaigne), *À la recherche du temps perdu* (Marcel Proust).
- **De Sena, Joe :** *A Message to Garcia* (Elbert Hubbard), *La grève : Atlas Shrugged* (Ayn Rand), *Shōgun* (James Clavell), *The One Minute Manager* (Kenneth H. Blanchard).

- **Diamandis, Peter :** ***Mon avion et moi*** (Charles Lindbergh), ***L'Homme qui vendit la Lune*** (Robert A. Heinlein), ***Humanité 2.0*** (Ray Kurzweil), ***La Grève : Atlas Shrugged*** (Ayn Rand), l'histoire de *La Soupe au caillou.*
- **DiNunzio, Tracy :** *De la performance à l'excellence* (Jim Collins), *Amazon : la boutique à tout vendre* (Brad Stone).
- **Dubner, Stephen :** Pour les adultes : *Levels of the Game* (John McPhee) ; pour les enfants : *The Empty Pot* (Demi).
- **Eisen, Jonathan :** ***National Geographic Field Guide to the Birds of North America*** (Jon L. Dunn et Jonathan Alderfer).
- **Engle, Dan :** ***L'Intelligence érotique*** (Esther Perel), *Le Serpent cosmique, l'ADN et l'origine du savoir* (Jeremy Narby), *Autobiographie d'un yogi* (Paramahansa Yogananda).
- **Favreau, Jon :** ***Le Guide du scénariste*** (Christopher Vogler et Michele Montez), ***It Would Be So Nice If You Weren't Here*** (Charles Grodin), ***4 heures par semaine pour un corps d'enfer*** (Tim Ferriss), *Bilbo le hobbit* (J.R.R. Tolkien), *Cuisine et confidences* (Anthony Bourdain).
- **Foxx, Jamie :** *Without Sanctuary: Lynching Photography in America* (James Allen).
- **Fussell, Chris :** *Les Murailles de feu* (Steven Pressfield), *Steve Jobs* ; *Les Innovateurs* (Walter Isaacson).
- **Fussman, Cal :** ***Cent ans de solitude*** (Gabriel García Márquez), *Une Colère noire* (Ta-Nehisi Coates), *Speak Like Churchill, Stand Like Lincoln: 21 Powerful Secrets of History's Greatest Speakers* (James C. Humes), *La Foire aux serpents* ; *Car* (Harry Crews).
- **Ganju, Nick :** ***Je ne veux pas chercher*** (Steve Krug), ***How to Measure Anything: Finding the Value of Intangibles in Business*** (Douglas W. Hubbard), *L'art de ne pas dire n'importe qui : ce que le bon sens doit aux mathématiques* (Jordan Ellenberg), *Comment réussir une négociation* (Roger Fisher et William Ury).
- **Gazzaley, Adam :** ***Fondation*** (Isaac Asimov), *Rupture dans le réel* (de la trilogie *L'Aube de la nuit*) (Peter F. Hamilton), *Mountain Light* (Galen Rowell).
- **Gladwell, Malcolm :** ***Strangers to Ourselves: Discovering the Adaptive Unconscious*** (Timothy D. Wilson), ***Merchant Princes: An Intimate History of Jewish Families Who Built Great Department Stores*** (Leon A. Harris), *La Taupe* ; *La Petite Fille au tambour* ; *La Maison Russie* ; *L'espion qui venait du froid* (John le Carré), *The Big Short : le casse du siècle*

(Michael Lewis), *The Checklist Manifesto* (Atul Gawande), tous les livres de Lee Child.

- **Godin, Seth :** ***Makers*** ; ***Little Brother*** (Cory Doctorow), ***L'Art invisible*** (Scott McCloud), ***Le Samouraï virtuel ; L'Âge de diamant*** (Neal Stephenson), **Dune** (Frank Herbert), ***Identification des schémas*** (William Gibson) LIVRES AUDIO : ***Confiance inconditionnelle*** (Pema Chödrön), ***Dette*** (David Graeber), ***Just Kids*** (Patti Smith), ***The Art of Possibility*** (Rosamund Stone Zander and Benjamin Zander), ***Les Secrets pour conclure la vente*** (Zig Ziglar), ***La Guerre de l'art*** (Steven Pressfield).
- **Goldberg, Evan :** ***Je t'aimerai toujours*** (Robert Munsch), ***Watchmen*** ; ***V pour Vendetta*** (Alan Moore), ***Preacher*** (Garth Ennis), *Le Guide du voyageur galactique* (Douglas Adams), *Le Petit Prince* (Antoine de Saint-Exupéry).
- **Goodman, Marc :** *Panique sur la ville* (William Caunitz), *La Semaine de 4 heures* (Tim Ferriss), *Humanité 2.0* (Ray Kurzweil), *Superintelligence: Paths, Dangers, Strategies* (Nick Bostrom).
- **Hamilton, Laird : La Bible,** ***Tous des héros*** (Christopher McDougall), *Le Seigneur des anneaux* (J.R.R. Tolkien), *Deep Survival* (Laurence Gonzales), *Jonathan Livingston le goéland* (Richard Bach et Russell Munson), *Dune* (Frank Herbert).
- **Harris, Sam :** *A History of Western Philosophy* (Bertrand Russell), *Reasons and Persons* (Derek Parfit), *The Last Word; Mortal Questions* (Thomas Nagel), *Our Final Invention* (James Barrat), *Superintelligence: Paths, Dangers, Strategies* (Nick Bostrom), *Humiliation; The Anatomy of Disgust* (William Ian Miller), *The Flight of the Garuda: The Dzogchen Tradition of Tibetan Buddhism* (Keith Dowman), *I Am That* (Nisargadatta Maharaj), *Machete Season: The Killers in Rwanda Speak* (Jean Hatzfeld), *God Is Not Great; Hitch-22* (Christopher Hitchens), *Et si le bonheur vous tombait dessus* (Daniel Gilbert), Le Coran.
- **Hart, Mark :** *Atteindre l'excellence* (Robert Greene), *L'Art d'apprendre* (Josh Waitzkin), *4 heures par semaine pour un corps d'enfer* (Tim Ferriss).
- **Hof, Wim :** *Jonathan Livingston le goéland* (Richard Bach et Russell Munson), *Siddhartha* (Hermann Hesse), *La Bhagavad Gîtâ*, La Bible.
- **Hoffman, Reid :** ***L'Entreprise consciente : comment créer de la valeur sans oublier les valeurs*** (Fred Kofman), ***Sapiens : une brève histoire de l'humanité*** (Yuval Noah Harari).
- **Holiday, Ryan :** ***Pensées pour moi-même*** (Marc-Aurèle), ***La Guerre de l'art*** (Steven Pressfield), *Qu'est-ce qui fait courir Sammy ?* (Budd

Schulberg), *Titan : The Life of John D. Rockefeller, Sr.* (Ron Chernow), *Comment vivre : une vie de Montaigne en une question et vingt tentatives de réponses* (Sarah Bakewell), *The Fish that Ate the Whale: The Life and Times of America's Banana King* ; *Yiddish Connection* (Rich Cohen), *Edison: A Biography* (Matthew Josephson), *Ulysses S. Grant : Triumph over Adversity* (Brooks Simpson), *Fahrenheit 451* (Ray Bradbury).

- **Honnold, Alex :** *Une Histoire populaire de l'Empire américain* (Howard Zinn), *Sacred Economics: Money, Gift, and Society in the Age of Transition* (Charles Eisenstein).
- **Jarvis, Chase :** V*oler comme un artiste ; Partager comme un artiste* (Austin Kleon), *Les 22 Lois du marketing* (Al Ries et Jack Trout), *Croyez-moi, je vous mens* (Ryan Holiday), *The Rise of Superman* (Steven Kotler), *Le Pouvoir de la vulnérabilité* (Brené Brown), *Unlabel: Selling You Without Selling Out* (Marc Eckō), *Play It Away: A Workaholic's Cure for Anxiety* (Charlie Hoehn), *Jab, Jab, Jab, Right Hook* (Gary Vaynerchuk).
- **John, Daymond :** *Réfléchissez et devenez riche* (Napoleon Hill), *Qui a piqué mon fromage ?* (Spencer Johnson), *Stratégie océan bleu* (W. Chan Kim et Renée Mauborgne), *Invisible Selling Machine* (Ryan Deiss), *L'Homme le plus riche de Babylon*e (George S. Clason), *Genghis Khan and the Making of the Modern World* (Jack Weatherford).
- **Johnson, Bryan :** ***A Good Man: Rediscovering My Father, Sargent Shriver*** (Mark Shriver), ***Découvrir un sens à sa vie avec la logothérapie*** (Viktor E. Frankl), ***Siddhartha*** (Hermann Hesse), **Les Rescapés de l'Endurance** (Alfred Lansing), *Système 1, Système 2, les deux vitesses de la pensée* (Daniel Kahneman).
- **Junger, Sebastian :** ***En liberté dans les champs du Seigneur*** (Peter Matthiessen), ***Sapiens : une brève histoire de l'humanité*** (Yuval Noah Harari).
- **Kagan, Noah :** ***La Prodigieuse Machine à vendre*** (Chet Holmes), ***Essentialism*** (Greg McKeown), *Replay* (Ken Grimwood), *Who* (Geoff Smart et Randy Street), *Million Dollar Consulting* (Alan Weiss), *The Sales Acceleration Formula: Using Data, Technology, and Inbound Selling to Go from $0 to $100 Million* (Mark Roberge), *Smartcuts: How Hackers, Innovators, and Icons Accelerate Success* (Shane Snow), *SPIN Selling (Neil Rackham), Small Giants: Companies that Choose to Be Great Instead of Big* (Bo Burlingham), *Vous voulez rire, monsieur Feynman !* (Richard P. Feynman), *Recession Proof Graduate* (Charlie Hoehn), *La Publicité selon Ogilvy* (David Ogilvy), *Seul sur Mars* (Andy Weir).

- **Kamkar, Samy : *Influence et manipulation*** (Robert Cialdini).
- **Kass, Sam :** *Sapiens : une brève histoire de l'humanité* (Yuval Noah Harari), ***L'Art du jeu*** (Chad Harbach), *Plenty : les recettes végétariennes de Yotam Ottolenghi* ; *Jérusalem* ; *Plenty More : les recettes végétariennes de Yotam Ottolenghi* (Yotam Ottolenghi), *The Flavor Bible: The Essential Guide to Culinary Creativity, Based on the Wisdom of America's Most Imaginative Chefs* (Karen Page et Andrew Dornenburg), *Histoire des agricultures du monde* (Marcel Mazoyer et Laurence Roudart).
- **Kelly, Kevin : *Les Aventures de Johnny Bunko*** (Daniel Pink), *So Good They Can't Ignore You* (Cal Newport), *Shantaram* (Gregory David Roberts), *Valley and Route 128* (AnnaLee Saxenian), *What the Dormouse Said: How the Sixties Counterculture Shaped the Personal Computer Industry* (John Markoff), le Coran, la Bible, l'intégrale de Rûmî ; *The Sound of the One Hand: 281 Zen Koans with Answers* (Yoel Hoffman), *It's All Too Much: An Easy Plan for Living a Richer Life with Less Stuff* (Peter Walsh).
- **Koppelman, Brian :** *Qu'est-ce qui fait courir Sammy ?* (Budd Schulberg), *Libérez votre créativité* (Julia Cameron), *La Guerre de l'art* (Steven Pressfield)
- **MacAskill, Will : *Reasons and Persons*** (Derek Parfit), *Méditer pour ne plus stresser : trouver la sérénité, une méthode pour se sentir bien* (Mark Williams et Danny Penman), *The Power of Persuasion* (Robert Levine), *Superintelligence: Paths, Dangers, Strategies* (Nick Bostrom).
- **MacKenzie, Brian : *Tao Te King*** (Lao-tseu), ***Le Guerrier pacifique*** (Dan Millman).
- **McCarthy, Nicholas :** *The Life and Loves of a He Devil: A Memoir* (Graham Norton), *I Put a Spell on You: The Autobiography of Nina Simone* (Nina Simone).
- **McChrystal, Stanley : *Once an Eagle*** (Anton Myrer), *The Road to Character* (David Brooks).
- **McCullough, Michael : *Managez votre carrière comme une start-up : adaptez-vous au futur, investissez en vous et transformez votre vie professionnelle*** (Reid Hoffman et Ben Casnocha), ***S'organiser pour réussir : la méthode Getting Things Done ou l'art de l'efficacité sans le stress*** (David Allen), ***Les 7 Habitudes de ceux qui réalisent tout ce qu'ils entreprennent*** (Stephen R. Covey), *The Checklist Manifesto* (Atul Gawande).
- **McGonigal, Jane : *Jeux finis, jeux infinis : le pari métaphysique du joueur*** (James Carse), ***Suffering Is Optional*** (Cheri Huber), *The Willpower Instinct* (Kelly McGonigal), *The Grasshopper: Games, Life, and Utopia* (Bernard Suits).

- **Miller, BJ :** Tous les beaux-livres sur Mark Rothko.
- **Moynihan, Brendan :** *Money Game* (Adam Smith), *Once in Golconda: A True Drama of Wall Street 1920-1938* (John Brooks), *Psychologie des foules* (Gustave Le Bon).
- **Mullenweg, Matt :** ***The Year Without Pants: WordPress.com and the Future of Work*** (Scott Berkun), ***Comment Proust peut changer votre vie*** (Alain de Botton), ***L'Art de marcher*** (Rebecca Solnit), ***Devenez manager*** ; *Les Entrepreneurs* (Peter Drucker), *Words that Work* (Frank Luntz), *Women, Fire, and Dangerous Things* (George Lakoff), *La Guerre du Péloponnèse* (Thucydide), *La Fin des temps* (Haruki Murakami), *Le Mage* (John Fowles), *Amazon : la boutique à tout vendre* (Brad Stone), *The Halo Effect : ...and the Eight Other Business Delusions that Deceive Managers* (Phil Rosenzweig), *Bird by Bird* (Anne Lamott), *On Writing Well* (William Zinsser), *Ernest Hemingway on Writing* (Larry W. Phillips), *The Hard Thing About Hard Things* (Ben Horowitz), *De zéro à un* (Peter Thiel), *L'Art de se lancer 2.0* (Guy Kawasaki), les ouvrages de Nassim Nicholas Taleb.
- **Nemer, Jason :** ***Le Prophète*** (Kahlil Gibran), ***Tao Te King*** (Lao-tseu).
- **Novak, B.J. :** ***The Oxford Book of Aphorisms*** (John Gross), ***Tics et tocs des grands génies*** (Mason Currey), *Le Nouvel Hollywood* (Peter Biskind), *The Big Book of New American Humor* ; *The Big Book of Jewish Humor* (William Novak et Moshe Waldoks).
- **Ohanian, Alexis :** *Les plus Grandes Réussites du Web* (Jessica Livingston), *Doom* (David Kushner).
- **Paul, Caroline :** *À propos de courage* (Tim O'Brien), *La Constellation du chien* (Peter Heller).
- **Popova, Maria :** *Still Writing* (Dani Shapiro), *De la brièveté de la vie* (Sénèque), *La République* (Platon), *En mouvement : une vie* (Oliver Sacks), *Thoreau : Journal (1837-1861)* (Henry David Thoreau), *Le Racisme en question* (Margaret Mead et James Baldwin), *Pensées sans ordre concernant l'amour de Dieu et autres textes* (Simone Weil), *Et si le bonheur vous tombait dessus* (Daniel Gilbert), *Désert solitaire* (Edward Abbey), *Gathering Moss* (Robin Wall Kimmerer), *The Essential Scratch & Sniff Guide to Becoming a Wine Expert* (Richard Betts).
- **Potts, Rolf :** ***Feuilles d'herbe*** (Walt Whitman), *Writing Tools: 50 Essential Strategies for Every Writer* (Roy Peter Clark), *To Show and to Tell: The Craft of Literary Nonfiction* (Phillip Lopate), *Scénario : les bases de la narration cinématographique* (Syd Field), *Story : contenu, structure, genre* (Robert

McKee), *Alien vs. Predator* (Michael Robbins), *The Best American Poetry* (David Lehman), les poèmes d'Aimee Nezhukumatathil et de Stuart Dischell.

- **Randall, Lisa :** ***Le Château de Cassandra*** (Dodie Smith).
- **Ravikant, Naval :** ***De la liberté*** (Jiddu Krishnamurti), ***Sapiens : une brève histoire de l'humanité*** (Yuval Noah Harari), ***Le Samouraï virtuel*** (Neal Stephenson), ***Poor Charlie's Almanac: The Wit and Wisdom of Charles T. Munger*** (Charles T. Munger), ***Siddhartha*** (Hermann Hesse), ***The Rational Optimist*** (Matt Ridley), ***V pour Vendetta*** (Alan Moore), *Labyrinthes* (Jorge Luis Borges), ***Pensées pour moi-même*** (Marc-Aurèle), ***Le Livre de la méditation et de la vie*** (Jiddu Krishnamurti), *Illusions : le messie récalcitrant* (Richard Bach), *Pensées percutantes : la sagesse du combattant philosophe* (Bruce Lee), I*nfluence et manipulation* (Robert Cialdini), *Vous voulez rire, monsieur Feynman !* ; W*hat Do You Care What Other People Think?* ; *Perfectly Reasonable Deviations from the Beaten Track* (Richard P. Feynman), *Love Yourself Like Your Life Depends On It* ; *Live Your Truth* (Kamal Ravikant), *L'Énigme de l'univers* (Greg Egan), *The Boys* (Garth Ennis et Darick Robertson), *Gênome* ; *The Red Queen* ; *The Origins of Virtue* ; *The Evolution of Everything* (Matt Ridley), *The Essential Writings* (Mahatma Gandhi), *La Philosophie du Tao* (Alan Watts), *Le Lit de Procruste* (Nassim Nicholas Taleb), *Las Vegas parano* (Hunter S. Thompson), *Puissance du mythe* (Joseph Campbell), *Tao Te King* (Lao-tseu), *Falling into Grace* (Adyashanti), *God's Debris* (Scott Adams), *La Naissance de la conscience dans l'effondrement de l'esprit* (Julian Jaynes), *Mastering the Core Teachings of the Buddha* (Daniel M. Ingram), *Le Pouvoir des habitudes* (Charles Duhigg), *The Lessons of History* (Will Durant et Ariel Durant), *La Vieillesse vient trop vite, la sagesse trop tard* (Gordon Livingston), *Le Prophète* (Kahlil Gibran), *La Vie secrète de Salvador Dalí* (Salvador Dalí), *Watchmen* (Alan Moore).
- **Reece, Gabby :** ***La Grève : Atlas Shrugged*** (Ayn Rand), ***L'Alchimiste*** (Paulo Coelho).
- **Richman, Jessica :** ***Nouvelles complètes*** (Ernest Hemingway)
- **Robbins, Tony :** ***Tel un homme pense*** (James Allen), ***Découvrir un sens à sa vie avec la logothérapie*** (Viktor E. Frankl), ***The Fourth Turning*** ; *Generations* (William Strauss), *Slow Sex* (Nicole Daedone), *Changer d'état d'esprit : une nouvelle psychologie de la réussite* (Carol Dweck).

- Rogen, Seth : ***Watchmen*** (Alan Moore), ***Preacher*** (Garth Ennis), ***Le Guide du voyageur galactique*** (Douglas Adams), ***The Art of Dramatic Writing*** (Lajos Egri), **La Conquête du bonheur** (Bertrand Russell).
- Rose, Kevin : *Le Miracle de la pleine conscience* (Thich Nhat Hanh), *La Sagesse des foules* (James Surowiecki).
- Rowe, Mike : ***The Deep Blue Good-by*** ; *Pale Gray for Guilt, Bright Orange for the Shroud* ; *The Lonely Silver Rain, Nightmare in Pink* ; *A Tan and Sandy Silence* ; *La mariée est trop morte* (John D. MacDonald), *Une histoire de tout, ou presque* ; *Motel blues* (Bill Bryson), *A Curious Discovery: An Entrepreneur's Story* (John Hendricks).
- Rubin, Rick : ***Tao Te King*** (Lao-tseu, traduction de Stephen Mitchell), ***Où tu vas, tu es*** (Jon Kabat-Zinn).
- Sacca, Chris : ***Not Fade Away: A Short Life Well Lived*** (Laurence Shames et Peter Barton), *The Essential Scratch & Sniff Guide to Becoming a Whiskey Know-It-All* ; *The Essential Scratch & Sniff Guide to Becoming a Wine Expert* (Richard Betts), *Comment s'en mettre plein les poches en Asie mutante* (Mohsin Hamid), *I Seem to Be a Verb* (R. Buckminster Fuller).
- Schwarzenegger, Arnold : ***Winston : comment un seul homme a fait l'histoire*** (Boris Johnson), ***La Liberté du choix*** (Milton Friedman), ***California*** (Kevin Starr).
- Sethi, Ramit : ***Age of Propaganda: The Everyday Use and Abuse of Persuasion*** (Anthony Pratkanis and Elliot Aronson), *The Social Animal* (Elliot Aronson), *Getting Everything You Can Out of All You've Got* (Jay Abraham), **Conditionnés pour trop manger** (Brian Wansink), ***The Robert Collier Letter Book*** (Robert Collier), *Never Eat Alone, Expanded and Updated: And Other Secrets to Success, One Relationship at a Time* (Keith Ferrazzi), *What They Don't Teach You at Harvard Business School* (Mark H. McCormack), *Iacocca: An Autobiography* (Lee Iacocca), *The Checklist Manifesto* (Atul Gawande).
- Shinoda, Mike : ***Becoming a Category of One: How Extraordinary Companies Transcend Commodity and Defy Comparison*** (Joe Calloway), ***Le Point de bascule*** ; ***Blink*** (Malcolm Gladwell), *Learning Not to Drown* (Anna Shinoda), *La Semaine de 4 heures* (Tim Ferriss).
- Silva, Jason : *TechGnosis: Myth, Magic, and Mysticism in the Age of Information* (Erik Davis), *The Rise of Superman: Decoding the Science of Ultimate Human Performance* (Steven Kotler), *La Semaine de 4 heures* (Tim Ferriss).

- **Sivers, Derek : *A Geek in Japan: Discovering the Land of Manga, Anime, Zen, and the Tea Ceremony*** (Hector Garcia), *L'Éveil de votre puissance intérieure* (Tony Robbins), *Et si le bonheur vous tombait dessus* (Daniel Gilbert), *Astuces et manipulations mentales* (Derren Brown), *Partager comme un artiste* (Austin Kleon), *Comment se faire des amis* (Dale Carnegie), *Comment parler à tout le monde* (Leil Lowndes), *Tout se joue en moins de 2 minutes* (Nicholas Boothman), *Power Schmoozing* (Terri Mandell), *Français/Américains : ces différences qui nous rapprochent* (Gilles Asselin et Ruth Mastron), *Système 1, Système 2, les deux vitesses de la pensée* (Daniel Kahneman), *A Guide to the Good Life: The Conscient Art of Stoic Joy* (William Irvine), *Seeking Wisdom* (Peter Bevelin).
- **Sommer, Christopher :** *The Obstacle Is the Way* (Ryan Holiday), les œuvres de Robert Heinlein.
- **Spurlock, Morgan : *The Living Gita: The Complete Bhagavad Gita. A Commentary for Modern Readers*** (Sri Swami Satchidananda).
- **Starrett, Kelly : *Deep Survival*** (Laurence Gonzales), *Le Gène du sport : la science explore les performances extraordinaires des athlètes* (David Epstein), *Le Petit livre du talent* (Daniel Coyle), *L'Âge de diamant* (Neal Stephenson), *Dune* (Frank Herbert), *Le Pouvoir des habitudes* (Charles Duhigg), *L'Île des dauphins bleus* (Scott O'Dell).
- **Strauss, Neil : *La Brièveté de la vie*** (Sénèque), *Demande à la poussière* (John Fante), *Voyage au bout de la nuit* (Louis-Ferdinand Céline), ***L'Oiseau bariolé*** (Jerzy Kosinski), *Pensées pour moi-même* (Marc-Aurèle), *Siddhartha* (Hermann Hesse), *Maximes* (François de La Rochefoucauld), *Ulysse* (James Joyce), *StrengthsFinder 2.0* (Tom Rath) (note de Neil : pour le bon à l'intérieur pour le test en ligne), ***Cent ans de solitude*** (Gabriel García Márquez), ***La Vie est ailleurs*** (Milan Kundera).
- **Stein, Joel :** *The Body Reset Diet* (Harley Pasternak).
- **Tan, Chade-Meng :** *L'Enseignement du Bouddha* (Walpola Rahula), *In the Buddha's Words: An Anthology of Discourses from the Pali Canon* (Bhikkhu Bodhi).
- **Teller, Astro : *Et si… ? Les réponses les plus scientifiques aux questions que vous ne vous êtes jamais posées*** (Randall Munroe), ***Player One*** (Ernest Cline), *La Trilogie de Gormenghast* (Mervyn Peake).
- **Teller, Danielle : *Oscar and Lucinda*** (Peter Carey), ***Les Heures*** (Michael Cunningham).
- **Tsatsouline, Pavel :** *Psych* (Judd Biasiotto), *Le Paradoxe du choix* (Barry Schwartz).

- **von Ahn, Luis : *De zéro à un*** (Peter Thiel), *The Hard Thing About Hard Things* (Ben Horowitz).
- **Waitzkin, Josh :** *Sur la route* ; *Les Clochards célestes* (Jack Kerouac), *Tao Te King* (Lao-tseu), *Traité du zen et de l'entretien des motocyclettes* (Robert Pirsig), *Shantaram* (Gregory David Roberts), *Pour qui sonne le glas ; Le Vieil Homme et la mer ; Les Vertes Collines d'Afrique* (Ernest Hemingway), *Ernest Hemingway on Writing* (Larry W. Phillips), *Changer d'état d'esprit : une nouvelle psychologie de la réussite* (Carol Dweck), *Dreaming Yourself Awake: Lucid Dreaming and Tibetan Dream Yoga for Insight and Transformation* (B. Alan Wallace et Brian Hodel), *Le Drame de l'enfant doué* (Alice Miller), *Tribe: On Homecoming and Belonging* (Sebastian Junger), *L'Art de la niaque* (Angela Duckworth), *Peak: Secrets from the New Science of Expertise* (Anders Ericsson et Robert Pool).
- **White, Shaun : *Fifty Shades of Chicken: A Parody in a Cookbook*** (F.L. Fowler), ***Tous winners !*** (Malcolm Gladwell), *Open* (Andre Agassi).
- **Willink, Jocko : *About Face: The Odyssey of an American Warrior*** (Colonel David H. Hackworth), *Méridien de sang ou le rougeoiement du soir dans l'Ouest* (Cormac McCarthy).
- Wilson, Rainn : ***The Family Virtues Guide: Simple Ways to Bring Out the Best in Our Children and Ourselves*** (Linda Kavelin Popov, Dan Popov et John Kavelin).
- Young, Chris : ***On Food and Cooking: The Science and Lore of the Kitchen*** (Harold McGee), ***Bras*** (Michel Bras), ***The Second Law*** (P.W. Atkins), *Seveneves* (Neal Stephenson), *Winston Spencer Churchill, 1874-1965* (William Manchester).
- **Zimmern, Andrew :** *Rain and Other South Sea Stories* (W. Somerset Maugham).

Films, documentaires et séries à voir ou à revoir

Pour mieux vous repérer, j'ai précisé (doc) et (TV) après les titres des documentaires et séries ou téléfilms. Les autres titres sont des films de fiction.

- **Adams, Scott :** *Whitey: United States of America v. James J. Bulger* (doc).
- **Altucher, James :** *High on Crack Street: Lost Lives in Lowell* (doc), *Hoop Dreams* (doc), *Comedian* (doc).
- **Amoruso, Sophia :** *La Couleur de la grenade, Girl Boss Guerilla.*
- **Andreessen, Marc :** *Mr. Robot* (TV), *Halt and Catch Fire* (TV), *Silicon Valley* (TV).
- **Attia, Peter :** *Arnold le magnifique* (doc), *The Bridge* (doc), *Bigger, Stronger, Faster* (doc).
- **Beck, Glenn :** *Citizen Kane.*
- **Betts, Richard :** *The Breakfast Club, Baraka* (doc).
- **Birbiglia, Mike :** *Tickled* (doc), *Captain Fantastic, Other People, Tendres passions, Broadcast News, Stop Making Sense, No Refunds* (spectacle de Doug Stanhope).
- **Boone, Amelia :** *Les Goonies.*
- **Boreta, Justin :** *Meru* (doc), *Grizzly Man* (doc), *Daft Punk Unchained* (doc).
- **Brach, Tara :** *Race : The Power of an Illusion* (doc), *Breaking Bad* (TV).
- **Carl, Shay :** *Captain Fantastic, Transcendent Man* (doc), *La Santé dans l'assiette (*doc), grand fan du réalisateur Morgan Spurlock.
- **Cooke, Ed :** *Withnail and I, The Armando Iannucci Shows* (TV), *Monty Python's Flying Circus* (TV), Alan Partridge (personnage fictif).
- **Costner, Kevin :** *American Experience: Coney Island* (doc), *E.T. l'extra-terrestre, Les Dents de la mer, Rencontres du troisième type, Sugarland Express, Minority Report.*

- **Cummings, Whitney :** *Buck* (doc), *Comedian* (doc).
- **D'Agostino, Dominic :** « An Advantaged Metabolic State: Human Performance, Resilience and Health » (allocution de Peter Attia à l'IHMC.
- **de Botton, Alain :** *Seven Up!* De la série *Up* (doc).
- **De Sena, Joe :** *Sugar Coated* (doc), *Food Inc.* (doc), *À la recherche de Vivian Maier* (doc).
- **Diamandis, Peter :** *Transcendent Man* (doc), *Tony Robbins: I Am Not Your Guru* (doc), *Une Vérité qui dérange* (doc).
- **DiNunzio, Tracy :** *The Overnighters* (doc), *The True Cost* (doc), *The Fog of War* (doc).
- **Dubner, Stephen :** *Seven Up !* de la série *Up* (doc).
- **Eisen, Jonathan :** *Shackleton* (téléfilm).
- **Engle, Dan :** *Racing Extinction* (doc), *Neurons to Nirvana* (doc), *Sugar Man* (doc).
- **Fussell, Chris :** *Restrepo* (doc) : un film que tous les citoyens américains devraient voir. *The Commanding Heights* (doc) : d'après le livre *La Grande Bataille : les marchés à l'assaut du pouvoir de Dan Yergin et Joseph Stanislaw. Bush's War: Frontline* (doc).
- **Fussman, Cal :** *The Walk : Rêver plus haut, Cinema Paradiso, Le Funambule* (doc).
- **Foxx, Jamie :** *Le Pianiste.*
- **Ganju, Nick :** *Forrest Gump.*
- **Gazzaley, Adam :** *Cosmos* de Carl Sagan (doc).
- **Godin, Seth :** *Le Funambule* (doc), *Faites le mur !* (doc), *Matrix.*
- **Goldberg, Evan :** *Die Hard, L'Arme fatale, Adaptation, Princess Bride, Fast and Furious, Rejected* (court-métrage), *The Kids in the Hall* (TV), *Absolutely Fabulous* (TV), *Second City Television.*
- **Goodman, Marc :** *SOS fantômes* (1984), *Wargames, Les Experts, Traque sur Internet,* et tous les films avec Bill Murray ou Dan Aykroyd.
- **Hamilton, Laird :** *L'Orque tueuse* (doc), *Senna* (doc), *On Any Sunday* (doc).
- **Harris, Sam :** toutes les allocutions de Christopher Hitchens.
- **Holiday, Ryan :** *Gladiator, Spinal Tap.*
- **Honnold, Alex :** *Star Wars, Gladiator.*
- **John, Daymond :** la série *Planète Terre* de la BBC.
- **Johnson, Bryan :** *Le Funambule* (doc), *Faites le mur !* (doc), *Cosmos* (doc).
- **Kagan, Noah :** *Commando, La Vengeance de Monte Cristo, The Jinx* (doc).
- **Kamkar, Samy :** *Into Eternity* (doc), *We Live in Public* (doc), *Revenge of the Electric Car* (doc).

- **Kass, Sam :** *Just Eat It: A Food Waste Story* (doc).
- **Kelly, Kevin :** *Le Funambule* (doc), *The King of Kong* (doc), *Les Demoiselles de Pyongyang* (doc).
- **Koppelman, Brian :** *Fight Club, Client 9: The Rise and Fall of Eliot Spitzer* (doc), *Don't Look Back* (doc), *Roger et moi* (doc).
- **MacAskill, Will :** *Louis Theroux's Weird Weekends* (série de documentaires).
- **MacKenzie, Brian :** *Spinning Plates* (doc).
- **McChrystal, Gen. Stanley A. :** *La Bataille d'Alger.*
- **McGonigal, Jane :** *Buffy contre les vampires* (TV), *G4M3RS* (doc), *The King of Kong* (doc).
- **Miller, B.J. :** *Waiting for Guffman, Hamburger film sandwich, Faites-le avec les doigts, Grizzly Man* (doc).
- **Mullenweg, Matt :** *Citizenfour* (doc), *Something from Nothing: The Art of Rap* (doc), *Jean-Michel Basquiat: The Radiant Child* (doc).
- **Nemer, Jason :** *Marley* (doc), *I Know I'm Not Alone*, de Michael Franti (doc), *Happy* (doc).
- **Novak, B.J. :** *Adaptation, La Folle Journée de Ferris Bueller, Casablanca, Pulp Fiction, Y a-t-il un flic…, Catfish* (doc), *Être et avoir* (doc), *The Overnighters* (doc).
- **Ohanian, Alexis :** *Food Inc.* (doc), *Planète Terre* (doc), *Jiro Dreams of Sushi* (doc).
- **Patrick, Rhonda :** *Happy People: A Year in the Taiga* (doc), *Planète Terre* (doc).
- **Paul, Caroline :** *Maidentrip* (doc).
- **Potts, Rolf :** *Grizzly Man* (doc).
- **Reece, Gabby :** *Food Inc.* (doc), *Roger et moi* (doc), *Bowling for Columbine* (doc), *Crumb* (doc).
- **Richman, Jessica :** *À couteaux tirés.*
- **Robbins, Tony :** *Inside Job* (doc).
- **Rogen, Seth :** *Pulp Fiction, Clerks : les employés modèles, Rushmore, Bottle Rocket, Adaptation, Princess Bride, L'Hôtel en folie* (TV), *The Kids In The Hall* (TV), *Monty Python's Flying Circus* (TV), *Second City Television* (TV).
- **Rose, Kevin :** *Anchorman : présentateur vedette. La légende de Ron Burgundy, Inglourious Basterds, Food, Inc.* (doc).
- **Rubin, Rick :** *20 000 jours sur Terre* (doc).
- **Sacca, Chris :** *The Big Lebowski.*
- **Schwarzenegger, Arnold :** *Brooklyn Castle* (doc).
- **Sethi, Ramit :** *Jiro Dreams of Sushi* (doc).

- **Shinoda, Mike :** *House of Cards* (TV), *Le Parrain, Usual Suspects, Fight Club, Seven, Ninja Scroll, WALL-E, Princesse Mononoké.*
- **Silva, Jason :** *Inception, Matrix, The Truman Show, Vanilla Sky, eXistenZ, La Plage, Maidentrip* (doc).
- **Sivers, Derek :** *Scott Pilgrim.*
- **Skenes, Joshua :** *Chef's Table* (TV).
- **Sommer, Christopher :** *Tarzan.*
- **Spurlock, Morgan :** *Scanners, Le Loup-Garou de Londres, Making a Murderer* (TV), *Mr. Robot* (TV), *Enron: The Smartest Guys in the Room* (doc), *The Jinx* (doc), *Scientologie sous emprise* (doc), *Brother's Keeper* (doc), *The Thin Blue Line* (doc), *The Fog of War* (doc), *Hoop Dreams* (doc), *La Vie et la carrière de Stevie Wonder* (doc), *Life Itself* (doc).
- **Starrett, Kelly :** *Sur le chemin de l'école* (doc), *Trophy Kids* (doc), *Amy* (doc), *Super Size Me* (doc), *Restrepo* (doc).
- **Strauss, Neil :** *The Act of Killing* (doc), *Gimme Shelter* (doc), *The Fog of War* (doc).
- **Teller, Astro :** *Fast, Cheap and Out of Control* (doc).
- **Tsatsouline, Pavel :** *Les Sept Mercenaires* (1960).
- **von Ahn, Luis:** *Matrix, Jiro Dreams of Sushi* (doc).
- **Waitzkin, Joshua :** *Sugar Man* (doc), *Riding Giants (*doc), *The Last Patrol* (doc).
- **Willink, Jocko :** *Against the Odds. « A Chance in Hell: The Battle for Ramadi »* (doc), *Restrepo* (doc), *L'Enfer du Pacifique* (TV), *Frères d'armes* (TV).
- **Wilson, Rainn :** *Apocalypse Now, The Act of Killing* (doc).
- **White, Shaun :** *7 Days in Hell.*
- **Young, Chris :** *La Folle Journée de Ferris Bueller, Pulp Fiction, L'Étoffe des héros.*
- **Zimmern, Andrew :** *Great Chefs* (TV).

Remerciements

Tout d'abord, j'aimerais remercier les Titans, dont les conseils, histoires et leçons constituent l'essence même de cet ouvrage. Merci pour le temps que vous m'avez consacré et pour votre générosité d'esprit. J'espère que tout le bien que vous partagez avec le reste du monde vous sera rendu au centuple. Amis lecteurs, jetez un œil à la liste des remerciements « Sur les épaules des géants » (page 21).

Merci à l'inimitable Arnold Schwarzenegger pour sa merveilleuse préface. Pour un jeune élevé à Long Island avec *Commando* et *Predator*, c'est un rêve devenu réalité que de vous compter dans les pages de mon livre. Merci à Daniel Ketchell et à sa fabuleuse équipe pour leur travail et pour m'avoir présenté Terminator. Plus je passe de temps avec Arnold et son entourage, plus je suis impressionné.

Merci à Stephen Hanselman, mon agent et ami. Je t'avais dit de me frapper la prochaine fois que je voudrais écrire un bouquin « définitif ». Heureusement, tu as oublié… Du jazz et un whiskey, ça te branche ?

Merci à toute l'équipe d'Houghton Mifflin Harcourt, et surtout à l'être surhumain qu'est Stephanie Fletcher, et à l'équipe géniale de design et production : Rebecca Springer, Emily Andrukaitis, Rachael DeShano, Jamie Selzer, Marina Padakis Lowry, Teresa Elsey, David Futado, Kelly Dubeau Smydra, Jill Lazer, Rachel Newborn, Brian Moore, Melissa Lotfy, et Becky Saikia-Wilson. Vous m'avez aidé à apprivoiser la bête et à la transformer en ultime scénario stratégique. Merci d'avoir travaillé tard dans la nuit à mes côtés !

Merci à mon éditeur, Bruce Nichols, et à ses incroyables collègues, dont la présidente Ellen Archer, mes associées dans le crime Laurie Brown, Deb Brody, Lori Glazer, Stephanie Kim, Debbie Engel, et tous les membres du service marketing et commercial. Merci d'avoir cru en ce projet et d'avoir permis de réaliser ce tour de magie.

Merci à Donna S. et Adam B. d'avoir tout pris en charge pendant mon absence ! Je serais incapable de faire des podcasts sans vous.

Donna, désolé que Molly ait terrorisé Hank. Tu m'enverras la note du psy. Adam, la prochaine fois que je plane, enlève-moi s'il te plaît le verre de vin que je tiens à la main.

Merci à Hristo Vassilev et Jordan Thibodeau pour leurs recherches, leurs vérifications des détails et leur soutien infaillible. Hristo, ça te tente quelques centaines de wraps méditerranéens ? Ou des calamars, pour changer ? Et n'oublie pas les 20 minutes de bain de soleil le matin…

Merci à Amelia, la magicienne au feutre rouge. Je n'ai pas les mots pour exprimer combien ton aide et ton soutien m'ont été précieux. Tu n'as jamais perdu le fil malgré toutes les flèches perdues. Merci, merci, merci. Paiement en beurre de cacahuètes et glaces, promis.

Merci à Kamal Ravikant pour les fous rires pendant la relecture, un remède très apprécié, et pour les suggestions de coupe toujours utiles. Merci d'avoir été mon compagnon de route.

Je ne voudrais pas négliger toutes les adorables personnes qui ont passé des heures à m'enseigner les ficelles, la technique et l'art du podcast à mes débuts. Merci mille fois, messieurs ! Par ordre alphabétique (et si j'ai oublié quelqu'un, dites-le-moi) :

Jason DeFillippo, de *Grumpy Old Geeks*,

John Lee Dumas, d'*Entrepreneur on Fire*,

Jordan Harbinger, de *The Art of Charm*,

Lewis Howes, de *The School of Greatness*,

Matt Lieber et Alex Blumberg, de *Gimlet Media*,

Pat Flynn, de *Smart Passive Income*,

et Rob Walch, de Libsyn.

Et, enfin, je dédicace ce livre à mes parents, qui m'ont guidé, encouragé, aimé et consolé pendant tout le processus. Je vous aime plus que tout.

Table des matières

Prix : 25 €
Format : 16,4 x 23,2 cm
Pagination : 520 pages
ISBN : 979-10-92928-22-8

Vous en avez assez du métro-boulot-dodo, ou de ces études interminables dans lesquelles vous apprenez surtout des choses qui ne vous serviront pas ?

Brisez la routine et réussissez en dehors du système en suivant cette méthode étape par étape basée sur l'expérience de centaines d'entrepreneurs et appuyée par plus de 400 références scientifiques.
Comprenez les limites du système éducatif et pourquoi il est de plus en plus obsolète, hackez votre éducation en boostant votre QI, apprenez comment vraiment apprendre efficacement et devenez libre en créant une entreprise qui soit au service de votre vie, plutôt que votre vie au service de votre entreprise... bref rejoignez le mouvement grandissant des rebelles intelligents !

RETROUVEZ

- Les trois principes incontournables pour réussir dans tous les domaines
- Comment augmenter votre QI et votre capacité de concentration
- Comment créer l'entreprise de vos rêves pour devenir libre
- Des exemples concrets et des cas pratiques, appuyés par la science

Achevé d'imprimer en France par Jouve - N° 2542817C
Dépôt légal : mai 2017